Andreas Vonderach
Völkerpsychologie

Andreas Vonderach

Völkerpsychologie

Ihre Geschichte und ihre Ergebnisse
von der Antike bis zur Gegenwart

Lindenbaum Verlag

IMPRESSUM:

Andreas Vonderach, Völkerpsychologie
3., aktualisierte Auflage, die ersten beiden Auflagen sind im Antaios Verlag, Schnellroda, erschienen.

Internetadresse: www.lindenbaum-verlag.de
E-Mail-Adresse: lindenbaum-verlag@web.de
Druck: Eigendruck
Printed in Germany
ISBN: 978-3-938176-97-9

Inhalt

1. Einleitung ... 7
2. Die Ethnographie der Antike ... 13
3. Mittelalter ... 30
4. Humanismus und Aufklärung ... 39
5. Europa in der frühen Neuzeit ... 43
6. Die Entdeckung Außereuropas ... 60
7. Die Wissenschaft der Anthropologie ... 75
8. Herder ... 81
9. Wilhelm von Humboldt ... 87
10. Die Völkerpsychologie von Bastian bis Wundt ... 91
11. Die europäische Völkerpsychologie in der Zeit nach Wundt 95
12. Max Weber und die Religionssoziologie ... 108
13. Die völkercharakterologische Struktur Europas ... 115
14. Moral- und Kriminalstatistik ... 129
15. Die Völkerkunde ... 134
16. Die außereuropäischen Völker ... 141
17. Lévy-Bruhl und die Mentalität der Primitiven ... 177
18. „Rassenpsychiatrie" (vergleichende Psychiatrie) ... 181
19. Sprachpsychologie ... 189
20. Rassenpsychologie ... 210
21. „Kultur und Persönlichkeit" ... 228
22. Vorurteile und Stereotypen ... 241
23. Kulturvergleichende Psychologie I ... 256
24. Hofstedes Kulturdimensionen ... 267
25. Daniel Freedmans Untersuchungen an Neugeborenen ... 273
26. Die kulturvergleichende Piaget-Forschung ... 280
27. Die Intelligenzunterschiede ... 289
28. Humanethologie ... 313

29. Kulturvergleichende Psychologie II 325
30. Robert McCrae und die Weltverteilung der Big Five 345
31. Kulturelle Werte 355
32. Stereotype Accuracy 373
33. Neue Sprachpsychologie 380
34. Verhaltensgenetik 387
35. Versuch einer Synthese 419
Kommentierte Bibliographie 423

1. Einleitung

In diesem Buch versuche ich zweierlei zu leisten. Das eine ist, einen geschichtlichen Überblick über die Entwicklung der Völkerpsychologie seit ihren Anfängen in der Antike zu geben. Das andere ist, zugleich die wesentlichen Ergebnisse, die die verschiedenen wissenschaftlichen Disziplinen über die unterschiedlichen psychologischen Eigenschaften der verschieden Völker erarbeitet haben, vorzustellen.

Gegenstand meines Buches ist die differentielle Völkerpsychologie oder auch Völkercharakterologie, also die Beschreibung der charakteristischen Eigenschaften der verschiedenen Völker, durch die sie sich voneinander unterscheiden. In Deutschland wird unter der Völkerpsychologie vielfach noch die Völkerpsychologie Wilhelm Wundts (1832-1920) verstand. Bei dieser handelt es sich jedoch mehr um eine allgemeine Kulturphilosophie, nicht um eine differentielle Völkerpsychologie. Die beiden letzten in Deutschland erschienen Bücher zur Völkerpsychologie sind diejenigen von Burkhart Holzner und Eno Beuchelt aus den 1960er und 1970er Jahren.[1] Beide geben vor allem eine Geistesgeschichte der Völkerpsychologie und gehen kaum auf deren konkrete Ergebnisse über die einzelnen Völker ein. Zudem sind sie noch ganz der amerikanischen Milieutheorie der Nachkriegsjahrzehnte verhaftet. Die *Einführung in die Völkerpsychologie* von Willy Hellpach, zuletzt im Jahr 1954 erschienen, ist eine allgemeine Völkerpsychologie, das heißt, sie befaßt sich mit den Faktoren, die den Charakter eines Volkes beeinflussen, nicht mit den Eigenschaften der verschiedenen Völker.[2] Eine differentielle Völkerpsychologie, die das Wissen über die verschiedenen Völker zusammenfaßt, hat es im deutschen Sprachraum seit Elias Hurwicz' Buch über Die Seelen der Völker im Jahr 1920 nicht mehr gegeben.

---

1 HOLZNER, BURKART: Völkerpsychologie. Leitfaden mit Bibliographie, Würzburg o.J. (1961); BEUCHELT, ENO: Ideengeschichte der Völkerpsychologie, Meisenheim am Glan 1974

2 WILLY HELLPACH: Einführung in die Völkerpsychologie. Dritte neubearbeitete Auflage, Stuttgart 1954

Beobachtungen über die psychologischen Eigenschaften verschiedener Völker gibt es seit der Antike. Damals entstanden auch erste völkerpsychologische Monographien wie die Germania des Tacitus oder Poseidonios Werk über die Kelten. Die neuzeitliche Völkerpsychologie ist ein Kind der Aufklärung und der Romantik. Von der Aufklärung stammt das wissenschaftliche Interesse und aus der Romantik der Respekt vor der Individualität der Völker. Vor allem im 19. und frühen 20. Jahrhundert entstand eine umfangreiche völkerpsychologische Literatur. Viele länder- und völkerkundliche Darstellungen beinhalten ein reiches völkerpsychologisches Erfahrungswissen. Ihre letzte Blütezeit erlebte die Völkerpsychologie in den 1940er bis 1960er Jahren mit der Kultur-und-Persönlichkeit-Schule. Heute findet die völkerpsychologische Forschung vor allem im Rahmen der kulturvergleichenden Psychologie statt.

Eine Besonderheit der Völkerpsychologie oder Völkercharakterologie ist, daß in ihr immer nur Wahrscheinlichkeitsaussagen möglich sind. Es gibt in jedem Volk eine große Variabilität der Temperamente, Charaktere und Einstellungen. Die große individuelle Variabilität ist geradezu eine anthropologische Grundkonstante des Menschen. Es gibt aber Unterschiede zwischen den Völkern in der Wahrscheinlichkeit und Häufigkeit der Realisierung eines bestimmten Verhaltens. Aussagen über einen Volkscharakter sind niemals absolut, sondern immer nur als r e l a t i v e Aussagen im Verhältnis zu anderen Bevölkerungen zu verstehen. Wenn es also in meinem Buch heißt, die Norweger seien introvertiert oder die Italiener kontaktfreudig, dann bedeutet das konkret, daß es unter den Norwegern mehr introvertierte Menschen gibt als etwa unter Italienern, beziehungsweise daß der durchschnittliche Norweger introvertierter ist als der durchschnittliche Angehörige anderer Völker. Die sprachliche Verallgemeinerung ist eine umgangssprachliche Kurzform für die Charakterisierung eines Kollektivs, keine absolute Aussage. Kein Mensch etwa würde im Ernst behaupten, wirklich a l l e Italiener seien kontaktfreudige Leute.

Die Gliederung des Buches ist ein Kompromiß zwischen einer chronologischen und einer thematischen Herangehensweise. In jeweils eigenen Kapiteln stelle ich die verschiedenen Forschungsansätze aus Vergangenheit und Gegenwart vor. Das sind so unterschiedliche Ansätze wie Berichte von Forschungsreisenden, die geisteswissenschaftliche Völkercharakterologie, die Testpsychologie, die Sprachpsychologie, die Rassenpsychologie, die Stereotypenforschung, die Kulturvergleichende Psychologie und die moderne Verhaltensgenetik.

Es gibt ein umfangreiches Datenmaterial über die psychischen Besonderheiten von Völkern und Kulturen. In den einzelnen Kapiteln stelle ich die unterschiedlichen Forschungsansätze mit ihrem jeweiligen historischen Hintergrund und ihren theoretischen Voraussetzungen vor und stelle dann die Ergebnisse dar, zu denen sie für die wichtigsten Völker Europas und der Erde gekommen sind. Anschließend gehe ich auf das weitere historische Schicksal des jeweiligen Forschungsansatzes ein und versuche seine Ergebnisse in ihrer völkerpsychologischen Aussagekraft zu bewerten. Auf diese Weise möchte ich einerseits einen historischen Überblick geben und andererseits die psychologischen Besonderheiten der wichtigsten Völker von den unterschiedlichen methodischen Herangehensweisen aus beleuchten. Mein Interesse gilt dabei in erster Linie den empirischen Beobachtungen und direkten Charakterbeurteilungen, nicht so sehr den oft spekulativen Schlüssen, die auf der Ausdeutung der Kulturen der Völker beruhen.

Die Menschheit lebt in V ö l k e r n. Unter einem Volk versteht man eine größere Gemeinschaft von Menschen, die durch gemeinsame Abstammung, Geschichte und Kultur und in der Regel auch durch eine gemeinsame Sprache und ein gemeinsames Territorium miteinander verbunden sind.

Die große Verwandtschaft im Volk kommt im Phänomen des Ahnenschwundes zum Ausdruck. Jeder von uns hat zwei Eltern, vier Großeltern, acht Urgroßeltern – und so fort. In der 10. Ahnengeneration, etwa um 1700, sind es bereits 1 024 Vorfahren, in der 20. um 1400 schon mehr als 1 Millionen, und zur Zeit Karl des Großen beträgt die Zahl der theoretischen Ahnen sogar schon mehr als 1 Billion (1 000 Milliarden). Da aber in dieser Zeit in Deutschland kaum mehr als 2 Millionen Menschen lebten, ist klar, daß wir alle sehr viele gemeinsame Vorfahren haben. Die meisten unserer Ahnen sind dies gleich mehrfach, über verschiedene genealogische Linien zugleich. So kommt im Jahr 1500 jeder Vorfahr durchschnittlich etwa viermal unter den Ahnen einer heute lebenden Person vor, im Jahr 1300 bereits etwa 50 mal und im Jahr 1000 schon mehrere tausend mal. Daraus ergibt sich, daß zum Beispiel alle Deutschen fast sämtliche vor dem Jahr 1200 lebenden Ahnen gemeinsam haben.[3] Die Tatsache, daß immer in einem gewissen Ausmaß auch Fremde in ein Volk integriert werden, steht nicht im Widerspruch zur Auffassung von den Völkern als Abstammungsgemeinschaften. Denn die genealogische Einheit wird ja durch die Endogamie innerhalb des Volkes kontinuierlich hergestellt, und nach wenigen Generationen haben die Nachkommen eines in die Gemeinschaft integrierten Fremden überwiegend einheimische Vorfahren. Ob diese natürlichen Integrationsmechanismen auch noch die aktuelle Einwanderung von nicht deutschen und nicht europäischen Menschen bewältigen können, oder ob es angesichts der großen Zahl der Zuwanderer nicht zu einer ethnischen Verdrängung der einheimischen Bevölkerung durch andere Völker kommt, ist offen.

In den Geisteswissenschaften werden die Völker heute oft unter dem Einfluß des radikalen Konstruktivismus als nicht real, als fiktive Konstrukte und Erfindungen angesehen. Sie seien die Erfindungen von Herrschenden in der Vergangenheit, um die Beherrschten in ihrem Sinne manipulieren zu können. Neuere genetische Untersuchungen bestätigen jedoch den Charakter der Völker als Verwandtschaftsgruppen. So fand man in den USA, daß die ethnische Selbstzuordnung (Weiße, Schwarze, Ostasiaten und Latinos) bei 99,86 Prozent der Personen mit den empirisch ermittelten genetischen Clustern übereinstimmt. Selbst innerhalb Europas lassen sich die verschiedenen Völker noch gut voneinander unterscheiden. So kann man zum Beispiel die Schweden mit statistischen Methoden zu 90,1 Prozent, die Polen zu 80,2 Prozent und die Deutschen (einschließlich der Österreicher) zu 64,4 genetisch richtig zuordnen. Das ist für ein großes Volk wie das deutsche, das in sich starke regionale Unterschiede aufweist, ein beträchtlicher Wert.

---

3 HERMANN von SCHELLING: Studien über die durchschnittliche Verwandtschaft innerhalb einer Bevölkerung, Jena 1945; SUSANNA C. MANRUBIA, BERNARD DERRIDA, DAMIAN H. ZANETTE: „Im Dickicht der Stammbäume“, in: Spektrum der Wissenschaft, September 2007, S. 64-72

Überschneidungen bestehen nur zu den Nachbarvölkern, im Fall der Deutschen also zu Dänen, Tschechen und so weiter.[4]

Aussagen über Volkscharaktere werden heute oft als Stereotypen angesehen. Stereotypen sind allgemein verbreitete kollektive Vorstellungsbilder über die Eigenschaften bestimmter Völker oder Gruppen. Mit dem Begriff Stereotyp ist aber auch eine Wertung verbunden. Es wird nämlich meist auch seine sachliche Unrichtigkeit unterstellt sowie die Absicht, die eigene Gruppe zu erhöhen und die andere abzuwerten. Dies mag in manchen Fällen tatsächlich der Fall sein, trifft jedoch nicht das Wesentliche. Nicht zuletzt wird „Stereotyp" auch als ein polemischer Begriff gebraucht, mit dessen Hilfe man alles, was man nicht versteht oder nicht anerkennt, disqualifizierend deuten und bekämpfen kann.[5]

---

4 H. TANG, T. QUERTERMOUS, B. RODRIGUEZ u.a.: „Genetic structure, self-identified race/ethnicity, and confounding in case-control association studies", in: American Journal of Human Genetics 76, 2005, S. 268-275; SIMON C. HEATH u.a.: „Investigation in the fine structure of European populations with applications to disease association studies", in: European Journal of Human Genetics 16, 2008, S. 1413-1429. In der Untersuchung von Heath und Kollegen bestehen die meisten Fehlzuordnung bei den Deutschen zu den Tschechen, nämlich 16 %. Das dürfte daran liegen, daß bei den Deutschen auch die Österreicher einbezogen sind, diese jedoch nur durch eine Wiener Stichprobe vertreten sind. Bei genetischen Abstandsuntersuchungen hat Deutschland sonst regelmäßig die geringsten Ähnlichkeitsabstände außer zu Österreich und der deutschen Schweiz zu den Niederlanden, England (ohne Wales und Schottland) und den skandinavischen Ländern. Vgl. ANDREAS VONDERACH: Anthropologie Europas. Völker, Typen und Genes vom Neandertaler bis zur Gegenwart, Graz 2008, S. 186, 201, 207 ff. und ders.: „Die anthropologische und genetische Stellung des deutschen Sprachgebietes in Europa", in: Neue Ordnung 2/ 2008, S. 31-36 (Tabelle der jeweiligen Ähnlichkeitsabstände zu Deutschland aufgrund von kraniologischen Merkmalen, serologischen Merkmale, mitochondrialer und Y-chromosonaler DNS).

5 WERNER SCHNEIDERS: Aufklärung und Vorurteilskritik. Studien zur Geschichte der Vorurteilstheorie, Stuttgart 1983, S. 17

Eine *wissenschaftliche* Stereotypenforschung betont dagegen vielmehr den kognitiven Aspekt der Stereotypen. Neuere Forschungen haben gezeigt, daß Stereotypen sogar recht genaue Abbilder der Wirklichkeit sind. Die Korrelation zwischen Stereotyp und Wirklichkeit beträgt bei ethnischen Stereotypen etwa 0, 7. Das heißt, es gibt einen mittelstarken bis starken statistischen Zusammenhang zwischen dem Stereotyp einer Gruppe und dem tatsächlichen Verhalten der Angehörigen dieser Gruppe. Stereotypen bilden einen kollektiven Mittelwert aus den – teilweise gegensätzlichen – Erfahrungen vieler Einzelner und stellen somit eine Art *kollektives* Erfahrungswissen dar. Beobachtungen Einzelner können von Fall zu Fall wohl von Stereotypen beeinflußt sein, sind aber grundsätzlich etwas anderes als Stereotypen (siehe dazu Kapitel 31).

Die Realität menschlicher Unterschiede muß übrigens nicht im Widerspruch zum demokratischen Gebot der *Gleichheit* stehen. Die politische Gleichheit ist eine notwendige Fiktion, damit die Menschen miteinander leben können und sich nicht die Köpfe einschlagen. Man erkennt damit in einer Gemeinschaft den anderen als jemanden an, der die gleichen Rechte hat wie man selbst, obwohl man natürlich um die Verschiedenheit der Neigungen und Fähigkeiten weiß. Dasselbe gilt für auch für das Zusammenleben der Völker, in dem die gegenseitige Anerkennung das friedliche Miteinanderauskommen ermöglicht, ohne daß damit die realen Unterschiede geleugnet werden müssen.

2. Die Ethnographie der Antike

Erste Ansätze zu einer wissenschaftlichen Beschäftigung mit den Eigenarten der Völker gab es schon bei den alten Griechen. Als erste Hochkultur auf europäischem Boden waren die Griechen sich des kulturellen Gefälles zu den meisten anderen Völkern bewußt. Es fand seinen Ausdruck im Begriff des ungeschlachten, groben, unzivilisierten „Barbaren". Damit waren zunächst alle Nichtgriechen gemeint. Seit der großen Kolonisation, in deren Verlauf die Griechen Siedlungskolonien und Handelsstützpunkte an den Küsten des ganzen Mittelmeeres und des Schwarzen Meeres errichtete hatten, war ihr Wissen über andere Völker gewachsen.

Als Begründer der antiken Ethnographie gilt Herodot von Halikarnass (ca. 480-424 v.Chr.). Er schrieb eine neunbändige *Historia*, die umfangreiche Länder- und Völkerbeschreibungen enthält. Herodot selbst hatte Vorderasien, Ägypten, die Küsten des Schwarzen Meeres und große Teile des Persischen Reiches bereist. Er beschränkte sich im wesentlichen auf die Beschreibung und verzichtete weitgehend auf Wertungen oder theoretische Spekulationen. Wo er sich nicht auf seine eigene Erfahrung stützen konnte, unterschied er deutlich zwischen den Quellen und seinem eigenen Urteil. Neben den kulturellen Besonderheiten beschrieb er auch die Rassenunterschiede der Völker, etwa die rotblonden und blauäugigen Skythen, die kleinen und dunklen Inder oder die hochgewachsenen, wohlproportionierten Äthiopier.[6]

Daneben richtete er aber auch seinen Blick auf das Abweichende und Kuriose, was ihm bei späteren Generationen den – im Wesentlichen unberechtigten – Ruf einbrachte, ein Märchenerzähler zu sein. So hatte man seine Schilderung der kleinwüchsigen afrikanischen Pygmäen lange Zeit für eine Fabel gehalten, bis Forschungsreisenden im 19. Jahrhundert ihnen im Inneren Afrikas tatsächlich begegneten.

---

6 WILFRIED NIPPEL: „Ethnographie und Anthropologie bei Herodot", in: ders.: Griechen, Barbaren und „Wilde", Frankfurt a.M. 1990, S. 11-29

Den physischen und psychischen Charakter eines Volkes führte Herodot auf seine Umwelt, das Land und das Klima, in dem es beheimatet ist, zurück. Diese antike Klimatheorie wurde dann von Hippokrates (ca. 460-370 v. Chr.) und Aristoteles (ca. 384-322 v. Chr.) weiter ausgebaut. So schrieb Aristoteles in seiner *Politik*:

„Die Völker der kalten Regionen und jene in Europa sind von tapferem Charakter, stehen aber an Intelligenz und Kunstfertigkeit zurück; also sind sie vorzugsweise frei, aber ohne staatliche Organisation und ohne über die Nachwelt herrschen zu können. Die Völker Asiens dagegen sind intelligent und künstlerisch begabt, aber kraftlos, und leben darum als Untertanen und Knechte."[7]

Das rauhe Klima mit seinen starken Temperaturgegensätzen härte ab und zwinge zu harter Arbeit, während das warme Klima des Südens mit seinen geringen Temperaturschwankungen und seinen leichten Ernten Kultur und Luxus ermögliche, aber auch zur Bequemlichkeit verführe und verweichliche. Das griechische Volk, das gewissermaßen in der Mitte zwischen den beiden Klimazonen lebe, besitze die Vorzüge beider Seiten, es sei zugleich energisch und intelligent. Die Völker gediehen nur am Ort ihres Ursprungs; nach dem Süden ausgewanderte Nordvölker wie zum Beispiel die nach Kleinasien vorgedrungenen keltischen Galater büßten ihre ursprüngliche kriegerische Kraft ein, würden zahm und verweichlichen.

Neben der Klimatheorie gab es schon bei Platon (428/427-348/347 v. Chr.) und Aristoteles ein allgemeines Entwicklungsmodell, wonach sich die Zivilisation schrittweise von primitiven Jägern und Sammlern über Bauern und Viehzüchter zur Hochkultur entwickelt habe. Die Vorfahren der Griechen hätten noch den Barbaren geglichen. Damit verbunden war ein zivilisationskritisches Dekadenzmodell. Man glaubte die Barbaren im Besitz einer sittlichen Reinheit und Stärke, die mit dem zivilisatorischen Fortschritt und dem dadurch ermöglichten größeren Wohlstand verlorengeht. Der zivilisatorische Fortschritt wurde einerseits

---

7 ARISTOTELES, Politica, Buch VII, Kap. 7, Absatz 1327b, zit. Aus: Werke in deutscher Übersetzung, Bd. 9, Teil IV, Leipzig 2005; HOLGER SONNABEND: „Mentalität", in: ders. (Hg.): Mensch und Landschaft in der Antike. Lexikon der Historischen Geographie, Stuttgart 1999, S. 340-343, S. 341

als ein bewundernswerter Aufstieg zu einem vollständigeren Menschsein, zu Wissenschaft und Kunst, andererseits aber auch als Verfall naturnaher, sittlich überlegener Zustände betrachtet, der letztlich auch den ruinösen Niedergang des Staatswesens und der Zivilisation selbst zu Folge haben kann. Außerdem glaubten die Griechen aber auch an kosmische, astrologische Einflüsse auf das Schicksal der Völker.

Die Griechen sahen sich als den Barbaren von Natur aus überlegen an. Mit der Zeit begrenzte sich der Barbarenbegriff zunehmend auf die den Griechen zivilisatorisch unterlegen Völker besonders des Nordens und Westens. Trotz des zivilisatorischen Gefälles betrachteten sich die Griechen als Europäer und betonten besonders in den Perserkriegen die europäischen Werte der Freiheit und der Demokratie, die sie von den asiatischen Despotien, insbesondere der der Perser, unterschieden. Dem Individualismus der Griechen stünde dort die Herrschaft des Kollektivs gegenüber.

Der Alexanderzug weitete den Gesichtskreis der Griechen nach Osten, bis nach Indien und Innerasien, aus. Zugleich kam es im Hellenismus zu einer Relativierung des Gegensatzes zwischen Griechen und Barbaren. Hatten sich die Griechen ursprünglich als Abstammungsgemeinschaft verstanden, so vertraten nun manche Philosophen die Meinung, daß es nicht die Herkunft, sondern die Bildung sei, die den Griechen ausmache. Ein Barbar, der die griechische Bildung erwerbe, so meinte zum Beispiel Isokrates – ein Parteigänger der in ihrem Griechentum umstrittenen Makedonen –, werde dadurch zum Griechen.

Das reifste Werk der griechischen Ethnographie stammt von Poseidonios von Apameia (ca. 135-51 v. Chr.). Sein umfangreiches Werk ist verloren, konnte aber teilweise aus Zitaten in den Werken späterer griechischer und lateinischer Autoren rekonstruiert werden. Beim ihm lesen wir regelrechte Schilderungen von Völkerindividualitäten – etwa seine Beschreibung der Kelten. Er sah bei Kelten und Germanen den *Thymos* (Mut, Leidenschaft, Begierde, Wut) als den beherrschenden Zug an, und bei den südlichen Völkern den *Logos*, die Zügelung der Leidenschaften durch die Vernunft.[8] „Das Beste im Menschen ist der

8 WILHELM EMIL MÜHLMANN: Geschichte der Anthropologie, 3. Auflage Wiesbaden 1984, S. 28

Geist;“ schrieb er, „er allein übt Gerechtigkeit, schafft Rat, sieht vor, wendet Gefahr ab und ist gütig!“[9] Mehr als seine Vorgänger räumte Poseidonios historischen Fakten wie der Verwandtschaft der Völker, Wanderungen, Bevölkerungsvermischungen und der Ausbreitung kultureller Einflüsse einen breiten Raum ein.

Wie sehr die Griechen ethnographisches Wissen zu schätzten wußten, zeigt die Tatsache, daß Herodot für einen einzigen Vortrag über die Perser ein Honorar von 60 000 Drachmen erhielt. Zum Vergleich: der Verdienstausfall eines Vollbürgers bei der Teilnahme an der Volksversammlung wurde mit einer Drachme veranschlagt, und der Bildhauer Arkesilaos erhielt für das Standbild der Artemis auf Paros 200 Drachmen.[10]

Die Griechen hatten zunächst auch die Römer zu den Barbaren gezählt. Es dauert noch lange, bis in die römische Kaiserzeit hinein, bis sie die Römer als gleichrangig akzeptierten. Die Römer ihrerseits haben ihre wesentlichen ethnographischen Vorstellungen von den Griechen übernommen, insbesondere die Klimatheorie und das Dekadenzmodell. Die Völker des Nordens galten auch ihnen als kriegerisch, aber unkultiviert, und die des Ostens und Südens als zwar kultiviert, aber weich, feige, verschlagen und unkriegerisch. In römischer Zeit setzte sich die Vorstellung durch, die Barbaren durch Unterwerfung zivilisieren zu können.

Sich selbst sahen die Griechen als ein intelligentes und bewegliches, künstlerisch begabtes und freiheitsliebendes Volk an, und die modernen Historiker sind ihnen darin weitgehend gefolgt. Dieses Bild galt vor allem für die ionischen Griechen in der Mitte Griechenlands und der Ägäis, während man die dorischen Griechen auf dem Peloponnes und den südlichen Inseln, die auf eine jüngere indogermanische Einwanderungswelle zurückgehen, als konservativer und zurückhaltender,

---

9 zit. n. KARL F. KOHLENBERG: Völkerkunde. Schlüssel zum Verständnis des Menschen, Düsseldorf 1968, S. 19

10 HERBERT WENDT: Es begann in Babel. Die Entdeckung der Völker. Neu durchgesehene Auflage, Einbeck 1970, S. 16; SUSANNE GRUNAUER-VON NOERSCHELMANN: Griechische Münzen, Hannover 1988, S. 22

aber auch kraftvoller, wahrnahm. Der Historiker Thukydides (vor 454 – zwischen 396 und 399 v . Chr.) beschrieb den Gegensatz zwischen den aufgeschlossenen Athenern und den konservativen, altväterlichen, kriegerisch-strengen Spartanern.

Die Frauen waren bei den Griechen vom öffentlichen Leben ausgeschlossen, die Knabenliebe – eine beschönigende Bezeichnung für sexuellen *Mißbrauch* – verbreitet. Am besten war die Stellung der Frau noch bei den Spartanern. Seit dem Ausgang der klassischen Zeit fehlte es nicht an selbstkritischen Stimmen bei den Griechen, die den Verlust von Bürgertugenden und verbreitete Unehrlichkeit und Unzuverlässigkeit beklagten. So liebten die Römer zwar das Geld, schrieb der griechische Schriftsteller Polybios im 2. Jahrhundert v. Chr., seien ansonsten aber fleißige und ehrbare Männer, während man einen Griechen auch durch noch so viele Beamte, die ihn überwachen, nicht vom Unterschlagen abhalten könne.[11] Der Althistoriker Julius Beloch (1854-1929) führte die schlimmsten „Nationalfehler“ der Griechen, ihren Mangel an Ehrlichkeit und an Achtung vor dem gegebenen Wort, die bei den Kretern und den Karern in Südwest-Kleinasien am ausgeprägtesten gewesen seien, aber auch ihre künstlerische Begabung, auf ihre Vermischung mit den vorindogermanischen Bewohnern des Landes zurück.[12]

Die Römer sahen sich selbst als ein ernstes und selbstbeherrschtes, pragmatisches und nüchternes, willensbetontes und konservatives Volk an. Tüchtigkeit *(Virtus)*, Würde *(Gravitas)*, Sittenstrenge und Frömmigkeit waren ihre Ideale, und so wurden sie weitgehend auch von den anderen Völkern gesehen (Polybios). Trotz des starken zivilisatorischen Gefälles zu den westlichen und nördlichen Barbaren betrachteten sich die Römer als ein westeuropäisches Volk. Sie fühlten sich den Kelten und Germanen näher verwandt als den Völkern des östlichen Mittelmeerraumes. Die Vorliebe der Griechen für die Knabenliebe lehnten sie ab.

---

11 zit. n. WILL DURANT, Der Aufstieg Roms und das Imperium. Kulturgeschichte der Menschheit, Bd. 4, Frankfurt a.M. 1981, S. 89

12 JULIUS BELOCH: Griechische Geschichte. Zweite, neugestaltete Auflage, Berlin 1924, 1. Band, 1. Abt, S. 95

Die Römer akzeptierten zwar, trotz aller Vorbehalte von konservativen Römern wie Cato dem Älteren(234-149 v. Chr.), pragmatisch die kulturelle Überlegenheit der Griechen und deren Rolle als Lehrmeister in Wissenschaft und Kunst, distanzierten sich zugleich aber auch von ihnen. Sie nahmen für sich selbst jene sittlichen und kriegerischen Tugenden der Nordvölker in Anspruch, deren Fehlen sie zugleich nicht nur den asiatischen Völkern, sondern nun auch den Griechen vorwarfen. Die galten ihnen als weich und unmännlich, schwatzhaft und schmeichlerisch, lügnerisch und verschlagen. Bereits zur Zeit Cato des Älteren kam die Rede von den *Graeculi*, den Griechlein, auf. „Einen flinken Verstand hat er, grenzenlose Frechheit, mit dem Wort ist er schnell..." heißt es bei Juvenal (ca. 60-140 n. Chr.).[13]

Wie bei den Griechen gab es auch bei den Römern bald, schon in der späten Republik, viele Stimmen, die das Auseinanderfallen von Ideal und Wirklichkeit beklagten. Die Aufhebung der Wehrpflicht, der Wohlstand und *Brot und Spiele* – allein in der Hauptstadt Rom lebten Hunderttausenden von staatlichen Getreide-, Fleisch- und Weinspenden –, ließen die alten Römertugenden verblassen. Zugleich hatte das römische Volk durch das Aussterben der Familien, die einst die Republik getragen hatten, durch die Einwanderung von Fremden aus den Provinzen des Reiches und die verbreitete Freilassung von Sklaven vor allem aus den östlichen Reichsteilen sein Gesicht verändert. In vielen Quellen werden Klagen über die Überfremdung Roms laut. Lange schon, schrieb Juvenal, fließe der Oronthes, der größte Strom Syriens, in den Tiber. Und der Dichter Martial (40-102 n. Chr.) verhöhnte einen Römer, dessen sieben Kinder die Physiognomien seiner aus allen sieben Erdteilen stammenden Sklaven trügen.[14] Die Römer der Kaiserzeit hatten nur noch wenig mit jenem Volk zu tun, das einst Italien unterworfen hatte.

---

[13] JUVENAL, Satire III, 73-78, zit. n. UTA BELLMANN: Orientierungen". Über die Entstehung europäischer Bilder vom Orient und von Arabien in der Antike. Berlin 2009, S. 55

[14] zit. n. ALEXANDER DEMANDT: „Patria Gentium – das Imperium Romanum als Vielvölkerstaat", in: KLAUS J. BADE (Hg.): Die multikulturelle Herausforderung. Menschen über Grenzen – Grenzen über Menschen. München 1996, S. 27-45, S. 41

In der Schilderung der nördlichen Barbarenvölker waren sich die griechischen und römischen Autoren weitgehend einig. Sie galten ihnen als roh und unkultiviert und kriegerisch. Zuweilen lobten sie aber auch deren größere sittliche Tugendhaftigkeit gegenüber ihren eigenen, durch den Wohlstand korrumpierten Völkern. Als Nordvölker galten den Griechen neben den Thrakern vor allem die Skythen am Nordufer des Schwarzen Meeres, später auch die Kelten. Nach deren Niederwerfung durch die Römer nahmen vor allem die Germanen ihren Platz ein. Mit der wachsenden Kenntnis der verschiedenen Völker wurden deren Beschreibungen differenzierter und lassen sich zunehmend individuelle Züge erkennen.

Die Skythen waren ein Nomaden- und Reitervolk in den Steppen im Norden des Schwarzen Meeres. Ursprünglich aus dem Osten kommend, war ihr körperlicher Habitus dennoch der blonde, nordeuropide, erst die später auftretenden östlicheren Skythen hatten mongolide Merkmale. Die Griechen beschrieben die Skythen als abgehärtet und tapfer, keine körperlichen Anstrengungen scheuend. Bald schon galten sie ihnen auch als moralische Vorbilder. Sie seien anspruchslos und gerecht, schrieb zum Beispiel Pompeius Trogus, ein römischer Historiker in der Zeit des Augustus, aufgrund älterer griechischer Quellen. Allerdings gab es auch Kritik an dieser Darstellung. So warf Strabo Ende des ersten Jahrhunderts v. Chr. den älteren Schriftstellern vor, die Grausamkeit der Skythen ignoriert zu haben.[15]

Über die Kelten schrieb Poseidonios, der im Jahr 70 v. Chr. Gallien bereist hatte[16]: „Ihr Ausdruck will überwältigen. Ihre Stimmen sind tiefdröhnend und rauh. Im Umgang sind sie wortkarg und rätselreich, im ganzen mehr andeutend als in Worten sagend. Viel nur und mit Übertreibung reden sie, um sich herauf- und andere herabzusetzen. Drohgebärdig, Brauenzieher und tragödienheldisch sind sie, aber von scharfen Verstande und zum Lernen nicht unbegabt." Jedoch, „zum Kampf der Waffen sind sie eher geeignet, ihrer kriegerischen Eigenschaften we-

---

15 KLAUS E. MÜLLER: Geschichte der antiken Ethnologie, Reinbek 1997, S. 458

16 ALEXANDER DEMANDT: Über die Deutschen, Eine kleine Kulturgeschichte, Berlin 2007, S. 24

gen. Sie kennen keinerlei Furcht. Hingegen stürmen sie infolge der Langsamkeit ihres Geistes ohne Überlegung drauflos und sind ohne kluges Nachdenken ihren eigenen Entschlüssen hinderlich."[17] Cato der Ältere schrieb, die Gallier liebten zweierlei, das Kriegshandwerk und die scharfsinnige Rede. Caesar nannte sie außerdem unbeständig und leichtsinnig. Im Unterschied zur vorbildlichen Sittenstrenge der Skythen heißt es bei Poseidonios, die keltischen Frauen gäben sich bereitwillig anderen Männern hin. Auch Cassius Dio (163 – um 235) schrieb von der weiblichen Offenheit in Liebesdingen.[18] Ammianus Marcellinus (um 330 – um 395) beschrieb im vierten Jahrhundert n. Chr. die inzwischen längst zum Römischen Reich gehörenden Gallier noch ganz wie Poseidonios als ungezähmte Barbaren, ein Beispiel für die unkritische Übernahme eines überlieferten literarischen Topos. Allerdings bescheinigte er den Galliern seiner Zeit, zwar viel zu trinken, aber auch fleißig zu arbeiten und sich sauber zu halten.[19]

Caesar erkannte als erster den Unterschied zwischen Kelten und Germanen und schilderte die Germanen in seinem *Bellum Gallicum* als eigenes Volk. Die modische Behauptung, die Germanen seien nur ein imaginäres Konstrukt römischer und späterer Historiker gewesen, läßt sich leicht zurückweisen. Es gibt seit dem späten Neolithikum (Einzelgrabkultur) in Südskandinavien und Norddeutschland ein archäologisch und sprachwissenschaftlich faßbares, kulturelles, linguistisches und anthropologisches Kontinuum, das nur als ethnische Gemeinschaft interpretiert werden kann.[20] Es trifft auch nicht zu, daß es kein Bewußtsein der Gemeinsamkeit gegeben habe. Ein solches kam zum Beispiel in den vielen gemeinsamen Heldensagen zum Ausdruck, ebenso wie in der gemeinsamen Abgrenzung von anderen, fremden Völkern. So nannten

---

17 zit. n. KOHLENBERG, Völkerkunde, S. 19

18 CASSIUS DIO LXXVI,16,5, nach ALEXANDER DEMANDT: Die Kelten, München 1998, S. 51

19 DEMANDT, Die Kelten, S. 54

20 ANDREAS VONDERACH: Gab es Germanen. Eine Spurensuche. Antaios 2017; ders.: Anthropologie Europas. Völker, Typen und Gene vom Neandertaler bis zur Gegenwart, Graz 2008, S. 119: LOTHAR KILIAN: Zum Ursprung der Germanen, Bonn 1988

die Germanen ihre keltischen, später überwiegend romanisch sprechenden Nachbarn im Westen und Süden *Volcae* (Welsche), ihre östlichen, slawischen Nachbarn *Venetae* (Wenden) und ihre nördlichen, noch wildbeuterisch lebenden Nachbarn Finnen. Und wenn Tacitus berichtet, der im Osten Germaniens siedelnde Stamm der Bastarnen – der Name bedeutet soviel wie „Bastarde"- habe durch Mischehen mit den nicht germanischen Sarmaten deren häßliches Aussehen angenommen, so dürfte das der Niederschlag des ihm von seinen Gewährsleuten übermittelten germanischen Selbstbildes sein. Auch die seit dem 4. Jahrhundert n. Chr. (Wulfilas Bibelübersetzung) belegte, aber nach sprachwissenschaftlicher Auffassung wahrscheinlich wesentliche ältere Selbstbezeichnung *thiodisk* (deutsch), wurde bis ins frühe Mittelalter hinein für a l l e germanischen Völker verwandt, nicht nur für die späteren Deutschen.[21]

Ähnliches läßt sich auch gegen die Versuche, andere antike Völker wie zum Beispiel die Kelten zu „dekonstruieren", ins Feld führen. Richtig ist allerding, daß die Germanen sich selbst nicht so nannten, sondern daß dieses der Name eines kleineren Stammes im Westen des germanischen Siedlungsgebietes war, der von den Römern auf alle Germanen verallgemeinert wurde.

Die Germanen galten den antiken Schriftstellern als noch hochwüchsiger, blonder und wilder als die Kelten. Allerdings hieß es auch, die Kelten seien einst tapferer als die Germanen gewesen und hätten durch den Einfluß der mediterranen Zivilisation schon etwas von ihrer Wildheit verloren. Die Germanen strebten von ihrer Kindheit an nach kriegerischer Übung und Abhärtung, Wer sich in der Jugend am längsten

---

21 RUDOLF BUCHNER: „Kulturelle und politische Zusammengehörigkeitsgefühle im europäischen Frühmittelalter", in: Historische Zeitschrift 207, 1968, S. 562-583; OTTO HÖFLER: „Germanische Einheit", in: GERHARD FRICKE u.a. (Hg.): Von deutscher Art in Sprache und Dichtung, Bd. 2, Stuttgart 1941, S. 3-35; ders.: „Gab es ein Einheitsbewußtsein der Germanen?", in: Deutsche Kultur im Leben der Völker, München 1940, S 177-189; HERWIG WOLFRAM, Die Germanen, München 1995, S. 55; P. CORNELIUS TACITUS, Germania, Kap. 46; THOMAS KLEIN: „Zum Alter des Wortes ‚deutsch'„, in: Zeitschrift für Literaturwissenschaft und Linguistik 94, 1994, S. 12-25

des Geschlechtsverkehres enthalte, ernte das größte Lob. Anders als die Kelten hätten sie keinen eigenen Priesterstand.

Die wichtigste Quelle über die Germanen ist die *Germania* des Römers Publius Cornelius Tacitus (ca. 58-120 n. Chr.) aus dem Jahr 98 n. Chr.[22] Falls, wie vielfach angenommen wird, der bei Plinius genannte Cornelius Tacitus, der Prokurator der Provinz *Gallia Belgica* mit Sitz in Trier, der Vater des Publius Cornelius Tacitus ist, könnte dieser seine Jugend im germanischen Grenzgebiet verbracht haben. Wenn allerdings Klaus E. Müller in seiner *Geschichte der antiken Ethnologie* schreibt, „mit größerer Sicherheit stehe (…) fest, daß er seinen Wehrdienst am Rhein begann", dann ist das wohl nicht viel mehr als eine Vermutung.[23] Außer aus eigenen Beobachtungen schöpfte Tacitus aus den Berichten von Händlern und Soldaten, die die Germanen gut kannten. Zu seinen Quellen gehörten sicher auch die verlorenen 20 Bücher über die Germanenkriege, die Plinius der Ältere (23/24-79 n. Chr.), der Onkel von Tacitus' Freund Gaius Plinius dem Jüngeren, als ehemaliger Offizier in Germanien verfaßt hat.[24]

Auch Tacitus betonte die kriegerische Haltung der Germanen. Mit Schweiß verdienen, was man mit Blut erwerben kann, gelte ihnen als Feigheit und Faulheit. Daneben betonte er ihre hohe Wertschätzung der persönlichen Freiheit – „Die Germanen lassen sich nichts befehlen, sich nicht regieren, sondern tun alles nach ihrer Willkür", schrieb Tacitus in seinen *Historien*. Als höchste Tugend galt den Germanen die Treue, womit die Treue von Person zu Person gemeint ist, auf der auch die politische Gefolgschaftstreue beruhte. Hinsichtlich der geschlechtlichen Moral hatten sie ein natürlich-ungezwungenes, dennoch von keuscher Enthaltsamkeit gegenüber dem anderen Geschlecht bestimmtes Verhalten. Anders als bei den Kelten wurde der Ehebruch der Frauen hart bestraft, schrieb schon Poseidonios. Von anderen Völkern unterschieden sich die Germanen durch ihre Wertschätzung der Einehe und den

---

22 P. CORNELIUS TACITUS: Germania, lateinisch und deutsch, herausgegeben von JOSEF LINDAUER, München 1983

23 STEPHANUS SCHMAL: Tacitus, Hildesheim 2005, S. 16; MÜLLER, Geschichte der antiken Ethnologie, S. 412

24 DEMANDT, Über die Deutschen, S. 25

Respekt, den sie der Frau entgegenbrachten. Sie glaubten, so schrieb Tacitus, die Frauen stünden den Göttern näher, ihnen wohne „etwas Heiliges und Prophetisches“ inne. In der Völkerwanderungszeit bestätigte der Kirchenvater Salvian die Zurückhaltung der Germanen gegenüber den Frauen der besiegten Römer.[25]

Die mit den Vandalen ziehenden sarmatischen Alanen nannte er im Gegensatz zu den germanischen Völkern unzüchtig.[26] Mit den anderen Barbaren hatten die Germanen ihre Neigung zur Eß- und Saufgelagen gemeinsam. Tag und Nacht durchzuzechen sei bei ihnen keine Schande, schrieb Tacitus.

Die aus Sicht der Römer noch hinter den Germanen lebenden Finnen mit ihrer teilweise noch mesolithischen Wirtschaftsweise lebten nach Tacitus‘ *Germania* in größter Wildheit und traurigsten Armut, ohne Kenntnis des Eisens, ohne Waffen, Rosse und feste Wohnungen, nährten sich von Kräutern, hüllten sich in Felle, schweiften umher und suchten ihren Lebensunterhalt auf der Jagd. Dennoch erschien ihnen das als das glücklichere Los, als im Schweiße des Angesichts den Acker zu bestellen oder Häuser zu errichten und um ihr Gut besorgt zu sein. Sie hätten das Schwierigste erreicht, nämlich ohne Wunsch zu sein.

Die noch kaum bekannten Veneter, die späteren Slawen, wurden als Krieger verachtet.[27]

Die Bewohner Spaniens, die Keltiberer, zeichneten sich nach einer von Diodor überlieferten Stelle bei Poseidonios durch Tapferkeit und Ausdauer aus, seien Übeltätern und Feinden gegenüber grausam, anderen Fremden gegenüber aber anständig und menschenfreundlich. Charakteristisch für sie sei „eine Art völlige Selbstsicherheit“ – womöglich ein früher Beleg für den sprichwörtlichen Stolz der Spanier?[28] Pompeius

---

25 DEMANDT, Über die Deutschen, S. 115

26 SALVIAN VII,6; VII,15

27 JORDANES XXIII

28 INGOMAR WEILER: „Ethnographische Typisierungen im antiken und mittelalterlichen Vorfeld der ‚Völkertafel‘„ in: FRANZ K. STANZEL (Hg.): Europäischer Völkerspiegel. Imagologisch-ethnographische Studien zu den Völkertafeln des frühen 18. Jahrhunderts, Heidelberg 1999, S. 97-118, S. 103 (Diodor 5,33,2; 5,34,1 und 5,34,4)

Trogus nannte sie kriegerisch, todesmutig und bedürfnislos, und Claudius Ptolemaios fügte noch ihre Liebe für Zeremonien und Verstellung hinzu, sie führten stets große Dinge im Sinn.[29]

Die Völker im Osten des Mittelmeerraumes wurden von den Griechen und Römern nur selten als Barbaren bezeichnet. Ihnen billigten sie im allgemeinen eine gleichrangige Kulturhöhe zu. Dies gilt insbesondere für die Ägypter, deren alte Kultur die Griechen anerkannten und die sie als ihre Lehrmeister in den Wissenschaften ansahen. Herodot beschrieb die Ägypter als besonders gottesfürchtig. Bei ihnen vermuteten die Griechen ein geheimes religiöses Wissen. Gleichzeit galten ihnen die Ägypter der Gegenwart aber auch als typische Orientalen, als geldgierig, verschlagen, unzuverlässig und sklavisch.[30] Die ägyptische Religion mit ihren zahlreichen Verhaltensvorschriften war für sie ein Beispiel für asiatischen Knechtssinn. Herodot schrieb, die Ägypter schätzten Reinlichkeit höher als Anstand. Einen besonders schlechten Ruf hatten die Bewohner der allerdings stark griechisch geprägten Großstadt Alexandria. Dieser Meinung war auch Cicero, der ebenfalls schrieb, das eigentliche Ägyptervolk jenseits Alexandrias sei unverdorben.[31]

Die Berichte über die Karthager in Nordafrika sind vor allem von den Kriegen beeinflußt, die die Römer mit ihnen in der Zeit ihrer Expansion im Mittelmeerraum führten, weshalb man ihnen sicher keine Objektivität zubilligen kann. Plutarch, ein Freund des Scipio, der Karthago niederbrennen ließ, beschrieb sie als „hämisch und unfreundlich im Umgang, untertänig gegen Vorgesetzte, streng gegen Untergebene, erbärmlich in Notlagen, grausam im Zorn, halsstarrig in einmal gefaßten Entschlüssen, starr und fühllos für Scherz und Spiel.“ Allgemein galten

---

29 zit. n. DIETRICH BRIESEMEISTER: „»Die spanische Verwirrung« (J.W. von Goethe). Zur Geschichte des Spanienbildes in Deutschland“, in: Jahrbuch Preußischer Kulturbesitz 34, 1997, S. 291-311, S. 295

30 JAN ASSMANN: Weisheit und Imperium. Das Bild der Griechen von Ägypten, München 2000, S. 10

31 HOLGER SONNABEND: Fremdenbild und Politik. Vorstellungen der Römer von Ägypten und dem Partherreich in der späten Republik und frühen Kaiserzeit, Frankfurt a.M. 1986, S. 10

die Karthager als verräterisch, unehrlich und korrupt. Die „punische Treue“ *(fides punica)* war bei den Römern sprichwörtlich. Ihre Händler hatten den Ruf der Profitgier (Polybios). Cicero schrieb, die Karthager seien geschickt und fleißig, aber auch verschlagen. Daneben galten sie als sinnlich, als unmäßige Esser und Trinker. Die Männer erfreuten sich eines freizügigen Geschlechtslebens, während die Frauen ein verschleiertes und abgeschlossenes Dasein führen müßten.[32]

Auch von den übrigen Nordafrikanern, den Lybiern, hieß es, „Diese Völker sind (…) außerordentlich heiß von Natur und gierig nach dem Beischlaf mit Weibern, rauben sich ihre Ehegenossinnen, und in vielen Gegenden beschlafen zuerst die Könige alle neu in die Ehe eintretenden Frauen. (...) trotzdem aber sind sie kühn, verschlagen bei Schurkereien, treiben Zauberei, betrügen, sind waghalsig und lachen über Gefahren durch Mars [d. h. des Krieges].“ (Klaudios Ptolemaios, ca. 100-178 n. Chr.).[33]

Ähnlich wie die Vorstellungen der Römer von den Karthagern waren auch die der Griechen von den Persern stark von ihrem existentiellen Kampf mit diesen im 5. Jahrhundert v. Chr. bestimmt. In dieser Zeit überhöhten die Griechen den Gegensatz zu den Persern als einen von Freiheit und Knechtschaft. Erst später gab es wieder unparteiischere Darstellungen der Perser. Im 3. Jahrhundert v. Chr. gründeten die Parther, ein nordiranischer, mit den Skythen verwandter Stamm, in Persien ein neues Reich. Die Beschreibungen der Griechen und Römer aus der nachfolgenden Zeit berichten von einer Mischung aus dem barbarisch-skythischen Erbe mit der sehr viel höher entwickelten Kultur der einheimischen Perser. So werden die Perser des Partherreiches einerseits als ungestüm, tapfer und stark und ohne Streben nach Luxusgütern, auf der anderen Seite aber auch als ausschweifend und eitel, nicht offen, betrügerisch und voller Hinterlist beschrieben.[34] „Sie haben ein Heer

---

32 WILL DURANT: Der Aufstieg Roms und das Imperium. Kulturgeschichte der Menschheit Bd. 4, Frankfurt a.M. 1981, S. 59 (mit dem Zitat von Plutarch)

33 zit. n. KLAUS E. MÜLLER: Geschichte der antiken Ethnologie, Reinbek 1997, S. 511

34 MÜLLER, Geschichte der antiken Ethnologie, S. 394

nicht wie andere Völker von Freien, sondern von Sklaven," schrieb zur Zeit des Augustus der römische Historiker Pompeius Trogus: „Der Geist des Volkes ist aufgeblasen, aufrührerisch, betrügerisch, frech; denn Gewalttätigkeit teilen sie den Männern, Sanftmut den Weibern zu. (...). Den Oberen gehorchen sie aus Furcht, nicht aus Achtung. Der Wollust sind sie zügellos ergeben, im Essen aber mäßig. Treue in Reden und Versprechungen kennen sie nicht, außer insoweit sie Vorteil bringt." [35]

In der Spätantike, im 4. Jahrhundert n. Chr., beschrieb Ammianus Marcellinus die Perser als „zierlich und unter schwärzlicher oder gelblicher Hautfarbe blaß. Ihre Augen haben die Form von Ziegenaugen und blicken finster. Die Augenbrauen sind halbkreisförmig gekrümmt und stoßen aneinander", – womit er den orientaliden Menschentypus beschreibt, nicht mehr den der ursprünglichen indogermanischen Einwanderer. „Ihre Bärte sind nicht unschön, die struppigen Haare tragen sie lang", heißt es weiter, „Alle sieht man ohne Unterschied sogar bei Gelagen und an Festtagen mit dem Schwert gegürtet. (...) Die meisten geben sich leidenschaftlich der Liebe hin und begnügen sich kaum mit einer Menge Nebenfrauen. (...) [Sie sind] sehr leidenschaftliche Krieger, allerdings mehr hinterlistig als tapfer...".[36] Sie hätten ein würdevolles Auftreten und ihre Gesetze sähen besonders grausame Strafen vor. Ihre Frauen hielten sie in der Abgeschlossenheit der Frauengemächer.[37] Man sieht, daß es hier wie in Nordafrika wesentliche Elemente der islamischen Kultur schon in vorislamischer Zeit gab.

Die eigentlichen Araber traten erst in römischer Zeit in den Gesichtskreis der antiken Mittelmeerzivilisation. Sie waren nomadisch lebende Wüstenbeduinen und werden in den Quellen auch Sarazenen genannt. Alle Männer seien bei ihnen Krieger von gleichem Rang, schrieb

---

35 Pompeius Trogus, 1. Jh. v. Chr., zit. n. MÜLLER: Geschichte der antiken Ethnologie, S. 393

36 AMMIANUS MARCELLINUS: Römische Geschichte, kommentiert von WOLFGANG SEYFARTH, 2. Auflage Berlin 1978, 3. Teil, Buch 23, Kapitel 6, S. 107

37 WILL DURANT: Weltreiche des Glaubens. Kulturgeschichte der Menschheit Bd. 5, Frankfurt a.M. 1981, S. 384

Ammianus Marcellinus, sie führten ein Leben in ständiger Bewegung, ihre Weiber mieteten sie mit einer formalen Heirat nur für bestimmte Zeit, und mit unglaublicher Leidenschaft gäben sie sich der Liebe hin.[38] Antoninus von Piacenza beschrieb um 570 n. Chr. die Sarazenen als arm und aggressiv, und beim Kirchenvater Hieronymus hieß es um 390 n. Chr., sie wollten nicht kämpfen, sondern Beute machen. [39]

Die Juden wurden von den antiken Autoren überwiegend negativ beurteilt. Sie schlössen sich von den anderen Völkern ab und sähen alle anderen Völker als ihre Feinde an, schrieb Poseidonios. Plinius der Ältere warf ihnen vor, sie verachteten die Götter aller anderen Völker. Allerdings erkannte man auch ihre Treue zur Vätersitte und ihr beispielhaftes Familienleben an.[40]

Selbst von den Indern hatten die griechischen Ethnographen schon eine recht genaue Vorstellung. Megastenes (ca. 350-290 v. Chr.) schrieb von ihrer Neigung zu Schmuck, zu Gold, kostbaren Steinen und wertvollen Stoffen, hob aber gleichzeitig ihr maßvolles, von schlichter Anspruchslosigkeit bestimmtes Auftreten hervor. Sie seien überaus ehrlich, gerade im Umgang, gerecht und wahrhaftig, mieden den Streit und strebten nach Wahrheit.[41] Megastenes beschrieb bereits die passive Lebenseinstellung der Inder, ihren Nirwana-Glauben, das Fakirtum und die Tiervergottung.[42] Flavius Philostratos (um 165-245 n. Chr.) nannte die Inder „die weisesten der Sterblichen".[43]

---

[38] AMMIANUS MARCELLINUS: Römische Geschichte, kommentiert von WOLFGANG SEYFARTH, 5. Auflage Berlin 1983, 1. Teil, Buch 14, Kapitel 4, S. 67

[39] UTA BELLMANN: „Orientierungen". Über die Entstehung europäischer Bilder vom Orient und von Arabien in der Antike. Berlin 2009, S. 84 f.

[40] WILL DURANT: Der Aufstieg Roms und das Imperium, Kulturgeschichte der Menschheit, Bd. 4, S. 369

[41] MÜLLER: Geschichte der antiken Ethnologie, S. 227

[42] HERBERT WENDT: Es begann in Babel. Die Entdeckung der Völker. Neu durchgesehene Auflage, Reinbek 1970, S. 149

[43] HELMUTH von GLASENAPP: Die indische Welt als Erscheinung und Erlebnis, Baden-Baden 1948, S. 270

Was ist von den antiken Völkercharakteristiken zu halten? Die heutigen Althistoriker neigen dazu, sie ausschließlich aus literarisch überlieferten Topoi-Traditionen herzuleiten. Tatsächlich läßt sich nachweisen, daß manche Autoren die Beschreibungen älterer Autoren fast wörtlich übernahmen und daß manche Bilder, etwas das Barbaren-Stereotyp oder die Klimatheorie, recht schematisch angewendet wurden. Andererseits berufen sich viele der Autoren auf eigene Inansichtnahme *(Autopsie)* und auf Augenzeugen. Bei vielen findet sich eine bemerkenswerte Selbständigkeit des Urteils und ein bewußtes Sich-Abgrenzen von älteren Meinungen. Nicht zuletzt erklären die Topoi-Traditionen zwar die Beständigkeit mancher Völkerbilder, aber nicht die Entstehung ihrer jeweiligen Inhalte.

Viele der antiken Völkerbeschreibungen sind auch heute noch gut nachvollziehbar. So kann an dem Zivilisationsgefälle zwischen Barbaren und Griechen kein Zweifel bestehen. Der kriegerische Charakter und die geringe Affektkontrolle, wie sie den Barbaren zugeschrieben wurden, entsprechen ihrem zivilisatorischen Entwicklungsstadium. Die Griechen haben das schon ganz richtig gesehen, wenn sie erkannten, daß sie in ihren Anfängen selbst einmal Barbaren gewesen waren. Viele Einzelheiten der antiken Völkerbeschreibungen lassen sich durch andere Quellen, archäologische Zeugnisse oder später dokumentierte Zustände bestätigen. Etwa die Freiheitsliebe und der Individualismus der Germanen. Und manche in den Ländern Nordafrikas oder des Nahen und Mittleren Ostens beschriebenen Zustände finden sich dort heute noch. Natürlich können die Aussagen der antiken Völkerbeschreibungen nur als relativ für ihre Zeit verstanden werden. Wenn die Griechen die Orientalen als verweichlicht beschrieben, dann gilt das für die Maßstäbe i h r e r Zeit, und nicht im Vergleich zu heutigen Westeuropäern.

Der Klimatheorie der Antike fehlte noch ein wichtiges Element, nämlich die Einschätzung des zeitlichen Faktors. So kann man sie sowohl in einem langfristigen, biologischen Sinne als Selektion als auch in einem kurzfristigen Sinne als nichterbliche Umweltprägung verstehen. Letztere Auffassung überwog wohl, etwa wenn man auf die rasche Erschlaffung von Nordvölkern wie den Galatern oder Kimbern im südlichen Klima verwies. Cicero zum Beispiel meinte: „Der Charakter wird den Menschen nicht so sehr durch Stammbaum und Herkunft eingeboren als vielmehr durch das, was uns die Umwelt *(natura)* und Lebensgewohnheiten liefern, in denen wir aufwachsen und leben."[44]

Als Beispiel führte er die italischen Ligurer an: Sie leben in den Bergen und sind deshalb hart und derb, in schwerer Arbeit müssen sie dem Acker Nahrung abgewinnen. Die Bewohner Kampaniens wiederum seien übermütig wegen der Qualität ihrer Äcker und ihrer reichen Ernten, der gesunden Lage, der planvollen Anlage und Schönheit ihrer Stadt Capua.[45]

Das heißt allerdings nicht, daß man in der Antike nichts von der Erblichkeit physischer und psychischer Eigenschaften gewußt hätte. Ein solches Wissen lag zum Beispiel Platons eugenischer Utopie zugrunde, wenn er forderte, nur die Besten sollten sich vermählen und Kinder zeugen. Es klang auch in der vielfach überlieferten Klage römischer Autoren über die Überfremdung Roms und den gleichzeitigen Verlust der alten Vätersitte an. Tacitus lobte die körperliche Schönheit und die Rassereinheit der Germanen und warf den Athenern seiner Zeit vor, sie seien gar nicht die Nachkommen der echten, alten Athener, die in vielen Schlachten längst ausgestorben seien, sondern bloß ein *Conluvies Nationum*, ein Völkergemisch.[46]

---

44 zit. n. HOLGER SONNABEND: „Mentalität", in: ders. (Hg.): Mensch und Landschaft in der Antike. Lexikon der Historischen Geographie. Stuttgart 1999, S. 340-343, S. 341

45 HOLGER SONNABEND: „Mentalität", in: ders. (Hg.): Mensch und Landschaft in der Antike. Lexikon der Historischen Geographie. Stuttgart 1999, S. 340-343, S. 341

46 TACITUS: Annalen, Buch II, Kap. 55; ALEXANDER DEMANDT: „Patria Gentium – das Imperium Romanum als Vielvölkerstaat", in: KLAUS J. BADE (Hg.): Die multikulturelle Herausforderung. Menschen über Grenzen – Grenzen über Menschen. München 1996, S. 27-45, S. 40

3. Mittelalter

Mit dem Untergang der antiken Mittelmeerkultur verstummen die Quellen weitgehend. Eine wissenschaftliche Beschäftigung mit anderen Völkern gab es nicht mehr. Zugleich hat sich mit der Völkerwanderung auch die ethnographische Landkarte Europas geändert. Aus der Bevölkerung des Römischen Reiches und den germanischen Eroberern sind die heutigen Völker Europas entstanden. Nur gelegentlich tauchen in den mittelalterlichen Chroniken Urteile über fremde Völker auf, anspruchsvollere Völkerbeschreibungen wie die von Poseidonios oder Tacitus oder eine völkerpsychologische Theorie wie die antike Klimatheorie gab es nicht. Der geographische Horizont war im Wesentlichen auf das christliche Abendland beschränkt, am Rand der bekannten Welt vermutete man Fabelwesen und Monster.

Eine eigene Quellenart sind die seit dem Hochmittelalter auftauchenden „Völkerspiegel", oft satirische Verse, in denen die Haupteigenschaften und Laster der verschiedenen Völker und Stämme gegenübergestellt werden. Erfahrungen mit anderen Völkern machte man auf Pilgerreisen, z.B. nach Santiago de Compostela in Spanien, als Student an den überregionalen Universitäten, oder auf den Kreuzzügen, die gemeinsame Unternehmungen der abendländischen Nationen waren, und natürlich bei den vielen Kriegen innerhalb Europas.

Nicht wenige Pilger hatten unter unfreundlichen Wirten, schlechten Unterkünften und hohen Preisen zu leiden, wenn sie nicht gar zu Opfern von Überfällen wurden. Auf den Kreuzzügen kam es zu Konflikten zwischen den verschiedenen nationalen Kontingenten, insbesondere zwischen den Franzosen, die eine Führungsrolle beanspruchten, und den Deutschen. Im Verlauf des Mittelalters werden die Quellen wieder zahlreicher und die Völkercharakteristiken etwas ausführlicher. Charakteristisch ist der Bericht des Jakob von Vitry über die Auseinandersetzung zwischen den verschiedenen Landsmannschaften der Studenten an der Universität Paris (um 1220):

„Die Engländer nannten sie Trunkenbolde (...), die Franzosen hochmütig, weich und weibisch, die Deutschen bezeichneten sie als wütend und bei Zechgelagen unanständig, die [französischen] Normannen aber als hohl und prahlerisch, die Leute aus Poitou als hinterlistig und wetterwendisch. Die aber aus Burgund stammten, galten ihnen als dumm und einfältig, die Bretonen jedoch schätzen sie als leichtsinnig und unstet ein. Ihnen warfen sie oft den Tod Arthurs vor. Die Lombarden galten als habsüchtig, bösartig und unkriegerisch, die [Stadt-]Römer als aufsässig, gewalttätig und geldschneiderisch, die Sizilianer als tyrannisch und grausam, die Brabanter als Blutmenschen, Brandstifter, Räuber und Gewalttäter, die Flamen nannten sie üppig, verschwenderisch, der Eßlust frönend, weich wie Butter und träge. Und wegen solcher Beschimpfungen gingen sie oft zu Prügeleien über.“[47]

Die meisten Zeugnisse liegen uns über die Hauptvölker des mittelalterlichen Europa vor, die Franzosen, Italiener und Deutschen. Den Franzosen, über lange Zeit die mächtigste Nation Europas, warf man allgemein vor, hochmütig zu sein. Ihr Ruf der Arroganz wird selbst von französischen Autoren bestätigt (Odo von Deuil, um 1150).[48] Ein französischer Kleriker appellierte Anfang des 12. Jahrhunderts an seine Landsleute, „Gallier, überwinde deinen angeboren Hochmut...“[49]. Daneben galten die Franzosen als lebhaft und kulturell verfeinert, aber auch als leichtfertig, unbeständig, schwatzhaft, weich und weibisch.[50]

Positiv billigte man ihnen Gerechtigkeit und Glaubwürdigkeit zu. Im Kriege seien sie leichter zu überwinden als die Deutschen.[51]

---

47 EUGEN LEMBERG: Nationalismus, Bd. I, Psychologie und Geschichte, Reinbek 1964, S. 39

48 LUDWIG SCHMUGGE: „Über ‚nationale‘ Vorurteile im Mittelalter“, in: Deutsches Archiv für Erforschung des Mittelalters 38, 1982, S. 439-459, S. 447

49 SCHMUGGE, Vorurteile im Mittelalter, S. 458

50 Ekkehard von Aura um 1100, Otto von St. Blasien um 1200, Alexander von Roes um 1270, Konrad von Megenberg um 1350, Jakob Winpfeling um 1500, nach PAUL KIRN: Aus der Frühzeit des Nationalgefühls. Studien zur deutschen und französischen Geschichte sowie zu den Nationalitätenkämpfen auf den Britischen Inseln, Leipzig 1943. S. 29 u S. 48; HEINZ ZATSCHEK: Das Volksbewußtsein. Sein Werden im Spiegel der Geschichtsschreibung, Brünn 1936, S. 56, 60 u. 65 f.

51 Jakob Winpfeling nach ZATSCHEK, Volksbewußtsein, S. 56

Die Italiener galten als klug und erfinderisch *(ingenosi)*, aber zugleich auch als geldgierig und träge *(somnus)*.[52] Allgemein schätze man ihre kriegerische Kampfkraft sehr gering ein. Bei den jetzigen Bewohnern Italiens sei es häufig Sitte, zu fliehen statt zu kämpfen (Rodulfus Glaber, um 1000). Sie seien kühn in Worten, nicht in Taten, heißt es in den Altaicher Annalen um 1130.[53] Als tapfer galten nur die süditalienischen Normannen.[54]

Einen besonders schlechten Ruf hatten die Bewohner der Stadt Rom. Viele Menschen hatten in Rom als Pilger oder Bittsteller an der Päpstlichen Kirche schlechte Erfahrungen gemacht.[55] So galten die Römer als gewinnsüchtig und verschlagen, als stets geneigt, die Gerechtigkeit mit Gold aufzuwiegen (William von Malmesbury, um 1120). „Höchst großzügig versprechen sie, höchst kläglich erfüllen sie, am höflichsten schmeicheln sie, am bittersten verleumden sie. Mit großer Plumpheit täuschen sie, mit höchster Bosheit verraten sie“, schrieb der Heilige Bernhard von Clairvaux im 12. Jahrhundert.[56]

Die Deutschen galten ihren westlichen und südlichen Nachbarn im Mittelalter als derb und ungeschlacht, ja einfältig und tölpelhaft. Ihr Hauptlaster war ihre Trunksucht, gelegentlich wurde daneben auch ihre Unmäßigkeit beim Essen genannt.[57] Mit ihrer Einfalt war ihre Gutmü-

---

52 ZATSCHEK, Volksbewußtsein, S. 25, 44 u. 59 f.; HANS WALTHER: „Scherz und Ernst in der Völker-und Stämme-Charakteristik mittellateinischer Verse“, in: Archiv für Kulturgeschichte 41, 1959, S. 263-301

53 HEINRICH FICHTENAU: „Gentiler und europäischer Horizont an der Schwelle des ersten Jahrtausends“, in: Römische Historische Mitteilungen 23, 1981, S. 227-243, S. 229; GÜNTER CERWINKA: „Völkercharakteristiken in historiographischen Quellen der Salier- und Stauferzeit“, in: HERWIG EBNER (Hg.): Festschrift Friedrich Hausmann, Graz 1977, S. 59-79, S. 65

54 CERWINKA, Völkercharakteristiken, S. 67

55 CERWINKA, Völkercharakteristiken, S. 65; SCHMUGGE, Vorurteile im Mittelalter, S. 452 f.; ZATSCHEK, Volksbewußtsein, S. 5 u. 35

56 SCHMUGGE, „nationale“ Vorurteile im Mittelalter, S. 452

57 GEORG STEINHAUSEN: „Die Deutschen im Urteile des Auslandes“, in: Deutsche Rundschau 141, 1909, S. 434-452 u. 142, 1910, S. 55-71, S.

tigkeit verbunden, sie „haben das Herz am rechten Fleck“ hieß es in einem französischen Reim um 1300, und Konrad von Mergenberg meinte um 1350, in ihrer derben und einfältigen Art seien sie unfähig zu betrügen.[58] Allgemein erkannte man ihre Tapferkeit und ihre kriegerischen Fähigkeiten an. Man lobte ihre Tüchtigkeit, sie könnten arbeiten und allerlei Widerwärtigkeiten ertragen. Immer wieder wurde ihre Körpergröße hervorgehoben, bei den Franzosen sagte man „groß wie ein Deutscher“ und „armkräftig wie ein Deutscher“. Mit ihren stattlichen Körpern und blonden Haaren galten sie außerdem als schöne Menschen, „die schönsten Menschen sind in Deutschland“ hieß es in Frankreich um 1300.[59] Im Spätmittelalter waren sie in ganz Europa für ihr technisches und handwerkliches Geschick und ihre Erfindungsgabe berühmt.[60]

Bei den Italienern, die schlechte Erfahrungen mit deutschen Söldnern gemacht hatten, galten die Deutschen zwar als tapfer, aber auch als habgierig, gewalttätig und zügellos, man sprach wie schon in der Antike vom *Furor teutonicus*. Im Spätmittelalter zeichneten italienische Deutschlandreisende jedoch ein günstiges Bild. Petrarca, der 1333 Deutschland bereiste, rühmte die Sicherheit auf den deutschen Straßen und die Unbestechlichkeit der deutschen Rechtsprechung, und Machiavelli beschrieb die Deutschen als diszipliniert, freiheitsliebend, unverdorben und genügsam. Antonio de Beatis, der um 1517 durch Süddeutschland, das Rheinland und die Niederlande gereist war, schrieb: „Die Leute sind gut und liebevoll sowohl im oberen Deutschland als in den Niederlanden und vor allem so ehrlich, daß wenn ihnen alles Gold

---

441; FRITZ KERN: „Der mittelalterliche Deutsche in französischer Ansicht“, in: Historische Zeitschrift 108, 1912, S. 237-254, S. 243 u. 251; PETER AMELUNG: Das Bild des Deutschen in der Literatur der italienischen Renaissance (1400-1559), München 1964; S. 173; KIRN, Frühzeit, S. 27 u. 48, WALTHER, Scherz und Ernst; ZATSCHEK, Volksbewußtsein, S. 36 u. 65

58 KERN, Der mittelalterliche Deutsche, S. 246; ZATSCHEK, Volksbewußtsein, S. 65

59 KERN, Der mittelalterliche Deutsche, S. 246

60 DIETRICH BRIESEMEISTER: „Spanien“, in: KLAUS STIERSTORFER (Hg.): Deutschlandbilder im Spiegel anderer Nationen. Literatur, Presse, Film, Funk, Fernsehen, Reinbek 2003; S. 230; STANZEL, Europäer, S. 97

der Welt im Hause hingeworfen würde, sie es nicht anrühren würden.“[61] Den italienischen Reisenden in der Zeit um 1500 fiel außerdem auf, daß das Verhältnis der Geschlechter in Deutschland freier war als in den romanischen Ländern. Studenten durften sich mit Frauen unterhalten, die Mädchen suchten sich ihre Ehepartner ohne Wissen der Eltern selber aus, und überhaupt blieben die Frauen nicht bei ihren Aufgaben, sondern wollten es den Männern gleichtun.[62]

Für die mittelalterlichen Norweger und Schweden ist Adam von Bremen (vor 1045 - um 1083) unser einziger Gewährsmann. Er billigt ihnen Mäßigkeit, gute Sitten und Kampftüchtigkeit zu.

Das Bild der Ungarn war noch ganz von deren Raubzügen zur Zeit ihrer Landnahme im 10. Jahrhundert bestimmt und sicher nicht gerecht. Sie galten als tapfere Halbbarbaren, räuberisch und habgierig, lügnerisch und schlecht. Sie seien häßlich und von kleiner Statur. Helmold von Bosau und die Altaicher Annalen zählten sie zu den slawischen Völkern.[63]

Das Bild der wendischen Slawen in Ostdeutschland, der Polen und der Tschechen war in ähnlicher Weise von den Kriegen und Konflikten im Zuge der deutschen Ostsiedlung geprägt. Kennzeichnend für die Slawen sei ihre unstete Art der Lebensführung, heißt es bei Helmold von Bosau um 1150, sie seien freiheitsliebend, aber treulos und lügenhaft (Hildesheimer Annalen).[64] Adam von Bremen erkannte die Tapferkeit vieler wendischer Stämme an, besonders die der Ruganer, der Bewohner Rügens. Im Spätmittelalter galten die Wenden in der Lausitz als wütend und träge zugleich.[65] Auch die Polen galten als wilde und

---

61 AMELUNG, Das Bild des Deutschen, S. 169; MANFRED KOCH-HILLEBRECHT: Das Deutschenbild. Gegenwart, Geschichte, Psychologie, München 1977; S. 166; STEINHAUSEN, Die Deutschen, S. 446 (Zitat)

62 FOLKER REICHERT: Erfahrung der Welt. Reisen und Kulturbegegnung im späten Mittelalter, Stuttgart 2001, S. 54 f. und 38 f.

63 SCHMUGGE, „nationale“ Vorurteile im Mittelalter, S. 447; ZATSCHEK, Volksbewußtsein, S. 5; WALTHER, Scherz und Ernst.

64 CERWINKA, Völkercharakteristiken, S. 74 f.

65 WALTHER, Scherz und Ernst.

wütende Leute. Man warf ihnen zur Zeit Kaiser Heinrich II. (reg. 1014-1024) Beutegier und Untaten an Frauen vor.[66]

Besser kamen die heidnische Prussen weg. Helmold schrieb, sie seien zwar keine Christen, aber überaus menschenfreundlich und leisteten Schiffbrüchigen Hilfe.[67] Man erkannte auch ihre Tapferkeit in den Kriegen mit dem Deutschen Orden an.

Einen regelrechten Völkerhaß gab es zwischen den Tschechen und Deutschen. Zwar erkannte man die kriegerische Tapferkeit der Tschechen an, man warf ihnen aber auch schon vor den Hussitenkriegen immer wieder größte Grausamkeit, Plünderungen und Vergewaltigungen vor.[68] Sie galten als wild und unbändig, hinterlistig und unstet, aber auch gastfreundlich. Enea Sylvio Piccolomini (um 1435-1479), der spätere Papst Pius II., nannte sie trinklüstern und gefräßig, zu Irrlehren geneigt und neuerungslustig.[69] Bohuslav Hassenstein von Lobkowicz schrieb um 1490, Essen und Trinken stünden bei ihnen an erster Stelle, gegen Fremde seien sie freundlich, außer wenn sie deutsch sprechen, sie seien stolz und trotzig und leicht erregbar bis zum Fanatismus.[70]

Die Slawen allgemein galten in den spätmittelalterlichen Völkerkatalogen als träge und untätig *(ignavi),* trunksüchtig und unflätig.[71]

Die Spanier werden dort genügsam bis geizig, hochmütig und stolz, prahlerisch und prunkliebend, großmütig, ernst, verschwiegen, tapfer bis todesmutig, kriegerisch und grausam genannt. [72]

---

66 CERWINKA, Völkercharakteristiken S. 73 f.; WALTHER, Scherz und Ernst.

67 CERWINKA, Völkercharakteristiken S. 74

68 CERWINKA, Völkercharakteristiken, S. 72 f.; ZATSCHEK, Volksbewußtsein, S. 45 u. 71 f.

69 ZATSCHEK, Volksbewußtsein, S. 10 f. u. 71

70 JOSEF BUJNOCH: „Stadt- und Landesbeschreibungen der Böhmischen Länder an der Wende des ausgehenden 15. bis zur Mitte des 16. Jahrhunderts“, in: HANS-BERND HARDER (Hg.): Landesbeschreibungen Mitteleuropas vom 15. bis 17. Jahrhundert. Köln 1983, S. 13-27S. 16 f.

71 WALTHER, Scherz und Ernst.

72 DIETRICH BRIESEMEISTER: „»Die spanische Verwirrung« (J. W. von Goethe). Zur Geschichte des Spanienbildes in Deutschland“, in: Jahrbuch Preußischer Kulturbesitz 34, 1997, S. 291-311

Das Bild, das man von den Griechen (Byzantiner) hatte, war seit dem Hochmittelalter von den Konflikten geprägte, zu denen es mit ihnen auf den Kreuzzügen kam. Sie wurden fast durchgängig negativ beurteilt. Wie schon den Römern, galten sie auch den Langobarden als Schwächlinge.[73] Liudprand von Cremona nannte sie in der 2. Hälfte des 10. Jahrhunderts töricht, ruhmbegierig, speichelleckerisch, habgierig, verweichlicht, weibisch und lügenhaft.[74]. Otto von Freising beschwerte sich um 1140 über das anmaßendes und geziertes Verhalten der byzantinischen Gesandten. Allgemein warf man den Griechen Treulosigkeit und Verschlagenheit vor und sprach von der *dolus grecorum*, der Hinterlist der Griechen.[75] In den spätmittelalterlichen Völkerkatalogen werden sie ganz wie schon in der Antike klug und schlau, verschlagen und betrügerisch genannt.[76]

Die Griechen revanchierten sich mit einer ähnlich ungünstigen Beurteilung der Westeuropäer. Anna Komnena, die Tochter des oströmischen Kaisers Alexios I. Komnenos, beschrieb um 1140 die „westlichen Barbaren“ als außerordentlich geldgierig, überheblich, eingebildet und kampfwütig.[77] Die Beurteilung der Deutschen durch die Oströmer in der zweiten Hälfte des 10. Jahrhunderts hat uns Liudprand von Cremona überliefert: Ihr Bauch sei ihr Gott, ihr Mut ein Rausch, Trunkenheit ihre Tapferkeit, Nüchternheit ihre Angst.[78]

Die Juden galten im Mittelalter als schlau und geschäftstüchtig, neidisch und wucherisch. Außerdem billigte man ihnen in den Völkerkatalogen Klugheit und Weisheit *(prudentia)* und eine strenge Lebensführung *(duritia)* zu.[79]

---

73 ERICH ZÖLLNER: Die politische Stellung der Völker im Frankenreich, Wien 1950, S. 136

74 ZATSCHEK, Volksbewußtsein, S. 6

75 CERWINKA, Völkercharakteristiken, S. 68f.; SCHMUGGE, „nationale“ Vorurteile im Mittelalter, S. 445).

76 WALTHER, Scherz und Ernst.

77 SCHMUGGE, „nationale“ Vorurteile im Mittelalter, S. 446

78 ZATSCHEK, Volksbewußtsein, S. 6

79 JULIUS MALSCH: Die Charakteristik der Völker im altfranzösischen nationalen Epos. Diss. Heidelberg 1912, S. 84; WALTHER, Scherz und Ernst.

Die nicht christlichen Völker waren für das Mittelalter in erster Linie Heiden, im günstigsten Fall fähig, das Wort Gottes anzunehmen, und im schlechtesten Fall Geschöpfe des Teufels. Zuweilen kam aber auch ein sachliches Interesse zum Tragen, daß das Verhalten der Heiden als das von Menschen fremder Kulturen zu beschreiben suchte. Den intensivsten Kontakt hatte man noch zu den Völkern der angrenzenden islamischen Hochkultur.

Die Araber und Sarazenen, Gegner in den Kriegen Karls des Großen und den Kreuzzügen, werden in den französischen Heldenlieder des Hohen Mittelalters groß und schwarz, leidenschaftlich, tapfer und kriegerisch, stolz bis zum Übermut, treulos und hinterlistig genannt.[80]

John Mandeville, Verfasser eines zwischen 1357 und 1371 in französischer Sprache geschriebenen Berichts über eine Reise ins Heilige Land, nennt die in Zelten lebenden Nomaden „sehr starke und kampfesfreudige Leute". Sie setzten unbekümmert ihr Leben aufs Spiel, seien „hochfahrend und voll von üblen Gewohnheiten."[81]

Die außereuropäische Welt blieb weitgehend außerhalb des mittelalterlichen Gesichtskreises. Die große Ausnahme stellte der Venetianer Marco Polo (1254-1324) dar. Er unternahm zwischen 1260 und 1295 mehrere Reisen durch Asien nach China, wo er sich mehrere Jahre aufhielt und hohe Würden innehatte. Nach seiner Rückkehr hielten ihn die meisten für einen unverfrorenen Lügner. Sein Bericht von den chinesischen Sieben-Millionen-Stadt *Quinsay* (heute *Hang-tschou*) – in Europa hatten selbst die größten Städte weniger als 100 000 Einwohner – galt als das frechste seiner Märchen und brachte ihm den Spottnamen *Messer Millione*, Herr Million, ein. Tatsächlich aber enthalten Marco Polos Berichte viele wertvolle völkerkundliche Informationen. Die Chinesen charakterisierte er als „artig und höflich, [sie] begrüßen sich mit großer Zuvorkommenheit und Liebenswürdigkeit und zeigen

---

80 MALSCH, Die Charakteristik der Völker im altfranzösischen nationalen Epos, S. 58 ff. u. 80

81 zit. n. UTA BELLMANN: „Orientierungen". Über die Entstehung europäischer Bilder vom Orient und von Arabien in der Antike. Berlin 2009

viel gute Erziehung... Ehrerbietung und Verehrung der Eltern sind ihre höchste Tugend.“ [82]

[82] HERBERT WENDT: Es begann in Babel. Die Entdeckung der Völker. Neu durchgesehene Auflage, Einbeck 1970, S. 207

4. Humanismus und Aufklärung

In der Zeit des Humanismus und der Renaissance nahm mit der Wiederentdeckung der Antike und ihrer Autoren auch das wissenschaftliche Interesse an fremden Völkern wieder zu. Durch die überseeischen Entdeckungen weitete sich der Gesichtskreis der europäischen Gelehrten. Das gewachsene völkerkundliche Wissen forderte zu seiner wissenschaftlichen Interpretation heraus. Zunehmend griffen es auch die Staatstheoretiker und Philosophen auf und berücksichtigten es in ihren Schriften und Theorien. Im 18. Jahrhundert schließlich wurden die Charaktere der Völker zu einem selbständigen wissenschaftlichen Thema. 1748 kam der Essay des schottischen Aufklärers David Hume (1711-1776) über die Nationalcharaktere heraus[83], und es erscheinen auch die ersten völkerpsychologischen Monographien.

Allgemein waren die Aufklärer skeptisch gegenüber der Annahme kollektiver Charaktere, verwerfen diese allerdings auch nicht. „Der Pöbel neigt dazu," schrieb Hume, „alle nationalen Charaktere ins Extreme zu steigern, und nachdem einmal als Prinzip feststeht, daß ein Volk schurkisch, feige oder unwissend ist, wird keine Ausnahme zugelassen und jeder einzelne unter diesem Aspekt betrachtet. Männer von Verstand verdammen diese undifferenzierten Urteile, obwohl sie gleichzeitig zugestehen, daß jede Nation ein eigenes System von Sitten hatten hat, und daß man einige bestimmte Eigenschaften bei einem Volk häufiger antreffen kann als bei seinen Nachbarn." [84]

Zwar kämen in jedem Volk die unterschiedlichsten menschlichen Eigenschaften vor, jedoch nicht immer gleich häufig. „Die Natur schafft zwar Gemüt und Verstand aller Arten, doch folgt daraus nicht, daß sie zu gleichen Teilen geschaffen wurden und in jeder Gesellschaft die Anteile des Fleißes und der Faulheit, des Mutes und der Feigheit, der Menschlichkeit und der Brutalität, der Weisheit und der Torheit ebenso

---

83 DAVID HUME: „Über nationale Charaktere", in: ders.: Politische und moralische Essays, Hamburg 1988, Teilband 1, S. 154-173

84 HUME, Über nationale Charaktere, S. 154

vermischt sein. Findet sich in den Anfängen der Gesellschaft von einer dieser Veranlagungen mehr als von den übrigen, so wird sie bei der Zusammensetzung natürlich vorherrschen und dem nationalen Charakter einen Anstrich geben.“ [85]

Dabei war man sich der Relativität aller völkercharakterologischen Beurteilungen bewußt. So betonte der französische China-Missionar Louis Le Comtes 1696, die Chinesen fänden unsere Sitten genauso seltsam wie wir die ihren; die menschlichen Handlungen beruhten eben auf in der Kindheit erworbenen Vorurteilen, seien an und für sich indifferent und bedeuteten nur das, was die Völker in sie hineinlegten.[86] Ludvig Holberg, ein dänischer Komödienautor, der zwischen 1708 und 1726 Europa bereiste, schrieb: „Was bei dieser Nation eine Tugend ist, wird bei der anderen als Laster angesehen, und was man hier mit dem Namen Artigkeit belegt, solches heißt an einem anderen Ort Gaukelei. Was die Franzosen unter der Anmut und Freiheit der Sitten begreifen, solches nennt der Spanier eine Frechheit. Was man in Spanien für eine anständige Ernsthaftigkeit hält, das scheint den Franzosen ein mürrisches Wesen zu sein. Wenn die nordischen Völker jemand geizig nennen, so erhält derselbe in Italien den Ruhm, daß er ein guter Haushalter sei. Wer den Deutschen freigebig zu sein scheint, der ist nach dem Urteil der Holländer sehr verschwenderisch. Was die Engländer als Beständigkeit rühmen, das verwerfen andere Völker als eine Hartnäckigkeit.“ [87]

Zudem veränderten sich die Sitten eines Volkes von einem Jahrhundert zum anderen beträchtlich, sei es durch Veränderungen der Regierungsform, durch die Vermischung mit Fremden oder durch „jene Unbeständigkeit, der alle menschlichen Angelegenheiten unterliegen“,

---

85 HUME, Über nationale Charaktere, S. 160

86 WILHELM EMIL MÜHLMANN, Geschichte der Anthropologie. 3. Auflage, Wiesbaden 1984, S. 45

87 LUDVIG HOLBERG, Nachricht von meinem Leben (1745), zitiert nach MICHAEL MAURER: „‘Nationalcharakter‘ in der frühen Neuzeit. Ein mentalitätsgeschichtlicher Versuch, in: REINHARD BLOMERT, HELMUT KUZMICS, ANNETTE TREIBEL (Hg.): Transformationen des Wir-Gefühls. Studien zum nationalen Habitus. Frankfurt a.M. 1993, S. 65

wie David Hume schrieb. So mögen zwar einige Züge des französischen Charakters mit denen übereinstimmen, die Caesar den Galliern zuschrieb, doch „welcher Unterschied besteht zwischen der Höflichkeit, der Menschlichkeit und der Bildung der modernen Bewohner dieses Landes und der Unwissenheit, der Barbarei und der Grobheit der früheren?“ Und die Engländer seien vor einigen Jahrhunderten noch dem Aberglauben verfallen, im vorigen Jahrhundert – zur Zeit Cromwells – von blindwütigstem Enthusiasmus beseelt gewesen und zeigten in Humes eigenem Jahrhundert in religiösen Angelegenheiten nur noch kühlste Gleichgültigkeit.[88]

Auch die Vorstellung von den Ursachen der Volkscharaktere änderte sich. Zunächst hatte man die Klimatheorie der Antike wieder aufgegriffen. So meinte etwa der französische Staatstheoretiker Jean Bodin (1529-1596), die nördlichen Völker seien den südlichen körperlich überlegen und daher tapferer und fleißiger, talentiert für Handwerk und Handel, Landwirtschaft und Kriegswesen. Die südlichen Völker hätten dagegen die größeren geistigen Anlagen, seien listig und sexuell ausschweifend.[89] Auch der französische Aufklärer Montesquieu (1689-1755) vertrat noch die Auffassung, daß das Klima die nördlichen Völker tapfer und die südlichen lebhaft, sinnlich und leidenschaftlich, aber auch furchtsam mache.

Zunehmend stellt man jedoch den klimatischen Ursachen historische und gesellschaftliche zur Seite. Der grundsätzliche Optimismus der Aufklärer und ihr Glaube an die menschliche Vernunft ließen in der zweiten Hälfte des 18. Jahrhunderts die Klimadetermination zurücktreten. Denn waren die Menschen nicht die Herren ihres Schicksals?[90] Nicht das Klima, meinte David Hume, sondern die Sitten und die Nachahmung prägten den Nationalcharakter. Die menschlichen Sitten breiteten sich durch Nachahmung aus. Eine Gruppe von Menschen kann nicht Umgang mit einer anderen Gruppe von Menschen haben, ohne nicht auch etwas von deren Sitten und Lastern zu übernehmen. Wichtiger als das Klima seien historische Zufälle und die Eigenschaften

88 HUME, Über nationale Charaktere, S. 163

89 MAURER, ‚Nationalcharakter‘ in der frühen Neuzeit, S. 52

90 MAURER, ‚Nationalcharakter‘ in der frühen Neuzeit, S. 78

einflußreicher Personen, die sich durch Nachahmung ausbreiten. So beruht nach Hume auch der größere Mut der nördlichen Völker nicht auf der Wirkung des Klimas, sondern auf historischen Zufällen. Von der Klimatheorie läßt Hume nur den größeren Hang der Männer in nördlichen Gegenden nach starken Getränken und der in südlichen Regionen nach Liebe und geschlechtlicher Befriedigung gelten. Gehe letzteres Bedürfnis über ein bestimmtes Maß hinaus, so macht es die Menschen argwöhnisch aufeinander und beende den freien Umgang der Geschlechter, der für die Kultur eines Volkes so wichtig sei.

Der französische Aufklärer Claude Adrien Helvétius (1715-1771) führt in seinem Buch *Vom Geist* (1758) die Verschiedenheit der Völker auf die Unterschiede der Regierungsformen, der Sitten und der sozialen Verhältnisse zurück. Auch Montesquieu schränkte die Wirkung des Klimas in erster Linie auf die unzivilisierten Völker ein. Die zivilisierten Völker würden vor allem von ihren Sitten und Gesetzen bestimmt. Aus diesen entstünde der jeweilige *Esprit Générale* einer Nation, ihre spezifische Geisteshaltung oder Gesittung, von den meisten Autoren in der Folge *Nationalgeist* oder *Volksgeist* genannt. Es sei die Aufgabe des Gesetzgebers, so Montesquieu, sich an den Volksgeist anzupassen und Veränderungen nur langsam vorzunehmen.[91]

Bei aller Betonung der Wandelbarkeit des Nationalcharakters klingt bei den Aufklärern aber auch immer wieder eine ursprüngliche Verschiedenheit der Völker an, etwa wenn Montesquieu die ursprüngliche Ursache der Eigenschaften der Menschen in der Natur begründet sieht, oder Muralt den Charakter der Engländer auf die unterschiedlichen Eigenschaften von Sachsen, Dänen, Normannen und Römer zurückführt.[92]

---

91 CHARLES-LOUIS de SECONDAT de la MONTESQUIEU: Vom Geist der Gesetze (1748). Tübingen 1992, 1. Band, 19. Buch

92 SEBASTIAN KÜHN: „Metaphern einer Nation. Französische Englandberichte 1650-1750“, in: OTFRIED DANKELMANN (Hg.): Entdeckung und Selbstentdeckung. Die Begegnung europäischer Reisender mit dem England und Irland der Neuzeit, Frankfurt a.M. 1999, S. 111-150, S. 138

5. Europa in der frühen Neuzeit

Das gewachsene ethnographische Interesse seit der Zeit des Humanismus führte zu einer Zunahme der Berichte über die europäischen Länder und Völker. Die fanden ihren Niederschlag in der neuen Literaturgattung des *Lexikons* oder der *Enzyklopädie*, die dem Leser das Wissen seiner Zeit vermitteln wollte. Deren Herausgeber strebten danach, ein möglichst realistisches Bild ihrer Gegenwart zu zeichnen. Dazu gehörten auch umfassende Länderbeschreibungen, die Charakteristiken der jeweiligen Völker beinhalteten. Schon Sebastian Münster (1488-1552) wertete in für seiner *Cosmographia* (1544) die Ergebnisse einer Umfrage an die Kanzleien der verschiedenen Staaten und an sachkundige Gelehrte aus.[93] Die Zahl der Enzyklopädien nahm besonders im 17. Jahrhundert zu, und die in ihnen enthaltenen Völkercharakteristiken, die zunächst noch kaum über die mittelalterlichen Schilderungen hinausgingen, wurden mit der Zeit ausführlicher und qualitätsvoller.

Hier sind etwa Louis Moréris *Grand Dictionaire Historique* (zuerst 1674, 20 Ausgaben bis 1759) zu nennen, Ephraim Chambers *Cyclopaedia, or an Universal Dictionary of Arts and Sciences*, (zuerst 1728, verschiedene Ausgaben bis 1786) oder auch Johann Heinrich Zedlers *Großes vollständiges Universallexikon aller Wissenschaften und Künste* (68 Bände ab 1732). Und nicht zuletzt Denis Diderots berühmte *Encyclopédie* (35 Bände zwischen 1751 und 1780).[94] Die bekannteren Enzyklopädien erschienen über längere Zeiträume hinweg und in den wichtigsten europäischen Sprachen, wobei die Artikel

---

93 JUSTIN STAGL: „Vom Dialog zum Fragebogen. Miszellen zur Geschichte der Umfrage“, in: Kölner Zeitschrift für Soziologie und Sozialpsychologie 31, 1979, S. 611-638, S. 617

94 INA ULRIKE PAUL: „»Wache auf und lies...« Zur Tradierung von Nationalstereotypen in europäischen Enzyklopädien des 18. Jahrhunderts“, in: INGRID TOMKOWIAK (Hg.): Populäre Enzyklopädien. Von der Auswahl, Ordnung und Vermittlung des Wissens, Zürich 2002, S. 197-220

oft überarbeitet und aktualisiert wurden. Sie trugen wesentlich zur Verbreitung des aufklärerischen Gedankengutes bei. Im späten 17. und im 18. Jahrhundert erschienen dann die ersten ausführlichen Monographien über den Charakter bestimmter Völker, wie zum Beispiel Beat Ludwig von Muralts *Briefe über die Engländer und Franzosen* (1725, geschrieben bereits 1694) und Christian Heinrich Schmids *Charakteristik der vornehmsten europäischen Nationen* (1772) über die Engländer, Franzosen, Italiener, Spanier, Deutschen und Niederländer.[95]

Daneben existieren auf einem eher volkstümlichen Niveau die mehr oder weniger satirischen Charakterisierungen der alten Völkerkataloge weiter, wie z.B. auf der bekannten steirischen Völkertafel aus der Zeit um 1750.[96]

Die führende Nation Europas waren nach wie vor die Franzosen. Sie wurden im 17. Jahrhundert als gewandt und höflich, aber auch großsprecherisch und unbeständig, kühn und eher wenig arbeitsam, sowie als leichtfertig in der Liebe charakterisiert.[97] Schon 1527 hat Agrippa von Nettesheim die Franzosen als galante Frauenhelden geschildert.[98]

---

95 MAURER, 'Nationalcharakter' in der frühen Neuzeit, S. 72 f. (MURALT); Anonym [CHRISTIAN HEINRICH SCHMID]: Charakteristik der vornehmsten europäischen Nationen. 2 Bde. Leipzig 1772

96 FRANZ K. STANZEL: Europäer. Ein imagologischer Essay. Zweite, aktualisierte Auflage, Heidelberg 1998; FRANZ K. STANZEL (Hg.): Europäischer Völkerspiegel. Imagologisch-ethnographische Studien zu den Völkertafeln des frühen 18. Jahrhunderts, Heidelberg 1999. Die steirische Völkertafel scheint mir mit dem frühen 18. Jahrhundert zu früh datiert zu sein. Die Kleidung der dargestellten Völkertypen, insbesondere die des Franzosen, des Engländers und des Deutschen, erscheint mir eher in die Zeit um 1750 zu gehören, wenn nicht gar erst in die zweite Hälfte des 18. Jahrhunderts, wobei bei der provinziellen Völkertafel noch ein gewissen Verzögerungseffekt zuzubilligen wäre.

97 JULES de La MESNARDIÈRES, La poetique (1640), MICHAEL MAURER: „'Nationalcharakter' in der frühen Neuzeit. Ein mentalitätsgeschichtlicher Versuch", in: REINHARD BLOMERT u.a..: Transformationen des Wir-Gefühls. Studien zum nationalen Habitus, Frankfurt am Main 1993, S. 45-81, S. 63

98 PAUL, »Wache auf und lies...«, S. 203 f.

Der Genfer Beat Ludwig von Muralt beschreibt die Franzosen 1725 im Vergleich mit den Engländern als flexibel, beherzt und dienstbeflissen. Sie leben vom Schein und glänzenden Äußerlichkeiten, sind entgegenkommend und wollen sich jedermann verpflichten.[99] Zur gleichen Zeit spricht ihnen das Basler Lexikon gute Manieren zu, sie seien aber auch unbeständig und etwas zu hitzig.[100] Montesquieu beschreibt die Franzosen als lebhaft, fröhlich, offenherzig, aber auch unvorsichtig, unbeständig und eitel; sie haben Geschmack, Sinn für Kunst und Mode und für den Handel.[101]

Der Däne Ludvig Holberg spricht den Franzosen ein *sanguinisches*, also ein leicht ansprechbares, heiteres und fröhliches Temperament zu. Sie sind leicht zum Zorn zu reizen und ebenso schnell wieder beruhigt, haben angenehme Sitten, sind in Freundschaft und Liebe unbeständig, höchst umgänglich und gesellig, eigennützig und zugleich edelmütig und freigebig, reden viel und haben viel Witz, begreifen schnell und erledigen ihre Geschäfte mit großer Hurtigkeit, aber wenig Geduld und Urteilskraft.[102]

Christian Heinrich Schmid charakterisiert die Franzosen 1772 als trotz ihres Leichtsinns und ihrer Modesucht als geschickt und verständig in allem, was ihr eigenes Interesse betrifft. Ihr Verhältnis zum weiblichen Geschlecht sei von einem Geist der Galanterie geprägt, nicht von dauerhafter Liebe. Sie sind weniger fleißig als die Engländer und weniger reinlich als die Holländer.[103] Als Nationallaster der Franzosen sah man allgemein den Leichtsinn an, was damals eine weitere Bedeutung als

---

99 MAURER, „Nationalcharakter“, S. 73

100 Basler Lexikon, 1726, PAUL, „»Wache auf und lies...«, S. 205

101 GONTHIER-LOUIS FINK: „Baron de Thunder-ten-tronckh und Riccaut de la Marlinière. Nationale Vorurteile in der deutschen und französischen Aufklärung“, in: LOTHAR JORDAN u.a. (Hg.): Interferenzen. Deutschland und Frankreich. Literatur – Wissenschaft – Sprache, Düsseldorf 1983, S. 24-51, S. 29

102 LUDVIG HOLBERG: Nachricht von meinem Leben in drei Briefen an einen vornehmen Herren (1745), Nachdruck, München 1982, S. 240 ff. u. 252 ff.

103 SCHMID, Charakteristik, 1772, S. 40 ff. und 130

heute hatte und so viel wie Unbeständigkeit bedeutete.[104] Die Südfranzosen, die Bewohner des Languedoc und der Gascogne, galten als die heitersten Franzosen.[105]

Den Italienern billigte der Engländer Thomas Oryate 1608 kulturelle Überlegenheit, Gastfreundlichkeit und Verständigkeit zu.[106] Das Leipziger Lexikon von 1709 beschreibt sie als höflich und nett, aber eifersüchtig und untreu.[107] Ludvig Holberg erkennt ihren Geist und Scharfsinn und ihre künstlerische Begabung an. Im übrigen seien sie abergläubisch und hätten die kriegerischen Tugenden ihrer (römischen) Vorväter verloren.[108] Allgemein galten die Italiener als sinnlich. In der Völkertafel werden sie eifersüchtig und geschwätzig genannt, im *Zedler* wird als ihr Nationallaster die Lüsternheit angegeben. Chambers nennt sie schalkhaft *(waggish)*.[109]

Eine ausführlichere und ausgewogenere Charakteristik der Italiener gab Schmid in seiner *Charakteristik der vornehmsten europäischen Nationen* (1772). Die Italiener zeichnen sich nach Schmid durch Erfindungsgeist und Geschick in den Künsten aus. Sie stehen keinem anderen Volk an natürlichen Talenten des Geistes und des Scharfsinnes nach. In der Musik übertreffen sie alle anderen Nationen. Sie neigen zum Gestikulieren und zu theatralischem Verhalten. Trotzdem seien sie im normalen Leben von vernünftigem und gemäßigtem Betragen. Als Folge der damaligen politischen Zustände sah Schmid ihre Vorsicht und geringe Offenheit im gesellschaftlichen Umgang an. Sie seien wenig unternehmend und arbeitsam, liebten den Müßiggang und gingen verschwenderisch mit ihrer Zeit um. Unwissenheit sei weitverbreitet und der Sinn für Reinlichkeit gering. Sie flüchteten sich in Aberglauben und

---

104 ZEDLER, Universallexikon, und CHAMBERS, Cyclopaedia, 1750, nach PAUL, „»Wache auf und lies...«, S. 201 f.; Völkertafel um 1750, STANZEL, Europäer.

105 HUME, Über nationale Charaktere.

106 MAURER, „Nationalcharakter“, S. 67

107 PAUL, „»Wache auf und lies...«, S. 205

108 HOLBERG, Nachricht von meinem Leben, S. 263 f.

109 STANZEL, Europäer; ZEDLER und CHAMBERS, Cyclopaedia, 1750, nach PAUL, „»Wache auf und lies...«, S. 201 f.

Religion. Auch Schmid schreibt, die Italiener hätten die kriegerischen und patriotischen Tugenden ihrer römischen Vorfahren verloren, an ihre Stelle sei eine gewisse Trägheit und Weichlichkeit getreten. Die Schattenseiten des italienischen Charakters gelten nach Schmid aber in erster Linie nur für die Süditaliener und die Bewohner des Kirchenstaates, die Norditaliener dagegen seien freier und unternehmender als die übrigen Italiener.[110]

Die Spanier gelten auch in der Neuzeit als stolz und selbstbewußt, ja hochmütig. Immer wieder wird ihr gravitätisches, würdevolles Auftreten genannt. Dabei verfügen sie über einen guten Verstand, sind verschlossen und bedachtsam, nicht übereilt handelnd, hartnäckig und schlau in der Politik, bedürfnislos und mäßig beim Essen und Trinken, geduldig in Mühe und Not, unerschrockene Soldaten, tapfer und standhaft. Trotz aller Überlegung und Bedachtsamkeit sind sie zur Leidenschaft fähig.[111] Jules de la Mesnardières nennt sie 1640 lächerlich in der Liebe und wütend in ihrem Haß, im *Zedler* heißt es, die Eifersucht erreiche bei ihnen beinahe den höchsten Grad.[112] Während Sebastian Frank ihnen 1534 in seiner Weltchronik noch Arbeitsamkeit zubilligte, werden sie in den Enzyklopädien des 18. Jahrhunderts oft faul genannt, sie ließen ihre Fähigkeiten aufgrund ihrer Faulheit ungenutzt.[113] In der italienischen Version des *Dictionaire Géographique Portatif* von 1751 ist von klima-

---

110 SCHMID, Charakteristik, S. 87 ff.

111 DIETRICH BRIESEMEISTER: „»Die spanische Verwirrung« (J.W. von Goethe). Zur Geschichte des Spanienbildes in Deutschland“, in: Jahrbuch Preußischer Kulturbesitz 34, 1997, S. 291-311; DEBORA GERSTENBERGER: Iberien im Spiegel frühneuzeitlicher enzyklopädischer Lexika Europas. Diskursgeschichtliche Untersuchung spanischer und portugiesischer Nationalstereotypen des 17. und 18. Jahrhunderts. Stuttgart 2007; PAUL, „»Wache auf und lies...«, S. 122 ff., 201 f., 205; MAURER, „Nationalcharakter“, S. 63 f.; HOLBERG, Nachricht von meinem Leben, S. 264; STANZEL, Europäer.

112 JULES de la MESNARDIÉRES, La poetique, 1640, MAURER, „Nationalcharakter“, S. 63 f.; ZEDLER 1740, PAUL, „»Wache auf und lies...«, S. 201 f.

113 SEBASTIAN FRANCK, Weltchronik, 1534, BRIESEMEISTER, Verwirrungen, S. 295; GERSTENBERGER, Iberien, S. 124 u. 131

bedingter Gleichgültigkeit die Rede.[114] Oft wird auch ihre Grausamkeit gegen die amerikanischen Indianer erwähnt.

Christian Heinrich Schmid schreibt über die Spanier, sie hätten eine vortrefflichen Verstand, aber eine wenig biegsame Gemütsart. Sie seien gute Katholiken und gute Untertanen, weil sie es für ihre Pflicht hielten. Die Redlichkeit und der Großmut der spanischen Vornehmen seien sprichwörtlich. Sie neigen nicht zu ehelicher Untreue, sind aber sehr eifersüchtig. „Die Liebe ist in Spanien eine zu wichtige Sache, als daß man damit scherzen sollte". Die finstere Gravität der Spanier rühre mehr von Stolz und Einbildung her als von Tiefsinn und Umsicht. Ihr Hauptlaster sei die Indolenz (Gleichgültigkeit).[115]

Die Portugiesen werden ähnlich wie die Spanier charakterisiert. Sie gelten als stolz, tapfere Soldaten, höflich und großzügig, ihrer Religion und ihrem Herrscher zugetan.[116] Sie geraten selten in Zorn, sind aber auf Rache aus.[117] Der Unterschied zu Spanien besteht darin, daß Gravität und Würde nicht hervorgehoben werden und auch die Faulheit nicht genannt wird, dafür aber eine Begabung für den Handel.

Die Engländer, im Mittelalter noch weitgehend außerhalb des Gesichtskreises der Festlandseuropäer gelegen, finden auch im 16. und 17. Jahrhundert nur wenig Beachtung. Das Wort vom wortbrüchigen *perfiden Albion*[118], das schon im 12. Jahrhundert aufgetaucht war und auch in der Neuzeit gelegentlich in den Quellen vorkommt, ist sicher ohne völkerpsychologischen Wert. Seine Ursprünge sind unbekannt.

Der italienischer Humanist Julius Caesar Scaliger nennt die Engländer im 16. Jahrhundert von großer Körpergestalt, stolz und anmaßend, andere geringschätzend, ungeschickt und ungastlich. Bei ihm findet sich auch der erste Beleg für den sonst erst im 18. Jahrhundert thematisierten englischen *Spleen*, meint er doch, die Engländer neigten zu ver-

---

114 GERSTENBERGER, Iberien, S. 130

115 SCHMID, Charakteristik, 1772, S. 130, 158 ff. u. 242

116 GERSTENBERGER, Iberien, S. 133 ff.

117 Dictionaire Geographique et Critique, GERSTENBERGER; Iberien, S. 135

118 LUDWIG SCHMUGGE: „Über ‚nationale' Vorurteile im Mittelalter", in: Deutsches Archiv für Erforschung des Mittelalters 38, 1982, S. 439-459, S. 447

rücktem Benehmen *(ametes)*.[119] Thomas Plattner der Jüngere aus Basel schreibt 1599, die Weibsbilder hätten in England mehr Freiheit als an anderen Orten, das gemeine Volk sei aber noch ziemlich roh und unerfahren.[120]

Seit etwa 1700, als England das führende Land der Aufklärung und des Fortschritts in Europa ist, nahm das Interesse der Europäer an England stark zu. Beat Ludwig von Muralt, der England 1694 bereiste, schildert die Engländer 1725 als reserviert und individualistisch, jeder lebe nach seiner Facon und achte nicht auf anderer Leute Meinung, die Engländer liebten nichts mehr als ihre Freiheit. Sie seien praktisch eingestellt und schätzen das Solide. Im sozialen Kontakt sind sie ungebärdig, ja wild. Die Frauen sind sittsam, schüchtern, schweigsam und sanft.[121]

Im 18. Jahrhundert wird besonders die Freiheitsliebe und der Individualismus der Engländer hervorgehoben. Christian Heinrich Schmid betont ihre Neigung zu selbständigem Denken, ihre geringe Ehrfurcht vor der Obrigkeit, den Geist der Gleichheit, ihre Offenheit und Redlichkeit. Es sind vor allem die Briten selbst, die den *Spleen* ins Gespräch bringen, so schrieb etwa Hume, die Engländer seien individualistisch bis zur Eigensinnigkeit. Nach Laurence Stern reitet jeder Engländer sein Steckenpferd *(hobbyhorsicality)*. [122] Christian Heinrich Schmid erwähnt auch schon die Vorliebe der Engländer für den Sport.[123]

---

119 GÜNTHER BLAICHER: „Zur Entstehung und Verbreitung nationaler Stereotypen in und über England“, in: Vierteljahresschrift für Literaturwissenschaft und Geistesgeschichte 51, 1977, S. 549-574, S. 566

120 GERRIT DEUTSCHLÄNDER: „Allein auß begirdt, ettwaß zesehen. Die Englandreise des jüngeren Thomas Plattner von 1599“, in: OTFRIED DANKELMANN (Hg.): Entdeckung und Selbstentdeckung. Die Begegnung europäischer Reisender mit dem England und Irland der Neuzeit, Frankfurt a.M. 1999, S. 51-69, S. 62 f.

121 MAURER, „Nationalcharakter“, S. 73; SEBASTIAN KÜHN: „Metaphern einer Nation. Französische Englandberichte 1650-1750“, in: DANKELMANN, Entdeckung und Selbstentdeckung, S. 111-150, S. 119 u. 122

122 STANZEL, Europäer, S. 31 f.

123 SCHMID, Charakteristik, 1772, S. 3 ff.

Immer wieder wird auf die Grobheit der englischen Sitten, insbesondere der des einfachen Volkes hingewiesen. Dazu gehören Trotz, Heftigkeit und Trunkenheit. Dem Franzosen André Francois Bourdaeu Deslandes fiel 1717 die Ernsthaftigkeit auf, mit der die Engländer sich betrinken. Nach Samuél Sorbiere (1696) ist das einfache Volk faul und brutal gegen Ausländer.[124] Im Gegensatz zum *merry old England*, dem fröhlichen England, nennt Chambers die Engländer in seiner *Cosmographia* ernst *(serious)*.[125] Allgemein erkannte man die Tapferkeit der englischen Edelleute, Soldaten und Matrosen an.[126]

Der deutsche England-Reisende Johann Basilius Küchelbecher schreibt 1737, die Engländer hätten ein glückliches, wenn auch überwiegend phlegmatisches Temperament: „Sie sind nicht so flüchtig wie die Franzosen, aber auch nicht so kalt und langsam als die nordischen Völker". Nicht so offenherzig wie die Deutschen, sind sie aber auch weit beständiger als die Franzosen. Erfindungsreich und geschickt, leben sie gerne bequem.[127] Bei dem Dänen Ludvig Holberg heißt es 1745, die Engländer verachteten alles Ausländische, begreifen nicht so schnell wie die Franzosen, sind aber gründlicher, reden wenig, aber wohlüberlegt, glauben nichts, was sie nicht begreifen können, was sie aber begriffen hätten, bekennen sie frei. Sie schließen langsamer Freundschaft als die Franzosen, brechen sie aber auch nicht so schnell, sind sauberer als die Franzosen, geben mehr für Essen und Trinken aus, neigten aber auch zu Misantropie.[128]

Auch andere Beobachter betonten das methodische Denken der Engländer, ihren praktischen Verstand und ihre *Weltklugheit*. Allgemein wird im 18. Jahrhundert auf ihre Beherztheit, ihre Redlichkeit und Freimütigkeit, auf ihre unverstellten, aufgeklärten Sitten hingewiesen, und gelegentlich auch ihr Fleiß hervorgehoben.

---

124 KÜHN, Metaphern, S. 132 f., 139 u. 141

125 CHAMBERS, Cyclopaedia, PAUL, „»Wache auf und lies...«, S. 202

126 LOUIS DU MAY, 1681, PAYEN 1663, KÜHN, Metaphern, S. 139 f.

127 MICHAEL MAURER (Hg.): O Britannien, von deiner Freiheit einen Hut voll. Deutsche Reiseberichte des 18. Jahrhunderts, München 1992, S. 97 ff.

128 HOLBERG, Nachricht von meinem Leben, S. 245 ff.

Der vielgereiste Gebhard Friedrich August Wendeborn vergleicht die Engländer 1779 mit anderen Europäern. Er kommt zu dem Schluß, daß sie selbstsicherer als die Deutschen, weniger affektiert als die Franzosen und nicht so geschäftig wie die Holländer seien. Sie zeichneten sich durch eine freie Art zu Denken aus, seien redlich und tapfer, besäßen starken Nationalstolz, verachteten die Fremden, hätten ansonsten aber große Nachsicht mit den Schwächen der Menschen, und reden nicht so viel und lebhaft wie die Franzosen. Die Kinder würden mit großer Nachsicht und Freiheit erzogen.[129]

Die Schotten werden von Chambers in seiner *Cyclopaedia* (1750) wild und grimmig *(fierce)* genannt, und die Iren in Folge von Elend und Unterdrückung durch die Engländer als untätig und müßig *(idle)*.[130] Der Engländer Arthur Young erkennt 1774 die Gastfreundschaft und Freundlichkeit, die Herzlichkeit und menschliche Wärme der Iren an. Sie hätten nichts von der düsteren Schweigsamkeit der Engländer, sie seien unermüdlich mit der Zunge und liebten Tanz und Musik. Allerdings vermerkt auch er Faulheit und Mangel an Initiative.[131]

Die Deutschen wurden von ihren Nachbarn im 16. und 17. Jahrhundert ähnlich wie schon im späten Mittelalter beurteilt. Die ausländischen Beobachter beeindruckten vor allem die deutschen Städte. Michel de Montaigne schreibt 1581 von den wohlhabenden, friedlichen und reinlichen Städten mit höflichen Bewohnern und von dem hohen Sicherheitsstandard und der guten Rechtspflege, die er in Süddeutschland gesehen hat.[132]

---

129 MAURER, O Britannien, S. 283 ff.

130 PAUL, „»Wache auf und lies...«, S. 202

131 MARCUS RAU: „Wer Irland gesehen hat, dem ist kein Zustand in Europa mehr bedauernswerth. Beobachtungen und Erfahrungen von Arthur Young und Johann Georg Kohl. Ein Vergleich“, in: OTFRIED DANKELMANN (Hg.): Entdeckung und Selbstentdeckung. Die Begegnung europäischer Reisender mit dem England und Irland der Neuzeit, Frankfurt a.M. 1999, S. 169-211, S. 186 u. 191 ff.

132 MICHAEL MAURER: „Außenwahrnehmung. Deutschland und die Deutschen im Spiegel ausländischer Reiseberichte (1500-1800)“, in: DIETER LANGEWEISCHE, GEORG SCHMIDT (Hg.): Förderative Nation: Deutschlandkonzepte von der Reformation bis zum Ersten Weltkrieg, München 2000, S. 309-325, S. 313

Auch die Engländer John Barclay und Edward Brown sprechen 1614 und 1677 von den schönen und sauberen deutschen Städten, von der Sittlichkeit und Friedlichkeit ihrer Bewohner, die sie als verträglich und umgänglich erlebten.[133] Bemerkenswert ist, daß das Bild von Wohlstand und Ordnung sich auch schon bald nach dem Dreißigjährigen Krieg wieder einstellt. Nach der Beschreibung des Franzosen Charles Patin von 1676 sind die Deutschen von Natur aus gut, rechtschaffen, freimütig und offen, rechtlich gesonnen und in allen Konfessionen fromm und gottesfürchtig. Der Engländer Thomas Howell verweist 1642 auf die Ähnlichkeit der Norddeutschen mit den Engländern. [134]

Die Deutschen selbst sahen sich um 1700, nach ihrer Kurzcharakteristik im Leipziger Lexikon von 1709 zu urteilen, als verständig, aufrichtig, tapfer, arbeitsam und der Trunksucht beschuldigt an.[135] Andere deutsche Beurteiler hatten weniger Probleme mit der Trunksucht und räumten diese ohne weiteres als deutsches Nationallaster ein (Zedler, Völkertafel).

Englische Beobachter aus der Mitte des 18. Jahrhunderts beschrieben die Deutschen als gut geartet, frei von Bosheit und Raffinesse, arbeitsam, aufrichtig, ehrbar und gastfreundlich, mit einem Hang zum Trinken und zu übermäßigen Mahlzeiten. Es gebe unter ihnen viele Erfinder, die Gelehrten neigen zu metaphysischen Spekulationen.[136] Einige englische Autoren kritisieren ihr phlegmatisches Temperament und ihr Untertanentum, ihre Servilität, Titelsucht und Obrigkeitsfrömmigkeit.[137]

Der Däne Ludvig Holberg schildert 1745 die Deutschen auf folgende Weise: Sie sind vernünftig, weichen selten von der ordentlichen Bahn ab, sind unmäßig nur beim Essen und Trinken, sind tapfer, lieben die Wissenschaft, sind arbeitsam, aber halten dabei mehr das Maß als die Holländer, denn sie streben nicht nach Reichtum, sondern nur nach einem anständigen Leben. Sie erreichen ihre Ziele langsam und metho-

---

133 MAURER, Außenwahrnehmung, S. 315 f.

134 MAURER, Außenwahrnehmung, S. 315 f.

135 PAUL, „»Wache auf und lies...«, S. 205

136 THOMAS NUGENT, 1756, MAURER, Außenwahrnehmung, S. 320 f.

137 MAURER, Außenwahrnehmung, S. 316 u. 322

disch, sind edelmütig und aufrichtig, in den Wissenschaften nicht so elegant wie andere Nationen, dafür gelehrter und gründlicher, und besitzen viel Erfindergeist.[138]

Eine etwas andere Perspektive nehmen zwei italienische Beobachter aus der zweiten Hälfte des 18. Jahrhunderts ein. Carlo Denina, der als Diplomat in Preußen tätig war, hebt den ernsten und phlegmatischen Charakter der Deutschen hervor.[139] Dem italienischen Schriftsteller und Historiker Aurelio de'Giorgi Bertòla (1753-1798) fällt dagegen der Lebensstil der Deutschen auf. Sie bevorzugten das einfache Leben auf dem Lande, seien naturverbunden, legten keinen großen Wert auf Luxus und Gefallsucht, neigten zur Reflexion, seien sentimental, ernst, arbeitsam, friedfertig und bescheiden, kennten keine Begehrlichkeit und Betrug, träten für die Pflege sozialer Tugenden ein, bejahten die gesellschaftliche und staatliche Ordnung und seien anderen Völkern gegenüber friedfertig.[140]

Die Schweizer galten um 1700 als freiheitsliebend, ehrlich, aufrichtig und gerecht, arbeitsam, sparsam und als gute Soldaten.[141]

Die Niederländer sind nach Ludvig Holberg (1745) pragmatisch und solide, von unverdrossenem Fleiß, sparsam, reinlich und ordnungsliebend. Sie lassen sich nicht von Affekten leiten, ihre Kaltsinnigkeit ist sprichwörtlich. Sie arbeiten fleißig, um Reichtum zu erwerben. An Witz und Geist sind sie weder den Franzosen noch den Engländern gewachsen, dafür irren sie aber auch nicht so oft wie diese. Ihre Frauen sind sehr keusch.[142] Christian Heinrich Schmid betont die Emsigkeit und

---

138 HOLBERG, Nachricht von meinem Leben, S. 260 ff.

139 VOLKER STEINKAMP: „Zum Preußen-Bild in La Prusse littéraire von Carlo Denina", in: KLAUS HEITMANN, TEODORO SCAMARDI (Hg.): Deutsches Italienbild und italienisches Deutschlandbild im 18. Jahrhundert, Tübingen 1993, S. 170-179, S.177

140 AUGUST BUCK: „Aurelio de' Giorgi Bertòlas Deutschlandbild", in: KLAUS HEITMANN, TEODORO SCAMARDI (Hg.): Deutsches Italienbild und italienisches Deutschlandbild im 18. Jahrhundert, Tübingen 1993, S. 161-169, S. 163 u. 167

141 Leipziger Lexikon, 1709, PAUL, „»Wache auf und lies...«, S. 205

142 HOLBERG, Nachricht von meinem Leben, S. 254 ff.

den Fleiß der Niederländer, ihre Freiheitsliebe und Redlichkeit, selbst in der Verwaltung. Sie seien offen und freimütig und pflegten einen Geist der Häuslichkeit.[143]

Auch die Schweden traten erst langsam ins Bewußtsein des literarischen Europa. Eine Reisebeschreibung aus dem Jahr 1592 schildert die schwedischen Bauern als wohlhabend und treuherzig, aber noch recht barbarisch und wild.[144] Der unbekannte, möglicherweise schwedische Autor der *Respublica Regni Sveciae* (vor 1632), nennt die Schweden mannhaft, sie seien zwar weniger höflich als die Deutschen, besäßen dafür aber um so mehr unverdrossenen Fleiß und Verstand.[145] In einer anderen Landesbeschreibung aus dem Jahr 1647 heißt es, die Schweden könnten viel aushalten, seien arbeitsam und hassten den Müßiggang.[146]

Nach dem Dreißigjährigen Krieg, in dem die Schweden die Hauptstreitmacht auf der protestantischen Seite stellten, hing ihnen nicht nur in den katholischen Ländern der Ruf der Grausamkeit an. In Zedlers Universallexikon heißt es 1743, die Schweden seien von Natur aus gute Soldaten, und auch die einfachen Schweden seien „gute *Mechanicos*".[147] Auf der Völkertafel aus der Mitte des 18. Jahrhunderts wirft man ihnen neben Grausamkeit auch Unmäßigkeit im Essen vor.[148]

---

143 [CHRISTIAN HEINRICH SCHMID]: Charakteristik der vornehmsten europäischen Nationen.Leipzig 1772, 2. Teil

144 AUGUST von MÖRSBERG, Reisebeschreibung von 1592, in ZEILER 1647, OTTO GSCHWANTLER: „Stereotype, historische Erfahrung und aktuelles Wissen im Schwedenbild der Völkertafel", in: FRANZ K. STANZEL (Hg.): Europäischer Völkerspiegel. Imagologisch-ethnographische Studien zu den Völkertafeln des frühen 18. Jahrhunderts, Heidelberg 1999, S. 225-249, S. 230

145 Respublica Regni Sveciae, vor 1632, deutsche Ausgabe 1632, GSCHWANTLER, Stereotype, S. 231 f.

146 MARTIN ZEILLER: Neue Beschreibung des Königreiches Schweden..., 1647, GSCHWANTLER, Stereotype, S. 231

147 GSCHWANTLER, Stereotype, S. 231 u. 234

148 STANZEL, Europäer

Ausführlichere und zahlreichere Beschreibungen der Schweden und der anderen nordeuropäischen Völker liegen erst aus dem späten 18. Jahrhundert vor. Den deutschen Reisenden in dieser Zeit fiel vor allem die natürliche, selbstsichere und freie Art der Schweden auf, ihr offenes, freundliches und gastfreundliches Wesen, verbunden mit einem mannhaften, kraftvollen und unverweichlichten Charakter. Sie hätten ein ausgesprochenes Ehrgefühl und seien ohne Trug und Arglist. Die Reisenden betonten die öffentliche Sicherheit, Sauberkeit und Ordnung in dem Land. Die Schweden hätten viel gesunden Menschenverstand, Erfindungsgeist und mechanisches Genie. Immer wieder wurde auch auf die schöne Körpergestalt der Schweden hingewiesen, die die Reisenden für sie einnahm.[149]

„Die Schweden halten ... die Deutschen für hitzig", so daß sie die Redewendung geprägt hätten, „er ist so hitzig wie ein Deutscher", schreibt Johann Wilhelm Schmidt 1801 nach einer Reise durch Schweden, dagegen sei den Schweden ein sanftmütiger Charakter eigen, „und bei einer Gelegenheit, wo der Italiener und Spanier zum Mordgewehr greift, der Deutsche mit der Faust zuschlägt, da läßt es der Schwede beim Schimpfen und Fluchen bewenden." [150]

Ähnlich beschrieb man allgemein auch die Norweger und Dänen, nur daß die Norweger als etwas rauher, selbstsicherer und ernster als die Schweden und die als Dänen gutmütig, mit einer Anlage zur Bonhomie geschildert wurden.[151]

---

149 JOHANN CONRAD FISCHER 1794, CHRISTIAN LUDWIG LENZ 1798, JOHANN WILHELM SCHMIDT 1801, JOHANN GEORG KERNER 1803, JOHANN GEORG ECK 1801, nach REGINA HARTMANN: Deutsche Reisende in der Spätaufklärung unterwegs in Skandinavien. Eine Verständigung über den „Norden" im Konstruktionsprozeß ihrer Berichte, Frankfurt a.M. 2000, S. 137, 142, 145, 160, 162 ff., 177 f., 226 f.

150 JOHANN WILHELM SCHMIDT: Reise durch einige schwedischen Provinzen bis zu den südlicheren Wohnplätzen der nomadischen Lappen, 1801, nach HARTMANN, Deutsche Reisende, S. 160 u. 162 ff.

151 JOHANN CHRISTIAN FABRICIUS 1779, JACOB MUMMSEN 1788, FRIEDRICH WILHELM BASILIUS VON RAMDOHR, 1792, HARTMANN, Deutsche Reisende, S. 239, 247 ff. u. 94

In deutlichem Gegensatz zu dem natürlichen Selbstbewußtsein der germanischen Skandinavier empfand man das Verhalten der noch weitgehend nomadisch lebenden Lappen. Die erschienen den Reisenden als friedfertig, mit einer ausgeprägten eigenen Physiognomie und von schwächerer körperlicher Konstitution als die Schweden und Norweger, aber auch sehr furchtsam und mißtrauisch, apathisch und träge. Die Lappen seien zwar gewandt und geschickt und von gutmütiger Art, aber wenig selbstbewußt.[152] Ernst Moritz Arndt nahm sie in Schutz. „Daß sie (...) nicht so stolz und hochherzig sein können, liegt in ihrer Natur; man hat Unrecht, mehr von jemand zu fordern, als er leisten kann."[153]

Das zivilisatorische Gefälle und die Leibeigenschaft prägten das Bild der westeuropäischen Autoren von den osteuropäischen Völkern. Der Engländer Andrew Boorde (ca. 1490-1549) beschrieb im 16. Jahrhundert die Polen als friedliche Leute, die den Krieg nicht lieben, ihre heile Haut sei ihnen lieber.[154] Die deutschen Reisenden des 18. Jahrhunderts schildern vor allem die Unsauberkeit, Faulheit, Stumpfheit, Bigotterie und den Aberglauben der polnischen Bauern, die sie auf die Unterdrückung in der Leibeigenschaft zurückführen.[155] Selbst der tolerante Georg Forster spricht von Tierheit und Fühllosigkeit, von unbeschreiblicher Faulheit und stockdummer Unwissenheit.[156]

---

152 JOHANN WILHELM SCHMIDT, 1802, LEOPOLD VON BUCH 1810, ERNST MORITZ ARNDT 1804, nach HARTMANN, Deutsche Reisende, S. 299 u. 308 f.

153 HARTMANN, Deutsche Reisende, S. 302 ff.

154 ELSE CLAUS: Deutschland und die Deutschen in englischen Reiseberichten des 16. Jahrhunderts, Diss. Würzburg 1942, S. 54

155 IZABELLA GOLEC: „Das stereotype Bild von Polen, Deutschen und Juden in den Reisebeschreibungen des 18. Jahrhunderts über Danzig und Umgebung", in: HELMUT MÜSSENER, FRANK-MICHAEL KIRSCH (Hg.): Nachbarn im Ostseeraum unter sich. Vorurteile, Klischees und Stereotypen in Texten, Stockholm 200, S. 141-151

156 GEORG FORSTER 1786, KARL KASER, MARTIN PROCHAZKA (Hg.): Selbstbild und Fremdbilder der Völker des europäischen Ostens, Klagenfurt 2006, S. 208

Die polnischen Adeligen werden dagegen als leutselig und freundlich, geschäftstüchtig, aber auch als „unökonomisch“ beschrieben.[157]

Noch ungünstiger ist das Bild von den Russen. Siegmund von Herberstein (1486-1566) berichtete in seiner *Reise zu den Moskowitern* (1526) und weiteren Schriften als erster eingehend über die Russen. Die werden in den Schriften des 16. Jahrhunderts allgemein als grobe, ungebildete Barbaren, sinnlose Trunkenbolde, verschlagene, diebische und grausame Leute dargestellt. Herberstein führte die Bosheit der Russen auf ihre Armut zurück.[158] Der Engländer Georg Turberville, der 1569 in Moskau gewesen war, nennt die Russen grob *(rude)* und betrügerisch *(full of guile),* ihre Frauen ausgelassen und sittenlos *(wanton)*.[159] Adam Olearius schreibt 1656, die Russen könnten nur mit Prügel zu Arbeit angetrieben werden.[160]

Der Tenor der Berichte ändert sich auch im 18. Jahrhundert nicht. Johann Georg Korb nennt um 1700 die Russen ungebildet, schwerfällig und geistig stumpf, und Friedrich Christian Weber 1721 verstockt und grausam. Oft wird von ihrer Trunksucht, ihrer Frömmigkeit und der Sitte der Russen berichtet, ihre Frauen zu prügeln.[161] Auf der steirischen Völkertafel heißt es, ihre liebste Freizeitbeschäftigung sei das Schlafen.[162]

Weniger voreingenommen war die Beschreibung, die Jurij Krizanic (1618-1683), ein in Rußland lebender Kroate, von den Slawen gab, womit

---

157 GERHARD KOZIELEK: „Kauschs ‚Nachrichten über Polen‘ – das Werk eines polonophilen Aufklärers“, in: B.I. KRASNOBAEV: Reisen und Reisebeschreibungen im 18. und 19. Jahrhundert als Quellen der Kulturbeziehungsforschung, Berlin 1980, S. 176-194

158 WOLFGANG EISMANN: „Der barbarische wilde Moskowit. Kontinuität und Wandel eines Stereotyps“, in: FRANZ K. STANZEL (Hg.): Europäischer Völkerspiegel. Imagologisch-ethnographische Studien zu den Völkertafeln des frühen 18. Jahrhunderts, Heidelberg 1999, S. 283-297, S. 292 f.

159 EISMANN, Moskowit, S. 289

160 EISMANN, Moskowit, S. 294

161 EISMANN, Moskowit, S. 291 ff.

162 STANZEL, Europäer; EISMANN, Moskowit, S. 294

er wohl in erster Linie die Russen im Sinn hatte. Sie seien wortkarg, hieß es bei Krizanic, langsam von Begriff und einfachen Herzens, Bummler und Verschwender, führten keine Rechnung über ihre Einnahmen und Ausgaben, verschwendeten und verschleuderten ihren Reichtum, feierten Feste und seien gastfreundlich, faul bei der Arbeit und ohne Fleiß in der Wissenschaft, begnügten sich mit einem bescheidenen Leben, sagten gerade heraus, was sie denken, und wenn sie sich verzanken, versöhnten sie sich auch wieder. Aus dem Textzusammenhang geht hervor, daß Krizanic seine Beschreibung der Slawen positiv meinte, als Alternative zu den disziplinierten und fleißigen Deutschen.[163]

Das Bild von den Türken war im 15. und 16. Jahrhundert vor allem von der kriegerischen Bedrohung des Abendlandes durch die islamischen Osmanen bestimmt. Entsprechend wurden die Türken in dieser Zeit vor allem als bösartig, barbarisch und grausam geschildert. Aber auch schon in jener Zeit gab es Charakterisierungen der Türken als friedfertig – wenn auch tapfer im Krieg – , sittsam und bescheiden.[164] Salomon Schweigger lobte 1608 sogar ihren vorbildlichen Glaubenseifer. Man beklagte aber auch die Unfreiheit der Frauen und ihren Ausschluß aus dem öffentlichen Leben.[165] Nach dem Abklingen der Türkenkriege führte die Lust am Exotischen im 18. Jahrhundert zu einer regelrechten Turkophilie. David Hume lobt in seinem Essay über den Nationalcharakter die Integrität, die Würde und die Tapferkeit der Türken.[166]

Über die Araber (Beduinen) schreibt Denis Diderot in seiner Encyclopédie: „Sie sind von Natur aus ernst, bescheiden und gastfreundlich; sie sprechen wenig, lästern nicht und lachen nie. Sie leben in gro-

---

163 KASER u. PROCHAZKA, Selbstbild, S. 208

164 ALMUT HÖFERT: Den Feind beschreiben: „Türkengefahr" und europäisches Wissen über das Osmanische Reich 1450-1600, Frankfurt a.M. 2003, S. 294 f.

165 HARBSMEIER, Wilde Völkerkunde, S. 145, 147 und 158

166 ZORAN KONSTANTINOVIC: „'Tirk oder Griech'. Zur Kontamination ihrer Epitheta", in: STANZEL, Europäischer Völkerspiegel, S. 299-314, S. 306 f.

ßer Eintracht, doch wenn ein Mann einen anderen tötet, so zerbricht die Freundschaft und es herrscht unversöhnlicher Haß.“[167]

---

167 ANETTE SELGE, RAINER WIELAND (Red.): Die Welt der Encyclopédie, Frankfurt a.M. 2001, S. 29

6. Die Entdeckung Außereuropas

Mit der Entdeckung Amerikas durch Christoph Kolumbus 1492 und des Seeweges nach Indien durch Vasco da Gama 1498 beginnt das Zeitalter der Entdeckungen. Das brachte eine Fülle ethnographischer Informationen, die nur langsam verarbeitet wurden. Im Allgemeinen waren die ethnographischen Berichte des 16. und 17. Jahrhunderts noch auf keinem hohem wissenschaftlichen Niveau. Die neu entdeckten soziologischen und kulturellen Tatsachen aber, oder was man in ihnen sah, führten mit der Zeit zu einer Relativierung des bisherigen christlich-abendländischen Weltbildes.

Der unkriegerische und arglose Charakter der ersten Indianer, auf die Kolumbus stieß, ermunterte die Spanier zu deren rascher Unterwerfung. Mit dem zunehmend gewalttätigen Charakter der *Conquista* und der Entdeckung kriegerischer Stämme veränderte sich das jedoch. Die spanischen Chronisten vermitteln ein grobes und weitgehend negatives Bild, indem sie die Indianer als nackte, ordnungslose „Wilde" schildern. Im Allgemeinen hielt man die Bewohner der neu entdeckten Gebiete für heidnische, dem Teufelsdienst verfallene Geschöpfe. Den Kannibalismus, bei einigen Stämmen auf den Karibikinseln und bei den Tieflandindios tatsächlich angetroffen, unterstellte man jetzt allen Indianern.[168]

Neben diesem negativen Bild, das den Conquistadoren als Rechtfertigung für ihre brutalen Eroberungszüge diente, entwarfen vor allem die Missionare ein positives Bild von den Eingeborenen. Bartolomäus de Las Casas (1474-1566) klagte die Grausamkeit der spanischen Eroberer an, verfiel in seiner Schilderung der Indianer aber ins entgegensetzte Extrem der Idealisierung. In seinem „Kurzgefaßten Bericht", der in

---

168 HANS-KOACHIM KÖNIG: „Verständnislosigkeit und Verstehen, Sicherheit und Zweifel: Das Indiobild spanischer Chronisten im 16. Jahrhundert", in: URS BITTERLI, EBERHARD SCHMITT (Hg.): Die Kenntnis Beider „Indien" im frühneuzeitlichen Europa, München 1991, S. 37-62, S. 56 ff.

zahlreichen Übersetzungen in Europa verbreitete wurde und nicht nur das Wissen von den spanischen Greueln, sondern auch das in ihm entworfene Bild von den Indianern verbreitete, besitzen die von ihm beschriebenen Hochlandindios durchweg positive Züge, werden sie als sanftmütige und friedfertige Menschen ohne Falsch und Habgier geschildert, mit Vernunft begabt und fähig, den christlichen Glauben anzunehmen.[169]

Amerigo Vespucci schilderte in diesem Sinne die von ihm angetroffenen nordost-brasilianische Indianer, „die völlig nackt gingen, Männer und Frauen, ohne darüber die geringste Scham zu empfinden... Sie haben keine Gesetze und keinen Glauben, sie leben der Natur gemäß. Sie haben keinen Begriff von der Unsterblichkeit der Seele, es gibt unter ihnen kein persönliches Eigentum, weil alles gemeinsam ist; sie haben keinen König, sie gehorchen niemandem, jeder ist sein eigener Herr.“ [170]

Der Franziskanerpater Du Tetre schrieb noch in der Mitte des 17. Jahrhunderts über die Kariben, „daß die Wilden dieser Inseln die zufriedensten, glücklichsten, tugendhaftesten, gesellschaftsfähigsten, wohlgestaltesten und am wenigsten von Krankheiten heimgesuchten Menschen auf der ganzen Welt sind.“ [171]

Daneben fand aber auch immer wieder das Bild von den Indianern als barbarische Wilde neue Nahrung, etwa durch die bei einigen Hochkulturvölkern wie den Inkas und Azteken angetroffenen Menschenopfer.[172]

Unter Vernachlässigung der regionalen und kulturellen Unterschiede fanden die Berichte aus der Neuen Welt auch ihren Niederschlag in der europäischen Philosophie. Allgemein war man der Ansicht, die Kultur

---

169 KÖNIG, Verständnislosigkeit, S. 58

170 zit. nach URS BITTERLI: „Der Eintritt des amerikanischen Überseebewohner in die europäische Geschichte (15.-18. Jahrhundert)“, in: URS BITTERLI, EBERHARD SCHMITT (Hg.): Die Kenntnis Beider „Indien“ im frühneuzeitlichen Europa, München 1991, S. 63- 91, S. 72

171 nach BITTERLI, Überseebewohner, S. 73

172 ULRICH KNEFELKAMP, HANS-ULRICH KÖNIG: Die Neuen Welten in alten Büchern. Entdeckung und Eroberung in frühen deutschen Schrift- und Bildzeugnissen. Ausstellungskatalog, Bamberg 1988, S. 82 ff.

der „Wilden" zeige einen ursprünglicheren Zustand als die der Europäer auf. Das Bewußtsein, daß die menschliche Zivilisation nicht schon immer vorhanden gewesen war, sondern erst primitiven Anfängen abgerungen werden mußte, hatte bereits die Antike besessen. Mit der Wiederentdeckung der antiken Literatur und den Entdeckungsfahrten war es wieder aktuell geworden. Der französische Staatstheoretiker Jean Bodin (1529-1596) schrieb in seinen *Sechs Büchern über den Staat*, die Menschen seien in ihren Anfängen roh und wild gewesen.[173] Ihm folgte der englische Philosoph Thomas Hobbes (1588-1679). Seine Staatslehre beruhte auf der Annahme, daß im Naturzustand unter den Menschen ein auf dem Selbsterhaltungs- und Machttrieb beruhender Egoismus und das Recht des Stärkeren geherrscht habe. *Homo homini lupus* – der Mensch war des Menschen Wolf. Erst durch die Bildung des Staates, das heißt die Übertragung der Macht an einen Fürsten, sei dieser Zustand der ständigen Unsicherheit überwunden und die Grundlage für eine zivile, von Gesetzen regierte Gesellschaft geschaffen worden.

Die entgegensetzte Auffassung dazu war die vom *Edlen Wilden*, die besonders der Philosophen und Pädagogen Jean-Jacques Rousseau vertrat. In seiner *Abhandlung über den Ursprung und die Grundlage der Ungleichheit unter den Menschen* schrieb er 1754, der Mensch im Naturzustand sei gut gewesen, erst die Kultur habe den Abfall von der natürlichen Güte gebracht. Im ursprünglichen Zustand seien die Menschen frei von allen Bindungen sozialer und religiöser Art gewesen, erst durch spätere kulturelle Entartungen seien die soziale Ungleichheit und der Egoismus in die Welt gekommen. Es herrschte eine Art Urkommunismus ohne individuelles Eigentum. „Der erste, der ein Stück Land umzäunte und erklärte, das ist mein, und Leute fand, die einfältig genug waren, es ihm zuzugestehen, war der Begründer der bürgerlichen Gesellschaft. Wieviel Elend hätte derjenige der Menschheit erspart, der die Pfähle ausgerissen und die Erde für gemeinsamen Besitz erklärt hätte." [174]

---

173 HANS PLISCHKE: Von den Naturvölkern zu den Primitiven. Die Naturvölker durch die Jahrhunderte, Leipzig 1925, S. 76

174 zit. nach HANS MEYER: Geschichte der abendländischen Weltanschauung. IV. Band: Von der Renaissance bis zum deutschen Idealismus, Paderborn 1950, S. 278

Für Rousseau und seine Anhänger verkörperten die noch im Naturzustand lebenden Völker die noch unverdorbene Menschheit, charakterisiert durch Tugendhaftigkeit, Naturverbundenheit, Gelassenheit, Gastfreundschaft, ruhigen Daseinsgenuß, Unschuld und paradiesische Nacktheit wie vor dem Sündenfall. Dabei war sich Rousseau durchaus bewußt, daß der von ihm beschriebene Naturzustand „vielleicht niemals existiert hat und wahrscheinlich niemals existieren wird“. [175]

Die Anhänger Rousseaus strebten danach, die kulturellen Verformungen des Menschen wieder rückgängig zu machen und durch die Abschaffung des Eigentums sowie durch Erziehung einen neuen Menschen zu schaffen. Rousseau wurde so zum Stammvater aller linksradikalen Utopien. Der Anthropologe Wilhelm Emil Mühlmann spricht von der „Sehnsucht nach völliger Auslöschung der Geschichte“. [176]

Eine Zwischenstellung zwischen diesen beiden Polen nahm Montesquieu ein. Für ihn stellten die traditionellen Hochkulturen wie die der Türken oder Perser den Gipfelpunkt der menschlichen Gesittung dar, noch vor der einsetzenden Dekadenz, wie sie im Rom der Spätantike oder im Europa seiner Zeit herrsche. In seinen *Persischen Briefen* ließ er einen imaginären Perser die Verhältnisse im zeitgenössischen Europa aus seiner Sicht kritisieren.

Rousseaus Vorstellung vom Naturzustand des Menschen beeinflußte auch die sonst so rationalen und skeptischen Aufklärer stark. Sie waren der Meinung, daß das Sittengesetz bereits mit der menschlichen Natur gegeben sei. Auch Diderot, der Herausgeber der *Encyclopédie*, pries das glücklich-unschuldige Leben der Naturvölker.[177] Hier trafen die beiden Grundtendenzen der Aufklärung aufeinander, das humanitär-egalitäre Ideal und das Ideal der rationalen, vorurteilslosen Wissenschaft.

Zwar wirkte das Ideal vom *edlen Wilden* auch auf die Wahrnehmung der außereuropäischen Völker zurück. Man würde jedoch zu weit zu gehen, wenn man deswegen in allen Völkerbeschreibungen der frü-

---

175 MEYER, Geschichte der abendländischen Weltanschauung, VI. Band, S. 279

176 Wilhelm Emil Mühlmann: Geschichte der Anthropologie. 3. Auflage Wiesbaden 1984, S. 50

177 MEYER, Geschichte der abendländischen Weltanschauung, S. 254 u. 277

hen Neuzeit nur Projektionen europäischer Wünsche sehen würde. Es gab immer auch viele Berichte von Seefahrern, Händlern, heimkehrenden Kriegsgefangenen, Missionaren oder Abenteurern, die in schlichter Form berichteten, was sie gesehen und erlebt hatten.

Die nordamerikanischen Indianer wurden seit dem 17. Jahrhundert von den angelsächsischen, puritanischen Kolonisten als Teufelsanbeter angesehen, andererseits aber auch von vielen Berichterstattern als tapfer, tüchtig, ehrlich und stolz beschrieben. Besonders die mit den Franzosen verbündeten Huronen avancierten geradezu zu einer kriegerischen, alle Marterqualen nicht fürchtenden, ritterlichen Variante des *edlen Wilden*.[178] Durchgehend wurden den nordamerikanischen Indianern und auch vielen südamerikanischen Völkern ein stoischer Charakter zugeschrieben: ruhig und unerschütterlich, schweigsam und tapfer im Ertragen von Not und Qualen.

Der französische Missionar Joseph-Francois Lafitau (1681-1746) schrieb über die „Fünf Nationen" der Irokesen, „Aus Ehrgefühl und Seelengröße regen sie sich niemals auf, treten immer auf als Herr über sich selbst und zeigen sich niemals zornig. Sie sind hochherzig und stolz und haben einen unbezwinglichen Mut und eine unerschrockene Tapferkeit. Im Leiden zeigen sie heldenhaften Starkmut, und ihren Gleichmut vermag kein Mißgeschick und kein Mißerfolg zu erschüttern. (...) unter ihresgleichen zeigen sie eine Ehrerbietigkeit, die etwas Überraschendes hat, und die man nur mit Mühe vereinen kann mit dieser Unabhängigkeit und Freiheit, die sie äußerst eifersüchtig zu lieben scheinen. Sie enthalten sich aller Liebesbezeugungen und äußern ihre Gefühle kaum; aber trotzdem sind sie gut und freundlich und betätigen gegen Fremde und Unglückliche eine liebevolle Gastfreundschaft, die alle europäischen Völker beschämen kann." Ihre Ehrlichkeit untereinander sei groß, ebenso wie ihre Gleichgültigkeit gegenüber irdischen Gütern. Allerdings seien sie auch so faul, daß es jeder Beschreibung

---

178 HARTMUT LUTZ: „Indianer" und „Nativ Americans". Zur sozial- und literaturhistorischen Vermittlung eines Stereotyps, Hildesheim 1985; URS BITTERLI: Die Entdeckung des schwarzen Afrikaners. Versuch einer Geistesgeschichte der europäisch-afrikanischen Beziehung an der Guineaküste im 17. und 18. Jahrhundert. 2. Auflage, Zürich 1980, S. 83

spotte, undankbar ohne Maßen, argwöhnisch, verräterisch, rachsüchtig und grausam gegen ihre Feinde.[179]

Ein deutscher Beobachter schilderte um 1735 die nordamerikanischen Creek-Indianer: Sie leben in großer Freiheit, sind von gutem Verstand, sinnreich und kurz in ihren Reden, sehr höflich, freundlich und gastfrei gegen Fremde, solidarisch untereinander, zufrieden mit dem wenigen, das sie haben, halten ihre Versprechen und hassen Lügen, sind aber auch hochmütig vor allem gegen ihre Frauen, die sie kaum besser als Sklavinnen halten, lassen ihren Kindern ihren Willen, sie schämen sich der Arbeit, sind dem Müßiggang und der Trunksucht ergeben, unversöhnlich und rachgierig gegen ihre Feinde und grausam gegen ihre Kriegsgefangenen. Im Kriege sind sie heimtückisch und hinterlistig.[180]

Durch die neue Route um die Südspitze Afrikas herum entdeckt man die Länder des mittleren und fernen Ostens, zunächst unter Führung der Portugiesen, dann auch unter der Beteiligung der anderen europäischen Kolonialmächte. Viele Berichte stammen von portugiesischen Missionaren.

An Indien beeindruckte die Europäer vor allem der exotische Reichtum des Landes, die Prachtentfaltung der indischen Fürsten bei gleichzeitiger Genügsamkeit der Lebensweise.[181] Der deutsche Indienreisende Johann Albrecht von Mandelslo berichtete 1658 vom Kastenwesen, von der sexuellen Ausbeutung durch die Brahmanen und von der lasziven Ausstrahlung der indischen Frauen.[182] Die durch zahlreiche Reinheits-

---

179 zit. nach KÄLIN KASPAR: Indianer und Urvölker nach Jos. Fr. Lafitau (1681-1746). Diss. Freiburg i.d. Schweiz 1943, S. 83 f.

180 KARL ANTON NOWOTNY: Amerika, in: HUGO ADOLF BERNATZIK (Hg.): Neue Große Völkerkunde, Neue erweiterte Auflage, Frankfurt a.M. 1954, Bd. III, S. 303, S. 75 ff.

181 FRANZ ÜBLEIS: „Deutsche in Indien 1600-1700: Entstehung, Struktur und Funktion des Indienbildes der deutschen Reiseberichte des 17. Jahrhunderts“, in: Zeitschrift für Religions- und Geistesgeschichte 32, 1980, S. 127-151, S. 139

182 GITA DHARAMPAL-FRICK: „Die Faszination des Exotischen: Deutsche Indien-Berichte der Frühen Neuzeit (1500-1759)“, in: URS BITTERLI, EBERHARD SCHMITT (Hg.): Die Kenntnis Beider „Indien“ im frühneuzeitlichen Europa, München 1991, S. 93-128, S. 123

tabus abgeschlossene Hindu-Gesellschaft blieb jedoch den Europäern weitgehend verschlossen. Wie schon in der Antike lobte man die sittliche Integrität der indischen Bevölkerung. Herder nannte die Hindus den „sanftmütigste(n) Stamm der Menschen."[183] Die arabischen Händler in Indien dagegen, Konkurrenten der Europäer, beschrieb man allgemein als betrügerisch, hinterhältig und feige.[184]

Ähnlich wie in Indien faszinierten auch in China der Reichtum und die Fülle, die ungeheure Zahl der Menschen. Man war sich schnell klar darüber, daß man es mit einer gleichrangigen, wenn nicht überlegenen Hochkultur zu tun hatte. „Wir finden in diesem Reich fast alles, was wir von Europa kennen", schrieb 1615 der Chinamissionar Matteo Ricci.[185]

Marco Polo und seine Nachfolger im 15. und 16. Jahrhundert hatten das Bild des friedfertigen, unkriegerischen und in handwerklichen Künsten geschickten Chinesen entworfen.[186] Die europäischen Gelehrten des 17 bis 18. Jahrhunderts entdeckten in dem Konfuzianismus eine vorbildliche Sozialmoral. Die Chinesen hätten, so schrieb der Philosoph Christian Wolff (1679-1754), unter allen Nationen die größten Fortschritte auf dem Wege zur „bürgerlichen Glückseligkeit, welche eines Staats vornehmster Endzweck ist" erzielt.[187]

Die verstärkten Handelskontakte und die Eindrücke, die die europäischen Kauffahrer in den chinesischen Hafenstädten gewannen, wo sie mit erpresserischen lokalen Mandarinen und betrügerischen Kaufleuten in Berührung kamen, führten im 18. Jahrhundert zu einem anderen

---

183 JOSEF MARIA WERNER: Herders Völkerpsychologie, unter besonderer Berücksichtigung ihres religionsphilosophischen Blickpunktes, Diss. Gießen 1934, S. 40

184 GITA DHARAMPAL-FRICK: „Zwischen Utopie und Empirie: Indien im Spiegel deutscher Reisebeschreibungen der frühen Neuzeit", in: Zeitschrift für Kulturaustausch 1987, S. 399-417, S. 401

185 zit. nach WALTER DEMEL: „Abundantia, Sapientia, Decadencia. Zum Wandel des Chinabildes vom 16. bis zum 18. Jahrhundert", in: URS BITTERLI, EBERHARD SCHMITT (Hg.): Die Kenntnis Beider „Indien" im frühneuzeitlichen Europa, München 1991, S. 129-153, S. 137

186 KNEFELKAMP, Neuen Welten, S. 63

187 DEMEL, Abundatia, S. 141

Bild, das von Armut, Korruption und Rückwärtsgewandtheit geprägt war. Die chinesische Gesellschaft sei auf einer bestimmten historischen Entwicklungsstufe erstarrt und besitze keine Idee eines Fortschrittes.[188]

Montesquieu schrieb von der außerordentlichen Betriebsamkeit der Chinesen, ihrer übermäßigen Gewinnsucht und der von ihnen bekannten Unredlichkeit.[189] Der anonyme Autor in der *Encyclopédie* nennt sie fleißig und die Künste, die Wissenschaft und den Handel liebend.[190]

Der deutsche Seemann Martin Wintergerst berichtet in seinem Reisebericht von 1713 von den chinesischen Kaufleuten in der indonesischen Handelsmetropole Batavia, die schlaue Köpfe seien.[191]

In Japan waren die Niederländer lange Zeit die einzigen Europäer, die Zugang zu den den Ausländern sonst verschlossenen Häfen hatten. Der niederländische Geograph Bernhardus Varenius wertete 1649 in seiner *Descriptio Regni Japoniae* sowohl die Berichte der katholischen Japan-Missionare als auch der protestantischen Kaufleute der Ostindischen Handelskompanie aus. Er beschrieb die Japaner als ein „scharfsinniges und kluges“ Volk, das „an Urteilsvermögen, Gelehrigkeit und Gedächtniskraft (...) nicht nur die Völker des Ostens, sondern auch die des Abendlandes übertrifft.“ Sie „eignen sich lateinische Wissenschaft und Kunstfertigkeit viel schneller an als unsere Europäer“, verabscheuten Lügenhaftigkeit und Diebstahl stärker als alle christlichen und heidnischen Völker und beherrschen ihre Gefühle, so daß man „Wehklagen und Zänkereien weder unter dem Volk noch zu Hause (...) hört. In gelassener und würdiger Form tut man, was zu tun ist.“ Als die Schattenseiten des japanischen Charakters nannte Varenius: Gefühllosigkeit, Mord, Raub und Despotismus.[192] Auch andere Autoren lobten die Sozialdisziplin der Japaner und verurteilten zugleich ihre

188 DEMEL, Abundatia, S. 149 ff.

189 MONTESQUIEU, Geist der Gesetze, 19. Buch

190 SELGE u. WIELAND, Die Welt der Encyclopédie, S. 46

191 MICHAEL HARBSMEIER: Wilde Völkerkunde. Andere Welten in deutschen Reiseberichten der Frühen Neuzeit, Frankfurt a. M. 1994, S. 201

192 zit. nach JOSEF KREINER: „Das Bild Japans in der europäischen Geistesgeschichte“, in: Japanstudien 1, 1989, S. 13-42, S. 16 ff.

Härte. Sie übervorteilten niemanden im Handel, aber sie seien auch „hart und unerbittlich gegen die armen und elenden Menschen“.[193]

Das Interesse, ja die zeitweilige Begeisterung der Europäer für die fernöstlichen Hochkulturen – im 18. Jahrhundert gab es eine regelrechte Chinamode –, wurde von diesen nicht erwidert. Die asiatischen Kulturen waren sich selbst genug.

Im 18. Jahrhundert nahm man allmählich wahr, daß die asiatischen Hochkulturen gegenüber der wissenschaftlichen und technischen Entwicklung in Europa zurückblieben. „Fast jede Kunst ist von den Asiaten erfunden worden, und in fast jeder sind sie von den Europäern übertroffen worden.“ schrieb Christian Wilhelm Dohm 1777 in seiner Geschichte und Beschreibung Japans.[194]

Ähnlich äußerte sich auch Voltaire in seinem Essay über den Geist und die Sitten der Nationen (1756). Den Grund für das Zurückbleiben sah man in der Abschließung der ostasiatischen Reiche von allem Fremden.[195]

Mit den afrikanischen Negern kamen die Europäer zuerst an der westafrikanischen Küste in Kontakt. Um 1500 beschrieb der portugiesische Geograph Duarte Pacheco Pereira (1469-1533) die Schwarzen an der Guineaküste als faul, diebisch, bettlerisch, lügnerisch und trunksüchtig. Der französische Entdeckungsreisende Claude Jannequin schrieb 1643, die Schwarzen an der französischen Guineaküste seien unberechenbare Barbaren und lebten in elenden Verhältnissen in träger Gleichgültigkeit vor sich hin. Daneben wird von den frühneuzeitlichen Beobachtern vor allem die Sinnlichkeit der Schwarzen hervorgehoben. So spricht der Niederländer Olfert Dappers 1668 von der Freundlichkeit der Westafrikaner, die bei den Frauen bis zum Leichtsinn gehen könne, und von der Geilheit der Männer. Auch Jean Brabot beschreibt die Bewohner der französischen Guineaküste Ende des 17. Jahrhunderts als frech, schamlos und extrem sinnlich. Sie seien freundlich, aber

---

193 ANDERSEN 1669 und SCHMALKALDEN 1648, nach KREINER, Das Bild Japans, S. 17 f.

194 KREINER, Das Bild Japans, S. 22

195 Deutsche Enzyklopädie, 1791, KREINER, Das Bild Japans, S. 22

auch eigennützig, launenhaft und unberechenbar. Ihr Verhalten sei besonders expressiv („Verschwenderisch im Ausdruck").[196]

Die geographischen Werke des 18. Jahrhunderts heben vor allem die Gutmütigkeit und Freundlichkeit der Schwarzen hervor. Der im Kongo tätige Missionar Antonio Zuchelli lobt die Menschenliebe und Höflichkeit der Schwarzen. Auch nach Matthias Christian Sprengel verhalten sich die Bewohner der Westküste höflich und korrekt. Der Anthropologe Johann Friedrich Blumenbach nennt die Bewohner des Benin lebhaft, gutmütig, höflich und ehrlich. Der Engländer William J. Burchell spricht in Hinblick auf die Einheimischen in Südafrika von wahrer Höflichkeit und Gefälligkeit, außerdem seien sie sehr gesellig, sie unterhielten sich gern, womit sie viel Zeit verbrächten. Auch die Liebe der Afrikaner zum Tanz wird genannt.[197]

Über die anthropologisch nicht zu den Negriden gehörenden, als nomadische Viehzüchter lebenden Hottentotten in Südwestafrika hieß es, sie betrieben keinen Ackerbau, mögen nicht arbeiten und seien faul und träge.[198]

Dagegen setzte sich der französische Missionar Guy Tachard für sie ein: „Sie haben mehr Liebe, Guttätigkeit und Rechtlichkeit unter sich, als man insgemein bei den Christen antrifft", schrieb er um 1700, „sie sind guttätig und hilfreich, haben fast nichts für sich..." Ein Hottentotte, der es ablehnte, wie die holländischen Siedler von der Landwirtschaft zu leben, begründete das damit, daß er sich so einem gezwungenen Leben nicht unterwerfen könne.[199]

Die Entdeckung der ozeanischen Inselwelt in der Südsee fiel ins 18. Jahrhundert. Zu der Zeit entwickelte man einen neuen Typ der Entdeckungsreise, die wissenschaftliche Expedition. Die wissenschaftlichen

---

196 URS BITTERLI: Die Entdeckung des schwarzen Afrikaners. Versuch einer Geistesgeschichte der europäisch-afrikanischen Beziehung an der Guineaküste im 17. und 18. Jahrhundert. 2. Auflage, Zürich 1980, S. 44, 48 f. und 56

197 HEINRICH LOTH: Audienzen auf dem Schwarzen Kontinent. Afrika in der Reiseliteratur des 18. und 19. Jahrhunderts, Berlin 1988, S. 27 f.

198 HARBSMEIER, Wilde Völkerkunde, S. 211

199 PLISCHKE, Von den Barbaren..., S. 79

Akademien in London und Paris, dann auch in anderen europäischen Hauptstädten, rüsteten sorgfältig vorbereitete Expeditionsreisen aus, an denen auch Wissenschaftler, Zeichner usw. teilnahmen. Es war die Zeit der Aufklärung, in der man sich zugleich für das Rousseau'sche Ideal des *edlen Wilden* begeistere. Besonders die Beobachtung der deutschen Forschungsreisenden Johann Reinhold Forster (1729-1798) und seines Sohnes Georg Forster (1754-1794) stehen auf einer vorher nicht erreichten Höhe, was die Offenheit des Blickes, die Schärfe und Genauigkeit der Beobachtung und die Unparteilichkeit der Berichterstattung angeht.[200]

Als die europäischen Seefahrer nach langen und entbehrungsreichen Reisen auf den Inseln Polynesiens eintrafen, glaubt sie sich in einem Paradies. Die Gastlichkeit und Fröhlichkeit der Insulaner, die blumengeschmückten Mädchen, die vielen Feste mit Musik, Tanz und Gesang, das sorglos anmutende Leben, das angenehme Äußere der Insulaner, die landschaftliche Schönheit und vor allem das erotische Entgegenkommen der polynesischen Frauen und Mädchen bezauberten die Forschungsreisenden.

Louis-Antoine de Bougainville, der 1768 die Insel Tahiti entdeckte, nannte sie *La nouvelle Cythère* – nach Kythera, der griechischen Insel der Aphrodite. „Sie kennen und haben nur einen einzigen Gott – die Liebe!", schrieb er. „Jeder Tag gehört diesem Gott, die ganze Insel Tahiti ist sein Tempel, alle Frauen bieten sich ihm als Altar dar, und alle Männer sind seine Priester. Und was für Frauen! Rivalinnen unserer größten Schönheiten, Schwestern der Grazien – und alle ganz nackt!"[201]

Was spielte es da für eine Rolle, daß die Insulaner die unbezwingbare Neigung hatten, sich das Eigentum der Seefahrer anzueignen? Auch die bald entdeckten Schattenseiten der polynesischen Kultur, der auf einigen Inseln vorkommenden Kannibalismus und die Kindstötung, vermochten das positive Bild von den Polynesiern nur wenig zu trüben.

Erst spätere Forscher erkannten, daß das Verhalten der polynesischen Frauen weniger der Ausdruck einer besonders freizügigen Ge-

---

200 WILHELM EMIL MÜHLMANN: Methodik der Völkerkunde, Stuttgart 1938, S. 39

201 BOUGAINVILLE, Reise um die Welt, 1771, zit. nach WENDT, Es begann in Babel, S. 315

sellschaft war, sondern einer Sitte entsprach, die es bei vielen Naturvölkern gab, und die in der Ethnologie die unglückliche Bezeichnung der *Gastprostitution* hat. Die polynesischen Frauen und Mädchen hielten es gleichsam für ihre religiöse Pflicht, den fremden Besuchern den Aufenthalt zu versüßen; sie taten ein den Göttern wohlgefälliges Werk.[202] Diese Sitte kommt vor allem bei Völkern vor, die in kleinen isolierten Gruppen leben, wie zum Beispiel auch den Eskimos, und wirkt den Gefahren der Inzucht entgegen.

Andere Forschungsreisende wie Georg Forster, der Kapitän Cook auf seiner Weltumsegelung begleitete, bestätigten das günstige Bild von den Polynesiern, ihre freundliche, friedfertige Haltung zu den Europäern, ihre Offenherzigkeit und ihren entspannter Lebensstil; auch wenn auf manchen Inseln die Frauen den Matrosen gegenüber reservierter waren.[203]

Eine Sonderstellung innerhalb der polynesischen Völker nehmen die kriegerischen Maori auf Neuseeland ein. Georg Forster beschreibt sie in seiner *Reise um die Welt* (1778) als kriegerisch und jähzornig, sie können keine Beleidigung ertragen, der Krieg gilt als die eigentliche Beschäftigung des Mannes. Die ständigen Stammeskriege beherrschen das Leben des Stammes, sie werden in den Sommermonaten vorsätzlich herbeigeführt, das Kriegsziel ist der Sieg, nicht Verhandlungen oder Verträge. Die Kriege werden mit List, Tücke und Hinterhälten geführt, die Gefangenen verspeist, denn die Maori sind Kannibalen.[204]

Forster widerspricht jenen Philosophen, „die den Menschen nur von ihrer Studierstube her kennen, [und] dreist weg behauptet ... [haben], daß es, alle älteren und neueren Nachrichten ohngeachtet, nie Menschenfresser gegeben habe.“ [205]

---

202 WENDT, Es begann in Babel, S. 321

203 EBERHARD BERG: Zwischen den Welten. Anthropologie der Aufklärung und das Werk Georg Forsters, Berlin 1982, S. 98 f.; H. KELM, D. HEINTZE: Georg Forster 1754-1794. Südseeforscher, Aufklärer, Revolutionär, Ausstellungsführer, Frankfurt a.M. 1976, S. 283 ff. u. 302 f.

204 KELM u. HEINTZE, Georg Forster, S. 166 f.

205 FORSTER, Reise um die Welt, 1778, zit. n. KELM u. HEINTZE, Georg Forster, S. 246 f.

Während die Polynesier die Entdecker begeisterten und in Europa dem Glauben an den „edlen Wilden“ neue Nahrung gaben, erregten die noch als steinzeitliche Jäger und Sammler lebenden Melanesier, auf die die Forschungsreisenden auf Neuguinea, Neukaledonien und den Neuen Hebriden stießen, bei ihnen keine Begeisterung. Das lag schon an ihrem äußeren Erscheinungsbild. Die Melanesier, benannt nach ihrer tiefdunklen Hautfarbe, gehören einer sehr altertümlichen, archemorphen Menschenrasse an, die den australischen Aborigines ähnelt. Georg Forster beschrieb ihren schlanken Wuchs, ihre langen Beine und Arme, die schwarzbraune Haut, die schwarzen gekräuselten Haare, ihre flachen breiten Nasen, die hervorstehenden Backenknochen, überhaupt ihre sonderbare Gesichtsbildung. Sie seien von einer „Häßlichkeit“, „... daß sie uns beinahe als ein Affen-Geschlecht vorkamen...“[206]

Obwohl gegenüber den Europäern friedlich und gutartig, sind sie vorsichtig und mißtrauisch. Die Männer tragen immer Waffen und führen viele Stammeskriege. Kannibalismus ist verbreitet. Die Frauen werden verachtet und müssen schwere Arbeiten verrichten. Sie leben in vielen kleinen Stämmen und Familien voneinander getrennt. Sie gehen ohne Kleidung und haben keine Scham wegen ihrer Nacktheit. Ihre Lebensweise ist sehr einförmig, sie lieben den Müßiggang und „pflegen nicht leicht zu arbeiten, bis die Not sie dazu zwingt.“[207]

Die Ureinwohner Australiens verhielten sich den Entdeckungsreisenden gegenüber scheu, sie gingen dem Kontakt aus dem Weg, waren flink und mißtrauisch. So schildert sie schon William Dampier 1688 nach einer ersten, lange Zeit nicht wiederholten Begegnung. Ihm folgte James Cook, der sie als scheu wie Tiere beschrieb, mißtrauisch, diebisch und roh, ohne Neugier. Cook mokierte sich über ihre „äffische Bewegungen“ und nannte sie „das häßlichste, übelgestalteste Volk, das ich gesehen habe.“ [208]

---

[206] GEORG FORSTER, Reise um die Welt, 1778, zit. nach BERG, Zwischen den Welten, S. 102 ff.

[207] FORSTER, Reise um die Welt, 1778,nach BERG, Zwischen den Welten, S. 102 ff.

[208] WENDT, Es begann in Babel, S. 368 und 371

Besonders urtümliche Zustände trafen die Forschungsreisenden bei den ebenfalls noch als Wildbeuter lebenden Feuerland-Indianern an der Südspitze Südamerikas an. In einer äußerst kargen Natur lebten sie in den Augen der Europäer in tiefstem Elend. Mit ihrem als häßlich empfundenen Aussehen, den sehr platte Nasen, den unter den Augen sehr hervorragend Backenknochen, dem stets offener Mund, wähnte Georg Forster sie „dem Tiere näher...". Schweigsam und düster bei der Begegnung mit den Europäern, mit ständigem Schnupfen, die Kinder völlig nackt und fortwährend vor Kälte zitternd, selbst wenn sie um ein wärmendes Feuer herumsitzen, machten sie auf Forster einen deprimierende Eindruck.[209] „Sie bekundeten weder über unsere Schiffe, noch über [das], was wir ihnen zeigten, Verwunderung" schrieb Bougainville, „Weil sie gar keinen Begriff von Werken der Kunst hatten, konnten sie sich auch nicht darüber wundern." [210]

Von anderen Völkern in ihre unwirtlichen Wohnsitze abgedrängt, haben die Feuerländer, meinte Forster, „fast jeden Begriff verloren..., der nicht mit den dringlichsten Bedürfnissen in unmittelbarer Verbindung steht." „Überhaupt war ihr Charakter die seltsamste Mischung von Dummheit, Gleichgültigkeit und Untätigkeit." [211]

Ursprünglich den Rousseau'schen Idealen durchaus nahestehend, wandte sich Georg Forster schließlich aufgrund seiner Reiseeindrücke gegen die Vorstellung eines glücklichen Naturzustandes des Menschen. Eigentum, soziale Organisation, politische Herrschaft, Ehe und planvolles Wirtschaften finden sich selbst bei den primitivsten Völkern. Einen Urkommunismus gebe es nicht, jeder Wilde, der seine Sinne beisammen hat, unterscheide mein und dein wie jeder Europäer.[212]

---

209 FORSTER, Reise um die Welt, 1778, nach BERG, Zwischen den Welten, S. 109 f.

210 BOUGAINVILLE, Reise um die Welt, nach REINHARD HEINRITZ: „Andre fremde Welten". Weltreisebeschreibungen im 18. und 19. Jahrhundert, Würzburg 1998, S. 148 f.

211 FORSTER, Reise um die Welt, 1778, zit. n. KELM u. HEINTZE, Georg Forster, S. 320

212 MÜHLMANN, Methodik der Völkerkunde, S. 27

Rousseaus Naturzustand erwies sich bei realistischer Betrachtung als ein übermächtiger Naturzwang, der fast keine Kultur duldet.

Zwar sah Forster, daß die Feuerländer trotz ihres zivilisatorischen Tiefstandes „in ihren eigenen Augen so unglücklich nicht“ waren, bilanzierte jedoch, „sein [des Feuerländers] ganzes Glück ist ohne Dauer und betrüglich (...) Die ganze Summe seiner angenehmen Empfindungen ist unbeträchtlich, mangelhaft, mit einem Wort, von geringem Wert. Glücklich, wer daher unter gesitteten Menschen lebt, unter den weisesten erzogen wird und dem wohltätigen Schutz der Gesetze, einer gutwilligen Staatsverfassung und der religiösen und politischen Toleranz seine Ruhe und sein Glück verdankt.“ [213]

Forster sah es als unvermeidlich an, daß schließlich immer mehr Menschen in den Bereich der europäischen Zivilisation hereingezogen werden. Er meinte, die Menschenopfer, zu denen es bei den Entdeckungen unter den Einheimischen gekommen war, seien „wahrlich nur eine Kleinigkeit im Vergleich mit dem unersetzlichen Schaden, den ihnen diese durch den Umsturz ihrer sittlichen Grundsätze zugefügt haben...“.[214]

Er stellte sich auch schon die Frage, ob die europäische, „auf Freiheitssinn und Griechenlands Philosophie gepfropfte Aufklärung“, wirklich auf die uralten, in Jahrtausenden erwachsenen despotischen und patriarchalen Verfassungen der asiatischen Völker und ihre jeder Veränderung so abgeneigten Kultur anwendbar sei.[215]

---

213 zit. n. MÜHLMANN, Methodik der Völkerkunde, S. 42

214 zit. n. GUNDOLF KRÜGER: „Konflikte, tragische Momente und Gewalt“, in: James Cook und die Entdeckung der Südsee, Bonn 209, S. 103-107, S. 107

215 WILHELM EMIL MÜHLMANN: Geschichte der Anthropologie, 3. Auflage, Wiesbaden 1984, S. 48

7. Die Wissenschaft der Anthropologie

Mit der Aufklärung begann auch die naturwissenschaftliche Erforschung des Menschen, die wissenschaftliche Anthropologie. Der schwedische Biologe Karl von Linné (1707-1778) fügte als erster den Menschen als *Homo sapiens* in das *Systema naturae* ein. Er beschrieb auch schon mit dem *Homo europaeus*, dem *Homo asiaticus* usw. die Hauptrassen des Menschen. Dabei ordnete er seit 1758 den verschiedenen Rassen auch seelische Eigenschaften zu. Die Europäer (Europide) nannte er *sanguinisch* (heiter, fröhlich), leicht beweglich, scharfsinnig und erfinderisch, die Asiaten (Mongolide) *melancholisch*, steif, verwöhnt und geizig, die Afrikaner (Negride) *phlegmatisch*, schlaff, verschmitzt, träge und nachlässig und die Indianer (Indianide) *cholerisch*, starrköpfig, zufrieden und frei[216]. Die Charakterisierungen sind noch ziemlich willkürlich, insbesondere die Anwendung der vier antiken Temperamente (*sanguinisch*, *cholerisch* usw.) auf die Rassen erscheint reichlich schematisch. Man merkt zwar schon den Einfluß der Reiseberichte, aber der Willen zu einer schematischen Ordnung überwiegt. Es war für Linné ebenso wie für den zur selben Zeit tätigen französischen Zoologen Leclerc de Buffon (1707-1788) keine Frage, daß die Europäer die edelste Rasse darstellen.

Als der eigentliche „Vater der Anthropologie" gilt der Göttinger Medizinprofessor Johann Friedrich Blumenbach (1752-1840), der um 1775 die Grundlagen für die Kraniologie, die vergleichende und messende Beschreibung des menschlichen Schädels und seiner rassischen Varianten, legte. Er betonte, daß jede Klassifikation nur ein Ordnungsschema ist und daß es zwischen allen Rassen auch Übergänge gibt.[217]

---

216 BERTIL LUNDMAN: „Die Einteilung in Hauptrassen in Linné's Systema Naturae", in: Homo 20, 1969, S. 66-67, HERBERT WENDT: Es begann in Babel. Die Entdeckung der Völker. Neu durchgesehene Auflage, Reinbek 1970, S. 298 f.

217 MÜHLMANN, Geschichte der Anthropologie, S. 59

Die Anthropologen des 18. Jahrhunderts stritten sich darum, ob die Menschheit nur einen oder mehrere Ursprünge hat. Die Annahme eines einheitlichen Ursprungs entsprach der christlichen Tradition und wurde auch von der Aufklärung bevorzugt, die an die Einheit des Menschengeschlechts und die allen Menschen gemeinsame Vernunft appellierte. Dennoch erschienen einigen Aufklärern, darunter auch Voltaire, die Rassenunterschiede zu groß, um an einen gemeinsamen Ursprung glauben zu können. Es war offensichtlich, daß die Rassen an ihre jeweiligen Lebensräume angepaßt sind, aber man kannte noch keinen Mechanismus, der zu dieser Anpassung geführt haben könnte. Erst die Evolutionstheorie Darwins sollte dieses Problem lösen.

Noch bis ins 18. Jahrhundert hinein wurde die Meinung vertreten, die Rassenmerkmale veränderten sich unter dem Einfluß des Klimas, und etwa in den Tropen lebende Europäer würden sich in wenigen Generation (und ohne Vermischung mit diesen) den Negern angleichen.[218] Erst der Königsberger Philosoph Immanuel Kant (1724-1804) erkannte in der notwendigen Klarheit, daß die Rassen zwar durch Umwelteinflüsse entstanden sind, ihre charakteristischen Merkmale aber erblich und unveränderlich sind. In seiner Vorlesung *Von den verschiedenen Rassen des Menschen* im Jahr 1775 hob er hervor, daß zur Unterscheidung der Rassen nur erbfeste („unausbleiblich anerbende“) und keine umweltlabilen Merkmale in Frage kommen. Kant wurde damit zum Begründer des modernen Rassenbegriffs.[219]

Viele Anthropologen beschäftigte damals die Frage nach der Gleichheit der Rassen und insbesondere die nach der Stellung der afrikanischen Negriden zu den Europäern. Es ging dabei um die schon seit dem Mittelalter immer wieder bemerkte, berüchtigte „Affenähnlichkeit“ der Neger, die gelegentlich Gelehrte sogar dazu verführt hatte, ihnen die

---

218 so zum Beispiel JEAN-BAPTISTE DUBOS, in seinen Reflexions critiques sur la poésie et sur la peinture, 1719, vgl. MICHAEL MAURER: „'Nationalcharakter' in der frühen Neuzeit. Ein mentalitätsgeschichtlicher Versuch, in: REINHARD BLOMERT, HELMUT KUZMICS, ANNETTE TREIBEL (Hg.): Transformationen des Wir-Gefühls. Studien zum nationalen Habitus. Frankfurt a.M. 1993, S 74

219 MÜHLMANN, Geschichte der Anthropologie, S. 57

Zugehörigkeit zum Menschengeschlecht absprechen. Der Mainzer Anatom Samuel Thomas Soemmerring (1755-1830) führte dazu 1785 die erste rassenanatomische Untersuchung durch, bei der er die Leichen von Afrikanern und Europäern miteinander verglich. Das ist die erste wissenschaftliche Untersuchung zu einer zentralen Frage der Anthropologie, nämlich der nach der Primitivität der Naturvölker. Soemmerring kam zu dem Schluß, daß die Neger in zahlreichen anatomischen Merkmalen, besonders solchen des Schädels und des Gesichts, den Affen etwas näher stehen als die Europäer. Als Kind eines human gesonnen, aufgeklärten Zeitalters betonte er jedoch gleichzeitig, daß die Neger nichtsdestoweniger richtige Menschen seien und sich insbesondere aus seinen Ergebnissen keine Rechtfertigung der Sklaverei ableiten lasse:

„Um allen gehässigen Schlüssen und Mißbrauch vorzubeugen, wiederhole ich nochmals, die Neger sind wahre Menschen, so gut wie wir, und nach höchstwahrscheinlichen Gründen, die uns Naturgeschichte, Physiologie, und schriftliche Nachrichten darbieten, von einem gemeinschaftlichen Stammvater mit allen übrigen Menschen entsprossen, und so gut, und nichts weniger Menschen, als die schönsten Griechinnen.“ [220]

So schockierend sich das für den heutigen Leser anhören mag, Soemmerring hatte damit etwas Richtiges erkannt. Im Zuge des Zivilisationsprozesses seit der Altsteinzeit haben sich die menschlichen Populationen auch in ihrem morphologischen Erscheinungsbild dramatisch verändert. Mit der zivilisatorischen Entwicklung wie zum Beispiel der Übernahme einer agrarischen und später einer hochkulturellen Lebensweise, wurden die Menschen körperlich graziler, nahm die Hirnschädelkapazität zu und verschwanden oder reduzierten sich ar-

---

220 SAMUEL THOMAS SOEMMERRING: Über die körperliche Verschiedenheit des Negers vom Europäer, Frankfurt a.M. 1785, zit. n. EGON von EICKSTEDT: Die Forschung am Menschen, Bd. I, Geschichte und Methoden der Anthropologie, Stuttgart 1940, S. 282; vgl. auch MÜHLMANN, Geschichte der Anthropologie, S. 56 und GEORG LILIENTHAL: „Samuel Thomas Soemmering und seine Vorstellungen über Rassenunterschiede“, in: GUNTER MANN, FRANZ DUMONT (Hg.): Die Natur des Menschen. Probleme der Physischen Anthropologie und Rassenkunde (1750-1850), Stuttgart 1990, S. 31-55

chaische Merkmale wie zum Beispiel Überaugenwülste, große Wangenknochen oder große Zähne. Populationen, die bei der altsteinzeitlichen Lebensweise als Jäger und Sammler blieben, wie zum Beispiel die australischen Ureinwohner, behielten dagegen ihren archaischen körperlichen Habitus. Man spricht auch von archemorphen Merkmalen. Der Schädel eines rezenten Australiden, in Europa ausgegraben, würde aufgrund seiner Form in die jüngere Altsteinzeit vor mehr als 10 000 Jahren datiert werden. Verglichen mit den Europiden und Mongoliden weist auch die negride Großrasse archemorphe Merkmale auf, wie die Grobknochigkeit und Größe des Gesichtsskelettes, die Prognatie (Vorwölbung) des Untergesichts und die Größe der Zähne.[221]

Der produktivste und anregendste, wiewohl auch umstrittene Anthropologe des 18. Jahrhundert ist der Göttinger Philosophie-Professor Christoph Meiners (1747-1810). Er befaßte sich in zahlreichen Studien mit anthropologischen und völkerkundlichen Erscheinungen auf allen Erdteilen und kam dabei neben manchen übereilten Schlüssen auch schon zu Einsichten, die über seine Zeit hinauswiesen. Wilhelm Emil Mühlmann nennt ihn den eigentlichen Begründer der vergleichenden Völkerkunde. Als erster erkannte Meiners, daß die Selektion bei der Fortpflanzung, wie man sie bei der Tierzucht beobachten kann, auch als Erklärung für Unterschiede beim Menschen in Frage kommt, und nahm damit bereits Darwin vorweg. Es lasse sich, schrieb er, „kein gültiger Grund angeben, warum man nicht in dem Geschlechte der Menschen aus denselbigen Ursachen dieselbige Verschiedenheit von Rassen und Unterarten annehmen sollte.“ [222]

Meiners sah die Korrelation von leiblichen und seelischen Eigenschaften und erkannte, daß die bevölkerungstypischen Merkmale durchaus

---

221 ILSE SCHWIDETZKY: „Rassengeschichte und Rassenevolution“, in: HERBERT WENDT, NORBERT LOACKER (Hg.): Kindler Enzyklopädie Der Mensch, Zürich 1982, S. 339-380; ILSE SCHWIDETZKY: „Primitivtypen beim Menschen“, in: Homo 3, 1952, S. 137140; EGON von EICKSTEDT: Die Forschung am Menschen, Bd. 1, Geschichte und Methoden der Anthropologie, Stuttgart 1940, S. 52 ff.

222 MEINERS im Göttingischen Historischen Magazin VI, S. 396, zit. n. WILHELM EMIL MÜHLMANN: Methodik der Völkerkunde, Stuttgart 1938, S. 30

nicht für jedes Individuum zutreffen müssen und daß zum Beispiel morphologische Primitivität zwar eine Aussage über eine Population, nicht aber auf das Individuum erlaubt.

„Einzelne Menschen können eine platte Stirn, eine eingedrückte Nase, große Mäuler oder Ohren haben und doch viel Geist besitzen. Allein nach allem, was die Geschichte des Menschen mich gelernt hat, zeichnet die Natur nie ein ganzes Volk durch eines oder mehrere der angeführten Merkmale aus, ohne demselben einen beträchtlichen Teil des schöpferischen Genius zu entziehen, den sie den besseren und schöneren Völkern unseres Erdteils eingegossen hat.“ [223]

Aufgrund von völkerkundlichen Vergleichen erkannte Meiners die Zusammenhänge von Wirtschaftsweise und Lebenseinstellung. „Alle wilden Jäger- oder Fischernationen“, also die noch als Wildbeuter lebenden Völker, schrieb er, „haben eine fast unüberwindliche Trägheit oder Abneigung gegen anstrengende und ungewohnte Arbeiten.“ Auch bei Hirtenvölkern gelte der Feldbau als eine freien Männern unwürdige Beschäftigung, was mit ihren besonderen Begriffen von Ehre und Schande zusammenhänge.[224]

Meiners lehnte sowohl die Hobbessche Lehre vom ursprünglichen Egoismus als auch die Rousseau‘sche von der Güte der menschlichen Natur ab. Lange vor dem französischen Philosophen Lucien Lévy-Bruhl im 20. Jahrhundert (siehe Kapitel 17) beschrieb Meiners die Mentalität der „Primitiven“. Bei allen großen Unterschieden, die es zwischen Jägern, Viehzüchtern und Feldbauern, barbarischen oder nur halb barbarischen Völkern gäbe, zeichneten sich die nicht europäischen Rassen, zu denen Meiners in gewissem Umfang auch die slawischen Völker rechnete, durch eine überstarke Reizbarkeit aus, die sich gleichzeitig mit Gefühllosigkeit verbinden kann, wie man sie bei Europäern nur bei Kindern oder „hysterischen Weibern“ finde. Daraus resultiere eine gesteigerte Beweglichkeit, eine außerordentliche Anfälligkeit, die sich in Verzweiflungsausbrüchen, Konvulsionen, Verzückungen, Erstarrungen, Ohnmachten oder Wutanfällen äußern kann. Zu dem typischen Merk-

---

223 MEINERS im Göttingischen Historischen Magazin VI, S. 451 f., zit. n. MÜHLMANN, Methodik der Völkerkunde, S. 30

224 MÜHLMANN, Methodik der Völkerkunde, S. 34

malskomplex gehören auch Beschränktheit und Verschmitztheit, eine auffällige Nachahmungsgabe sowie ein gutes Gedächtnis. Meiners verwies dabei auf schon damals bekannte, in bestimmten Kulturen gelegentlich auftretende psychopathische Erscheinungen wie das Amoklaufen der Malaien oder den krankhaften Nachahmungszwang bei manchen asiatischen und indianischen Völkern (Latah).[225] Zusammenfassend kann man wohl von stärkeren Affekten, beziehungsweise einer geringeren Affektkontrolle bei den Primitiven sprechen.

225 MÜHLMANN, Methodik der Völkerkunde, S. 50

8. Herder

Mit Herder geht um 1800 die Führung in der Anthropologie und Völkerkunde von den Franzosen an die Deutschen über. Verbunden ist damit ist der Wechsel von einer allgemeinen zu einer mehr historisch-individualisierenden Betrachtungsweise, die vor allem den einzelnen Völker gerecht zu werden versucht.

Der Dichter, Philosoph und Theologe Johann Gottfried Herder (1744-1803) stellte den Begriff der *Humanität* in den Mittelpunkt seines Denkens. Anders als die Aufklärer meinte er mit der Humanität nicht nur eine allgemeine ethische Forderung, sondern er sucht sie in den realen Menschen. Und er fand sie nicht nur in den einzelnen Individuen, sondern auch in den noch weitgehend intakten Volkskulturen. In Ostpreußen aufgewachsen und zeitweilig in Riga lebend, hatten ihn besonders die gelebten Volkskulturen der baltischen und slawischen Völker in ihrer Natürlichkeit, mit ihren Volksliedern und Überlieferungen, beeindruckt.

Herder sah in jedem Volkstum den Ausdruck von etwas spezifisch Menschlichem, das letztlich göttlichen Ursprungs ist. Er sprach von dem *Geist* einer Nation, vom Geist, der *Seele* und der *Denkart* eines Volkes, der es nachzuspüren gilt. (Der immer wieder mit Herder in Zusammenhang gebrachte Begriff des *Volksgeistes* erscheint erst 1793 bei Hegel und der der *Volksseele* erst 1806 bei Arndt.)[226] Die Völker sind für Herder nicht nur die Summe der Individuen, sondern aus einem schöpferischen Lebensgrund hervorgegangene Individualitäten. Jedes Volk stehe unmittelbar zu Gott.

Herder wollte sich nicht mit den Äußerlichkeiten der Völker zufrieden geben, sondern über ihre Sprache und Volkskultur zu ihrer Seele und ihren Empfindung vordringen, wollte jene „unsichtbaren Kräfte“

---

226 HUGO MOSER: „Volk, Volksgeist, Volkskultur. Die Auffassungen J.G. Herders in heutiger Sicht“, in: Zeitschrift für Volkskunde 53, 1956/58, S. 127-140, S. 130; GRETE EICHLER: Der nationale Gedanke bei Herder, Emsdetten 1934

aufspüren, die sich dem „Auge des Zergliederers“ entziehen.[227] Es ging darum, der jeweiligen Eigenart gerecht zu werden und nicht sie zu werten.

Der Volkscharakter ist die Objektivierung des jeweiligen Geistes eines Volkes. Diesen sah Herder als ihm eingeboren und unveränderlich an. Gleichzeitig sah er aber auch, daß der realisierte Charakter eines Volkes den historischen Einflüssen unterliegt, durch andere Völker beeinflußt werden oder auch die Entwicklung zu einem Weltbürgertum hin verlorengehen kann.[228] Herder gebrauchte wie die Aufklärer die Begriffe Volk und Nation noch gleichbedeutend, und was er über die Völker sagt, gilt bei ihm genauso für die Stämme innerhalb eines Volkes.

Herder war sich der Schwierigkeit, einen Nationalgeist zu erkennen, bewußt. Die Voraussetzung dafür war für ihn weniger die Objektivität des Urteils, wie die Aufklärer meinten, sondern die liebevolle Zuwendung zu einem Volk. Man sieht nur, was man liebt – und man muß erst mit einer Nation sympathisieren, ehe man ihren Geist erkennen kann.[229] Die Methode ist also eine subjektive, auf Einfühlung beruhende.

Der Weg zur Erkenntnis des jeweiligen Geistes eines Volkes führt über die Erzeugnisse eines Volkes, in denen er am authentischsten zum Ausdruck kommt, seine Sprache und seine Volkskultur, seine Volkslieder und Volksdichtung.

Auch in den grammatischen Besonderheiten und dem Wortschatz einer Sprache kommen die Wesenszüge eines Volkes zum Ausdruck:

„Manche Nation hat für das männliche und weibliche Geschlecht eine eigene Sprache, bei anderen unterscheiden sich im bloßen Wort ICH gar die Stände. Tätige Völker haben einen Überfluß von modis der Verben; feinere Nationen eine Menge Beschaffenheiten der Dinge [Adjektive], die sie zu Abstraktionen erhöhen. Der sonderbarste Teil der menschlichen Sprachen ist endlich die Bezeichnung ihrer Empfin-

---

227 ANDREAS HARTMANN: „Die Anfänge der Volkskunde“, in: ROLF W. BREDNICH (Hg.): Grundriß der Volkskunde. Einführung in die Forschungsfelder der Europäischen Ethnologie. Zweite, überarbeitete und erweiterte Auflage, Berlin 1994, S. 9-30, S. 20

228 MOSER, Volk, Volksgeist, Volkskultur, S. 130

229 MOSER, Volk, Volksgeist, Volkskultur, S. 131

dungen, die Ausdrücke der Liebe und Hochachtung, der Schmeichelei und der Drohung, in denen sich die Schwachheiten eines Volkes bis zum Lächerlichen offenbaren."[230]

Einen wichtigen Zugang bilden die sogenannten *Idiotismen* (Spracheigentümlichkeiten), das heißt Worte oder Redewendungen, die nur schwer oder gar nicht in eine andere Sprache übersetzbar sind. Sie ermöglichen nach Herder einen direkten Zugang zum Nationalgeist. „Die Erklärung solcher Wörter schließt uns Denkart, Laune und Sitten, kurz das Nationalgeheimnis auf".[231] Die Nationalsprache ist ein „Vorratshaus von zu Zeichen gewordenen Gedanken", ein Vorrat, zu dem die Jahrhunderte beigetragen haben, und das den Gedankenschatz eines Volkes widerspiegelt.[232]

Der Volksgeist kommt auch in der Mythologie eines Volkes zum Ausdruck. Sie verrät uns, wie ein Volk die Natur ansah, ob es Gutes oder Böses in seinem Klima ahnte, wie es sich die Naturerscheinungen erklärte. Die Märchen, Volkssagen, Träume und Spiele „sind gewissermaßen Zeugnisse des Volksglaubens, seiner sinnlichen Anschauung, Kräfte und Triebe, wo man träumt, weil man nicht weiß, glaubt, weil man nicht sieht und mit der ganzen unzerteilten und ungebildeten Seele wirkt."[233] „Mildere Provinzen erzählen auch mildere Mär-

---

230 JOHANN GOTTFRIED HERDER: „Ideen zur Philosophie der Geschichte der Menschheit. Zweiter Teil", (Riga 1784/85), in: BERNHARD SUPHAN (Hg.): Herder. Sämtliche Werke, Bd. XIII, Berlin 1887, S. 364; EICHLER, Der nationale Gedanke bei Herder, S. 21

231 JOHANN GOTTFRIED HERDER: „Über die neuere Deutsche Literatur. Eine Beilage zu den Briefen, die neueste Literatur betreffend. Zweite Sammlung von Fragmenten" (1766/67), in: SUPHAN, Herder. Sämtliche Werke, Bd. I, Berlin 1877, S. 241-356, S. 306; EICHLER, Der nationale Gedanke bei Herder, S. 20

232 PAUL KLUCKHOHN (Hg.): Die Idee des Volkes im Schrifttum der deutschen Bewegung von Möser und Herder bis Grimm, Berlin 1934, S. 21 f.

233 JOHANN GOTTFRIED HERDER: „Von Ähnlichkeit der mittleren englischen und deutschen Dichtkunst, nebst Verschiedenem, das daraus folgt", aus: Deutsches Museum 2,1 (1777), in: SUPHAN, Herder. Sämtliche Werke, Bd. IX, Berlin 1893, S. 522-535, S. 525; EICHLER, Der nationale Gedanke bei Herder, S. 28

chen".[234] „Die kriegerischen Nation singt Taten, die zärtliche Liebe, das Volk von warmer Leidenschaft kann nur Leidenschaft, wie das Volk unter schrecklichen Gegenständen sich auch schreckliche Götter dichtet." [235]

Der von Herder oft gebrauchte Ausdruck *Nationalgeheimnis* zeigt jedoch, daß immer ein unzugänglicher Rest bleibt, daß der Geist eines Volkes nie ganz entschlüsselt werden kann.

Herder sah die Grundzüge des deutschen Volkscharakters in dem ehrlichen Biedersinn der Deutschen, ihrer Treue und Wahrhaftigkeit, ihrer Beständigkeit, einer gewissen Bedächtigkeit, ruhigen Überlegung, bedächtigen Genauigkeit, und Gemütlichkeit. „Uns fehlt Witz und leichte Natur, uns fehlt ein schöner Himmel, die Unmoralitäten nur einigermaßen lustig und leidlich machen; deutsche Üppigkeit war daher von jeher grob, weil sie in unser Klima, unsre Lebensart und überhaupt zum Deutschen Charakter nicht gehört." Der Unterschied zwischen deutschem und mediterranem Temperament komme zum Beispiel in den Minneliedern des Mittelalters zum Ausdruck, wo sich die aus dem Süden, aus der französischen Provence, durch mehr Lustigkeit und Frechheit auszeichnen. In den deutschen überwiegen dagegen „die Liebe und die Ehre, Bescheidenheit und Tugend, Verstand und Herz." [236]

Die deutsche Sprache charakterisieren für Herder „ernsthafte Prose, tiefinnige Poesie". Warum paßt für den Deutschen am besten eine nachdrückliche Schreibart [die Großschreibung der Substantive, die es nur im Deutschen gibt]?, fragt Herder, und gibt zur Antwort: wegen der

---

234 JOHANN GOTTFRIED HERDER. „Alte Volkslieder. Zweiter Teil. Englisch-Nordisch und Deutsch", (Altenburg 1774), in: SUPHAN, Herder. Sämtliche Werke, Bd. XXV, Berlin 1885, S. 60-126, S. 66; EICHLER, Der nationale Gedanke bei Herder, S. 29

235 HERDER, Von Ähnlichkeit der mittleren englischen und deutschen Dichtkunst, in: SUPHAN, Herder. Sämtliche Werke, Bd. IX, S. 522; EICHLER, Der nationale Gedanke bei Herder, S. 21

236 JOHANN GOTTFRIED HERDER. „Briefe zu Beförderung der Humanität. Achte Sammlung" (Riga 1796), in: SUPHAN: Herder. Sämtliche Werke, Bd. XVIII, S. 67-140, S. 125 und 116; EICHLER, Der nationale Gedanke bei Herder, S. 38

Eindringlichkeit des deutschen Charakters, seines Hanges zu Reflexionen, „der immer in den Geist der Sache zu dringen ringt.“ [237]

Herders besondere Liebe galt den slawischen Völkern. Als deren Grundzug sah er eine gewisse Passivität an. Die slawische Lebenstendenz sei auf ein friedliches, geruhsames Bauernleben gerichtet, mit einer gewissen Unterwürfigkeit, außerdem „mildtätig, fröhlich, musikalisch und gastfrei“. Der Slawe habe einen eher weichen Charakter,[238] und auch die Finnen, Letten und alten Preußen seien eher sanfte und friedliche Völker.[239]

Den höchsten Ruhm eines Volkes sah Herder in seiner Unschuld, „nie die Hand im Blute zu waschen“, in seiner Mäßigung und Weisheit, und, darin wieder ganz Aufklärer, in seinen Leistungen zum Wohl der ganzen Menschheit.[240]

Obwohl er mehr Anreger als praktischer Forscher war, hatten Herders Ideen einen großen Einfluß auf seine Zeit. „Ich tue (...) bloß Wünsche und Vorschläge: Niemand dürstet mehr als ich, erfüllen zu können, was ich wünsche.“[241] Es waren die Romantiker, die Herders Anregungen aufgriffen und die, wie die Brüder Grimm, die Volkslieder, die Sagen, Märchen und Legenden sammelten, um in ihnen den Geist und die Seele des Volkes zu erspüren. Daraus entstanden die Wissenschaften der Germanistik und der Volkskunde. Allerdings blieb es in der Regel bei der wissenschaftlichen Erfassung und der romantischen Würdigung der Volkskultur. Eine Art heilige Scheu oder auch nur die

---

237 JOHANN GOTTFRIED HERDER. „Über die neuere deutsche Literatur. Erste Sammlung. zweite völlig umgearbeitete Ausgabe“ (Riga 1768), in: SUPHAN,: Herder. Sämtliche Werke, Bd. II, S. 1-108, S. 53; EICHLER, Der nationale Gedanke bei Herder, S. 36

238 JOHANN GOTTFRIED HERDER: „Ideen zur Philosophie der Geschichte der Menschheit“, 4. Teil (Riga 1791), in: SUPHAN: Herder. Sämtliche Werke, Bd. XIV, S. 257-495, S. 277 ff., zit. n. JOSEF MARIA WERNER: Herders Völkerpsychologie, unter besonderer Berücksichtigung ihres religionsphilosophischen Blickpunktes. Diss. Gießen 1934, S. 70

239 HERDER, Ideen zur Philosophie der Geschichte der Menschheit, 4. Teil, S. 267 ff.; WERNER: Herders Völkerpsychologie, S. 66

(Fortsetzung der Fußnoten auf der nächsten Seite)

wissenschaftliche Unmöglichkeit hielt die Romantiker davon ab, aus den Zeugnissen der Volkskultur wirklich den Geist des Volkes abzuleiten und zu erkennen.

---

240 MOSER, Volk, Volksgeist, Volkskultur, S. 139

241 HERDER, Alte Volkslieder, in: SUPHAN, Herder, Sämtliche Werke, Bd. XXV, S. 66; EICHLER, Der nationale Gedanke bei Herder, S. 29

9. Wilhelm von Humboldt

Der Philosoph und Sprachwissenschaftler Wilhelm von Humboldt (1767-1835) übernahm die Grundgedanken Herders, fügte sie aber in sein philosophisches System ein, das heute nur noch schwer nachvollziehbar ist. Hatte Herder den Ursprung des Volksgeistes noch offen gelassen, faßte Humboldt ihn jetzt als platonische *Idee* auf. Ideen in der platonischen Philosophietradition sind jedoch nicht bloß menschliche Vorstellungen, sondern metaphysische Mächte. Sie sind die hinter den konkreten Erscheinungen stehenden, unveränderlichen Wesenheiten. Aufgabe der Wissenschaft ist es nach Humboldt, den hinter dem realen Kollektivcharakter wirkenden idealen Nationalcharakter zu erkennen. Dieser ist eine Ganzheit und kann nur intuitiv-ästhetisch erkannt werden. Äußere Einflüsse der Geographie, der Geschichte oder anderer Völker können den Nationalcharakter zwar hemmen oder fördern, in seiner Substanz jedoch nicht verändern. Er manifestiere sich in den Lebenserscheinungen eines Volkes, am reinsten aber in seiner Kunst, Sprache und Philosophie.[242] Die Methode ist dabei wie bei Herder die der intuitiven Einfühlung. Um den Nationalcharakter eines Volkes zu erkennen, muß man sich ihm „ähnlich machen". Das ist möglich wegen der grundsätzlichen Verwandtschaft mit jedem lebendigen Wesen. Es gibt in ihm „nichts, als wovon wir wenigstens analoge Empfindungen haben."[243] Humboldt verwandte als erster den Begriff *Völkerpsychologie.*

Der sprachbegabte Humboldt befaßte sich gezielt mit den Sprachen fremder Völker, um über deren *innere Form*, das heißt ihre logische

---

242 WILHELM SIEGLER: Die Völkercharakterologie Wilhelm von Humboldts. Methoden und Ergebnisse. Diss. Tübingen 1952

243 WILHELM von HUMBOLDT: „Über die Gesetze der Entwicklung der menschlichen Kräfte", in: Wilhelm von Humboldts gesammelte Schriften, hrsg. von der Königlich Preußischen Akademie der Wissenschaften, Bd. 1, Berlin 1903, S. 86-96, S. 91, zit. n. SIEGLER, Die Völkercharakterologie Wilhelm von Humboldts, S. 45

und grammatische Struktur, zum Nationalcharakter vorzudringen. Humboldt wurde so zu einem der Begründer der vergleichenden Sprachwissenschaft, die die Sprachen nach ihren strukturellen Besonderheiten beschreibt und klassifiziert, und verfaßte allein dreißig Grammatiken außereuropäischer Sprachen. In seinen sprachwissenschaftlichen Arbeiten ging Humboldt jedoch selten über die wissenschaftliche Sprachbeschreibung hinaus, und die ursprüngliche Absicht einer sprachlichen Völkerpsychologie blieb in ersten Ansätzen stecken. Erst lange nach Humboldt, im 20. Jahrhundert, machten Sprachwissenschaftler wie Karl Vossler und Friedrich Kainz ernst mit Humboldts Idee einer sprachwissenschaftlichen Völkercharakterologie.

Humboldts besonderes Interesse galt den Basken in Nordspanien, die als einziges westeuropäisches Volk eine nicht indogermanische Sprache sprechen. Das mit seiner Reise im Frühjahr 1801 ins Auge gefaßte Werk über die baskische Sprache sollte er jedoch nie fertigstellen. Statt dessen veröffentlichte er einen kurzen Reisebericht. In dem beschrieb er die Basken als freiheitsliebendes, tätiges und ordnungsliebendes Volk, das nüchterner und weniger leidenschaftlich als seine spanischen Nachbarn ist.[244]

Humboldt glaubte an ein allgemeines Menschheitsideal, das die alten Griechen am reinsten verwirklicht hatten. Sie hatten ihre Verstandeskräfte vielseitig ausgeprägt und einen Sinn für Maß und Schönheit, neigten aber mehr zur Anschauung als zur Tätigkeit.

Dem deutschen Nationalcharakter schrieb Humboldt eine besondere Affinität zum Griechentum zu. Mit diesem habe er seine *Universalität*, seine Freiheit von einseitiger Beschränktheit gemeinsam. Ihre Vielseitigkeit und Objektivität sei der Grund, weshalb sie sich besonders in andere Völker einfühlen könnten. Sie hätten einen Hang zur Wahrheitssuche und seien seelenvoller, innerlicher und mehr dem Höchsten zugewendet als andere Nationen. Allerdings mangele es ihnen an Formbegabung, Abhilfe verspreche das Studium der Griechen. Humboldt sah die Universalität der deutschen Kultur in Norddeutschland beheimatet. Die Süddeutschen und Österreicher seien gewandter und leichter und

---

[244] WILHELM von HUMBOLDT: „Die Vasken“, in: Werke in fünf Bänden. Bd. II, Darmstadt 1961, S. 1961

hätten mehr Energie und Originalität als die Norddeutschen. Eine rein süddeutsche Nation wäre eine Nation wie alle anderen auch.[245]

Die Franzosen haben nach Humboldt viel Anstand und Grazie im Umgang, eine kühle und besonnene Gewandtheit und eine leicht erregbare Heftigkeit des Temperaments. Sie sind der Außenwelt zugewandt und neigen nicht zur Innenschau wie die Deutschen. So ist auch ihre Phantasie auf das praktische Leben gerichtet. Die Franzosen „berechnen alles auf die Wirkung..." Die französische Natur sei mehr gesund als derb, mehr leichtgestimmt als kraftvoll, mit einer bewundernswerten allgemeinen Kulturfähigkeit. In der Vergangenheit, im 16. und 17. Jahrhundert, seien die Franzosen noch einfacher und gefühlvoller gewesen als in der Gegenwart.[246]

Hauptzug der Spanier, die er auf seinen Reisen kennengelernt hatte, ist nach Humboldt ihre Charakterstärke. Sie zeichnen sich durch redliche Einfachheit und sittlichen Ernst aus, fern von Raffinement und Luxus. Humboldt nennt sie wegen ihrer Mischung von südlicher Lebhaftigkeit und nordischer Bedachtsamkeit die „Deutschen des Südens". Sie haben einen geraden und gesunden Verstand, Witz und Schlagfertigkeit und keinen Sinn für Sentimentalitäten. Alle Schichten zeichnen sich durch ein natürliches Selbstbewußtsein aus. Der Spanier kann sich wohl in seiner äußeren sozialen Stellung, niemals aber in seinem Wert als Mensch einem anderen unterlegen fühlen.

Die spanische Trägheit hält Humboldt für keine Grundeigenschaft des spanischen Charakters, sondern nur für eine Folge ihrer Lebensauffassung. Die Spanier können zielstrebig und energisch sein, wenn sie von etwas überzeugt sind. „Der Spanier ist im gewöhnlichen Leben nüchtern und realistisch. Der Schwung seines Daseins liegt in dem

---

[245] WILHELM von HUMBOLDT in einem Brief an FRIEDRCH AUGUST WOLF, in: Wilhelm von Humboldts gesammelte Werke, hrsg. von CARL BRANDES, Berlin 1841-1852, Bd. 5, S. 193 f.; SIEGLER, Die Völkercharakterologie Wilhelm von Humboldts, S. 150 f.

[246] WILHELM von HUMBOLDT in Briefen an FRIEDRICH HEINRICH JACOBI, CHRISTIAN GOTTFRIED KÖRNER, JOHANN WOLFGANG von GOETHE und FRIEDRICH CLEMENS EBRARD, SIEGLER, Die Völkercharakterologie Wilhelm von Humboldts, S. 160 ff.

Bewußtsein seiner inneren Unabhängigkeit und Größe. Sein gewohnter Müßiggang ist nur ein Warten auf die höhere, seiner würdigen Aufgabe. Glaubt er sie gefunden zu haben, stürzt er sich mit der ganzen Leidenschaft seiner Natur auf sie."

Der spanische Nationalcharakter ist vor allem in Kastilien beheimatet. Die Andalusier sind heftiger, die Aragonier finsterer und die Katalanen fleißiger als die anderen Spanier.[247]

---

[247] WILHELM von HUMBOLDT in Briefen an JOHANN WOLFGANG von GOETHE, DAVID FRIEDLÄNDER und FRIEDRICH CLEMENS EBRARD, SIEGLER, Die Völkercharakterologie Wilhelm von Humboldts, S. 172 ff.

10. Die Völkerpsychologie von Bastian bis Wundt

Nach Humboldt entstand in Deutschland eine Wissenschaftsrichtung, die sich selbst „Völkerpsychologie" nannte, mit der in diesem Buch gemeinten differentiellen Völkerpsychologie oder Völkercharakterologie aber nichts zu tun hat, selbst wenn sie immer wieder einmal mit ihr in einen Topf geworfen wird.

Begründer dieser Richtung war der Bremer Kaufmannssohn und Forschungsreisende Adolf Bastian (1826-1905), der Gründer des Berliner Völkerkundemuseums. Für ihn war die Geschichte des Menschen geprägt von bestimmten Ideen, die er *Elementargedanken* nannte. Solche Elementargedanken sind abstrahierbare Erscheinungen aus dem sozialen, religiösen, kulturellen oder ästhetischen Leben, wie zum Beispiel das Eigentum, die Häuptlingsherrschaft, die Familie, das Mutterrecht, das Opfer oder das Tabu, aber auch Erscheinungen aus dem Bereich der materiellen Kultur. Die Elementargedanken treten in den verschiedenen Völkern als *Völkergedanken* auf und durchlaufen die gesamte Entwicklungsgeschichte des Menschen. Die nur bei wenigen Völkern vorkommende Armbrust ist zum Beispiel ein Völkergedanke, Pfeil und Bogen, die es auf allen Kontinenten gibt, sind ein Elementargedanke.

Um die Elementargedanken zu erkennen, sammelte Bastian ein umfangreiches ethnologisches Tatsachenmaterial von allen Weltteilen, das er in diesem Sinne deutete. Obwohl Bastian jede metaphysische Interpretation der Elementargedanken ablehnte und sie als naturwissenschaftliches psychologisches Faktum verstanden wissen wollte, hat seine Lehre doch eher den Charakter einer spekulativen Kulturphilosophie. Auch faßte er die Elementargedanken nicht etwa sozialpsychologisch auf, als etwas, das durch die Kommunikation zwischen den Menschen entsteht, wie oft mißverstanden wird, sondern als in der Psyche der

Menschen wurzelnde *Ideen*, die zur menschlichen Grundausstattung gehören.[248]

Der Begriff der Völkerpsychologie wurde vor allem durch das Werk des Philosophen Moritz (eigentlich Moses) Lazarus (1824-1903) und des Sprachwissenschaftlers Heymann (Hajim) Steinthal (1823-1899) bekannt. Im Unterschied zu Bastian faßten sie nun den *Volksgeist* sozialpsychologisch auf. Er umfaßt die gemeinsamen Vorstellungen eines Volkes. Aus dem Zusammenleben der Menschen entwickelt sich ein objektiver Gehalt „welcher dann zum Inhalt, zur Norm und zum Organ ihrer ferneren Subjektivität wird".[249] Der Volksgeist manifestiert sich in Anschauungen, Überzeugungen, Denkformen und Gefühlsweisen, sodann aber auch in den Verkörperungen des Gedankens: Kunstwerken, Bauten, Schriften usw. Er ist dem geistigen Leben des einzelnen zeitlich und psychologisch durch sein Leben in der Gemeinschaft vorgegeben und verbürgt die geistige Einheit eines Volkes.[250] Er ist zugleich der Hervorbringer und das Produkt der psychischen Vorgänge.

Lazarus und Steinthal bezeichneten ihre Völkerpsychologie als die „Lehre von den Elementen und Gesetzen des geistigen Volkslebens". Beide führten keine Feldforschungen durch, sie wollten vielmehr die

---

248 WILHELM EMIL MÜHLMANN: Methodik der Völkerkunde, Stuttgart 1938, S. 63 ff.; ders.: Geschichte der Anthropologie. 3. Auflage, Wiesbaden 1984, S. 87 ff.; ENO BEUCHELT: Ideengeschichte der Völkerpsychologie, Meisenheim am Glan 1974, S. 16 ff.; ANNEMARIE FIEDERMUTZ-LAUN: „Adolf Bastian (1826-1905)", in: WOLFGANG MARSCHALL (Hg.): Klassiker der Kulturanthropologie. Von Montaigne bis Margaret Mead, München 1990, S. 109-136

249 MARK GALLIKER: „Die Verkörperung des Gedankens im Gegenstande. Zur kontroversen Begründung der Völkerpsychologie, in: Psychologische Rundschau 44, 1993, S. 11-24, S. 16, Hervorhebungen von Lazarus.

250 ANDREAS GROßMANN: „Volksgeist – Grund einer praktischen Welt oder metaphysische Spukgestalt? Anmerkungen zur Problemgeschichte eines nicht nur Hegelschen Themas", in: ANDREAS GROßMANN, CHRISTOPH JAMME (Hg.): Metaphysik der praktischen Welt. Perspektiven im Anschluß an Hegel und Heidegger, Amsterdam 2000, S. 60-77, S. 68

geistigen Gesetze erkennen, nach denen sich der Volksgeist verändert. Diese stellten sie sich jedoch nicht sozialpsychologisch, sondern als dem Geist innewohnende objektive Gesetze vor. In der Praxis beschäftigten sie sich nicht mit den Eigenschaften der einzelnen Völker, sondern mit Einzelerscheinungen des Kulturlebens, insbesondere der Sprachen. In der von Ihnen herausgegeben „Zeitschrift für Völkerpsychologie und Sprachwissenschaft", die von 1860 bis 1890 in zwanzig Bänden erschien, findet sich fast nichts, das für eine differentielle Völkerpsychologie von Belang wäre.

Der Psychologe Wilhelm Wundt (1832-1920), mit dem der Begriff der *Völkerpsychologie* heute noch wahrscheinlich am engsten verbunden ist, baute das System von Lazarus und Steinthal weiter aus. Wie die beiden war er kein Feldforscher, sondern wertete die ethnologische Literatur aus. Er begrenzte die Gültigkeit der Völkerpsychologie jetzt ganz auf die Naturvölker. Nur auf dieser Stufe des geistigen Hervorbingens sei es noch die Gemeinschaft und nicht der Einzelne, der produktiv sei. Statt vom Volksgeist sprach er von der *Volksseele*. Die Völkerpsychologie war für ihn die „Lehre von der Volksseele". Diese ist „ein Erzeugnis der Einzelseelen, aus denen sie sich zusammensetzt; aber diese sind nicht minder Erzeugnisse der Volksseele, an der sie teilnehmen".[251] Wundt reduzierte die Produkte der Volksseele auf die Dreiheit von Sprache, Mythus und Sitte. Entwickeltere Ausdrucksformen wie Kunst und Wissenschaft gehörten nicht mehr dazu. Auch Wundts Völkerpsychologie war mehr Philosophie als empirische Wissenschaft, eine Ideenpsychologie, die die Entwicklungsgesetze von Sprache, Mythos und Sitte als allgemeinmenschliche Geistformen untersuchte. [252]

---

251 zit. n. GROßMANN, Volksgeist, S. 70

252 MÜHLMANN, Geschichte der Anthropologie, S. 120 ff.; GROßMANN, Volksgeist, S. 70; GALLIKER, Die Verkörperung, S. 18 ff.; SCHNEIDER u. MÜLLER, Die Völkerpsychologie, S. 96 ff.; BEUCHELT, Ideengeschichte der Völkerpsychologie, S. 23 ff.; ALFRED VIERKANT: „Der gegenwärtige Stand der Völkerpsychologie", in: Neue Jahrbücher für das klassische Altertum, Geschichte und deutsche Literatur 17, 1914, S. 625-641;WILLY HELLPACH: „Wilhelm Wundt – der große Seelennaturforscher. Ein Gedenken an seinen 20. Todestag (31. VIII. 1920)", in: WILLY HELLPACH: Universitas Litterarum. Gesammelte Aufsätze, Stuttgart 1948, S. 353-359

Seine zehnbändige Völkerpsychologie, erschienen zwischen 1900 und 1920 und gegliedert nach Sprache, Mythos und Sitte, ist ebenfalls für die differentielle Völkerpsychologie völlig unergiebig.

Die Völkerpsychologie von Bastian bis Wundt zielte nicht auf Völker, sondern auf Ideen, nämlich auf solche der Sprache, der Religion, der Mythologie, der Sitte usw., und verirrte sich in philosophische Spekulationen. Wilhelm Emil Mühlmann schreibt, „die Völkerpsychologie hatte es weder mit Völkern zu tun, noch war sie Psychologie.“[253] So galt Deutschland in der zweiten Hälfte des 19. Jahrhunderts allgemein als das Mutterland der Völkerpsychologie, ohne daß damit für eine wirkliche Völkerpsychologie etwas gewonnen gewesen wäre.

---

253 MÜHLMANN, Geschichte der Anthropologie, S. 120

11. Die europäische Völkerpsychologie in der Zeit nach Wundt

Das in der Aufklärung erwachte völkercharakterologische Interesse erhielt einen neuen Impuls durch die Romantik mit ihrer Vorliebe für das Historische und Besondere. Das Werk von Madame de Staël (1766-1877) über Deutschland, *De l'Allemagne* (1814), ist die erste völkerpsychologische Monographie, die in ganz Europa gelesen wurde. Madame de Staël schilderte die Deutschen als Volk der Dichter und Denker, ernst und grüblerisch, etwas weltfremd, bieder, treu und gerecht, arbeitsam, mit Neigung zur Einsamkeit und zur Metaphysik, zuweilen auch schwerfällig, umständlich und langweilig. Sie tadelte die französische Oberflächlichkeit und Überheblichkeit und verwies auf den Reichtum der deutschen Dichtung, Philosophie und Wissenschaft. Von Napoleon noch verboten, erschien das Buch nach den Befreiungskriegen in mehreren Sprachen, löste in Frankreich ein echtes Interesse an Deutschland aus und machte auch die Engländer, Amerikaner, Russen und Polen mit einem Deutschland bekannt, das als das Land der Romantik erschien.[254]

In Deutschland hatte die napoleonische Fremdherrschaft zur Besinnung auf das Eigene, auf das eigene Volkstum und seine germanischen Wurzeln, geführt. Allerdings förderte die Romantik mehr die Erforschung der Sprachen und die Aufzeichnung von Mundarten, Volksliedern, Sagen und Märchen, wie etwa die Gebrüder Grimm es taten, als ernsthafte Versuche zu einer *Völkercharakterologie*. Einen solchen unternahm erst der in Greifswald und Bonn lehrende Historiker und Schriftsteller Ernst Moritz Arndt (1769-1860) mit seinem *Versuch in vergleichender Völkergeschichte* im Jahr 1843. In anderen Schriften hatte Arndt sich ausführlich mit den deutschen Regionalcharakteren befaßt. Ähnlich wie Madame de Staël sah Arndt den deutschen Volkscharakter durch Gutmütigkeit, Geradheit, Ehrlichkeit, Arbeitsamkeit, Innigkeit und

---

[254] GERMAIN de STAËL: Über Deutschland, herausgegeben und eingeleitet von Sigrid Metken, Stuttgart 1962

Natürlichkeit charakterisiert. Den Deutschen zeichne eine Neigung zu Grübelei, Tiefsinn und Spekulation aus, er strebe nach den letzten Enden der Erkenntnis. „Wir sind ein schweres Volk und fühlen die Arbeit und die Not der Welt und die Aufgabe des Lebens oft viel schwerer als gut ist“. Auch eine gewisse Neigung zur Vereinzelung, ja zur Einsamkeit sei typisch für die Deutschen. Mit den anderen germanischen Völkern verbinde sie ihre Liebe zur Natur.[255]

Viele Völkercharakteristiken wurden von Landeskennern und Geographen im Rahmen von landeskundlichen Monographien verfaßt. Ihnen war das ehrliche Bemühen gemeinsam, realistische Charakterisierungen der betreffenden Völker zu vermitteln, meist ohne nach besonderer Originalität zu streben und ohne literarische Ambitionen. Sie sind meiner Meinung nach die eigentlichen wertvollen wissenschaftlichen Quellen über die Eigenschaften der Völker. Beispiele sind die Arbeiten von Victor Hehn (1813-1890) über Italien und Rußland, von Wilhelm Dibelius über England (1876-1931), von Friedrich von Hellwald (1842-1892) über Frankreich oder das von Gino Bertolini über die skandinavischen Länder. Zu den ernstzunehmenden Studien über den deutschen Volkscharakter zähle ich die Werke von Richard Müller-Freienfels (1882-1949), Willy Hellpach (1877-1955) und des Franzosen Bernard Nuss (geb. 1932).[256]

Daneben gab und gibt es eine essayistische Literatur, die in geistreicher Weise bestimmte Charakterzüge und Beobachtungen in pointierten Thesen zuspitzt. Etwa wenn der Romanist Eduard Wechßler dem französischen *Esprit* den deutschen *Geist* entgegenstellte oder Thomas Mann in seinen Betrachtungen eines Unpolitischen der westeuropäischen *Zivilisation* die deutsche *Kultur*. Zu dieser Art Literatur gehören auch die Reflexionen des Philosophen Herrman Graf Keyserling (1880-1946), des Diplomaten Harry Graf Kessler (1868-1937) oder des Politikers Walther Rathenau (1867-1922) über die Charakterzüge der wichtigsten europäischen Nationen. In Westeuropa war in der Zeit vor

---

[255] KURT HECKSCHER: Die Volkskunde des germanischen Kulturkreises. An Hand der Schriften Ernst Moritz Arndts, Hamburg 1925

[256] siehe Anmerkung 271

dem Zweiten Weltkrieg vor allem das Werk des spanischer Journalisten Salvador de Madariaga (1886-1978) über *Engländer – Franzosen – Spanier* sehr bekannt. In ihm charakterisierte er den Engländer als *Mann der Tat*, den Franzosen als *Mann des Denkens* und den Spanier als *Mann der Leidenschaft*. Die essayistische Literatur enthält manche zutreffende Beobachtungen und interessante Erklärungsansätze, ist wegen ihrer Neigung zur Zuspitzung und Übertreibung letztlich aber nur von geringem Wert für eine wissenschaftliche Völkerpsychologie.[257]

Am meisten beschäftigten sich im 19. und frühen 20. Jahrhundert die Franzosen und die Deutschen mit ihren europäischen Nachbarvölkern. Der französische Dichter Stendhal (1783-1842) beschrieb den Unterschied zwischen den Nordfranzosen und den Südländern, zu denen er auch schon die Südfranzosen zählte, und nach 1870 machte den Franzosen die deutsche Wandlung vom Volk der „Dichter und Denker" zum machtpolitischen Realismus zu schaffen. Für die Deutschen war spätestens seit Goethes *Italienischer Reise* (1786) Italien das Sehnsuchtsland. Es erschien ihnen als eine vom Ernst und der Problemschwere befreite, sonnenbestrahlte Gegenwelt der Leichtigkeit und Diesseitigkeit. Seit Friedrich Sieburgs (1893-1964) *Gott in Frankreich* (1929) sah man auch Frankreich in diesem Licht, wobei es gerade die von den Franzosen oft beklagte Rückständigkeit Frankreichs war, die Sieburg zur zeitlosen Lebenskunst verklärte.[258]

Theodor Fontane schilderte das in der Industrialisierung fortgeschrittene England und Alexis de Tocqueville (1805-1859) das demokrati-

---

257 EDUARD WECHßLER: Esprit und Geist. Versuch einer Wesenskunde des Deutschen und Franzosen, Bielefeld 1927; THOMAS MANN: Betrachtungen eines Unpolitischen, Berlin 1918; HERMANN Graf KEYSERLING: Das Spektrum Europas, 5. Auflage, Stuttgart 1931; HARRY Graf KESSLER: „Nationalität", in: Die Zukunft, 7. April 1906; WALTHER RATHENAU: „Vier Nationen", in: ders.: Gesammelte Schriften in fünf Bänden. 4. Bd., Berlin 1918, S. 123-140; SALVADOR de MADARIAGA: Engländer – Franzosen – Spanier. Ein Vergleich, Stuttgart 1966

258 FRIEDRICH SIEBURG: Gott in Frankreich! Ein Versuch. Neudruck Frankfurt a.M. 1954

sche Amerika.[259] Russische Schriftsteller beschrieben immer wieder den Gegensatz von deutscher Effizienz und slawischer *Seele*. Turgenjew und Dostojewskij fanden die Deutschen langweilig und gefühlsarm, und Nikolaj Gogol meinte, „in den Adern der Deutschen rinnt Kartoffelblut".[260] In Deutschland und Westeuropa war man dafür von dem emotionalen Extremismus und dem religiösen Grüblertum der Russen fasziniert, wie sie Dostojewski in seinen Romane darstellte. Dagegen hatte man in England nur wenig Interesse an den europäischen Völkern, sein Blick war auf die Kolonien gerichtet. Auch machte sich bei ihnen bereits die Neigung der Angelsachsen bemerkbar, das eigene Volkstum nicht als ein besonderes, sondern als die allgemeingültige Zivilisation aufzufassen, neben der alle anderen Völkertümer exotische, „ethnische" Kulturen sind.

Den ersten Versuch zu einer wissenschaftlichen differentiellen Völkerpsychologie machte man um die Jahrhundertwende in Frankreich. Als Begründer der französischen Völkerpsychologie kann der Philosoph Alfred Fouillée (1838-1912) gelten, der sich zunächst mit Ideengeschichte befaßte hatte, und der 1898 seine *Psychologie des französischen Volkes* herausbrachte, der er 1903 eine *Psychologische Skizze der europäischen Völker* folgen ließ.[261] In Frankreich beherrschte damals

---

259 THEODOR FONTANE: Aus England und Schottland. 2. Auflage, Berlin 1900; ALEXIS de TOCQUEVILLE: Über die Demokratie in Amerika. Ausgewählt und herausgegeben von J.P. Mayer, Stuttgart 2003

260 GEORG von RAUCH: „Eindrücke russischer Reisender von Deutschland im 18. und 19. Jahrhundert", in: FRIEDHELM BERTHOLD KAISER, BERNHARD STASILEWSKI (Hg.): Reiseberichte von Deutschen über Rußland und von Russen über Deutschland, Köln 1980, S. 58-74, S. 63 u. 66 f.

261 ALFRED FOUILLÉE: Esquisse psychologique des peuples européens, Paris 1903; R. TROUDE: „La psychologie des peuples européens d'après Alfred Fouillée", in: Revue de psychologie des peuples 1, 1946, S. 167-175; GUILLAUME LE QUINTREC: „Alfred Fouillée et la psychologie des peuples", in: Cahiers de sociologie économique et culturelle. Ethnopsychologie 21, 1991, S. 35-60; ELIAS HURWICZ: Die Seelen der Völker. Ihre Eigenarten und Bedeutung im Völkerleben, Gotha 1920; OTTO ENGELMAYER: Die Deutschlandideologie der Franzosen. Ihre geistesgeschichtlichen Grundlagen, Berlin 1935

die streng milieutheoretische Schule des jüdischstämmigen Soziologen Émile Durkheims (1858-1917) die Geisteswissenschaften. Durkheim hatte das Dogma von der Autonomie des Sozialen aufgestellt, das besagt, daß soziale Phänomene immer nur soziale Ursachen haben, und nie etwa biologische oder psychologische.

Auch Fouillée wandte sich wie Durkheim gegen die Rassentheorien, wie sie Vacher de Lapouge und Otto Ammon vertraten, ging aber auch von ursprüngliche Eigenschaften der Völker aus, die für sie charakteristisch sind. Er war es, der den Begriff des „Sozialen Milieus" in die Völkerpsychologie einführte. Seine *Psychologische Skizze der europäischen Völker* beinhaltet Kapitel über die alten Griechen und Römer, die Italiener, Spanier, Engländer, Deutschen, Russen und Franzosen sowie einen ausführlichen Vergleich von Franzosen und Angelsachsen.

Die französischen Völkerpsychologen standen unter dem Eindruck der Niederlage von 1870/71 und fragten, wieso Frankreich in der Entwicklung gegenüber Deutschland und den angelsächsischen Ländern so ins Hintertreffen geraten war. So galt Fouillées besonderes Interesse der Wandlung des deutschen Geistes in der zweiten Hälfte des 19. Jahrhunderts. Ihre Ursache sah er in der Industrialisierung, aber auch in der Widersprüchlichkeit des deutschen Charakters begründet, der sowohl brutale Kraft als auch Besinnlichkeit, sowohl strenge Logik als auch intellektuelle Schwärmerei umfasse. Den Deutschen zeichne eine langsame Reaktionsweise aus, Emotionen bauen sich langsam auf, nicht impulsiv wie bei den Franzosen, sind dann aber energisch und ausdauernd. Sie sind nicht expansiv, die Leidenschaft des Deutschen ist eine innere. Die Deutschen haben nicht die Liebe zur Geselligkeit, die die Franzosen auszeichnet, und hegen mehr Respekt vor dem Geheimnisvollen und Irrationalen. Anders als in Frankreich wird die Jugend zum selbständigen Forschen angeleitet, während der französischen nur fertige Resultate vermittelt werden. Die Franzosen haben ein heiteres und lebhaftes Temperament mit starker Emotionalität und Expansivität. Anders als die Deutschen seien sie der Überzeugung, daß alles in der Wirklichkeit verstandesmäßig erkannt werden könne. Das Gefühl für das „ewige Geheimnis", das die Welt durchdringe, sei ihnen völlig abhanden gekommen.

Fouillée trat der Schriftsteller und Politologe Émile Boutmy (1835-1906) zur Seite, der sich vor allem mit den angelsächsischen Ländern befaßte. Er hatte 1871 die *École libre des sciences politiques* gegründet, eine Institution, die zur moralischen Aufrichtung nach der Niederlage von 1870 beitragen sollte. Die Deutschen hätten wegen ihrer fortschrittlicheren Erziehung und Technik gesiegt, und wie in Preußen nach der Niederlage von Jena und Auerstedt gelte es nun für Frankreich, vom Sieger zu lernen. Boutmy genoß in der akademischen Welt Frankreichs großes Ansehen.

Boutmy sah in den Eigenschaften der Angelsachsen die der alten Germanen fortbestehen, wie sie schon Tacitus beschrieben hatte. Außerdem führte er sie auf das anregende und abhärtende Klima zurück. Die Engländer zeichnet ein großes Bewegungs- und Tätigkeitsbedürfnis und ein praktischer Utilitarismus aus, der wenig Sinn für Metaphysik und Theorien hat. Die menschliche Aktivität trägt für sie ihren Wert in sich selber. Als Franzose empfand Boutmy die Engländer im Gespräch als direkt und freimütig. Sie seien nicht so gesellig wie die Franzosen und bildeten sich ihre Meinung nicht auf äußere Anregungen hin, sondern erst nach langen Überlegungen. Sie seien egozentrisch und wenig mitfühlend. Boutmy beeindruckte die stoische Leidenschaftslosigkeit der unter Feuer stehenden englischen Grenadiere.[262]

Die zweite Generation der französischen Völkerpsychologie, die in der Zwischenkriegszeit und nach dem Zweiten Weltkrieg aktiv war, stellen die Politologen und Soziologen André Siegfried (1875-1959) und Abel Miroglio (1895-1978) dar. Beide kamen aus alten protestantischen Familien, die aus dem Elsaß beziehungsweise aus Genf stammten. Siegfried war ursprünglich selbst (liberaler) Parteipolitiker gewesen, und befaßte sich mit der Erforschung der politischen Milieus in Frankreich, dann auch in den englischsprachigen Ländern, über die er mehrere Monographien schrieb. Dies führte ihn immer mehr zu völker-

---

[262] LAURENT MUCCIELLI: „Völker- und Rassenpsychologie, Region und soziales Milieu. Wissenschaftliche Probleme und disziplinärer Wettbewerb um eine Theorie der Geschichte im Umfeld von Henri Berr und der Revue de Synthése Historique (1890-1925)", in: Comparativ 5 (3), 1995, S. 50-82; HURWICZ, Die Seelen der Völker

psychologischen Fragestellungen. 1950 erschien sein Buch über die Seele der Völker, in dem er den Erfindungsgeist *(L'ingéniosité)* der Franzosen, die Zähigkeit der Engländer, die Disziplin der Deutschen, den Mystizismus der Russen und die Dynamik der Amerikaner beschreibt. Siegfried betonte den negativen Charakter des französischen Individualismus, der nicht wie der angelsächsische auf produktive Leistungen für die Gesellschaft ausgerichtet sei. Der Franzose strebt materielle Sicherheit an und will seine Ruhe haben. Den Grund dafür sah er in der unterschiedlichen konfessionellen Prägung. Das eigentliche Frankreich sei nicht Paris, das die Vorstellungen des Auslandes von den Franzosen bestimmt, sondern das der bäuerlichen und kleinstädtischen Provinz. Der Franzose sei nur äußerlich liebenswürdig und entgegenkommend, in Wirklichkeit aber mißtrauisch und verschlossen, berechnend und materiell.

Siegfrieds Werk ist – wie auch sonst bei den französischen Völkerpsychologen – nicht frei von antideutschen Ressentiments, etwa wenn er die Deutschen als Barbaren ohne Persönlichkeit schildert, als den Feind der Zivilisation schlechthin *(ennemi idéal)*. Mit seiner Neigung, den jeweiligen ‚Geist' eines Volkes auf nur eine Eigenschaft zuzuspitzen – mir erscheint diese Neigung, klare Begriffe der unübersichtlichen Wirklichkeit auch auf Kosten der Wahrhaftigkeit vorzuziehen, durchaus typisch für das französische Denken zu sein – nähert sich Siegfried allerdings schon sehr der essayistischen Literatur, falls er ihr nicht sogar zuzuordnen ist.[263]

Mit Hilfe André Siegfrieds, der in Le Havre in der Normandie geboren war, gründete Miroglio 1937 in Le Havre das *L'Institut de sociologie économique et culturelle*, das seit 1946 die *Revue de Psychologie des Peuples* herausgab. Die Zeitschrift ist eine Fundgrube für völkerpsychologische Aufsätze zu den verschiedensten Ländern. Miroglio war offen für neue Fragestellungen und Methoden, betonte aber gegenüber testpsychologischen Ansätzen, daß nur die menschliche Sprache die

---

263 ANDRÉ SIEGFRIED: Das heutige Frankreich. Sein Charakter, seine Politik, seine Parteien, Stuttgart 1931; ANDRÉ SIEGFRIED: L'Ame des peuples, Paris 1950; „Siegfried bei den Barbaren", in: Die ZEIT, 11.5.1950 (Text im Internet)

nötige Feinheit und Geschmeidigkeit besitzt, die zur Beschreibung volkscharakterologischer Eigenschaften erforderlich sind.

In den 1960er Jahren versuchte Miroglio in seinem Institut einen neuen Forschungszweig als Hilfswissenschaft der Völkerpsychologie zu integrieren, der die Vorstellungen von den Völkern in der schöngeistigen Literatur erforschen sollte, und den er *Imagologie* nannte. Der belgische Literaturwissenschaftler Hugo Dyserinck (geb. 1927), der ihn dabei ursprünglich unterstützen wollte, lenkte die *Imagologie* jedoch schnell in dieselbe Richtung wie die Stereotypenforschung, die völkerpsychologische Fragestellungen ablehnt, und zu der die Literaturwissenschaftler nun mit ihrem neuerschlossenen Thema in Konkurrenz traten. Auch Miroglios Institut und die Zeitschrift gerieten nach 1970 zunehmend in zeitgeistiges Fahrwasser und haben heute mit Völkerpsychologie nichts mehr im Sinn.[264]

In Deutschland erschien 1920 das Buch *Die Seelen der Völker. Ihre Eigenarten und Bedeutung im Völkerleben* des aus Rußland

---

264 ABEL MIROGLIO: La Psychologie des Peuples, Paris 1958; ABEL MIROGLIO: „Fortschritt und Entwicklung der Völkerpsychologie“, in: HORST REIMANN, E.W. MÜLLER (Hg.): Entwicklung und Fortschritt. Soziologische und ethnologische Aspekte des soziokulturellen Wandels. W.E. Mühlmann zum 65. Geburtstag, Heidelberg 1969, S. 13-22; LAURENT MUCCIELLI: „Völker- und Rassenpsychologie, Region und soziales Milieu. Wissenschaftliche Probleme und disziplinärer Wettbewerb um eine Theorie der Geschichte im Umfeld von Henri Berr und der Revue de Synthése Historique (1890-1925)“, in: Comparativ 5 (3), 1995, S. 50-82; PHILIPPE CLARET: „Regards sur l'histoire d'une entreprise intellectuelle: L'institut Havrais et la Revue de psychologie des peuples – Ethnopsychologie (1946-1982)„ in: Cahiers de sociologie économique et culturelle. Ethnopsychologie 26, 1996, S. 17-36; ders.: „Theories of national personality revisited: Anglo-American Models and French conceptions“, in: HANTS ALDERSHOT u.a. (Hg.): Modern roots. Studies of national identity, Ashgate 2001, S. 43-72; FRÉDÉRIC CARBONEL: Création et essor de I' Institut Havrais de Sociologie économique et de Psychologie des peuples de l'hiver 1937 aux années 1970, Universität Rouen 2006 (Text im Internet); ders.: „Origines et développement de I'Institut havrais de sociologie économique et de psychologie des peuples de l'hiver 1937 aux années 1980“, in: Annales de Normandie 2007, S. 117-150

stammenden deutsch-jüdischen Soziologen und Publizisten Elias Hurwicz (1884-1973). Hurwicz hatte sich zuvor vor allem mit der russischen und der jüdischen Geschichte befaßt. Obwohl – oder wohl richtiger gerade weil außerhalb des Wissenschaftsbetriebs entstanden, gehört sein Buch zu den besten und gehaltvollsten zu dem Thema. Zwar ist es nach allgemeinen Gesichtspunkten gegliedert und behandelt die Geschichte und die Grundlagen der Völkerpsychologie sowie die bestimmenden Faktoren und Ausdrucksformen der Volkscharaktere, es bleibt aber nicht in der theoretischen Reflexion stecken, sondern bringt reichhaltiges Material über die verschiedenen europäischen Völker. Hurwicz unterschied zwischen erbbiologischen, historisch-sozialen und geistigen Einflußfaktoren. Dabei ist sein Urteil frei von jeder Einseitigkeit und meistens auch heute noch vertretbar.[265]

Erst durch den Wundt-Schüler Willy Hellpach (1877-1955) konnte sich in Deutschland die differentielle Völkerpsychologie auch im akademischen Rahmen etablieren. Hellpach war Mediziner und Psychologe und engagierte sich in der Weimarer Zeit als liberaler Politiker, war Unterrichtsminister in Baden und Kandidat der DDP (Deutsche Demokratische Partei) für das Amt des Reichspräsidenten. Anders als Wundt verstand Hellpach unter Völkerpsychologie nicht mehr eine allgemeine Kulturphilosophie, sondern eine Wissenschaft von den konkreten Völkern. Hellpach war ein akademischer Einzelgänger mit einer Vorliebe für wissenschaftlich schwer anzugehende Themen aus den Grenzbereichen zwischen den Fächer. Schon vor dem Ersten Weltkrieg hat er sich mit sozial- und kulturpsychologischen Schriften über *Die geistigen Epidemien* (1906) und *Die geopsychischen Erscheinungen* (1911) einen Namen gemacht. Letztere behandelte *Die Menschenseele unter dem Einfluß von Wetter und Klima, Boden und Landschaft* und erlebte bis 1977 acht Auflagen.[266]

---

265 ELIAS HURWICZ: Die Seelen der Völker. Ihre Eigenarten und Bedeutung im Völkerleben. Ideen zu einer Völkerpsychologie, Gotha 1920

266 WILLY HELLPACH: Die geistigen Epidemien, Frankfurt a.M. 1906; ders.: Geopsyche. Die Menschenseele unter dem Einfluß von Wetter und Klima, Boden und Landschaft, 8. Auflage Stuttgart 1977

In den zwanziger Jahren wandte sich Hellpach dann vor allem der Psychologie der deutschen Stämme zu. Er entwickelte ein Modell, wonach die Stammes- und Regionalcharaktere vor allem durch unbewußte Nachahmung zustandekommen. In einer neuen Umgebung wirken erfahrungsgemäß vor allem auf den jungen Menschen die Sprechweise und die Art des Sich-gebens ansteckend. Das hat seine Ursache darin, daß jede Beobachtung fremden Verhaltens auch einen Impuls zur Nachahmung enthält (damals als *Carpenter-Effekt* bekannt).

Man konnte dies in jüngster Zeit bei neurologischen Untersuchungen an den sogenannten Spiegelneuronen beobachten, wo bei der Betrachtung eines Verhaltens beim Beobachter die gleichen Hirnbereiche aktiviert werden wie beim Handelnden. Das ist die neurologische Grundlage dafür, daß wir uns in andere Menschen hineinversetzen und Empathie, Mitgefühl und Mitleid empfinden können.[267] Bekanntlich wirken auch innere Stimmungen, Lachen oder Trauer ‚ansteckend'.

Und da die Sprechweise, die Körpersprache und das Sozialverhalten mit der Zeit auch auf das innere Erleben zurückwirken, bewirkt die äußere Anpassung auch eine innere Anähnelung an die dem äußeren Gebaren zugrundeliegende Seelen- und Geistesverfassung. „Die Gewöhnung an stete Selbstbeherrschung erzeugt schließlich wirkliche Gelassenheit (...), das hemmungslose Austoben jeden kleinen Ärgers züchtet die Verärgertheit, läßt jede kleine Bagatelle den Zorn aufflackern", schreibt Hellpach. „Auch der Stille ‚taut' in ‚temperamentvoller' Umgebung auf – nicht immer, aber doch recht oft; er wird nicht gerade feurig und stürmisch, aber er nähert sich doch ein gut Stück der Lebhaftigkeit, die ihn umgibt und ‚ansteckt'. Umgekehrt erlahmt ein lebhaftes Temperament auf die Dauer, wenn es ohne Widerhall bleibt ..."[268]

---

267 MARCO IACOBONI: Woher wir wissen, was andere denken und fühlen. Die neue Wissenschaft der Spiegelneuronen. München 2008; MARTINA PIEFKE, HANS J. MARKOWITSCH: „Die neurologische Basis von Kommunikation und emotionaler ‚Ansteckung'", in: Psychosozial 33 (2010), S. 49-60; GIACOMO RIZZOLATTI, LEONARDO FOGASSI, VITTORI GALLESE: „Spiegel im Gehirn", in: Spektrum der Wissenschaft, März 2007, S. 48-55

268 WILLY HELLPACH: Deutsche Physiognomik, Grundlegung einer Naturgeschichte der Nationalgesichter, 2. Auflage, Berlin 1949 S. 61

Die langfristige Einübung erzeugt so nach Hellpach das *Konventionstemperament.* Die spezifischen Charaktere und Haltungen ständischer oder sozialer Gruppen, etwa von Offizieren, Adeligen, Priestern, Bauern, Arbeitern oder Studenten kommen auf diese Weise zustande. Und eben auch in gewissem Maße die Charaktere von Stämmen und Regionen, ja von ganzen Nationen.

Das ist eine sozialpsychologische, man könnte auch sagen eine Milieutheorie der Volkscharaktere. Allerdings war Hellpach kein dogmatischer Milieutheoretiker. Er war sich der Bedeutung erbbiologischer und rassischer Faktoren für den Volkscharakter sehr wohl bewußt. Die rassische Erbanlage begrenzt die Entfaltungsmöglichkeiten, aber sie bringt auch positive Dispositionen ein, die bei anderer Erbanlage anders ausfallen würden. Sie „setzt eine bestimmte Haltung, die unveräußerlich ist und z.B. auf jedem internationalen Kongreß die germanischen Teilnehmer, ob Angelsachsen, Deutsche, Niederländer, Skandinavier, bei allen Unterschieden untereinander, gemeinsam von den romanischen abhebt.“[269] „Neger sind in hohem Maße lernfähig und keineswegs intelligenzarm, aber der spontane Ergründungstrieb der hellhäutigen Menschenrassen ist ihnen in keiner Weise anerziehbar; die heitere Anmut der Haltung mit leicht selbstgefälligem Einschlag, die sie und die mediterrane Rasse auszeichnet, läßt sich umgekehrt nicht auf die Nordischen aufpfropfen, deren Haltung völlig andere Züge darbietet.“ Rassenunterschiede des Aussehens und des Verhaltens werden instinktiv als Anderssein wahrgenommen und führen zur Abgrenzung. So ist auch für Hellpach „Rasse (...) ein außerordentlicher volkserheblicher Tatbestand“.[270]

Im Jahr 1938 erschien Hellpachs *Einführung in die Völkerpsychologie*, das erste und bisher einzige deutschsprachige Lehrbuch der Völkerpsychologie, das insgesamt drei Auflagen erleben sollte, zuletzt 1954. Es ist eine allgemeine differentielle Völkerpsychologie, in der die

---

269 HELLPACH, Deutsche Physiognomik, S. 79; ders.: „Völkertum als Gegenstand der Völker-Charakterologie“, in: Forschungen und Fortschritte14, 1938, S. 267-269, S. 268 (Zitat)

270 WILLY HELLPACH: Einführung in die Völkerpsychologie, 3., neubearbeitete Auflage, Stuttgart 1954, S. 35, 41 und 36

Faktoren behandelt werden, die den Charakter eines Volkes beeinflussen, und die Erscheinungsformen, in denen er zum Ausdruck kommt. Hellpach unterscheidet in dem Buch 1. *Volk als Naturtatsache* (Rasse, Erbanlagen, familiäre Verwandtschaft – „irgendwie verwandt pflegen viel mehr Angehörige eines größeren Volkes zu sein, als ihnen je zu Bewußtsein kommt" – und demographisches Alter), 2. *Volk als geistige Gestalt*, also Sprache, Kultur, Recht und Religion, und 3. *Volk als Willensschöpfung*, womit er nicht nur den Einfluß einzelner Persönlichkeiten, sondern jede mehr oder weniger schöpferische Arbeit an der Kultur eines Volkes meint.[271]

In seinem Alterswerk *Der deutsche Charakter* (1954) befaßte sich Hellpach schließlich mit dem deutsche Volkscharakter. In ihm beschrieb er die Wandlungen des deutschen Charakters vom *schöngeistigen Deutschland* der Goethe- und der Biedermeierzeit, über das *nutzgeistige* in der Mitte des 19. Jahrhunderts und das *machtgeistige* in der wilhelminischen Zeit bis zum Nationalsozialismus. Zugleich arbeitete er sechs *Partialkonstanten* des deutschen Charakters heraus, die sich bei allen historischen Wandlungen als weitgehend unveränderlich erwiesen haben. Diese sind der *Schaffensdrang*, die *Gründlichkeit*, die *Ordnungsliebe*, die *Formabneigung* – also der Vorrang des Inhalts vor der Form, etwa in der Kunst und Literatur, der *Eigensinn* und die *Schwärmseligkeit*, die Neigung zur Romantik und zum Idealismus.[272]

Wichtige Beiträge zur Völkerpsychologie leistete auch der Anthropologe Friedrich Keiter (1906-1967), der von der Rassenpsychologie herkam, sich aber immer mehr der Völkerpsychologie zuwandte. Schon sein dreibändiges Werk *Rasse und Kultur*, erschienen von 1938 bis 1940, enthält neben Zeitbedingtem reiche Informationen und anregende Gedanken zur Völkerpsychologie. Eine Besonderheit seines kulturwissenschaftlichen Ansatzes war der Versuch der Quantifizierung und des Vergleichs von Kulturerscheinungen, wie er sie in seinem 1966 erschienen Buch *Verhaltensbiologie des Menschen auf kulturanthropologischer Grundlage* durchführte. So wertete er die Litera-

---

271 WILLY HELLPACH: Einführung in die Völkerpsychologie, 3., neubearbeitete Auflage, Stuttgart 1954, Zitat S.19

272 WILLY HELLPACH: Der deutsche Charakter, Bonn 1954

turen verschiedener Kulturen und Epochen nach der Häufigkeit aus, mit der bestimmte Themen vorkommen. Zum Beispiel spielen Frauen in der französischen Literatur in jeder Epoche seit dem Mittelalter eine größere Rolle als in der deutschen.[273]

Die Völkerpsychologie, sowieso nur von einzelnen Forscherpersönlichkeiten getragen und mit Ausnahme der amerikanischen *Kultur-und-Persönlichkeit*-Schule, auf die ich in Kapitel 21 noch eingehen werde, nie richtig in den akademischen Betrieb integriert, hörte mit der *soziologischen Wende* der sechziger Jahre und dem kulturellen Umbruch von 1968 praktisch auf zu bestehen. Wichtige Forscher wie Abel Miroglio, Willy Hellpach und Friedrich Keiter waren gestorben und hatten keine Nachfolger gefunden. An Stelle der Völkerpsychologie etablierte sich in den Geisteswissenschaften eine Richtung, die die Realität von Völkercharakteren abstreitet und in den Eigenschaften der Völker nur den Ausdruck von „Vorurteilen" und „Stereotypen" sieht. Diese Auffassung wurde in den Schulen gelehrt und durch die Medien verbreitet und gehört heute in den westlichen Ländern zu den unhinterfragten Selbstverständlichkeiten.

---

273 FRIEDRICH KEITER: Rasse und Kultur. Eine Kulturbilanz der Menschenrassen. 3 Bde., Stuttgart 1938-1940; ders.: München 1966; ders.: „Zwölf Regeln der Sozialgeschichte", in: Kölner Zeitschrift für Soziologie 2 (1949/50), S. 158-192; ders.: „Lebensalter und Kulturgeschichte", in: Homo 1 (1950), S. 65-76; ders.: „Zum Problem des Volkscharakters", in: Kölner Zeitschrift für Soziologie und Sozialpsychologie 5, 1953, S.285-297; ders.: „Mann und Weib in der bildenden Kunst und auf der Bühne", in: Soziale Welt 6, 1955, S. 33-40

12. Max Weber und die Religionssoziologie

Mit der zunehmenden Industrialisierung wurde es immer offensichtlicher, daß es vor allem die germanischen, vorwiegend protestantischen Länder waren, wie England, Nordamerika und Deutschland, die hierin voranschritten. Die katholischen Länder wie Frankreich, Österreich, Spanien und Italien legten dagegen ein deutlich langsameres Tempo der Modernisierung an den Tag. Es zeigte sich, daß auch innerhalb der Länder ein Unterschied zwischen den Konfessionen bestand. So industrialisierten und modernisierten sich etwa die protestantischen Regionen in Deutschland schneller als die katholischen, fanden sich unter den erfolgreichen Unternehmern besonders viele Protestanten und erreichten Protestanten im Mittel einen höheren Sozialstatus als Katholiken. Es war offensichtlich, daß es irgendeine mentale Affinität zwischen dem modernen Kapitalismus und dem Protestantismus geben mußte.

Der Frage, worin diese besteht, ging der Soziologe Max Weber (1864-1920) zu Anfang des 20. Jahrhunderts mit seinen Studien zur Religionssoziologie und zur *protestantischen Ethik* nach. Er sah im Protestantismus eine rationalisierte Form der Religion. Entscheidend sei, daß der Protestantismus im Gegensatz zum Katholizismus auf jede magische Form, zum Seelenheil zu gelangen, verzichtete. Weder die Teilhabe an den Sakramenten wie dem Abendmahl oder der Beichte, noch gute Werke könnten dem einzelnen Gläubigen die Gewißheit der göttlichen Gnade sichern. Auch der Priester hat nicht die Macht dazu. Die liegt einzig in Gottes Hand und ist unergründlich. Während die katholische Kirchen die Sündhaftigkeit des Menschen akzeptiert, sofern der Sünder seine Sünden immer wieder in der Beichte bekennt und sich von neuem der Gnade Gottes durch die Vermittlung des Priesters und der Kirche unterwirft, bleibt der protestantische Gläubige mit der ganzen Last seiner Sünden auf sich selbst gestellt. Zumal auch die Institution des Fegefeuers entfallen ist, und dem, der aus der göttlichen Gnade fiel, nur die ewige Verdammnis bleibt.

Luther hatte auch die mönchische Askese als Möglichkeit, „Gottes Lohn“ zu erhalten verworfen. Statt dessen lehrte er das Ethos der Berufstätigkeit. Der einzelne habe seine Aufgabe an dem Ort in der Welt, auf den Gott ihn gestellt hat, zu erfüllen. Er begründete damit das Ethos des Berufs und der innerweltlichen Askese. Die innerweltliche Pflicht bekam dadurch gleichsam einen religiösen Charakter, war nicht mehr bloß ein lästiges Mittel zur Sicherung der materiellen Lebensgrundlage oder eine Möglichkeit, in den Genuß von Genußgütern zu gelangen.

Dieser Gedanke verschärfte sich noch in der calvinistischen, reformierten Variante des Protestantismus. Die für den gläubigen Menschen kaum zu ertragende Unsicherheit darüber, ob er der Gnade Gottes teilhaftig wird oder unrettbar verloren ist, führte hier zur sogenannten *Prädestinationslehre*. Zwar kann der Mensch nichts tun, um sich die Gnade Gottes zu sichern, aber er kann schon an seinem diesseitigen Schicksal mit einiger Wahrscheinlichkeit erkennen, ob er in Ungnade gefallen ist oder nicht. So wurde für die reformierten Protestanten der berufliche und geschäftliche Erfolg zu einem Gradmesser für Gottes Gnade. Gleichzeitig verbot sich aber, den Gewinn, der aus diesem Erfolg erzielt wird, zur Befriedigung eigener Bedürfnisse, für Luxus und Wohlleben zu nutzen, da dieses zur Sünde führt, vor deren Konsequenzen einen weder der Priester noch die Sakramente oder gute Werke erretten können. So blieb nur die Möglichkeit, den Gewinn in immer neue Geschäfte zu investieren und sich so den Erfolg als das sichtbare Zeichen der Gnade zu sichern. Der wirtschaftliche Erfolg ist für den reformierten Kaufmann nicht das Ziel oder Selbstzweck, sondern Mittel der Bewährung. Dabei sind feste Preise und ein streng rechtliches Geschäftsgebaren jedermann gegenüber verpflichtend. Mit dieser von ihren Begründern wie den Reformatoren Zwingli und Calvin ursprünglich nicht beabsichtigten Folge der Prädestinationslehre erklärte Weber die Entstehung der *innerweltlichen Askese* und des Geistes des modernen Kapitalismus im 16. Jahrhundert. Der sich selbst verstärkende Effekt der Prädestinationslehre setzte enorme wirtschaftliche Energien frei, die letztlich zum Aufstieg Europas in der frühen Neuzeit führte.[274]

---

[274] MAX WEBER: Gesammelte Aufsätze zur Religionssoziologie. 3 Bde. Tübingen 1920-1921; ders.: Grundriß der Sozialökonomik. III. Abt.: Wirtschaft und Gesellschaft, Tübingen 1922; ERHARD PREYER: Max Webers Religionssoziologie. Eine Neubewertung, Frankfurt a.M. 2010; WOLFGANG SCHLUCHTER: Die Entzauberung der Welt. Sechs Studi-

Max Weber wandte die Methode seiner Religionssoziologie, die eigentlich eine historische Wirtschafts- und Weltanschauungspsychologie ist, auch auf andere Religionen und Kulturen an. Dabei ging es ihm um die lebenspraktischen Folgerungen aus der Religion, um ihren Einfluß auf die Wirtschaftsethik der Völker, und warum es nur in Europa zur Entwicklung eines modernen Kapitalismus und einer modernen, säkularen Gesellschaft kam.

Voraussetzung für eine solche Entwicklung ist nach Weber eine weitgehende *Entzauberung der* Welt durch den Verzicht der Religion auf magische Techniken, um das Seelenheil zu beeinflussen. Erst dann ist eine rationale Betrachtung der Welt möglich, die schließlich zur Rationalisierung der Wirtschaftslebens und zur aktiven Aneignung der Welt wie im modernen Kapitalismus führen kann. Einen Abenteuer-Kapitalismus, der auf schnelle Bereicherung aus ist, hat es immer wieder gegeben, einen methodischen, im Weber'schen Sinn rationalisierten, erst im Europa der Frühen Neuzeit.

Als ausschlaggebend für die Entstehung des westlichen Rationalismus und Kapitalismus sah Weber die politisch selbständige Stadt an, wie es sie im alten Griechenland (Polis) und im mittelalterlichen Europa vor allem in Norditalien, den Niederlanden und Deutschland gab. Nur in ihr konnte ein interessenbewußtes Bürgertum als seine Trägerschicht entstehen.

Bis auf den Konfuzianismus sind alle großen Weltreligionen Erlösungsreligionen, das heißt, ihre zentrale Frage ist, wie der Einzelne sein jenseitiges Seelenheil erlangen kann. Aus dieser Ausrichtung ergibt sich ein Spannungsverhältnis zu den diesseitigen gesellschaftlichen Bedürfnissen. In der Weise, wie die verschiedenen Religionen dieses Verhältnis gestalten, ergibt sich ihre jeweilige charakteristische *Wirtschaftsethik*.

---

en zu Max Weber, Tübingen 2009; DIRK KÄSLER: „Max Weber“, in: ders. (Hg.): Klassiker des soziologischen Denkens, 2. Band, München 1978, S. 40-177; GREGOR FITZI: Max Weber, Frankfurt a.M. 2008; GERT PICKEL: Religionssoziologie. Eine Einführung in zentrale Themenbereiche, Wiesbaden 2011

Der Chinesische Konfuzianismus ist nach Weber keine Religion, sondern eine angewandte Ethik, die der Einpassung des Einzelnen in die Gesellschaft dient. Er kennt weder ein jenseitiges Leben noch eine Priesterschaft. Er toleriert neben sich den Taoismus als magische Religion für die einfachen Schichten. Seine hauptsächliche Trägerschicht war die gebildete Beamtenschaft, die seit 1 200 Jahren aufgrund von Prüfungen nach ihrer klassischen literarischen Bildung rekrutiert wurde. Der Konfuzianismus ist durchaus rationalisiert und weltbejahend, doch zog er die literarische Bildung und die soziale Anpassung dem wirtschaftlichen Erfolg vor. Die Frage des jenseitigen Seelenheils stellt sich nicht.

Indem der indische Hinduismus die Stellung des Einzelnen in der Kastenordnung als die moralische Sanktionierung seines Verhaltens in den früheren Leben deutete, legitimierte er in einzigartiger Weise die soziale Geburtshierarchie. Da ein Ausbrechen aus der Kastenzugehörigkeit im diesseitigen Leben nicht möglich ist und eine Verbesserung des Karmas nur passiv, durch Einhaltung der Kasten- und Reinheitspflichten und Unterlassung von Sünden erreicht werden kann, bietet er natürlich keine Anreize für wirtschaftlichen Erfolg.

Dies gilt in ähnlicher Weise auch für die ursprünglich in Indien entstandene und in ganz Südostasien verbreitete Lehre des Buddhismus. Er prämiert den Verzicht auf jedes innerweltliches Wollen, nicht den innerweltlichen Erfolg. Wie im Konfuzianismus ist die Hochreligion des Buddhismus zwar weitgehend rationalisiert, auf der Ebene der Volksreligion sind magische Praktiken jedoch noch allgegenwärtig.

Die weltabgewandte Haltung der großen asiatischen Religionen war es, die trotz der „schrankenlosen Erwerbsgier der Asiaten" eine Entwicklung in Richtung Kapitalismus unmöglich machte.[275]

Es fehlte gerade das nach Weber Entscheidende, die rationale Versachlichung des Erwerbsstrebens und seine Einordnung in eine innerweltliche Ethik des Handelns, wie es die *innerweltliche Askese* des Protestantismus hervorgebracht hat.

Erste Ansätze zu einer weitgehenden Rationalisierung und *Entzauberung* der Religion, unter Verzicht auf magische Praktiken zur Be-

[275] zit. n. KÄSLER, Max Weber, S. 107

einflussung der Gottheit sieht Max Weber im antiken Judentum. Diese besteht in einem Bund des jüdischen Volkes mit Gott, dessen Erfüllung in einer in ferner Zukunft liegenden sozialrevolutionären Utopie liegt. Es besteht eine ausgesprochene Scheidung in eine Binnenmoral, der „Nächste" ist nur der jüdische Volksgenosse, dem gegenüber eine strenge moralische Solidaritätspflicht besteht einschließlich des Verbotes Wucher zu betreiben, und eine Außenmoral, die frei von solchen Beschränkungen ist. Der Soziologe und Wirtschaftswissenschaftler Werner Sombart (1863-1941) hatte 1911 in seinem Buch *Die Juden und das Wirtschaftsleben* den wirtschaftlichen Erfolg der Juden auf ihre fehlende Bindung an den Boden, die sie als wanderndes Diasporavolk haben, und auf das den Umgang mit Geld begünstigende abstrakte jüdische Denken zurückgeführt.[276] Max Weber wies allerdings darauf hin, daß die jüdische Religion die Schickung in die Welt forderte, nicht ihre aktive Veränderung, und religiöse Gelehrtheit sehr viel höher wertete als Geschäftserfolg, weshalb sie den wirtschaftlichen Erfolg zwar in gewissem Maß begünstigten konnte, aber nicht religiös „prämierte" wie im reformierten Protestantismus.

Die doppelte Moral wurde erst im Christentum aufgehoben. An die Stelle der Messiaserwartung im Judentum trat die christliche Jenseitshoffnung. Das Ideal eines solchen war das Leben der Mönche, aber auch der Laie konnte hoffen, durch gute Werke und ein gottgefälliges Leben ins Paradies einzugehen. Allerdings wurde das westliche, in der Tradition des Benedikt von Nursia (um 480-547) entstandene Mönchtum im Verlauf des Mittelalters immer wieder in eine Richtung reformiert, in der es rationalisiert und durch die Betonung der Arbeit auf das Wirken in der Welt ausgerichtet wurde. Eine andere Richtung schlug die Ostkirche ein, deren Ideal das mönchische Leben und das Streben nach innerer Wandlung, nach der mystischen Vereinigung mit dem Göttlichen wurde.[277]

---

276 WERNER SOMBART: Die Juden und das Wirtschaftsleben, Leipzig 1911

277 ANDREAS BUSS: Die Wirtschaftsethik des russisch-orthodoxen Christentums, Heidelberg 1989; HERMANN BEYER-THOMA: „Max Webers ‚protestantische Ethik' und die russische Orthodoxie. Die Geschichte einer schwierigen Rezeption", in: HARTMUT LEHMANN, JEAN MARTIN OUÉDRAOGO (Hg.): Max Webers Religionssoziologie in interkultureller Perspektive, Göttingen 2003, S. 279-297

Im Islam ist die Beziehung zwischen Gott und den Menschen eine Herrscher-Untertan-Beziehung. Da das Jenseitsschicksal des Einzelnen durch den Glauben an Allah und die Propheten, das tägliche Gebet, das Fasten an Ramadan, die Pilgerfahrt nach Mekka und die Almosen bereits gesichert ist, beinhaltet auch der Islam keine religiöse „Prämie" auf wirtschaftlichen Erfolg, sondern nur auf Märtyrertum im Krieg, und bietet daher auch keine besonderen wirtschaftlichen Anreize.

„Nur der asketische Protestantismus machte der Magie, der Außerweltlichkeit der Heilssuche und der intellektualistischen kontemplativen ‚Erleuchtung' (...) wirklich den Garaus, nur er schuf die religiösen Motive, gerade in der Bemühung im innerweltlichen ‚Beruf' (...) das Heil zu suchen. Für die asiatische volkstümliche Religiosität blieb dagegen die Welt ein großer Zaubergarten, die Verehrung oder Bannung der ‚Geister' oder ritualistische, idolaristische, sakramentale Heilssuche der Weg, sich in ihr, für das Diesseits und Jenseits, praktisch zu orientieren und zu sichern."[278]

Max Webers Erklärung der Entstehung des modernen Kapitalismus gilt bis heute als ein Klassiker der Soziologie. Jede Generation von Wissenschaftler setzte sich mit ihr auseinander, wobei ihr auch immer wieder widersprochen wurde. Insbesondere der kausale Mechanismus über die Prädestinationslehre ist bis heute umstritten. Er gilt strenggenommen nur für die reformierten Protestanten, die zwar wirtschaftlich noch deutlich erfolgreicher als die Lutheraner, für sich genommen jedoch zu wenige sind, um den wirtschaftlichen Aufschwung der protestantischen Länder zu erklären.

Bei Lichte besehen bleibt die Tatsache, daß der Protestantismus, und zwar auch der lutherische, eine Mentalität prägte, die vor allem seit dem 18. Jahrhundert die Modernisierung der Gesellschaft begünstigte. Dazu gehören der moralische Individualismus mit der Letztinstanz des Gewissens und die Berufung zur innerweltlichen Arbeit. Durch Luther ist die Arbeit zu einem Stück Gottesdienst und Dienst am Nächsten zugleich geworden. Der Beruf rückte an die Stelle der guten Werke. Der Protestantismus erzog zu Disziplin, Fleiß, Pflichttreue und Gewissenhaftigkeit. Durch die fehlende Entlastungsfunktion der Kirche bleibt

---

278 WEBER, Wirtschaft und Gesellschaft, S. 360 f.

das Gewissen unruhig, ist der einzelne gezwungen in ständiger Selbstreflexion über sich und die Welt nachzudenken. Ein gewisses Maß an Naivität, Selbstverständlichkeit und Lebensfreude ging so verloren, sogleich wurde so aber auch ein produktiver Grund für Arbeit und Wissenschaft gelegt.[279] Der Katholizismus hat diese Tugenden im Lauf der Zeit bis zu einem gewissen Grad übernommen, und sie haben sich, wenn auch vielleicht mit abnehmender Tendenz, nach dem Verlust ihrer ursprünglichen religiösen Motivierung in säkularisierter Form behauptet. heute noch sind die Protestanten etwas ehrgeiziger und gebildeter als die Katholiken.[280]

Im Vergleich mit anderen Kulturen hat die Reformation jedoch nur einen Zug der europäischen Kultur verstärkt, der in dieser schon angelegt war. Eine rationalistische Tendenz gehörte zum antiken Erbe der griechischen Philosophie und des römischen Rechts, das im Mittelalter vor allem von der Scholastik zurückgewonnen worden war. Eine Tendenz zur „Entzauberung" der Religion, zu ihrer Befreiung von Magie und Mystik, gab es schon im Judentum. Ein gewisser Zug zum Realismus hat die griechisch-römische Antike ebenso wie das europäische Abendland immer ausgezeichnet. Mystische und weltflüchtige Tendenzen hat es zwar gegeben, sie gewannen aber nie die Oberhand.

---

279 WOLFGANG NIPPERDEY: „Luther und die moderne Welt", in: ders.: Nachdenken über die deutsche Geschichte. Essays, München 1986, S. 31-43

280 ANNEMARIE BURGER: Religionszugehörigkeit und soziales Verhalten. Untersuchungen und Statistiken der neueren Zeit in Deutschland, Göttingen 1964; HANS-GEORG WEHLING (Hg.): Konfession – Nebensache? Politische, soziale und kulturelle Ausprägungen religiöser Unterschiede in Deutschland, Stuttgart 1984

13. Die völkercharakterologische Struktur Europas

Ich will in der Folge die völkercharakterologische Struktur Europas skizzieren, wie sie sich aus den Beschreibungen der Volks- und Regionalcharaktere in der Literatur ergibt. Es geht mir dabei in erster Linie um die im Temperamentseigenschaften, die eine verhältnismäßige Konstanz über längere Zeiträume aufweisen, nicht so sehr um historisch bedingte kulturelle Erscheinungen, wie etwa das englische Gentleman-Ideal oder der preußische Militarismus. Ich lehne mich dabei inhaltlich an Elias Hurwicz und in der geographischen Gliederung an Friedrich Keiter an, berücksichtige aber auch zahlreiche Einzelwerke.[281]

Am auffälligsten und auch am stärksten im öffentlichen Bewußtsein verankert ist der Unterschied zwischen Nord- und Südeuropa. Eine ganze Reihe von Verhaltensmerkmalen zeigen offensichtlich ein deutliches Nord-Süd-Gefälle.[282] Das gilt insbesondere für das Temperament.

---

281 FRIEDRICH KEITER: Rasse und Kultur. Bd. III: Hochkultur und Rasse, Stuttgart 1940; ELIAS HURWICZ: Die Seelen der Völker. Ihre Eigenarten und Bedeutung im Völkerleben, Gotha 1920; AUGUST WILHELM GRUBE: Geographische Charakterbilder, 22. Auflage, Leipzig 1921; KURT HECKSCHER: Die Volkskunde des germanischen Kulturkreises. Erster Teil, Hamburg 1925 [Zusammenstellung der Beurteilungen Ernst Moritz Arndts']; MICHAEL HABERLANDT: „Die indogermanischen Völker des Erdteils", in: GEORG BUSCHAN (Hg.): Die Völker Europas, Berlin o.J. (1935), S. 1-304, S. 257 WILHELM EMIL MÜHLMANN: Die Völker der Erde, Berlin 1944; DEAN PEABODY: National characteristics, Cambridge 1985; CARL TECHEL: Völker, Vaterländer und Fürsten. Ein Beitrag zur Entwicklung Europas. München 1913

282 GERMAIN DE STAËL: Über Deutschland. Herausgegeben und eingeleitet von Sigrid Metken, Stuttgart 1962; PRICE COLLIER: Deutschland und die Deutschen. Vom amerikanischen Gesichtspunkt aus betrachtet, Berlin 1914; EUGEN DIESEL: Die deutsche Wandlung. Das Bild eines Volkes, Stuttgart 1929; RICHARD MÜLLER FREIENFELS: Psychologie des deutschen Menschen und seiner Kultur. München 1930; FRANZ

THIERFELDER: Deutsche. Umgang mit Völkern Bd. 15, Berlin 1943; WILLY HELLPACH: Der deutsche Charakter, Bonn 1954; MANFRED KOCH-HILLEBRECHT: Das Deutschenbild. Gegenwart, Geschichte, Psychologie, München 1977; BERNARD NUSS: Das Faust-Syndrom. Ein Versuch über die Mentalität der Deutschen, Bonn 1993; KLAUS STIERSTORFER (Hg.): Deutschlandbilder im Spiegel anderer Nationen, Reinbek 2003; F.M. HUEBNER: Niederländer und Flamen. Umgang mit Völkern 7, Berlin 1943; GINO BERTOLINI: Die Seele des Nordens. Studien und Reisen durch Norwegen, Schweden und Dänemark, Berlin 1910; FRIDO BECKER: Kleine Volkscharakterkunde Dänemarks, Schwedens und Norwegens, Kiel 1959; DONALD S. CONNERY: Die Skandinavier, Frankfurt a.M. 1977; E. LÖFFLER: Dänemarks Natur und Volk. Eine geographische Monographie, Kopenhagen 1905; E.CH. HEIDRICH-ZEIM: Dänen. Umgang mit Völkern 8, Berlin 1943; PAUL GRAßMANN: Schweden. Umgang mit Völkern 12, Berlin 1943; HJALMAR FRIES: Norweger. Umgang mit Völkern 13, Berlin 1943; GÖSTA CARLSSON: „Swedish character in the twentieth century“, in: The Annals of the American Academy of Political and Social Science 370, 1967, S. 93-98; CURT STROHMEYER: Finnen. Umgang mit Völkern Bd. 9, Berlin 1943; HELMUTH HENNING: „Die Wesensart der Finnen“, in: Geographische Rundschau 1, 1949, S. 397-398; CARL PETERS: England und die Engländer, Hamburg 1904; WILHELM DIBELIUS: England. 2 Bde., Stuttgart 1923; KARL WILDHAGEN: Der englische Volkscharakter, Leipzig 1925; ARNOLD BENDER: Die Engländer, Frankfurt a.M. 1977; ANDREAS OEHLKE: Irland und die Iren in deutschen Reisebeschreibungen des 18. und 19. Jahrhunderts. Frankfurt a.M. 1992; FRIEDRICH von HELLWALD: Frankreich. Das Land und seine Leute, Leipzig 1887; EDUARD WECHßLER: „Französische Volksart“, in: Deutsche Politik 1, 1916, S. 1041-1049; KARL HILLEBRAND: „Frankreich und die Franzosen“, in: GRUBE, Geographische Charakterbilder, S. 280-282; FRIEDRICH SIEBURG: Gott in Frankreich? Frankfurt a.M. 1929; EUGEN LERCH: Französische Sprache und Wesensart, Frankfurt a.M. 1953; ABEL MIROGLIO: „Einige Aspekte des französischen Nationalcharakters“, in: Kölner Zeitschrift für Soziologie und Sozialpsychologie 15, 1963, S. 693-710; WALTHER KIENAST: Studien über die französischen Volksstämme des Frühmittelalters, Stuttgart 1968; P.D. FISCHER: Italien und die Italiener am Schlusse des neunzehnten Jahrhunderts, Berlin 1899; VICTOR HEHN: Italien. Ansichten und Streiflichter. 8. Auflage, Berlin 1903; WILHELM DEECKE: Italien, Berlin 1898; ARNOLD OSKAR MEYER: „Einiges über den italienischen Volkscharakter“, in: Mitteilungen der

So nimmt die Leidenschaftlichkeit und die Erregbarkeit von Norden nach Süden hin zu. Sie ist am stärksten im Orient, im arabischen Nahen Osten und in Nordafrika ausgeprägt. Mit ihr ist ein ausgesprochen viriles, männliches natürliches Selbstbewußtsein und ein starker männlicher Sexualtrieb verbunden. Erregbarkeit bedeutet nicht dauernde Erregtheit, sondern die Bereitschaft zum impulsiven Ausbruch aus einem ruhigen, entspannten Normalzustand heraus. Die Erregbarkeit findet sich nicht ganz so ausgeprägt auch schon bei den europäischen Mittelmeervölkern der Griechen, Italiener und Spanier und nimmt nach Norden hin ab. Es wird viel und laut gesprochen und viel gestikuliert. Gleichzeitig nimmt nach Norden hin die Gefühlsfähigkeit oder auch die Sentimentalität zu. Die Emotionalität entlädt sich im Norden nicht als Leidenschaft nach außen, sondern ist als Gefühl mehr nach innen gewandt. So kommt es, daß der Südländer zwar leidenschaftlich, aber nicht romantisch, zwar ekstatisch, zugleich aber auch nüchtern und hart ist. Die Menschen des Nordens sind in diesem Sinne introvertiert, die des Südens extravertiert. Auch ist die Grundstimmung im Norden ernster.

Schlesischen Gesellschaft für Volkskunde 11, 1909, S. 1-37; FERDINAND HERRMANN: Beiträge zur italienischen Volkskunde, Heidelberg 1938; STEFAN ANDRES: Italiener. Umgang mit Völkern 14, Berlin 1943; LUIGI BARZINI: Die Italiener, Frankfurt a.M. 1977; HABERLANDT, Die indogermanischen Völker des Erdteils, S. 257; STENDHAL: „Über Italien. Aus den Spaziergängen in Rom", in: F.W. CAROVÉ (Hg.): Über Frankreich, Italien und Spanien. Von Fievée, Stendhal und Rotalde, Leipzig 1831, S. 35 f.; LUDWIG SALOMON: Spaziergänge in Süd-Italien, Oldenburg o.J. (ca. 1896); HIPPOLYT HAAS: Neapel, seine Umgebung und Sizilien. 3., Auflage Bielefeld 1927; WILLY PHIELER: Volkskundliches aus den Marken. Eine Studie aus den italienischen Provinzen der „Marche", Hamburg 1934; LOUIS PASSARGE: Aus dem heutigen Spanien und Portugal. Reisebriefe. 1. Band, Leipzig 1884; GUSTAV DIERCKS: Das moderne Spanien, Berlin 1908; RUDOLF LOTHAR: Die Seele Spaniens, München 1923; ROBERT ASKENAZY: Der Spanier. Betrachtungen über den Volkscharakter, Berlin 1932; GONZAGUE de REYNOLD: Portugal. Gestern – Heute. Salzburg 1938; ANTON DIETRICH: Spanien. Von Altamira zum Alkazar, Stuttgart 1954; MIGUEL DELIBES: „So trocken wie sein Land – der Castellano", in: Merian Madrid und Kastilien, Juni 1984, S. 14-15

Das ganze Temperament ist im Norden langsamer und ruhiger, und im Süden lebhafter und beweglicher.

Dazu gehört auch das geringere Kontakt- und Geselligkeitsbedürfnis des Nordländers im Vergleich zum Südeuropäer. Es gibt im Norden ein größeres Bedürfnis nach Einsamkeit, nach einem Für-sich-sein und nach ungestörter Reflexion. Das Interesse des Nordeuropäers richtet sich mehr auf Sachen, nicht so sehr auf Menschen, wie das des ganz im Sozialen agierenden Südländers. Anders als bei der Erregbarkeit scheint allerdings die heiter gestimmte Kontaktfreudigkeit und die diesseitige Lebensfreude des Südländers ihren Schwerpunkt bereits im nördlicheren ‚Süden' zu haben, etwa in Nord- und Mittelitalien und in Südfrankreich. Die Menschen im eigentlichen Orient sind eher ernst als heiter, und bei weitem nicht so leutselig und lebhaft wie etwa die Italiener. Schon im südlichen Italien und auf den großen Mittelmeerinseln Korsika, Sardinien und Sizilien ist die Stimmung gedämpfter als in Rom oder Marseille, und auch der spanische (kastilische) Ernst gehört hierher. Die Menschen in Kastilien gehören zu den schweigsamsten und wortkargsten in Südeuropa. Die Geselligkeit findet im Orient oder auf Sizilien im Kreis der Familie statt, darüber hinaus ist der Kontakt zur Außenwelt gering und auf das Geschäftlich-Berufliche begrenzt (und Männersache).

Im Zusammenhang mit dem Sachinteresse des Nordeuropäers steht dessen Aktivitätsbedürfnis, das nicht affektbetont und unbeständig wie das des Südländers ist, sondern sich aus dem Bedürfnis nach tätiger Selbstbestätigung speist. Hier liegt auch die Wurzel des Fleißes und des Leistungsbedürfnis des nordalpinen Europäers. Mit der leidenschaftlichen Erregbarkeit nimmt nach Süden hin auch die Trägheit, die geringe Neigung zu kontinuierlicher und zielgerichteter Arbeit zu.

Der geringeren Leidenschaft entspricht im Norden eine größere „Tiefe" des seelischen Erlebens. Damit ist die Tendenz zur Verinnerlichung, zur seelischen Reflexion, zum inneren Abgleich mit Erfahrungen und Wertungen gemeint. Anders als bei der asiatischen Innerlichkeit der Meditation bedeutet das nicht die Aufgabe des eigenen Ichs, sondern gerade die Integration in dieses. Im Vergleich zum nördlichen Seelenleben erscheint das südliche und noch mehr das orientalische impulsiv und kurzschlußhaft. Im Süden fehlt auch die nordeuropäische Liebe zu Natur und zu Tieren weitgehend.

Der Orient unterscheidet sich vom europäischen Süden nicht nur durch seine geringere Heiterkeit und Geselligkeit, sondern auch durch seine schwächere Wirklichkeitsbezogenheit und Sachlichkeit. Das Denken ist bevorzugt abstrakt, die reale Welt gilt wenig, das Jenseits und der Allmächtige alles. Das orientalische Denken leitet hier schon zu der ausgesprochenen Wirklichkeitsverneinung Indiens über. Nach Norden hin nimmt die Wirklichkeitsbejahung und die Zugewandtheit zur realen Welt hin zu, die für die abendländische Kultur charakteristisch ist. Sie ist auch schon im mediterranen Abendland vorhanden.

Die Wirklichkeitsbejahung war ohne Zweifel die wichtigste psychologische Grundlage für die Entstehung der westlichen, technischen Zivilisation. Die Wirklichkeitszugewandtheit ist im Süden stärker sinnlich und ästhetisch und im Norden stärker praktisch und tätig. Die Wirklichkeitsbezogenheit und Sachlichkeit des Norden sind die Voraussetzung für dessen ausgeprägtes Tätigkeits- und Gestaltungsbedürfnis. Für das ganze abendländische Europa ist das Leben aus der diesseitigen Erfahrung heraus bezeichnend, nicht eines aus der Tradition oder dem Jenseits heraus.

Das nordalpine abendländische Europa ist gegenüber dem mediterranen durch mehr Gefühl als Leidenschaft, mehr Wille als Trieb, mehr Ernst als Spiel und Darstellung, ein schon langsameres psychomotorisches Tempo, durch größere Tat- und Arbeitsfreudigkeit, durch seine Begabung fürs Konkrete und das größere Interesse an Dingen und der Natur charakterisiert.

Innerhalb des nordalpinen Europas hat der eigentliche Norden – Skandinavien, Norddeutschland, die Niederlande und auch England – eine Sonderstellung inne. Er teilt dessen Hauptcharakteristika, ist aber vom Temperament her ruhiger und langsamer, weniger expansiv. Zugleich ist aber das Aktivitätsbedürfnis größer, ist er pragmatischer und utilitaristischer. Dagegen hat die Neigung zur Grübelei und Spekulation ihren Schwerpunkt nicht in Nord-, sondern in Mitteleuropa.

Eine Sonderstellung im äußersten Norden Europas nehmen die Lappen ein, die sich selber Saami nennen. Sie gehören eher zu den sibirischen Völkern und zeichnen sich durch Friedfertigkeit, und eine Neigung zum Ausweichen oder zur willfährigen Unterordnung aus. Wilhelm Emil Mühlmann spricht von den Folgen eines Unterdrückungskomplexes; die Lappen waren in der Geschichte immer wieder der Willkür ihrer zivilisatorisch und auch körperlich überlegenen Nachbarn ausgeliefert.[283]

Das Nord-Süd-Gefälle des Temperaments innerhalb Europas verläuft nicht überall gleichmäßig von Norden nach Süden, sondern zeigt einige für die europäischen Völker und ihre Eigenarten charakteristischen Abweichungen. So ist Frankreich als Ganzes ‚südlicher' als Deutschland. Die Franzosen sind leichter, gewandter und geselliger als die Deutschen, lebhafter und auch erregbarer. Dabei besteht das Nord-Süd-Gefälle auch innerhalb der großen Völker, zum Beispiel sind die Südfranzosen lebendiger und reizbarer, eben ‚südlicher' als die Nordfranzosen.

Das deutsche Sprachgebiet stellt eine Ausbuchtung des nördlichen Temperaments nach Süden dar. Nicht nur die Franzosen, auch die Westslawen, Litauer und Ungarn sind wesentlich temperamentvoller und lebhafter als die Deutschen. Die Franzosen sprechen von *Lourds allemands*, der deutschen Schwere. Der Amerikaner Price Collier sah um 1900 in der Geduld das charakteristische Merkmal der Deutschen, zu einer Zeit, in der man in Europa vor allem die Gehetztheit des modernen amerikanischen Lebensstils wahrnahm. Der Franzose Fouillée sprach uns Deutschen eine größere Fähigkeit zu, sich auf ein Thema zu konzentrieren. Die ‚nördliche' Sachlichkeit und technische Begabung spielen eine große Rolle in Deutschland. Die Deutschen haben den germanischen individualistischen Eigensinn: „Hier stehe ich, ich kann nicht anders". Aus dem germanischen Aktivitätsbedürfnis ist bei den Deutschen durch die Verbindung mit Reflexion und Innerlichkeit Schaffensdrang geworden. Der Franzose Bernard Nuss, der als Diplomat lange in Deutschland tätig war, hat in seinem Buch *Das Faust-Syndrom* das Bedürfnis der Deutschen beschrieben, ihrem Leben durch eine Aufgabe, durch eine Leistung für die Gemeinschaft einen höheren Sinn zu verleihen.

---

283 MÜHLMANN, Die Völker der Erde, S. 114

Die Süd- und Mitteldeutschen sind weniger ernst und sachlich als die Norddeutschen, haben eine beweglichere und kommunikativere Art als diese. Den Franzosen erscheinen schon die Norddeutschen oft als zu utilitaristisch, so wie uns Deutschen die Franzosen oft als zu sinnlich und äußerlich. Die Romantik hatte ihren Schwerpunkt in Schwaben und Mitteldeutschland. Bei den Baiern und ihren innerösterreichischen Ablegern dagegen findet sich sogar schon etwas von südeuropäischer Impulsivität und Virilität.[284]

Englands völkercharakterologische Position im europäischen Nord-Süd-Gefälle entspricht etwa der Norddeutschlands. Es hat das nordeuropäische Tätigkeitsbedürfnis und den germanischen Individualismus. Dabei ist Nordengland herber und ernster als Südengland. Uns Deutschen erscheinen nicht nur die Südländer, sondern auch die Angelsachsen oft als oberflächlich, weil zu sehr auf den praktischen Nutzen ausgerichtet. Es besteht ein ausgesprochener Gegensatz zu den nicht germanischen Iren und Walisern. Diese sind viel ‚südlicher', viel lebhafter und temperamentvoller als die germanischen Engländer.

Spanien ist deutlich ‚südlicher' als Italien, weil schon näher am unsensualistischen, willensbetonten Orient. Der Franzose erscheint dem Spanier leicht als zu lebhaft, oberflächlich und geschwätzig, und die italienische Sprache mit ihren Schlußvokalen wirkt auf ihn wie ein verspieltes Kinderspanisch. Der Nordspanier sind nüchterner und fleißiger als die Andalusier, aber nicht so ernst wie der Kastilier in seinem wüstenhaften Land.

Es gibt aber auch ein psychologisches West-Ost-Gefälle in Europa.[285]

---

284 ANDREAS VONDERACH: Die deutschen Regionalcharaktere. Psychologie und Geschichte, Husum 2012

285 PAVEL JOSEF SAFARIK: Geschichte der slawischen Sprache und Literatur nach allen Mundarten, Ofen 1826 (Nachdruck Bautzen 1983); „Ruthenische Walddörfer", in: GRUBE, Geographische Charakterbilder, S 184-187; JOSEF LEO SEIFERT: Die slawische „Friedfertigkeit". In: Richard Thurnwald (Hg.): Völkerspychologische Charakterstudien, Leipzig 1927, S. 192-224; JOHANN MIRTSCHUK: „Die Rolle des Dämonischen bei den Russen und bei den Ukrainern", in: Forschungen und Fortschritte 12, 1936, S. 272-274; KARL KASER, MARTIN PROCHAZKA (Hg.):

Selbstbild und Fremdbild der Völker des europäischen Ostens, Klagenfurt 2006; VICTOR HEHN: De moribus Ruthenorum. Zur Charakteristik der russischen Volksseele. Tagebuchblätter aus den Jahren 1857-1873, Stuttgart 1892; ALFRED HETTNER: Rußland. Eine geographische Betrachtung von Volk, Staat und Kultur, Leipzig 1916; KARL NÖTZEL: „Vom einfachen russischen Volke", in: KARL NÖTZEL, ALEXANDER BARWINSKI: Die slawische Volksseele, Jena 1916; J.C. PETRI: „Die Großrussen", in: AUGUST WILHELM GRUBE: Geographische Charakterbilder, 22. Auflage, Leipzig 1921, Bd. 1, S. 131-140; PAUL BOKOWNEFF: Das Wesen des Russentums. Eine völkerpsychologische Studie, Langensalza 1930; WALTER SCHUBART: Europa und die Seele des Ostens (1938), 6. und 7. Auflage, Luzern 1947; ERNST CLAM: Das Rätsel der russischen Seele, Leipzig 1939; RUDOLF HIPPIUS: „Vom russischen Volkscharakter", in: Volkswissenschaftliche Feldpostbriefe, Heft 5, Juli 1944, S. 1-8; ders.: „Die Russen und die Völker des alten Europa. Vom russischen Volkscharakter", in: Volk im Osten 1944, S. 393-402; IWAN ILJIN: Wesen und Eigenart der russischen Kultur. Drei Betrachtungen, Affoltern a.A. (Schweiz), 1945; RODERICH von UNGERN-STERNBERG: „Über den Charakter des russischen Menschen", in: Zeitschrift für die gesamte Staatswissenschaft 119, 1963, S. 616-727; W.v. POLETIKA: „Die russische Agrarpsyche", in: Kölner Zeitschrift für Soziologie und Sozialpsychologie 5, 1952/53, S. 1-20; ARVID BRODERSEN: „Der russische Volkscharakter. Neuere englisch-amerikanische Forschungen", in: Kölner Zeitschrift für Soziologie und Sozialpsychologie 8, 1956, S. 477-507; NIKOLAJ O. LOSSKIJ: Der Charakter des russischen Volkes (1957), Sankt Augustin 2011; ALEXANDER LITSCHEV: Rußland verstehen. Schlüssel zum russischen Wesen, Düsseldorf 2001; ANNETTE BAUMGART, BIANCA JÄNECKE: Rußlandknigge, 3. Auflage, München 2005; MICHAEL TSOULOUKIDSE: Die Ukraine, Leipzig 1939; N.N.: „Skizzen aus der Provinz Posen", in: Die Grenzboten, Nr. 31, 1870, S. 166-214; E. WUNDERLICH (Red.): Handbuch von Polen (Kongreß-Polen). Beiträge zu einer allgemeinen Landeskunde, Berlin 1918; RECLUS: „In polnischen Dörfern", in: GRUBE, Geographische Charakterbilder, S. 180-184; S.M. STUDENCKI: „Polnische Charakterologie", in: Slavische Rundschau 7, 1935, S. 374-375; KARL von LOESCH: Der polnische Volkscharakter. Urteile und Selbstzeugnisse aus vier Jahrhunderten, Berlin 1940; KURT LÜCK: „Deutsches Wesen im Spiegel der polnischen Literatur und Volksüberlieferung", in: Deutsche Monatshefte in Polen 2, 1936, S. 307-318

Die Menschen im Westen sind nüchterner, rationalistischer, formbetonter und konventioneller, auch kühler als die im Osten. Die Menschen im Osten leben viel mehr aus der Emotion heraus, sind weicher und gefühlsbestimmter. Es besteht eine größere Bereitschaft, im privaten wie im öffentlichen Leben Gefühle zuzulassen. Die Russen verhalten sich psychologisch zu den Deutschen wie die Deutschen zu den Franzosen. Die Franzosen halten die Deutschen für gefühlsbetonte Romantiker, die Russen für gefühllose „Macher". Erscheinen die Franzosen den Deutschen leicht als oberflächlich und eitel, so die Deutschen den Russen als nüchtern und pedantisch, weil zu viel auf Ordnung und Form bedacht. Wo die Deutschen Romantiker sind, sind die Russen Mystiker, Romantiker des Metaphysischen. Die Deutschen sind grüblerischer, problematischer nicht nur als die Franzosen, sondern auch als die utilitaristischen Engländer. Ist das Nachdenken der Deutschen jedoch noch methodisch und systematisch, so verschwimmt es in der russischen Metaphysik, wie sie in der orthodoxen Kirche und in den Werken von Dichtern wie Dostojewski und Tolstoi ihren Ausdruck findet, ganz im Irrationalen.

Die slawischen Völker sind lebhafter, leutseliger, geselliger und emotionaler als die germanischen. Die Grundstimmung ist heiterer. Allerdings sind die osteuropäischen Völker auch nicht so expansiv wie die südeuropäischen, gestikuliert wird nicht viel. „Wovon das Herz voll ist, geht der Mund über" heißt es bei Rudolf Leonhard über die Polen. Und der polnische Dichter Stanislaw Przybyszewski (1868-1927) schrieb, „Wo der Deutsche Dinge sieht, sieht der Pole Gefühle". Das germanische Tätigkeits- und Ordnungsbedürfnis fehlt weitgehend, statt dessen ist eine passivere Einstellung zum Leben verbreitet. Zielstrebigkeit und Aktivität sind nur schwach ausgeprägt, man nimmt das Leben so, wie es ist. Das ging in Rußland soweit, daß eine gewisse Leidensbereitschaft als Tugend angesehen wurde. Die älteren Beschreibungen schildern die Apathie und Trägheit der einfachen russischen und polnischen Landbevölkerung. „In keinem anderen Land gibt es dabei charakteristischerweise so viele Klagen über die Langweiligkeit des Lebens wie in Rußland", schreibt Hurwicz. Mit der Emotionalität ist ein gewisser Mangel an Gleichgewicht verbunden, eine Neigung zu emotionalen Extremen, zu jähem Wechsel der Gefühle. Es gibt in Rußland besonders viele haltlose Menschen.

Die älteren Beschreibungen des russischen Volkscharakters betonten vor allem die Religiosität des russischen Menschen Die orthodoxe Kirche hat die Rationalisierung des Glaubens, wie sie die mittelalterliche Scholastik im Abendland bedeutete, nicht mitgemacht. Statt dessen hat sie eine eigene Mystik entwickelt, die nach der kompromißlosen Liebe zu Gott und den Menschen und nach der Wandlung zu einem „neuen Menschen" strebte. Max Weber sprach von „planloser Weltflucht" und „virtuosenhafter Selbstquälerei". Das russisch-orthodoxe Christentum hob das Prinzip der Gemeinschaftlichkeit hervor. Es hatte eine starke Tendenz zum Gemeineigentum anstelle des individuellen Eigentums. Die Laiengemeinde sollte sich bereits im Diesseits zu einem Reich Gottes entwickeln. [286]

Dabei gibt es das europäische Nord-Süd-Gefälle auch in Osteuropa. Die Nordrussen sind ernster und schwermütiger als die Südrussen und Ukrainer, die wiederum lebhafter, geselliger und lebensfroher sind als die nördlicheren Russen. Die Polen sind ‚südlicher' als die Großrussen, ihre Grundstimmung ist heiter wie bei den meisten Slawen. Die Tschechen sind tätiger und organisierter und stehen von allen Slawen den Deutschen am nächsten „Die Böhmen sind ein Mischvolk und haben von der germanischen Schwere und dem germanischen Ernst ein gutes Stück mitbekommen" schrieb Ernst Moritz Arndt. [287]

---

286 OSKAR SIMMEL: „Ostkirche", in: OSKAR SIMMEL, RUDOLF STÄHLIN: Fischer Lexikon Christliche Religion, Frankfurt a.M. 1957, S. 243-250; ANDREAS BUSS: Die Wirtschaftsethik des russisch-orthodoxen Christentums, Heidelberg 1989; HERMANN BEYER-THOMA: „Max Webers ‚protestantische Ethik' und die russische Orthodoxie. Die Geschichte einer schwierigen Rezeption", in: HARTMUT LEHMANN, JEAN MARTIN OUÉDRAOGO (Hg.): Max Webers Religionssoziologie in interkultureller Perspektive, Göttingen 2003, S. 279-297

287 JAROSLAV VLACH: Die Cecho-Slaven, Wien 1883; ALOIS JIRÁSEK: „Charakter, Sagen, trachten, Ortsanlagen und Wohnungen der Slaven", in: Die österreichisch-ungarische Monarchie in Wort und Bild. Böhmen, 1. Abt., Wien 1894, S. 392-437; J. MATIEGKA: „Die physische Beschaffenheit und die Kriegstüchtigkeit des tschechischen Volkes",

Das West-Ost-Gefälle findet sich auch in Skandinavien. Die Norweger und die Jütländer gelten als ernster, nüchterner und verschlossener als die aufgeschlosseneren und gemütvolleren Schweden und Inseldänen. Die Finnen gleichen im Temperament den germanischen Skandinaviern. Nur im Osten des Landes, in Karelien, gelten sie als vergleichsweise lebhaft und gesprächig.

Von besonderem Interesse ist das baskische Volk an der westlichen Peripherie Europas, weil es den letzten Rest der vorindogermanischen Bevölkerung Europas darstellt, die aber vermutlich auch viel zur Bevölkerungssubstanz des übrigen Westeuropa beigetragen hat. Sie sind nicht so leidenschaftlich und temperamentvoll wie die Spanier und werden vor allem als nüchtern und arbeitsam, aktiv und pragmatisch geschildert.[288]

In Südosteuropa gehört Griechenland wie Italien und Spanien zur Zone des südeuropäischen Temperaments.[289] Die südosteuropäischen

---

in: ZD. V. TOBOLKA (Hg.): Das böhmische Volk. Wohngebiete, körperliche Tüchtigkeit, geistige und materielle Kultur, Prag 1916, S. 9-16; „Prag und die tschechische Mitte“, in: AUGUST WILHELM GRUBE: Geographische Charakterbilder, 22. Auflage, Leipzig 1921, Bd. 1, S. 177-180; JOSEF BLAU: Landes- und Volkskunde der Tschechoslowakischen Republik. 2. Auflage, Reichenberg 1927; ALFRED FISCHEL: Aus dem Geistesleben des tschechischen Volkes, Breslau 1928; EUGEN RIPPL: „Der tschechische Volkscharakter im Spiegel tschechischer Selbstcharakterisierungen“, in: Deutsche Volksforschung in Böhmen und Mähren 3, 1944, S. 12-22

288 WILHHELM VON HUMBOLDT: „Die Vasken“, in: Werke in fünf Bänden, Bd. 2, Darmstadt 1961, S. 418-627; DIERCKS, Das moderne Spanien, S. 14 ff.; DIETERICH; Spanien, S. 13 ff.; MÜHLMANN, Die Völker der Erde, S. 182

289 MECHTHILD GOLCZEWSKI: Der Balkan in deutschen und österreichischen Reise- und Erlebnisberichten 1912-1918, Wiesbaden 1981; LORENZ DIEFENBACH: Die Volksstämme der europäischen Türkei, Frankfurt a.M. 1877; ders.: Völkerkunde Osteuropas, insbesondere der Haemoshalbinsel und der unteren Donaugebiete, Darmstadt 1880; FRANZ THIERFELDER: Balkanier. Umgang mit Völkern 1, Berlin 1943; GERHARD GESEMANN: „Volkscharaktertypologie der Serbokroaten“,

in: Jahrbuch der Charakterologie 5, 1928, S. 207-269; ders.: „Zur Charakterologie der Slaven: Der parasitäre Balkaner", in: Slavische Rundschau 5 (1933), S. 1-16; ders.: Heroische Lebensform. Zur Literatur und Wesenskunde der balkanischen Patriarchalität, Berlin 1943; WOLFGANG HÖPKEN: „Ethnische Stereotype in Südosteuropa. Anmerkungen zu Charakter, Funktion und Entstehungsbedingungen", in: KONRAD GÜNDISCH u.a. (Hg.): Das Bild des Anderen in Siebenbürgen. Stereotypie in einer multiethnischen Region, Köln 1998, S. 7-31; JOSEF STARÈ: „Die Kroaten im Königreiche Kroatien und Slavonien", in: Die österreichisch-ungarische Monarchie in Wort und Bild, Wien 1882; RUDOLF BERGNER: Rumänien. Eine Darstellung des Landes und der Leute, Breslau 1887; JOHANN SBIERA, S. F. MARIAN: „Die Rumänen", in: Die österreichisch-ungarische Monarchie in Wort und Bild. Bukowina, Wien 1899, S. 191-228; GREGOR MOLDOVAN: „Die Rumänen", in: Die österreichisch-ungarische Monarchie in Wort und Bild. Ungarn VI, Wien 1902, S. 408-432; HUGO GROTHE: Zur Landeskunde von Rumänien. Kulturgeschichtliches und Wirtschaftliches, Frankfurt a.M. 1906; OTTO von DUNGERN: Rumänien, Gotha 1916; VICTOR BOTEZ u.a. (Hg.): Die Rumänen. Psychologie, geistige Identität, Schicksal, o.O. 1995; KLAUS HEITMANN: Das Rumänienbild im deutschen Sprachraum 1775-1918, Köln 1985; ders.: „Grundzüge des Rumänienbildes im deutschen Sprachraum vom späten 18. bis zum frühen 20. Jahrhundert" (1986), in: ders.: Spiegelungen. Romanistische Beiträge zur Imagologie, Heidelberg 1996, S. 331-353; ders.: „Die Rumänen Siebenbürgens aus deutscher Sicht im 19. Jahrhundert. Das Porträt der Ethnie von Rudolf Bergner (1884)", in: KONRAD GÜNDISCH u.a. (Hg.): Das Bild des Anderen in Siebenbürgen. Stereotypie in einer multiethnischen Region, Köln 1998, S. 33-56; KLAUS STEINKE: Umgang mit Rumänen. Umgang mit Völkern 36, Schwäbisch Hall 1971; FRANZ THIERFELDER: Umgang mit Bulgaren. Umgang mit Völkern 25, Nürnberg 1958; CONSTANTIN JIRECEK: Das Fürstenthum Bulgarien. Wien 1891; GERHARD GESEMANN: „Zur Charakterologie der Slaven: Der problematische Bulgare", in: Slavische Rundschau 3 (1931), S. 404-409; J.G. KOHL: (über die Griechen), in: GRUBE, Geographische Charakterbilder, S. 438 f.; AMAND von SCHWEIGER LERCHENFELD: Griechenland in Wort und Bild. Eine Schilderung des hellenischen Königreiches, Leipzig 1887 (Reprint Kettwig 1992); GEORG BUSCHAN: Die Balkanvölker in Vergangenheit und Gegenwart, Stuttgart o.J. (ca. 1910); ERNST von HESSE-WARTEGG: Die Balkanstaaten und ihre Völker. Reisen, Beobachtungen und Erlebnisse, Regensburg 1917; ALBRECHT

Völker besitzen die südeuropäische leidenschaftliche Erregbarkeit, sind aber ruhiger und ernster und nicht so gesellig wie etwa die Italiener. Die Völker im Westen, die Serben und Montenegriner, Bosnier und Kroaten, sind ausgesprochen viril, haben ein betont männliches Selbstgefühl. Hier spielt noch das „patriarchalische Regime" der Hirtenkultur des Gebirges eine Rolle. Rumänen und Bulgaren sind weicher und gefühlsbetonter als die Serben und Albaner, womit sie sich den Ostslawen nähern. Insbesondere die Bulgaren gelten als im Vergleich zu den Serben ruhiger und ernster. In Rumänien sollen die Bewohner der Walachei noch das südländische Temperament besitzen, diejenigen Siebenbürgens jedoch nicht mehr. Die Ungarn gelten als lebhaft und temperamentvoll, aber auch als melancholisch und ernst.

Noch ein Wort zu den Juden, die in der europäischen Geistesgeschichte ohne Zweifel eine eine große Rolle spielen. Um die Gefahr einer antisemitischen Beeinflussung zu reduzieren, beschränke ich mich auf die von Elias Hurwicz referierten Einschätzungen. Unverkennbar spätestens seit der beginnenden Emanzipation der Juden war ihre große geistige Begabung. So sah auch der Soziologe Werner Sombart (1863-1941) in seinem Buch *Die Juden und das Wirtschaftsleben* (1911) in der „Geistigkeit" die vorherrschende Nationaleigenschaft der Juden. Mit ihr verbunden sei ein gewisser Mangel an sinnlicher Anschaulichkeit. Auch Hurwicz selbst meint, die starke Betonung des Rationalismus im jüdischen Geist habe eine nur schwache Ausprägung ihres mystischen Sinnes bewirkt. Der jüdische Monotheismus mit seiner absoluten Gesetzesherrschaft zeichne sich durch einen gewissen Mangel an Phantasie aus. Der jüdische Theologe Martin Buber (1878-1965) meinte, daß der Jude die Bilder der Außenwelt weniger sinnlich empfängt als begrifflich verarbeitet. Tatsächlich fällt auf, daß es zwar viele jüdische Wissenschaftler und Musiker (mehr Dirigenten als Komponisten) gibt, aber nur wenig bildenden Künstler. Hurwicz selbst schreibt außer-

---

ECKHARDT: „Das Ungarnbild in Europa", in: Ungarische Jahrbücher 22, 1943, S. 152-185; JULIUS von FARKAS: „Das Ungarnbild des Deutschtums", in: Ungarische Jahrbücher 23, 1943, S. 402-414; MAURUS JOKAI: „Das ungarische Volk", in: Die österreichisch-ungarische Monarchie in Wort und Bild. Ungarn Bd. I, Wien 1888, S. 283-359

dem, die Furcht und Verfolgung, der die Juden jahrhundertelang ausgesetzt gewesen waren, habe ihren physischen Mut beeinträchtigt und eine gewisse Wehleidigkeit erzeugt. Zu den charakteristischen Eigenschaften der Juden zählt Hurwicz außerdem auch noch ihre große Mildtätigkeit.[290]

All dies scheint in erster Linie für die osteuropäischen Juden, die Aschkenazim, zu gelten, und weniger oder gar nicht für die westeuropäischen oder orientalischen Juden.

---

290 ELIAS HURWICZ: Die Seelen der Völker. Ihre Eigenarten und Bedeutung im Völkerleben. Ideen zu einer Völkerpsychologie, Gotha 1920, S. 34, 26, 18, 114, 117 und 34.

14. Moral- und Kriminalstatistik

In dem Bestreben, über die subjektiven Volkscharakterschilderungen hinaus objektivere Daten über die Eigenschaften der verschiedenen Völker zu gewinnen, richtete sich seit dem Ende des 19. Jahrhunderts der Blick auf die jetzt vermehrt vorliegenden statistischen Daten. Die verschiedenen für die jeweiligen sittlichen Verhältnisse aussagekräftigen Daten faßte man unter dem Begriff der „Moralstatistik" zusammen. Diese beinhaltete statistische Daten über die Häufigkeit von Eheschließungen, die eheliche und uneheliche Fruchtbarkeit, Scheidungen, Gottesdienstbesuchen, Selbstmorden und verschiedenen kriminellen Delikten.

Die meisten dieser Daten sind heute nur noch von geringem völkerpsychologischem Interesse, da sie mehr die einzelnen Etappen im Modernisierungs- und Säkularisierungsprozeß widerspiegeln, in dessen Rahmen in allen europäischen und westlichen Ländern die Geburten, die Eheschließungen und die Gottesdienstbesuche zurückgingen und die Scheidungen zunahmen. Von völkerpsychologischem Interesse sind am ehesten noch die Daten über die Selbstmorde und aus der Kriminalitätsstatistik, zumal sich deren Verteilung in den europäischen Ländern als bemerkenswert konstant erwiesen hat.

Selbstmorde waren Ende des 19. Jahrhunderts am häufigsten in den nordeuropäischen und protestantischen Ländern und in den südeuropäischen und katholischen um ein Vielfaches seltener.[291]

Nur Frankreich hatte auch eine recht hohe Selbstmordziffer. Auch innerhalb Deutschlands neigten die Einwohner protestantischer Gebiete mehr zum Selbstmord als die in katholischen Gegenden. Der Unterschied zwischen den protestantischen und den katholischen Ländern hat sich aber im Verlauf der Zeit weitgehend ausgeglichen. Einen Spitzen-

---

291 GERHARD FÜLLKRUG: Der Selbstmord. Eine moralstatistische und volkspsychologische Untersuchung, Schwerin 1919; JOHANNES SIEGERT: Neuere Ergebnisse der Moralstatistik, Diss. Leipzig 1928, ADOLF BACH: Deutsche Volkskunde, 3. Auflage, Heidelberg 1960

platz in der europäischen Selbstmordstatistik hatte lange Ungarn inne, das erst in jüngster Zeit von mehreren Nachfolgestaaten der Sowjetunion abgelöst wurde.[292]

Aufschlußreich sind außerdem die Daten aus der Kriminalitätsstatistik. Da deren Ergebnisse abhängig von der jeweiligen Gesetzeslage (genau Definition der Delikte) und der Intensität der Strafverfolgung sind, beschränke ich mich auf die Gewaltkriminalität (Mord, Totschlag, Körperverletzung), die in allen Ländern annähernd gleich verfolgt wird. Diese ist stark mit der allgemeinen Kriminalitätsrate und vielen anderen Verbrechen wie Raub und Diebstahl korreliert, nicht jedoch zum Beispiel mit dem Betrug.

Die Kriminalstatistiken der europäischen Länder zeigen seit ihrem Beginn im 19. Jahrhundert ein Nord-Süd-Gefälle. Die südeuropäischen und die osteuropäischen Länder weisen die höhere Zahlen für Gewalttaten wie Mord und Totschlag auf und die germanischen Länder einschließlich Deutschland niedrigere. Zu den südeuropäischen Ländern gehören Italien, Griechenland, Spanien und Portugal und zu dem osteuropäischen Gebiet auch Ungarn und Südosteuropa. Am höchsten ist die Gewaltkriminalität in den Statistiken aus dem späten 19. und frühen 20. Jahrhundert in Rußland, Polen und Rumänien. In Frankreich und Tschechien war sie niedriger, aber immer noch höher als in Deutschland. Innerhalb Italiens und Frankreich waren Süditalien, Sizilien, Sardinien und Korsika die Schwerpunktgebiete der Gewalttaten.[293] Bemerkenswert ist, daß auch innerhalb Deutschlands die slawischen Landkreise

---

292 WOLFGANG M. PFEIFFER: Transkulturelle Psychiatrie. Ergebnisse und Probleme, 2., neubearbeitete und erweiterte Auflage, Stuttgart 1994, S. 189

293 JOHANNES SIEGERT: Neuere Ergebnisse der Moralstatistik, Leipzig 1928; KAARLO HELASVUO: „Eine Untersuchung über die ethnischen Verschiedenheit der Gewaltkriminalität mit besonderer Berücksichtigung des Alkoholgenusses“, in: Monatsschrift für Kriminalbiologie und Strafrechtsreform 29, 1938, S. 481-503; E. HACKER: „Internationale Kriminalstatistik“, in: Monatsschrift für Kriminalitätspsychologie und Strafrechtsreform 22, 1931, S. 267-279 u. 541-572; FRANZ EXNER: Kriminalbiologie in ihren Grundzügen, zweite Auflage, Hamburg 1944

im Osten in genauer Übereinstimmung mit der Sprachgrenze die größte Kriminalität aufwiesen.[294]

Aufschlußreich sind Daten aus den Staaten, in denen verschiedene Völker lebten. So war in Österreich-Ungarn die Gewaltkriminalität in allen nicht deutschen Gebieten größer als in den deutschen. Die Juden wiesen nur eine sehr geringe Gewaltkriminalität auf, dafür aber hohe Werte bei Betrug und Wucher. Die Zigeuner waren beim Diebstahl stark vertreten.[295]

Auch innerhalb des zaristischen Rußlands war die Gewaltkriminalität bei Deutschen und Juden am geringsten. Am meisten neigten dort die Kaukasus-Völkern und die Tataren zu Gewalttaten.[296] Das europäische Verteilungsmuster spiegelte sich in der amerikanischen Gesellschaft wider. Auch hier hatten die Nachkommen der aus Nord- und Westeuropa Eingewanderten eine viel geringere Straffälligkeit als die der aus Süd- und Osteuropa stammenden.[297]

Die meisten Autoren – in der Regel Soziologen – wollten die Ursachen für die nationalen Unterschiede in der Häufigkeit der Gewaltverbrechen vor allem in den wirtschaftlichen und sozialen Verhältnissen sowie dem Alkoholmißbrauch sehen. Der Alkoholmißbrauch spiel-

---

294 HERMANN SEUFFERT: Untersuchungen über die örtliche Verteilung der Verbrechen im Deutschen Reiche, Breslau 1906

295 HUGO HERZ: „Die Kriminalität in den einzelnen österreichischen Kronländern und ihr Zusammenhang mit wirtschaftlichen und sozialen Verhältnissen", in: Monatsschrift für Kriminalbiologie und Strafrechtsreform 1, 1904, S. 541-572; ders.: Verbrechen und Verbrechertum in Österreich. Kritische Untersuchungen über Zusammenhänge von Wirtschaft und Verbrechen, Tübingen 1908; HEINZ DÜNNBIER: Verbrechen und Verbrechertum in Bayern 1882-1937, München 1944, S. 19, 26, 33, 40, 49 u. 54 (enthält kriminalstatistische Daten aus Österreich-Ungarn 1904-1908)

296 KAARLO HELASVUO: „Eine Untersuchung über die ethnischen Verschiedenheit der Gewaltkriminalität mit besonderer Berücksichtigung des Alkoholgenusses", in: Monatsschrift für Kriminalbiologie und Strafrechtsreform 29, 1938, S. 481-503, S. 488 ff.

297 FRANZ EXNER: „Volkscharakter und Verbrechen", in: Monatsschrift für Kriminalbiologie und Strafrechtsreform 29, 1938, S. 404-421

te allerdings sowohl bei der (hohen) osteuropäischen als auch bei der (niedrigen) nordeuropäischen Kriminalität eine wichtige Rolle, dagegen so gut wie keine in Südeuropa. Eine Ausnahme unter den Kriminologen stellte der Österreicher Franz Exner (1881-1947) dar, der die geringe Gewaltkriminalität der Nordeuropäer und Deutschen in dem ruhigen Temperament und der Selbstbeherrschung der nordischen Rasse begründet sah.[298]

Neuere Untersuchungen, die auf der Auswertung von historischen Quellen wie zum Beispiel Gerichtsakten beruhen, versuchen die Homizidrate (Mord und Totschlag) auch für die Zeit vor ihrer statistischen Erfassung zu rekonstruieren. Ein solcher Versuch stößt natürlich auf viele methodische Schwierigkeiten und ist mit vielen Unsicherheiten behaftet. Einigermaßen zuverlässige Daten liegen bisher nur für wenige Länder Europas vor. Sie zeigen, daß im Mittelalter die Homizidrate noch deutlich höher war als in der Neuzeit. Es gab im Mittelalter eine größere Akzeptanz für Totschlag, und die Kontrolle durch die Obrigkeit war noch nicht so ausgeprägt. Den stärksten Rückgang der Gewaltverbrechen gab es in England schon im 15. Jahrhundert, in den Niederlanden, Belgien und Deutschland im 16. Jahrhundert, in Skandinavien im 17. Jahrhundert und in Italien erst im 19. Jahrhundert. Italien erreichte allerdings nie so niedrige Werte wie die anderen Länder. Skandinavien hat seit dem 18. Jahrhundert die niedrigsten Homizidraten. Die Historiker führen den Rückgang der Gewalttaten in der frühen Neuzeit auf die Etablierung des modernen Verwaltungsstaates und die von ihm durchgesetzte „Sozialdisziplinierung" zurück. Seit den 1970er Jahren hat die Zahl der Gewaltverbrechen auch in den europäischen Ländern mit der niedrigsten Homizidraten wieder etwas zugenommen.[299]

Schaut man sich jedoch aktuelle Karten der Homizidrate bzw. der Mordrate in Europa an, findet man dort dasselbe Verteilungsmuster wie

---

298 EXNER, Volkscharakter und Verbrechen.

299 MANUEL EISNER: „Langfristige Gewaltentwicklung: Empirische Befunde und theoretische Erklärungsansätze", in: WILHELM HEITMEYER, JOHN HAGAN (Hg.): Internationales Handbuch der Gewaltforschung, Wiesbaden 2002, S. 58-80

schon vor hundert und zweihundert Jahren. Hohe Mordraten in Ost- und Südeuropa, niedrige in den germanischen Ländern und Deutschland. Frankreich schließt sich mal an die niedrigen Werte Deutschlands an, mal tendiert es mehr zu den höheren südeuropäischen Werten.[300]

---

300 Verschiedene Karten im Internet, die man mit der Google-Bildersuche unter den Schlagworten „Mordrate" und „Europa" (auch in Englisch) finden kann, z.B. unter http://de.globometer.com/krimimalitaet-mordfall.php; ttp:://cathrinka.blog.de/2012/02/29/weltweite-mord-statistk-junge-Männer-leben-gefaehrlichsten-12954588/; http:// lateinamerika-reisemagazin.com/2011/10/19/reisemöglichkeit-die-lander-mit-der-hochsten-mordrate/; http://www.soziologie-etc.com/ps/psyche-moerder-u-moerderinnen.html; http://heise.de/tp/artikel735/35747/1.html; http://chartsbin.com/view/1454; http://commons.wikimedia.org/wiki/File:Map-world-murder-rate-red.sug. Die meisten Karten finden sich zugleich auf mehreren verschiedenen Seiten, die genauen Internet-Adressen ändern sich dabei rasch.

15. Die Völkerkunde

Im Laufe des 19. Jahrhunderts eroberten die europäischen Mächte fast die ganze bis dahin noch nicht kolonisierte Welt. Nur wenige nicht europäische Länder entgingen dem Schicksal, europäische Kolonie zu werden, China wohl aufgrund seiner Größe, Japan, weil es ihm gelang, sich in einem einzigartigen Kraftakt die technischen und organisatorischen Fertigkeiten des Westens selber anzueignen.

Durch die vielen Berichte der Missionare, Forschungsreisenden und Kolonialbeamten wuchs das Wissen über die außereuropäischen Länder immer mehr an, und in Europa machten sich Wissenschaftler – oft Vertreter anderer Fächer oder Autodidakten, denn eine Völkerkunde als Universitätsfach gab es noch nicht – daran, es zu sichten. Ganz im positivistischen Geist des 19. Jahrhunderts nahmen sie das völkerkundliche Material zum Ausgangspunkt, um die Kulturen der Völker zu vergleichen und nach Gemeinsamkeiten, Unterschieden und Regelmäßigkeiten Ausschau zu halten. Sie beschrieben Kulturprovinzen und Einflußzonen und erkannten wiederkehrende Kulturmuster.

Der große Anreger war der Begründer der Evolutionstheorie, Charles Darwin. Wie er die Gesetze der biologischen Evolution beschrieben hatte, wollte man jetzt auch die Gesetze erkennen, nach denen sich die menschliche Zivilisation entwickelt hatte. Diese Richtung der Forschung, die man später *evolutionistisch* nannte, sah in der Entwicklungsgeschichte des Menschen einen mehr oder weniger zwangsläufigen, fortschreitenden Prozeß von primitiven Ursprüngen zu immer differenzierteren und komplexeren Formen der menschlichen Gesellschaft. Aus Jägern und Sammlern werden Bauern und Viehzüchter, dann Staaten und städtische Kulturen, die ursprünglich barbarischen Sitten verfeinern sich, die technischen Fertigkeiten und das Wissen nehmen zu, und am Ende steht die moderne Zivilisation. Neben der Eigendynamik der zivilisatorischen Entwicklung erkannte man als modifizierende Faktoren auch die geographische Umwelt, rassische und historische Besonderheiten und Einflüsse anderer Kulturen an.

Die Völkerkundler brachten die technischen und ökonomischen Entwicklungsstadien der Kulturen mit bestimmten kulturellen, sozialen und mentalen Eigenschaften in Zusammenhang. Und tatsächlich gibt es Eigenheiten, die für Völker bestimmter Lebensweise und Wirtschaftsform charakteristisch sind. Wildbeuter (Jäger und Sammler) sind oft verhältnismäßig friedfertig, ohne große soziale Unterschiede, Männer und Frauen annähernd gleichgestellt, und die Menschen entspannt und heiter. Bei Jägern dominieren die Männer und spielt oft Schamanismus eine Rolle, bei einfachen Gartenbaukulturen gilt oft die matrilineare Erbfolge, Hirtenvölker mit Großvieh (Rinder, Kamele) sind oft patriarchalisch und kriegerisch, und fortgeschrittene bäuerliche Kulturen entwickeln soziale Hierarchien mit kriegerischen und religiösen Eliten. Ganz in der Tradition der Aufklärung stehend, war man zunächst von der „psychischen Einheit der Menschheit“ ausgegangen, die Logik der zivilisatorische Entwicklungsmodelle und die Erfahrungen in den Kolonien führten jedoch dazu, in den Naturvölkern immer mehr eine besondere, auch psychologisch charakterisierte Menschenform zu sehen

In der zweiten Hälfte des 19. Jahrhunderts wurde das evolutionistische Modell von verschiedenen Standpunkten aus angegriffen und schließlich abgelöst. Die *Diffusionisten* verwiesen auf die Einflüsse, die auf die Kulturen von anderen Kulturen ausgeübt wurden. Nur die wenigsten menschlichen Kulturen haben sich ungestört entwickelt, und die meisten Völker haben technische Neuerungen wie die Landwirtschaft oder die Herstellung von Eisen von anderen Völkern übernommen und nicht selbst geschaffen. Nur von wenigen Erfindungen kann man sagen, daß sie an verschiedenen Orten auf der Erde gemacht worden sind, die meisten haben sich mit der Zeit von ihrem Ursprungsort aus in die verschiedensten Weltgegenden hin ausgebreitet.

Eine andere Kritik an den evolutionistischen Vorstellungen ging von Museumsleuten und anderen Kennern des völkerkundlichen Materials aus. Sie erkannten, daß die tatsächlichen Verhältnisse sich oft nicht mit den Modellen der völkerkundlichen Systematiken deckten. Die Evolutionisten hatten zu sehr von den wirklichen Gegebenheiten abstrahiert und die konkrete, komplexere Wirklichkeit aus den Augen verloren.

Nachdem der evolutionistische Ansatz an Schwung verloren hatte, machte sich auch in der Völkerkunde eine andere Zeittendenz, die des Historismus geltenden. Wie schon in der Geschichtswissenschaft, strebte man nicht mehr danach, allgemeine Gesetzmäßigkeiten zu erkennen, sondern jeder Epoche beziehungsweise jeder Kultur aus sich heraus gerecht zu werden. Die Naturwissenschaften verloren ihre Vorbildfunktion, und man faßte die Völkerkunde jetzt als Geisteswissenschaft auf. Als Leitgedanken der Geisteswissenschaften hatte der Philosoph Wilhelm Dilthey (1833-1911) den Satz aufgestellt, daß man das Verhalten von Menschen nicht „erklären", sondern nur „verstehen" könne. Die Gründe für die Distanzierung vom Evolutionismus waren aber nicht nur wissenschaftlicher Art. Besonders in Amerika empfanden viele Ethnologen die entwicklungsgeschichtliche Einstufung der Naturvölker als „primitiv" zunehmend als herabwürdigend, sie wollten sich gegen den Kolonialismus und die Benachteiligung von Minderheiten wie den amerikanischen Schwarzen engagierten.

Etwa um 1900 begann die Etablierung der Völkerkunde als Universitätsfach.[301] Damit verbunden war eine Professionalisierung des Faches. Statt sich auf die Berichte von Nichtfachleuten zu überlassen, begaben sich nun ausgebildete Ethnologen gezielt zu den zu erforschenden Völkern, lernten deren Sprachen und beobachteten sie über mehrere Monate oder Jahre hinweg. 1898 führten Ethnologen der Universität Cambridge erstmals eine große Expedition zu den Torres-Straits-Inseln zwischen Neuguinea und Australien durch, an der auch Psychologen beteiligt waren und auf der erstmals auch psychologische Tests an den Eingeborenen durchgeführt wurden. In Deutschland war Richard Thurnwald der erste Völkerkundler, der ähnliche Forschungen in Melanesien durchführte.

Die Völker, auf die die Europäer bei ihren Entdeckungsreisen und in ihren Kolonien gestoßen waren, befanden sich auf einem sehr unterschiedlichen Entwicklungsniveau. In ganz Amerika war die Bearbeitung des Eisens noch unbekannt. Die Feuerland-Indianer im Süden des Kontinents waren noch eine Jäger-und-Sammler-Kultur, und auch viele andere Völker im Norden und Süden Amerikas lebten noch als alt- oder

---

301 KLAUS E. MÜLLER: „Geschichte der Ethnologie", in: HANS FISCHER (Hg.): Ethnologie. Einführung und Überblick. Dritte, veränderte und erweiterte Auflage. Berlin 1992, S. 23-56; JUSTIN STAGL: „Die Entwicklung der Ethnologie", in: BETTINA BEER, HANS FISCHER (Hg.): Ethnologie. Einführung und Überblick. Neufassung Berlin 2003, S. 33-52

mittelsteinzeitliche Jägerkulturen. Im Amazonas gab es frühneolithische, im Süden Nordamerikas und weiten Gebieten Mittel- und Südamerikas vollneolithische Kulturen. Selbst die Hochkulturen der Mayas und Inkas waren im Wesentlichen noch neolithisch und kannten zwar die Bronze-, aber noch nicht die Eisenverarbeitung.[302]

Dagegen war in fast ganz Afrika die Kenntnis der Eisenverarbeitung verbreitet, die man dort von den mittelmeerischen Kulturen übernommen hatte. Sie hatte jedoch kaum Einfluß auf die geistige Kultur gehabt, die noch im Wesentlichen neolithisch geblieben war.[303] Nur die Buschmänner in Südwestafrika und die Pygmäen in Zentralafrika lebten noch als altsteinzeitliche Jäger und Sammler. Der Landbau wurde in Afrika wie in Amerika als Hackbau betrieben, bei dem der Boden mit einer Hacke aufgeritzt wurde. Der Pflugbau, bei dem die Scholle gewendet wird, und der erst die ökonomische Grundlage für die meisten Hochkulturen schuf, beschränkte sich auf das Gebiet der alten Hochkulturen in Europa, Nordafrika, dem Nahen Osten, Indien und Ostasien. In Asien lebten viele sibirische Völker noch als altsteinzeitliche Jäger. Die Kenntnis der Eisenverarbeitung war von China nach Südostasien und Indonesien gelangt. Ganz Ozeanien war jedoch noch neolithisch.[304] In Rückzugsgebieten in Südostasien und Indien lebten noch wildbeuterische oder frühneolithische, tropischen Dauerfeldbau treibende Völker, wie die Weddas auf Ceylon, die Semang in Malaysia oder die Negrios auf den Andamanen und den Philippinen. Die noch sehr urtümlichen Melanalesier hatten von Malayen und Polynesiern bereits bestimmte Anbautechniken übernommen, wie auch einige Stämme im Norden Australiens. Die übrigen, fast völlig isolierten Australier stellten dage-

---

302 HORST HARTMANN: „Nordamerikanische Indianer“, in: HERBERT FISCHER (Hg.): Fischer Lexikon Völkerkunde, Frankfurt a.M. 1959, S. 118-148, S. 133

303 KUNZ DITTMER: „Afrika, Allgemeines“, in: HERBERT FISCHER (Hg.): Fischer Lexikon Völkerkunde, Frankfurt a.M. 1959, S. 11-19, S. 18 f.

304 HANS NEVERMANN: „Indonesien“, in: HERBERT FISCHER (Hg.): Fischer Lexikon Völkerkunde, Frankfurt a.M. 1959, S. 64-84, S 75; WILHELM EMIL MÜHLMANN: Die Völker der Erde, Berlin 1944, S. 332

gen als altsteinzeitliche Jäger und Sammler die urtümlichste Menschenkultur dar.

Es zeichneten sich bestimmte allgemeine Züge ab, die für die Naturvölker oder die „Völker geringer Naturbeherrschung“, wie die Ethnologen heute lieber sagen, charakteristisch sind. Allgemein verbreitet ist das Leben in den Tag hinein, die Sorglosigkeit um die Vergangenheit und die Zukunft. Die Affekte sind weniger stark als unkontrolliert. Man ist nur auf das Nächste und Nötigste bedacht, und hat nur geringe Energie zu geistigen und körperlichen Anstrengungen. Hindernissen geht man aus dem Weg, man bewältigt sie nicht.[305]

„Eingeborene vieler Naturvölker weisen eine größere Labilität des Gefühlslebens auf, als sie normalerweise bei uns anzutreffen ist“, schreibt Wilhelm Emil Mühlmann. „Rasches Umschlagen der Stimmung findet sich häufig. Im Handeln fehlen Energie und Zähigkeit des Durchhaltens, worunter die Verfolgung weiter gesteckter Ziele leidet. Es gibt eine beträchtliche, durch Riten und Zeremonien systematisch trainierte Fähigkeit zu emotionaler Aufladung des Gemüts, eine ungewöhnliche Kraft des Sichhineinsteigerns in Stimmungen, z.B. Hochstimmungen zum Zwecke der Durchführung kollektiver Unternehmungen, aber es fehlt oft der „lange Arm“ des Durchhaltens. (...) Gering ist die ‚Geistesgegenwart‘ der Naturvölker, die Fähigkeit, auf unerwartet auftretende Situationsänderungen adäquat zu reagieren. Dies ist eine Folge des engen (räumlichen und geistigen) Horizonts mit seinem nur beschränkten Angebot immer wieder der gleichen Eindrücke. (...) Das Wunschdenken ist ausgeprägter als bei uns, daher findet man häufig eine uns abnorm anmutende, ‚hysteroide‘ Fixierung der Gemütslage, die in der Umwelt auftretenden Änderungen nicht Rechnung zu tragen vermag. Groß ist vielfach die ‚Imitativität‘, d.h. die Fähigkeit zum Hineinsteigern und Hineinschlüpfen in ‚Rollen‘ (...). Denktraining und Denkdisziplin sind geringer als bei uns. Das Denken haftet stärker an äußeren Formen; Formähnlichkeiten werden ohne weiteres als Wesensgleichheiten

---

[305] THEODOR WAITZ: Anthropologie der Naturvölker, Bd. 2, Leipzig 1860 (Nachdruck Hildesheim 2007), S. 202; RICHARD THURNWALD: Ethnopsychologische Studien an Südseevölkern auf dem Bismarck-Archipel und den Salomon-Inseln, Leipzig 1913, S. 100 ff.

gedeutete. (...). Suggestive und autosuggestive Praktiken sind unter Naturvölkern weitverbreitet (...) und wirksamer als bei uns.“ [306]

Ein Menschenleben gilt nicht viel, und die oft berichtete Gutmütigkeit der Naturvölker schließt Grausamkeiten, etwa gegen Gefangene oder Tiere, nicht aus. Das Denken und Handeln ist egozentrisch, Mitleid mit anderen gibt es kaum, Schadenfreude wird offen gezeigt. Allgemein herrscht der *Animismus*, das heißt der Glaube, daß auch die leblose Natur belebt ist, an die Allgegenwart von Göttern, Dämonen und Geistern. Hinter jedem Geschehnis, sei es eine Krankheit, ein Unfall oder der Tod, wird eine Absicht vermutet, sei es von Geistern und Dämonen, sei es von anderen Menschen durch Zauberei. Letztendlich ist es jedoch sehr schwer, in das Denken der Naturvölker einzudringen. Gerade jene Forscher, die längere Zeit unter Naturvölkern lebten, sind skeptisch.

Schon rein sprachlich ist es oft kaum möglich, die naturvölkischen Vorstellungen angemessen in unsere Kategorien zu übersetzen, und viele Gleichsetzungen sind gewaltsam und spiegeln dem westlichen Leser eine Plausibilität vor, die tatsächlich nicht gegeben ist. Begriffe wie Götter, Himmel oder Traumzeit können den wirklichen Vorstellungen der Naturvölker bestenfalls annähernd gerecht werden und lassen manche Sinnaspekte außer acht, die uns schlicht unverständlich sind. Allzuoft haben Forscher in die Angehörigen der primitiven Völker etwas „hineingefragt“, das mehr ihren eigenen Vorstellungen als denen der Erforschten entsprach. So haben die katholischen Ethnologen der Wiener Schule in den religiösen Vorstellungen vieler Naturvölker immer wieder Hinweise auf einen ursprünglichen Hochgottglauben finden wollen, gewissermaßen als einen ethnologischen Gottesbeweis.

„Das echte Bild primitiver Seelenverfassung bleibt uns im Grunde verhüllt“ schrieb Richard Thurnwald, der als erster deutscher Ethnologe Feldforschung in Melanesien betrieben hatte.[307] Und der Schweizer

306 WILHELM EMIL MÜHLMANN: „Zur Psychologie der Naturvölker“, in: ders.: Rassen, Ethnien, Kulturen. Moderne Ethnologie, Neuwied 1964, S. 121-133, S. 124 f.

307 RICHARD THURNWALD: „Zum gegenwärtigen Stand der Völkerpsychologie“, in: Kölner Vierteljahrshefte für Soziologie 4, 1924, S. 32-43, S. 37;

Völkerkundler Fritz Sarasin (1859-1942), der von 1910 bis 1912 auf Neukaledonien in Süd-Melanesien gelebt hat, stellte fest: Die Mentalität eines Neukaledoniers ist für Europäer ein geschlossenes Buch.[308]

Je urtümlicher die Kultur eines Naturvolkes ist, desto verhängnisvoller ist der Kontakt mit der modernen Zivilisation. Praktisch alle altsteinzeitlichen und wildbeuterischen Kulturen überleben den Kontakt mit der westlichen Zivilisation nicht, wie etwa die Australier, die Buschmänner oder die brasilianischen und patagonischen Indianer. „Jeder Erstkontakt ist der Anfang vom Ende“ sagt der brasilianische Indianerforscher Sydney Possuelo über die noch heute weitgehend unberührten Amazonas-Völker.[309] Bäuerliche Kulturen wie die der Polynesier, der Maori oder der Schwarzafrikaner wurden zwar schwer erschüttert, konnten sich jedoch einigermaßen behaupten, blieben zumindest als ethnische und kulturelle Einheiten bestehen.

Zur Zerstörung des Selbstbewußtseins einer primitiven Kultur, ihrer tragenden Vorstellungen und Überzeugungen, genügt oft schon ein indirekter Kontakt mit der überlegenen Zivilisation. Schon die Berichte über die Welt der Weißen, ihre Autos, Häuser und Gewehre und die gelegentliche Sichtung eines Flugzeuges reichen aus, um den Glauben an die Lebenstüchtigkeit der eigenen Kultur grundlegend zu erschüttern.[310] Wird dann erst die Überlegenheit der Zivilisation der Weißen konkret erfahren, festigt sich die Überzeugung von der Unterlegenheit und Minderwertigkeit des Eigenen. Und zugleich fehlt den ursprünglicheren Völkern meist die psychische Konstitution, sich in dem Maße der neuen Zivilisation anzupassen, wie es notwendig wäre, um sich in ihr behaupten zu können.

---

308 H. KELM, D. HEINTZE: Georg Forster 1754-1794. Südseeforscher, Aufklärer, Revolutionär, Ausstellungsführer, Frankfurt a.M. 1976, S. 320

309 SYDNEY POSSUELO: „Jeder Erstkontakt ist der Anfang vom Ende“ (Interview), in: Geo Special Brasilien, 2011, S. 109-111

310 ANDREAS LOMMEL: „Kulturkontakt in Australien“, in: Saeculum 9, 1958, S. 293-307, S. 300

16. Die außereuropäischen Völker

Uns interessieren hier jedoch weniger die allgemeinen Ergebnisse der Völkerkunde, als vielmehr deren Erkenntnisse über die psychischen Eigenschaften der verschiedenen außereuropäischen Völker. In den folgenden Abschnitten skizziere ich die Charaktereigenschaften der außereuropäischen Völker, wie sie sich aufgrund der völker- und landeskundlichen Literatur seit dem 19. Jahrhundert darstellen. Neben den bekannten Übersichtswerken, wie Theodor Waitz' *Anthropologie der Naturvölker*, und den *Völkerkunden* von Friedrich von Hellwald, Friedrich Ratzel, Georg Buschan und Hugo A. Bernatzik, habe ich dazu zahlreiche Einzelwerke von anerkannten Landeskennern, darunter auch solche jüngeren Datums, herangezogen.

Amerika

Das Spektrum der einheimischen Kulturen Amerikas reichte von einfachen Jägern und Sammlern im Amazonasgebiet bis zu den Hochkulturen der Mayas und Inkas. Während die europäische Besiedlung in Nordamerika die indianische Bevölkerung bis auf wenige Reste verdrängt hat, stellt diese in den meisten Ländern Lateinamerikas immer noch einen beachtlichen Teil der Bevölkerung.

Überraschend einheitlich wird den Indianern in ganz Amerika ein stoisches, ruhiges Temperament und ein ernstes, verschlossenes, in sich gekehrtes, ja melancholisches Wesen zugesprochen, Zeichen einer introvertierten Charakterstruktur. Das gilt nicht nur für die meisten Indianervölker Nordamerikas, sondern auch für die in Mittel- und Südamerika, für die Stämme des Nordostens und der Prärie ebenso wie für die Andenvölker und die Araukaner in Chile.[311] Das Verhalten ist selbst-

---

[311] FRIEDRICH RATZEL: Völkerkunde. Bd. 2. Leipzig 1887; THEODOR WAITZ: Anthropologie der Naturvölker, 3. Teil, Leipzig 1862 (Nach Hildesheim 2007); KARL ANTON NOWOTNY: „Amerika", in: HUGO A. BERNATZIK (Hg.): Die neue große Völkerkunde. Völker und Kulturen

beherrscht und nicht spontan wie bei den meisten Naturvölkern. Auch die Bewegungen sind langsamer, die Redeweise lautschwach und langsam, die Mimik verhalten. Die Gefühle werden verborgen; die Indianer sind nicht jähzornig, aber nachtragend. Schweigsamkeit überwiegt vor Mitteilsamkeit. Tapferkeit und Ausdauer bei Strapazen im Krieg und auf der Jagd stehen im Widerspruch zum oft genannten Mangel an Energie im Alltag. Kehrseite der Furchtlosigkeit ist die Grausamkeit gegenüber Feinden und Gefangenen. Aber offensichtlich sind die Indianer nicht nur besser im Ertragen von körperlichen und seelischen Strapazen, sondern auch wirklich unempfindlicher gegen diese. „Sie sind ruhiger, weniger gestreßt, auch in Situationen, die uns aufwühlen würden“, sagt Sydney Possuelo (geb. 1940), ein Kenner der Amazonas-Indianer, über sie.[312] Mit dem stoischen Temperament ist oft eine Neigung zu Rauschmitteln und Stimulantien verbunden. Richtige Fröhlichkeit und Ausgelassenheit kommt selbst auf großen Festen kaum auf.

Natürlich gibt es Unterschiede zwischen den verschiedenen indianischen Völkern. Waren die meisten Stämme einst kriegerisch, so gab es

---

der Erde in Wort und Bild, Bd. 3, Leipzig 1954, S. 1-303; FRIEDRICH MÜLLER: Allgemeine Ethnographie, Wien 1873; FRIEDRICH von HELLWALD: Völkerkunde. Bd.1, Nürnberg 1882; GEORGE CATLIN: Die Indianer Nordamerikas (1841), Leipzig 1979, Bd.1. S. 50; ERNST SAMHABER: Spanisch-Südamerika, Berlin 1941; OTTO NORDENSKJÖLD: Südamerika. Ein Zukunftsland der Menschheit. Natur – Mensch – Wirtschaft, Stuttgart 1927; HANS JOACHIM WULSCHNER (Hg.): Vom Rio Grande zum La Plata. Deutsche Reiseberichte des 19. Jahrhunderts aus dem südlichen Amerika, 2. Auflage Tübingen 1977, S. 154, 157, 382; WILHELM ERICH VOIGT: Venezolaner. Umgang mit Völkern 11, Berlin 1943; ERLAND NORDENSKJÖLD: Forschungen und Abenteuer in Südamerika, Stuttgart 1924; CORDULA KOEPCKE: Peru im Profil. Skizze eines Zukunftslandes, Braunschweig 1962; J.J. VAN DEN BESSELAR: Brasilien. Anspruch und Wirklichkeit, Wiesbaden 1970; KARL SAPPER: „Der Charakter der Mittelamerikanischen Indianer“, in: Globus 87, 1905, S. 128-131; JUAN B. AMBROSETTI: „Die Kaingang in Argentinien“, in: Globus 74, 1898, S. 244-246

312 SYDNEY POSSUELO: „Jeder Erstkontakt ist der Anfang vom Ende“ (Interview), in: Geo Special Brasilien, 2011, S. 109-111, S. 111

doch auch friedlichere Völker, wie etwa die der Pueblo-Kultur in Neumexiko oder die auf besonders niedriger Kulturstufe stehenden kalifornischen Indianer. Letztere und einige der brasilianischen Urwaldstämme werden sogar heiter genannt, bei ruhigem Grundtemperament. Dafür werden die Andenvölker als besonders melancholisch beschrieben. Bei den Urwaldstämmen sind die Temperamentsunterschiede von Stamm zu Stamm besonders groß, ebenso wie auch die anthropologischen Unterschiede.

Aus dem betonten Selbstgefühl früherer Zeiten ist unter dem Einfluß der Kolonialherrschaft, der modernen Zivilisation, des Alkohols und des Coka-Kauens oft Apathie und Resignation geworden. Das gilt für viele Nachkommen des alten Inkas in den Andenländern und für die Bewohner mancher nordamerikanischer Reservate. Letztere haben sich aber teilweise in starkem Maße mit Weißen aus den unteren Schichten vermischt und sind nur noch teilweise indianischer Abstammung (um in den USA als Indianer anerkannt zu werden, reicht ein Blutsanteil von 25 Prozent).

Vielfach hat man auch das ruhig-passive Temperament der Indianer auf ihre Bedrückung durch die Kolonialherren zurückführen wollen. Dafür, daß hier doch eine ursprüngliche Anlage wirksam ist, spricht allerdings das so ganz andere Lebensgefühl der Schwarzen in Amerika, etwa in Brasilien. Obwohl in der Vergangenheit nicht weniger unterdrückt und ausgebeutet als die Indianer, haben diese sich dennoch ihre Vitalität und Lebensfreude bewahrt.

Während die englischen Kolonisten in Nordamerika jede Vermischung mit den Indianern ablehnten, haben Spanier und Portugiesen von Anfang an das Konnubium mit den Indianervölkern geduldet, wenn nicht gar gefördert. So entstand in fast allen Ländern Lateinamerika eine breite Schicht von Mischlingen, *Mestizen* genannt, die vielerorts die Mehrheit der Bevölkerung stellt. Aber auch in Nordamerika empfand man einen indianischen Einschlag nie als so entehrend, wie einen negerischen.

Da sich die Indianer, in deren Kulturen der systematische Landbau meist nur eine geringe Rolle gespielt hatte, als wenig geeignet für die Arbeit auf den Baumwoll- und Zuckerrohrplantagen erwiesen hatten, brachte man afrikanische Sklaven ins Land. Sie waren kräftiger und lenkbarer und kannten den Ackerbau bereits aus ihrer Heimat. Die Nachkommen der Negersklaven haben vor allem den Süden der USA, die Karibik und den Nordosten Brasiliens geprägt. Sie zeichnen sich durch Gutmütigkeit, Unbesorgtheit und Sinnenfreude aus.

„Ein Jeder, welcher die Möglichkeit der Vergleichung gehabt hat", schrieb schon Charles Darwin, „muß von dem Kontrast überrascht gewesen sein zwischen dem schweigsamen, selbst morosen [verdrießlichen] Eingeborenen von Südamerika und dem leichtherzigen schwatzhaften Neger."[313] Besonders in der Karibik und Brasilien haben sich bei den Schwarzen viele Elemente ihrer ursprünglichen Kultur erhalten, etwa in ekstatischen Kulten wie dem Voodoo.

Es gibt in den lateinamerikanischen Ländern eine komplexe soziale Hierarchie der Rassen und ihrer Mischtypen, an deren Spitze der *Kreole*, der überwiegend reinblütige Lateinamerikaner europäischer Herkunft. Daneben werden nicht nur die verschiedenen Mischtypen der Rassen, sondern auch diejenigen unterschiedlicher Rassenanteile nach der Herkunft der Eltern und nach dem morphologischen Phänotyp unterschieden. Man strebt nach Möglichkeit eine Verbindung mit einem Geschlechtspartner der nächst höheren, europäerähnlicheren Klasse an und versucht sich von den sozial tieferstehenden Gruppen abzugrenzen. Je nach Land und sozialer Situation schwanken die Indianer und Mestizen zwischen Resignation und sozialer Strebsamkeit. In Venezuela gelten die Mischlinge aus Indianern und Schwarzen, die oft großen und kräftigen *Zambos*, als roh und gewalttätig.[314]

Der europäische Bevölkerungsanteil ist im Süden Lateinamerikas, in Chile und Argentinien, am größten. Spanischer, portugiesischer und italienischer Herkunft, zeichnen sich die europäischen Lateinamerikaner durch ihr lebhaftes Temperament aus. Wo der mitteleuropäische Beitrag größer ist, wie im Süden Argentiniens, ist die Stimmung nüchterner und geschäftiger. Es besteht ein großer Unterschied zwischen der sinnlichen Atmosphäre in den von Schwarzen bewohnten Städten Nordostbrasiliens, den von lebhaften und lauten Südländern bewohnten argenti-

313 CHARLES DARWIN: Die Abstammung des Menschen und die geschlechtliche Zuchtwahl. 1. Band, Stuttgart 1871, S. 190

314 VOIGT, Venezolaner, S. 7

nischen Städten und der Ruhe in den indianischen Provinzstädten. „Es läßt sich sagen", schreibt Ernst Samhaber, ein Kenner Lateinamerikas, „je größer der indianische Einschlag in einer südamerikanischen Stadt ist, desto stiller pflegt sie zu sein."[315]

Die Eskimos im arktischen Norden Amerikas, die sich selbst Inuit nennen, sind keine Indianer. Sie stellen die jüngste Einwanderungsschicht der amerikanischen Ureinwohner aus Asien dar und haben kulturell und anthropologisch viele Gemeinsamkeiten mit den sibirischen Völkern. Es gab bei ihnen, die vom Robbenfang und der Fischerei leben, kein Kriegertum und keine politische Struktur. Im Allgemeinen werden sie als ehrlich, gutmütig und harmlos beschrieben. Sie sind vergnügt und gastfreundlich, ja heiter und leutselig, und von lebhafterem Temperament als die Indianer. Der amerikanische Ethnologe Edward Sapir nannte die Eskimos extravertiert, im Gegensatz zu den meist introvertierten Indianern. Allgemein wird ihre intellektuelle Begabung höher eingeschätzt als die der angrenzenden Indianerstämme. Nahezu alle Reisenden mißbilligten aber ihre große Unreinlichkeit.[316]

Afrika

In Afrika drangen im Lauf des 19. Jahrhunderts die europäischen Mächte über die Küstengebiete hinaus in Innere vor, bis sich schließlich fast der ganze Kontinent in Kolonialbesitz befand. Forschungsreisende, Kolonialbeamte und Missionare machten umfangreiche Erfahrungen mit der einheimischen Bevölkerung.

---

315 SAMHABER, Spanisch-Lateinamerika, S. 42

316 SIEGFRIED PASSARGE: Geographische Völkerkunde, Berlin 1954; GUSTAV A. KONITZKY: Arktische Jäger, Stuttgart 1961, S. 11 ff.; HELLWALD, Völkerkunde,. Bd. 1, S. 237; WAITZ, Anthropologie der Naturvölker, 3. Teil, S. 308 ff; RATZEL, Völkerkunde, Bd. 2, S. 725 ff.; MÜLLER, Allgemeine Ethnographie, S. 199 f.; KRICKEBERG, Amerika; NOWOTNY, Amerika; GEORGES A. HEUSE: „La classification des types ethnopsychologiques", in: Revue de Psychologie des Peuples 9, 1954, S. 195-205 (Sapir).

Die Berichte über den Charakter der Afrikaner spiegeln die koloniale Situation wider. Die afrikanischen Neger erscheinen als Handelspartner, Krieger, zu missionierende Heiden, als dienstverpflichtete Arbeiter oder persönliche Diener.[317] Allgemein wird ihnen ein gutmütigheiteres Wesen zugesprochen. Sie sind von lebhaftem Temperament, fröhlich und geschwätzig leben sie im Augenblick und sorgen sich nicht um die Zukunft. Sie sind selten ernst und nachdenklich und neigen nicht zur Reflexion. Seine nicht niederzuringende Heiterkeit hilft dem Afrikaner, Armut und Schicksalsschläge zu ertragen. Er besitzt einen großen Humor. „Die Neger können kein Lachen halten", schreibt Livingstone. Der Afrikaner hat Freude an äußerlichem Prunk, an lärmenden Zurschaustellungen, bunten Farben und greller Musik. Er läßt sich leicht beeindrucken und prahlt auch selber gerne.

Viele Beobachter fühlen sich durch die naive Egozentrik der Schwarzen an kindliche Charakterzüge erinnert. Anderen Menschen tritt der Afrikaner höflich und freundlich entgegen. Persönlich ist er anhänglich und treu, wenn ihn nicht seine große Suggestibilität zu etwas anderem verführt. Groß ist die Neigung zum Nichtstun und nur gering die zur Arbeit, läßt diese sich nicht vermeiden, kommen jedoch Fleiß und körperliche Ausdauer zum Vorschein. In der Bewältigung seines Alltags ist er schlau und gewitzt. Immer wieder ist von einem Mangel an geistiger Energie, an Voraussicht und Zielstrebigkeit die Rede. Der Afrikaner ist leicht entmutigt und neigt zu Stimmungsschwankungen. Seine leichte

---

317 WAITZ, Anthropologie der Naturvölker, Bd. 2, S. 202 ff.; RATZEL, Völkerkunde. Bd. 1, S. 31 ff u. S. 139 ff.; MÜLLER, Allgemeine Ethnographie, S. 121 ff.; RICHARD THURNWALD: „Die fremden Eingriffe in das Leben der Afrikaner und ihre Folgen", in: HERRMANN BAUMANN u.a.: Völkerkunde von Afrika, Essen 1940, S. 455-573, S.565; DIEDRICH WESTERMANN: Der Afrikaner heute und morgen, Essen 1937; R.BUCHHOLZ: Land und Leute in Westafrika, Berlin 1876, S. 30 ff.; H. de FRETURES: „Unsere schwarzen Brüder", in: Die Umschau 12, 1908, S. 7-10, 32-35 u. 53-55; HUTTER: „Der westafrikanische Bantuneger, seine Charakteristik und Behandlung", in: Globus 80, 1901, S. 384-386; ders.: „Völkerbilder aus Kamerun", in: Globus 87, 1905, S. 234-238, 301-304 u. 365-370; SIEGFRIED PASSARGE: Südafrika. Eine Landes-, Volks- und Wirtschaftskunde, Leipzig 1908, S. 200 f.

Erregbarkeit verführt ihn leicht zu unbesonnen Handlungen. Groß sind das motorische Bewegungsbedürfnis und die Freude an Musik und Tanz; besonders ausgeprägt ist auch die geschlechtliche Sinnlichkeit. Mitgefühl mit Tieren fehlt weitgehend. Die afrikanische Erotik ist vor allem sinnlicher Art. „Verliebte Schwarze gibt es nicht" schreibt Frank Bökelmann, der Interviews mit in Deutschland lebenden Afrikanern geführt hat.[318] Die afrikanischen Neger sind anpassungsfähig und sprachbegabt und erwiesen sich als lenkbarer als die meisten anderen Naturvölker, auf die die Europäer in ihren Kolonien trafen.

Das Bild gilt mehr oder weniger für ganz Schwarzafrika und trifft besonders auf die vom Feldbau lebenden Völker zu. Die Hirtenstämme mit hamitischem oder arabischem Einschlag, wie die Fulbe oder Massai, sind kriegerisch und gelten allgemein als weniger gutmütig und geschwätzig und um so mehr als stolz, hart und selbstbeherrscht. Sie besitzen auch mehr Energie als die anderen Afrikaner. Bezeichnend ist die Religion der ostafrikanischen Massai: Sie betrachten sich als das auserwählte Volk ihres Gottes, jeder Nichtmassai ist den Massai untertan und sein Besitz gehört ihnen. Freundschaft oder Treue gegen Ungläubige kennt der Massai nicht.[319]

Was über die Sorglosigkeit und Unbeständigkeit der Neger gesagt wurde, gilt für die wildbeuterisch lebenden, anthropologisch nicht zu den Negriden zählenden Buschmänner in Südwestafrika in noch stärkerem Maße. Sie leben ganz im Augenblick, sind geschickte Jäger mit scharfen Sinnen, können Hunger und Durst ertragen, sind mutiger und härter als die Neger, erwiesen sich aber als unfähig, sich in ein von den Europäer vorgegebenes, geregeltes und nicht nomadisches Leben zu fügen, in dem sie bald zugrunde gingen. Nur wenig besser stand es um die mit ihnen verwandten, ursprünglich von Viehzucht lebenden Hottentotten.

---

318 FRANK BÖKELMANN: Die Gelben, die Schwarzen, die Weißen, Frankfurt a.M. 1998, S. 311

319 M. MERKER: Die Massai. Ethnographische Monographie eines ostafrikanischen Semitenvolkes. Zweite, verbesserte und vermehrte Auflage, Berlin 1910, S. 116 ff.

Die kleinwüchsigen, in den Urwäldern Zentralafrikas lebenden Pygmäen sind Fremden gegenüber äußerst scheu, tatsächlich aber heiter und vergnügt, lebhaft, offen und unverstellt, ohne Sorge um die Zukunft, findig und zäh in ihrem täglichen Lebenskampf, aber auch wankelmütig und unzuverlässig. Paul Schebesta spricht ihnen eine Vitalität zu, die die der Neger noch übertrifft.[320]

Der Nahe und Mittlere Osten (einschließlich Nordafrika)

Die Araber haben ihren Ursprung in den Beduinen der arabischen Wüste. Ihre Religion, der Islam, ist das Ergebnis der Verschmelzung überlieferter Glaubensvorstellungen der Wüstenbewohner mit dem Christentum und Judentum. Von dem heutigen Saudi-Arabien aus haben sich die Araber nach dem Untergang des römischen Reiches über die südlichen Gebiete der antiken Mittelmeerkultur ausgebreitet. Auf deren Grundlage entstand im frühen Mittelalter eine islamische Hochkultur mit Ansätzen von Wissenschaft und religiöser Toleranz, die unter dem totalen Anspruch des Islam jedoch bald wieder verkümmerten. Anders als das europäische Christentum säkularisierte sich der Islam nicht, und die islamische Welt blieb seit der frühen Neuzeit immer weiter hinter der europäischen zurück.

Der Araber besitzt viel Würde, sein Auftreten ist, sofern nicht seine Leidenschaften gereizt werden, von unerschütterlicher Ruhe bestimmt.[321]

---

320 MARTIN GUSINDE: Die Kongo-Pygmäen in Geschichte und Gegenwart. Halle a.d. Saale 1942; PAUL SCHEBESTA: „Die Pygmäen", in: Geographische Rundschau 6, 1954, S. 382-386

321 FRIEDRICH RATZEL: Völkerkunde. Bd. 2, Leipzig 1890; A. BYHAN: „Nord-, Mittel- und Westasien", in: GEORG BUSCHAN (Hg.): Illustrierte Völkerkunde, Bd. 2, Stuttgart 1923, S. 273-420, S. 366; BERTRAM THOMAS: Die Araber, Berlin 1938; MAXIME RODINSON: Die Araber, Frankfurt a.M. 1981; SANIA HAMADY: Temperament an Character of the Arabs, New York 1960; ALI AL-WARDI: Soziologie des Nomadentums. Studie über die iraquische Gesellschaft, Neuwied 1972; FRANZ TAESCHNER: Geschichte der arabischen Welt, Stuttgart 1964,

Sie verdeckt seine natürliche motorische Lebhaftigkeit, die in lautem Sprechen, ausgreifender Gestik und expressivem Verhalten zum Ausdruck kommt. Er ist von ausgesuchter Höflichkeit und zeigt seine Gefühle nicht. Grundlage seines Stolzes ist ein ausgesprochenes Gefühl seines Wertes. Das findet seinen Ausdruck im Motiv der „Ehre" *('ird)* des Einzelnen, einem Erbe der alten Beduinen. Sie beinhaltet den Mut, die Fähigkeit und den Willen, die Unabhängigkeit der Gruppe zu verteidigen, sowie die Reinheit und Freiheit ihrer Frauen und Schutzbefohlenen, die Bereitschaft, Beleidigungen zu rächen, Weitherzigkeit und Gastfreundschaft.[322]

Das herausragende Charakteristikum der arabischen Persönlichkeit ist nach dem tunesischen Historiker und Islamwissenschaftler Hichem Djait (geb. 1935) eine „starke Erregbarkeit des Gefühls", die von der Gesellschaft nur unterdrückt, aber nicht wirklich diszipliniert wird, ein tiefgründiger Narzißmus, eine ängstliche Suche nach Zustimmung durch die anderen, die ein großes Gewicht auf Prestigewerte legt, die sich auf Äußerlichkeiten gründen, und schließlich eine Aggressivität, die sich in den verschiedensten Formen ausdrückt.[323] Auch die in Amerika lebende arabische Psychologin Sania Hamady sieht in der Impulsivität, der

S. 19 f.; MAX von OPPENHEIM: Die Beduinen, Leipzig 1939 (Neudruck Hildesheim 1983), Bd. 1; JENS WILLHARDT: Kulturbegegnung mit dem Orient. Eine Untersuchung historischer Reiseberichte sowie der Berichte von Touristen und Auslandsdeutschen am Beispiel des Jemen, Berlin 2004; LUDWIG AMMAN: Östliche Spiegel. Ansichten vom Orient Zeitalter seiner Entdeckung durch die deutschen Leser 1800-1850, Hildesheim 1989; DEAN PEABODY: National characteristics, Cambridge 1985; FRIEDRICH KEITER: Rasse und Kultur, Bd. 3, Stuttgart 1940, S. 340 f.; JULUIS RUDOLF KAIM: „Beiträge zur Psychologie des Morgenländers", in: Völkerpsychologische Charakterstudien, Bd. 3, Leipzig 1927, S. 282-330; RAINER SCHMIDT-VOGT: Das Bild Nordostafrikas in den Werken deutschsprachiger Reisender der vorimperialistischen Epoche (1821-1871). Studien zur deutschen Geistesgeschichte des 19. Jahrhunderts.Diss. Tübingen 1983, S. 160 ff. u. 388 ff.; LUDWIG FERDINAND CLAUß: Araber. Umgang mit Völkern 4, Berlin 1943

322 RODINSON, Die Araber, S. 170 f.

323 RODINSON, Die Araber, S. 178 f.

leidenschaftlichen Emotionalität und geringen Toleranz wesentliche Züge des arabischen Charakters.[324] Der ägyptische, ebenfalls in Amerika lebende Psychiater Victor D. Sanua (1920-2009) spricht von extremem Mißtrauen, Konservatismus und Fatalismus, und sein im Libanon aufgewachsener Kollege John Racy (geb. 1932) von Autoritarismus, Starrheit in moralischen Fragen *(polarity in value perceptions)* und einem ausgesprochen männlichen Selbstverständnis.[325]

Auch die arabische Sprache soll eine Tendenz zu übertriebenen Selbstbehauptung *(over-assertion)* haben.[326]

Die Grundstimmung des Arabers ist ernst, natürliche Fröhlichkeit eher selten. Trotz der starken Impulsivität und Reizbarkeit ist er im Alltag eher träge, wenig arbeitslustig, wenn auch auf Geldgewinn aus. Der Geograph und Völkerkundler Ewald Banse (1883-1953) führt die Trägheit der Orientalen auf die große Hitze zurück. Der Egozentrismus des Arabers ist mit einer nur gering ausgeprägten Fähigkeit zu Selbstkritik verbunden. Er ist kriegerisch und mutig, wenn auch mehr in der Menge, weniger als persönlicher Mut des Einzelnen. Der Orientale ist wenig mitfühlend, Tierliebe fehlt ihm ganz.[327] Die geschlechtliche Sinnlichkeit ist stark ausgeprägt. Die Suggestibilität und Begeisterungsfähigkeit ist groß, das Durchhaltevermögen aber eher gering. Das Interesse ist mehr auf Menschen gerichtet als auf Sachen oder die Natur, die mathematische Begabung gut, die technische aber eher mäßig. Mehrere Beobachter sprechen unabhängig voneinander von einer geringen räumlichen Auffassungsgabe bzw. einer geringen Fähigkeit, Größen und Stärkenverhältnisse einzuschätzen.[328]

---

[324] HAMADY, Temperament and Character of the Arabs.

[325] BENJAMIN BEIT-HALLAHMI: „National character and national behavior in the Middle East conflict: The case of the ‚Arab personality'„ in: International Journal of Group Tensions 2, 1972, S. 19-28

[326] E.T. PROTHRO, L.H. MELIKIAN: Arab students in Near East. In: Journal of Social Psychology 40, 1954, S. 237-243

[327] KAIM, Beiträge zur Psychologie des Morgenländers, S. 303

[328] Der in arabischen Ländern tätige Ingenieur Heinz Keiter, n. KEITER, Rasse und Kultur, Bd. 3, S. 181; KAIM, Beiträge zur Psychologie des Morgenländers, S. 327

Anders als im europäischen Christentum werden die sittlichen Forderungen des Islams mehr als äußeres Gebot anerkannt als verinnerlicht. Der Islam fordert in erster Linie die vollständige Unterwerfung unter seine Macht. Diese wird ohne Einschränkung akzeptiert wie die eines übermächtigen Herrschers oder Vaters. Mit seinen drakonischen Strafen und der Abschließung und Verschleierung der Frauen hält er die starke erotische Ansprechbarkeit der arabischen Männer mehr in Zaum, als daß er sie zu sublimieren sucht. Als Lohn für seine Anhänger verheißt der Islam nicht das geistige Glück einer abstrakten himmlischen Liebe wie im Christentum, sondern handfeste Genüsse nach orientalischem Geschmack, auf Sinnlichkeit und Pracht eingestellt Mit seiner fatalistisches Schicksalsgläubigkeit – niemand kann seinem Schicksal, dem *Kismet*, entgehen, fördert der Islam die Resignation und lähmt er die gesellschaftliche Entwicklung. Das wichtigste für jeden Menschen ist das Erlernen des Koran, worunter man ein reines Auswendiglernen verstehen. Ehe man nicht das heilige Buch im Kopfe hat, soll man nichts anderes lernen.[329]

Die Beduinen der Wüste sind besonders selbstbewußt und abgehärtet, die Städter bequemer und weniger kriegerisch, die Ägypter lebhafter als die eigentlichen Araber. Die Syrer sollen mehr zu Lebenskunst und Geschäftssinn und die Mesopotamier mehr zu religiösem Fanatismus als andere Araber neigen. Die christlichen Araber haben in geschäftlichen Dingen einen schlechteren Ruf als die Muslime. Die Berber im Westen Nordafrikas sind stolz und freiheitsliebend wie die arabischen Beduinen, aber nur oberflächlich islamisiert.[330]

Die Türken werden als nüchterner und realistischer als die übrigen Orientalen geschildert. Auch ihre Grundstimmung ist eher ernst. Der

---

329 RATZEL, Völkerkunde, Bd. 2, S. 151

330 RODINSON, Die Araber, S. 179, KAIM, Beiträge zur Psychologie des Morgenländers; EWALD BANSE: Die Türkei. Eine moderne Geographie, Braunschweig 1915; OTTO CESAR ARTBAUER: Kreuz und quer durch Marokko. Kultur und Sittenbilder aus dem Sultanat des Westens, Stuttgart 1911, S. 15; SIEGFRIED GENTHE: „Marokko, Reisebeschreibung" (2. Aufl. Berlin 1906), gekürzt in A.W. GRUBE: Geographische Charakterbilder, Bd. 2, 22. Aufl. Leipzig 1923, S. 12-17, S. 14 f.

Türke ist anspruchslos, er liebt die Ruhe und kümmert sich um weniges in der Welt. Er ist redlich und bieder und ein ausdauernder, unter Umständen fleißiger Arbeiter, arbeitet aber auch nicht mehr als nötig. Er ist nicht sehr gesellig, anders als die abendländischen Südländer lebt er nicht auf der Straße und in der Öffentlichkeit. Er schätzt vor allem das ruhige Behagen, das Gleichgewicht zu sich und zur Welt. Grundsätzlich wohlwollend, höflich und freundlich, aber im Kampf oder wenn seine religiöser Fanatismus angestachelt wird, entlädt sich auch bei ihm die ungezügelte Wut und Brutalität. Er ist konservativ, schweigsamer als der weinselige Grieche, nicht so kriegerisch wie der Kurde und weniger geschäftstüchtig als der Armenier.[331]

Die eine indogermanische Sprache sprechenden, aber gleichwohl islamischen Perser (Iraner) werden als höflich, aber berechnend beschrieben. Die europäischen Reisenden des 19. Jahrhunderts beklagten vor allem die Durchtriebenheit und Unehrlichkeit der Iraner, mit denen sie zutun bekamen, entschuldigten sie aber mit der korrumpierenden Wirkung des Despotismus und der geringen Bezahlung der meisten Beamten, die zum Überleben nicht ausreichte. Der Iraner ist abgeschliffen und biegsam, er kann seine Leidenschaft beherrschen. Seine Ehrbegriffe sind nicht so extrem ausgeprägt wie die der Araber. Er ist eher unkriegerisch und auch nicht so fanatisch wie der Araber. Wie die anderen Orientalen hat auch der persische Iraner eine fatalistische Lebenseinstellung. Allerdings ist die Gleichgültigkeit und Trägheit nicht so groß wie im übrigen Orient. Die Iraner sind fleißig und sorgsam bei ihrer

---

331 WOLFGANG von OETTINGEN, Unter der Sonne Homers, 1897, HUGO GROTHE, Auf türkischer Erde, 2. Aufl. 1903, WOLDEMAR URBAN, Im Zickzack durch den Orient, 1892, RUDOLF LINDAU, zwei Reisen in der Türkei, 1899, HELMUTH von MOLTKE, Briefe über die Zustände in der Türkei, 3. Aufl. 1877, FRANZ von WERNER: Türkische Skizzen, 1877, n. ULRICH ERKER-SONNABEND: Orientalische Fremde. Berichte deutscher Türkeireisender des Späten 19. Jahrhunderts, Bochum 1987, S. 71 ff.; BANSE, Die Türkei, S. 52 f.; WILHELM KOPF: Türken. Umgang mit Völkern 3, Berlin 1943; BYHAN, Nord-, Mittel- und Westasien, S. 387; HELLMUTH CHRISTHOFF: Kurden und Armenier. Eine Untersuchung über die Abhängigkeit ihrer Lebensformen und Charakterentwicklung von der Landschaft, Diss. Hamburg 1933

Arbeit, lernbegierig und für technische Neuerungen aufgeschlossen. Gleichwohl bedeute Fleiß im Orient etwas anderes als in Europa. Allgemein gelten die Iraner unter ihren Nachbarn als intelligent. Als altes Hochkulturvolk sind sie den Künsten und der Wissenschaft aufgeschlossener als die meisten Völker der Region.[332]

Die Asserbaidschaner sind derber und weniger schlau, aber tapferer und entschlossener als die Iraner – sie stellen besonders viele Soldaten –, die Kurden wilder und geradliniger. Die Angehörigen der religiösen Minderheit der Parsen, die noch dem vorislamischen Zarathustra-Glauben anhängen, gelten den Iranern als besonders ehrlich und wahrheitsliebend. Die christlichen Armenier dagegen gelten als geschäftstüchtig, zäh, intelligent und strebsam, dabei friedlich und unkriegerisch, aber auch als gerissene Wucherer und Geschäftemacher.[333]

---

332 J. BLEIBTREU, Persien, 1894, W. v. FREYGANG, Briefe über Kaukasus und Georgien, 1817, M. KOTZEBUE, Reise nach Persien, 1819, E. POLAK, Persien, 1865, A. CEYP, Persien, in: Das Ausland, 1888, F. ROSEN, Persien in Wort und Bild, 1926, G. SANDRECZKI, Reise nach Mossul, 1857, H. VAMBÉRY, Meine Wanderungen und Erlebnisse, 1867, ANONYMUS, Aus Persien. Aufzeichnungen eines Österreichers, 1882, E. KANDLER, Reisebilder aus Persien, 1900, A.F. STAHL, Reisen in Nord- und Zentralpersien, 1895, H. POHLIG, Aus Persien, 1887, ders., Über Handel und Verkehrsverhältnisse Persiens, 1888, H. BRUGSCH, Reise der Königlich-preußischen Gesandtschaft, 1860-63, ders., Schilderungen aus Persien, 1862, ders., Im Lande der Sonne, 1886, TH. KOTSCHY, Der westliche Elburs bei Teheran, 1861, M. WAGNER, Reise nach Persien, 1852, H.J. PETERMANN, Reisen im Orient; 1852-55, O. BLAU, Commerzielle Zustände Persiens, 1858, G. RADDE, Raddes Expedition nach Chorassan, 1886, nach MARJAM ARDALAN: Der Iran im Spiegel deutschsprachiger Reiseberichte im 19. Jahrhundert, Frankfurt a.M. 2003, S. 189 ff.; RATZEL, Völkerkunde, Bd. 3, 1890, S. 457

333 M. WAGNER, Reise nach Persien, 1852, J. BLEIBTREU, Persien, 1894, BRUGSCH, Reise der Königlich-preußischen Gesandtschaft, 1860-63, F. ROSEN, Persien in Wort und Bild, 1926, A.F. STAHL, Reisen in Nord- und Zentralpersien, 1895, nach ARDALAN, Der Iran im Spiegel deutschsprachiger Reiseberichte, S. 189 u. 193; BYHAN, Nord-, Mittel- und Westasien, S. 401 u. 406

Indien

Der indische Halbkontinent mit seiner Jahrtausende alten Hochkultur umschließt eine Welt, die für die Europäer seit jeher von befremdender und faszinierender Exotik ist. Jahrhundertelang vom Islam beherrscht, hat sich die indische Kultur dennoch ihren eigenen Charakter bewahren können. Die islamisch geprägten Landesteile Pakistan und Bangladesh sind seit 1947 auch politisch von Indien getrennt.

„In Indien ist alles Religion", schrieb der Indienforscher Helmuth von Glasenapp (1891-1963). Die indische Religion, der Hinduismus, ist keine in sich geschlossene Lehre, sondern umfaßt die verschiedensten Kulte und Religionen. Ein Hauptmerkmal des Hinduismus ist die hochentwickelte, vielfach gestaffelte Kastenordnung. Sie umfaßt vier Klassen, Farben *(varna)* genannt, mit den Brahmanen zuoberst, die in Tausende von streng endogamen Kasten und Unterkasten ausdifferenziert sind. In welche Kaste ein Mensch hineingeboren wird, ist die Folge seiner Taten in seinen vorangegangenen Leben. Es gibt zahlreiche Reinheitstabus, jeder Kontakt mit untergeordneten Kasten oder gar den „unberührbaren" Kastenlosen wird gemieden. Kein orthodoxer Hindu rührt eine Speise an, die von einem Mann niedrigerer Kaste zubereitet oder auch nur berührt worden ist. Ansonsten ist der Hinduismus nur ein Sammelbegriff für die verschiedensten Kulte, die in der Regel ein paar Hauptgötter wie *Vischnu* und *Shiwa* und bestimmte Rituale gemeinsam haben. Anderen Religionen gegenüber ist der Hinduismus tolerant, so wie er auch die verschiedensten Sekten und Strömungen innerhalb seiner eigenen Lehre als verschiedene Zugänge zur religiösen Wahrheit akzeptiert. Die Macht des Kastenwesens zeigt sich darin, daß es selbst bei den islamischen Indern nicht völlig fehlt.

Der Hinduismus geht von dem Grundgedanken aus, daß alles Leben Leiden ist. So dient auch der Glaube an die Wiedergeburt nicht wie in seiner westlichen Auffassung als Trost vor der Sterblichkeit des Individuums, sondern wird vielmehr als endlose Fortsetzung des irdischen Leidens angesehen, von der das Individuum erst am Ende durch seine Auflösung im Nichts des *Nirvana* erlöst wird. Dem Hinduismus liegt der Glaube an eine allem Seienden zugrundeliegende metaphysische Einheit zugrunde, gegenüber der die physische Welt nur ein flüchtiger

Schein ist, und in die sich der Gläubige durch Meditation versenken kann. Der Sinn des Hindu ist ganz auf diese höhere Welt gerichtet, und er hat im Allgemeinen nur wenig Sinn für die Schönheiten der äußeren Welt und der Natur. Oberster Grundsatz des hinduistischen Glaubens ist, daß nichts Lebendiges verletzt werden darf. Je höher eine Kaste ist, desto vegetarischer ist die Ernährung. Helmuth von Glasenapp führt den Pessimismus und die Weltflüchtigkeit des Hinduismus auf die tropische Umwelt Indiens zurück, durch die der Inder sich des unablässig fortschreitenden Zerstörungswerks der Natur und der Vergänglichkeit alles Diesseitigen stärker bewußt ist als der Europäer oder Ostasiate.[334]

Den meisten ausländischen Beobachtern fällt die fatalistische Lebenseinstellung der Inder auf, eine gewisse Passivität, die bis zur Apathie gehen kann und dann alle Energien auslöscht. Viele Inder sind tief religiös, die Fähigkeit des Ertragen- und Entbehrenkönnens ist groß. Der Inder ist im Allgemeinen ernst, zurückhaltend, nicht übereilt und genau überlegend, bevor er handelt oder ein Versprechen gibt. Er ist höflich und gutmütig und von seinem ganzen Wesen her eher ein weicher als ein harter Mensch. Die Arbeit dient dem Lebensunterhalt und wird stoisch ertragen, ist darüber hinaus aber ohne Bedeutung. Überhaupt sucht der Inder die Ruhe und will nicht aus seinen Gewohnheiten gerissen werden. Seine Ruhe bewahrt er auch im lautesten Menschengewimmel. In hohem Maße schwärmerisch und phantastisch, ist sein Blick auf das Jenseitige gerichtet. Trotz seiner weltabgewandten Haltung ist er für äußerlichen Glanz empfänglich. Überaus tolerant, kann er aber auch empfindlich und rachgierig sein. Die Frauen zeichnet eine große Würde und Sanftheit aus. Die religiös gebotene Barmherzigkeit mit Tieren steht in schroffem Gegensatz zu der oft beobachtbaren Gleichgültigkeit fremdem menschlichem Leid gegenüber.[335]

---

334 HELMUTH von GLASENAPP: Die indische Welt als Erscheinung und Erlebnis, Baden-Baden 1948, S. 258 ff. u. 315

335 FRIEDRICH RATZEL: Völkerkunde. 3. Bd. Leipzig 1890, S. 412 f.; „Charakter und Lebensweise des Hindu“, in: A.W. GRUBE (Hg.): Geographische Charakterbilder in abgerundeten Gemälden aus der Länder- und Völkerkunde. 2. Teil, 18., vermehrte und verbesserte Auflage, Leipzig 1891, S. 277-291; KARL BÖTTGER: Culturgeschichte Indiens, Leipzig 1861; MAX HOLZMANN: „Indien“, in: EWALD BANSE: Illustrierte

Der britische Ethnologe Charles Gabriel Seligman (1873-1940), sein amerikanischer Kollege Edward Sapir und der Psychologe William McDougall bezeichneten den Charakter der Inder als introvertiert.[336]

Die Nordinder, besonders im Westen, sind tatkräftiger, härter und kriegerischer geartet als die übrigen Inder. Die Sikhs gelten als besonders gute Soldaten. Die Südinder sind friedlicher und weniger aggressiv. Die anthropologisch nicht zu den Indiden, sondern zu den Weddiden gehörenden, wildbeuterischen Weddas in den Dschungelgebieten Ceylons (Sri Lanka) sind scheu, aber harmlos, gastfreundlich, gutartig und ehrlich, dabei labil und zuweilen trotzig.[337] Nach Seligman unterscheidet sie ihr extravertierter Charakter von den Indern.

China

Wie Indien blickt auch China auf eine Jahrtausende alte Hochkultur zurück. Lange Zeit war China vom Konfuzianismus geprägt, in vielem ist es das auch heute noch. Konfuzius (551-479 v. Chr.) hatte die Literatur und die Moralvorschriften seiner Zeit zusammengefaßt und daraus einen einfachen, handgreiflichen Moralkodex gebildet, der bis zum Ende des Kaiserreiches im Jahr 1912 bindend war und auch heute noch nachwirkt. Der Konfuzianismus ist keine Religion, sondern ein System praktischer Lebensweisheiten, und war über Jahrhunderte die moralische

---

Länderkunde, Braunschweig 1914, S. 154-195; H. MANZOORUDDI AHMAD: Inder. Umgang mit Völkern 5, Berlin 1943

336 CHARLES GABRIEL SELIGMAN: „Anthropology and Psychology: A study some points of contact," in: The Journal of the Royal Anthropological Institute 54, 1924, S. 13-46; GEORGES A. HEUSE: „La classification des types ethnopsychologiques", in: Revue de Psychologie des Peuples 9, 1954, S. 195-205

337 RATZEL, Völkerkunde, S. 412; GLASENAPP, Die indische Welt, S. 224 u. 91; PAUL KUNHENN: Pygmäen und andere Primitivvölker, Stuttgart 1952; RAINER KRACK: Kulturschock Indien. 6. Aufl. Bielefeld 2000, S. 108; ARTHUR HABERLANDT: „Hochasien und Vorderindien", in: GEORG BUSCHAN (Hg.): Illustrierte Völkerkunde. Bd. 2, Stuttgart 1922, S. 431-558, S. 557

Richtschnur der fast durchweg agnostischen oder atheistischen gebildeten Klassen des alten China. Er stellt keine unerfüllbaren Forderungen, sondern bemüht sich darum, die rechte Mitte zwischen Ideal und Wirklichkeit zu finden, nur das Mögliche zu fordern und das Überspannte zu meiden. Es geht darum, durch Klugheit, die Besinnung auf Ruhe und Gelassenheit und die Rücksichtnahme auf den anderen das eigene Leben zu erhalten und das Zusammenleben erträglich zu machen. Konfuzius und seine Nachfolger empfahlen, nicht alles regeln und ändern zu wollen, sondern die Dinge natürlich wachsen zu lassen und nur bei Bedarf einzugreifen. Das Sinnbild ist der Bambus, der sich elastisch, aber nicht sklavisch beugt, der alle Stürme und Lasten trägt, sich aber stets wieder aufrichtet.[338]

Es ist viel über den wirtschaftsfreundlichen Charakter des Konfuzianismus geschrieben worden. Tatsächlich wertet der Konfuzianismus den Fleiß hoch, aber als Mittel der Selbstbehauptung, um des eigenen materiellen Vorteils oder dessen der Familie willen, nicht als Selbstzweck oder als Freude am Schaffen, an nützlicher Betätigung als solcher, wie in der christlich-europäischen Tradition.[339]

Eine gewisse Nüchternheit ist ein Grundzug des ostasiatischen Wesens, der Osten hat keinen Drang nach tieferer Erkenntnis, das faustische In-die-Ferne-Schweifen Europas, das Unbegrenzte und Elementare liegt ihm fern. Das Erkenntnisstreben dient dem materiellen Nutzen, und das metaphysische Bedürfnis wird durch meditative Versenkung gestillt.

Neben dem Konfuzianismus bestehen in breiten Volksschichten Chinas Reste der alten, von den Intellektuellen abgelehnten, animistisch-schamaistische Volksreligion weiter, mit ihrem Geister- und Dämonenglaube und der Wahrsagerei; ergänzt durch die von Lao Tse im 6. Jh. begründete Lehre des Taoismus. Auch im Taoismus geht es um die Fähigkeit, mit Unruhe umzugehen, um die Selbsterhaltung in Krisen und die Abwendung von der Gesellschaft. Das Tao beinhaltet das Gesetz

---

338 WERNER SPEISSER: China. Geist und Gesellschaft, Die Kunst der Welt. Baden-Baden1959, S. 13

339 EGON von EICKSTEDT: „Forschungen in Süd- und Ostasien“ IV., in: Zeitschrift für Rassenkunde 11, 1940, S. 21-79, S. 50

von Ursache und Wirkung, dem auch die Götter unterliegen, und den Glauben an die moralische Vergeltung *(Karma)*, aber ohne den Wiedergeburtsglauben der Inder. Damit verbunden ist ein ausgeprägtes Gefühl für die Wechselseitigkeit von Rechten und Pflichten. Der Taoismus, ursprünglich eine philosophische Lehre wie der Konfuzianismus, verschmolz mit der Zeit mit dem Volksglauben zu einer chinesischen Volksreligion. Neben dem Konfuzianismus und dem Taoismus spielt in China außerdem der Buddhismus eine Rolle. Alle drei bilden die *Drei Lehren* Chinas. Wie in Indien erheben auch in China die verschiedenen religiösen und philosophischen Strömungen keinen Anspruch auf Ausschließlichkeit. Sie existieren nebeneinander und sind auf vielfältige Weise miteinander verschmolzen.

Eine große Rolle spielt in der chinesischen Kultur die Verehrung der Ahnen. Die Geister der Vorfahren sind mächtig und müssen bei Laune gehalten werden, weil sie das Schicksal der Lebenden beeinflussen können. Die zentralen traditionellen Werte sind in China die Familie und die gesellschaftliche Harmonie.[340] Zu der großen Rolle der Familie gehört auch, daß sie in der Vergangenheit für die Verstöße Einzelner haftbar war, was eine starke soziale Kontrolle bedingte.

Oft hat man versucht, die Unterschiede zwischen der chinesischen Art zu denken und der des Westens zu beschreiben. Das Ergebnis kann man wohl so zusammenfassen, daß das traditionelle chinesische Denken nicht nach kausalen Beziehungen sucht, die es Schritt für Schritt aufdeckt, wie das westliche Denken, sondern ganzheitlicher ausgerichtet ist. Es geht nicht direkt auf das Ziel los, sondern versucht es gleichsam von allen Seiten zu einzukreisen. Dabei verwirft es nicht wie das westliche Denken bestimmte Hypothesen zugunsten von anderen, richtigeren, sondern versucht auch widersprüchlichen Aspekten gerecht zu werden.[341] Helmuth von Glasenapp spricht von der den Asiaten eigen-

---

340 NING HUANG: Wie Chinesen denken. Denkphilosophie, Welt- und Menschenbilder in China, München 2008, S. 86 f.

341 FRIEDRICH KLEMANN: Europäer und Ostasiaten. Die Verschiedenheit ihres Intellekts, München 1957; LILY ABEGG: Ostasien denkt anders, Zürich 1949; WOLFRAM EBERHARD: Über das Denken und Fühlen der Chinesen. Zweite Auflage, München 1982; ROLF TRAUZETTEL:

tümliche Fähigkeit, Gegensätzliches unaufgehoben nebeneinander im Denken festzuhalten.[342]

Besonders groß ist der Unterschied zu Europa bei der chinesischen Sprache. Die chinesische Sprache gehört zu den sogenannte *isolierenden* Sprachen. Das heißt, sie besteht aus lauter einsilbigen Wörtern, die kein Geschlecht, keine Pluralendungen, keine Deklination und keine Konjugation kennen. Die Bedeutung des Wortes ergibt sich erst aus dem Tonfall. Das gleiche Wort kann je nach seiner Betonung und seiner Stellung im Satz die Funktion des Substantivs, Adjektivs, Verbs oder Adverbs ausfüllen. Der gleiche Laut kann auch in gleicher Betonung die verschiedensten Bedeutungen haben. Modi und Tempora werden häufig überhaupt nicht angedeutet, sie müssen aus dem Zusammenhang entnommen werden. Auch für Chinesen sind im Mündlichen viele Mißverständnisse möglich. Das gilt erst recht für die geschriebene Sprache, in der die unterschiedlichen Betonungen entfallen. Es gibt viele gleichlautende Wörter mit unterschiedlicher Bedeutung.

Anders als beim europäischen Alphabet stehen die Schriftzeichen nicht für Laute, sondern sind als ursprüngliche Bildzeichen die unmittelbaren Träger der Bedeutung. Es gibt einen unübersehbare Zahl von Schriftzeichen, aber nur eine kleine Anzahl von Lauten. Durch die im Wesentlichen gleichen Schriftzeichen können sich Chinesen, Koreaner, Japaner und Vietnamesen verständigen, auch wenn sie kein Wort miteinander reden können. Die Japaner haben die chinesische Schrift vollständig übernommen, die Koreaner und andere daraus einen eigenen Sprachstil entwickelt. Dem Ursprung der Schriftzeichen gemäß gibt es im Chinesischen, von jüngeren Entlehnungen aus europäischen Sprachen abgesehen, fast gar keine *Abstrakta*. Die fehlende grammatische Festlegung der Worte bedingt nicht nur, daß präzise Übersetzung

---

„Denken die Chinesen anders? Komparatistische Thesen zur chinesischen Philosophiegeschichte", in: Saeculum 41, 1990, S. 79-99; SIEGFRIED BÖTTCHER: Kulturelle Unterschiede. Grenzen der Globalisierung. Ein Vergleich zwischen dem Westen und Ostasien, Berlin 1999; MARCEL GRANET: Das chinesische Denken. Inhalt, Form, Charakter, Frankfurt a.M. 1985; NING HUANG: Wie Chinesen denken.

342 GLASENAPP, Die indische Welt, S. 253

in europäische Sprachen fast unmöglich sind, sondern auch, daß ein und derselbe chinesische Text auf höchst unterschiedliche Weise verstanden werden kann. Entsprechend besteht die klassische chinesische Literatur überwiegend aus den Kommentaren zu den Klassikern wie zum Beispiel Konfuzius. Europäische Gelehrte wie der Chinawissenschaftler Heinrich Hackmann (1864-1935) haben in der vieldeutigen, unpräzisen Sprache den Grund dafür gesehen, daß die Chinesen anders als die Inder (etwa um Christi Geburt) nicht die Gesetze der Logik erkannt haben und trotz vieler Erfindungen keine systematische Wissenschaft entwickelt haben. Die Unklarheit der Sprache habe das dafür notwendige präzise Denken verhindert.[343] Wilhelm von Humboldt war dagegen der Meinung, daß die Chinesen ihre Intelligenz gerade den Schwierigkeiten verdankten, die ihnen ihre für das Denken eigentlich so wenig geeignete Sprache macht.[344] Verschiedene Sprachreformen im 20. Jahrhundert haben inzwischen das Chinesische „alphabetisiert", die Zahl der Schriftzeichen reduziert und es den europäischen Gewohnheiten angenähert.

Die Chinesen werden von europäischen Beobachtern als intelligent und lernbegierig beschrieben, dabei äußerst nüchtern und pragmatisch, als ehrliche und zuverlässige Arbeiter und Geschäftspartner, als geschäftstüchtig und umsichtig. Sie sind genügsam und geduldig, sparsam und bescheiden. Anderen gegenüber sind sie höflich und freundlich, aber nicht leicht zu durchschauen. Die eigenen Emotionen werden stark zurückgenommen. Die Grundstimmung ist gelassen bis heiter, mehr zum Scherz als zum Streit aufgelegt. Selbst den ärmsten Kuli verläßt seine Heiterkeit und sein Humor nicht. Rückschläge werden mit stoischem Gleichmut ertragen. Die Familie zählt mehr als das Individuum, einen darüber hinausgehenden Gemeinschaftssinn gibt es kaum. Es gilt, nicht „das Gesicht zu verlieren". Bei Befragungen sagen Chinesen oft nicht, was Sie denken, sondern was „man" denkt. Das Bewußtsein einer al-

---

343 HEINRICH HACKMANN: Der Zusammenhang zwischen Schrift und Kultur in China, München 1928

344 WINFRIED FRANZEN: „Die Sprachen und das Denken. Zum Stand der Diskussion über den »lingustischen Relativismus«", in: JÜRGEN TRABANT (Hg.): Sprache denken. Positionen aktueller Sprachphilosophie, Frankfurt a.M. 1995, S. 249-268, S. 259

ten Kultur anzugehören, ist mit einem Konservatismus verbunden, der sich jedoch nicht aufs praktische Leben und aufs Geschäft erstreckt. Man ist kultiviert und höflich und meidet jede Form von Grobheit. Jede Form von idealistischer Verstiegenheit, von Schwärmerei oder Träumerei liegt dem Chinesen fern. Er ist friedfertig und unkriegerisch, ja zuweilen furchtsam. Die Freuden des persönlichen und familiären Lebens stehen für ihn im Vordergrund. In älteren Berichten ist auch von kindischer Albernheit und Überheblichkeit und von neugieriger Zudringlichkeit die Rede, von Verschlagenheit, krassem Materialismus und Unempfindlichkeit gegen Lärm und Schmutz.[345]

---

345 FRIEDRICH RATZEL: Völkerkunde. Bd. 3, Leipzig 1890; E. BAELZ: Die Ostasiaten. Ein Vortrag, Stuttgart 1901; LIN YUTANG: Mein Land und mein Volk, Stuttgart o. J. (ca. 1948); THADDÄUS HANG: Grundzüge des chinesischen Volkscharakters, Würzburg 1964; RICHARD WOLF: Chinesen. Umgang mit Völkern 6, Berlin 1943; ALFRED KIRCHHOFF: „China und die Chinesen" (1901), in: A.W. GRUBE (Hg.): Geographische Charakterbilder. Bd. 3, 22. Auflage, Leipzig 1924, S. 271-280; HANS C. JOACOBS: Reisen und Bürgertum. Eine Analyse deutscher Reiseberichte aus China im 19. Jahrhundert. Die Fremde im Spiegel der Heimat, Berlin 1995; A.W. GRUBE (Hg.): Geographische Charakterbilder in abgerundeten Gemälden aus der Länder- und Völkerkunde. 2. Teil, 18., vermehrte und verbesserte Auflage, Leipzig 1891; JOSEPH DAHLMANN: Indische Fahrten. 2 Bde. Freiburg i.Br. 1908; GEORG WEGENER: China. Eine Landes- und Volkskunde, Leipzig 1930; WERNER EICHHORN: China. Gestern, Heute, Morgen, Leipzig 1929; CHENG CH'ENG-K'UN: „Characteristic Traits of the Chinese People", in: Social Forces 25, 1946/47, S. 146-155; ARTHUR H. SMITH: Chinesische Charakterzüge, Würzburg 1900; JOHAN GUNNAR ANDERSSON: Der Drache und die fremden Teufel, Leipzig 1927; EDUARD ERKES: Chinesen, Leipzig 1920; ERNST HAECKEL: Malayische Reisebriefe. Zweite Auflage, Leipzig 1909; HEINZ H. HEINISCH: Südostasien. Menschen, Wirtschaft und Kultur der Staaten und Einzelräume, Berlin 1954; EGON von EICKSTEDT: „Forschungen in Süd- und Ostasien" I-V, in: Zeitschrift für Rassenkunde 8, 1938, S. 294-333, 10, 1939, S. 1-67 u. 120-162, 11, 1940, S. 21-79 u. 115-153; ALEXANDER SLAWIK: „Ostasien", in: HUGO A. BERNATZIK (Hg.): Die neue große Völkerkunde. Völker und Kulturen der Erde in Wort und Bild, Bd. 1, Leipzig 1954, S. 95-167; EBERHARD, Über das Denken und Fühlen der Chinesen.

Es besteht ein deutlicher Unterschied zwischen Nord- und Südchina. Die Nordchinesen sind von ruhigerem, stetigerem Wesen, ernster und nüchterner, rationalistischer und konservativer. Die Südchinesen, die viel Blut nicht chinesischer Völker in sich aufgenommen haben, sind lebhafter, abenteuerlustiger und verschmitzter, neuerungslustiger, phantasievoller und künstlerisch begabter. Hier spielt der animistische Geisterglaube noch eine größere Rolle als im stärker konfuzianischen Norden. Allerdings erreicht die Lebhaftigkeit des Südchinesen nirgends die elementare Leidenschaftlichkeit des Südeuropäers, sondern ist eher harmlos und heiter.[346]

Die stark vom Buddhismus geprägten Tibeter, die keine Chinesen sind, sind friedfertig und harmlos-fröhlich, ruhiger als die Chinesen, dabei diszipliniert und ernst in religiösen Dingen. Helmuth von Glasenapp fiel die Fröhlichkeit der Tibeter im Vergleich zu den schwermütigen indischen Hindus auf.[347]

Nord- und Mittelasien

In dem riesigen zu Rußland gehörigen Teil Asiens leben nur etwa 24 Millionen Menschen. Die meisten sind Russen, nur etwa 150 000 von ihnen gehören zu den alteingesessenen Völkern Sibiriens. Insbesondere die Völker in den nördlicheren Gebieten umfassen meist nur noch we-

---

346 J. GEWÄHR: „Von der Eigenart der Nord- und Südchinesen“ (1906), in: A.W. GRUBE (Hg.): Geographische Charakterbilder. Bd. 3, 22. Auflage, Leipzig 1924, S. 281-282; CHUNGSHEE H. LIU, n. SLAWIK, Ostasien, in BERNATZIK, Neue große Völkerkunde, Bd. 2, S. 95; WEGENER, China, S. 136 f.; EICHHORN, China, S. 38

347 KONRAD GANZENMÜLLER: Tibet. Nach den Resultaten der geographischen Forschungen früherer und neuester Zeit, Stuttgart 1878; H. HARTMANN: Vom Omi bis Bhamo. Wanderungen an den Grenzen von China, Tibet und Birma, Halle a.S. 1905, S. 94 u. 99; WALTER BOßHARD: Durch Tibet und Turkistan. Reisen im unberührten Asien, Stuttgart 1930, 32 f.; A.W. GRUBE: Geographische Charakterbilder, 22. Aufl., Bd. 3, Leipzig 1924, S. 264 u. 270; GLASENAPP, Die indische Welt, S. 91

nige Tausend Menschen. Die sibirischen Russen gelten allgemein als härter und unternehmender als ihre europäischen Landsleute.

Die einheimischen Völker Sibiriens lebten noch bis vor kurzem und leben teilweise noch heute von der Fischerei, der Robbenjagd und der Rentierzucht. Allgemein ist ihnen eine gewisse Verhaltenheit und ein ruhiges, bisweilen phlegmatisches Temperament zu eigen. Als Folge schlechter Behandlung durch die Russen wird auch oft Mißtrauen gegen Fremde genannt. Doch ist ihr Wesen gutmütig und friedlich. Als Nomaden und Jäger sind sie wenig geneigt zu ausdauernder Arbeit. Eine Besonderheit der sibirischen Völker vom Ural bis Kamschatka ist eine eigentümliche psychische Reizbarkeit und Labilität. Ein plötzliches Klopfen von außen an die Hauswand kann Zittern und kataleptische Erstarrungszustände hervorrufen. Auch Jähzornsanfälle, die zum ansonsten gutmütigen Wesen gar nicht passen wollen (Amok), oder das zwanghafte Nachahmen und Nachsprechen von Gesten und Worten gehören dazu. Man sprach von „arktischer Hysterie“. Ein Tschuktsche aus Ostsibirien sagte zu dem deutschen Sibirienforscher J. Enderli: „Ich bin jähzornig. Mein Zorn kommt über mich, ich weiß nicht woher und ich weiß nicht warum.“ Ein gemeinsamer Zug aller sibirischen Völker, oft nur oberflächlich durch das Christentum oder den Buddismus verdeckt, ist die ganz auf das Jenseitige gerichtete Religion des Schamaismus mit ihren animistischen und hellseherischen Zügen, die die Tendenz zur Introversion noch verstärkt. Die für primitive Völker oft charakteristische gefühllose Behandlung von Tieren gibt es hier nicht. Bei den urtümlicheren Völkern herrscht vor der Ehe eine ausgesprochene Promiskuität und die Sitte der Gastprostitution. Die Frauen und Töchter werden dem Gast angeboten und empfinden Zurückweisung als Beleidigung. Die große Unreinlichkeit – manche Völker waschen sich überhaupt nicht – ist klimatisch bedingt. Bei Temperaturen etwa von 40 Grad minus würde Wasser sofort gefrieren und der Körper zu schnell auskühlen.

Besonders die finno-ugrischen und uralischen Völker im Nordwesten, wie die Wotjaken, Komi und Samojeden, aber auch die Ostjaken werden als schwerfällig und temperamentlos beschrieben. Die mongoliden (tungiden) Völker im mittleren und südlichen Sibirien wie die Tungusen und Jakuten unterscheiden sich von den rassisch überwiegend sibiriden Völkern durch ihre größere Beweglichkeit. Sie sind fröhlicher und lebhafter, nicht so schwerfällig wie die Samojeden und Ostjaken. Zugleich sind sie auch aufgeweckter und intelligenter als diese. Dem Sibirienforscher Hans Findeisen (1903-1968) fiel das friedliche Betragen der jakutischen Kinder auf. Sie sind nicht so flink und unternehmungslustig wie die europäischen, machen beim Spielen nicht halb so viel Lärm und sind nicht halb so beweglich, aber sehr viel gehorsamer. Im Gegensatz dazu beschrieb der schwedische Sibirienreisende Kai Donner (1888-1935) die Kinder der (nicht mongoliden) Samojeden als schwierig, oft schreiend und quengelnd. Die wieder stärker sibiriden und weniger mongoliden Völker im Osten Sibiriens, wie die Tschunktschen, Korjaken und Giljaken, sind wieder phlegmatischer und verschlossener.

Im südlich anschließenden Teil Asiens sind die einst kriegerischen Mongolen unter dem Einfluß des tibetischen Lamaismus friedlich, ja pazifistisch geworden. Sie stehen den Tungusen an Energie und Raschheit nach. Die muslimischen, eine türkische Sprache sprechenden, rassisch überwiegend mongoliden Kasachen und Kirgisen sind lebhaft und aufgeweckt, heiter, gesprächig und lebensfreudig, und unterscheiden sich darin deutlich von ihren russischen Nachbarn. Von den sibirischen Völkern unterscheiden sie sich durch ihre größere Arbeitsamkeit. Die gleichermaßen muslimischen, aber orientaliden Turkmenen zeichnen sich durch ein ruhiges und würdiges Auftreten und einen kriegerisch-männlichen Charakter aus.[348]

---

348 HANS FINDEISEN: Menschen in der Welt. Vom Lebenskampf der Völker in der Alten und Neuen Welt, im Polarland, in Steppe und Tropenwald. Stuttgart 1934; RICHARD KARUTZ: Die Völker Nord- und Mittelasiens. Stuttgart 1925; FRIEDRICH MÜLLER: Allgemeine Ethnographie. Wien 1873; SIEGFRIED PASSARGE: Geographische Völkerkunde. Berlin 1954; WILHELM EMIL MÜHLMANN: Die Völker der Erde. Berlin 1944; ARVED SCHULTZ: Sibirien. Eine Landeskunde. Breslau 1923; KONRAD BOUTERWEK: „Asien als Erdteil", in: FRITZ KLUTE (Hg.): Handbuch der geographischen Wissenschaft, Bd. 13, Nordasien, Zentral- und Ostasien in Kultur und Wirtschaft. Potsdam 1937, S. 1-124; HELMUT ANGER: „Sibirien", ebenda, S. 125-210; GEORG WEGENER: „Das Chinesische Reich", ebd., S. 245-434; ROBERT PELISSIER: „Fremd-

völker im Osten Rußlands", in: Preußische Jahrbücher 173, 1918, S. 73-94; A.W. GRUBE: „Samojeden auf der Tundra" (nach HARTWIG 1858 und CASTRÉN 1853), in: Ders.: Geographische Charakterbilder, 22. Auflage, Leipzig 1924, Bd. III, S. 3-10; De DOBBELER: „Die Samojeden", in: Globus 49, 1886, S. 167-169, 182-184, 199-202 u. 215-217; KAI DONNER: Bei den Samojeden in Sibirien. Stuttgart 1926; A.W. GRUBE: „Unter den Burjäten und Tungusen" (nach RADDE 1861 und ATKINSON), in: Ders.: Geographische Charakterbilder, 22. Auflage, Leipzig 1924, Bd. III, S. 54-58; DITTMAR DAHLMANN: „Die ‚fremden Völker' Alaskas und Sibiriens in deutschsprachigen Reisebeschreibungen des 18. und frühen 19. Jahrhunderts", in: ERICH DONNERT (Hg.): Europa in der Frühen Neuzeit. Festschrift für Günter Mühlpfordt. Bd. VI: Mittel-, Nord- und Osteuropa. Köln 2002, S. 1011-1016; ALEXANDER CHRISTIAN ELERT: „Die Völker Sibiriens in der Sicht Gerhard Friedrich Müllers", in: Sibirien: Kolonie – Region. Berliner Jahrbuch für osteuropäische Geschichte1996/2, S. 37-54; FERDINAND LESSING: Mongolen. Hirten, Priester und Dämonen. Berlin 1935; HEINRICH ISBERT: Geschichte, Natur und Bedeutung der Insel Sachalin. Diss. Bonn 1907; ANTON TSCHECHOW: Die Insel Sachalin (1905). Zürich 1971; R.W.: „Von dem Typus der Giljaken auf Sachalin" (nach LEO STERNBERG), in: Globus 86, 1904, S. 400; MAX FUNKE: Die Insel Sachalin. Eine ethnogeographische Studie. Frankfurt a.M. 1901; GEORG KENNAN: Zeltleben in Sibirien und Abenteuer unter den Korjäten und anderen Stämmen in Kamschatka und Nordasien. 3. Auflage, Berlin 1890; KURT BREYSIG: Die Anfänge der Menschheit. Band 1, 2. Auflage Berlin 1955; J. ENDERLI: „Zwei Jahre bei den Tschuktschen und Korjaken", in: Petermanns Mitteilungen 49, 1903, S. 175-184, 219-227 u. 255-259; WERNER LEIMBACH: Landeskunde von Tuwa. Das Gebiet des Jenissei-Oberlaufes. Ergänzungsheft Nr. 222 zu Petermanns Mitteilungen, Gotha 1936; WILLY SCHULZ-WEIDNER: „Der Schamaismus in Sibirien", in: Geographische Rundschau 9, 1957, S. 144-147; MAX FRIEDRICHSEN: „Über Land und Leute der russischen Kolonisationsgebiete des Generalgouvernements Turkestan", in: Geographische Zeitschrift 9, 1903, S. 593-607; RICHARD KARUTZ: Unter Kirgisen und Turkmenen. Aus dem Leben der Steppe. Berlin 1924; FRITSCH: „Über den heutigen Habitus der Völker des Orients", in: Verhandlungen der Berliner Gesellschaft für Anthropologie, Ethnologie und Urgeschichte, Jg. 1876, S. 160-164

Südostasien

Die Bewohner der südlich an China angrenzenden buddhistischen Länder Thailand, Kambodscha und Laos, die Thai (Siamesen), Khmer und Lao, werden allgemein als von fröhlichem, heiter-sorglosem Wesen wahrgenommen. Sie sind weicher und gutmütiger als die Chinesen, nicht so auf die Wahrung ihres „Gesichts" bedacht. Harmlos, fröhlich und freundlich, bedürfnislos und voller Lebensfreude, ohne Hinterlist und Tücke, aber auch nicht ganz zuverlässig, sind sie gleichmütig und gelassen; *Mai pen rai,* „das macht nichts", heißt es im Thailändischen. Der Buddhismus hat hier seinen ursprünglichen indischen Pessimismus ganz verloren. Diese Menschen stehen Schicksalsschlägen und anderen bösen Dingen gelassen gegenüber, und arbeiten nur so viel, wie unbedingt nötig. Sie sind friedfertig, gesellig und höflich gegen jedermann. Von manchen anderen asiatischen Völkern unterscheiden sie sich durch ihr ausgeprägtes Reinlichkeitsbedürfnis.[349]

Eine Zwischenstellung zwischen diesen und den Chinesen, von denen sie kulturell und anthropologisch stark beeinflußt sind, nehmen die Annamiten, die Bewohner Vietnams, ein. Sie haben die siamesisch-kambodschanische Leichtigkeit, Heiterkeit und Gelassenheit, sind aber arbeitsamer und geschäftstüchtiger, ernster und berechnender als diese. Sie sind beweglich und gewandt und besitzen eine rasche Auffassungsgabe, rascher als bei gleicher sozialer Schicht in Europa. Allerdings kommen sie an Fleiß, Geschäftstüchtigkeit und Zuverlässigkeit doch nicht an die Chinesen heran, besitzen vor allem nicht deren Zähigkeit und Ausdauer.[350]

---

349 KARL DÖRING: Siam, München 1923, S. 16 ff.; RATZEL, Völkerkunde, Bd. 3, S. 475 f.; KLAUS NEUSER: Thailänder. Umgang mit Völkern 26, Nürnberg 1959; EGON von EICKSTEDT: „Forschungen in Süd- und Ostasien" I-V, in: Zeitschrift für Rassenkunde 8, 1938, S. 294-333, 10, 1939, S. 1-67 u. 120-162, 11, 1940, S. 21-79 u. 115-153

350 HEINZ H. HEINISCH: Südostasien. Menschen, Wirtschaft und Kultur der Staaten und Einzelräume, Berlin 1954; RATZEL, Völkerkunde, Bd. 3, S. 475; EICKSTEDT, Forschungen in Süd- und Ostasien.

Die Malaien in Malaysia und West-Indonesien unterscheiden sich von den Bewohnern Indochinas durch ihr verschlossenes, ernstes und ruhiges Wesen. Sie sind höflich, selbstbeherrscht und stolz, dabei träge und sorglos, und werden lebhaft und fröhlich bei Spiel und Tanz. Sie sind zwar Muslime, kümmern sich aber wenig um die Vorschriften des Korans. Die Malaien lieben das Wasser und sind unternehmungslustige Seefahrer. Sie sind reinlich und baden täglich. Zwar rühriger als die meisten anderen südostasiatischen Völker, sind sie dennoch nicht annähernd so fleißig und geschäftstüchtig wie die Chinesen. Dafür sind sie viriler und kriegerischer als diese. Bei aller Selbstbeherrschung besitzen sie eine starke Erregbarkeit, die sich in jähzornigen Ausbrüchen Luft schafft. Berüchtigt, aber auch sehr selten ist das Phänomen des Amoklaufs, das hier seinen Namen erhalten hat.[351]

Die Javaner sind friedlicher und kontemplativer als die Malaien, kultiviert und höflich, sittsam und sanft, nicht leicht zu durchschauen. Die hinduistischen Balinesen gleichen ihnen, gelten aber als sinnlicher.

Überall in Südostasien sind die Chinesen das aktive, vorwärtsstrebende Element. Oft als billige Arbeiter angeworben, haben sie sich mit zähem Fleiß und eiserner Sparsamkeit zu Händlern und Geschäftsleuten emporgearbeitet. Obwohl oft nicht beliebt, werden ihre Überlegenheit, ihre Intelligenz, ihr Fleiß und auch ihre Ehrlichkeit allgemein

---

351 HEINISCH, Südostasien, S. 53 u. 327; MAX HOLZMANN: „Indien", in: EWALD BANSE: Illustrierte Länderkunde, Braunschweig 1914, S. 154-195, S. 186; ERNST HAECKEL: Malayische Reisebriefe. Zweite Auflage, Leipzig 1909, S. 230 ff.; FRIEDRICH MÜLLER: Allgemeine Ethnographie, Wien 1873, S. 295 u. 329; H. FINLAYSON n. A.W. GRUBE (Hg.): Geographische Charakterbilder in abgerundeten Gemälden aus der Länder- und Völkerkunde. 2. Teil, 18., vermehrte und verbesserte Auflage, Leipzig 1891, S. 307 f.; A.W. GRUBE: Geographische Charakterbilder, 3. Bd., 22. Aufl. Leipzig 1924, S. 397 ff.; ALFRED MAASS: „Durch Zentral-Sumatra", in: Zeitschrift für Ethnologie 41, 1909, S. 143-166, S. 158 ff.; A. RUSSEL WALLACE, The Malay archipegalo, nach FRIEDRICH MÜLLER: Allgemeine Ethnographie, Wien 1873, S. 102 f.; GEORG BUSCHAN: Kulturgeschichte Japans, Wien 1938; KARL HAUSHOFER: Japan und die Japaner. Eine Landes- und Volkskunde, 2. Auflage Leipzig 1933); WAITZ, Anthropologie der Naturvölker, Bd. 5/1, S. 156 ff.

anerkannt. Sie übertreffen darin nicht nur die einheimischen Völker, sondern auch die in Südostasien lebenden Inder.

Japan

Die japanische Hochkultur ist jünger als die chinesische, sie entstand erst im frühen Mittelalter unter starkem chinesischen Einfluß. Aus China hat sie den Konfuzianismus und den Buddhismus übernommen. Neben dem Buddhismus bestand die ursprüngliche japanische Religion, der Shintoismus, weiter. Der ist keine geschlossene Lehre, sondern mehr ein traditioneller Kultus animistischer Naturgottheiten und der Ahnen. Die Ahnen existieren als Götter fort und beeinflussen die Geschicke der Lebenden. Ihre Geister müssen durch Opfer und Gebet befriedigt werden. Zum buddhistischen Einfluß gehört die Vorstellung einer allem Seienden zugrundeliegenden Einheit, in welche sich der Gläubige in Meditation versenken kann. Nachdem sich Japan von 1639 bis 1854 von allen äußeren Einflüssen abgeschlossen hatte, übernahm es danach mit großer Zielstrebigkeit die technischen und zivilisatorischen Errungenschaften des Westens, ohne dabei seine eigene kulturelle Identität aufzugeben.

Mit den Chinesen haben die Japaner viele Züge gemeinsam: Die nüchterne Unpersönlichkeit und den Familiensinn, die Ahnenverehrung, die Höflichkeit, die Zurückhaltung und Selbstbeherrschung, die strenge Etikette, die womöglich noch strenger ist als in China, die Furcht, „das Gesicht zu verlieren“ und die fatalistische Gelassenheit. Von den Chinesen unterscheiden sich die Japaner aber dadurch, daß die Gemeinschaftsbindung über die Familie hinausgeht und die ganze Volksgemeinschaft umschließt. Dazu gehörten ein kriegerischer Sinn und ein opferbereiter Patriotismus, wie ihn China nicht kannte. Anders als in China war im traditionellen Japan die Wertschätzung des Gelds nur gering. Groß ist die Verbundenheit der Japaner mit der Natur ihres Landes. Bei aller Pietät für die übernommene politische, soziale und familiäre Ordnung haben die Japaner eine große Begeisterungsfähigkeit für alles Neue. Ähnlich wie in China übertrifft das einfache Volk an geistiger Lebendigkeit die entsprechenden sozialen Schichten in Europa.

Eine Folge der Furcht, „das Gesicht zu verlieren", sind die vergleichsweise vielen Selbstmorde aus gekränktem Selbstbewußtsein, die Japan heute wie schon im 19. Jahrhundert aufweist. Der Tod bedeutete den Übergang zu den Ahnen; bekannt ist der Todesmut der japanischen Soldaten.

Die japanische Sprache hat die chinesischen Schriftzeichen übernommen, ist jedoch keine rein piktorale Sprache wie das Chinesische, sondern verfügt über ein System ergänzender abstrakter Zeichen. Sie zeichnet sich durch eine starke Entpersonalisierung und eine weitgehende Vermeidung des „ich" aus. Darüber hinaus weist sie eine deutliche soziale Differenzierung auf. Im Japanischen verwendet man andere Worte und Konstruktionen, je nachdem, ob man mit einem Höhergestellten, einem Gleichgestellten oder Niedriggestellten spricht. Die umständlichen Begrüßungsrituale haben den Zweck, zunächst die jeweilige soziale Stellung des Gegenübers herauszufinden, bevor man spricht.[352]

Nach Meinung des Japankenners Erwin Bälz (1849-1913), der jahrzehntelang in Japan lebte, unterscheiden sich die Japaner von den Chinesen durch ihre größere natürliche Fröhlichkeit, ihren größeren Humor und ihre Lebensfreude. Helmut von Glasenapp sieht einen weiteren Unterschied in der stärkeren emotionalen Erregbarkeit der Japaner im Vergleich zu den Chinesen. Diese Leidenschaftlichkeit, die wie die Fröhlichkeit unter der großen Selbstbeherrschung verborgen ist, verbindet die Japaner eher mit den Malayen und einigen sibirischen Völkern.[353]

---

352 JOHAN GALTUNG, FUMINO NISHIMURA: „Struktur, Kultur und Sprachen: Indoeuropäische, chinesische und japanische Sprachen im Vergleich", in: Leviatan 12, 1984, S. 478-505, S. 495

353 ERWIN BÄLZ: „Zum Verständnis der heutigen japanischen Volksseele" (1904), in: ders.: Über die Todesverachtung der Japaner, Stuttgart 1936, S. 12-17; ders.: „Zur Psychologie der Japaner", in: Globus 84, 1903, S. 313-319; SLAWIK, Ostasien, in: BERNATZIK, Neue große Völkerkunde, Bd. 2, S. 139; RATZEL, Völkerkunde, Bd. 3, S. 550; KARL RATHGEN: Staat und Kultur der Japaner, Bielefeld 1907, S. 6 ff.; ED. ERKES: Japan und die Japaner, Leipzig 1915; OTTO KOELLREUTHER: Japaner. Umgang mit Völkern 10, Berlin 1943; KARL HAUSHOFER: Japan und die Japaner. Eine Landes- und Volkskunde, 2. Auflage Leipzig 1933; GLASENAPP, Die indische Welt, S. 258

Der britische Ethnologe Charles G. Seligman bezeichnete die Japaner als typische Extravertierte, im Gegensatz zu den introvertierten Chinesen.[354] Mir scheint, daß er damit die Gemeinsamkeiten der Ostasiaten unterschätzte, richtig ist aber wohl, daß die Japaner extravertierter als die Chinesen sind.

Die im Norden Japans lebende Urbevölkerung der nicht mongoliden Ainu wird als gutmütig, freundlich und wahrheitsliebend, aber auch als furchtsam und mißtrauisch beschrieben.[355]

Ozeanien

In der Südsee werden die Bewohner der polynesischen Inseln von allen Beurteilern als von heiterem, fröhlichem und sorglosem Temperament beschrieben. Sie sind freundlich und höflich, zuvorkommend und gastfrei. Mit einem sicheren Selbstgefühl ausgestattet, sind sie gesprächig, offen für alles Neue und wollen gefallen. Wie schon in den Berichten aus dem 18. Jahrhundert wird auch in denen des 19. und frühen 20. Jahrhunderts die geschlechtliche Freizügigkeit beschrieben. Die Familienbande sind recht locker, das Mitgefühl mit dem anderen nur gering. In Friedenszeiten sind sie friedlich und jeglicher Gewalt abgeneigt, Streitigkeiten werden mit Wortgefechten ausgetragen, gerät einer in Leidenschaft, so lacht man über ihn. Selbst im Krieg spielen Wortgefechte eine große Rolle. Im Krieg kann der Polynesier aber auch sehr hart und grausam sein, und die meisten polynesischen Stämme waren durchaus kriegerisch. Sie sind für den Europäer oft nicht recht durchschaubar und können auch schnell ihre Stimmung wechseln. Wie fast alle nicht europäischen Völker sind auch die Polynesier nicht übermäßig fleißig und auch nicht immer ehrlich und zuverlässig. Ihr Erwerbssinn ist nur

---

354 CHARLES GABRIEL SELIGMAN: „Anthropology and Psychology: A study some points of contact," in: The Journal of the Royal Anthropological Institute 54, 1924, S. 13-46

355 MAX FUNKE: Die Insel Sachalin. Eine ethno-geographische Studie. Frankfurt a.M. 1901; RICHARD KARUTZ: Die Völker Nord- und Mittelasiens. Stuttgart 1925; A.H.EXNER: Japan. Skizzen von Land und Leuten. Leipzig 1891

gering ausgeprägt. Recht intelligent und anpassungsfähig, hatten sie wenige Schwierigkeiten, sich die westliche Zivilisation anzueignen und dabei trotzdem ihre Identität zu wahren.[356]

Die Polynesier sind nicht so kindlich-naiv wie die Afrikaner, aber auch nicht so verschlossen wie die Malayen, nicht in dem Maße Kinder des Augenblicks wie die Afrikaner, aber auch nicht so berechnend wie die Chinesen, und wendiger und anpassungsfähiger als zum Beispiel die Indianer. Die geschlechtliche Zügellosigkeit, durch die Christianisierung zwar inzwischen eingeschränkt, aber als relativ freie Einstellung in sexuellen Dingen weiterbestehend, findet sich vor allem auf Tahiti und den Gesellschaftsinseln und am wenigsten auf dem sittenstrengen Samoa. Die Bewohner der westlichen Inseln sind weniger kriegerisch, und die der ärmeren Inseln wie Tonga fleißiger und weniger gleichgültig. Mehrere Autoren betonen, daß sich die Polynesier trotz der mancherorts schlimmen Unterdrückung durch die Europäer ihr heiteres Temperament bewahrt haben.[357]

„Wir sind immer glücklich und grämen uns niemals und um nichts lange“ sagte eine Bewohnerin der Sandwich-Inseln bei Hawaii zu der englischen Forschungsreisenden Isabella Bird (1831-1904). „Wenn jemand stirbt, so bricht uns das Herz für einige Tage, dann aber sind wir wieder glücklich. Wir sind den ganzen Tag lang glücklich, nicht aber wie die Weißen, die einen Augenblick glücklich und im nächsten wieder düster sind. Wir haben keine Sorgen und der Tag erscheint uns zu kurz. Über was sind nur die weißen Leute in einem fort unglücklich?“ [358]

Eine Sonderstellung unter den Polynesiern nehmen die Maori auf Neuseeland ein. Sie sind zwar genauso liebenswürdig-heiter und gewandt wie ihre nördlicheren Verwandten, zeichnen sich aber durch ihren ausnehmend kriegerischen Charakter aus. Sie werden als „von ungemein reizbarer und heftiger Gemütsart“ beschrieben, jähzornig, streit-

---

357 GERD KOCH: Südsee – gestern und heute. Der Kulturwandel bei den Tonganern und der Versuch der Deutung dieser Entwicklung, Braunschweig 1955; IVAR LISSNER: „Polynesien. Die größten Meister des Nichtstuns“, in: ders.: So habt ihr gelebt. Die großen Kulturen der Menschheit, München 1977, S. 275-281

358 ISABELLA BIRD: Six months in the Sandwich-Islands, London 1875, zit. nach HELLWALD, Völkerkunde, S. 199

bar, rachsüchtig und sehr kriegslustig. Die einzelnen Stämme lebten untereinander in fortwährenden blutigen Fehden. Die allgemeine Gesinnung war sehr kriegerisch, Tapferkeit und Schlauheit galten als die hervorragendsten Eigenschaften eines Mannes. Intelligent und selbstbewußt, hielten die Maori mehr auf Sittenstrenge als die meisten anderen Polynesier. Nachdem sie den Europäern lange entschiedenen Widerstand geleistet haben, gelang es ihnen, sich auch in dem neuen, angelsächsisch geprägten Neuseeland einen Platz zu erkämpfen.[359]

Die Bewohner Mikronesiens werden im Allgemeinen sehr ähnlich wie die Polynesier beschrieben, von gleichermaßen freundlich-heiterem Temperament, aber nicht so sinnlich-freizügig und auch nicht so kriegerisch wie diese.[360]

Die Berichte über die auf deutlich niedrigerer Kulturstufe stehenden Melanesier (im weiteren Sinn, einschließlich der Papua) sind sehr unterschiedlich. Im Allgemeinen werden sie als impulsiver und expressiver, geräuschvoller und auch gewalttätiger als die Polynesier beschrieben. Die Selbstkontrolle ist gering, und trotz weitgehender Gleichgültigkeit und Lässigkeit sind sie bei besonderen Vorkommnissen leicht erregbar. Über das unmittelbar Lebensförderliche hinaus findet nur weniges ihr Interesse. Die Melanesier sind Augenblicksmenschen, die nicht viel über die Vergangenheit und die Zukunft nachdenken. Man arbeitet nur soviel wie unbedingt nötig, und tut sonst nur, wozu man in der Stimmung ist.

Manche melanesische Völker werden als gutmütig-harmlos geschildert, andere als kriegerisch und grausam und wieder andere als düster und von Geisterfurcht gelähmt. Nach dem amerikanischen Ethnologen Raoul Weston la Barre (1911-1996) sind die Papua auf Neuguinea von „papuanischer Heiterkeit“, während bei den eigentlichen Melanesiern

---

359 FR. CHRISTMANN, RICHARD OBERLÄNDER: Neu-Seeland und die übrigen Inseln der Südsee. Geschichte der Entdeckungsreisen und der Kolonisation Polynesiens,Leipzig 1871 (Zitat S. 25); BUSCHAN, Australien und Ozeanien, S. 243; RATZEL, Völkerkunde, Bd. 2, S. 123; HELLWALD: Völkerkunde, Bd. 1, S. 190 f.; GRUBE: Geographische Charakterbilder, 3. Bd., S. 502 ff.

360 WAITZ, Anthropologie der Naturvölker, Bd. 5/2, S. 104; HELLWALD, Völkerkunde, Bd. 1, S. 141 f.; BUSCHAN, Australien und Ozeanien, S. 193

eine gedrückte Stimmung vorherrscht. Allerdings ist das Bild wohl komplizierter, und es gibt auch auf den Inseln viele freundliche und gutmütige Völker. Dort, wo die Stimmung als düster geschildert wird, herrscht ein allgemeines Mißtrauen selbst gegen die eigenen Angehörigen und Freunde und ist die Furcht davor, verhext zu werden, allgegenwärtig. Abergläubische Vorstellungen sind auch der Grund, weshalb die meisten melanesischen Völker sehr sittenstreng sind, und zum Beispiel über die Jungfräulichkeit der Mädchen wachen, ganz anders als die Polynesier. Die Grundstimmung ist auch allgemein ernster als bei diesen. Dabei sind die Melanesier durchaus stolz und selbstbewußt, die Männer kriegerisch, wenn auch nicht besonders mutig. Bevorzugt überfällt man ahnungslose, zahlenmäßig unterlegene Gegner. Ein Menschenleben zählt wenig, und schon aus geringfügigem Anlaß, etwa eines begehrten Gegenstandes oder einer begehrten Frau wegen, kann es zum Mord selbst am besten Freund kommen, mit dem anschließend noch geprahlt wird. Alles, dessen Kausalität nicht offen Zutage liegt, wird als Ausfluß magischer Kräfte oder der Verzauberung durch andere Menschen angesehen. Kannibalismus und die Tötung von Alten und Kranken waren früher sehr verbreitet.[361]

Die Fähigkeit zum abstrakt-logischen Denken, genauer zur richtigen Beantwortung von einfachen Denkaufgaben, ist nur sehr gering. Selbst der heruntergekommenste Weiße sei ihnen darin überlegen, schreibt

---

361 RAOUL WESTON La BARRE: „Die kulturellen Grundlagen von Emotionen und Gesten“, in: WILHELM EMIL MÜHLMANN (Hg.): Kulturanthropologie, Köln 1966, S. 264-281, S. 266 f.; MÜLLER, Allgemeine Ethnographie, S. 309 ff.; WAITZ, Anthropologie der Naturvölker, Bd. 6, S. 687 ff.; HELLWALD, Völkerkunde, Bd. 1, S. 78 f., 111 f. , 121 ff. u. 129; RATZEL, Völkerkunde, Bd. 2, S. 224 ff.; BUSCHAN, Australien und Ozeanien, S. 121 ff.; HEINISCH, Südostasien, S. 397; BERNHARD HAGEN: Unter den Papua's. Beobachtungen und Studien über Land und Leute, Tier- und Pflanzenwelt in Kaiser-Wilhelms-Land, Wiesbaden 1899; RICHARD PARKINSON: Dreißig Jahre in der Südsee. Land und Leute, Sitten und Gebräuche im Bismarckarchipel und auf den deutschen Salomoninseln, Stuttgart 1907, u.a. S. 120; [RICHARD THURNWALD]: „Zur Psychologie der Schwarzen in Deutsch-Neu-Guinea“, in: Archiv für Rassen- und Gesellschaftsbiologie 5, 1908, S. 146-148; RICHARD THURNWALD: „Im Bismarckarchipel und auf den Salomoninseln 1906-

Richard Thurnwald. Wie andere Naturvölker besitzen die Melanesier jedoch ein großes Geschick in der Meisterung ihrer natürlichen Lebensumwelt, „Handwerkszeug, Bindfaden, Packmaterial findet er da, wo der Weiße hilflos dastände“ so der britische Missionar Thomas Williams (1815-1891). „Die Natur scheint vor seinem scharfen, praktischen Blicke nur ein Magazin voll nützlicher Dinge, wo das, was er gerade braucht, beständig zur Hand ist.“ [362]

Wo ein polynesisch-mikronesischer Einschlag vorliegt, sind die Leute aufgeweckter und aufgeschlossener, während manche der reinblütigen Melanesierstämme, aber durchaus nicht alle, als verschlossen und mürrisch beschrieben werden.[363]

Australien

Die Ureinwohner Australiens, die australischen Aborigines, befanden sich zur Zeit ihrer Entdeckung durch die Europäer noch auf einer altsteinzeitlichen Kulturstufe als Jäger und Sammler. Sie sollen weder die Fähigkeit besessen haben, Feuer zu entzünden, noch von dem Zusammenhang von Geschlechtsverkehr und Zeugung gewußt haben.[364] Gegenüber den Weißen verhielten sich die eingeborenen Australier scheu

---

1909“, in: Zeitschrift für Ethnologie 42, 1910, S. 98-147; STEPHAN LEHNER: „Zur Psychologie des Melanesierstammes der Bukawac (Deutsch-Neuguinea, Hüongolf-Nordküste)“, in: Archiv für Anthropologie N.F. 24, 1938, S. 45-63; JUSTIN STAGL: Die Morphologie segmentärer Gesellschaften. Dargestellt am Beispiel des Hochlandes von Neuguinea, Meisenheim am Glan 1974, S. 85 ff.

362 TH. WILLIAMS, nach RATZEL, Völkerkunde, Bd. 2, S. 227

363 PARKINSON, Dreißig Jahre in der Südsee, S. 259 ff., 321, 352 f., 417, 477 u. 552

364 JARED DIAMOND: Der dritte Schimpanse. Evolution und Zukunft des Menschen, Frankfurt a.M. 1994; BERNHARD NAUCK: „Familiensystem und Kultur“, in: GISELA TROMMSDORFF, HANS-JOACHIM KORNADT (Hg.): Theorien und Methoden in der kulturvergleichenden Psychologie. Enzyklopädie der Psychologie, Themenbereich C, Serie VII, Bd. 1, Göttingen 2007, S. 407-486, S. 441

und mißtrauisch, wenig neugierig. Das Auftreten der Australier ist ruhig und gesetzt, frei und sicher, stets ein wenig zurückhaltend. Sie werden allgemein als gutmütig, uneigennützig und friedlich, genügsam, von sanfter Gemütsart, nicht kriegerisch, mitunter auch als weichherzig und mitfühlend beschrieben. In älteren Beschreibungen oft faul und träge genannt, sind sie durchaus gute Arbeiter, wenn die Arbeit keine besondere Geistesgegenwart und Initiative erfordert. Nur gelegentlich wird von Lügenhaftigkeit und Verschlagenheit berichtet, zumeist als Folge schlechter Behandlung durch die Europäer.

Oft wurden die scharfen Sinne der Australier gelobt, im Aufspüren und Verfolgen des Wildes suchen sie ihresgleichen. Die noch traditionell lebenden Aborigines verfügen über gute räumliche Orientierungsfähigkeit, sind unempfindlich gegen Temperaturunterschiede und klagen nicht über Schmerzen und Wunden. Als Kinder wachsen die Australier schnell und sind früh erwachsen, erweisen sich aber als geistig nur mäßig begabt. Dafür sind intuitivere Fähigkeiten gut ausgeprägt. Die Aborigines erlernen leicht fremde Sprachen und sind gute Menschenbeobachter, sie können Menschen gut nachahmen (wie auch die Melanesier auf Neuguinea). Es wird berichtet, daß ein Australier mit einem Blick feststellen kann, ob ein Tier in einer Tierherde fehlt, ohne die Tiere dafür zählen zu müssen. Die Australier besitzen künstlerisches Empfinden und eine sehr ausgeprägte Freude an Farben.[365] Eine Besonderheit der traditionellen Kultur der Australier ist die *Traumzeit*,

---

365 MÜLLER, Allgemeine Ethnographie, S. 174 f.; HELLWALD; Völkerkunde, S. 15 ff.; WAITZ, Anthropologie der Naturvölker, Bd. 6, S. 764; RATZEL, Völkerkunde, Bd. 2, S. 22 ff.; PAUL KUNHENN: Pygmäen und andere Primitivvölker, Stuttgart 1952, S. 57 f.; HERBERT TISCHNER: „Australien", in: HUGO A. BERNATZIK (Hg.): Die große Völkerkunde. Sitten, Gebräuche und Wesen fremder Völker, Leipzig 1939, Bd. 1, S. 1-17, S. 3 f.; E. EYLMANN: Die Eingeborenen der Kolonie Südaustralien, Berlin 1908, nach HERBERT ABEL: Naturvölker zwischen Pol und Äquator, Berlin 1955, S. 37; GEORG BUSCHAN: „Australien und Ozeanien", in: GEORG BUSCHAN (Hg.): Illustrierte Völkerkunde. Bd. 2, Stuttgart 1922, S. 1-272; HANS MANNDORF: „Australien", in: HUGO A. BERNATZIK (Hg.): Die neue große Völkerkunde. Völker und Kulturen der Erde in Wort und Bild, Bd. 2, Leipzig 1954, S. 443-462, S. 448 ff.

ein psychischer Bewußtseinsurgrund, in dem psychische Erlebnisse und die reale Wirklichkeit miteinander verschmelzen, und der ihr ganzes Leben bestimmte. In ihrer eigenen Kultur lebten die Australier in der Gegenwart und der mit ihr verwobenen Traumzeit, eine Vorstellung von Zukunft und Vorsorge gab es nicht.[366]

Der Kontakt mit der überlegenen Kultur der Europäer führte zu Demoralisierung und kultureller Entwurzelung. Auf den Farmen der Weißen und den Missionsstationen verloren die Australier rasch ihre Fähigkeit, im Busch zu überleben. Die ursprüngliche Kultur der Australier ist heute so gut wie verschwunden, und die Masse der Australier lebt als proletarisierte Unterschicht der australischen Gesellschaft. Was es heute an Aborigines-Kultur gibt, sind im Wesentlichen folkloristische Wiederbelebungsversuche, meist vermittelt durch Weiße.

---

366 ANDREAS LOMMEL: „Kulturkontakt in Australien", in: Saeculum 9, 1958, S. 293-307, S. 299

17. Lévy-Bruhl und die Mentalität der Primitiven

Im Verlauf des 19. Jahrhunderts hatte das völkerkundliche Wissen stark zugenommen. Es gab nun viele Beobachtungen von Forschungsreisenden und Missionaren, die die Sprache der außereuropäischen Völker gelernt und jahrelang unter ihnen gelebt hatten. Zu deren Erfahrung gehörte auch, daß das Denken der Naturvölker vielfach ein anderes war als das der Europäer. Es ist stark von magischen und mystischen Vorstellungen und dem weitgehenden Fehlen sachlich-logischen Schlußfolgerns geprägt.

1922 unternahm es der französische Philosoph und Soziologe Lucien Lévy-Bruhl (1857-1939), Lehrer an der Pariser Sorbonne, in seinem Buch *Das Denken der Primitiven* systematisch darzustellen. Immer wieder hatten mit dem Leben der Naturvölker vertraute Männer von deren ausgesprochener Abneigung gegen das verstandesmäßige Denken berichtet. Die Menschen primitiver Kulturstufe tun Dinge, aber reflektieren nicht darüber, ihr Nachdenken bezieht sich nur auf ihre täglichen Notwendigkeiten und geht nicht über ihr gesundheitliches Befinden und ihre Erfolge in Jagd, Fischerei und Handel hinaus.

„Sich in den Gedankengang eines Melanesiers zu versetzen, ist nicht leicht.“ schrieb der deutsche Auswanderer und Südseeforscher Richard Parkinson (1844-1909), der dreißig Jahre in der melanesischen Inselwelt gelebt hatte, „Er steht geistig sehr tief. Er ist fast immer unfähig, logisch zu denken. Was er nicht unmittelbar durch die Wahrnehmung seiner Sinne erfaßt, ist für ihn Zauberei oder eine magische Handlung; darüber länger nachzudenken, wäre eine unmögliche Arbeit.“[367]

Und der Polarforscher und Ethnologe Knud Rasmussen, der bei den Polar-Eskimos lebte, berichtete, „Alle ihre Gedanken drehen sich um

---

[367] RICHARD PARKINSON, Dreißig Jahre in der Südsee, Stuttgart 1907, zit. n. LUCIEN LÈVY-BRUHL: Die Geistige Welt der Primitiven, München 1927 (Nachdruck Darmstadt 1966), S. 13

den Walfischfang, die Jagd und um das Essen. Abgesehen davon ist für sie der 'Gedanke' im Allgemeinen ein Synonym für Langeweile oder Kummer. ‚Woran denkst du', fragte ich eines Tages auf der Jagd einen Eskimo, welcher ganz in seine Überlegungen vertieft schien. Meine Frage erregte nur Lachen. ‚Da erkennt man Euch richtig, Ihr Weißen, die Ihr so viel denkt, wir Eskimos denken nur an unsere Fleischverstecke für die lange Nacht des Winters, ob wir genug haben werden oder nicht. Wenn das Fleisch in genügender Menge vorhanden ist, haben wir es nicht nötig, zu denken. Ich, ich habe mehr Fleisch, als ich brauche.'"[368]

Lévy-Bruhl sprach vom „prälogischen" Denken der Primitiven. Es unterscheidet sich vom europäischen Denken dadurch, daß es zahlreiche Verstöße gegen die Gesetze der Logik erlaubt. Die Verpflichtung der aristotelischen Logik, „sich des Widerspruches zu enthalten" (das *Principium contradictionis*) gilt hier nicht. Felsen können Menschen gebären und Frauen Krokodile, die zugleich Dämonen sind, Menschen können gleichzeitig an verschiedenen Orten sein, Feuer verbrennt keine Unschuldigen und so weiter.

Ebenso wird immer wieder gegen den Satz von der Selbstidentät der Dinge verstoßen, der besagt, daß zwei reale Objekte, die unterscheidbar sind, nie mit einander identisch sind (das *Principium identitatis*). Die Grenzen zwischen Dingen und Wesen verschwimmen. Es ist möglich, daß ein Mensch zugleich ein Papagei sein oder in einer Erzählung als sein eigener Enkel auftreten kann, oder daß das Abbild die gleichen Qualitäten besitzen kann wie das Abgebildete. Das Denken ist nicht analytisch, sondern synthetisch, Abstraktionen und die Bildung von Oberbegriffen finden nach den Regeln mythischen Teilhabe, nicht nach rationaler Klassifikation statt. An der Stelle rationaler Kausalität steht die magische Verursachung, die Ursachen von Ereignissen sind letztlich immer Intentionen, sei es von Geistern oder Menschen.

Charakteristisch für das Denken der Primitiven ist nach Lévy-Bruhl die Teilhabe *(participation)* des Einzelnen an seiner Umwelt. Das Individuum ist nicht in der Lage, eine klare Trennungslinie zwischen sich und Anderem (Dingen und Menschen) zu ziehen. Der Primitive fühlt

---

[368] KNUD RASMUSSEN, Neue Menschen, zit. n. LÈVY-BRUHL, Geistige Welt, S. 6 f.

sich in unmittelbarer mystischer Teilhabe eins mit den Dingen, Menschen und Gott. Alle Dinge und Ereignisse sind auf magische Weise miteinander verbunden.[369]

„Die Wirklichkeit", sagt Lévy-Bruhl, „in der sich die Primitiven bewegen, ist mystisch. Nicht ein Wesen, nicht ein Objekt, nicht ein Naturphänomen ist das, was wir darin sehen. Was wir sehen, entgeht ihnen, oder sie werden nicht davon berührt. Andererseits sehen sie vieles darin, was wir nicht einmal vermuten würden."[370]

Lévy-Bruhl, der politisch links eingestellt war und den Kolonialismus der europäischen Mächte verurteilte, hob hervor, daß das prälogische Denken der Primitiven nicht etwa auf ihrer intellektuellen Unfähigkeit beruhe, sondern auf dem Gesamtkomplex ihrer geistigen Gewohnheiten.[371] Die Denkstrukturen seien ein soziales Phänomen und gingen dem Einzelnen voraus. Die Europäer haben dagegen einen mehrere Jahrhunderte langen Prozeß strenger logischer Schulung hinter sich. Die Gesetze der Logik sind bereits in der griechischen Antike entdeckt worden. Lévy-Bruhl erinnerte auch daran, daß in den europäischen Märchen eine ganz ähnliche Denkweise herrscht. Das prälogische Denken sei nicht auf die Primitiven beschränkt, sondern finde sich zum Beispiel auch in allen Religionen.

Lévy-Bruhls These wurde von den Völkerkundlern seiner Zeit fast einhellig abgelehnt. Viele Ethnologen verstanden sich als Anwälte der von den Europäern unterdrückten Völker und bekannten sich zu der noch aus der Aufklärung stammenden Überzeugung von der „psychischen Einheit der Menschheit". Viele fühlten sich den Naturvölkern, unter denen sie gelebt hatten, emotional verbunden. Andere waren von der Geschicklichkeit und Findigkeit der Naturvölker in der Meisterung

---

369 WERNER PETERMANN: Geschichte der Ethnologie, Wuppertal 2004, S. 826 f.; ENO BEUCHELT: Ideengeschichte der Völkerpsychologie, Meisenheim am Glan 1974, S. 58

370 LÈVY-BRUHL, Les fonctions mentales dans les sociétés inférieures, 2. Aufl. 1912, zit. n. EDWARD E. EVANS-PRICHARD: Theorien über primitive Religionen (1968), Frankfurt a.M. 1981, S. 128

371 LUCIEN LÈVY-BRUHL: Das Denken der Naturvölker, Wien 1921; LÈVY-BRUHL, Geistige Welt, S. 5

ihrer Lebensumwelt beeindruckt. Lévy-Bruhl wurde vorgeworfen, er behaupte einen grundsätzlich Unterschied zwischen den Europäern und den Naturvölkern oder deren intellektuelle Minderwertigkeit.

Schaut man sich jedoch die gegen Lévy-Bruhl ins Feld geführten Argumente an, dann sind diese kaum geeignet, seine Lehre im Kern zu widerlegen. Wenn es etwa heißt, das primitives Denken und Verhalten trenne nicht Naturvölker und Zivilisierte, sondern die verschiedenen Schichten innerhalb eines jeden Menschen, oder die Denkprozesse der naturvölkischen Individuen wichen nicht von unseren ab, sondern nur ihre Kenntnis der Voraussetzungen des logischen Denkens[372], dann hätte das sicher auch Lévy-Bruhls Zustimmung gefunden. Und wenn andere Kritiker, darunter auch Wilhelm Emil Mühlmann, behaupteten, daß animistisch-mystische Denken sei durchaus logisch, ginge jedoch nur von anderen Voraussetzungen aus, dann verkennen sie das Wesen der Logik, die natürlich immer von logischen Voraussetzungen ausgehen muß. Überhaupt waren viele Einwendungen, die sich als Widerlegungen gebärdeten, letztlich nur begrifflich-semantischer, nicht substantieller Art.

Auch heute findet man in geschichtlichen Darstellungen der Ethnologie unter dem Stichwort Lévy-Bruhl meist weniger eine Beschreibung seiner Theorie als eine umständliche Distanzierung von ihr. Lèvy-Bruhl selbst war von dem Widerstand gegen seine Thesen so beeindruckt, daß er sie am Ende seines Lebens weitgehend widerrief.[373]

---

[372] BEUCHELT, Ideengeschichte, S. 59 u. 84

[373] Die Behauptung, Lèvy-Bruhl habe seine Thesen widerrufen, beruht auf einem Aufsatz von 1938 (oder 1935) und seinen 1947 postum veröffentlichten Tagebüchern, die ich nicht gelesen habe. Die Äußerungen sind widersprüchlich, mal heißt es, er habe seiner Theorie gänzlich abgeschwört, mal, er habe nur den Terminus „prälogisches Denken" als eine unglückliche Formulierung bereut, was als Widerruf mißverstanden worden sei. Vgl. BEUCHELT, Ideengeschichte, S. 60; PETERMANN, Geschichte der Ethnologie, S. 822; MARK MÜNZEL: „Lucien Lévy-Bruhl: L'Ame primitive", in: CHRISTIAN F: FEEST, KARL-HEINZ KOHL (Hg.): Hauptwerke der Ethnologie, Stuttgart 2001, S. 250-255; WILHELM HEHLMANN: Geschichte der Psychologie. Zweite, durchgesehene Auflage, Stuttgart 1967, S. 191; WERNER von BONIN: Die großen Psy-

18. „Rassenpsychiatrie" (vergleichende Psychiatrie)

Ein moderner Ansatz in der Wissenschaft des frühen 20. Jahrhunderts war die sogenannte „Rassenpsychiatrie", die eigentlich eine vergleichende psychiatrische Statistik verschiedener Völker war. Von dem Heidelberger und Münchener Psychiater Emil Kraepelin (1856-1926) stammten die Grundlagen des klassifikatorischen Systems psychiatrischer Erkrankungen, insbesondere die Unterscheidung von *Dementia praecox* (Vorzeitige Verblödung), heute *Schizophrenie* genannt, und dem *manisch-depressiven Irresein*. Die Schizophrenie ist charakterisiert durch Wirklichkeitsverlust und Wahnvorstellungen, die oft mit Größen- oder Verfolgungswahn (Paranoia), logischen Denkfehlern, die dem Betroffenen nicht als solche erscheinen, Stimmenhören und Halluzinationen verbunden sind. Das manisch-depressive Irresein beinhaltet dagegen krankhafte Veränderungen der Grundstimmung, die in der Regel in zyklischen Schwankungen zwischen monatelangen euphorischen (manischen) und depressiven Phasen bestehen. Als eine Sonderform des manisch-depressiven Irreseins betrachtete man damals noch die reinen Depressionen, die ohne manische Phase auftreten.

An verschiedenen Orten Europas machten sich Psychiater daran, die Häufigkeit der unterschiedlichen Krankheitsbilder in den verschiedenen Kliniken miteinander zu vergleichen. Erschwert wurde das durch die oft uneinheitlichen Diagnosen und den unterschiedlichen Grad, in dem die Erkrankten zur Behandlung gelangten. In ländlichen Regionen

---

chologen. Von der Seelenkunde zur Verhaltenswissenschaft. Forscher, Therapeuten und Ärzte (Hermes Handlexikon), Düsseldorf 1983, S. 199; E.F. PODACH: „Zum Abschluß von L. Lévy-Bruhls Theorie über die Mentalität der Primitiven", in: Zeitschrift für Ethnologie 76, 1951, S. 42-49; S. 46 f.; DONALD BRINKMANN: „Über die Mentalität des Primitiven", in: Bericht über den 17. und 18. Kongreß der Deutschen Gesellschaft für Psychologie in Göttingen 1948 und in Marburg 1951, Göttingen 1953, S. 117-118, S. 118

etwa gab es noch so manche Erkrankte, die nie ein Psychiater zu Gesicht bekam.

In Wien verglich der jüdische Psychiater Alexander Pilcz (1871-1954) die Häufigkeit der verschiedenen psychiatrischen Erkrankungen bei den Völkern der österreichisch-ungarischen Monarchie.[374] Auffälligstes Ergebnis war die große Häufigkeit von Geisteskrankheiten bei den Juden. Die klassischen Geisteskrankheiten der Schizophrenie, der Paranoia und des manisch-depressiven Irreseins waren bei ihnen mehr als doppelt so häufig wie bei den anderen Völkern. Nur die durch Alkoholismus ausgelöste Psychosen, die sich vor allem bei den Deutschen und den Slawen im Norden der Monarchie (Polen, Tschechen, Slowaken, Ukrainer) häuften, fehlten bei ihnen fast völlig. Vergleiche mit den Daten aus anderen Ländern zeigten, daß bei den Deutschen und anderen germanischen Völkern (Dänen, Norweger) die depressiven Krankheitsbilder, sowohl als reine Melancholien als auch als die depressive Form des manisch-depressiven Irreseins, gegenüber den manischen Formen überwogen. Bei den romanischen und slawischen Völkern sowie den Juden herrschten dagegen deutlich die manischen Exaltationszustände vor. Nur die Schweden waren als einziges germanisches Volk häufiger manisch als depressiv. Pilcz fiel zudem auf, daß die Psychosen der Juden häufiger einen hypochondrischen Einschlag hatten, wogegen bei ihnen die bei den Deutschen und den nördlichen Slawen häufigen Schuldgefühle und Versündigungsideen weitgehend fehlten.[375]

Auch andere Untersuchungen zeigen, daß die Erscheinungsbilder psychiatrischer Erkrankungen die Temperamentsunterschiede widerspiegeln, die es zwischen den Völkern gibt. So fand man in einer vergleichenden Untersuchung italienischer und irischer Schizophrener unter den Italienern – sie stammten aus Neapel und Sizilien – überwiegend Impulsivität und Nichtanerkennen von Gesetzen und Autorität, während in der irischen Gruppe Paranoia, Hypochondrie und Schuldgefühle, die Sexualität betreffend, vorherrschten. In einer anderen Un-

---

[374] ALEXANDER PILCZ: Beitrag zur vergleichenden Rassen-Psychiatrie, Leipzig 1906; ders.: „Beitrag zur vergleichenden Rassenpsychiatrie (aufgrund von Kriegserfahrungen)“, in: Sitzungsberichte der Anthropologischen Gesellschaft in Wien 1918/19, S. 37-39

[375] PILCZ, Beitrag zur vergleichenden Rassen-Psychiatrie (1906).

tersuchung fand man bei Schizophrenen aus Neapel häufiger Aggressivität als bei solchen aus England und den USA.[376]

Besonders die große Häufigkeit der Geistesstörungen unter den Juden führte zu einer Diskussion unter den Psychiatern und Medizinern – insbesondere denen, die selber Juden waren –, die auch in der Öffentlichkeit beachtet wurde. Man sprach von der jüdischen „Nervosität". Nicht nur die klassischen Erbkrankheiten waren bei den Juden zwei- bis dreimal so oft wie in der nicht jüdischen Bevölkerung vertreten, sondern auch neurasthenische und hysterische Erkrankungen häufiger. Der Psychiater Max Sichel beobachtete bei den Psychosen der Juden einen eigentümlich „räsonnierenden, quängelnden Zug", den er auf eine besondere „kritische Veranlagung" zurückführte.[377] Die Daten über die starke Belastung mit Geisteskrankheiten stammen vor allem aus Mittel- und Osteuropa, solche aus Westeuropa sind mir nicht bekannt. Daher ist es bemerkenswert, daß die starke Belastung mit Geisteskrankheiten nicht nur die europäischen, sondern um 1900 auch die in Palästina lebenden Juden betraf.[378]

Während Alexander Pilcz darauf hinwies, daß gerade die Psychosen mit stark erblicher Komponente unter den Juden besonders häufig vorkommen, führten der russische Psychiater Rafael Becker und sein deutscher Kollege Max Sichel, beide Juden wie Pilcz, das große Vorkommen von Geisteskrankheiten unter den Juden vor allem auf äußere Ursachen zurück. Das Sonderdasein als Juden in einer oft feindlichen Umwelt erzeuge einen psychischen Dauerstreß, der sie für seelische Erkrankungen anfälliger mache.[379] Ein Gedanke, der sicher nicht ohne

---

376 HERMANN LENZ: Vergleichende Psychiatrie. Eine Studie über die Beziehung von Kultur, Soziologie und Psychopathologie, Wien 1964, S. 103 f.

377 MAX SICHEL: „Über die Geistesstörungen bei den Juden", in: Neurologisches Zentralblatt 8, 1908, S. 351 ff. (zit. nach dem Referat von E. Rüdin im Archiv für Rassen- und Gesellschaftsbiologie 5, 1908, S. 419-420)

378 PILCZ, Beitrag zur vergleichenden Rassen-Psychiatrie (1906)., S. 31

379 RAFAEL BECKER: Die Nervosität bei den Juden. Ein Beitrag zur Rassenpsychiatrie, Zürich 1919; ders.: „Die Geistesstörungen bei den Juden in Polen", in: Allgemeine Zeitschrift für Psychiatrie und psychisch-gerichtliche Medizin 96, 1932, S. 46-66; SICHEL, Über die Geistesstörungen bei den Juden.

Berechtigung ist, wenn wir auch heute wissen, daß viele der bei den Juden vorkommenden psychischen und kognitiven Störungen genetische Ursachen haben.

Emil Kraepelin war auch einer der ersten, die eine kulturvergleichende psychiatrische Studie durchführten. Im Jahr 1903 machte er auf einer Reise nach Java in Niederländisch-Indien (Indonesien) Beobachtungen an den Patienten in der dortigen Irrenanstalt in Buitenzorg. Er erkannte, daß dort die Schizophrenie unter den Eingeborenen ebenso häufig sei, wie in Europa, daß aber ihr klinisches Bild doch beachtliche Unterschiede zeigt. Die Wahnbildungen sind dort weniger reich ausgeprägt, beziehungsweise sie lassen kein System erkennen, wie es für die europäischen Paranoiker so typisch ist. Kraepelin führt das auf den niedrigen Stand der geistigen Entwicklung der Javaner zurück.[380]

Zwei besonders charakteristische Psychosen fielen den Europäern zuerst bei den Malaien in Südostasien auf: *Amok* und *Latah*. Bei den Malaien kam es vor, daß einzelne Individuen, meistens Männer, oft nach Beleidigungen oder in familiären oder ökonomischen Streßsituationen, plötzlich von blinder Wut überfallen wurden und bewaffnet jeden töteten, der ihnen über den Weg lief. Auslöser sind oft Belanglosigkeiten, die zur akuten Explosion eines chronischen Spannungszustandes führen. Überlebten die Amokläufer, so konnten sie sich oft nicht mehr an ihre Taten erinnern. Unmittelbar vor dem Anfall sei ihnen schwarz oder rot vor Augen geworden. Die Erscheinung des Amok war schon bald nach ihrer Kenntnisnahme durch die Europäer im Abnehmen begriffen und ist heute sehr selten. Ähnliche Erscheinungen soll es auch bei den sibirischen Jakuten und Samojeden gegeben haben.[381]

---

380 LENZ, Vergleichende Psychiatrie, S. 100 u. 105; E. KRAEPELIN: „Vergleichende Psychiatrie", in: Centralblatt für Nervenheilkunde und Psychiatrie 27, 1904, S. 344-437

381 PILCZ, Beitrag zur vergleichenden Rassen-Psychiatrie (1906), S. 36 f.; WOLFGANG M. PFEIFFER: „Psychiatrische Besonderheiten in Indonesien", in: N. PETRILOWITSCH: Beiträge zur vergleichenden Psychiatrie, Teil 1: Länderübersichten, Basel 1967, S. 102-142, S. 122 ff.; P.C.Z. van BRERO: „Einiges über die Geisteskrankheiten der Bevölkerung des malaiischen Archipels. Beiträge zur vergleichenden Rassenpsychopathologie", in: Allgemeine Zeitschrift für Psychiatrie und psy-

Die andere Form der akuten Psychose, das *Latah*, ist gewissermaßen das Gegenteil vom Amok. Auf einen Schreckreiz hin fallen einzelne Individuen, es sind fast ausschließlich Frauen, in einen Starrezustand, in dem sie bei vollem Bewußtsein gezwungen sind, alle Bewegungen oder Äußerungen anderer stereotyp nachzuahmen oder nachzusprechen (Echopraxie, Echolalie). Auch das zwanghafte Aussprechen von unanständigen Ausdrücken kann dazugehören (Koprolalie). Das Latah war im 19. Jahrhundert in manchen Gebieten Indonesiens häufig, ist aber inzwischen auch selten geworden. Ähnliche Erscheinungen wie das Latah kamen auch bei sibirischen Völkern wie den Samojeden und Tungusen vor, außerdem auch bei den Ainu in Japan (dort *Imubacco* genannt) und den Lappen in Europa sowie bei nordamerikanischen Indianern.[382]

Als eine charakteristische Erscheinung bei Völkern auf besonders einfacher Kulturstufe wurde das häufige Auftreten von ganzen hysterischen Epidemien angesehen. Man führte sie auf die große Suggestibilität der Primitiven und ihre Unfähigkeit der geistigen Verarbeitung von starken emotionalen Eindrücken zurück. Sie steht im Zusammenhang mit der primitiven Mentalität im Sinne Lévy-Bruhls oder der Piagetschen Kulturpsychologie. Solche hysterischen Epidemien gab es auch in der europäischen Geschichte, man denke an die religiöse Epidemien als Folge der Pest, an die Geißlerzüge, die Juden- oder Hexenverfolgungen oder auch die spätmittelalterliche „Tanzwut" in Deutschland und anderswo. Bei letzterer handelt es sich um ursprünglich religiös motivierte Tänze im Rahmen von Heiligenverehrungen und Wallfahrten, aus

---

chisch-gerichtliche Medizin 53, 1897, S.25-78; WOLFGANG M. PFEIFFER: Transkulturelle Psychiatrie. Ergebnisse und Probleme, 2., neubearbeitete und erweiterte Auflage, Stuttgart 1994, S. 133 ff.

382 PILCZ, Beitrag zur vergleichenden Rassen-Psychiatrie (1906), S. 36 f.; PFEIFFER, Psychiatrische Besonderheiten in Indonesien, S. 121 f. P.C.Z. van BRERO: „Über das sogenannte Latah, eine in Niederländisch-Ostindien vorkommende Neurose", in: Allgemeine Zeitschrift für Psychiatrie und psychisch-gerichtliche Medizin 51, 1895, S. 939-948; ders.: Einiges über die Geisteskrankheiten der Bevölkerung des malaiischen Archipels; PFEIFFER, Transkulturelle Psychiatrie, S. 116 ff.

denen eine vor allem im Rheinland verbreitete Form zwanghaften kollektiven Tanzens entstand. [383]

Auch heute gibt es hysterischen Epidemien in den außereuropäischen Ländern, etwa bei den Hexenverfolgungen in Schwarzafrika, den Massenvergewaltigungen von Jungfrauen in Südafrika, um sich von Aids zu heilen (27,6 Prozent der südafrikanischen Männer geben an, bereits eine Frau vergewaltigt zu haben) oder mit dem Cargo-Kult in Melanesien. Beim Cargo-Kult interpretieren die Eingeborenen die von Schiffen und Flugzeugen transportierten Güter der Weißen (das *Cargo*) als nicht menschliche, sondern göttlichen Erzeugnisse, zu denen die Weißen durch ihren überlegenen Zauber Zugang erlangt haben. Sie versuchen nun durch neue, besonders zauberkräftige Kulte die Weißen zu übertreffen und die Ahnengeister wieder für sich zu gewinnen.[384]

Ein neuerer Überblick über die weltweite Verteilung und unterschiedliche Ausprägung psychiatrischer Erkrankungen stammt von dem Psychiater und Neurologen Wolfgang M. Pfeiffer (1994).[385] Grundsätzlich kommen alle wichtigen psychiatrischen Erkrankungen in allen Völkern vor. Die frühere Auffassung einiger Ethnologen, daß die Schizophrenie in primitiven Kulturen nicht vorkomme, ist inzwischen widerlegt.[386] Si-

---

383 STEFAN WILKE: Geisseln der Menschheit. Kulturgeschichte der Seuchen. 3. Aufl. Düsseldorf 2005 (darin S. 1081. Die Tanzwut. Über das epidemieartige Auftreten von Nachahmungssyndromen); WILLY HELLPACH: „Historische Hysterie“, in: Die neue Rundschau 1906, S. 1025-1045; ders.: Die geistigen Epidemien, Frankfurt a.M. o.J. (1906); PILCZ, Beitrag zur vergleichenden Rassen-Psychiatrie, S. 44; F. PANSE: „Erbpathologie der Psychopathien“, in: ARTHUR GÜTT (Hg.): Handbuch der Erbkrankheiten, Bd. 4, Leipzig 1942, S. 1089-1176; MAXIMILIAN KOSKULL: Radikale und gemäßigte Geißler. ‚Modes of Religiosity‘ im Spätmittelalter, Marburg 2011; GREGOR ROHMANN: Tanzwut. Kosmos, Kirche und Mensch in der Bedeutungsgeschichte eines mittelalterliche Krankheitskonzepts, Göttingen 2013

384 BARTOLOMÄUS GRILL, ANTJE WINDMANN: „Thambisas Trauma“, in: Der Spiegel 14/2013, S. 88-90, S. 90; MICHEL PANOFF, MICHEL PERRIN: Taschenwörterbuch der Ethnologie. Begriffe und Definitionen zu Einführung, erweiterte Auflage, Berlin 1982, S. 61 f.

385 WOLFGANG M. PFEIFFER: Transkulturelle Psychiatrie. Ergebnisse und Probleme, 2., neubearbeitete und erweiterte Auflage, Stuttgart 1994

386 PFEIFFER, Transkulturelle Psychiatrie, S. 23 ff.

cher beruhen die teilweise erheblichen Häufigkeitsunterschiede zu einem guten Teil auf äußeren Ursachen wie Unterschieden in der Diagnosestellung und dem Grad der Erfassung der Erkrankten. Vielfach scheinen traditionelle Gesellschaften auffälliges und abweichendes Verhalten besser integrieren können als moderne städtische Gesellschaften. Oftmals gilt es dort wohl auch als Ausweis besonderer magischer oder schamanischer Fähigkeiten. So wird in Indien unter den Fakiren und Eremiten so manch einer sein, der nach europäischen Begriffen unter einer manifesten Schizophrenie leidet.

Die Inhalte von wahnhaften Vorstellungen stammen natürlich aus der jeweiligen kulturellen Umwelt. Sie sind in primitiven Kulturen oft magischer Art (z.B. Verhexung), in traditionellen vielfach religiöser Art (Auserwähltheit, Versündigung) und bedienen sich in modernen Kulturen oft technischer Vorstellungen (Strahlen, Außerirdische usw.). Ausgeprägte Wahnsysteme sind in fortgeschrittenen Kulturen häufiger als in einfachen. Schuld- und Versündigungsideen sind für christliche Gesellschaften charakteristisch und kommen zum Beispiel in traditionellen afrikanischen, südamerikanischen oder südostasiatischen Gesellschaften so gut wie nicht vor. Sie finden sich auch, wenn auch nicht so häufig in wie im Westen, in konfuzianischen und islamischen Ländern, und hängen dann mit den dort oft rigorosen religiösen Verpflichtungen zusammen.[387]

Es gibt ein paar geographische Schwerpunkte, die möglicherweise mit genetischen Häufungen zu tun haben. So kommen Schizophrenien bei Iren recht häufig vor, und zwar auch bei solchen, die in die USA ausgewandert sind. Auf einigen kroatischen Inseln an der dalmatinischen Küste sind Schizophrenien und manisch-depressive Störung mehr als doppelt so häufig wie im Hinterland, offensichtlich handelt es sich um genetische Isolate. Bei indischen Schizophrenen fällt oft eine depressive Stimmungslage und ein Zug zur Apathie auf. Auch Japaner ziehen sich von der Umwelt zurück und vergraben sich eher in Gedanken, als nach außen zu handeln.[388]

Allgemein zeigen chinesische und japanische Schizophrene wenig Aggressivität, neigen europäische zu Wahnsystemen und afrikanische

---

387 PFEIFFER, Transkulturelle Psychiatrie, S. 53

388 PFEIFFER, Transkulturelle Psychiatrie, S. 27 f.

und südamerikanische zu Erregungszuständen.[389] Bei Arabern überwiegen nach Pilcz bei allen Psychosen in starkem Maße die manischen Exaltationszustände. Überhaupt bilde ein gewalttätiger, expansiver Charakter den Hauptzug bei den Geistesstörungen unter den Arabern.[390]

Auch die ältere Auffassung, daß Depressionen in den tropischen Ländern nicht vorkämen, gilt heute als widerlegt. Allerdings scheinen sie doch in vielen Kulturen erheblich seltener als bei modernen Europäern zu sein. Afrikaner etwa neigen unter starkem Streß eher dazu, in Erregungszustände zu fallen, als sich in Depressionen zurückzuziehen. Ausgesprochen häufig sind Depressionen dagegen in der andiden indianischen Bevölkerung Südamerikas, nicht jedoch unter den Amazonas-Indianern.[391] Die klassische lehrbuchmäßige Depression mit Merkmalen wie Selbstabwertung, Schuldgefühl, seelischem Verarmungswahn und Suizid-Tendenz findet man an häufigsten im europäischen Bürgertum. Schon im Mittelmeergebiet ist dieses Krankheitsbild seltener, in Ländern wie Indonesien fehlt es praktisch ganz.[392]

Im Gegensatz zu den Depressionen sind in den meisten tropischen Ländern Manien häufiger als in Europa. Es gibt regionale Unterschiede in der Art der Ausprägung, die Manien in Vietnam sind eher narzißtisch selbstbezogen, die in Indonesien dagegen lebhaft der Umwelt zugewandt.[393] In Vietnam sollen zudem wegen des Ausbleibens einer frühkindlichen Reinlichkeitserziehung die Zwangsneurosen fehlen. Die Kinder lernen die Beherrschung ihres Stuhlgangs erst mit etwa 6 Jahren – so zumindest noch in den 1960er Jahren. Eine Folge davon seien aber auch allgemein sehr unhygienische und anarchische Verhältnisse.[394]

---

389 LENZ, Vergleichende Psychiatrie, S. 105 f. u. 114

390 PILCZ, Beitrag zur vergleichenden Rassen-Psychiatrie (1906), S. 27

391 H. DELGADO: „Psychiatrischer Bericht aus Südamerika", in: N. PETRILOWITSCH: Beiträge zur vergleichenden Psychiatrie, Teil 1: Länderübersichten, Basel 1967, S. 254-271, S. 65 f.

392 PFEIFFER, Transkulturelle Psychiatrie, S. 46 ff.

393 PFEIFFER, Transkulturelle Psychiatrie, S. 57 f.

394 E. WULFF: „Psychiatrischer Bericht aus Vietnam", in: N. PETRILOWITSCH: Beiträge zur vergleichenden Psychiatrie, Teil 1: Länderübersichten, Basel 1967, S. 1-84, S. 49 f.

19. Sprachpsychologie

Die Sapir-Whorf-Hypothese

Im 20. Jahrhundert nahm der amerikanische Sprachwissenschaftler Benjamin Lee Whorf (1897-1941) den Grundgedanken Wilhelm von Humboldts, daß jede Sprache ihr eigenes Weltbild habe, die das Denken ihrer Sprecher beeinflußt, wieder auf. Whorf war sprachwissenschaftlicher Autodidakt und arbeitete als Brandspezialist für eine Feuerversicherung. 1931 schloß er sich an den Ethnologen und Linguisten Edward Sapir (1884-1939) an der Universität von Chicago an, dessen Schüler er wurde. Whorf starb bereits 1941; der größte Teil seines sprachwissenschaftlichen Werkes wurde erst 15 Jahre nach seinem Tod von John B. Caroll veröffentlicht.[395]

Sapir und Whorf haben sich vor allem mit den Sprachen der amerikanischen Indianer beschäftigt. Dabei waren ihnen wesentliche Unterschiede nicht nur zum Englischen, sondern auch zwischen den verschiedenen Sprachen aufgefallen. Sie waren der Meinung, daß sich die Erfahrungen und die Lebensumwelt der Menschen einer Kultur in ihrer Sprache niederschlugen. Nicht nur die Worte haben unterschiedliche Bedeutungen, sondern auch die Grammatik einer Sprache enthält ein ganz bestimmtes Bild von der Welt. „Die Welten, in denen verschiedene Gesellschaften leben, sind verschiedene Welten, nicht nur dieselbe Welt mit verschiedenen Aufschriften“, schrieb Edward Sapir.[396] Whorf prägte den Ausdruck der *Sprachlichen Relativität* (linguistic relativity principle). Damit ist gemeint, daß das Denken von der Sprache abhängt, daß die semantischen und grammatischen Strukturen einer Sprache die Wahrnehmung und die Vorstellung, die ihre Sprecher

---

395 JOHN B. CAROLL (Hg.): Language, Thought and Reality, selected writings of B.L. Whorf, Cambridge, Mass. 1956

396 EDWARD SAPIR: „The Status of Linguistcs as a Science“, in: Language 5, 1929, zit. n. WERNER PETERMANN: Die Geschichte der Ethnologie, Wuppertal 2004, S. 683

von der Wirklichkeit haben, beeinflussen. Die Prägung durch die Sprache ist dabei ein Hintergrundphänomen, das den Sprechern in der Regel nicht bewußt ist.

Whorf versuchte das Prinzip der sprachlichen Relativität am Beispiel der Sprache der Hopi, einem friedlichen, Ackerbau treibenden Stamm der Pueblo-Indianer in Arizona, zu belegen. In der Sprache der Hopi mangele es an einem linearen Zeitbegriff, wie ihn die europäischen Sprachen haben. Unter anderem fehlten ihr die Tempora, die die Zeit in Vergangenheit, Gegenwart und Zukunft unterteilen. Statt dessen unterscheiden die Hopi Dinge und Ereignisse nach dem Kriterium ihrer Gültigkeit *(validity-form),* ob sie erfahren wurden, als Gesetz gelten, oder erst erwartet werden. Die Hopi unterscheiden Manifestiertes und sich erst Manifestierendes oder Unmanifestiertes. Das Manifestierte umfaßt alles, was den Sinnen zugänglich ist oder war, ohne Unterschied zwischen Vergangenheit oder Gegenwart. Das Manifestierende umfaßt dagegen die Zukunft, aber auch alles, was sich nur im Bewußtsein abspielt, alles Vorstellen, Denken und Fühlen. Damit verbunden ist die Vorstellung, daß sich darin die Zukunft bereits vorbereitet.

Die europäischen Sprachen sind geprägt von Metaphern aus der dinglichen Welt. Sie wenden Begriffe aus der räumlichen und dinglichen Welt auf abstrakte Phänomene wie die Zeit an. Ein Zeitabschnitt ist *lang* oder *groß*, ein Ereignis liegt *vor* einem anderen, wir *begreifen* etwas, usw. Auch Ereignisse, Vorgänge und Bewegung werden in den europäischen Sprachen wie Objekte behandelt. Sie sprechen von *dem* Blitz, *der* Welle oder *dem* Puls. Die Hopi leben dagegen nicht in einer Welt der Dinge, sondern der Ereignisse. Es gibt bei ihnen keinen Gebrauch räumlicher Begriffe für Unräumliches und von Nomina für Ereignisse. So kennt die Hopi-Sprache keine Massensubstantive wie Holz, Wasser usw. und auch keine Binomina wie ein Stück Holz, ein Schluck Wasser, sondern nur konkrete Hölzer, Wässer usw.

Die Hopi legen Wert auf die Macht von Wunsch und Gedanken. Ihre Denkwelt hat keinen imaginären Raum, mit dessen Hilfe sie sich Abstraktes veranschaulichen und der von dem wirklichen Raum unterschieden ist. Ein Hopi nimmt selbstverständlich an, daß er, wenn er an etwas denkt, mit diesem in realer Verbindung steht und es beeinflußt. Ein guter Gedanke bedeutet einen guten Einfluß, ein schlechter einen schlechten. Damit ein Gedanke wirkungsvoll ist, muß er bestimmt, lebhaft bewußt und stark gefühlt sein.[397]

Die sogenannte Sapir-Whorf-Hypothese war in den fünfziger und sechziger Jahren außerordentlich populär, erhielt aber von wissenschaftlicher Seite auch viel Widerspruch. Untersuchungen des Bonner Sprachwissenschaftler Helmut Gippers (1919-2005) und anderer widerlegten manche Aussagen Whorfs über die Sprache der Hopi, insbesondere konnten sie nachweisen, daß es in ihr durchaus Mittel zur Zeitbestimmung gibt. Andere Forscher konnten Teilaspekte von Whorfs Hypothese auch in anderen Kulturen nachweisen. So wirkt sich das Klassifikationssystem einer Sprache auch bei nicht sprachlichen Aufgaben aus. Zum Beispiel bevorzugen Navajo-Indianer eine Klassifikation von Objekten nach ihrer Form und Maya eine solche nach dem Material.[398] Viele Forscher versuchten die Sapir-Whorf-Hypothese anhand von den in vielen Sprachen unterschiedlichen und teilweise auch unterschiedliche Teile des physikalischen Farbenspektrums benennenden Farbenbezeichnungen zu beweisen. Eine verzwickte Diskussion, auf die ich wegen ihrer geringen völkerpsychologischen Relevanz hier nicht weiter eingehe. Seit den siebziger Jahren dominierte die These des jüdisch-amerikanischen Sprachwissenschaftlers Noam Chomsky (geb. 1928) von der Existenz einer universellen, biologisch verankerten Grammatik die Sprachwissenschaft, und die Sapir-Whorf-Hypothese kam aus der Mode.

---

397 BENJAMIN LEE WHORF: Sprache, Denken, Wirklichkeit. Beiträge zur Metalinguistik und Sprachphilosophie, Reinbek 1963, S. 14 f., 88, 90 ff., 98 ff. u. 102 ff.; THEO HERRMANN, KARL HEINZ STÄCKER: „Sprachpsychologische Beiträge zur Sozialpsychologie“, in: CARL FRIEDRICH GRAUMANN (Hg.): Sozialpsychologie. Handbuch der Psychologie, Bd. 7/1, Göttingen 1969, S. 398-474

398 HERRMANN u. STÄCKER, Sprachpsychologische Beiträge, S. 449; DIETER E. ZIMMER: Sprache in Zeiten ihrer Unverbesserlichkeit, Hamburg 2005, S. 267

Die Sprache der Primitiven

Viele Eigentümlichkeiten der Sprache der Hopi stimmen mit denen der Sprachen anderer primitiver Völker überein. Primitive Sprachen im Sinne einer besonders einfachen Grammatik und eines nur sehr kleinen Wortschatzes gibt es nicht. Im Gegenteil, die Sprachen vieler auf primitiver Zivilisationsstufe stehender Völker zeichnen sich durch besonders komplizierte Grammatiken, mit besonders vielen unterschiedenen Kasus (Fälle), Tempora usw. aus. Auch die europäischen Sprachen hatten ursprünglich ein sehr viel differenzierteres Deklinationssystem, das sprachwissenschaftlich rekonstruierte alte Indogermanische etwa verfügte über acht Kasus.

Eigentliche sprachliche Primitivismen, die auf die Ursprünge der menschlichen Sprache zurückweisen, sind selten, finden sich aber auch. In vielen Sprachen werden Verb, Nomen und Adjektiv noch nicht klar unterschieden und gehen ineinander über. Oft kommen unartikulierte und spontane Zurufe vor. Der Völkerkundler Dietrich Westermann (1875-1956) spricht von „noch nicht domestizierten Wörtern“. Wörter, die bestimmte Geräusche nachahmen, sind häufig. Wahrscheinlich ist auch die große Rolle der Aufforderungsform des Imperativs, der in den Kultursprachen weitgehend verkümmert ist, ein für ursprüngliche Sprachzustände typisches Merkmal. Sicherlich sehr alt sind die Klick- und Schnalzlaute der Buschmannsprachen, was aber nicht bedeutet, daß die ersten Sprachen aus lauter Klicklauten bestanden. Auch die Eigenart einiger afrikanischer und asiatischer Sprachen, gleiche Silben mit unterschiedlicher Tonhöhe auszusprechen und ihnen damit eine andere inhaltliche Bedeutung zu geben, ist wahrscheinlich ein altertümliches Merkmal.[399] Auf die Anfänge der Sprache weist wahrscheinlich auch hin, daß viele Sprachen primitiver Völker keine reinen Lautsprachen, sondern mit Gebärden und Mimik verbunden sind, als ein notwendiger Teil der Sprache, die sonst nicht verstanden werden kann oder als unrichtig empfunden wird. Als der Afrikaforscher Leo Frobenius (1873-1938) eine eben empfangene Mitteilung ohne die begleitenden Gebär-

---

399 KUNZ DITTMER: Allgemeine Völkerkunde. Formen und Entwicklung der Kultur, Braunschweig 1954, S. 23

den wiederholte, erklärte der Erzähler, so etwas habe er nicht gesagt. Typisch für das Sprechen vieler Völker auf einfacher Kulturstufe ist die große Affektivität und Expressivität. Sie sprechen laut oder schreien und gestikulieren mit Beteiligung des ganzen Körpers, selbst bei banalen Anlässen.[400]

Ein durchgehender Charakterzug der Sprachen primitiver Völker ist ihr Konkretismus, ihr geringer Grad an Abstraktion. Das ist auch der Grund, warum sie einen verhältnismäßig großen Wortschatz und eine recht komplizierte Grammatik haben, denn jedes unterschiedliche Objekt und jeder Vorgang haben einen eigenen Namen beziehungsweise eine eigene grammatische Konstruktion. Das entspricht dem außerordentlich guten Gedächtnis der meisten Primitiven, bei geringer Fähigkeit zur Abstraktion. Die Sprachen der Primitiven versuchen möglichst genau zu beschreiben, während die der Kulturvölker die Dinge begrifflich zu fassen und das Wesentliche herauszuheben versuchen. Allgemeinbegriffe und Gattungsnamen fehlen bei den Primitiven weitgehend. Die Tasmanier zum Beispiel hatten keine Wörter für *hart* und *rund*, sondern sagten *wie der Stein* und *wie der Mond*. Und bei den afrikanischen Ewe gibt es kein eigenes Wort für *bringen*, statt dessen sagt man dort *tso yi na*, „gehen – nehmen – geben".[401]

Eine weitere Eigentümlichkeit ist die magische Weltauffassung der Primitiven, die auch ihre Sprachen durchdringt. Nach der Vorstellung der Primitiven sind Ding und Wort nicht getrennt; das Wort ist nicht bloß ein Zeichen für das Ding, sondern ein wesentlicher Bestanteil desselben. Man benennt damit das Ding nicht nur, sondern tritt mit ihm in eine Verbindung. Groß ist der Glaube an die Zauberkraft des gesprochenen Wortes. Nach der Auffassung mancher afrikanischer Völker beginnt das Leben erst dann, wenn das Kind einen Namen erhalten hat. Oft gibt man dem Kind den Namen einer Gottheit oder eines Ahnen und stellt es somit unter dessen Schutz. Wer den Namen von jemandem oder von etwas kennt, besitzt damit Macht über den oder das benannte.

---

400 FRIEDRICH KAINZ: Psychologie der Sprache. Bd. 2: Vergleichend-genetische Sprachpsychologie, 2., umgearbeitete Auflage Stuttgart 1960. S. 167, 171, 175, 198 u. 204

401 KAINZ; Psychologie der Sprache, Bd. 2, S. 175, 189 u. 240

Wer den Namen eines anderen weiß, ist dadurch in der Lage, zauberische Macht auf ihn auszuüben. Bei manchen Völkern wird der „wahre“ Name eines Menschen deswegen geheimgehalten und durch einen Gebrauchsnamen ersetzt.[402]

Die deutschen Neo-Humboldtianer

Etwa zur selben Zeit wie Sapir und Whorf in Amerika griffen auch in Deutschland Sprachwissenschaftler den Humboldtschen Gedanken vom Weltbild der Sprache wieder auf. Vorreiter war der deutscher Romanist Karl Vossler (1872-1949). Während Whorf den Einfluß der Sprache auf das Denken untersuchte, sah Vossler in der Sprache vor allem den Ausdruck eines bestimmten, historisch gewordenen Volksgeistes oder Nationalcharakters. Er ist ein Vertreter der *idealistischen Sprachwissenschaft*, die besonders in Deutschland einflußreich war, und die in den Veränderungen der Sprachen nicht nur den Ausdruck mechanischer Lautgesetze, sondern der psychologischen Bedürfnisse ihrer Träger sieht. Neben den grammatischen Strukturen berücksichtigte Vossler auch die ästhetischen und stilistischen Besonderheiten einer Sprache. Dazu gehören nicht nur die Bevorzugung bestimmter grammatischer Konstruktionen und bestimmter Wortarten, sondern auch die Klangfarbe, der Stimmeinsatz, die Betonung, der Rhythmus und die Melodie. Jede Sprache hat ihre eigentümliche „seelische Physiognomie“, ihren eigenen „Gefühlston“. Vossler beschäftigte sich vor allem mit dem Französischen und führte wegweisende Studien zum Vulgärlatein, der Vorform des Italienischen, durch.[403] Die idealistische Sprachpsychologie hat notwendigerweise oft spekulativen und intuitiv-subjektiven Charakter, wobei es jeweils dem Sprachgefühl des Einzelnen überlassen bleibt, wie weit er ihr zu folgen bereit ist.

---

402 KAINZ; Psychologie der Sprache, Bd. 2, S. 193 u. 195

403 KARL VOSSLER: Geist und Kultur in der Sprache, Heidelberg 1925, S. 53, 100, 127 f. u. 148; HANS ARENS: Sprachwissenschaft. Der Gang ihrer Entwicklung von der Antike bis zur Gegenwart, München 1955, S. 375 ff.

Bekannter als Vossler wurde der Sprachwissenschaftler Leo Weisgerber (1899-1985), der besonders die deutsche Germanistik in der Zeit nach dem Zweiten Weltkrieg beeinflußte. Er gehörte nicht der idealistischen Richtung an, insofern er in der Sprache mehr etwas historisch gewordenes als den Ausdruck eines Volksgeistes sah. Die Sprache ist ein im Lauf der Geschichte von der Sprachgemeinschaft geschaffenes Kulturgut, das den Rahmen bildet, aus dem heraus der Einzelne denkt, erlebt, handelt und weiterarbeitet. Sie ist gewissermaßen das historische Gedächtnis eines Volkes, weil sich in ihr die Notwendigkeiten und Erfahrungen der verschiedenen Epochen niedergeschlagen haben. So befaßte sich Weisgerber vor allem mit den Inhalten und dem Wortschatz der Sprache. Er verfaßte eine vierbändige Monographie *Von den Kräften der deutschen Sprache*, die 1949/50 erschien. Da Weisgerber aber immer nur von der Sprache allgemein oder von der deutschen Sprache schrieb, ist sein Werk unter völkerpsychologischen Gesichtspunkten merkwürdig unergiebig; es fehlt der Vergleich.

Den völkerpsychologischen Anspruch der Neohumboldtianer löste statt dessen der österreichische Sprachphilosoph und Sprachpsychologe Friedrich Kainz (1897-1977) ein, den man als einen gemäßigten Vertreter der idealistischen Richtung Vosslers bezeichnen kann. Er wurde international bekannt durch seine fünfbändige *Psychologie der Sprache*. Band 5, die *Psychologie der Einzelsprachen*, in zwei Teilbänden 1965 und 1969 erschienen, enthält sprachpsychologische Portraits des Deutschen, des Französischen und des Englischen und darüber hinaus viel völkerpsychologisch Relevantes über die anderen europäischen Sprachen.[404]

Psychologie der europäischen Sprachen

Sprachen unterscheiden sich in ihrem Lautbestand, ihrem Rhythmus und ihrer Sprechweise, ihren in ihrem Wortbestand verkörperten Begriffen und ihren grammatischen Strukturen. Nach der Auffassung der idealistischen Sprachpsychologie sind diese Unterschiede nicht zufällig,

---

404 FRIEDRICH KAINZ: Psychologie der Sprache, Bd. 5, Psychologie der Einzelsprachen, zwei Teile, Stuttgart 1965 und 1969

sondern das Ergebnis einer unbewußten Bevorzugung durch ihre Sprecherschaft. Jede Sprache stellt mit ihren Worten und ihren grammatischen Konstruktionen eine besondere Auswahl aus allen möglichen Begrifflichkeiten, Beziehungen und Wertungen dar. Welche Laute eine Sprache entwickelt und in welchem Sinne sie diese verändert, die Ausspracheweisen und Artikulationsgepflogenheiten, sind durch die Geistigkeit und das nationale Temperament der Sprachgemeinschaft bedingt (Friedrich Kainz).

Jede Sprache hat einen charakteristischen Stil, einen charakteristischen Rhythmus, eine charakteristische Stimmung, ein charakteristisches Pathos. In einer langsamen, behaglichen Sprechweise, die sich an verwaschener Artikulation nicht stößt und unbestimmte Laute bildet, weil ihr an artikulatorischer Straffheit wenig liegt, wie im *Englischen* und *Niederländischen*, kommt ein anderes seelisches Tempo, ein anderes nationales Temperament zur Geltung, als in einer Sprache wie dem *Italienischen*, in deren Trägerschaft die raschen, beweglichen Typen überwiegen, die auf maximale Artikulation gestellt ist und dementsprechend klare und straffe Laute bildet, weil diese allein beim lebhaften Sprechen ihre kommunikative Brauchbarkeit bewahren.[405]

In den Besonderheiten einer Sprache spiegeln sich das Temperament, die Kultur und die Geschichte der sie tragenden Gemeinschaft wider. So besteht zum Beispiel eine Beziehungen zwischen der Persönlichkeitsstruktur eines Menschen, und der Art, wie er spricht. Nicht nur was einer sagt, auch wie er es sagt, ist für seine Persönlichkeit aufschlußreich. Unterschiedliche psychologische Typen, etwa die Zyklothymen und Schizothymen Ernst Kretschmers oder die Extra- und Introvertierten C.G. Jungs, unterscheiden sich tendenziell auch in ihrer Sprechweise. Eine tiefe Stimme verweist auf einen hohen Testosteronspiegel und entsprechende männliche Eigenschaften wie Dominanz und Durchsetzungsfähigkeit, eine hohe auf einen entsprechend niedrigeren Testosteronspiegel und weiblichere Charaktereigenschaften. Vitalität und Emotionalität kommen in einer starken und stark wechselnden Akzentuierung zum Ausdruck. Versuche haben ergeben, daß es mit einiger Sicherheit möglich ist, von der Stimme eines Menschen auf sein

[405] KAINZ, Psychologie der Sprache, Bd. 5, 2. Teil, S. 410

Temperament zu schließen.[406] Wie beim Einzelnen die Tonlage, Klangfarbe, Sprechmelodie, Artikulation, Akzentuierung, das Sprechtempo und der Rhythmus abhängig von seiner Seelenverfassung und seinem individuellen Temperament sind, so wird man dieses in gewissem Maß auch für ganze Völker annehmen dürfen.

Die europäischen Sprachen gehören der *indogermanischen* Sprachfamilie an, zu der außerhalb Europas auch das Iranische und das Indische (Hindi) gehören. Eine Ausnahme innerhalb Europas stellen das Ungarische, Finnische und Estnische als finno-ugrische Sprachen sowie das völlig isolierte Baskische als Rest einer ursprünglich in Westeuropa weitverbreiteten Sprache dar. Aber auch diese Sprachen haben durch den dauernden Kontakt mit den indogermanischen Sprachen viel von ihnen übernommen, so daß vieles, was für diese gilt, auch auf jene zutrifft. Das Indogermanische war ursprünglich in einem Gebiet beheimatet, das von Skandinavien über Mittel- und das südliche Osteuropa bis in die Steppengebiete südlich des Urals reichte, und hat sich in den letzten drei Jahrtausenden über West- und Südeuropa und den Nahen und Mittleren Osten ausgebreitet. Es hat sich dabei, auch unter Einfluß der nicht indogermanischen Sprachen der jeweiligen Vorbewohner, in die noch heute bestehenden Sprachfamilien des Germanischen, Keltischen, Griechischen, Slawischen, Illyrischen (Albanisch), Italischen und Indo-Arischen aufgespaltet. Aus dem italischen Latein sind nach dem Untergang des Römischen Reiches die romanischen Sprachen hervorgegangen.

Sprachpsychologisch ist vor allem das ausgeprägte syntaktische Subjekt – Verb – Objekt – Schema der indogermanischen Sprachen von Bedeutung. In dem Aktionsschema Handelnder – Handlung – Ziel, das bereits das frühe Indogermanische ausgebildet hatte, wird die Welt als eine Welt von zielgerichteten Taten von aktiven Individuen oder Kräften aufgefaßt, nicht von willkürlichen Ereignissen. Sprachpsychologen haben darin den Ausdruck einer tatkräftigen Gesinnung gesehen. In der

---

[406] MAX SIMONEIT: Charakterologische Symptomlehre, Stuttgart 1953, S. 68 ff.; HUBERT ROHRACHER: Kleine Charakterkunde. 12., umgearbeitete und erweiterte Auflage, Wien 1969, S. 152 ff.; FRIEDRICH KAINZ: „Sprache, Persönlichkeit und Charakter", in: Wissenschaft und Weltbild 1, 1948, S. 268-284

Welt geht es nach dem Prinzip von Ursache und Wirkung. Und der Mensch bestimmt in dieser Welt sein Schicksal selbst, er ist ihm nicht hilflos ausgeliefert. Der Sprachwissenschaftler Helmut Gipper (1919-2005) spricht von dem *Kausalanalytischen Erkenntnismodus* der indogermanischen Sprachen.[407]

Dieser ist in den außereuropäischen Sprachen in der Regel wesentlich schwächer ausgeprägt bis nicht vorhanden. In vielen indianischen Sprachen gibt es zum Beispiel keine Täter-Objekte und keine Tat-Objekte. Alles ist Ereignis. Die Sprache der Navajo-Indianer etwa kennt keine handelnden Subjekte, sondern nur Geschehnisse.[408] In der ostasiatischen Hochkultur hat sich die Sprache in die entgegengesetzte Richtung entwickelt. Im Japanischen können die Sätze „Ich bin im Zimmer", „Du bist im Zimmer" und „Er ist im Zimmer"! mit genau denselben Worten gesagt werden. Dieselben Worte, die einen Menschen beschreiben, der getötet hat, stehen auch für einen Menschen, der getötet wurde. Die Akteure verschwinden völlig in dem Ereignis.[409]

Damit verbunden ist der ausgeprägte *Aktivismus* der indogermanischen Sprachen. Das heißt, daß die aktiven Konstruktionen den passiven vorgezogen werden. Friedrich Kainz sah darin den Ausdruck einer auf die Herausarbeitung energischen Tuns zielenden Geisteshaltung. Der Mensch gestaltet seine Umwelt aktiv, er ist nicht nur der Erleidende eines Geschehens. In den meisten außereuropäischen Sprachen herrscht die passivistische Konstruktion vor. Im Sumerischen etwa spielte die zielstrebige Aktivität eine so geringe Rolle, daß es für sie keine

---

407 KAINZ, Psychologie der Sprache, Bd. 5, 2. Teil, S. 528; HERMANN WEIN: „Sprache und Weltbild", in: Westermanns Pädagogische Beiträge 17, 1965, S. 1-12, S. 8; LEO WEISGERBER: „Innere Sprachform als Stil sprachlicher Anverwandlung der Welt", in: Studium Generale 7, 1954, S. 571-579, S. 577; HELMUT GIPPER: „Sprache als In-Formation (Geistige Prägung)" (1984), in: ders.: Sprache und Denken in sprachwissenschaftlicher und sprachphilosophischer Sicht, Münster i.W. 1992, S. 135-169, S. 150 (Zitat)

408 WEIN, Sprache und Weltbild, S. 2 u. 8

409 SHOKO KISHITANI: „Die Psyche der japanischen Sprache und die europäische Denkweise, in: Zeitschrift für Musikwissenschaft und Religionswissenschaft 44, 1960, S. 271-281, S. 275 ff.

eigene sprachliche Ausdrucksform gab. Es gibt hinsichtlich des Aktivismus Unterschiede zwischen den indogermanischen Sprachen. Aktivisch sind vor allem das Germanische, insbesondere das Englische, das Griechische und das Italische. Der Passivismus ist unter den indogermanischen Sprachen am stärksten beim Irischen ausgeprägt. Ausgeprägt passivisch sind auch das nicht indogermanische Baskische und die kaukasischen Sprachen.[410]

Verbunden mit dem Aktivismus des Indogermanischen ist die starke Betonung des *Ich* als das handelnde Subjekt. Sie steht in starken Gegensatz zu dem Zurücktreten des Subjekts in den meisten nicht europäischen Sprachen. Im Chinesischen und Japanischen wird die Ich-Form geradezu gemieden.[411]

Darüber hinaus hat das Indogermanische eine starke Tendenz zur Objektivierung, zur Verdinglichung der Natur, zur Quantifizierung und zum Denken in Gegensätzen. Die Natur wird in klar unterscheidbare Objekte mit polar entgegengesetzten Eigenschaften, gut – böse, schön – häßlich usw. gegliedert, während etwa das chinesische Adjektiv Qualitäten eher als Gradunterschiede denn als Gattungsunterschiede auffaßt. Auch Vorgänge werden im Indogermanischen wie Objekte aufgefaßt. Die Welt ist eine von Dingen und Handlungen, nicht von Geschehnissen. Demgegenüber gibt es etwa in manchen indianischen Sprachen kein Seiendes, keine Substanzen, sondern nur Ereignisse. Die Tendenz zur Zergliederung der Natur nach Dingen und Eigenschaften begünstigt die Erkenntnis kausaler Zusammenhänge, während ihre ganzheitliche Auffassung in den asiatischen und meisten außereuropäischen Sprachen sie eher verschleiert.[412]

---

410 KAINZ, Psychologie der Sprache, Bd. 5, 2. Teil, S. 174, 183, 187, 189 u. 192

411 HELMUT GIPPER: „Sprache – Denken – Handeln in der Sicht der Sprachinhaltsforschung“ (1979), in: ders.: Sprache und Denken in sprachwissenschaftlicher und sprachphilosophischer Sicht, Münster i.W. 1992, S.101-116, S. 113; ders., Sprache als In-Formation, S. 153; WEIN, Sprache und Weltbild, S. 3; KISHITANI, Die Psyche der japanischen Sprache, S. 274

412 WEIN, Sprache und Weltbild, S. 2 f. u. 7 f.

Dazu gehört auch die bemerkenswerte *Präzision* des Indogermanischen. In den europäischen Sprachen spielen Zeit, Zahl und Dinglichkeit eine große Rolle. So wird etwa Singular und Plural deutlich unterschieden, während es im Chinesischen und Japanischen keinen Formunterschied zwischen Ein- und Mehrzahl gibt.[413]. Deutlich werden im Indogermanischen Gegenwart, Vergangenheit und Zukunft grammatisch voneinander unterschieden. Die Zeit wird wie ein Maßband aufgefaßt, auf dem Zeitpunkte und Zeiträume genau bestimmbar sind. Es gibt sogar einen gewissen Überschuß an Präzision. In den meisten Sätzen der indogermanischen Sprachen werden Zahl- und Zeitverhältnisse gleichzeitig durch mehrere grammatische Mittel angezeigt. Dem steht eine ausgesprochene Vagheit etwa im Chinesischen entgegen. Im Chinesischen sind Aussagen selten absolut, es ist immer auch das Gegenteil richtig. Der amerikanische Sprachwissenschaftler Charles F. Hockett (1916-2000) spricht von dem *habituellen Relativismus* der chinesischen Sprache.[414]

Es scheint, daß die indogermanische Sprache eine aktive, aneignende Einstellung zur Welt und damit auch einen wissenschaftlichen Zugang zu ihr besser ermöglicht als viele nicht europäischen Sprachen.

Die germanischen Sprachen sind dadurch charakterisiert, daß der Akzent auf der den Sinn tragenden Stammsilbe des Wortes liegt. Dadurch unterscheiden sie sich von allen anderen europäischen Sprachen. Das Indogermanische hatte noch einen freien Wortakzent besessen, das heißt, die Hauptbetonung konnte auf jeder Silbe liegen. „Es muß tiefgreifende Ursachen in der Volkspsyche gehabt haben, daß die Germanen den freien indogermanischen Akzent aufgaben und diese dynamisch entschiedene Stammsilbenbetonung ausbildeten“, schrieb Friedrich Kainz. Mit der Betonung der Stammsilbe hebt das Germanische das Wichtige hervor. Nach Tassilo Schultheiß, den Kainz zitiert, ist der germanische Akzent Ausdruck des germanischen Lebensgefühls, „das mit Kraft auf den wichtigsten Dingen verweilen wollte und das Unwichtige auch unwichtig nahm“.[415]

---

[413] WEIN, Sprache und Weltbild, S. 1

[414] WEIN, Sprache und Weltbild, S. 1 ff. u. 6 ff.

[415] KAINZ, Psychologie der Sprache, Bd. 5, 2. Teil, S. 66 u. 414 f.

Die deutsche Sprache legt nicht nur wie die anderen germanischen Sprachen den Wortakzent auf die Stammsilbe, auch der Satzakzent liegt auf dem jeweils wichtigsten Wort. Eine Folge der Stammsilbenbetonung ist, daß die unbetonten Silben im Deutschen abgeschwächt werden. Allerdings gehen sie auch nicht ganz verloren, wie vielfach im Englischen. Auch die unbetonten Silben werden deutlich ausgesprochen. Die starke und häufige Akzentuierung unterscheidet das Deutsche von den meisten germanischen Sprachen. Das ständige Auf- und Absteigen der Stimme verleiht der Rede einen lebhaft bewegten, persönlich gefärbten Charakter. Durch die Stammsilbenbetonung ist das Deutsche mehr auf Stärke und energischen Nachdruck gerichtet als zum Beispiel das Französische mit seiner gleichmäßigen Betonung.

Überhaupt ist das Deutsche weniger an Wohlklang interessiert als die romanischen Sprachen. Es verzichtet auf die Klangfülle, wie sie etwa die volltönenden Endvokale im Italienischen aufweisen, und ist unempfindlicher gegen Konsonantenhäufungen, wie sie bei zusammengesetzten Wörtern oft vorkommen. Wie die meisten nördlichen Sprachen ist es reich an Konsonanten und klingt entsprechend „rauher" als das Französische oder Italienische. Die Artikulationsweise ist derber, der Stimmeinsatz energischer. Zugleich ist das Sprechtempo wie bei den anderen germanischen Sprachen langsamer als bei den Romanen.

Dabei hat das Deutsche viele reine Vokale wie das Italienische, wodurch es sich vom Englischen und Französischen unterscheidet. Desgleichen entspricht die Aussprache der Schreibweise, während etwa die Schreibweise des Englischen den Lautstand des 17. Jahrhunderts wiedergibt. Die Großschreibung der *Nomina* – etwas, das es in keiner anderen Sprache gibt! – ist die schriftgemäße Entsprechung zur bedeutungsgelenkten Stammsilbenbetonung.

Der Satzbau des Deutschen ist allgemein freier, aber auch komplizierter als der anderer Sprachen. Die Sätze sind im Allgemeinen länger. Wie alle germanischen Sprachen bevorzugt das Deutsche aktivische Konstruktionen gegenüber passivischen. Die Reihenfolge der Worte ist verhältnismäßig wenig festgelegt, was dem Sprecher größere Möglichkeit zum individuellen Ausdruck gibt. Typisch ist die syntaktische Klammer, durch die sich die gedankliche Spannung erst am Schluß löst. Sprachwissenschaftler haben darin den Ausdruck von Bedachtsamkeit gesehen, eines Gefühlslebens, das dauerhafter und weniger auf affektives Abreagieren ausgerichtet ist. Der deutsche Satzbau stellt größere Anforderungen an die Vorausplanung des Sprechers und die Konzentrationsfähigkeit des Zuhörers, kurz gesagt überhaupt größere intellektuelle Anforderungen als der einfachere Satzbau anderer Sprachen. Das Deutsche schätzt Vollständigkeit, Genauigkeit und Eindringlichkeit höher als raschen Effekt oder praktische Kürze. „Das deutsche Gefühlsleben ist weniger durch Heftigkeit als durch Dauer gekennzeichnet, und eine eher intro- als extravertierte Geistesart ermöglicht ein langes und intensives Sichbeschäftigen mit den Eindrücken, die keineswegs rasch abreagiert und kurzerhand erledigt werden", schreibt Friedrich Kainz.[416]

Besonders im Wortschatz einer Sprache spiegeln sich die Geschichte eines Volkes, seine Neigungen und Interessenrichtungen wider. Das Deutsche ist besonders wortreich. Mit schätzungsweise 300 000 Wörtern übertrifft es zum Beispiel das Englische und das Französische bei weitem. Dem Wortreichtum entspricht ein Reichtum an Bedeutungsunterschieden und damit auch an Ausdrucksmöglichkeiten. Das Deutsche bietet besonders günstige Voraussetzungen für die Bildung von Neologismen, das heißt von neuen Wörtern, sei es durch die Zusammensetzung von zwei Wörtern oder Neukombinationen mit Vorsilben (wie *an-, be-, er-, ver-, zer-, ent-* und *ur-*). Sie ermöglichen eine genauere inhaltliche Bezeichnung des Wortsinnes, wobei die Tendenz besteht, die Wörter etymologisch durchsichtig zu halten. Das Deutsche legt besonderen Wert auf die genaue Bezeichnungsaufgabe des Wortes, weshalb ihm Wortzusammensetzungen lieber sind als einfache Wörter; im Englischen ist es umgekehrt.

Für den deutschen Wortschatz ist bezeichnend, daß zahlreiche Sachverhalte, die man ebensogut auch statisch hätte auffassen können, dynamisch, das heißt von einer Tätigkeit her erfaßt und bezeichnet werden (Vor-stellung, be-greifen, er-innern = aus dem Inneren herausholen, im Gegensatz zu *memoria* oder *mémoire*, Er-kenntnis im Gegensatz zu *cognition, notion, connaissance*, die alle statisch sind).

---

416 KAINZ, Psychologie der Sprache, Bd. 5, 2. Teil, S. 448

Das Deutsche weist viel mehr germanisches Wortgut als das Englische auf, wo etwa die Hälfte der Worte romanischer (normannischer) Herkunft ist, und steht diesbezüglich den skandinavischen Sprachen näher. Es besitzt besonders viele Ausdrücke für emotionale Erlebnisse, für Gefühls- und Stimmungswerte, die sich nur schwer übersetzen lassen: Gemüt, Sehnsucht, Stimmung, Heimweh, Fernweh. Heimweh ist mit *nostalgie* nur unzureichend wiedergegeben, Wahrnehmung ist eindringlicher als *perception*.

Alles in allem schätzt die deutsche Sprache den Inhalt höher als die gefällige Form, die Genauigkeit mehr als die Eleganz, Nachdrücklichkeit und Eindringlichkeit mehr als Schnelligkeit. Sie unterstreicht das Wesentliche noch mehr als die anderen germanischen Sprachen, ohne dabei an Gründlichkeit zu verlieren. Es ist eine Sprache des genauen Charakterisierens, der Nachdenkens, der Innenschau und des individualistischen Ausdrucksbedürfnisses.[417]

Das Englische hat die germanische Stammsilbenbetonung noch entschiedener durchgeführt. Die nicht betonten Silben werden nur undeutlich artikuliert. Dafür ist die Satzakzentuierung anders als im Deutschen nur schwach. Die Satzmelodie ist gleichmäßig und es gibt nur geringe Intonationsschwankungen. Der Sprecher nimmt sich und sein Anliegen zurück. Die Sprechweise ist lässig, mit wenig Krafteinsatz. Die Artikulationsökonomie ist im Englischen wichtiger als die phonetische Genauigkeit. Es gibt eine relativ große Toleranz gegen die unterschiedliche Aussprache zahlreicher Wörter, worin Sprachwissenschaftler den Ausdruck des englischen Individualismus gesehen haben. Wie die anderen germanischen Sprachen ist auch das Englische stärker auf Lautcharakteristik eingestellt als auf Wohlklang. Worte und Sätze sind möglichst kurz, was von Sprachwissenschaftler als praktischer Sinn gedeutet wird. Im Satzbau ist die Abfolge der Wörter stärker festgelegt als im Deutschen. Auf kompliziertere Satzkonstruktionen wird verzichtet. Allgemein zeichnet sich das Englische durch einen ökonomischen und pragmatischen Charakter aus. Es kommt mit verhältnismäßig wenigen laut-

---

417 KAINZ, Psychologie der Sprache, Bd. 5, 2. Teil, S. 78, 196 ff., 403-475 u. 565; HELENE HOMEYER: Von der Sprache zu den Sprachen. Sprachphilosophie, Sprachlehre, die Sprachen Europas, Olten 1947

lichen und grammatischen Darstellungsmitteln aus. Es hat viel Sinn für Effizienz, Objektivität und Aktivität.[418]

Das Französische ist auf der Grundlage des gallischen Volkslateins mit germanischen Einflüssen entstanden. Aus dieser Volkssprache bildete sich seit dem späten Mittelalter durch höfische Einflüsse die moderne französische Hochsprache. Im Unterschied zu den germanischen Sprachen ist im Französischen der Wortakzent ganz in den Satzakzent aufgegangen, der ebenfalls nur schwach betont wird. Es gibt im Französischen keine Hervorhebung des Wichtigen durch Stimmdruck oder Lautheit wie im Deutschen. Im „richtigen" Französischen werden alle Silben mit gleichem Nachdruck, in der Stimmlage etwas steigend ausgesprochen. Man legt Wert auf einen gleichmäßigen Lautfluß. Die Worte werden in der mündlichen Sprache zu ganzen Wortgruppen zusammengezogen. Dadurch kommt die bemerkenswerte Flüssigkeit, Eleganz und Geschmeidigkeit des modernen Französischen zustande. Das Altfranzösische des frühen Mittelalters war noch eine viel kräftigere, rauhere und impulsivere Sprache. Der Grund für diese Veränderung liegt nach Friedrich Kainz nicht im Lautmechanischen, sondern in einem psychischen Bedürfnis nach Wohlklang und flüssiger Glätte der Rede. Je mehr das Französische zu einer offiziellen und höfischen Sprache wurde, desto mehr bemühte man sich, es von allen Mißklängen zu reinigen.

Das Französische hat eine Tendenz zur Verkürzung der Wörter, es kommt ihm auf rasche Sprechbarkeit an. Dem größten Teil des französischen Wortschatzes fehlt eine erkennbare etymologische Motivierung, die Worte bekommen dadurch einen quasi abstrakten, intellektuellen Charakter. Der französische Wortschatz ist deutlich kleiner als der englische und erst recht als der deutsche. Es gibt eine Tendenz zum allgemeineren Ausdruck, zur Abstraktheit. Auch die grammatischen Strukturen zielen auf Klarheit. Neben der Tendenz zur Intellektualisierung und Rationalisierung spielt im Französischen der lautliche Wohlklang eine große Rolle. Das Französische hat weniger Konsonanten als das Deutsche, es kling weniger „rauh". Daß es trotzdem nicht so einen farbigen und vollen Klang wie das Italienische, Spanische und Portugiesische hat, liegt an seiner Vorliebe für das mittlere, eher neutrale *„e"*

---

418 KAINZ, Psychologie der Sprache, Bd. 5, 2. Teil, S. 496-536

als Schlüsselvokal. Salvador de Madariaga sah darin einen Ausdruck des französischen Sinns für das Maß. Ganz allgemein gesehen hat das Französische einen intellektuellen Zug, das Normative und das Allgemeine haben Vorrang vor dem Individuellen und Besonderen. Für den Franzosen hat das Wort einen unmittelbaren Wert, ist genauso wirklich wie die Wirklichkeit, die mit ihm beschrieben werden soll. Darüber hinaus hat das Französische einen ausgesprochen werbenden, geselligen Charakter.[419]

Der dänische Romanist Viggo Brondal (1887-1942) sah den Hauptzug des Französischen in seinem „abstrakten" Charakter, der Franzose Albert Dauzat (1872-1955) in seiner Klarheit, Harmonie, Kürze und Präzision. Für den deutschen Romanisten Eugen Lerch (1888-1952) dagegen war der abstrakte und klassische Stil des Französischen eine Kompensation des eigentlich sinnlichen und impulsiven französischen Wesens.[420]

Ausgangspunkt der romanischen Sprachen, zu denen das Französische, das Italienische, das Spanische und andere Sprache gehören, war die Sprache der Römer, das Latein. Das Lateinische hatte einen harten, energischen Akzent, der nicht wie im Deutschen an die Stammsilbe gebunden war, sondern der auf der zweitletzten und drittletzten Silbe lag und je nach Flexionsendung wechselte. Der eigentümliche Rhythmus des Lateinischen kam durch den ständigen Wechsel langer und kurzer Silben zustande. Die Tonstärke (Tonlänge) war wichtiger als die Tonhöhe. Das Lateinische hatte viele klare Vokale und eine deutliche Aussprache. Es zeichnete sich durch eine strenge Logik des Satzbaues aus, mit einer klaren Hervorhebung des Hauptgedankens durch strenge Unterordnung von Nebensätzen. Es wollte die Beziehungen und die Kausalität zum Ausdruck bringen und scheute auch vor langen Sätzen nicht zurück. Sein Wortschatz war eher klein, und zu den Nomina gab es nur wenige schmückende Beiwörter. Das Lateinische strebte nach

419 KAINZ, Psychologie der Sprache, Bd. 5, 2. Teil, S. 78, 85, 115, 458-493. KARL VOSSLER: „Französisch", in: ders.: Wesenszüge romanischer Sprache und Dichtung, München 1946, S. 25-42

420 ALWIN KUHN: Romanische Philologie, Erster Teil: Die romanischen Sprachen, Bern 1951, S. 288

Konsequenz und logischer Schärfe, nach Objektivität und Effizienz. Individualität und Wohlklang waren ihm zweitrangig. Dadurch ergab sich ein lakonischer, nüchterner Stil, der aber nicht ohne Pathos war.[421] Dieses beruhte nicht zuletzt auf seiner ursprünglichen religiösen Funktion, wo es für eine Art formelhaften Wortzauber diente.[422]

Man hat in dem Lateinischen eine besonders logische Sprache gesehen, die zu rationalem Denken erzieht, zu rationaler Kontrolliertheit und Disziplin.[423]

Das Latein war ursprünglich weniger streng und nüchtern gewesen. Das früheste Latein war wie die anderen italischen Sprachen noch verhältnismäßig vokalreich und volltönend, noch sinnlicher und affektiver. Es scheint, als sei der herbe Charakter des Lateinischen das Ergebnis einer gewollten Zucht und Straffung gewesen, mit der die republikanischen Römer die Sprache ihrem Ideal anpaßte.[424]

Im Vergleich zu der anderen großen Kultursprache des Altertums, dem (Alt-)Griechischen, war das Lateinische verhaltener, sparsamer und klangärmer. Es fehlt ihm die Reichhaltigkeit, Schmiegsamkeit und Beweglichkeit des Griechischen, es hatte einen härteren und weniger musikalischen Klang als das Griechische, das von der indogermanischen Formenfülle wesentlich mehr bewahrt hatte und über wesentlich mehr individuelle Ausdrucksmöglichkeiten verfügte.

Die Sprachen der romanischen Völker entstanden jedoch nicht direkt aus dem klassischen Latein, sondern aus der Sprache des einfachen Volkes, dem sogenannten Vulgärlatein oder *Vulgare*. Dieses hatte sich schon in der römischen Kaiserzeit immer mehr von dem klassischen Schriftlatein entfernt und entwickelte sich nach dem Untergang der antiken Hochkultur quasi naturwüchsig weiter.

---

421 OSKAR WEISE: Charakteristik der lateinischen Sprache. 4., verbesserte Auflage, Leipzig 1909; OTTO SEEL: Römertum und Latinität, Stuttgart 1964; KAINZ, Psychologie der Sprache, Bd. 5, 2. Teil, S. 179; HOHMEYER, Von der Sprache zu den Sprachen.

422 SEEL, Römertum und Latinität, S. 429

423 SEEL, Römertum und Latinität, S. 495

424 SEEL, Römertum und Latinität, S. 424 f. u. 504

Dieses Volkslatein hatte eine gegenüber dem klassischen Latein stark reduzierte Grammatik, es kannte kaum noch die indirekte Rede, das lateinische Futur verschwand, und das Deklinationssystem wurde stark vereinfacht. Der Lautbestand hatte sich vereinfacht, unbetonte Silben gingen verloren, wie zum Beispiel die Endsilbe *–um*, die man wahrscheinlich wie das französische *–en* aussprach, betonte Silben wurden jetzt stärker hervorgehoben. Die Diphthonge (Mischlaute) wurden zusammengezogen, aus *ae* wurde *e*, aus *au o*, schon zur Zeit Ciceros wurde Claudius wie Clodius gesprochen. Der charakteristische, durch die unterschiedliche Länge und Kürze der Silben bewirkte Rhythmus des Lateinischen ging verloren. Das *Vulgare* war affektiver und expressiver als das klassische Latein, die Vokale gelangten zu größerer Nachdrücklichkeit und Schallfülle, wie sie noch das heutige Italienisch auszeichnen. Es strebte nach sinnlicher Ohrenfälligkeit, nach Wohlklang, der zugleich expressiv ist, und neigte zu schneller und impulsiver Aussprache. Das *Vulgare* hatte eine ausgesprochene Vorliebe für *Deminutiva* (Verkleinerungen und Verniedlichungen), besaß viel Wortwitz und sprichwörtliche Redewendungen und machte starken Gebrauch von Steigerungsformen und Übertreibungen. Es war grob und derb, aber von lebendiger Empfindung getragen, einfach und leicht verständlich, mit einem kurzen, abgerissenen Stil. Das „vulgäre" Latein zielte im Gegensatz zum klassischen Latein auf Phantasie und Gemüt, nicht so sehr auf Verstand und Wille. „Es verhält sich wie eine energisch gesprochene, geschrieene, plebeisch gesprochene Sprache zu einer delikat gesprochenen: Schreier – Artikulatoren" schrieb Karl Vossler.[425]

Völkerpsychologisch interessant ist, daß das *Vulgare* das spezifisch römische Pathos der Nüchternheit und Strenge ganz aufgab. Manche Eigenarten knüpften wieder an das italische, vorliterarische Latein an. Daneben spielten griechische Einflüsse eine große Rolle, was angesichts der umfangreichen Einwanderung aus dem griechischsprachigen Os-

---

[425] KARL VOSSLER: Einführung in das Vulgärlatein, München 1954 (Zitat S. 102); WEISE, Charakteristik der lateinischen Sprache; GIACOMO DEVOTO: Geschichte der Sprache Roms, Heidelberg 1968; REINHARD KIESLER: Einführung in die Problematik des Vulgärlateins, Tübingen 2006; KAINZ, Psychologie der Sprache, Bd. 5, 2. Teil; MARCELLO DURANTE: Geschichte der italienischen Sprache, Stuttgart 1993

ten des Reiches nach Italien nicht verwundern kann. Wesentliche Veränderungen traten schon in der römischen Kaiserzeit auf. „Es ist nicht übertrieben, wenn man behauptet, die Züge, die in phonetischer Betrachtungsweise die italienischen Dialekte definieren, hätten sich zum guten Teil bereits vor dem Ende des Römerreiches herausgebildet", schreibt der Sprachwissenschaftler Giacomo Devoto.[426]

Wenn man sprachliche Veränderungen als den Ausdruck von psychologischen Bedürfnissen in der Sprachgemeinschaft ansieht, wie das die idealistische Sprachpsychologie tut, legt das nahe, daß der römische Volkscharakter sich schon in der Antike in Richtung des italienischen zu verändern begann.

Die Sprachwissenschaftler setzen den Zeitpunkt, wo aus dem Vulgärlatein das Italienische geworden war, ungefähr auf die Zeit um 700 n. Chr. Zu diesem Zeitpunkt hatte sich die Sprache des Volkes von dem weiterhin von der Kirche tradierten Latein – das natürlich auch nicht mehr dem klassischen Latein entsprach, sondern ein vielfach verdorbenes *Mittellatein* war – so weit entfernt, daß man dieses nicht mehr unmittelbar verstand und es wie eine Fremdsprache erlernen mußte. Im 14. Jahrhundert, in der Zeit Petrarcas und Dantes, erfuhr das Italienische eine Kultivierung durch die städtischen und höfischen Oberschichten Italiens, wurde es von allzu plebeischen Erscheinungen gereinigt, und im Sinne der toskanischen Mundart standardisiert. Es gewann dadurch an Eleganz und Klangschönheit.

Das Italienische besitzt reine Vokale, jeder Vokal und Konsonant wird deutlich ausgesprochen. Insgesamt ist das Vokal- und Konsonantensystem gegenüber dem Lateinischen ziemlich unverändert, die Grammatik dagegen stark vereinfacht. Das Italienische klingt weicher und musikalischer, kommt ihm aber in seinem Streben nach Klarheit und Formschönheit nah. Anstelle der alten römischen Sparsamkeit neigt das Italienische zu Wortfülle und eleganten Verzierungen. Charakteristisch sind die gedoppelten Konsonanten *(„bellissimo")*. Es zielt mehr auf das Gefühl als auf den Verstand, hat ein großes Bedürfnis nach rhetorischer Wirkung, nach *effetto*. Das Sprechtempo des Italienischen ist gegenüber dem Latein beschleunigt, worin Friedrich Kainz den Aus-

---

[426] DEVOTO, Geschichte der Sprache Roms, S. 256

druck einer veränderten Seelenlage sieht. Den Hang zu Rhetorik, Pathos und Deklamation hat es mit dem Lateinischen gemeinsam. Die Begabung zum Reden ist größer als die zum Zuhören. Was das Italienische an lateinischer Wucht und Strenge verloren hat, hat es an Liebenswürdigkeit und Biegsamkeit gewonnen.[427]

Das Spanische ist aus der Sprache des mittelalterlichen Kastilien hervorgegangen. Es besitzt einen deutlichen Wortakzent, der in der Regel auf der vorletzten Silbe liegt. Die Endvokale sind häufig tonlos. Es hat im Vergleich zum Italienischen eine geringere Lautvarietät, die Laute werden nicht so volltönend gesprochen. Dadurch klingt es tiefer und wirkt im Ton ausgewogener als das Italienische. Der Redefluß ist glatter. Charakteristisch ist die Sonorisierung des zwischen den Vokalen liegenden Verschlußlautes *(„Señor“)*. Das Spanische hat im Vergleich zu den anderen romanischen Sprachen etwas Strenges, Herrisches. Es besitzt ein spezifisches Pathos und hat bei allem Stoizismus auch eine Neigung zum Zeremoniellen und zu rhetorischen Schnörkeln. Karl Vossler spricht von jenem „wuchernden Sprachgeschmack, der schon den Römern als Hispanismus auffiel“.[428]

---

427 HOHMEYER, Von der Sprache zu den Sprachen; KAINZ, Psychologie der Sprache, Bd. 5, 2. Teil, S. 51 ff. u. S. 330; KARL VOSSLER: „Italienisch“, in: ders.: Wesenszüge romanischer Sprache und Dichtung, München 1946, S. 5-24;

428 HOHMEYER, Von der Sprache zu den Sprachen; KUHN, Die romanischen Sprachen, S. 363 ff.; KARL VOSSLER: „Spanisch“, in: ders.: Wesenszüge romanischer Sprache und Dichtung, München 1946, S.43-62 (Zitat S. 58); vgl. auch ders. „Die Bedeutung der spanischen Kultur für Europa“ (1929), in: ders.: Die romanische Welt. Gesammelte Aufsätze, München 1965, S. 207-237

20. Rassenpsychologie

Schon die Begründer der physischen Anthropologie im 18. und frühen 19. Jahrhundert hatten angenommen, daß den menschlichen Rassentypen auch seelische Unterschiede entsprechen.

Ab der Mitte des 19. Jahrhunderts trugen Anthropologen ein immer umfangreicheres Datenmaterial über die Variabilität des Menschen zusammen. Dieses umfaßte in erster Linien kraniologische, das heißt auf Schädelmessungen beruhende Daten, zu denen dann auch vermehrt Messungen und Beobachtungen an Lebenden hinzukamen. Auf dieser Grundlage beschrieben die anthropologischen Systematiker immer genauer die unterschiedlichen Rassentypen des Menschen auch unterhalb der Ebene der Großrassen der Europiden, Negriden und Mongoliden. In Europa unterschied man neben den Nordiden vor allem die Mediterranen, die Alpinen, die Dinariden und die Osteuropiden. Dieses Rassensystem beruhte im Kern auf dem französisch-russischen Anthropologen Joseph Deniker (1852-1918) und fand in den 1930er Jahren im Werk des deutschen Anthropologen Egon von Eickstedt (1892-1965) seine im Wesentlichen bis heute gültige Ausformung.

Die frühen Systematiker hatten sich noch auf die körperlichen Merkmale beschränkt. Erst als sich in den ersten Jahrzehnten des 20. Jahrhunderts durch die Familien- und die Zwillingsforschung immer mehr erhärtete, daß auch die psychischen Eigenschaften eine starke Erbkomponente haben, begannen die Anthropologen – zunächst noch vorsichtig – auch psychologische Merkmale einzubeziehen. Im Mittelpunkt des Interesses stand damals vor allem Europa. Die Anthropologen verwiesen auf auffälligen Parallelen in der Verteilung von körperlichen und psychologischen Merkmalen. So zeigt das Kerngebiet des nordiden Typus in Skandinavien, Norddeutschland, England und den Niederlanden ein weitgehend einheitliches Temperament, ebenso wie etwa das Kerngebiet des mediterranen Typus an den Küsten des westlichen Mittelmeeres. Die Anthropologen ergänzten nun die körperlichen Merkmale der Rassentypen durch seelische, in dem sie von dem Volkscharakter in den typologischen Kerngebieten der Rassen ausgingen, wie er sich dem Beobachter darbot und in der völkercharakterologischen Literatur beschrieben wurde. Auf diese Weise ergänzte man etwa das Bild des nordiden Typus um ein ruhig-sachliches Temperament, das des mediterranen um ein lebhaftes und geselliges und das des dinariden Typus in Südosteuropa um ein ausgesprochen männlich-viriles. Es handelt sich also um die geographischen Korrelationen zwischen Rassentypus und Temperament. Eine Methode, die bereits zu einem gut nachvollziehbaren Bild von den seelischen Eigenschaften nicht nur der europäischen Rassen führte, und die besondere Evidenz erreicht, wenn man die großräumigen Korrelationen auch auf kleinräumiger Ebene wiederfindet.

So verwies zum Beispiel der britische Anthropologe Herbert John Fleure (1877-1969) auf die deutliche Übereinstimmung von Rassentypus und Temperament in Wales. Dort unterscheiden sich die keltischsprachigen, rassentypologisch mediterraniden Waliser deutlich durch ihr lebhafteres Temperament von den stärker nordiden Engländern. Auch fiel immer wieder der Zusammenhang von den deutschen Stammes- und Regionalcharakteren und der anthropologischen Struktur der Bevölkerung auf. Hier sind es vor allem die verhältnismäßig rein nordiden Gebiete im Norden, die durch ihr ruhiges Temperament auffallen. Je stärker nach Osten hin der slawisch-osteuropide Einschlag zunimmt, von Mecklenburg bis Ostpreußen, desto mehr nähert sich auch das Wesen der Menschen dem in Osteuropa an. In Süddeutschland sind die Menschen extravertierter und geselliger als in Norddeutschland, wobei das anthropologisch am stärksten nordide Gebiet in Württemberg zugleich das mit der introvertiertesten Charakterstruktur ist. Auch in der Schweiz sind die Regionen mit der am stärksten nordiden Bevölkerung zugleich diejenige, deren Bewohner als die ruhigsten und introvertiertesten in der Schweiz gelten (Berner Oberland). In Bayern und den österreichischen Alpen mit ihrer dinarid beeinflußten Bevölkerung findet sich sogar schon etwas von der ausgesprochenen Virilität, die für das westliche Südosteuropa kennzeichnend ist. Ähnliche geographische Übereinstimmungen fand man in verschiedenen Ländern Europas, etwa in Frankreich, Spanien und Italien, wo das mediterrane Temperament mit dem mediterraniden Typus parallel geht, oder in Finnland, wo der stärker osteuropide Osten sich vom nordiden, im Temperament mit den germanischen Skandinavien übereinstimmenden Westen abhebt. Auf rassische Unterschiede verweist es auch, wenn sich die Bevölkerung vormaliger Hugenottendörfer in Deutschland und Schweden heute noch durch aufgeschlossenes Wesen auszeichnen.[429] Oder wenn Völker ähnlichen rassentypologischen Charakters, wie die Juden und die Armenier, trotz jahrtausendealter räumlicher Trennung in ihrem Wesen und ihren Begabungen immer wieder ähnlich beschrieben werden.

Beschränkten sich die Fachanthropologen auf die Grundzüge des Temperaments, so entwarf der populäre Schriftsteller Hans F.K. Günther (1891-1968) ausführliche Charakterbilder der europäischen Rassentypen. Günther war der führende Vertreter der nordistischen Rassenlehre in Deutschland, die in der Nachfolge des Grafen Arthur de Gobineau (1816-1882) die europäische Kultur vor allem als Leistung der nordischen Rasse ansah und ihren vorausgesagten Niedergang auf deren Schwinden zurückführte. Günthers Bücher zeichneten sich vor den meisten anderen rassenideologischen Publikationen durch ihre maßvolle Diktion aus und erreichten große Auflagen. Ein Grund für ihre Popularität war sicher auch, daß das die von Günther gezeichneten Charakterbilder von großer psychologischer Stimmigkeit sind. Bei aller Pointierung enthalten sie sicher auch viel Richtiges. Am bedenklichsten ist nicht so sehr seine durchaus nicht unkritische Charakterisierung der Nordiden, als vielmehr die ziemlich negative Beschreibung des Charak-

---

429 HERBERT J. FLEURE: „The geographical distribution of anthropological types in Wales“, in: The Journal of the Royal Anthropological Institute 46, 1916, S. 35-153; EGON von EICKSTEDT: „Die Mediterranen in Wales“, in: Zeitschrift für Rassenkunde 1, 1935, S. 19-64; ders.: Die rassischen Grundlagen des deutschen Volkes, Köln 1939; ANDREAS VONDERACH: Anthropologie Europas. Völker, Typen und Gene vom Neandertaler bis zur Gegenwart, Graz 2008, S. 218 u. 298; ders.: Die deutschen Regionalcharaktere. Psychologie und Geschichte, Husum 2012; HEINZ KOSLOWSKI: „Die Einfügung französischer (hugenottischer) Flüchtlinge in das deutsche Volk“, in: Zeitschrift für Morphologie und Anthropologie 39, 1941, S. 117-177; BERTIL LUNDMAN: „Anthropologische Beobachtungen an fremdstämmigen Bevölkerungsgruppen in Schweden“, in: Homo 18, 1967, S. 73-77

ters der alpinen Rasse, von ihm – geographisch irreführend – *ostische* Rasse genannt. In dieser sah er eine archemorphe Form, während sie in Wirklichkeit eher eine regionale Fortentwicklung der progressiven Mediterraniden ist.[430] Auf Günthers Charakterisierung des armeniden – bei Günther: vorderasiatischen – und des orientaliden Typus baute später die jüdisch-schweizerische Publizistin Salcia Landmann (1911-2002) ihre Rassenpsychologie des jüdischen Volkes auf.[431]

In Amerika ging man schon frühzeitig dazu über, bei der Erforschung von Rassenunterschieden Tests anzuwenden. Dabei stand anders als in Europa nicht das Temperament, sondern die geistige Leistungsfähigkeit, die Intelligenz im Vordergrund. Während des Ersten Weltkriegs führte man dort in großem Umfang Intelligenzuntersuchungen an Armee-Rekruten durch. Die Ergebnisse der *Alpha Army Tests* zeigten eine starke Überlegenheit der weißen, europiden Rekruten über die schwarzen, negriden. Die höchste der unterschiedenen Begabungsstufen war fast nur von Weißen besetzt, wogegen bei der schwächsten Begabungsstufe die schwarzen Rekruten siebenmal häufiger waren. Hatten die europiden Rekruten am häufigsten Ergebnisse im mittleren Begabungsbereich, so die negriden bei der schwächsten Begabungsstufe. Rekruten, die die englische Sprache nicht beherrschten, waren nicht berücksichtigt worden. Die Untersuchungen unterschieden auch zwischen den europäischen Einwanderern aus den verschiedenen Ländern. Am besten schnitten Engländer, Skandinavier und Deutsche ab, am schlechtesten die Süd- und Osteuropäer. Allerdings waren die Rekrutentests eine reine Bestandsaufnahme, die die sozialökonomischen Verhältnisse, die bei den Schwarzen und auch bei manchen Einwanderergruppen natürlich deutlich schlechter waren, nicht berücksichtigten. In der Folge führten Psychologen in den USA in großer Zahl Intelligenztests durch. Je mehr man sozial gleich gestellte Gruppen verglich, desto mehr verringerten sich die Unterschiede zwischen Weißen und Schwar-

---

430 HANS F.K. GÜNTHER: Rassenkunde des deutschen Volkes, (letzte überarbeite Auflage 1933), München 1942, ANDREAS VONDERACH: Anthropologie Europas. Völker, Typen und Gene vom Neandertaler bis zur Gegenwart. 2., völlig überarbeitete Auflage, Graz 2015, S. 201

431 SALCIA LANDMANN: Die Juden als Rasse, 2. Auflage, Wiesbaden 1981 (1. Auflage Freiburg i.Br. 1967)

zen, ohne jedoch ganz zu verschwinden. Die Einwanderer chinesischer oder japanischer Herkunft schnitten praktisch genausogut ab wie diejenigen europäischer Herkunft.

Die Testergebnisse lösten im Amerika der zwanziger Jahre eine Diskussion darüber aus, ob in ihnen erbliche Rassenunterschiede oder nur schlechte soziale Lage der Schwarzen zum Ausdruck kommt. In der amerikanischen Psychologie überwog damals unter dem Einfluß der Schule des Anthropologen Franz Boas und des Behaviorismus bereits die *Milieutheorie*, die erbliche Unterschiede zwischen den Menschen bestritt und alle Unterschiede grundsätzlich auf die Wirkung der sozialen und kulturellen Umwelt zurückführte. Psychologen wie Thomas R. Garth (1872-1939) und der Boas-Schüler Otto Klineberg (1899-1992) fanden in ihren zahlreichen Untersuchungen zwar immer wieder die gleichen Unterschiede zwischen den Rassen und Herkunftsgruppen, kamen jedoch genauso gleichförmig immer wieder zu dem Schluß, diese müßten umweltbedingte Ursachen haben! Garth und Klineberg sah ihre Forschungen auch als Beitrag im Kampf gegen die Rassendiskriminierung in den USA und gegen die Rassenlehre des Nationalsozialismus in Europa an. Nur eine Minderheit unter den amerikanischen Psychologen, darunter der Sozialpsychologe William McDougall (1871-1938) und der Zwillingsforscher Nathaniel D. Hirsch vertraten weiterhin die Auffassung, daß es psychologische Rassenunterschiede gibt.[432]

Da die verschieden Einwanderergruppen aus Europa nicht repräsentativ für ihre Herkunftsländer sein mußten, führte Klineberg

---

432 THOMAS R. GARTH: „A review of race psychology“, in: The Psychological Bulletin 27, 1930, S. 329-356; ders.: Race Psychology. A study of racial mental differences, New York 1931; OTTO KLINEBERG: Race differences, New York 1931; ders.: Rasse und Psychologie, Berlin 1953; ENO BEUCHELT: Ideengeschichte der Völkerpsychologie, Meisenheim am Glan 1974, S. 261 ff.; BRUNO PETERMANN: Das Problem der Rassenseele. Vorlesungen zur Grundlegung einer allgemeinen Rassenpsychologie, Leipzig 1935, S. 38 ff.; EGON von EICKSTEDT: Grundlagen der Rassenpsychologie, Stuttgart 1936, S. 118 f.; NATHANIEL D. MITTRON HIRSCH: „A study of natio-racial mental differerences“, in: Genetic Psychology Monographs 1, 1926, S. 230-406;

Vergleichsuntersuchungen in Deutschland, Frankreich und Italien durch, wobei er auch zwischen dem nordiden, alpinen und mediterraniden Rassentypus unterschied. Zwar fand er eine etwas bessere Intelligenz bei den Nordiden, gefolgt von den Alpinen und den Mediterranen, ebenso wie eine etwas bessere Intelligenz der Deutschen, gefolgt von Franzosen und Italienern, da aber nicht alle nordiden Gruppen besser und nicht alle mediterraniden schlechter abschnitten als die anderen, schloß er daraus, daß Rassenunterschiede nicht bestünden. Daß es in allen Rassen auch Begabungsunterschiede zwischen städtischen und ländlichen Bevölkerungen gibt, ließ er dabei außer Betracht.[433]

Einige Anthropologen und Psychologen in Europa begannen unterdessen das Problem psychologischer Rassenunterschiede auf andere Weise anzugehen. Und zwar erhoben sie bei anthropologischen Bevölkerungsuntersuchungen nun auch psychologische Merkmale. Diese überprüften sie dann auf Korrelationen zu den morphologischen Merkmalen hin. Da in Europa die meisten Bevölkerungen rassentypologisch gemischt sind, müßten sich, sollten sich die Rassentypen auch psychologisch voneinander unterscheiden, so Beziehungen zwischen den Rassenmerkmalen und den psychologischen Merkmalen finden lassen.

Tatsächlich fand man bei Untersuchungen, die in den 1930er bis 1960er Jahren in verschiedenen Gegenden Deutschlands, aber zum Beispiel auch in England und in den Niederlanden durchgeführt wurden, zahlreiche psycho-somatische Korrelationen. Neben solchen allgemeiner Natur, so besteht zum Beispiel ein positiver Zusammenhang von Körperhöhe und Begabung, fand man auch solche, die auf Rassenunterschiede verweisen. Insbesondere besteht eine Beziehung von heller Pigmentierung und introvertierter Charakterstruktur. Die Dunkeläugigen und Dunkelhaarigen sind im Mittel etwas lebhafter und extravertierter als die Hellpigmentierten. Nach einer niederländischen Untersuchung sind die Hellpigmentierten nicht nur introvertierter, sondern auch aktiver und selbständiger. In einigen Untersuchungen fand man

---

433 OTTO KLINEBERG: „A study of psychological Differences between ‚Racial‘ and National Groups in Europe“, in: Archives of Psychology 132, 1931, S. 1-58

bei ihnen auch mehr technisches Interesse, mehr Ordnungsliebe, eine größere Tendenz zu sozialer Gehemmtheit, aber auch eine größere Risikobereitschaft. Die Dunkelpigmentierten sind dagegen impulsiver und neigen mehr zu starken Gefühlsäußerungen. Zu dem hellpigmentierten Merkmalskomplex mit seinen psychologischen Korrelationen gehört in mehreren Untersuchungen auch eine längliche Kopfform und leptosome Körpergestalt. Zudem zeigen manche Untersuchungen auch einen schwachen Zusammenhang von heller Pigmentierung (vor allem heller Augenfarbe) und länglicher Kopfform mit besserer Schulbegabung oder Intelligenz.[434] Die Befunde über die stärkere Introversion der Hellpigmentierten fand man in neueren Untersuchungen vor allem an

---

434 KARL PEARSON: „On the relationship of intelligence to size and shape of head, and to other physical and mental characters", in: Biometrika 5, 1906, S. 105-146; ENNO DIRK WIERSMA: „Körperbau verschiedener Rassen und Konstitutionen. Im Zusammenhang mit psychologischen und physiologischen Eigenschaften", in: Zeitschrift für angewandte Psychologie 33, 1929, S. 136-184; KURT RAU: Untersuchungen zur Rassenpsychologie nach typologischer Methode. Beiheft 71 zur Zeitschrift für angewandte Psychologie und Charakterkunde. Leipzig 1936; THEODORE CHARLES KAHN: Konstitution und Risikobereitschaft. Nach Untersuchungen an 200 amerikanischen Männern. Diss. Mainz 1960; ILSE SCHWIDETZKY, HUBERT WALTER: „Körperliche und soziale Beziehungen der Schulbegabung nach Untersuchungen an westfälischen 14Jährigen", in: Homo 9, 1958, S. 162-203; WOLFRAM BERNHARD: Psychische Korrelate der Augen- und Haarfarbe und ihre Bedeutung für die Sozialanthropologie. In: Homo 16 (1965), S. 1-31; KARL VALENTIN MÜLLER, ILSE SCHWIDETZKY: „Pigmentation, Begabung und soziales Verhalten.", in: Homo 16 (1965), S. 32-44; GERD CEHAK: „Über das psychomotorische Tempo und die Rhythmik, eine rassenpsychologische Untersuchung", in: Zeitschrift für Rassenphysiologie 9 (1937), S. 56-91 u. 160-177; ders.: „Tempo und Rhythmik in der Psychomotorik der Rassen und Geschlechter", in: Die Umschau 42 (1938), S. 77-79

435 ALBERT L. GARY, JOHN GLOVER: Eye color, sex, and children's behavior, Chicago 1976; ALLISON A: ROSENBERG, JEROME KAGAN: „Iris Pigmentation and behavioral inhibition", in: Developmental Psychobiology 20 (1987), S. 377-392; dies.: „Physical and physiological correlates of behavioral inhibition", in: Developmental Psychobiology

Kindern in den USA im wesentlich bestätigt.[435] Außerdem fand man einen positiven Zusammenhang von Stirnhöhe und Intelligenz; die hohe Stirn ist ein für Europäer charakteristisches Merkmal und nimmt in Europa sowohl nach Osten als nach Süden hin ab.[436]

Gelegentlich prüfte man nicht nur Einzelmerkmale, sondern auch die anthropologischen Typen selbst auf psychologische Korrelationen. In solch einer Untersuchung im Rhein-Main-Gebiet nahm die Zahl der zustimmenden Antworten zu dem Sätzen *„Ich liebe es sehr, in Gesellschaft anderer zu sein"* und *„Ich bin sehr mitteilsam"* um so mehr zu, je mehr die Befragten sich morphologisch dem mediterranen Typus nähern und je weniger nordide Merkmale sie aufweisen. Die Probanden mit nordidem Typus stimmten dafür häufiger Sätzen zu wie *„Ich halte mich bei gesellschaftlichen Veranstaltungen gern im Hintergrund"*, oder auch *„Ich denke gerne über schwierige und verwickelte Probleme nach"*.[437]

Auch in Polen führten Anthropologen in den 1920er und 1930er Jahren Untersuchungen an Schülern und Studenten über psychologische Unterschiede zwischen den dort vorkommenden Rassentypen durch. Sie fanden die nordiden Typen überdurchschnittlich stark logisch begabt und vergleichsweise verschlossen, ruhig, ernst, kühl und stetig im

---

22 (1989), S. 753-770; ROBERT J. COPLAN, BENJAMIN COLEMAN, KENNETH H. RUBIN: „Shyness and little boy blue: iris pigmentation, gender, and social wariness in preschoolers", in: Developmental Psychobiology 32 (1998), S. 37-44; EVA MOHLER; JEROME KAGAN u.a.: „Association of behavioral inhibition with hair pigmentation in a European sample", in: Biological Psychology 72, 2006, S. 344-346

436 FRANZ KIENER, EBERHARD KEIPER: „Einige Zusammenhänge zwischen physiognomischen Merkmalen und Intelligenz", in: Homo 28, 1977, S. 40-45; RIDOLFO LIVI: Antropometria militare, Rom 1896 und 1905 (Nord-Süd-Gefälle der Sirnhöhe in Italien); ANDREAS VONDERACH, HERMANN HELMUTH: Untersuchungen zur Anthropologie Schleswig-Holsteins, Ulm 1996 (West-Ost-Gefälle der Stirnhöhe in Deutschland vor 1945)

437 HAROLD N. ARROWSMITH: Untersuchungen an 632 Schülern, unveröffentlichtes Manuskript, Mainz o.J. (ca.1955). vgl. EGON von EICKSTEDT: Die Forschung am Menschen, Bd. 3, Stuttgart 1963, S. 1875

Gefühlsleben, gewissenhaft, kritisch und genau. Die für die Polen und die meisten anderen slawischen Völker am meisten charakteristischen Osteuropiden zeichneten sich dagegen durch ein heiteres und geselliges Temperament, ein phantasiereiches und lebhaftes Gefühlslebens, aber auch einen gewissen Mangel an Energie aus.[438]

Natürlich gibt es auch auf den außereuropäischen Erdteilen psycho-somatische Korrelationen, die auf rassenpsychologische Eigenschaften verweisen. So besteht in Japan eine positive Korrelation von breiten und großen Nasen und großen und vollen Lippen zum extravertierten Temperament; ein Ausdruck der südlicheren Herkunft der Palämongoliden in Japan im Vergleich zu den introvertierteren Siniden.[439]

---

438 K. STOJANOWSKI: „Zjawiska selekcyjne w szkole podchorgzych rezerwy" (Ausleseerscheinungen in einer Reserveoffiziersschule), in: Kwartalnik Psychologiczny 3, 1932, S. 43-94; S. STUDENCKI: „Próba charakterystyki psychologicznej typów antropologicznych wśród mlodziezy polskiej" (Versuch einer psychologischen Charakteristik der anthropologischen Typen unter der polnischen Jugend), in: Zagadnienia rasy 12, 1930, S. 241-248; ders.: O typie psycho-fizycznym Polaka (Über den psycho-physischen Typ des Polen), Beiheft zu Kwartalnik Psychologiczny 2, 1931; J.L. BYKOWSKI: „Przyczynki do znajomości ras wśród naszej mlodzirzy szkolnej" (Beiträge zur Kenntnis der Rassen unter unserer Schuljugend), in: Kosmos (poln.) 51, 1926, S. 935-940; ders.: „Przyczynki do charakterystyki psychicznej nazej mlodziezy szkolnej" (Beiträge zur psychischen Charakteristik unserer Schuljugend), in: Przeglad Filozoficzny 30, 1927, S. 311; A. WRZOSEK: „O stosunkach niektórych pomiarów antropologicznych i typów rasowych morfologicznych do sprawności umyślowej" (Die Beziehungen einiger anthropologischer Maße und morphologischer Rassentypen zur Intelligenz), in: Przeglad Antropologiczny 5, 1931, S. 1-16, zitiert nach dem Sammelreferat von ILSE SCHWIDETZKY: „Die Rassenforschung in Polen", in: Zeitschrift für Rassenkunde 1 (1935), S. 76-83 u. 136-204, S. 294 ff. und S.M. STUDENCKI: „Polnische Charakterologie", in: Slavische Rundschau 7 (1935), S. 374-381

439 KIYOSHI YAMAZAKI: „Le visage et le caractère. Étude biotypologique du visage chez les jeunes filles japonaises", in: VI e Congrès international des sciences anthropologiques et ethnologiques Paris 1960, Bd. 1, Paris 1962, S. 279-284

Europäische Bevölkerungen unterscheiden sich von den meisten außereuropäischen durch ihr vergleichsweise feinknochiges, graziles Erscheinungsbild. Außereuropäische Bevölkerungen, auch solche europider Rasse wie in Nordafrika oder Südwestasien, oder auch die der Körpergestalt nach grazileren Ostasiaten, weisen zumeist eine gröbere Morphologie des Gesichts auf. Die Abnahme der für archaische Bevölkerungen charakteristischen Robustizität setzte im Neolithikum ein und hat sich in auch in historischer Zeit fortgesetzt. Da in der heutigen Bevölkerung eine positive Korrelation von Grazilität zur Intelligenz und eine negative zur Aggressivität besteht, formulierte Ilse Schwidetzky die Hypothese, daß unter den neuen Lebensbedingungen im Neolithikum die friedfertigeren und intelligenteren grazilen Individuen selektionsbegünstigt waren. Man könnte so den körperlichen und seelischen Habitus der modernen Europäer als eine Anpassung an das Leben in einer entwickelten Zivilisation auffassen.[440]

Egon von Eickstedt wies auf den Zusammenhang von Konstitutionstypus und Rassentypus hin. Man weiß aus der Konstitutionsforschung, daß es kausale Beziehungen zwischen der Körpergestalt und der Wirkung von Hormonen während des Wachstums gibt. Die Geschlechtshormone bewirken eine Vermännlichung oder Verweiblichung der Körpergestalt, etwa bei der Vermännlichung ein schmales Becken, breite Schultern, ein kräftiges Kinn und Bartwuchs. Die Wachstumshormone bewirken typisch erwachsene, von der kindlichen Körperform entferntere Merkmale, und andere Hormone wie das Schilddrüsenhormon haben spezifische Auswirkungen, wie zum Beispiel weit geöffnete, glänzende Augen usw. Dieselben Hormone wirken sich aber nicht nur auf die körperliche Gestalt aus, sondern auch auf die psychische Konstitution des Menschen. Vermännlichung etwa bedeutet auch ein männlicheres, aggressiveres und mehr auf Wettkampf ausgerichtetes Wesen.

Dem entsprechen Unterschiede, die man zwischen den Rassen gefunden hat. Rassen, deren Körpergestalt kindlichere Proportionen be-

---

440 ILSE SCHWIDETZKY: „Das Grazilisierungsproblem. Ein Brückenschlag zwischen Rassengeschichte und Konstitutionsforschung", in: Homo 13, 1962, S. 188-195, ANDREAS VONDERACH: Anthropologie Europas. Völker, Typen und Gene vom Neandertaler bis zur Gegenwart, Graz 2008, S. 68 ff. und 176

wahrt, wie die Palämongoliden, die Weddiden oder die Khoisaniden (Buschmänner), haben auch ein kindlich-heiteres Wesen, Rassen mit betont virilen, männlichen Körperproportionen wie die Orientaliden sind auch im Wesen männlicher und aggressiver, und solche mit eher femininen Proportionen wie die Mongoliden sind weicher, sozial angepaßter und weniger aggressiv.

Heute weiß man, daß es tatsächlich Rassenunterschiede beim Testosteronspiegel und anderen Hormonen gibt.[441] Physiologische Rassenunterschiede, wie man sie beim Grundumsatz (dem Energieverbrauch im Ruhezustand), der Vitalkapazität der Lungen, dem Blutdruck, der Durchblutung der Haut oder dem Muskeltonus gefunden hat, stehen mit hormonellen Regulationssystemen in Zusammenhang, die auch die Psyche beeinflussen. „Es dürfte sicher sein, daß der Körperbautypus weitgehend vom Hormonhaushalt abhängt und daß die Beziehungen zwischen Körperform, endokrinen Drüsen, Umwelt und Verhalten von tiefer Bedeutung für die Rassenbildung waren“, schreibt Ilse Schwidetzky, eine Schülerin Egon von Eickstedts.[442]

Nur wenig beachtet, obwohl für die Rassenpsychologie von Bedeutung, blieben die empirischen Befunde über Unterschiede in der Anatomie des Gehirns. Es bestehen Unterschiede in der Größe des Gehirns, das bei den Australiden und indischen Weddiden am kleinsten, bei Negriden nur wenig größer und bei den nördlichen Europiden, den Eskimiden und den Siniden am größten ist. Auch die Orientaliden und Indiden haben kleiner Gehirne als die Europäer. Das Gehirn der Ostasiaten hat eine mittlere Größe von 1450 bis 1500 cm3, das der Australiden eine

---

441 CHRISTINA WANG, PETER CHRISTENSEN, RONALD SWERDLOFF: „Clinical relevance of racial and ethnic differences in sex steroids“, in: The Journal of Clinical Endocrinology and Metabolism 92, 2007, S. 2433-2435

442 EGON von EICKSTEDT: Die Forschung am Menschen, Bd. II, Stuttgart 1944, S. S. 729 f u. 746 ff.; ILSE SCHWIDETZKY: „Konstitution“, in: GERHARD HEBERER, ILSE SCHWIDETZKY, HUBERT WALTER: Fischer Lexikon Anthropologie, Neubearbeitung, Frankfurt a.M. 1970, S. 89-107, S. 98, dies.: „Neuere Entwicklungen in der Rassenkunde des Menschen“, in: dies. (Hg.): Die neue Rassenkunde, Stuttgart 1962, S. 15-134, S. 61 (Zitat)

von 1230 cm3 (Mittelwerte der Männer).[443] Die Unterschiede haben auch mit dem Klima zu tun. Kompaktere Formen mit im Verhältnis zur Körpermasse weniger Oberfläche sind in kaltem Klima begünstigt, solche mit verhältnismäßig viel (kühlender) Körperoberfläche in heißem, daher die großen Hirne der Eskimiden. Innerhalb von Bevölkerungen besteht eine Korrelation der Gehirngröße zur Intelligenz von etwa 0,20 bis 0,33 [444] (Korrelationen werden in Werten von 0,0 bis 1,0 ausgedrückt, 0,0 bedeutet das Fehlen jeden Zusammenhangs und 1,0 eine vollständige Übereinstimmung) [445], wobei die Angehörigen anspruchsvollerer Berufsgruppen die größeren Gehirne haben. Es gibt auch in der Form und Faltung des Gehirns rassische Unterschiede, das heißt in der Lage und Form seiner Furchen und Windungen, in der verhältnismäßigen Größe seiner Teile zueinander und in der Dicke der Großhirnrinde. Allerdings ist auch die individuelle Variabilität des Gehirns innerhalb der Bevölkerung sehr groß und spiegelt verwandtschaftliche Beziehungen wieder; es gibt regelrechte „Familiengehirne".[446]

Die Gehirne von Europäern und Ostasiaten (Chinesen, Japaner) sind nicht nur größer, sondern auch windungsreicher. Die der Australier, der Negriden, der Buschleute, der nordamerikanischen Indianer und der Papua sind nicht nur kleiner, sondern auch weniger stark gefurcht. Besonders das Stirnhirn, der *frontale Cortex*, ist bei Europäern und

---

443 Es handelt sich genau genommen um die Schädelkapazität. Die Größe des Gehirns ist schwieriger zu bestimmen und vor allem von der Art der Präparation abhängig. Neuerdings gibt es auch Bestimmungen mit bildgebenden Verfahren. Die Daten stammen aus KARL SALLER: Leitfaden der Anthropologie, Stuttgart 1964, S. 314

444 J. PHILIPPE RUSHTON: Rasse, Evolution und Verhalten. Eine Theorie der Entwicklungsgeschichte, Graz 2005, S. 80 f.; MICHAEL A. McDANIEL: „Big-brained people are smarter: A meta-analysis of the relationship between in vivo brain volume and intelligence", in: Intelligence 33, 2005, S. 337-346

445 Es gibt auch negative Korrelationen bis zum Wert von -0.0, wenn ein negativer Zusammenhang zwischen zwei Merkmalen besteht, etwa zwischen Helligkeit der Hautfarbe und negrider Herkunft.

446 W. WEYGANDT: „Über die Erforschung der Rassenhirne", in: Medizinische Welt 8, 1934, S. 992-994

Ostasiaten größer.[447] Das ist der stammesgeschichtlich jüngste Teil des Gehirns, in dem die Zentren des Denkens und der Handlungsplanung liegen, aber auch die Funktion der Affektkontrolle lokalisiert ist. Es bestehen charakteristische Unterschiede in der Furchung der Großhirnrinde. Allerdings ist die Variabilität innerhalb der Rassen außerordentlich groß, und einige Forscher meinten auch keine rassischen Unterschiede feststellen zu können.

Beim Gehirn der Ostasiaten ist die Differenz zwischen den Geschlechtern schwächer ausgeprägt, außerdem zeigt es in einigen wenigen Bereichen kindliche Merkmale, was mit der körperlichen Pädomorphie der Mongoliden übereinstimmt.[448] Die Gehirne der Eskimos stimmen mit denen der Ostasiaten und Europäer in ihrer Größe und ihrem Windungsreichtum überein, und die Indianer kommen ihnen darin näher als die Negriden, Buschleute und Australiden.[449]

---

447 CORNELIUS J. CONNOLLY: External morphology of the primate brain, Springfiel, Illinois 1950, S. 260 ff.; EGON von EICKSTEDT: Die Forschung am Menschen, Bd. 2, Stuttgart 1944, S. 952 ff.; KARL SALLER, RUDOLF MARTIN: Lehrbuch der Anthropologie in systematischer Darstellung, 3. Völlig überarbeitete und erweiterte Auflage, Bd. 2, Stuttgart 1959; JOHN R. BAKER: Die Rassen der Menschheit. Merkmale, Unterschiede und ihre Beziehungen zueinander, Stuttgart 1989, S. 190 ff.; H. v. HAYEK: „Der Stirnlappen des Chinesengehirns und seine Beziehung zum Schädel“, in: Zeitschrift für Morphologie und Anthropologie 37, 1938, S. 114-118; C. U. ARIENS KAPPERS: The Evolution of the Nervous System in Invertebrates, Vertebrates and Man, Haarlem 1929; C. J. CONNOLLY: „The fissural pattern in the brain of Negroes and whites“, in: American Journal of Physical Anthropology 28, 1941, S. 133-165, 29, 1942, S. 225-265 und NF 1, 1943, S. 363-403; W.C. OSMAN HILL: „The soft anatomy of a North American Indian“, in: American Journal of Physical Anthropology 21, 1963, S. 245-269, J. KOLLMANN: „Über Rassengehirne“, in: Zeitschrift für Ethnologie 37, 1905, S. 758-759; T.K. CHI, CHUN CHANG: „The sulcal pattern of the Chinese brain“, in: American Journal of Physical Anthropology 28, 1941, S. 167-211

448 EICKSTEDT, Die Forschung am Menschen, Bd. 2, S. 253 f.; g 32, S. 288 und 291

449 HILL, The soft anatomy of a North American Indian, ARIENS KAPPERS, The Evolution of the Nervous System in Invertebrates

Bei den Australiden sind nicht nur das Frontalhirn, sondern auch der Parietallappen (Scheitellappen), der Temporallappen (Schläfenlappen) und die praecuniale Region schwächer entwickelt.[450] Nur die Occipitalregion im hinteren Bereich der Großhirnrinde, wo unter anderem die visuellen Informationen verarbeitet werden, ist bei ihnen größer. Die Zentralfurche, die das Frontalhirn vom Parietallappen trennt, liegt bei den Australiden weiter vorne als bei den Europäern.[451] Die sogenannte Insel *(Lobus insularis),* ein tiefer liegender, vom Frontal-, Temporal- und Parietallappen verdeckter, stammesgeschichtlich alter Teil der Großhirnrinde, ist bei den Australiern besonders groß.[452]

Sie beinhaltet Funktionen, die mit dem Geschmack, Hunger und Durst zu tun haben. Eine besondere Furche im Occipitallappen, dem hintersten Bereich des Großhirns, der *Sulcus lunatus*, von der man einst glaubte, daß sie nur bei nicht menschlichen Primaten vorkomme und sie deshalb auch „Affenspalte" nannte, kommt bei den Australiden häufiger vor, ist ausgeprägter und liegt weiter vorne als bei Europiden und anderen Rassen. Der *Sulcus lunatus* ist im Verlauf der Stammesgeschichte immer kleiner geworden und immer weiter nach hinten gewandert.[453]

Neuere Untersuchungen bestätigen die Unterschiede zwischen den Rassen. Es gibt Unterschiede in dem Volumen bestimmter Hirnregionen und in der Dicke der Großhirnrinde, die vor allem den frontalen, den temporalen und den parietalen Bereich betreffen.[454] Die Gehirne der

---

450 J.L. SHELLSHEAR, G. ELLIOT: „The brain of the aboriginal Australian", in: Phil. Trans. of the Royal Society London, Ser. B., Nr. 545, 1937, S. 293, zit. n. SALLER, MARTIN, Lehrbuch der Anthropologie; J.L. SHELLSHEAR: „The brain of the Australian aboriginal: A study in racial differences", in: Congrès International des Sciences Anthropologiques et Ethnologiques Londres 1934, London 1934, S. 88

451 BAKER, Die Rassen der Menschheit, S. 190 ff.

452 H.H. WOOLLARD: „The Australian aboriginal brain", in: *Journal of Anatomy* (London) 63, 1929, S. 207-223 zit. n. SALLER, MARTIN, Lehrbuch der Anthropologie.

453 BAKER, Die Rassen der Menschheit, S. 190 ff.

454 J. BAI, M.F. ABDUL-RAHMAN, A. RIFKIN-GRABOI u.a.: „Population differences between brain morphology and microstructure among Chinese, Malay, and Indian neonates", in: PLoS One 10, 2010 (Vor-

Europäer weisen eine größere Variabilität auf als die der Japaner, insbesondere in den stark gefurchten Hirnarealen.[455] Nicht nur zwischen den Großrassen, sondern zum Beispiel auch zwischen Chinesen und Malaien bestehen charakteristische Unterschiede. Eine Untersuchung aus dem Jahr 2011 zeigt, daß innerhalb Europas ein geographisches Gefälle von Nordwest-Europa nach Südosteuropa besteht. Die Nordwesteuropäer haben ein um 4 bis 9 Prozent größeres Frontal- und Temporalhirn.[456]

Zwillingsuntersuchungen zeigen, daß die Heritabilität der Morphologie des Gehirns hoch ist. (Unter der Heritabilität versteht man die Erbbedingtheit eines Merkmals im Gegensatz zu seiner Umweltbedingtheit). Im Mittel liegt der genetische Einfluß auf die unterschiedliche Größe der verschiedenen Hirnareale bei etwa 80 Prozent.[457] Andererseits gibt

---

veröffentlichung im Internet); N. ISAMAH, W. FAISON, M.E. PAYNE u.a.: „Variability in frontotemporal brain structure: the importance of recruitment of African American in neuroscience research", in: PLoS One 10, 2010 (Vorveröffentlichung im Internet); YUCHUN TANG, CORNELIUS HOJATKASHANI, IVO D. DINOV u.a.: „The construction of a Chinese brain atlas: a morphometric comparison study between Chinese and Caucasian cohorts", in: Neuroimage 51, 2010, S. 33-41; F. VADAKKUMPADAN, Y. TONG, Y. SUN: „Statistical analysis of morphological differences between brains", in: International Journal of Neuroscience 16, 2006, S. 407-418; M.W. CHEE, H. ZHENG, J.O. GOH, D. PARK, B.P. SUTTON: „Brain structure in young and old East Asians and Westeners: comparisons of structural volume and cortical thickness", in: Journal of Cognitive Neuroscience 23, 2011, S. 1065-1079

455 KARL ZILLES, RYUTA KAWASHIMA, ANDREAS DABRINGHAUS, HIROSHI FUKUDA, THORSTEN SCHORMANN: „Hemispheric shape of European and Japanese brains: 3-D MRI analysis of intersubject variability, ethnical, and gender differences", in: Neuroimage 13, 2001, S. 262-271

456 TRYGVE E. BAKKEN, ANDERS M. DALE, NICHOLAS J. SCHORK: „A geographic cline of skull and brain morphology among individuals of European ancestry", in: Human Heredity 72, 2011, S. 35-44

457 HILLEKE E. HULSHOFF, HUGO G. SCHNACK, DANIELLE POSTHUMA u.a.: „Genetic contribution tio human brain morphology and intelligence", in: The Journal of Neuroscience 26, 2006, S. 10235-10242; M.S.

es aber auch eine deutliche Plastizität des Gehirns. Tätigkeiten, die trainiert werden, führen zur Volumenzunahme in den betreffenden Hirnregionen.

Einen Zusammenhang mit der Psyche gibt es offensichtlich auch bei der mimischen Muskulatur des Gesichts. Die stammesgeschichtliche Entwicklung innerhalb der Primaten ging hier von einfacheren und gröberen Formen, die vor allem der Nahrungsaufnahme und -zerkleinerung und aggressiven Auseinandersetzungen dienten (Kauen, Beißen), hin zu feineren und differenzierteren Formen, die der sozialen Kommunikation dienen (Mimik), die im Verlauf der Stammesgeschichte immer wichtiger und komplexer wurde. Je ausdifferenzierter die mimische Muskulatur, desto feinere Signale können mit ihr zum Ausdruck gebracht werden. Umgekehrt scheint das Fehlen bestimmter Muskeln bei einer Rasse auf das Fehlen entsprechender Ausdrucksmöglichkeiten hinzuweisen. Inwieweit auch ein Zusammenhang mit dem inneren Erleben besteht, bleibt offen.

Ganz allgemein ist die mimische Muskulatur der Europiden weniger kräftig und dafür feiner differenziert als bei den meisten außereropäischen Rassen.[458] Die Muskelgruppen sind in viele kleinere Mus-

---

PANIZZON, C. FENNEMA-NOTESTINE, L.T. EYLER u.a.: „Distinct genetic influences on cortical surface area and cortical thickness“, in: Cerebral Cortex 19, 2009, S. 2728-2735

458 EGON von EICKSTEDT: Die Forschung am Menschen, Bd. 2, Stuttgart 1944, S. 991, 1035 ff, 1043, 1092 und 1100 ff.; ERNST HUBER: Evolution of Facial Musculature and Facial Expression, Baltimore 1931; HEINRICH F.B.ZEIDLER: „Beiträge zur Anthropologie der Gesichtsweichteile der Neger“, in: Zeitschrift für Morphologie und Anthropologie 21, 1919/21, S. 153-184; F. WAGENSEIL: „Muskelbefunde bei Chinesen“, in: Verhandlungen der Gesellschaft für physische Anthropologie 2, 1927, S. 42-50; ILSE MÜLLER: „Beiträge zur Gesichtsmuskulatur der Chinesen“, in: Anthropologischer Anzeiger 16, 1939, S. 218-244; TOKUYASO KUDO: „The facial musculature of the Japanese“, in: Journal of Morphology 32, 1919, S. 637 ff., zit. nach C. U. ARIENS KAPPERS: The Evolution of the Nervous System in Invertebrates, Vertebrates ans Man, Haarlem 1929; W.C. OSMAN HILL: „The soft anatomy of a North American Indian“, in: American Journal of physical Anthropology 21, 1963, S. 245-269

keln aufgespalten. Besonders bei den archemorpheren, stammesgeschichtlich altertümlichere Formen bewahrenden Rassen der dunkelhäutigen Südmenschheit, den Negriden, Melanesiden und Australiden ist die Gesichtsmuskulatur kräftiger, gröber gebündelt und zeigt weniger Differenzierungen. Der ringförmige Lidschließer der Augen, der *Musculus orbicularis oculi* bildet mit dem *Musculus zygomaticus*, der das Wangenbein mit der Muskulatur der Oberlippe verbindet, noch eine mehr oder weniger einheitliche Platte. Eine Besonderheit der Australiden, die sie von den anderen Menschenrassen unterscheidet, ist die Tatsache, daß Wangenmuskel *Zygomaticus* und die anderen Lippenzieher wie bei den nicht menschlichen Primaten direkt an der Schleimhautoberlippe ansetzen, während dort sonst ein ringförmigen Oberlippenmuskel ist. Der *Musculus triangularis*, der die Mundwinkel nach unten zieht (sog. Leidmuskel, weil er zur Leidensmine beiträgt) ist bei Australiden, Melanesiden und Negriden nur schütter ausgeprägt. Der Breitzieher des Mundes, der *Musculus risorius*, der ein progressives Merkmal ist, fehlt bei Australiden, Melanesiden und den afrikanischen Khosaniden (Buschleute und Hottentotten) häufig sogar ganz. Dafür sind der *Musculus buccinator* (Backen- oder Trompetenmuskel) und der *M. masseter* (Kaumuskel) bei den Negriden, Melanesiden und Australiden ganz besonders massig und einheitlich.

Bei den Ostasiaten ist der Lidschließer, der ringförmig um das Auge liegende *Orbicularis oculi*, völlig selbständig und sehr groß. Die Muskulatur des Mittelgesichts ist weniger differenziert als bei den Europiden. Dafür sind die Muskeln der Mundregion feiner als bei Europäern. Der *Musculus triangularis*, der die Mundwinkel nach unten zieht, und der Breitzieher des Mundes, der *Risorius*, beides stammesgeschichtlich junge Merkmale, sind bei ihnen nicht nur deutlicher ausgeprägt als bei Australiern und Negriden, sondern auch als bei den Europäern. Insgesamt macht die mimische Muskulatur der Ostasiaten jedoch einen etwas weniger progressiven Eindruck als die der Europäer.

Eine besonders große Augenmuskulatur des Lidschließers *Orbicularis oculi* besitzen auch die Polynesier. Man könnte sich vorstellen, daß die Größe des Lidschließers mit der traditionellen Gewohnheit der Japaner und Polynesier in Zusammenhang steht, die Augen weit aufzureißen und sie drohend zu „rollen".

Im Unterschied zu den Ostasiaten ist die Gesichtsmuskulatur der Europäer auch in der Mittelgesichtsregion besonders fein differenziert. Der ringförmige Lidschließer *Orbicularis oculi* ist deutlich vom Wangenmuskel *Zygomaticus* getrennt, ebenso wie der größere *Musculus zygomaticus maior* vom kleineren *M. zygomaticus minor*. Auch der Stirnmuskel ist deutlich von dem Ohrmuskel getrennt und bildet mit diesem keine Einheit mehr wie bei den meisten außereuropöischen Rassen. Es liegt nah, einen Zusammenhang zwischen der stark differenzierten mimischen Muskulatur der Europäer und ihrer besonders dünnen Gesichtshaut zu sehen, die sie von allen anderen Rassen unterscheidet. Diese ist vermutlich zusammen mit der Depigmentierung von Haaren, Haut und Augen als Anpassung an das lichtarme Klima Europas in den Eiszeiten entstanden, um mehr UV-Strahlung für die Synthese von Vitamin D aufzunehmen, und hat dann erst die Evolution einer größeren mimischen Feinheit als soziale Anpassung ermöglicht.

Die empirischen Ansätze zur Rassenpsychologie haben innerhalb der Anthropologie jedoch immer nur eine untergeordnete Rolle gespielt. Viele Befunde waren Nebenergebnisse von Forschungen, die sich mit Fragen der Rassendifferenzierung, sozialbiologischen oder anatomischen Themen befaßten. Nach 1945 waren dann alle rassenpsychologischen Fragestellungen in der Öffentlichkeit nachhaltig diskreditiert. Dennoch gab es auch nach dem Zweiten Weltkrieg noch immer wieder auch rassenpsychologisch relevante Forschungsergebnisse, und das rassenpsychologische Wissen fand weiterhin Eingang in die wissenschaftliche Handbuchliteratur, wie etwa in das Fischer-Lexikon Anthropologie.[459] Das endete in der Zeit um 1970, als der gewandelte Zeitgeist das Thema auch innerhalb der Anthropologie nicht mehr zuließ.

[459] GERHARD HEBERER, ILSE SCHWIDETZKY, HUBERT WALTER: Fischer Lexikon Anthropologie, Neubearbeitung, Frankfurt a.M. 1970 (Die erste Ausgabe von GERHARD HEBERER, GOTTFRIED KURTH und ILSE SCHWIDETZKY erschien 1959)

21. „Kultur und Persönlichkeit"

Seit den 1920er Jahren war in der amerikanischen Anthropologie – sie umfaßte anders als in Europa sowohl die Kulturanthropologie (Ethnologie) als auch die biologische Anthropologie, die prähistorische Archäologie und die vergleichende Sprachwissenschaft – Franz Boas die beherrschende Persönlichkeit.

Franz Boas (1858-1942) war im westfälischen Minden als Sohn jüdischer Eltern geboren worden. Boas hatte seine wissenschaftliche Ausbildung noch in Deutschland als Schüler von Adolf Bastian erhalten und war 1887 in die Vereinigten Staaten emigriert, vermeintlich weil er für sich als Juden im damaligen Deutschland nur wenige Aussichten auf einen Lehrstuhl sah. Tatsächlich war er damals schon mit einer Amerikanerin verlobt. In Amerika erlangte er dann 1899 eine Professur für Anthropologie an der Columbia Universität in New York.

Boas, der von der geisteswissenschaftlichen Schule des deutschen Philosophen Wilhelm Dilthey (1833-1911) geprägt war, wurde zum Begründer des amerikanischen *Kulturrelativismus*. Er wandte sich gegen die in der damaligen Ethnologie verbreitete Vorstellung des Evolutionismus, daß die menschlichen Kulturen verschiedene Entwicklungsstufen von den Steinzeitlichen Jägern und Sammlern bis zur modernen Industriegesellschaft repräsentierten. Nach Boas' Meinung ist jede Kultur durch ein spezifisches Set von Kulturmerkmalen und Inhalten definiert. Welches aber diese Eigenschaften sind, ist historisch zufällig entstanden und durch keinen zwingenden Zusammenhang bedingt. Jede Kultur habe ihre eigenen Wertvorstellungen und sei nur aus sich heraus verstehbar. Boas sah die menschlichen Kulturen als geschlossene Systeme an, die unabhängig von der biologischen Natur des Menschen bestehen. Er vertrat eine extrem milieutheoretische Auffassung von der Natur des Menschen; angesichts der gewaltigen Macht des kulturellen Milieus seien genetische Einflüsse „gänzlich irrelevant".

Boas Überzeugung von der „Plastizität" des Menschen" ging aber noch weiter und bezog sein physisches Erscheinungsbild mit ein. In einer großangelegten Untersuchung der Schädel von europäischen Einwanderern aus verschiedenen Ländern kam er zu dem Schluß, daß sich die unterschiedlichen Kopfformen (auch ohne Vermischung, nur durch das Milieu) schon in der nächsten Generation an eine mittlere, amerikanische Kopfform anglichen. Boas Arbeit wurde weltweit zitiert und galt als Beleg für Formbarkeit des Menschen durch seine Umwelt. Erst im Jahr 2001 ergaben Nachprüfungen der Boas'schen Untersuchung, daß Boas' Schlüsse nicht zu halten waren, daß die Daten vielmehr die genetische Verankerung und die Umweltstabilität der Kopfform belegen und Boas seine Daten manipuliert haben muß.[460]

Boas hatte viele Schüler, die in der Folge die amerikanische Ethnologie bis in die 1970er Jahre hinein dominierten. Zu ihnen gehörten zum Beispiel Ruth Benedict (1887-1948), Margaret Mead (1901-1978), Alfred Kroeber (1876-1960), Ralph Linton (1893-1953), Abram Kardiner (1891-1981) und Geoffrey Gorer (1905-1985). Anders als Boas stellten diese das Individuum innerhalb der Kultur in den Mittelpunkt. Die spezifischen Wertvorstellungen einer Kultur seien mit einem für die jeweilige Kultur charakteristischen Persönlichkeitstyp verbunden. Daraus entstand in den 1930er Jahren jene ethnologische Forschungsrichtung, die in der Folge unter dem Schlagwort *Kultur-und-Persönlichkeit* bekannt wurde.[461]

---

460 COREY S. SPARKS, RICHARD L. JANTZ: „A reassessment of human cranial plasticity: Boas revisited", in: Proceedings of the National Academy of Sciences of the USA 99, 2002, S. 14636-14639

461 ENO BEUCHELT: Ideengeschichte der Völkerpsychologie, Meisenheim am Glan 1974; ders.: „Kulturanthropologie und Persönlichkeitstheorien", in: GÜNTER ALBRECHT, HANSJÜRGEN DAHEIM, FRITZ SACH (Hg.): Soziologie. Sprache, Bezug zur Praxis, Verhältnis zu anderen Wissenschaften, Opladen 1973, S. 760-774; BURKART HOLZNER: Völkerpsychologie. Leitfaden mit Bibliographie, Würzburg o. J. (1960); WERNER PETERMANN: Die Geschichte der Ethnologie, Wuppertal 2004, S. 689; ABRAM KARDINER, EDWARD PREBLE (Hg.): Wegbereiter der modernen Anthropologie (1961), Frankfurt a.M. 1974; CLYDE KLUCKHOHN, C.M. MOWRER: „'Kultur und Persönlichkeit': ein Begriffs-Schema" (1944), in: CARL AUGUST SCHMITZ (Hg.): Kultur, Frankfurt a.M. 1963, S. 287-320; RALPH LINTON: „The personality of peoples. With the aid of depth psychology, anthropologists are learning much about how a nation's cultural patterns may shape the character of

Die Vertreter dieser Schule sahen die Kulturen durch Erlerntes geprägt. Menschliches Verhalten sei kulturell bedingt und damit äußerst variabel. „Eine Kultur stellt, einem Individuum vergleichbar, ein mehr oder weniger konsistentes Denk- und Handlungsmuster dar", schrieb Ruth Benedict.[462] Jede Kultur wähle aus einer unermeßlich großen Zahl aller denkbaren Verhaltensmöglichkeiten eine begrenzte Anzahl aus. Dabei sei jede Kultur im Prinzip so gut wie jede andere. Unsere eigene Kultur zu bevorzugen sei provinziell, imperialistisch und beruhe auf „Rassenvorurteilen" (Ruth Benedict). Jede Kultur weise eine für sie charakteristische Form der Persönlichkeit auf, die sie von anderen Kulturen unterscheide. Diese Grundpersönlichkeit bezeichnet jene Konstellation von Persönlichkeitseigenschaften, die mit den Institutionen einer bestimmten Gesellschaft am besten vereinbar sind, und neben denen es natürlich eine große Variabilität an Eigenschaften gibt, die für die gesellschaftlichen Institution nicht von Bedeutung sind. Für die Grundpersönlichkeit verwandten die Vertreter der Kultur-und-Persönlichkeit-

---

is citizens", in: Scientific American 181, 1949, Heft 2, S. 11-15; OTTO KLINEBERG: „Der Charakter der Nationen" (1964), in: ANITRA KARSTEN (Hg.): Vorurteil. Ergebnis psychologischer und sozialpsychologischer Forschung, Darmstadt 1978, S. 286-299; MARGARET MEAD: „National Character", in: SOL TAX (Hg.): Anthropology today: selections, Chicago 1962, S. 396-397; VICTOR BARNOUW: Culture and Personality (1963), 6. Auflage, Homowood, Ill. 1976; DOUGLAS G. HARING (Hg.): Personal Character and Cultural Milieu (1965), 3. Auflage, Syracuse, N.Y. 1964; PHILIP K. BOCK: Rethinking Psychological Anthropology. Continuity and Change in the Study of Human Action, New York 1988; ADAMSON HOEBEL: „Anthropological Perspectives on National Character", in: The Annals of the American Academy of Political and Social Science 370, 1967, S. 1-7; ROBERT A. LeVINE: „Culture and Personality Studies 1918-1960: Myth and History", in: Journal of Personality 96, 2001, S. 803-818; ALFRED R. LINDESMITH, ANSELM STRAUSS: „Zur Kritik der ‚Kultur-und-Persönlichkeitsstruktur'-Forschung", in: ERNST TOPITSCH (Hg.): Logik der Sozialwissenschaften. 2. Auflage, Köln 1965, S. 435-453

462 RUTH BENEDICT: Urformen der Kultur (Patterns of Culture), zit. n. SYLVIA M. SCHOMBURG-SCHERFF: „Ruth Fulton Benedict: Patterns of Culture", in: CHRISTIAN F. FEEST, KARL-HEINZ KOHL (Hg.): Hauptwerke der Ethnologie, Stuttgart 2001, S. 41-47, S. 43

Schule so unterschiedliche Ausdrücke wie *Basic Personality Structure* (Kardiner), *social character* (Gorer), *Modal personality* (Linton) oder *Nationalcharakter* (Margaret Mead).

Wie aber kam es nach der Auffassung dieser Schule zu der für eine Kultur charakteristischen Grundpersönlichkeit? Deren Prägung findet durch die Institutionen der Gesellschaft statt, durch die Wirtschaftsform, die Familie, die Schule, die Religion, die politischen Institutionen, die soziale Hierarchie und durch Brauch und Sitte. Mehrere Vertreter der Kultur-und-Persönlichkeit-Schule griffen die Vorstellungen der von Sigmund Freud (1856-1939) begründeten *Psychoanalyse* auf, die damals in Amerika großes Ansehen genoß.

Die Persönlichkeit des Menschen wird nach der Auffassung der Psychoanalyse in der frühen Kindheit geprägt. Die Bedürfnisse des Kindes nach Triebbefriedigung treten in diesem Alter in Konflikt zu den praktischen Notwendigkeiten und den gesellschaftlichen Wertvorstellungen der Erziehung. Die unvermeidliche Versagung kindlicher Triebwünsche bei der Reinlichkeitserziehung, beim Abstillen, beim Essen usw. führt zu einer Traumatisierung und neurotischen Verankerung des kindlichen Triebschicksals in der Persönlichkeit des Kindes. Ort dieser Prägung sind die *primären Institutionen* der Gesellschaft, die die sexuellen und engen persönlichen Beziehungen regeln, insbesondere die Familie.

Die in der frühen Kindheit erlernten Verhaltensmuster werden verinnerlicht und später unbewußt auch in anderen Situationen angewandt. Die Grundpersönlichkeit hat den unbewußten Wusch, seine Umgebung und mithin die Gesellschaft nach seinen durch sein kindliches Triebschicksal entstandenen Bedürfnissen zu gestalten und auch seine Kinder in diesem Sinne zu erziehen. Die Institutionen vermitteln dem Individuum die Sicherheit, die es zum Überleben braucht.

Die verdrängten Triebwünsche bilden so ein kollektives *projective system*, das mittels Projektion auch die *sekundären Institutionen* einer Kultur, wie die Religion, die Kunst, das Recht und die Politik prägt.[463] „Wir können mit Gewißheit sagen: bestimmte Formen grundlegender

---

[463] CHRISTIAN CARSTENSEN: „Abram Kardiner: The Individual and his Society", in: CHRISTIAN F. FEEST, KARL-HEINZ KOHL (Hg.): Hauptwerke der Ethnologie, Stuttgart 2001, S. 172-177

Disziplin (in der Aufzucht von Kindern) – woher diese auch stammen mögen – führen zu einem bestimmten Persönlichkeitstyp, der seinerseits zur Bildung von Institutionen führt, die zu den Bedürfnissen und Wahrnehmungsweisen der Persönlichkeit passen.“[464]

Da aber die Eltern auf die kindlichen Wünsche sehr unterschiedlich reagieren können und da die ökologischen und ökonomischen Rahmenbedingen für die elterliche Erziehung verschieden sind, kommt es in den verschiedenen Kulturen zu unterschiedlichen Grundpersönlichkeiten. Auf diese Weise kommen die charakteristischen Werte, Rituale, Institutionen und sozialen Hierarchien einer Kultur zustande.

Für die Vertreter der Kultur-und-Persönlichkeit-Schule, die vielfach wie schon Boas ethnischen oder sexuellen Minderheiten angehörten – viele stammten als jüdische Emigranten aus Europa, Ruth Benedict und Margaret Mead waren ein lesbisches Paar – war die eigene Kultur nicht ein positiver Bestandteil der eigenen Identität, sondern etwas, von dem sie sich bedroht und eingeengt fühlten, und von dem man sich befreien müsse und auch könne. Erst, wenn es gelingt, die „Fesseln der Tradition“ (Boas) abzuwerfen, sei eine freie Gesellschaft möglich. Die metapolitische Botschaft der Kultur-und-Persönlichkeit-Schule war offensichtlich und wurde auch so verstanden: Kulturen sind von Menschen gemacht und damit veränderbar. In dem man die Institutionen einer Gesellschaft verändert, allen voran die Familie, sei es auch möglich, die Persönlichkeiten zu ändern und einen neuen, *emanzipierten* („befreiten“) Menschen zu schaffen.

Mehrere Schüler von Boas führten in den zwanziger und dreißiger Jahren Feldforschungen an amerikanischen Indianern und außereuropäischen Völkern durch, um die große Vielfalt der Kulturen und ihre jeweilige Prägung durch eine bestimmte Grundpersönlichkeit zu zeigen. Ruth Benedict beschrieb in ihrem 1934 erschienen Buch *Patterns of Culture* (deutsch „Kulturmuster“) die Kulturen zweier nordamerikanischer Indianervölker, der Zuni und Kwakiutl als Beispiele für extrem unterschiedliche Kulturen an.

---

[464] ABRAM KARDINER: The Individual and his Society, New York 1939, S. 120, zit. nach BURKART HOLZNER: Völkerpsychologie, Leitfaden mit Bibliographie, Würzburg 1960, S. 65

Die Zuni gehören zu den Pueblo-Völkern im Südwesten der USA, die in mehrstöckigen, treppenförmigen Steinhäusern leben. Die Erbfolge ist bei ihnen matrilinear, und die politische Macht liegt in der Hand eines Rates von Priestern. Im Mittelpunkt der Religion steht die Förderung der Fruchtbarkeit. Benedict, die einige Monate bei den Zuni gelebt hat, schildert deren Kultur ganz von einem Geist der Harmonie und Mäßigung und der freiwilligen Einfügung in die Gemeinschaft charakterisiert. Die meistgeschätzten Eigenschaften sind angenehme Manieren, ein nachgiebiger Charakter und ein freigebiges Herz. Persönlicher Ehrgeiz gilt als Schande, die mit Spott oder Verfolgung wegen des Vorwurfs der Zauberei geahndet wird. Innere Ruhe und Gelassenheit zeichnen die Zuni aus, sie betrachten sich als Teil einer wohlgeordneten Welt. Für Konflikte gibt es in ihrem Weltbild keinen Platz. Da auch die Autorität des Vaters dem Ideal sozialer Harmonie unterworfen ist, bauen die Zuni in der Kindheit keine Ängste vor einem übermächtigen Vater auf und haben deswegen auch kein von Angst bestimmtes Verhältnis zum Übernatürlichen, wie das in der christlich-jüdischen Tradition der Fall sei. Benedict nannte die Kultur der Zuni mit ihrem Ideal des Maßes und der Harmonie in Anlehnung an Friedrich Nietzsche *apollinisch*.

Das Gegenteil, eine *dionysische* Kultur, verkörpern nach Benedict die Kwakiutl. Die gehören zu den Völkern der amerikanischen Nordwestküste und lebten auf der Insel Vancouver und dem angrenzenden Festland in Britisch Kolumbien (Kanada). Die Nordwestküsten-Indianer lebten in einem von der Natur begünstigten Landstrich in relativem Wohlstand von der Lachsfischerei und übertrafen, obwohl sie nach wie vor in Holzbauten lebten, in ihrer materiellen Kultur die meisten anderen nordamerikanischen Indianer. Sie hatten eine sozial geschichtete Gesellschaftsordnung, in der eine rivalisierende Schicht von adeligen Häuptlingen den Ton angab. Diese strebten fortwährend danach, ihren sozialen Status zu erhöhen und den ihrer Konkurrenten abzuwerten. Neben erfolgreichen Kriegszügen, der Heirat vermögender Häuptlingstöchter, was auch mehrfach möglich war, und Mord, was aber Blutrache heraufbeschwor, spielte dabei vor allem die Sitte des *Potlatsch* eine Rolle. Dabei lud man den Gegenspieler und seine Anhänger zu einer Festlichkeit ein, auf der man vor aller Augen möglichst viel kostbaren eigenen Besitz, Kunst-und Gebrauchsgegenstände, Lebensmittel und Sklaven, vernichtete. Der Kontrahent wurde dadurch gezwungen, ebenfalls ein Potlatsch zu veranstalten und seinen Gegner durch die Vernichtung von noch mehr wertvollem Eigentum zu beschämen. „Wir kämpfen mit unserem Reichtum“, hieß es bei den Kwakiutl. Gelang ihm das nicht, verlor er Rang und Ansehen, und „sein Name war zerbrochen“.

Die Kwakiutl zeichnen sich nach Benedict durch ein übersteigertes Selbstgefühl aus, das sich im ständigen Kampf nicht nur mit den Rivalen, sondern auch mit der Natur und den höheren Mächten wähnt. Jedes Mißlingen und jeder Schicksalsschlag wurde als persönliche Beschämung und Infragestellung des eigenen Ranges angesehen, die Gegenmaßnahmen herausforderte. Der Tod eines Kindes mochte für einen namenlosen Kwakiutl Anlaß zur Trauer sein, für einen Adeligen gab es nur eine angemessene Reaktion, die Wut. Anders als die maßvollen Zuni sind die Kwakiutl von Leidenschaften beherrscht, sie bemühen sich nicht diese zu zähmen, sondern streben sogar danach sie zu erzeugen, ja sie täuschen sie mitunter auch nur vor.[465]

Daß die beiden so unterschiedlichen Kulturen derselben Rasse – den Indianern – angehören, bewies nach Benedict, daß nicht die Rasse, sondern die Kultur die Persönlichkeit prägt. Es bestünden keine erblichen Temperamentsunterschiede zwischen den Völkern, alle diese Unterschiede würden erst durch die prägende Kraft der jeweiligen Kultur hervorgerufen. Tatsächlich gibt es zwischen den beiden Völkern auch anthropologisch nicht unbeträchtliche Unterschiede, die Kwakiutl gehören wie die anderen Nordwestküstenindianer zu den Pazifiden, die Zuni zu den auch in Mittelamerika verbreiteten Zentraliden. Ersteren wurde von den Anthropologen vor allem Intelligenz und Kraft, letzteren Kulturfähigkeit zugesprochen.[466]

Die Fachethnologen hatten manches gegen Benedicts Buch einzuwenden. Insbesondere erschien vielen die Schilderung der jeweiligen psychologischen Kultureigenschaften als zu intuitiv und subjektiv und zu wenig durch Fakten untermauert. Benedict hatte die Zuni nur weni-

---

465 RUTH BENEDICT: Urformen der Kultur, Reinbek 1955

466 EGON von EICKSTEDT: Rassenkunde und Rassengeschichte der Menschheit, Stuttgart 1934, S. 706

ge Monate beobachtet, sprach deren Sprache nicht und war außerdem durch ihre Schwerhörigkeit behindert. Die Kwakiutl gar kannte sie nur aus der Literatur, und der Brauch des Potlatsch war bei ihnen längst Vergangenheit. Die Kultur des ruinösen Wettkampfes galt nur für den Adel der Kwakiutl, und sie wurde durch den verschwenderischen Reichtum der Nordwestküsten-Indianer ermöglicht, für dessen Verbrauch deren Oberschicht keine andere Verwendung hatte, wie ihn etwa die Pyramiden in Ägypten darstellen. Die Friedlichkeit und Sozialdisziplin der Pueblo-Indianer hat man in der Völkerkunde von jeher auf ihren durch die geographischen Gegebenheiten begrenzten Lebensraum zurückgeführt, der dazu zwang, auf relativ engem Raum zusammenzuleben. Der deutsche Ethnologe Wilhelm Milke wies darauf hin, daß die unterschiedlichen Persönlichkeitsideale sich auch in unterschiedlichen Siebungssystemen auswirken müßten, die den angepaßteren Persönlichkeiten bessere Fortpflanzungschancen einräumen, und somit die Unterschiede auch biologisch verankern, selbst wenn es zu ursprünglich keine genetischen Unterschiede gegeben haben sollte.[467]

Patterns of Culture wurde das meist verkaufte und einflußreichste ethnologische Buch des 20. Jahrhunderts. In mehr als zwei Dutzend Sprachen übersetzt, erreichte es eine Auflage von mehr als zwei Millionen Exemplaren.[468] Trotz der Kritik vieler Ethnologen trug es viel zu der Durchsetzung des milieutheoretischen Konzeptes bei, nachdem der Mensch ein rein kulturell bedingtes Wesen sei. Ähnlich wie Margaret Meads Buch über Samoa, in dem diese zu beweisen versuchte, daß der Unterschied der Geschlechter keine biologischen Ursachen habe, sondern nur auf kulturell bedingten „Rollen" beruhe, kam Benedicts Buch wohl einem in der akademischen Jugend der westlichen Länder weit-

---

467 JOHN W. BENNET: „Die Interpretation der Pueblo-Kultur: Eine Frage der Werte", in: WILHELM EMIL MÜHLMANN, ERNST W. MÜLLER (Hg.): Kulturanthropologie, Köln 1966, S. 137-149; WILHELM MILKE: „Die Lehre von den Kulturstilen in der Völkerkunde" (1938), in: CARL AUGUST SCHMITZ (Hg.): Kultur, Frankfurt a.M. 1963, S. 232-253, S. 251

468 SYLVIA M. SCHOMBURG-SCHERFF: „Ruth Fulton Benedict: Patterns of Culture", in: CHRISTIAN F. FEEST, KARL-HEINZ KOHL (Hg.): Hauptwerke der Ethnologie, Stuttgart 2001, S. 41-47

verbreitetem Bedürfnis entgegen, von den Bindungen der Natur befreit zu werden und an die Formbarkeit des Menschen zu glauben. Diese Formbarkeit durch Erziehung und Gesellschaftsplanung schien für viele der Schlüssel zu einer neuen, besseren Welt zusein.

Viele Vertreter der Kultur-und-Persönlichkeit-Schule arbeiteten im Zweiten Weltkrieg für die Kriegführung der Amerikaner und erstellten für das Kriegsministerium Studien über den *Nationalcharakter* der Kriegsgegner, aber auch verbündeter und anderer Nationen. Anders als in allen Kriegen zuvor wollten die Amerikaner ihre Kriegsgegner nach dem Sieg nach ihren Vorstellungen „umerziehen", das heißt ihren Charakter verändern. Das setzte voraus, daß man deren bisherigen Charakter und seine Ursachen gut kannte.

Über Japan erarbeiteten sowohl Ruth Benedict als auch der stärker psychoanalytisch ausgerichtete Geoffrey Gorer Nationalcharakterstudien. Man wollte wissen, warum die Japaner auch in aussichtslosen Situationen weiterkämpften und sich lieber selbst töteten als in die Gefangenschaft zu gehen. Benedicts Buch *Chrysantheme und Schwert* erschien 1946 und gilt noch heute als Klassiker der Japan-Literatur. Beide Autoren verfügten über keine japanischen Sprachkenntnisse. Sie werteten die Literatur über Japan aus und befragten japanische Immigranten in den USA, die während des Krieges vielfach in Internierungslagern untergebracht waren. Benedict beschrieb Japan als eine stark ritualisierte und von sozialen Zwängen bestimmte Kultur, in der es so gut wie keine Privatsphäre gibt. Der Einzelne hat sich der Gesamtheit bedingungslos unterzuordnen. Da die ganze Sozialisation auf diese Unterordnung abzielt, wird diese nach Benedict auch nicht als Zwang empfunden.

Selbstbeherrschung und Erfüllung der gesellschaftlichen Erwartungen in der Position, die man inne hat, sind Teil der Selbstachtung und dienen dem eigene Vorteil. Benedict beschreibt Japan als eine *Scham*-Kultur. Das höchste Gut sei für jeden Japaner sein Ansehen in der Öffentlichkeit. „Sein ganzes Leben hat der Japaner vor einer Ächtung durch die anderen mehr Angst als vor Gewalt. Er reagiert allergisch auf die Gefahr, verlacht und zurückgewiesen zu werden, selbst wenn diese nur in seiner Phantasie existiert." Die alles beherrschenden Höflichkeitsregeln dienen nicht zuletzt dazu, Kränkungen zu vermeiden. Die Scham nimmt als das entscheidende soziale Regulativ die Stelle ein, die in der westlichen Kultur und besonders in den protestantischen Ländern das Gewissen und das Schuldgefühl haben.

Damit schuf Benedict die Unterscheidung von *Scham-* und *Schuldkulturen*, ein bis heute fruchtbares Interpretationsschema, das allerdings nicht unumstritten ist. In Schamkulturen stellt nicht das schlechte Gewissen, sondern die Beschämung die innere Sanktion für Regelverstöße dar. Die Sanktion ist zwar auch verinnerlicht, hat aber das Ansehen vor den Anderen zum Inhalt. In Schuldkulturen besteht die innerliche Sanktion in Schuldgefühlen. Während in Schamkulturen erst das Bekanntwerden eines Regelverstoßes dessen innerliche Bestrafung auslöst, ist das in einer Schuldkultur schon bei seinem bloßen Bewußtwerden der Fall. Andererseits gibt es in Schamkulturen keine Entlastungsfunktion durch Beichte oder Buße.[469]

Sowohl Benedict als auch Gorer gingen in ihren Studien davon aus, daß die frühkindliche Reinigungserziehung in Japan sehr rigide sei und bereits nach drei oder vier Monaten einsetze, was die Grundlage für den japanischen Charakter lege. Davon abgesehen werden den kleinen Kindern aber gerade in Japan sehr viele Freiheiten eingeräumt, und erst ab dem sechsten und siebten Lebensjahr setzt eine Erziehung ein, um ihnen das Schamgefühl beizubringen, die mit drastischen Sanktionen einhergeht.

Benedicts Buch löste bald nach seinem Erscheinen eine kontroverse Diskussion aus. Viele Japanspezialisten und auch viele japanische Kulturwissenschaftler waren nicht bereit, Benedicts Beschreibungen und Interpretationen zu akzeptiere. Auch die amerikanischen Besatzungssoldaten hatten mit den Japanern andere Erfahrungen gemacht. Die

---

469 RUTH BENEDICT: Chrysantheme und Schwert. Formen der japanischen Kultur (1946), Frankfurt a.M. 2006, S. 196; CLEMEMS ALBRECHT: „Anthropologie der Verschiedenheit, Anthropologie der Gemeinsamkeit. Zur Wirkungsgeschichte der Unterscheidung von Scham- und Schuldkulturen“, in: MICHAELA BAUKS, MARTIN F. MEYER (Hg.): Zur Kulturgeschichte der Scham, Hamburg 2011, S. 177- 193; MARIA-SIBYLLA LOTTER: Scham, Schuld, Verantwortung. Über die kulturellen Grundlagen der Moral, Frankfurt a.M. 2012

Japaner erschienen nicht so steif, so sehr von ihrer Pflicht und gesellschaftlichen Stellung erfüllt und auf ihren Ruf bedacht, wie Benedict sie beschrieben hatte.[470]

Deutschland wurde zwar nicht Gegenstand einer Monographie aus der Kultur-und-Persönlichkeit-Schule, man war sich jedoch einig darin, daß sich vor allem Preußen durch einen „blinden Untertanengeist" auszeichne, der auf eine überaus autoritäre Erziehung mit einem übermächtigen Vater zurückzuführen sei. Der Druck während der Erziehung sei in Preußen noch schlimmer als in Japan.[471]

In seiner Studie über England fand Geoffrey Gorer dort die Selbstbeherrschung charakteristisch, die auf den Verhaltensidealen des Landadels beruht, die im Verlauf der Demokratisierung von der Mittelschicht übernommen worden seien. Ursprünglich hätten die Engländer sehr viel mehr zu Aggressivität geneigt. In Norwegen fiel Gorer vor allem die weitverbreitete Schüchternheit auf, die er auf die starke Verinnerlichung der Normen einer lutherisch-pietistisch Moral zurückführte.[472]

Berühmt und berüchtigt wurde Gorers Buch über die Russen wegen der dort von ihm vertretenen „Windelhypothese". Gorer beschrieb den Charakter der Masse des russischen Volkes als manisch-depressiv. Sein hervorstechendes Merkmal sei seine Widersprüchlichkeit und Exzessivität, das Schwanken zwischen Allmachtgefühlen, überströmender Vitalität, dem Bedürfnis nach schneller und vollständiger Befriedigung und anarchischer Spontanität einerseits und Melancholie, Apathie, Unterwürfigkeit und moralischem Masochismus andererseits. Der plötz-

---

470 BENEDICT, Chrysantheme und Schwert, Zitat S. 250 f.; GEOFFREY GORER: „Themes in Japanese culture", in: Transactions of the New York Academy of Sciences, Serie 2, V, 5, 1943, S. 106-124; HEINZ DIETER ÖLSCHLEGER: „Ethnologische Ansätze in der Japanforschung (I): Arbeiten zum japanischen Nationalcharakter", in: Japanstudien 1, 1989, S. 43-70; ders.: „Ethnologische Ansätze in der Japanforschung (I): Arbeiten zum japanischen Nationalcharakter", in: Japanstudien 2, 1990, S. 269-297; EZRA F. VOGEL: „Vorwort" (1989), in: Chrysantheme und Schwert, S. 7-10

471 BENEDICT, Chrysantheme und Schwert, S. 249 u. 261

472 PETER HEINTZ: „Neue Literatur über Nationalcharaktere", in: Kölner Zeitschrift für Soziologie und Sozialpsychologie 8, 1956, S. 508-513

liche Wechsel von Gewalttätigkeit und Güte, von orgiastischer Zügellosigkeit in asketische Genügsamkeit. Die Masse der Bevölkerung trage ein diffuses Schuldgefühl mit sich herum.

Gorer führte die Neigung der Russen zu Autorität und Gewalt auf die Weise zurück, auf die sie als Säuglinge gewickelt wurden. Die russischen Mütter pflegten ihre Babies während der ersten neun Monate stramm einzuwickeln, so eng, daß sie auch ihre Arme nicht bewegen können, und auf dieser Weise auf dem Rücken zutragen. Da der behavioristische Psychologe John B. Watson behauptet hatte, daß solch eine Bewegungseinschränkung bei Kindern Wut hervorrufe, führte Gorer die Ausbrüche von Gewalt und Aggressivität, die er als charakteristisch für die Russen ansah, auf eine solche tiefsitzende und unbewußte, aus der frühen Kindheit stammende Wut zurück. Das gelte für die Masse der bäuerlichen Bevölkerung. Die russische Elite dagegen habe einen „anal-zwanghaften", paranoiden Charakter.[473]

Der Anspruch, die Völkercharaktere psychoanalytisch erklären zu können, hatte nicht wenig zum Aufstieg der Kultur-und-Persönlichkeit-Schule und zu ihrem starken Einfluß in Gesellschaft und Politik beigetragen. Der Versuch, den psychoanalytischen Anspruch am Beispiel konkreter Völker umzusetzen, zeigte jedoch bald, wie unausgegoren dessen Annahmen waren. Gorers „Windelhypothese" rief allgemein mehr Spott als Zustimmung hervor. Und auch Benedicts Aussagen über die frühe Reinlichkeitserziehung der Japaner ließen sich nicht bestätigen. Auch andere Feldstudien und empirisch-statistische Überprüfungen anhand von Daten aus verschiedenen Kulturen fanden keine Bestätigung für den von den Psychoanalytikern behaupteten Zusammenhang von frühkindlicher Erziehungspraxis und der Grundpersönlichkeit der Völker.[474] Neuere Untersuchungen zeigen, daß der frühkindliche

---

473 ARVID BRODERSEN: „Der russische Nationalcharakter. Neuere englisch-amerikanische Forschungen", in: Kölner Zeitschrift für Soziologie und Sozialpsychologie 8, 1956, S. 477-507; GEOFFREY GORER, JOHN RICKMAN: The people of Great Russia. A psychological study, London 1949

474 JOHN W.M. WHITING, IRVIN L. CHILD: Child training and personality: a cross-cultural study, New Haven 1953; BEUCHELT, Kulturanthropologie und Persönlichkeitstheorien, S. 769; HANS JÜRGEN EYSENCK: Sigmund Freud: Niedergang und Ende der Psychoanalyse, München 1985

Einfluß insbesondere der Eltern auf die Persönlichkeitsentwicklung ihrer Kinder nur gering ist.[475]

Die Nationalcharakter-Studien der Kultur-und-Persönlichkeit-Schule haben vielfach etwas Improvisiertes an sich, mit stark spekulativen Zügen, auf einer nur schmalen empirischen Datengrundlage. Ihre Verfasser waren in der Regel keine Landeskenner, hatten keine entsprechenden Sprachkenntnisse, hatten sich zuvor noch nie mit „ihrem“ Land beschäftigt und konnten meist auch keine eigenen Forschungen vor Ort durchführen. Zudem leiden die Studien unter dem Zwang, nicht nur die jeweiligen Nationalcharaktere zu beschreiben, sondern auch mit psychologischen Hypothesen zu erklären. So kann es nicht überraschen, daß sie neben wichtigen und interessanten Beobachtungen, die sie enthalten, vielfach übers Ziel hinausschossen.

Letztendlich sah man die Kultur-und-Persönlichkeit-Schule in den Sozialwissenschaften als gescheitert an, und tendiert dort spätestens seit den sechziger Jahren zu der Auffassung, daß es so etwas Nationalcharaktere nicht gibt.

---

475 HEIDI KELLER: „Persönlichkeit und Kultur“, in: ALEXANDER THOMAS (Hg.): Kulturvergleichende Psychologie, 2., überarbeitete und erweiterte Auflage, Göttingen 2003, S. 181-205, S. 196

22. Vorurteile und Stereotypen

Der Begriff des Stereotyps wurde 1922 von dem amerikanischen Journalisten Walter Lippmann (1889-1974) mit seinem Buch *Public Opinion* (Die öffentliche Meinung) in die Sozialpsychologie eingeführt. Walter Lippmann stammte aus dem etablierten liberalen deutsch-jüdischen Establishment New Yorks und verfügte als Kolumnist mehrerer großer Zeitungen selbst über außerordentlichen Einfluß auf die öffentliche Meinung Amerikas. Er gehörte zu jenen linken Intellektuellen, die sich nach 1929 um den Präsidenten Franklin D. Roosevelt scharten und eine liberale und zugleich machtgestütze und außenpolitisch expansive „Neue Weltordnung" anstrebten.[476]

Lippmann ging von der Erfahrung der Parteilichkeit der öffentlichen Meinung aus. Die Menschen bilden sich ihre Meinung nicht aufgrund von Tatsachen, sondern von überlieferten und kulturell vermittelten Denkschablonen, den Stereotypen. Den Begriff „Stereotyp" hat Lippmann dabei aus der Drucktechnik übernommen. Er meinte damit die „Bilder in unseren Köpfen", die unsere Wahrnehmung beeinflussen. „Wir werden über die Welt bereits unterrichtet, bevor wie sie sehen. Wir stellen uns die meisten Dinge vor, bevor wir unsere Erfahrungen damit machen. Und diese vorgefaßten Meinungen beherrschen auf stärkste den ganzen Vorgang der Wahrnehmung, es sei denn, die Erziehung habe sie uns in aller Deutlichkeit bewußt gemacht."[477]

Die Stereotypen führten dazu, daß wir nur das sehen, was sie bestätigt, und das außer acht ließen, was ihnen widerspricht. Zwar hätten Stereotypen auch eine ökonomische Funktion, dienten der Vereinfachung einer unüberschaubaren Wirklichkeit, seien aber grundsätzlich

---

476 FRANK DEPPE: Politisches Denken zwischen den Weltkriegen, Hamburg 2003, S. 414 ff.; WINFRIED SCHULZ: „Nachricht", in: ELISABETH NOELLE-NEUMANN, WINFRIED SCHULZ, JÜRGEN WILKE (Hg.): Fischer Lexikon Publizistik Massenkommunikation, Frankfurt a.M. 2002, S. 328-362

477 WALTER LIPPMANN: Die öffentliche Meinung, München 1964, S. 68

von Übel, weil sie zu einer voreingenommen Verzerrung der Wirklichkeit führen, die ihr nicht gerecht wird. Sie beruhten nicht auf Erfahrungen, sondern seien willkürlich und irrational. „Nur wenn wir unsere Meinungen als Teilerfahrungen anzusehen gewohnt sind, die wir als eine Erfahrung durch Stereotypen sehen, dann werden wir gegen unseren Gegner wirklich tolerant werden."[478] Was die Umsetzung dieses Programms betraf, war Lippmann aber skeptisch. Politisch sah er als das beste Korrektiv gegen die Vorurteile der Massen eine „Herrschaft der Experten" an.

Lippmann verwandte neben dem Begriff Stereotyp gelegentlich auch den älteren, schon seit der Aufklärung gebräuchlichen Begriff des „Vorurteils", insbesondere wenn er mit negativen Affekten aufgeladene Stereotype gegenüber anderen Völkern meinte. Die unscharfe Trennung von „Stereotypen" und „Vorurteilen" ist ein durchgehender Zug in der Forschungsgeschichte bis zur Gegenwart, auch wenn sich immer mal wieder einzelne Forscher oder einzelne Schulen nur als Stereotypenforscher oder nur als Vorurteilsforscher verstehen. Die Tendenz geht jedoch dahin, bei Stereotypen die kognitive und bei Vorurteilen die affektive und wertende Komponente zu betonen.

In den 1920er und 1930er Jahren entstand so in Amerika die sozialpsychologische Vorurteilsforschung.[479] Führend waren der Psychologe

---

478 LIPPMANN, Die öffentliche Meinung, S. 93

479 BERND SIX: „Vorurteil", in: Historisches Wörterbuch der Philosophie, Darmstadt 2001, Sp. 1249-1268; CARL FRIEDRICH GRAUMANN: „Geschichtliche Entwicklung der Sozialpsychologie", in: DIETER FREY, SIEGFRIED GREIF (Hg.): Sozialpsychologie. Ein Handbuch in Schlüsselbegriffen, 4. Auflage Weinheim 1997, S. 32-39; HORST GUNDLACH: „Die historische Entwicklung anwendungsorientierter Sozialpsychologie", in: JÜRGEN SCHULTZ-GAMBARD (Hg.): Angewandte Sozialpsychologie. Konzepte, Ergebnisse, Perspektiven, München 1987, S. 17-27; JOHN DUCKITT: The social psychology of prejudice, New York 1992; BERND SIX: „Stereotype und Vorurteile im Kontext sozialpsychologischer Forschung", in: GÜNTHER BLAICHER (Hg.): Erstarrtes Denken. Studien zu Klischee, Stereotyp und Vorurteil in englischsprachiger Literatur, Tübingen 1987, S. 41-54; ANITRA KARSTEN (Hg.): Vorurteil. Ergebnisse sozialpsychologischer Forschung,

Daniel Katz (1903-1998) und die Soziologen Stuart A. Rice (1889-1969) und Emory Stephen Bogadus (1882-1973). Die allgemein angewandte Methode war die der „Einstellungsmessung“ mit Hilfe von Fragebögen. Wegweisend für die weitere Forschung wurde eine Studie von Daniel Katz an Universitätsstudenten im Jahr 1933. Katz legte den Studenten eine Eigenschaftsliste vor, aus der die Studenten bestimmte Eigenschaften verschiedenen Völkern zuordnen sollten. Ähnliche Befragungen wurden an vielen Universitäten in den USA durchgeführt.

Es erwies sich, daß die den Völkern zugeschriebenen Eigenschaften recht konstant waren. Sowohl im Westen als auch im Süden oder Osten der Vereinigten Staaten beschrieben die Studenten die Deutschen als wissenschaftlich eingestellt *(scientifically-minded),* fleißig, intelligent und schwerfällig *(stolid),* die Italiener als künstlerisch begabt, impulsiv und temperamentvoll *(quick-tempered),* die Engländer als sportmännisch *(sportsmanlike),* intelligent und konventionell, die Iren als streitsüchtig und temperamentvoll, die Juden als gerissen *(shrewd),* geschäftstüchtig und intelligent und die Neger als abergläubisch, sorglos *(happy-go-lucky)* und träge *(lazy).* Zugleich fragte Katz die Studenten, welche Angehörigen eines fremden Volkes sie sich als Nachbarn wünschen würden. Hier kamen nach den Amerikanern die Engländer an erster Stelle, dann bereits gefolgt von den Deutschen – ein gutes Jahrzehnt nach dem Ersten Weltkrieg beachtlich. Die soziale Distanz entsprach der ethnischen Verwandtschaft, auf die Nord- und Westeuropäer folgten die Süd- und Osteuropäer, und am Ende standen die Juden, Türken und Neger (eine andere Reihenfolge fand man nur bei den Psychologie-Studenten in New York, die zu 78 % Juden waren).[480]

Das Merkwürdige an dieser Art Studien, die in ähnlicher Weise auch in Europa bis in die 1970er Jahre durchgeführt wurden, ist, daß sie

---

Darmstadt 1978; ULRIKE SIX: „Vorurteile“, in: DIETER FREY, SIEGFRIED GREIF (Hg.): Sozialpsychologie. Ein Handbuch in Schlüsselbegriffen, 4. Auflage Weinheim 1997, S. 365-371

480 DANIEL KATZ, KENNETH BRALY: „Racial stereotypes of one hundred college students“, in: Journal of Abnormal and Social Psychology 28, 1933, S. 280-290; DANIEL KATZ: „Rassische Vorurteile und Rassenstereotypen“ (1935), in: ANITRA KARSTEN (Hg.): Vorurteil. Ergebnisse sozialpsychologischer Forschung, Darmstadt 1978, S. 35-59

schon auf Grund ihrer Methodik gar nicht in der Lage gewesen wären, Aussagen über die Berechtigung oder den Wirklichkeitsgehalt von Stereotypen zu machen. Letztlich waren sie wohl nur ein Anlaß, um immer wieder auf die Unmoralität und Falschheit von Vorurteilen hinzuweisen und zu ihrer Bekämpfung aufzurufen.

Man warf den Stereotypen und Vorurteilen vor, daß sie nicht auf eigenen Erfahrungen beruhten, daß sie dem einzelnen Angehörigen der betroffenen Gruppe nicht gerecht würden – als könne das bei einer Aussage über eine Gruppe anders sein –, daß sie sich gegen Belehrung als resistent erwiesen und daß sie auch durch reale Begegnungen mit den Angehörigen der anderen Gruppe nicht verschwanden. Die vermeintlichen Übereinstimmungen mit der Wirklichkeit führte man auf den Effekt der sich selbst erfüllenden Prophezeiung zurück, der dazu führe, das man nur solche Informationen wahrnehme, die das bereits bestehende Vorurteil bestätigten.

Daß es auch eine normale Eingenommenheit für die eigene Gruppe gibt, ohne die eine Gemeinschaft nicht bestehen kann, kam den Vorurteilsforschern nicht in den Sinn. Konsequent denunzierten sie diese Selbstverständlichkeit der Mehrheitsgesellschaft als „Ethnozentrismus".

Die Einführung des Vorurteils- und Stereotypen-Paradigmas war Teil eines größeren Paradimenwechsels innerhalb in der amerikanischen Psychologie in der Zeit zwischen 1920 und 1940. Waren die meisten amerikanischen Psychologen 1920 noch selbstverständlich davon ausgegangen, daß sich die Rassen und Völker auch in ihren psychischen Eigenschaften unterscheiden, forschten sie um 1940 nunmehr nach den sozialpsychologischen Ursachen „nationaler Vorurteile".

Dieser Wechsel in der Grundeinstellung ethnischen Unterschieden gegenüber beruhte weniger auf empirischen Erkenntnissen als auf einem Wandel in der politischen Einstellung der amerikanischen Intellektuellen gegenüber ethnischen Minderheiten und fremden Völkern. Die schwarze Bürgerrechtsbewegung der 1920er Jahre und der Widerstand gegen die europäische Herrschaft in den Kolonien bewegten viele dazu, sich auf die Seite der Unterdrückten zu stellen. Die Diskussion um die Einwanderungsgesetzgebung von 1924, in der zunächst noch die Vertreter eines weißen, angelsächsischen Amerika die Oberhand behalten hatten, hatte zu einer politischen Polarisierung auch innerhalb der Psychologie und der Sozialwissenschaften geführt. Besonders auch die vielen Psychologen jüdischer Herkunft, die sich damals erstmals in der amerikanischen Wissenschaft etablieren konnten, setzten sich für kosmopolitische Ideale ein. Als dann 1933 in Deutschland die Nationalsozialisten die Macht übernahmen, führte die nationale Solidarisierung gegen den äußeren Feind mit einer rassistischen Ideologie dazu, das man jeden Gedanken an reale rassische Unterschiede verwarf.[481] Nur der starke Einfluß der „Kultur und Persönlichkeit-Schule" mit ihrem milieutheoretischen und psychoanalytischen Konzept verschiedener Nationalcharaktere verhinderte noch bis Ende der 1950er Jahre den vollständigen Sieg der Auffassung, daß nationale Unterschiede nicht real seien, sondern nur auf „Vorurteilen" beruhen.

Das aufgeheizte moralische Klima war einer sachlichen wissenschaftlichen Herangehensweise wenig zuträglich. Die Vorurteilsforscher sahen sich als die Beschützer diskriminierter und bedrohter Minderheiten und die Vorkämpfer einer allgemeinen Humanität an. Die „Vorurteile" durften nichts mit den wirklichen Eigenschaften der betreffenden Gruppen zu tun haben, denn sonst würde man ja den Juden die „Schuld" am Antisemitismus geben! Nicht zuletzt waren und sind Stereotyp und Vorurteil wertende und polemische Begriffe. Vorurteile hat immer nur der politische Gegner, nie man selbst.

So sah man in den ersten Jahrzehnten der Vorurteilsforschung die Vorurteile oder Stereotypen nicht als normal, sondern als eine sozialschädliche, pathologische Erscheinung an, die es zu bekämpfen gilt. Das lenkte den Blick auf die „Träger" der Vorurteile, die ja selber in irgendeiner Weise pathologisch sein mußten. Diese mußten irgendwelche Persönlichkeitseigenschaften aufweisen, die ihre „Anfälligkeit" für Vorurteile erklären.

---

481 JOHN DUCKITT: The social psychology of prejudice, New York 1992, S. 50; FRANZ SAMELSON: „From ‚race psychology' to ‚studies in prejudice': some observations on the thematic reversal in social psychology", in: Journal of the History of the Behavioral Sciences 14, 1978, S. 265-278; DAVID A. HOLLINGER: „Ethnic diversity, cosmopolitanism and the emergence of the American liberal intelligentsia", in: American Quarterly 27, 1975, S. 133-151

Der autoritäre Charakter

Dies war der Grundgedanke, der zu dem schon in den 1930er Jahren von den Psychoanalytikern Wilhelm Reich (1897-1957) und Erich Fromm (1900-1980) entwickelten Konzept des *Autoritären Charakters* führte, das vor allem an dem neomarxistischen Institut für Sozialforschung in Frankfurt weiterentwickelt wurde. Im amerikanischen Exil betrieben dann vor allem Max Horkheimer (1895-1973) und Theodor W. Adorno (1903-1969), beides deutsche Juden wie schon Reich und Fromm, die Forschungen über den autoritären Charakter. Die waren Teil eines Forschungsprogramms, das vom *American Jewish Congress* finanziert wurde, das sich dadurch eine Bekämpfung des Antisemitismus versprach.[482]

Der *autoritäre* oder auch *antidemokratische* Charakter zeichnet sich nach der Auffassung Adornos und seiner Kollegen durch die unbedingte Anerkennung von Autoritäten, durch Intoleranz und seine Neigung zum Konservatismus und Faschismus aus. Die Ursache des autoritären Charakters erklärten sich die Vertreter dieses Konzepts mit Hilfe der Psychoanalyse. Sein Entstehungsort sei die autoritäre Kleinfamilie, wie sie besonders für Deutschland charakteristisch sei. Durch die Unterdrückung der kindlichen und jugendlichen Sexualität und die Übermacht des autoritären Vaters entstünde ein Charakter, der sich mit seinen Peinigern identifiziere und seine Frustration an Sündenböcken abreagiere, insbesondere an den Juden.

„Der Faschismus ist nur der politisch organisierte Ausdruck der durchschnittlichen menschlichen Charakterstruktur" schrieb Wilhelm Reich. Er glaubte „daß es heute nicht ein einziges Individuum gibt, das nicht Elemente faschistischen Fühlens und Wollens in sich trägt."[483]

Anders als die klassischen Marxisten sahen die Vertreter der *Frankfurter Schule* das gesellschaftliche Heil nicht in einer Revolution durch das Proletariat, sondern in der Veränderung der psychischen Grund-

---

482 CASPAR von SCHRENCK-NOTZING: Charakterwäsche. Die Politik der amerikanischen Umerziehung, München 1981, S. 121

483 zit. n. SCHRENCK-NOTZING, Charakterwäsche, S. 117

struktur der Gesellschaft. Diese müsse von der *fortschrittlichen Klasse* aufgeklärter Wissenschaftler mittels der Kontrolle der Erziehungsinstitutionen erreicht werden. „Unser Ziel ist nicht nur, das Vorurteil zu beschreiben, sondern es zu erforschen, um bei seiner Ausrottung zu helfen. Ausrottung meint Umerziehung, die wissenschaftlich geplant wird und auf der Grundlage des auf dem Wege der wissenschaftlichen Untersuchung erreichten Verständnisses steht", schrieb Adorno.[484]

Zur Erfassung der autoritären Persönlichkeit entwickelten Adorno und seine Mitarbeiter einen Fragebogen, die sogenannte F-Skala (Faschismus-Skala). Sie enthielt Fragen nach dem Verhältnis zu den Eltern, dem Sexualleben und der Einstellung zu Autoritäten und zu ethnischen Minderheiten. Wer viele F-Punkte hatte, war ein autoritärer Charakter. Das Konzept des autoritären Charakters war während des Krieges in Amerika und nach dem Krieg auch in Europa bis etwa 1960 das vorherrschende Paradigma der Vorurteilsforschung.

Mit der Zeit wurde aber selbst in den Kreisen der Sozialpsychologen und Soziologen Kritik an dem Konzept des autoritären Charakters laut. Es hatte sich gezeigt, daß nur mäßige Korrelationen zwischen dem autoritären Charakter und der Diskriminierung von Minderheiten bestanden. So gab es zum Beispiel in den Südstaaten Amerikas keinen Zusammenhang zwischen der F-Skala und Vorurteilen gegenüber Schwarzen.[485] Die amerikanischen Soziologen Herbert H. Hyman (1918-1985) und Paul B. Sheatsley (1917-1989) wiesen bereits 1954 darauf hin, „daß die Theorie (...) durch die angeführten Fakten nicht belegt ist".[486] Andere Untersuchungen zeigten, daß die deutsche Kleinfamilie nicht autoritärer war als die in anderen europäischen Ländern. Als mit Abstand

---

484 zit. n. SCHRENCK-NOTZING, Charakterwäsche, S. 121

485 RUPERT BROWN: „Beziehungen zwischen Gruppen", in: WOLFGANG STROEBE, MILES HEWSTONE, JEAN-PAUL CODOL, GEOFFREY M. STEPHENSON (Hg.): Sozialpsychologie. Eine Einführung, Berlin 1990, S. 400-429, S. 405

486 zit. n. BERND SCHÄFER: „Entwicklungslinien der Stereotypen- und Vorurteilsforschung", in: BERND SCHÄFER, FRANZ PETERMANN (Hg.): Vorurteile und Einstellungen. Sozialpsychologische Beiträge zum Problem sozialer Orientierung. Festschrift für Reinhold Bergler., Köln 1988, S. 11-65, S. 20

am autoritärsten erwiesen sich ausgerechnet die Familien in der Schweiz, einer alten Demokratie ohne faschistischer Epoche in ihrer jüngeren Geschichte.[487]

Die Vorurteilsforschung nach Gordon W. Allport

Eine neue, rationalere Phase in der Vorurteilsforschung setzte 1954 mit dem Buch *Die Natur des Vorurteils* des amerikanischen Psychologen Gordon Willard Allport (1897-1967) ein. Allport stand in der Tradition des amerikanischen Behaviorismus und faßte das menschliche Verhalten vor allem im Sinne des Reiz-Reaktions-Schemas auf. Positive oder negative Reaktionen führen zu Konditionierungen des Verhaltens, die sich im günstigen Fall durch entgegengesetzte Konditionierung mittels Erziehung auch wieder verändern lassen. Allport verwarf das Konzept des autoritären Charakters zwar nicht völlig, sah in Vorurteilen aber weniger individualpsychologische als kulturell vermittelte Erscheinungen. Vorurteile waren für ihn nicht mehr abnormale pathologische Erscheinung, sondern etwas, das seine Grundlage in normalen Prozessen der Identitätsentwicklung hat. Im Mittelpunkt der Vorurteilsforschung stand nun die Frage, wie natürliche Prozesse, die mit der Sozialisation und Identitätsentwicklung verbunden sind, Vorurteile erzeugen können und welche Möglichkeiten zu deren Beeinflussung es gibt.

In den 1970er Jahren entdeckten die Vorurteilsforscher das Lippmann'sche Stereotypenkonzept wieder. Der Ausdruck Stereotyp verdrängte in der Forschung den des Vorurteils weitgehend, aber nicht völlig. Bis zur Gegenwart öffnete sich die Stereotypenforschung zunehmend den Erkenntnissen der Kognitionspsychologie, darüber wie es im menschlichen Denken zur Bildung von Begriffen und von Stereotypen als einer besonderen Form von diesen kommt. Über weite Strecken bestehen jedoch die Stereotypenforschung und ihr literaturwissenschaftlicher Ableger, die *Imagologie*, in der bloßen Sammlung

---

487 HEINZ E. WOLF: „Über die Vorurteile der Vorurteilsforschung. Ein Kapitel aus der Vergangenheitsbewältigung“, in: Criticon 47, 1978, S. 130-133

und Beschreibung von Stereotypen, insbesondere von ethnischen Stereotypen.

Trotz der mit der Zeit eingetretenen Verwissenschaftlichung der Vorurteils- und Stereotypenforschung blieb der alte moralisierende und dogmatische Charakter bis heute weitgehend erhalten. Literarische Beschreibungen von Völkern etwa werden als Stereotypen „entlarvt", was gleichzeitig als deren sachliche Widerlegung angesehen wird. An der Grundüberzeugung, daß Stereotypen kein Informationswert zukommt, daß sie falsch, irrational und irreführend seien, änderte sich nichts. So gehört bis zur Gegenwart die sachliche Unrichtigkeit für viele Stereotypenforscher zur Definition von Stereotypen. Zugleich behaupten sie aber auch, alle Vorstellungen über psychische Eigenschaften von Gruppen seien Stereotypen! Nur vereinzelt räumten Forscher ein, Stereotypen könnten ein *kernel of truth*, ein Körnchen Wahrheit enthalten, eine Position, die aber in der Minderheit blieb. Bezeichnend sind bis heute Buchtitel wie *Erstarrtes Denken*, *Eingebildete Nationalcharaktere* und *Der Stoff, aus dem die Dummheit ist.*[488]

Daneben gibt es vor allem bei denjenigen der Forscher, die an dem Vorurteilsbegriff festgehalten haben – gewissermaßen deren radikalere Fraktion – eine zunehmende Unduldsamkeit. Man forscht überall nach fremdenfeindlichen oder auch „sexistischen" Vorurteilen und meint auch bei solchen Leuten, die jeden Gedanken an Vorurteile weit von sich weisen würden, *subtile* oder *implizite* Vorurteile feststellen zu können, die der Umerziehung bedürfen.

Der Konstruktivismus

Zu einer zusätzlichen Radikalisierung führte die Übernahme des Theoriegebäudes des postmodernen *Konstruktivismus* seit den 1990er Jah-

[488] GÜNTHER BLAICHER (Hg.): Erstarrtes Denken. Studien zu Klischee, Stereotyp und Vorurteil in englischsprachiger Literatur, Tübingen 1987; MANFRED BELLER (Hg.): Eingebildete Nationalcharaktere. Vorträge und Aufsätze zur literarischen Imagologie, Göttingen 2006; MANFRED KOCH-HILLEBRECHT: Der Stoff, aus dem die Dummheit ist. Eine Sozialpsychologie der Vorurteile, München 1978

ren. Zunächst nur eine erkenntnistheoretische Strömung innerhalb der Philosophie, wurde der radikale Konstruktivismus seit den 90er Jahren zu einer Modeerscheinung in den Geisteswissenschaften. Die Konstruktivsten glauben, daß eine objektive Erkenntnis nicht möglich ist, daß jedes Wissen subjektiv ist und erst in den Köpfen von Menschen „konstruiert" wird. Nach dieser Vorstellung gibt es keine korrelative Beziehung zwischen den Begriffen und der Wirklichkeit. Das gilt auch für die Wissenschaft. Auch die empirische Bestätigung einer Hypothese bedeute nicht die Erkenntnis einer objektiven Welt.[489]

Das Konzept des Konstruktivismus wurde vor allem von dem britischen marxistischen Historiker Eric Hobsbawm (1917-2012) und dem amerikanischen Politikwissenschaftler Benedict Anderson (geb. 1936) in die Sozial- und Geschichtswissenschaft eingeführt. Letzterer veröffentlichte 1983 ein Buch mit dem Titel, *Die Erfindung der Nation* (imagined communities), der schnell zum Schlagwort wurde.[490]

Die sozialwissenschaftlichen Konstruktivisten gehen von der an sich trivialen Tatsache aus, daß alle menschlichen Begriffe auch soziale Konstrukte sind, setzen diese aber absolut. Mit dieser Auffassung machten sich nun seit den 90er Jahren linke Sozial- und Geisteswissenschaftler daran, selektiv Begriffe zu „dekonstruieren". Das Hauptziel waren wie schon in der klassischen Vorurteilsforschung die elementaren Kategorien der Ungleichheiten des Menschen: Rasse, Volk, Nation und Geschlecht. Rassen, Völker und selbst die Geschlechter seien „Konstrukte", „Fiktionen" und „Erfindungen", erdacht von den Herrschenden, um Macht über die von ihnen Beherrschten auszuüben. Die Konstruktivisten knüpfen dabei an die marxistische Tradition des Ideologieverdachtes an. Alle nicht marxistischen Weltanschauungen sind danach nur der klassenbedingte „Überbau", um die Interessen der herrschenden Klasse zu legitimieren. Eine inhaltliche Auseinandersetzung mit ihnen sei

---

489 GERHARD RUSCH: Konstruktivismus, radikaler", in: ANSGAR NÜNNING (Hg.): Grundbegriffe der Kulturtheorie und Kulturwissenschaften, Weimar 2005, S. 97-100; GABRIELE VICKERMANN-RIBEMONT: Konstruktivität", in: ebd. , S. 100-101

490 BENEDICT ANDERSON: Die Erfindung der Nation. Zur Karriere eines folgenreichen Konzepts, Frankfurt a.M. 1988

nicht notwendig, weil schon ihre Funktion als Herrschaftsinstrument sie widerlege.

So steht auch beim sogenannten Sozial-Konstruktivismus kein erkenntnistheoretisches Interesse im Vordergrund, sondern der Wunsch, allen nicht egalitären, nämlich „rassistischen", „sexistischen" oder „homophoben" (die Abneigung gegen Homosexuelle) Vorstellung den Boden zu entziehen. Wenn es keine Völker gibt, sind natürlich auch alle Völkerstereotypen illusionär.

Seit den 1990er Jahren entstand in den Geisteswissenschaften eine Flut von akademischen Publikationen, die im Grunde nichts anderes tun, als die ethnische und nationale Identität der Völker in ihrer historischen Entwicklung zu beschreiben und damit als vermeintliche „Konstrukte" zu entlarven. Damit verbunden ist wie zum Beispiel bei Hobsbawm eine Tendenz, Nationalgefühle und nationale Identitäten als etwas Lächerliches und Konstruiertes darzustellen.[491] Auf jeden Fall aber wird die Neigung der Stereotypenforschung und des Konstruktivismus, ethnische Identitäten unter Generalverdacht zu stellen, der Gruppenhaftigkeit der menschlichen Existenz, wie sie sowohl die Kultur-Anthropologie als auch die moderne Verhaltensforschung belegen, in keiner Weise gerecht.[492]

Letztlich geht es um die kulturelle Hegemonie in der Gesellschaft. Mit der „Dekonstruktion" unliebsamer Begriffe soll es unmöglich gemacht werden, von Völkern auch nur zu sprechen. Aber der konstruktivistische Angriff zielt noch tiefer: Das Dogma von der Relativität und der Nicht-Erkennbarkeit der Wirklichkeit stellt jede Wissenschaft grund-

---

491 HELMUT KUZMICS: „Einleitung", in: REINHARD BLOMERT, HELMUT KUZMICS, ANNETTE TREIBEL (Hg.): Transformationen des Wir-Gefühls. Studien zum nationalen Habitus. Frankfurt a.M. 1993, S. 7-41, S. 19

492 IRENÄUS EIBL-EIBESFELDT: Die Biologie des menschlichen Verhaltens. Grundriß der Humanethologie. 3., überarbeitete und erweiterte Auflage, Weyarn 1997; ders.: der vorprogrammierte Mensch. Das Ererbte als bestimmender Faktor im menschlichen Verhalten, Wien 1973; ders.: Das verbindende Erbe. Expeditionen zu den Wurzeln des Verhaltens, Taschenbuchausgabe, München 1993

sätzlich in Frage und ermächtigt seine Anhänger dazu, sich jede beliebige ideologisch erwünschte „Wirklichkeit" selbst zu konstruieren.[493]

Was Stereotypen wirklich sind

Einen bemerkenswerten Einblick in die Entstehung und Funktionsweise von Stereotypen ermöglicht eine Untersuchung des Psychologen Peter R. Hofstätter. Der wertete im Jahr 1938 die Ergebnisse der Eignungstest von Rekruten des damaligen österreichischen Heeres aus. Er faßte dazu die zahlreichen Einzelaufgaben zu Gruppen zusammen, die für die Begabungseigenschaften wie sprachliches oder technisches Verständnis, manuelle Geschicklichkeit, Rechnen, Konzentrationsfähigkeit und Gedächtnis stehen. Jedes österreichische Bundesland war durch 200 Rekruten vertreten.[494]

Die Testergebnisse der österreichischen Rekruten zeigen ein deutliches Leistungsgefälle. Die besten Ergebnisse weisen bei allen Aufgabengruppen die Wiener Rekruten auf, und die schlechtesten ebenso durchgängig bei allen Aufgabengruppen die Rekruten aus dem Burgenland. Daß die Bevölkerung von Großstädten der des Landes intellektuell überlegen ist, ist ein altbekanntes und vielfach belegtes Phänomen, das auf der Abwanderung der Begabten vom Land in die Stadt und der anregungsreicheren städtischen Umwelt beruht. Wien war unbestritten die beherrschende Metropole Österreichs und hat schon vor 1918

---

493 STEVEN PINKER: Das unbeschriebene Blatt. Die moderne Leugnung der menschlichen Natur, Berlin 2003, S. 285 ff.; HANS-RUDOLF WICKER: „Konstruktivismus und das Ende der Toleranz", in: C. BOSSHART-PFLUGER u.a. (Hg.): Nation und Nationalismus in Europa. Kulturelle Konstruktion von Identitäten, Stuttgart 2002, S. 77-95; JOHN R. SEARL: „Die Angst vor Wissen und Wahrheit. Über Relativismus und Konstruktivismus", in: Merkur 64, 2010, S. 1-11

494 PETER R. HOFSTÄTTER: „Ruf und Bestand. Ein methodologischer Beitrag zur Stammeskunde", in: Zeitschrift für angewandte Psychologie und Charakterkunde 60, 1940, S. 64-95; ANDREAS VONDERACH: Die deutschen Regionalcharaktere. Psychologie und Geschichte, Husum 2012, S. 37 ff.

viele Landflüchtige aus dem gesamten Raum der österreich-ungarischen Monarchie angezogen. Das Burgenland dagegen ist eine ländliche und verkehrsferne Region, in der selbst mittelgroße Städte fehlen. Die Testergebnisse verschlechtern sich mit der Entfernung von Wien. Niederösterreich zeigt gute Ergebnisse, die über Oberösterreich bis zur Steiermark und Kärnten hin schlechter werden. Salzburg und in geringem Maße auch Tirol und zeigen wieder eine bessere Begabung. Eine Ausnahme stellt das alemannische Bundesland Vorarlberg dar, das in allen Begabungsgruppen gut dasteht und insgesamt noch besser als Niederösterreich abschneidet.

Die Länder zeigen charakteristische Begabungsprofile über die verschiedenen Begabungseigenschaften hinweg, wobei Nieder- und Oberösterreich genau dasselbe Profil zeigen, nur in Niederösterreich – wohl wegen der größeren Nähe Wiens – auf etwas höherem Niveau.

In einem weiteren Schritt verglich Hofstätter die Ergebnisse der Begabungstest mit dem Ruf, den die verschiedenen Bundesländer im Hinblick auf die Intelligenz ihrer Bewohner haben. Er hat 307 Personen beiderlei Geschlechts aus allen Bundesländern und Bevölkerungsschichten Österreichs Fragebögen vorgelegt, auf denen die einzelnen Bundesländer paarweise und in allen möglichen Kombinationen aufgeführt waren. Die Versuchspersonen hatten die Aufgabe, möglichst schnell und spontan das Bundesland zu unterstreichen, dessen Bewohner sie für ‚intelligenter' (‚gescheiter', ‚klüger') hielten. In Zweifelsfällen ein Paar auszulassen oder beide Länder zu unterstreichen, war untersagt. Diese Methode des Paarvergleichs hat den Vorteil, daß sie die zum Teil unbewußten Einstellungen der Probanden besser erfaßt, als das bei einer gezielten Befragung nach den einzelnen Ländern möglich gewesen wäre. Aus der Häufigkeit, mit der die Bewohner eines Bundeslandes für intelligenter oder für unintelligenter als ein anderes gehalten wurden, berechnete Hofstätter Prozentzahlen, die die relative Einschätzung des Landes durch die Österreicher zum Ausdruck bringen.

Das Ergebnis zeigt eine weitgehende Übereinstimmung mit den durch die Eignungstest ermittelten empirischen Durchschnittswerten für die Länder-Begabungen. Wien steht an der Spitze, das Burgenland am Ende der Skala. Allerdings ist die Streuung der Länder-Stereotypen größer, sowohl die gute als auch die schlechte Begabung einzelner Länder werden stärker betont, als ihrem wirklichen Unterschied entspricht.

Ich habe anhand der Daten Hofstätters die Korrelation zwischen den realen Begabungsergebnissen und den Länder-Stereotypen berechnet. Sie beträgt 0,71, ein beachtlicher Wert, wie ich meine. (Korrelationen werden in Werten von 0,0 bis 1,0 ausgedrückt. 0,0 bedeutet, daß es keinerlei Beziehung zwischen zwei Variablen gibt, und 1,0 zeigt einen absoluten linearen Zusammenhang ohne Ausnahmen und Abweichungen). Eine Korrelation von 0,71 bedeutet, daß sich der Ruf der österreichischen Bundesländer statistisch zu 50,4 % aus deren realen Begabungsunterschieden erklärt.[495]

Die politischen Umstände des Jahres 1938, der Einmarsch der Wehrmacht in Österreich und die Eingliederung Österreichs in das Deutsche Reich, gaben Hofstätter die Gelegenheit zu einer weiteren Untersuchung. Und zwar führte er die gleiche Befragung zur Intelligenz der Bewohner der verschiedenen österreichischen Bundesländer jetzt auch mit deutschen Soldaten durch, die erst seit wenigen Monaten, höchstens aber ein halbes Jahr, in Österreich stationiert waren. Die Ergebnisse der 48 befragten Soldaten zeigen im wesentlich das gleiche Gefälle, von Wien über ein wenig differenziertes Mittelfeld zum Burgenland am Ende der Skala. Die Korrelation zwischen den realen Länderbegabungen und den von den deutschen Soldaten beurteilten ist mit 0,70 praktisch genauso hoch wie bei den Österreichern.

Natürlich haben die deutschen Soldaten in der kurzen Zeit ihrer Stationierung nicht die Bewohnern aller österreichischen Bundesländer selber kennenlernen können. Vielmehr haben sie in verhältnismäßig kurzer Zeit das binnen-österreichische Rufsystem übernommen. Das versetzte sie in die Lage, die Bewohner der österreichischen Länder ebensogut einzuschätzen wie die gebürtigen Österreicher. Das Stereotyp hat seine soziale Funktion erfüllt. Es hat den Einzelnen mit einem kollektiven Erfahrungswissen ausgestattet, das er allein nicht hätte erlangen können. Ohne Zweifel ein wichtiges Ergebnis für das Verständnis von Stereotypen!

---

495 ANDREAS VONDERACH: Die deutschen Regionalcharaktere. Psychologie und Geschichte, Husum 2012, S. 42

Das Beispiel zeigt außerdem, daß Stereotypen das Ergebnis eines kollektiven kognitiven Prozesses sind. Beobachtungen Einzelner können von Fall zu Fall wohl von Stereotypen beeinflußt sein, sind aber grundsätzlich etwas anderes als Stereotypen. Die Leistung des Stereotyps besteht ja gerade darin, daß es die Erfahrungen vieler Einzelner in einem sozialpsychologischen Prozeß zu einem kollektiven Mittelwert zusammenfaßt! Deshalb geht es nicht an, Volkscharakter-Beurteilungen einzelner Beobachter einfach, wie in der Stereotypenforschung weit verbreitet, mit der Behauptung vom Tisch zu wischen, es handele sich um Stereotypen.

Andere Untersuchungen, die sich mit dem Verhältnis von Stereotyp und Wirklichkeit befassen, zeigen, daß die Richtigkeit von ethnischen Stereotypen mit der geographischen Entfernung und damit wahrscheinlich mit der Häufigkeit des Kontakts abnimmt und daß sie sich erst mit einem zeitlichen Verzögerungseffekt auf neue Gegebenheiten einstellen. So ist etwa in Bayern das um 1970 vorgefundene Stereotyp der unterschiedlichen körperlichen Aggressivität der verschiedenen Regierungsbezirke zwar auch mit der Kriminalstatistik der Gegenwart korreliert, weist aber um so signifikantere Korrelationen zur empirischen Kriminalstatistik auf, je weiter man bis zum Ende des 19. Jahrhunderts zurückgeht. Solche Untersuchung zeigen meines Erachtens, wie eine wirkliche wissenschaftliche Stereotypenforschung hätte aussehen müssen.[496]

496 FRANZ KIENER: „Über die Aggressivität der Baiern und Franken. Stereotyp und Wirklichkeit“, in: Psychologische Beiträge 13, 1971, S. 161-220; VONDERACH, Die deutschen Regionalcharaktere, S. 33 ff.

23. Kulturvergleichende Psychologie I

In den späten 1950er und 1960er Jahren entstand zunächst noch ganz im Schatten der Kultur-und-Persönlichkeit-Schule die Forschungsrichtung der Kulturvergleichenden Psychologie *(Cross-Cultural Psychology).* In ihr waren es nicht mehr Ethnologen und Psychoanalytiker, sondern in erster Linie Psychologen, die sich mit den psychologischen Unterschieden zwischen den Kulturen befaßten. Die Kulturvergleichenden Psychologie zeichnet sich gegenüber der Kultur-und-Persönlichkeit-Schule durch ihr systematisches Vorgehen und ihre Orientierung an möglichst objektiven, nachprüfbaren Methoden aus. Federführend waren amerikanische Psychologen. 1970 erfolgte die Gründung der bis heute führenden Zeitschrift der Kulturvergleichenden Psychologie, des *Journal of Cross-Cultural Psychology.*

Ein wichtiges Forschungsinteresse war es herauszubekommen, ob bestimmte beobachtete Verhaltensweisen, die psychologischen Theorien zugrunde lagen, generalisierbar sind. Wenn es Kulturen gibt, in denen sie nicht auftreten, widerlegt das ihre Allgemeingültigkeit und damit in der Regel auch die psychologische Theorie. Darüber hinaus wollte man den kulturellen Einfluß auf das Verhalten erforschen. Zu dem Zweck verglich man gezielt Kulturen, die sich in Hinblick auf eine bestimmte kulturelle Variable, zum Beispiel die Wirtschaftsform, voneinander unterschieden. Von der Kultur-und-Persönlichkeit-Schule hatte die Kulturvergleichende Psychologie ihre Milieugläubigkeit übernommen. Die Verhaltensunterschiede zwischen den Völkern wurden als das Ergebnis kultureller Einflüsse angesehen, die auf die von Natur aus gleichen Menschen einwirken.[497]

In der Anfangsphase ging es oft auch noch darum, die von der Kultur-und-Persönlichkeit-Schule behaupteten Zusammenhänge zwischen

---

[497] LUTZ H. ECKENSBERGER, BERND KREWER: „Die kulturvergleichende Perspektive", in: THEO HERRMANN, ERNST-D. LANTERMANN (Hg.): Persönlichkeitspsychologie. Ein Handbuch in Schlüsselbegriffen, München 1985, S. 116-124

der frühkindlichen Erziehung und dem in einer Kultur vermeintlich vorherrschenden Persönlichkeitstypus zu überprüfen.

In ihrer bekannten *Six Cultures Study* suchten die beiden amerikanischen Ethnologen John (1908-1999) und Beatrice Whiting (1914-2003) seit 1954 nach Zusammenhängen zwischen den geographisch-ökologischen Rahmenbedingungen der Kulturen und den in ihnen jeweils bevorzugten Erziehungsstilen. Dafür führten eigens geschulte Teams Beobachtungen über die Erziehung von 3 bis 11 Jahre alten Kindern in kleinen Gemeinden in Kenia, Nord-Indien, Japan, Mexiko, den Philippinen und Neu England durch. Sie kamen zu dem Schluß, daß in Kulturen mit hoher sozialer und technischer Komplexität Verhaltensmerkmale wie Abhängigkeit und Dominanz eine größere Rolle spielen, in einfacheren dagegen die Erziehung mehr auf Helfen und Verantwortlichkeit abzielt. In Kulturen mit kleinen Kernfamilien, wie sie für die meisten Jäger und Sammler typisch sind, herrscht ein sozial intimeres und in solchen mit Großfamilien ein stärker autoritatives und aggressives Verhalten.[498]

Ein anderer Ansatz war die statistische Untersuchung auf Zusammenhänge von Lebensweise und Wirtschaftsform zur Kindererziehung. Er beruht auf dem Material des *Human Relation Area Files* (HRAF) des amerikanischen Ethnologen George Peter Murdock (1897-1985). Dieser hatte seit den 1930er Jahren die völkerkundliche Literatur über verschiedene Kulturen systematisch in Hinblick auf alle möglichen Kulturmerkmale hin ausgewertet und die Daten in seinem Ethnographischen Atlas, einer Art Datenbank zusammengestellt. Diese umfaßte 1949 250 lokale und regionale Kulturen aus allen Erdteilen und wurde

---

498 BEATRICE B. WHITING: Six cultures: Studies of child rearing, New York 1963; BEATRICE B. WHITING, JOHN W. WHITING: Children of six cultures. A psycho-cultural analysis, Cambridge, Mass. 1975; HEDE HELFRICH: „Persönlichkeit und Individualität im Kulturvergleich", in: KURT PAWLIK (Hg.): Theorien und Anwendungsfelder der Differentiellen Psychologie. Enzyklopädie der Psychologie, Themenbereich C, Serie VIII, Bd. 5, Göttingen 2004, S. 1021-1090; S. 1024; (LUTZ H. ECKENSBERGER: „Die Grenzen des ökologischen Ansatzes in der Psychologie", in: CARL F: GRAUMANN (Hg.): Ökologische Perspektiven in der Psychologie, Bern 1978, S. 49-76, S. 64

bis zur Gegenwart auf etwa 400 Kulturen erweitert. Leider hat Murdock sein Material nie in seiner Gesamtheit, sondern immer nur Teile davon in Einzelbeiträgen zu bestimmten Themen veröffentlicht (heute ist es in digitaler Form zugänglich).[499]

Anhand der Daten von über 100 Gesellschaften aus dem *Human Relation Area Files* prüften Herbert Barry (geb. 1930) und Irvin Child 1959 den Zusammenhang von Wirtschaftsform und Kindererziehung in nicht industrialisierten Kulturen. Es ergab sich, daß Sammler und Jäger ihre Kinder sehr viel mehr zu Selbständigkeit, Initiative und Kreativität erziehen als bäuerliche Gesellschaften, die in der Erziehung mehr auf Kooperation und Verantwortung abzielen. Barry und Child erklärten sich das mit der in bäuerlichen Gesellschaften notwendigen Voraussicht und Planung, wie etwa bei der Bevorratung eines Teils der Ernte für die nächste Saat, während die Jagd mehr Eigeninitiative erfordert.[500] Weitere Untersuchungen zeigten, daß auch nomadisch lebende Völker in ihrer Erziehung mehr Wert auf Selbständigkeit legen als die Bauernvölker. Der ökologische Ansatz wurde in der Folge vor allem von dem britisch-kanadischen Psychologen John W. Berry (geb. 1939) weiter ausgebaut.[501]

Ein weiterer Ansatz der Kulturvergleichenden Psychologie besteht in der Überprüfung und Anwendung der von der Persönlichkeitsforschung aufgestellten Persönlichkeitsdimensionen in fremden Kulturen. Mit dem Aufkommen der multivariaten statistischen Methoden, mit denen man die Variabilität mehrere Merkmale zugleich verarbeiten

---

499 GEORGE PETER MURDOCK: „World Ethnographic Sample“, in: American Anthropologist 59, 1957, S. 664-687; ders.: „World Sampling Provinces“, in: Ethnology 7, 1964, S. 305-326; ders.: „Ethnographic atlas“, in: Ethnology 6, 1967, S. 109-236 http://www.yale.edu/hraf/;

500 HERBERT BARRY, IRVIN CHILD, M.K. BACON: „Relation of child training to subsistence economy“, in: American Anthropologist 61, 1959, S. 51-63

501 JOHN W. BERRY: Human Ecology and Cognitive Style. Comparative Studies in Cultural and Psychological Adaption, New York 1976; JOHN W. BERRY, YPE H. POORTINGA, MARSHALL H. SEGALL, PIERRE R. DASEN: Cross-Cultural Psychology. Research and Applications, 2. Auflage Cambrigde 2002

kann, begannen Psychologen mit Hilfe der Faktorenanalyse nach übergeordneten Persönlichkeitsmerkmalen zu suchen.

Als erster entwickelte der britisch-amerikanischer Psychologe Raymond Cattell (1905-1998) eine auf der Faktorenanalyse beruhende Persönlichkeitstheorie. Mit der Faktorenanalyse kann man die Antworten in Persönlichkeitsfragebögen aufgrund der Korrelationen zwischen diesen zu Faktoren zusammenfassen. Cattell fand 16 solche Persönlichkeitsfaktoren, nämlich: Wärme (z.B. Wohlfühlen in Gesellschaft), logisches Schlußfolgern, emotionale Stabilität, Dominanz, Lebhaftigkeit, Regelbewußtsein (z.B. Moral), soziale Kompetenz (z.B. Kontaktfreude), Empfindsamkeit, Wachsamkeit (z.B. Mißtrauen), Abgehobenheit (versus Realitätsnähe), Privatheit, Besorgtheit, Offenheit für Veränderungen, Selbstgenügsamkeit, Perfektionismus und Anspannung. Cattell und andere Forscher wandten sein englischsprachiges *Sixteen Personality Factor Questionnaire* auf unterschiedliche Bevölkerungsgruppen an.

Dabei ergab sich zum Beispiel, daß die US-Amerikaner entschieden extravertierter als die Engländer sind.[502] Der deutsche Psychologe Hanns-Georg Löber führte 1976 mit dem Catell'schen Persönlichkeitsinventar eine Untersuchung von Schwarzen und Indern auf der Karibik-Insel Trinidad durch. Dabei erwiesen sich die Neger als stark extravertiert, die Inder dagegen als eher introvertiert, und den Negern intellektuell überlegen. Die Neger zeichnen sich durch Anpassungsfähigkeit und Flexibilität aus, durch Geselligkeit, gelöste Grundstimmung und Selbstvertrauen. Das Interesse der Inder richtet sich dagegen mehr auf ein innerliches, geistiges Leben, sie sind einzelgängerischer und auch ängstlicher als die Neger, haben aber eine raschere Auffassungsgabe und lernen relativ schnell.[503] Die Trinidad-Studie ist deshalb von besonderem Wert, weil beide untersuchten Gruppen englisch sprechen und in einer Gesellschaft leben, weswegen sich in ihr das Problem der Über-

---

502 RAYMOND B: CATELL: Die empirische Erforschung der Persönlichkeit. 2. Auflage, Weinheim 1978, S. 312

503 HANNS-GEORG LÖBER: Persönlichkeit und Kultur auf Trinidad. Ein Vergleich zwischen Afrikanern und Indern, Saarbrücken 1976

setzung des Fragebogens in eine andere Sprache und eventueller unterschiedlicher Bezugsmaßstäbe nicht stellte.

In der Folge entstanden zahlreiche auf der Faktorenanalyse beruhende Persönlichkeitsmodelle mit den dazugehören Fragebögen, meist Persönlichkeitsinventare genannt. Insbesondere versuchte man die recht große Anzahl von 16 Persönlichkeitsdimension in Cattells Modell auf eine kleinere Anzahl von Dimensionen zu reduzieren.

Bekannt wurde vor allem das Persönlichkeitsmodell des britischen, jüdisch-deutsch-stämmigen Psychologen Hans Jürgen Eysenck (1916-1997), einem Schüler des Zwillingsforscher Cyrill Burt. Eysenck unterschied lediglich die zwei Hauptfaktoren *Extraversion / Introversion* und die emotionale Stabilität bzw. Labilität *(Neurotizismus).* Extravertierte Menschen neigen zu geselligem und spontanem Verhalten, während introvertierte zurückhaltend und verschlossen sind. Neurotizimus beinhaltet Empfindlichkeit und Ängstlichkeit. Menschen mit niedrigen Neurotizismus-Werten sind entspannt und belastbar. Später fügte Eysenck noch als dritte Persönlichkeitsdimension den *Psychotismus* hinzu, der im Wesentlichen eine Kombination von emotionaler Kälte und Egozentrik ist, die auch Kreativität umfaßt. Zwillingsuntersuchungen zeigten, daß die drei Dimensionen in hohem Maße genetisch bestimmt sind. Das *Eysenck Persönlichkeits-Inventar* war das erste, das in zahlreiche Sprachen übersetzt und auch in nicht englischsprachigen Ländern eingesetzt wurde.

Nach diesen Untersuchungen sind Schwarzafrikaner am extravertiertesten und Ostasiaten am introvertiertesten. Die Extrempositionen nehmen Nigeria und China ein. Die Angehörige westlicher Kulturen ordnen sich im Mittelfeld ein.[504] Südeuropäer sind mit Ausnahme der Griechen nicht extravertierter als Nordeuropäer, aber neurotischer (reizbarer). Puertoricaner sind ebenfalls extravertiert. Überraschend und sicher fragwürdig ist der hohe Wert für Extraversion bei den Indern –

---

504 R. Lynn 1995, zit. n. HEDE HELFRICH: „Persönlichkeit und Individualität im Kulturvergleich“, in: KURT PAWLIK (Hg.): Theorien und Anwendungsfelder der Differentiellen Psychologie. Enzyklopädie der Psychologie, Themenbereich C, Serie VIII, Bd. 5, Göttingen 2004, S. 1021-1090, S. 1047

auf die methodische Probleme der Verwendung von Persönlichkeitsfragebögen in verschiedenen Kulturen gehe ich weiter unten ein.[505] Araber sind extravertierter als Engländer (aber nicht in allen Ländern, Syrer und auch Iraner sind eher introvertiert) und haben außerdem deutlich höhere Neurotizismus-Werte.[506] Frauen sind überall neurotischer als die Männer; diese haben dafür in 30 von 34 Ländern höhere Psychotismus-Werte.

Eysenck begnügte sich nicht damit, die Persönlichkeitsdimensionen seines Modells in verschiedenen Ländern zu erheben, sondern entwickelte aufgrund von Daten über die Selbstmordrate, Alkoholismus, Unfälle und ähnliches einen Neurotizismus-Index, und aufgrund von solchen über die Scheidungsrate, uneheliche Geburten, Zigarettenkonsum und so weiter auch einen entsprechenden Extraversions-Index, aufgrund dessen er die zeitliche Entwicklung der verschiedenen Länder vergleichen konnte.

Es zeigte sich, daß die Länder, die den Zweiten Weltkrieg verloren haben, wie Japan, Deutschland, Österreich und Italien, oder die im Krieg besetzt gewesen waren wie Frankreich, höhere Neurotizismus-Werte aufwiesen als die Sieger oder unbeteiligte Länder. Den höchsten Neurotizismus-Wert hatte Japan nach dem Krieg, offenbar Ausdruck des enormen Stresses, den die Niederlage gegen eine kulturfremde Macht und die anschließenden kulturellen Veränderungen für die Japaner bedeuteten. Die Neurotizismus-Werte der besiegten Länder sind seitdem kontinuierlich gesunken, wenn sie auch (um 1980) noch nicht das Niveau der anderen Länder erreicht haben. Die USA hatten, abgesehen vom Zweiten Weltkrieg, die höchsten Neurotizismus-Werte in den 1950er Jahren in der Hochzeit des Kalten Krieges und während des

---

505 PAUL BARRETT, SYBIL EYSENCK: „The assessment of personality factors across 25 countries", „n: Personality and Individual Differences 5, 1984, S. 615-632; RICHARD LYNN, TERENCE MARTIN: „Gender Differences in Extraversion, Neuroticism, and Psychotism in 37 Nations", in: The Journal of Social Psychology 137, 1997, S. 369-373

506 A. CHOUNGOURIAN: „The Maudley Personality Inventory: Extraversion and Neuroticism in the Middle East", in: British Journal of Social and Clinical Psychology 8, 1969, S. 77-78

Koreakrieges. Alle westlichen Länder zeigen seit 1950 außerdem einen leichten Anstieg ihres Extraversions-Wertes, mit den USA an der Spitze.[507]

Mit seinem Versuch, weltweite Daten über Persönlichkeitsunterschiede zu sammeln, stand Eysenck zunächst noch ziemlich alleine da. Die meisten Vertreter der Kulturvergleichenden Psychologie konzentrierten sich auf den Vergleich weniger, gründlich erkundeter Kulturen oder beschäftigten sich mit methodischen Problemen.

Unter den vielen Einzelarbeiten sind einige von besonderem völkerpsychologischem Interesse. So sind nach Fragebogen-Untersuchungen Schweden introvertierter, innerlicher *(„looks inside")* und weniger kontaktfreudig als Amerikaner. Die Schweden sind auch schüchterner als die Amerikaner, es gibt in der schwedischen Kultur eine größere Akzeptanz von Schüchternheit als in der amerikanischen. Die Schweden sind zugleich selbstkontrollierter und selbstbewußter als ihre Nachbarn, die Finnen. Diese sind dafür aggressiver und weniger selbstbeherrscht und neigen mehr zu Schuldgefühlen als die Schweden. [508]

Von völkerpsychologischem Interesse ist auch eine Untersuchung, die der Franzose Paul Grieger (1916-2009), ein Mitarbeiter von Miroglios völkerpsychologischem Institut in Le Havre, in den 50er Jahren im Libanon durchführte. Er verwandte dabei einen französischen Persönlichkeitsfragebogen, der auf der charakterologischen Methodik

---

507 RICHARD LYNN, S.L. HAMPSON: „Fluctuations in national levels of neuroticism and extraversion, 1935-1970", in: British Journal of Social and Clinical Psychology 16, 1977, S. 131-137; RICHARD LYNN: „Cross-cultural Differences in Neuroticism, Extraversion and Psychotism", in: ders.: Dimensions in Personality. Papers in Honour of H.J. Eysenck, Oxford 1981, S. 263-286

508 MARGARET KERR: „Culture as a context for temperament: suggestions from the life courses of shy Swedes and Americans", in: THEODORE D. WACHS, GEDOLPH A. KOHNSTAMM (Hg.): Temperament in Context, London 2001, S. 139-152; AKE DAUN CARL-ERIK MATTLAR, ERKKI ALANEN: „Personality traits characteristic of Finns and Swedes", in: Ethnologia Scandinavia 19, 1989, S. 30-50; AKE DAUN: „Studying national culture by means of quantitative methods", in: Ethnologia Europaea 19, 1989, S. 25-32

des niederländischen Psychologen Enno Dirk Wiersma (1858-1940) beruht, und verglich die Ergebnisse von 998 Libanesen mit Wiersmas Daten von Niederländern. Es zeigte sich, daß die Libanesen vor allem extravertierter und erregbarer als die Niederländer sind. Grieger unterschied aufgrund der Kombinationen der drei Hauptpersönlichkeitsdimensionen verschiedene Temperamentstypen. Von diesen ist bei den Libanesen der des Cholerikers mit 29 Prozent am häufigsten (bei den Niederländern nur 13 Prozent), gefolgt von dem nervösen Typus (21 Prozent), der sich vom Choleriker durch seine Passivität unterscheidet, aber genauso erregbar und emotional ist. Der unter den Niederländern häufigste Typus ist mit 32 Prozent, der passionierte Typus, der aktiv und introvertiert zugleich ist (bei den Libanesen 14 Prozent). Der zweithäufigste Temperamentstyp der Niederländer, der des Phlegmatikers, ist mit 24 Prozent bei diesen sogar viermal so häufig wie bei den Libanesen.[509]

Empirische Daten zeigen mehr aggressives Verhalten in den wärmeren Ländern. In Europa schätzen sich die Leute in südlichen Ländern selbst als expressiver ein als es die in den nördlichen Ländern tun.[510]

Es gibt auch Unterschiede zu den nördlicheren Ländern im nonverbalen Verhalten.

So bestätigten Untersuchung an Studenten über das Distanzverhalten im Gespräch die Erfahrungen vieler Reisender. Danach kommen Araber, Lateinamerikaner und Südeuropäer ihrem Gesprächspartner am nähesten, sprechen am lautesten und berühren den anderen am häufigsten, während Ostasiaten, Inder und Nordeuropäer größeren Abstand halten bzw. auf Berührungen ganz verzichten (Nordeuropäer).

509 PAUL GRIEGER: „Essai d'une analyse caractérolgique des peuples. Cas de l'éthnotype Libanais", in: Revue de Psychologie des Peuples 10, 1955, S. 269-287; vgl. ENNO DIRK WIERSMA: „Körperbau verschiedener Rassen und Konstitutionen. Im Zusammenhang mit psychologischen und physiologischen Eigenschaften", in: Zeitschrift für angewandte Psychologie 33, 1929, S. 136-184

510 JAMES W. PENNEBAKER, BERNARD RIMÉ, VIRGINIA E. BLANKENSHIP: „Stereotypes of emotional expression of Northerners and Southeners: A cross-cultural test of Montesquieu's hypotheses", in: Journal of Personality and Social Psychology70, 1996, S. 372-380

Bei Arabern gehört das Anatmen zum guten Ton, und es gilt als unhöflich, dem Gesprächspartner den eigenen Atem zu verweigern. [511] Araber und Türken sprechen außerdem lauter als Europäer oder Asiaten.[512]

Auch im inhaltlichen Kommunikationsstil bestehen erhebliche nationale Unterschiede. Deutsche und Amerikaner sprechen relativ unverblümt und kommen schnell zur Sache, während ein solches Verhalten in vielen Ländern Ostasiens oder in den Entwicklungsländern als unhöflich gilt. Dort ist ein klares „Nein" vielfach eine krasse Unhöflichkeit. Entsprechende Untersuchungen zeigen, daß die sprachliche Kommunikation in Deutschland, der Schweiz und Amerika am direktesten ist. Sie ist dort nicht nur direkter als in Japan, dem Mittleren Osten und in Lateinamerika, sondern auch als in Südeuropa, Frankreich und Großbritannien. Der größte Abstand besteht dabei zwischen der Spitzengruppe (Deutschland, Schweiz, Amerika) und Großbritannien als dem nächstfolgenden Land.

Weitere Untersuchungen betreffen die körperlichen Begleiterscheinungen von Emotionen. So berichten Südeuropäer von Blutdruckanstieg bei Emotionen wie Freude, Ärger und Trauer, Nordeuropäer hingegen vor allem von Magenbeschwerden und Muskelsymptomen (Zittern). Nordeuropäer empfinden Ruhe häufiger als angenehm und Aufregung häufiger als unangenehm als Südeuropäer.[513]

Nach anderen Studien sind auch Peruaner introvertierter als Amerikaner.[514] Arabische Beduinenkinder in der Negev-Wüste in Israel zei-

---

511 O. MICHAEL WATSON: Proxemic behavior. A cross-cultural study, Den Haag 1970; ERWARD T. HALL: Die Sprache des Raumes, Düsseldorf 1976

512 DANIEL NETTLE: „A behavioural correlate of phonological structure", in: Language and Speech 37, 1994, S. 425-429, Tab 1

513 BERNARD RIMÈ, DINO GIOVANNINI: „The physiological patterns of reported emotional states", in: KLAUS R. SCHERER, HARALD G. WALLBOTT (Hg.): Experiencing emotion. A cross-cultural study, Cambridge 1986, S. 84-97

514 WALTER BLUMENFELD: „Erfahrungen mit Intelligenz- und charakterologischen Tests in Peru und ihre Beziehungen zum Problem der vergleichenden Ethnopsychologie", in: FRANZISKA BAUMGARTEN

gen eine starke Impulsivität, die leicht in offene Aggressivität umschlagen kann.[515]

Der amerikanische Psychologe Robert V. Levine (geb. 1945) führte in den 1990er Jahren Studien zum unterschiedlichen sozialen Tempo der verschiedenen Kulturen durch. Er und seine Mitarbeiter waren ein Jahr lang unterwegs und maßen in 31 Ländern die Geschwindigkeit, mit der Fußgänger eine Straße überqueren, die eine Abfertigung am Postschalter dauert, und die Genauigkeit von Uhren in Bankgebäuden. Alles in allem ist das soziale Tempo in Westeuropa und Japan am höchsten, in den USA nur mittel, und in der Dritten Welt am langsamsten. Am schnellsten ist es in der Schweiz, Irland und Deutschland, gefolgt von Japan, Italien, England und Schweden. Österreich und die Niederlande sind schon um einiges langsamer als Deutschland und die Schweiz. Taiwan und Singapur liegen im Mittelfeld und sind nur wenig schneller als die USA. Ungarn, Tschechien und Griechenland gehören auch weltweit zu den langsameren Ländern, ebenso wie Bulgarien und Rumänien. Am langsamsten ist das soziale Tempo in Brasilien, Indonesien und Mexiko. „Die Langsamkeit durchdringt in diesen Länder das tägliche Leben bis ins Mark“, schreibt Levine. In Lateinamerika spricht man von *amanhã*, der „Gummizeit“. [216]

Es gibt auch Unterschiede zwischen den Städten der einzelnen Länder. In Großstädten ist das Tempo schneller als in Mittelstädten. In Amerika ist der Nordosten am temporeichsten. Der Mittlere Westen und der Süden sind demgegenüber deutlich langsamer. Am langsamsten von allen 36 untersuchten amerikanischen Städten aber ist Los Angeles. Möglich, daß sich hier schon die Nähe Mexikos auswirkt, das weltweit das langsamste Land ist.

(Red.): La psychotechnique dans le monde moderne. Compte rendu du IXe Congrès internationale de psychotechnique, Berne, 12.-17. septembre 1949, Paris 1952, S. 517-527

515 JACOB WAGNER: Die Intelligenz und psychologische Welt von Beduinenkindern in der Negev-Wüste Israels, Frankfurt a.M. 1977

516 ROBERT LEVINE: Eine Landkarte der Zeit. Wie Kulturen mit der Zeit umgehen, München 1998 (Zitat S. 185)

Das größte und bis heute nicht völlig befriedigend gelöste Problem in der Kulturvergleichenden Psychologie ist die Vergleichbarkeit der in den verschiedenen Kulturen gesammelten Daten. So ist es fast ausgeschlossen, Fragebögen in wirklich inhaltsgleicher Weise in sehr fremde Sprachen zu übersetzen. Die bloße Übersetzung von Fragebögen ist oft unzureichend, weil ein sprachliches Konzept in einer anderen Kultur oft mit anderen Assoziationen verbunden ist. Aber selbst wenn es gelingt, einen Fragebogen optimal zu übersetzen, muß das Ergebnis nicht in gleichem Maße aussagekräftig sein. So setzen die Fragebögen ein hohes Maß an Selbstreflexion voraus, das in *kollektivistischen*, nicht-individualistischen Kulturen unter Umständen nicht so gegeben ist (darauf, was unter kollektivistisch in diesem Zusammenhang zu verstehen ist, gehe ich im nächsten Kapitel ein). Ein anderes Problem besteht darin, wirklich repräsentative Bevölkerungsstichproben zu finden. Aus praktischen Gründen handelt es sich bei den Stichproben meist um Studenten oder zumindest Stadtbewohner, die für die Forscher leichter erreichbar sind, aber nicht unbedingt für die Kultur ihres Landes repräsentativ sind. Studenten in außereuropäischen Ländern sind oft schon stark von westlichen Denkmodellen beeinflußt und ihrer eigenen Kultur entfremdet.

24. Hofstedes Kulturdimensionen

Einen wichtigen Einschnitt in der Geschichte der Kulturvergleichenden Psychologie bedeuteten die 1980 veröffentlichten Forschungsergebnisse des niederländischen Sozialpsychologen und Wirtschaftswissenschaftlers Geert Hofstede (geb. 1928). Hofstede war damals Managementtrainer bei IBM *(International Business Machines Corporation)*, einem weltweit tätigen amerikanischen Unternehmen für Computertechnik. Hofstede nutze seine Position aus, um Fragebögen zu arbeits- und unternehmensrelevanten Persönlichkeitseigenschaften an die führenden und mittleren (englisch sprechenden) IBM-Mitarbeiter in allen Standorten des Unternehmens zu schicken. Insgesamt handelte es sich in Hofstedes erster in den Jahren 1968-1972 durchgeführten Studie um 116 000 Fragebögen, die von den IBM-Mitarbeitern in 40 Ländern beantwortet wurden.

Aus den Antworten ermittelte Hofstede mit Hilfe der Faktorenanalyse vier grundlegende Persönlichkeitsdimensionen, bei denen Unterschiede zwischen den IBM-Mitarbeitern in den verschiedenen Ländern bestehen. Diese Persönlichkeitsdimensionen werden dann in Form eines Index aus den Antworten auf bestimmten Fragen errechnet. Die vier Persönlichkeitsdimension sind *Machtdistanz, Individualismus / Kollektivismus, Maskulinität / Feminität* und *Unsicherheitsvermeidung*. In Hofstedes erstem Buch von 1980 fehlten noch die osteuropäischen Länder, die Sowjetunion und China. Hofstede hat seine Untersuchungen immer wieder aktualisiert und in seinem zweiten Buch von 1991 auch die Ergebnisse anderer Untersucher mit einbezogen. Ich beziehe mich auf den folgenden Seiten auf die Ergebnisse aus einer aktualisierten Auflage von Hofstedes zweitem Buch, die 74 Länder oder Regionen (zum Beispiel deutsche und französische Schweiz) umfaßt und auch Rußland und China einbezieht. An den Ergebnissen für die schon 1980 berücksichtigten Ländern hat sich dabei nichts Wesentliches geändert.[517]

---

[517] GEERT HOFSTEDE: Cultures Consequences. International Differences in Work-Related Values, Beverly Hills, Kalifornien 1980; GEERT HOFSTEDE, GERT JAN HOFSTEDE: Lokales Denken, globales Han-

Die erste von Hofstedes Persönlichkeitsdimensionen ist die *Machtdistanz*. Diese ist ein Maß für die emotionale Distanz zwischen Mitarbeitern und Vorgesetzten, beziehungsweise für die Akzeptanz von Hierarchien und sozialen Unterschieden. In Kulturen mit geringer Machtdistanz herrscht ein Gefühl grundsätzlicher Gleichheit auch zwischen höher- und niedrigrangigen Mitarbeitern.

Die größten Werte für die Machtdistanz findet man in Rußland, in Südosteuropa, den lateinamerikanischen und mehreren asiatischen Ländern einschließlich China. Die niedrigsten Werte, also das größte Gleichheitsbewußtsein, haben die germanischen Länder Europas, die angelsächsischen Ländern in Übersee (USA, Kanada, Australien, Neuseeland), sowie Israel. Verhältnismäßig niedrige Werte, wenn auch nicht so niedrig wie in den germanischen Ländern, weisen Italien und Spanien, Tschechien und Ungarn sowie in Asien Japan, Korea und Taiwan auf.

Die zweite Persönlichkeitsdimension ist *Individualismus / Kollektivismus*. In kollektivistischen Kulturen versteht sich das Individuum in erster Linie als Angehöriger einer Gemeinschaft, oft einer Großfamilie oder Sippe, die ihm Schutz gewährt und der er unbedingte Loyalität schuldet. Diese Gemeinschaft bildet die Hauptquelle der Identität, ein Bruch der Loyalität zu ihr gehört zu den schlimmsten Vergehen eines Menschen. Praktisch alle nicht europäischen Kulturen sind kollektivistisch. In individualistischen Kulturen verstehen sich die Menschen in erster Linie als Einzelindividuen. Individualistische Kulturen sind Gesellschaften, in denen die Bindungen zwischen den Individuen locker sind und in denen an die Stelle von Gruppenloyalitäten Gesetzte und allgemeine Prinzipien getreten sind. Man erwartet, daß der Einzelne selbst für sich und für seine unmittelbare Familie sorgt.

Individualistisch sind in Hofstedes Material alle europäischen Länder außer Rußland und das orthodoxe Südosteuropa, außerdem auch die angelsächsischen Länder in Übersee und Israel. Das individualistischste Land sind die USA. Kollektivismus herrscht dagegen in allen nicht europäischen Länder einschließlich Rußland und Chi-

---

deln. Interkulturelle Zusammenarbeit und globales Management, 4. Auflage München 2009 na vor. Auch Portugal ist kollektivistisch. Japan hat einen mittleren Wert und gehört weder zu den individualistischen noch zu den besonders kollektivistischen Ländern. Dasselbe gilt auch für Argentinien.

Die Unterscheidung von individualistischen und kollektivistischen Kulturen war von allen Ergebnissen Hofstedes das folgenreichste und fruchtbarste. Sie wurde in den 1980er Jahren geradezu das beherrschende Thema der Kulturvergleichenden Psychologie, regte zahlreiche Studien insbesondere zum Vergleich von Europa und Ostasien an und gehört heute zum Lehrbuchwissen aller Fächer, die sich mit den Unterschieden zwischen den Menschen aus verschiedenen Kulturen befassen.

Hofstedes dritte Kulturdimension hat er *Maskulinität / Feminität* genannt. Schaut man sich jedoch die acht Fragen an, aus denen der Maskulinität / Feminität-Iindex errechnet wird, sieht man, daß diese Bezeichnung irreführend ist. Die vier Fragen, deren Bejahung zu einem hohen Maskulinitätswert führt, zielen auf das Streben nach einem gutem Einkommen, nach beruflicher Anerkennung, nach Beförderung und beruflicher Herausforderung. Die vier „,femininen" Fragen dagegen auf ein gutes Verhältnis zum Vorgesetzten, guter Zusammenarbeit mit den Kollegen, einem freundlichen sozialen Umfeld und einem gesicherten Arbeitsplatz. Hofstede hat diese Dimension Maskulinität / Feminität genannt, weil es die einzige ist, bei der er in allen Ländern (bis auf die am extremen Pol für Feminität) einen kontinuierlichen Unterschied zwischen den Geschlechtern fand.[518] Ich halte es für sinnvoller, von *beruflichem Ehrgeiz* und *Leistungsstreben* (statt Maskulinität) und *sozialem Harmoniebedürfnis* (statt Feminität) zu sprechen. Das trifft den Sachverhalt genauer und weckt nicht so viele über diesen hinausgehende Assoziationen.

Bei diesem Merkmal ist Europa geteilt: Skandinavien und die Niederlande haben die weltweit niedrigsten Werte für Maskulinität, legen also besonders großen Wert auf soziale Harmonie auch am Arbeitsplatz, während Großbritannien, die deutschsprachigen Länder, die ostmitteleuropäischen Länder und Italien ziemlich maskulin sind, das heißt recht viel Strebsamkeit und Leistungsbewußtsein besitzen. Weltweit

---

518 HOFSTEDE u. HOFSTEDE, Lokales Denken, globales Handeln, S. 164

sind Japan, China, die Übersee-Angelsachsen und mehrere lateinamerikanische Länder am maskulinsten. Ausgesprochen feminine Werte gibt es nirgends in Außereuropa. Wahrscheinlich ist es in den Ländern der sogenannten Dritten Welt die wirtschaftliche Not, die nach beruflichem (und finanziellen) Erfolg streben läßt. Mittlere Werte haben Israel, die Türkei, Iran und einige lateinamerikanische und südostasiatische Länder, unter anderem Thailand, das damit in deutlichem Gegensatz zum maskulin-strebsamen Japan steht.

Die vierte Persönlichkeitsdimension ist die *Unsicherheitsvermeidung*. Die umfaßt das Bedürfnis nach sozialer Sicherheit beziehungsweise den Grad, in dem sich die Menschen in einer Kultur von sozialer Unsicherheit bedroht fühlen. Damit verbunden ist das Bedürfnis nach festen Regeln im Berufsleben. Die drei Fragen, aus denen der Unsicherheitsvermeidungs-Index gebildet wird, sind nicht individuell miteinander korreliert, sondern nur auf Länderebene.

Das Bedürfnis nach der Vermeidung von sozialer Unsicherheit ist in ganz Süd- und Osteuropa, in Israel und der Türkei, in ganz Lateinamerika (außer Jamaika) sowie in Japan und Korea sehr groß. Vielfach dürfte es sich um eine Reaktion auf tatsächlich große wirtschaftliche und soziale Unsicherheit handeln. Gering ist die Unsicherheitsvermeidung dagegen in den skandinavischen Ländern, in Großbritannien und Irland, den angelsächsischen Ländern in Übersee, sowie in China und den chinesisch beeinflußten Ländern in Ostasien (Hong Kong, Singapur und Vietnam) sowie Thailand. Auch in Indien ist das Bedürfnis nach Unsicherheitsvermeidung gering. In Asien spielt für die geringe Unsicherheitsvermeidung möglicherweise der religiös begründete Fatalismus eine Rolle und das Sicherheitsgefühl, das die feste Einbettung in eine Großfamilie vermittelt (Kollektivismus). Die deutschsprachigen Länder, Tschechien und Italien haben mittlere Werte, genauso wie die arabischen Länder; auf einem noch niedrigeren Niveau finden sich die afrikanischen Länder.

Hofstede unterscheidet aufgrund der Werte für Machdistanz und Individualismus *vertikal-kollektivistische* Kulturen (vertikal heißt mit großen hierarchischen Unterschieden): nämlich Ostasien, Lateinamerika und Arabien, *vertikal-individualistische* Kulturen: das sind die romanischen Länder, und *horizontal-individualistische* Kulturen: die germanische Länder. Die gute Übereinstimmung mit den ethnischen Völkerfamilien ist bemerkenswert.

In der zweiten Ausgabe seines Buches ergänzte Hofstede seine vier Kulturdimensionen um eine fünfte, die *Langzeitorientierung*. Hintergrund dafür war eine inzwischen in Ostasien durchgeführte Wertestudie des Kanadiers Michael Bond, die *Chinese Value Survey*, die dieser zusammen mit chinesischen Wissenschaftlern erarbeitet und in 23 Ländern durchgeführt hatte. Die 1987 erschienene Studie ergab vier Kulturdimensionen, von denen drei denen aus Hofstedes IBM-Studie entsprechen, nur die Unsicherheitsvermeidung fehlte. Dafür gab es in der Ostasien-Studie eine vierte Dimension, die Werte miteinander verbindet, die eine Zukunftsorientierung einer Gegenwarts- und Vergangenheitsbezogenheit gegenüberstellt, wie Beharrlichkeit und Sparsamkeit, aber auch Statusdenken und Schamgefühl.[519] Negativ mit diesem Merkmalskomplex ist dagegen der Respekt vor Tradition korreliert. Dieses Ergebnis des *Chinese Value Survey* veranlaßte Hofstede seine Daten um die Langzeitorientierung als neue Dimension zu ergänzen.

Die geographische Verteilung der neuen Kulturdimension *Langzeitorientierung* bestätigt ihre Herkunft aus Ostasien: Hohe Werte finden sich nämlich nur dort, mit China an der Spitze (China, Hongkong, Taiwan, Japan, Vietnam, Südkorea). Die niedrigsten Werte finden sich dagegen in Schwarzafrika und auf den Philippinen. Europa und die englischsprachigen außereuropäischen Länder haben niedrige bis mittlere Werte, wobei die skandinavischen Länder eher höhere und die USA und Großbritannien eher niedrige Werte aufweisen. Indien liegt für dieses Merkmal im oberen Mittelfeld.

Offensichtlich spielt für die Langzeitorientierung die kulturelle Prägung durch den Konfuzianismus eine Rolle. Sicher aber stellt sie nur einen Aspekt des Konfuzianismus dar, der zwar Fleiß und Disziplin hoch bewertet, aber auch mit einem außerordentlichen Respekt vor der Tradition verbunden ist. In der ersten Hälfte des 20. Jahrhundert hat man im Konfuzianismus sogar das entscheidende Entwicklungshemmnis in

---

519 HOFSTEDE u. HOFSTEDE, Lokales Denken, globales Handeln, S. 38 f.

China gesehen.[520] Im chinesischen Kaiserreich war die Beamtenschaft die herrschende Klasse, und über die Zugehörigkeit zu ihr entschied jahrhundertelang eine Prüfung, die die gründliche Kenntnis der alten konfuzianischen Literatur voraussetzte. Es scheint, als habe sich die wirtschaftliche Dynamik des Konfuzianismus erst nach der Abschaffung der traditionellen Beamtenherrschaft entfalten können.

520 HOFSTEDE u. HOFSTEDE, Lokales Denken, globales Handeln, S. 290 ff.

25. Daniel Freedmans Untersuchungen an Neugeborenen

In den 1960er und 1970er Jahren war durch Zwillings- und Adoptionsstudien immer deutlicher geworden, daß die Charaktereigenschaften von Menschen in starkem Maße von ihrem genetischen Erbe bestimmt sind. Gut die Hälfte der individuellen Unterschiede innerhalb einer Bevölkerung hat genetische Ursachen. Zwar beziehen sich diese Ergebnisse auf den Varianzanteil innerhalb von Populationen, weshalb sie nicht mit den Unterschieden zwischen verschiedenen Bevölkerungen gleichgesetzt werden können. Dennoch belegen sie generell die Bedeutung genetischer Unterschiede auch für psychische Eigenschaften.[521]

Biologisch ausgerichteten Psychologen war klar, daß schon aus theoretischen Gründen mit genetisch bedingten psychischen Rassenunterschieden zu rechnen war. Da auch psychische Strukturen eine genetische Basis haben, unterliegen sie ebenso den populationsgenetischen Mechanismen wie andere Merkmale und sind der Wirkung von Selektion und Gendrift ausgesetzt. Schon die Wirkung des Zufallsfaktors Gendrift schließt aus, daß die an der Ausprägung psychischer Merkmale beteiligten Genotypen in jeder Bevölkerung immer gleich häufig vorkommen. Weiter ist anzunehmen, daß psychische Eigenschaften eine große Bedeutung für das Überleben und den Fortpflanzungserfolg in unterschiedlichen ökologischen und kulturellen Umwelten haben müssen. Bis in die Neuzeit hinein war es die Regel, daß sozialer und ökono-

---

521 ANDREAS VONDERACH: Sozialbiologie. Geschichte und Ergebnisse, Schnellroda 2012; FLORIAN von SCHILCHER: Vererbung des Verhaltens, Stuttgart 1988; JENS B. ASENDORPF: Psychologie der Persönlichkeit, Berlin 1996; JOHN W. BERRY, YPE H. POORTINGA, MARSHALL H. SEGALL, PIERRE R. DASEN: Cross-Cultural Psychology. Research and Applications, Cambridge 1992; DANIEL G. FREEDMAN, BARBARA KELLER: „Inheritance of behavior in infants“, in: Science 140, 1963, S. 196-198

mischer Erfolg mit besseren Fortpflanzungschancen verbunden war.[522] So zwingend die Annahme von Rassenunterschieden bei psychischen Eigenschaften theoretisch auch ist, so schwierig ist jedoch ihr konkreter Nachweis. Praktisch überall, wo Bevölkerungsunterschiede vorliegen, gibt es auch kulturelle Einflüsse, die als Erklärung herangezogen werden können.

In den sechziger Jahren begann der amerikanische Entwicklungspsychologe Daniel G. Freedman (1927-2008) mit Untersuchungen an Neugeborenen verschiedener Rassen, deren Ergebnisse einem Nachweis schon sehr nahe kommen. Freedman war durch die Erfahrungen seiner Ehe mit seiner chinesischstämmige Frau auf die Idee gekommen, daß es grundlegende psychische Temperamentsunterschiede zwischen den Rassen geben muß.

In einer ersten, gemeinsam mit seiner Frau Nina Chinn Freedman durchgeführten Studie in einem Krankenhaus in Chicago verglich Freedman jeweils 24 Neugeborene europäischer und chinesischer Herkunft in den ersten 48 Stunden nach ihrer Geburt miteinander.[523] Die europäischen Säuglinge stammten alle aus Nordeuropa, die chinesischen aus Südchina. Freedmans führten bestimmte Verhaltenstest durch – das *Cambridge Behavioral and Neurological Assessment Scale* – und beobachtete die Reaktionen der Säuglinge. Um pränatale Beeinflussungen auszuschließen, wählten sie Mütter aus, die gleichaltrig waren, gleich viele Geburten hinter sich hatten, derselben Sozialschicht angehörten, dieselbe Schwangerschaftsberatung und während der Entbindung die gleichen Medikamente erhalten hatten. Freedman und seine Frau fanden erhebliche Verhaltensunterschiede. „Weiße Babys begannen leichter zu schreien und waren, wenn sie einmal schrien, schwerer wieder zu beruhigen. Chinesische Babys waren fast mit jeder Lage zufrieden, in die man sie brachte; legte man sie beispielsweise mit dem

---

522 ECKART VOLAND: Grundriß der Soziobiologie. 2., überarbeitete Auflage Berlin 2000; ders.: „Konkurrenz in Evolution und Geschichte“, in: Ethik und Sozialwissenschaften 7 (1996), S. 93-107

523 DANIEL G. FREEDMAN, NINA CHINN FREEDMAN: „Behavioral differences between Chinese-American and European-American newborns“, in: Nature 224, 1969, S. 1227

Gesicht nach unten in ihr Bettchen, so neigten sie dazu, ihr Gesicht im Bettzeug versteckt zu lassen. In einem ähnlichen Versuch drückten wir kurz ein Tuch auf die Nase des Babys. Die meisten weißen (...) Babys setzen sich dagegen zur Wehr, indem sie sich sofort abwenden oder mit den Händen nach dem Tuch fahren – in den meisten westlichen pädiatrischen Handbüchern ist diese ‚Verteidigungsreaktion' als die normale beschrieben. Die chinesischen Babys in unserer Studie jedoch blieben einfach auf dem Rücken liegen und atmeten durch den Mund."[524] Insgesamt waren die Neugeborenen chinesischer Herkunft passiver und weniger leicht erregbar. Die europäischen Säuglinge unterlagen in ihren Stimmungen größeren Schwankungen und reagierten stärker auf Störungen ihres Wohlbefindens oder auf akustische und optische Reize. Freedman, der zuvor auch Verhaltensuntersuchungen an jungen Hunden durchgeführt hatte, kam zu dem Schluß, daß die verschiedenen Menschenrassen bereits nach der Geburt Verhaltensunterschiede zeigen, die genau so deutlich ausgeprägt sind wie die von Hunderassen'[525]

In den folgenden Jahren erweiterten Freedman und seine Mitarbeiter ihre Studien auf weitere ethnische Gruppen in den USA und führten auch Untersuchungen in anderen Ländern durch, meist mit größeren Individuenzahlen als in der Chicagoer Pilotstudie.[526]

---

524 FREEDMAN, Human Sociobiology, Übersetzung von DIETER E. ZIMMER, in: ders.: Der Mythos der Gleichheit, München 1980, S. 77

525 DANIEL G. FREEDMAN: „Ethnic differences in Babies", in: LAURENCE DUNDES (Hg.): The manner born. Birth rites in cross-cultural perspective, Walnut Creek 2003, S. 221-229; S. 221 f.; DIETER E. ZIMMER: Der Mythos der Gleichheit, München 1980, S. 78. Freedman hatte das Verhalten von Shetland-Schäferhunden, Drahthaar-Terriern und Basenji miteinander verglichen.

526 DANIEL G. FREEDMAN: Human infancy: An evolutionary perspective, Hillsdale, New Jersey 1974; ders.: „Infancy, biology, and culture", in: LEWIS P. LIPSITT (Hg.): Developmental Psychology. The significance of infancy, Hillsdale, New Jersey 1976, S. 35-54; ders.: Human Sociobiology. A holistic approach, New York 1979; ders.: „Ethnic differences in Babies", in: LAURENCE DUNDES (Hg.): The manner born. Birth rites in cross-cultural perspective, Walnut Creek 2003, S. 221-229; DIETER E. ZIMMER: Der Mythos der Gleichheit, München 1980

Es erwies sich, daß chinesische Babys in Asien dasselbe Verhalten zeigten wie Babys chinesischer Herkunft in Amerika.

Negride Säuglinge waren ähnlich reizbar wie die europiden, schrien aber nicht so stark und waren leichter wieder zu beruhigen. Sie zeigten vor allem besser entwickelte motorische Fähigkeiten und stärkere Reflexe, viele von ihnen konnten schon bei der Geburt den Kopf hochhalten. Dem entspricht, daß sie bereits mit einem entwickelteren Skelett zur Welt kommen und sich auch als Kleinkinder noch schneller entwickeln. Bei negriden Säuglingen in Afrika sind die Charakteristika amerikanischer Negrider – die nach unterschiedlichen Berechnungen bis zu 30 % europide Gene aufweisen[527] – noch ausgeprägter.

Bemerkenswert ist, daß nicht nur japanische Neugeborene, sondern auch die der nordamerikanischen Navajo-Indianer in Arizona ein ähnliches Verhalten wie die chinesischen Säuglinge zeigen. Die Navajo sind wie alle indianischen Völker aus Nordostasien nach Amerika eingewandert, allerdings erst in einer relativ späten Einwanderungswelle um 200 v. Chr. Ihre Säuglinge sind sogar noch ruhiger und friedlicher als die chinesischen. Sie sind von allen untersuchten ethnischen Gruppen die am wenigsten reizbarsten und die passivsten Neugeborenen. „Die Ergebnisse entsprachen dem Stereotyp des stoischen, teilnahmslosen *(impassive)* Amerikanischen Indianers“, schrieb Freedman. Die Navajos binden ihre Säuglinge traditionellerweise auf ein Brett *(cradleboard),* um ihre Aufmerksamkeit ihrer Arbeit zuwenden zu können. Die meisten Navajo-Babys akzeptieren diese Behandlung. Babys europäischer Herkunft protestierten dagegen in einer Untersuchung eines Mitarbeiters von Freedman fortgesetzt gegen diese Behandlung.[528]

Die japanischen Neugeborenen sind zwar geduldiger als Weiße und lassen sich genauso schnell trösten wie die chinesischen, sind aber auch reizbarer als die der Chinesen und Navajos. Freedman führte die Ge-

---

527 MANFRED KAYSER, SILKE BRAUER, HILTRUD SCHÄDLICH u.a.: „Y chromosome STR haplotypes and the genetic structure of U.S. populations of African, European, and Hispanic ancestry“, in: Genome Research 13 (2003), S. 624-634

528 FREEDMAN, Ethnic differences in Babies, S. 223 (Übersetzung A.V.)

meinsamkeiten von Chinesen, Japanern und Navajos auf deren genetische Verwandtschaft zurück.

Südindische Neugeborene sind weniger empfindlich und reizbar als die europäischen Babys und leicht zu beruhigen. Ihre Motorik ist gut entwickelt. Sie besitzen eine ausgeprägte Fähigkeit, unangenehme Reize zu ignorieren.[529]

Die Säuglinge australischer Ureinwohner haben dagegen ein ganz eigenständiges Merkmalsprofil, zu dem ebenso große motorische Fähigkeiten gehören wie bei den afrikanischen Negriden, aber auch eine ähnliche Passivität wie bei den Mongoliden. Sie haben den höchsten Wert für Wachsamkeit und die ausgeprägteste Verteidigungsreaktion, sind zugleich aber im Allgemeinen nicht in der Lage, mit den Augen einem Objekt zu folgen oder sich zu einer Geräuschquelle hin zu bewegen. Das ist auch insofern außergewöhnlich, als daß üblicherweise ein positiver Zusammenhang von Wachsamkeit und diesen Fähigkeiten besteht.[530]

Untersuchungen an etwas älteren Kindern in den ersten Lebensmonaten und –jahren bestätigen die gefundenen ethnischen Differenzierungen. Sie sind darüber hinaus geeignet, das Bild von der geographischen Verteilung der Verhaltensunterschiede zu vervollständigen.

Maya-Babys in Mexiko sind demnach in ihren Bewegungen ebenso reduziert wie die der Navajos.[531]

Bei Befragungen von Müttern unterschiedlicher ethnischer Herkunft in Australien mit dem *Infant Temperament Questionnaire* über das Verhalten ihrer 4 bis 8 Monate alten Säuglinge ergaben sich charakteristische Verhaltensunterschiede. So stimmten die Babys australischer, US-amerikanischer, neuseeländischer, englischer und irischer Herkunft in ihrem Verhalten überein. Diese Säuglinge nordwesteuropäischer Herkunft waren am aktivsten, die chinesischer und indischer Herkunft

---

529 N.N.: Biology, culture and race: Influences on newborn temperament & behavior. Universität von Victoria, Kanada, Kursmaterial im Internet (2002), Referat der Forschungsergebnisse Freedmans.

530 FREEDMAN, Human infancy, S. 171

531 FREEDMAN, Human infancy, S. 147

am passivsten. Die Babys aus dem Nahen Osten und Griechenland haben das schwierigste Temperament, sie sind am negativsten gestimmt und schreien am meisten. Diejenigen italienischer Herkunft nehmen eine Mittelstellung zwischen denen aus dem Nahen Osten und aus den germanischen Ländern ein.[532] In einer anderen Untersuchung zeigte sich außerdem, daß sich ein bis zwei Jahre alte australische Kinder italienischer Herkunft genauso von den australischen Kindern angelsächsischer Herkunft unterscheiden wie gleichaltrige Kinder in Italien.[533]

Die Untersuchungen an den Neugeborenen bestätigen die Existenz wesentlicher Rasseneigenschaften, die auch in den völkerkundlichen Charakteristiken angeführt werden, etwa den passiven Charakter der Ostasiaten und Inder, das stoische Temperament der Indianiden oder die Reizbarkeit der Orientaliden.

Der Gedanke liegt nah, daß die kulturelle Entwicklung zur Evolution der unterschiedlichen Temperamente beigetragen hat. Mit fortschreitender kultureller Entwicklung belohnte der Fortpflanzungserfolg ein Sozialverhalten, das an eine komplexe Gesellschaft angepaßt war, die über die überschaubaren Gruppen der Jäger und Sammler hinausging. An die Stelle des Überlebens in der natürlichen Umwelt trat der Erfolg in der Gesellschaft. Vor diesem Hintergrund erscheint der Verlust der herausragenden motorischen Fähigkeiten, die die Australiden und Negriden noch besitzen, bei Mongoliden und Europiden als das Ergebnis des nachlassenden natürlichen Selektionsdrucks in den entwickelteren Gesellschaften. Ebenso erscheinen die passive Friedfertigkeit und ge-

---

532 MARGOT PRIOR, MICHAEL KYRIOS, FRANK OBERKLAID: „Temperament in Australian, American, Chinese, and Greek infants. Some Issues and directions for future research“, in: Journal of Cross-Cultural Psychology 17, 1986, S. 455-474; MARGOT PRIOR, ELIO GARINO, ANN SANSON, FRANK OBERKLAID: „Ethnic influences on ‚difficult‘ temperament and behavior problems in infants“, in: Australian Journal of Psychology 39, 1987, S. 163-171

533 GIOVANNA AXIA, MARGOT PRIOR, M. GRAZIA CARELLI: „Cultural influences on temperament: A comparison of Italian, Italo-Australian, and Anglo-Australian toddlers“, in: Australian Psychologist 27, 1992, S. 52-56

ringe Provozierbarkeit der ostasiatischen Mongoliden als Folge des Lebens in der Jahrtausende alten und am weitesten entwickelten chinesischen Zivilisation mit ihrer großen Bevölkerungsdichte und ihren hoch differenzierten Verhaltensnormen, in denen Impulsivität und Reizbarkeit nur stören.

26. Die kulturvergleichende Piaget-Forschung

In den 1920er Jahren entwickelte der Französischschweizer Psychologe Jean Piaget (1896-1980) eine einflußreiche Theorie zur kognitiven Entwicklung von Kindern. Durch Beobachtungen und Experimente an seinen eigenen und fremden Kindern war er zu einem Vier-Stadien-Schema der Entwicklung der kognitiven Fähigkeiten gelangt, wobei die höheren Stadien auf den niedrigeren aufbauen.

Danach verharrt der Säugling bis etwa anderthalb Jahre noch in einer vorstellungslosen, *sensomotorischen* Phase des Denkens. In ihr orientiert sich das Kind sinnlich in seiner räumlich-gegenständlichen Umgebung. Im zweiten Lebensjahr entwickelt es die Fähigkeit zum symbolischen Denken, das heißt äußere Sachverhalte innerlich zu repräsentieren. Piaget nannte das die *präoperationale* Phase. Sie dauert etwa bis zum sechsten oder siebenten Lebensjahr und überwindet die Beschränkung auf das Hier und Jetzt der sinnlichen Wahrnehmung. Ab dem sechsten Lebensjahr wird dann allmählich die dritte Phase der *konkreten Operationen* aufgebaut. In ihr gelingt der logische Umgang mit konkreten Objekten und Sachverhalten. Zum Beispiel ist das Kind nun in der Lage zu erkennen, daß in ein schmaleres Glas umgegossenes Wasser einen höheren Wasserspiegel ergeben muß (sogenannte Mengenerhaltung). Erst etwa ab dem zehnten (bis zum sechzehnten) Lebensjahr beginnt schließlich die vierte Phase, die der *formalen Operationen*. In ihr kann das Kind das logische Denken auch auf abstrakte, sinnlich nicht wahrnehmbare Sachverhalte anwenden. Eine Kernkompetenz in dieser Phase ist die Anwendung von *Syllogismen*, von logischen Schlußfolgerungen. Diese bestehen in der Fähigkeit aus zwei Prämissen eine dritte Aussage abzuleiten. Zum Beispiel läßt sich aus der Prämisse „wertvolle Metalle rosten nicht" und der Teilbehauptung „Gold ist ein wertvolles Metall", schließen, daß Gold ein Metall ist, das nicht rostet. Die Schwierigkeit für nicht formal Denkende liegt in der Annahme von Prämissen und der Multiplikation von zwei verschiedenen Aussagen. Erst in diesem Stadium ist das Kind in der

Lage, Hypothesen und Theorien zu entwickeln und auch auf die eigene Subjektivität kritisch zu reflektieren. Die Zeitangaben für die verschiedenen Entwicklungsphasen sind nur als grobe Richtwerte zu verstehen.

Neuere Studien stellen die Gültigkeit des Piagetschen Stufenmodells nicht prinzipiell in Frage.[534] Vielfach jedoch werden die kognitiven Stadien nicht universell, sondern eher bereichsspezifisch entwickelt. So lassen sich manche Fähigkeiten, die nach Piaget erst in höheren Stadien auftreten, auch schon bei jüngeren Kindern nachweisen. Das gilt für kausales Denken und auch für die Unterscheidung von Realität und Fiktion, wobei letztere aber immer noch als viel wirklicher erlebt wird als von Erwachsenen.

Piagets Erkenntnisse sind vor allem für die Kinderpsychologie und die Pädagogik fruchtbar geworden. Daneben regten sie aber auch Psychologen und Ethnologen dazu an, zahlreiche an Piagets Entwicklungstheorie orientierte Untersuchungen in außereuropäischen Kulturen durchzuführen.[535] Der Aachener Soziologe Georg W. Oesterdiekhoff (geb. 1957), der deren Ergebnisse seit den 1990er Jahren zusammengestellt hat, spricht von mehr als tausend Untersuchungen in über einhundert Ethnien in den letzten 80 Jahren.[536]

---

534 HEDE HELFRICH: „Kognition im Kulturvergleich", in: ALEXANDER THOMAS (Hg.): Kulturvergleichende Psychologie, 2., überarbeitete und erweiterte Auflage, Göttingen 2003, S. 245-279, S. 258

535 JERRY S. CARLSON: „Kulturvergleichende Untersuchungen im Rahmen von Piagets Theorie", in: GERHARD STEINER (Hg.): Piaget und die Folgen. Die Psychologie im 20. Jahrhundert, Bd. VII, Zürich 1978, S. 709-728; P.R. DASEN: „Cross-cultural Piagetian research: a summary", in: J.W. BERRY, P.R. DASEN (Hg.): Culture and cognition: readings in cross-cultural psychology, London 1974, S. 409-423; Karl Kälble: Die Entwicklung der Kausalität im Kulturvergleich. Untersuchung zur historischen Entwicklungslogik der Kognition. Opladen 1997

536 GEORG W. OESTERDIEKHOFF: Kulturelle Bedingungen kognitiver Entwicklung. Der strukturgenetische Ansatz in der Soziologie, Frankfurt a.M. 1997; ders.: Zivilisation und Strukturgenese. Norbert Elias und Jean Piaget im Vergleich, Frankfurt a.M. 2000; ders.: Kulturelle Evolution des Geistes. Die historische Wechselwirkung von Psyche und Gesellschaft, Hamburg 2006; ders.: Archaische Kultur und moderne Zivili-

Dennoch wurden diese Forschungen nie einer breiteren Öffentlichkeit bekannt. Das mag daran liegen, daß ihre Ergebnisse von einer solch drastischen Eindeutigkeit sind, daß sich viele Wissenschaftler weigern, an sie zu glauben. Die Untersuchungen zeigten nämlich, daß zwar alle Menschen das *sensomotorische* und das *präoperationale* Stadium durchlaufen, daß aber nur wenige Menschen in den Entwicklungsländern auch die Fähigkeiten des dritten und vierten Stadiums der *konkreten* und der *formalen Operationen* entwickeln.

In den traditionellen Regionen Afrikas, Asiens, Ozeaniens oder Lateinamerikas erreichen nur etwa 30 bis 50 Prozent der Menschen die Phase der *konkreten Operationen*. Isolierte archaische Bevölkerungen (zum Beispiel australische Aborigines) entwickeln das *operationale* Stadium überhaupt nicht. Das Stadium der *formalen Operationen* mit seinem abstrakten, begrifflichen Denken wird selbst in den modernen Industrienationen nur von einem Teil der Menschen erreicht. Je nach Schwierigkeitsgrad beherrschen in den westlichen Ländern knapp die Hälfte bis etwa 90 Prozent der Bevölkerung das formal-logische Denken. In einfachen, vormodernen Gesellschaften, wozu zum Beispiel auch ländliche Regionen in der Türkei gehören, fehlt es praktisch völlig. In den Entwicklungsländern findet man es überhaupt nur bei Menschen, die eine Schule nach westlichem Muster besucht haben. Diese Ergebnisse sind eine eindrucksvolle Bestätigung der These Lévy-Bruhls von dem prälogischen Denken der Primitiven.

Nachdem dessen These spätestens seit seinem eigenen Widerruf in den 1930er Jahren als widerlegt galt, hatte keiner der Forscher mehr Lust, diese Debatte wieder zu eröffnen. Zeigten ihre Ergebnisse doch allzu deutlich, daß es sich im Gegensatz zu einer bei den Ethnologen verbreiteten kulturrelativistischen Interpretation als bloß „anderes", prinzipiell gleichwertiges Denken, um tatsächliche kognitive Defizite handelt. Natürlich kann man sagen, daß zum Beispiel in einer traditionellen Jäger-und-Sammler-Kultur keine Notwendigkeit zum logischen Den-

---

sation, Hamburg 2006; GEORG W. OESTERDIEKHOFF, HEINER RINDERMANN (Hg.): Kultur und Kognition. Die Beiträge von Psychometrie und Piaget-Psychologie zum Verständnis kultureller Unterschiede, Berlin 2008

ken mit abstrakten Begriffen besteht, tatsächlich wird die Fähigkeit dazu aber auch nicht entwickelt. Man muß kein Formaldenker sein, um leben, jagen, Felder bewirtschaften, Häuser bauen oder ein Handwerk ausüben zu können. Erst der britisch-canadische Ethnologe Christopher Robert Hallpike (geb. 1938) stellte 1979 in seinem Buch *Die Grundlagen des primitiven Denkens* den Zusammenhang des Datenmaterials der kulturvergleichenden Piaget-Studien mit der Lévy-Bruhlschen Konzeption des Denkens der Primitiven wieder her, allerdings ohne nachhaltige Wirkung.[537]

Heute weiß man, daß die kognitiven Fortschritte mit der Entwicklung entsprechender neuronaler Strukturen verbunden sind, und daß für sie nur ein bestimmtes ontogenetisches Zeitfenster zur Verfügung steht. Das heißt, wer als Jugendlicher das formal-operationale Denken nicht erlernt, hat dazu als Erwachsener keine Möglichkeit mehr. Es scheint außerdem in Zusammenhang mit der funktionalen Differenzierung der Gehirnhälften zu stehen. Je stärker entwickelt die konkreten und formalen operationalen Fähigkeiten sind, desto ausgeprägter ist die Asymmetrie der beiden Hirnhälften und die Dominanz der linken Hirnhälfte.[538] Die Asymmetrie der Gehirnhälften ist bei Europäern stärker ausgeprägt als bei Nichteuropäern, außerdem bei Männern stärker als bei Frauen.

Das im präformalen Stadium befindliche Kind versteht Wörter nicht als Zeichen, sondern als Teil des benannten Dinges. Auch tote Dinge können belebt sein. Das naive Bewußtsein trennt nicht zwischen Bild und Sache, Wörtern und Dingen, Ideellem und Realem und Traum und Wirklichkeit.[539]

Das ist nicht so verstehen, daß naive Denker nicht wüßten, ob sie wachen oder träumen, sondern daß beides für sie gleichermaßen real ist. Natürlich sind die Menschen in primitiven Kulturen keine Kinder, doch in ihren Verhaltensweisen und Denkgewohnheiten bewahren sie vielfach kindliche Eigenschaften.

---

537 CHRISTOPHER ROBERT HALLPIKE: Die Grundlagen des primitiven Denkens, Stuttgart 1984

538 OESTERDIEKHOFF, Zivilisation und Strukturgenese, S. 120

539 OESTERDIEKHOFF, Kulturelle Evolution des Geistes, S. 138

Die kulturvergleichenden Entwicklungspsychologen interpretierten ihre Ergebnisse alle im Sinne der Milieutheorie. Das entscheidende Stimulans ist demnach der mehrjährige Besuch einer Schule nach westlichem Vorbild. Das dort eingeübte, von konkreten Gegenständen losgelöste Denken (Grammatik, Mathematik) scheint zu dem entscheidenden Entwicklungsschritt zu befähigen. Entsprechend geschulte Angehörige traditioneller Kulturen erreichen ebenso wie Westler die fortgeschrittenen kognitiven Stadien. Ungeschulte Kinder der Wolof im Senegal können zum Beispiel nur zur Hälfte Mengen erhalten (Mengenerhaltung, eine Aufgabe der konkreten Operationen), geschulte nach mehreren Jahre Schule zu 80 %.[540] Australische Aborigines, die in weißen Familien aufwachsen, erreichen ein ähnliches kognitives Niveau wie ihre australischen Stiefeltern.[541]

Andererseits gibt es aber auch Beispiele dafür, daß der Schulbesuch in Entwicklungsländern zu keiner Verbesserung der kognitiven Fähigkeiten führt oder nur zu solcher in begrenzten Teilbereichen des konkret operationalen Denkens. Vielfach zeigt sich eine Verzögerung der Entwicklung und ein Stehenbleiben an einem bestimmten Punkt der Entwicklung. In einer Untersuchung von Marion de Lemos an Kindern australischer Aborigines schnitten bei gleicher sozialen Umwelt Mischlinge mit Weißen besser ab als reinrassige Aborigines, eine Ergebnis, das in einer späteren Studie jedoch nicht bestätigt werden konnte.[542]

Oft zeigt sich, daß die konkret operationalen Fähigkeiten nur in einem Teilbereich entwickelt werden, der für die jeweilige Kultur von besonderer Bedeutung ist. Wildbeutergruppen, die in arktischer Umgebung leben (Eskimos) oder in Wüsten, sind gut in der Einschätzung räumlicher Verhältnisse, während sie in anderen Bereichen präoperational bleiben. Indianische Zinacanteco-Mädchen erreichen beim Weben die konkret-operationale Stufe, in allen anderen Bereichen jedoch

---

540 OESTERDIEKHOFF, Kulturelle Evolution des Geistes, S. 66

541 OESTERDIEKHOFF, Zivilisation und Strukturgenese, S. 104

542 JERRY S. CARLSON: „Kulturvergleichende Untersuchungen im Rahmen von Piagets Theorie“, in: GERHARD STEINER (Hg.): Piaget und die Folgen. Die Psychologie im 20. Jahrhundert, Bd. VII, Zürich 1978, S. 709-728

nicht. Markthändler in den Entwicklungsländern können Mengen richtig einschätzen, bleiben dafür aber im räumlichen Denken präoperational.[543]

Mit den wenig entwickelten kognitiven Strukturen lassen sich viele Besonderheiten der primitiven Kulturen erklären. Die an Piaget geschulten Ethnologen leiten aus ihnen das magische Denken und den Animismus ab. Charakteristisch ist die Unfähigkeit zur Trennung von subjektiver und objektiver Wirklichkeit. Fabulieren und Lügen wirken als Selbstsuggestion. Das präformale Denken ist unfähig, die Perspektive des Anderen zu übernehmen. Es gibt keinen Zufall, hinter jedem Ereignis steckt ein tieferer Sinn. Unglücke sind Strafen Gottes oder Folgen magischer Beeinflussung (Hexerei). Der Welt wohnt eine „immanente Gerechtigkeit" inne, Handlungen ziehen ihre Sanktionierung automatisch nach sich („das Kind wäre nicht ins Wasser gefallen, wenn es nicht gestohlen hätte"). Das soziale Handeln ist persönlich und konkret, nie prinzipiell.

Der amerikanische Psychologe Lawrence Kohlberg (1927-1987) entwickelte auf der Grundlage Piagets in den 1950er Jahren eine Entwicklungstheorie des moralischen Urteils.[544] Das entwickelt sich in mehreren Stufen, die mit den kognitiven Stadien Piagets zwar nicht identisch, aber doch korreliert sind. In einem ersten, *präkonventionellen* Stadium (Stufen 1 und 2) herrscht noch die Orientierung an Bestrafung und Gehorsam vor. Das Kind ist noch ganz auf seine eigenen Bedürfnisse fixiert. In der auch noch zu diesem Stadium gehörenden Stufe 2 kommt das Verstehen der Beziehungen zu anderen Menschen als ein Geben und Nehmen hinzu. Das nächstfolgende *konventionelle* Stadium (Stufen 3 und 4) besteht in der Befolgung und Verinnerlichung von

---

543 OESTERDIEKHOFF, Zivilisation und Strukturgenese, S. 103 f.; HEIDI KELLER: „Persönlichkeit und Kultur", in: ALEXANDER THOMAS (Hg.): Kulturvergleichende Psychologie, 2., überarbeitete und erweiterte Auflage, Göttingen 2003, S. 181-205, S. 184

544 LAWRENCE KOHLBERG, ELLIOT TURIEL: „Moralische Entwicklung und Moralerziehung," in: GERHARD PORTELE (Hg.): Sozialisation und Moral. Neuere Ansätze zur moralischen Entwicklung und Erziehung, Weinheim 1978, S. 13-80; LAWRENCE KOHLBERG: Die Psychologie der Moralentwicklung, Frankfurt a.M. 1996

Regeln, die das Kind jetzt als solche erkennt. In der entwickelteren Stufe dieses Stadiums (Stufe 4) ist damit die Zustimmung zu Recht und Ordnung, das Bekenntnis zur sozialen Ordnung verbunden. Das Pflichtgefühl ist ein charakteristischer Ausdruck dieser Entwicklungsstufe. Das über dieses Stadium hinausgehende *postkonventionelles* Stadium (Stufen 5 und 6) ist durch eine kritische Reflexion moralischer Fragen gekennzeichnet. Die Stufe 5 beinhaltet die Anerkennung der Tatsache, daß andere Menschen andere Meinungen haben können und von dadurch notwendigen Verfahrensregeln für das Zusammenleben und die Gesellschaft. Die am weitesten entwickelte Stufe 6 besteht schließlich in der Orientierung an allgemeingültigen, abstrakten ethischen Prinzipien wie etwa dem Kategorischen Imperativ, denen bewußt zugestimmt wird, und nicht an konkreten moralischen Regeln wie den Zehn Geboten. Das sind Prinzipien der Gerechtigkeit, der Gegenseitigkeit, der Gleichheit, der Menschenrechte und der Menschenwürde. Spätestens diese Stufe setzt die Fähigkeit zur Selbstrelativierung und zur abstrakten Urteilsfähigkeit voraus, die erst mit dem formal operativen Stadium der kognitiven Entwicklung gegeben ist.

Auch das Kohlbergsche Stufenmodell der moralischen Entwicklung hat dazu geführt, daß man seit den 1960er Jahren Untersuchungen zur Entwicklung des moralischen Urteils auch in zahlreichen außereuropäischen Ländern durchführte. Sie zeigen ganz ähnliche Ergebnisse wie die Studien zur kognitiven Entwicklung. Auch im Westen erreichen nicht alle Menschen die postkonventionelle Stufe und bleiben manche auf präkonventionellem Niveau. In allen Entwicklungsländern herrscht dagegen die Orientierung an Bestrafung und Gehorsam sowie am eigenen Vorteil vor, während die entwickelteren, auf der Verinnerlichung abstrakter Prinzipien beruhenden Stufen weitgehend fehlen. So ist zum Beispiel in ländlichen Gegenden der Türkei oder Mexikos das Moralurteil überwiegend präkonventionell und nur bei 5 bis 6 Prozent der Menschen auf postkonventionellem Niveau. In der amerikanischen Mittelschicht herrscht die konventionelle Stufe vor, hier erreichen 34 Prozent die postkonventionelle und 44 Prozent die konventionelle Stufe, während 22 Prozent auf der präkonventionellen Stufe verharren.[545]

---

545 LAWRENCE KOHLBERG, ELLIOT TURIEL: „Moralische Entwicklung und Moralerziehung“, in: GERHARD PORTELE (Hg.): Sozialisation und

Die Entwicklungsstufe des moralischen Urteils wird auch mit einem Mittelwert ausgedrückt, dem P-Wert, der sich aus den unterschiedlichen Anteilen der verschiedenen Stufen errechnet. Ein hoher P-Wert bedeutet größere Anteile der entwickelteren Stufen. Hohe P-Werte weisen außerhalb Europas beispielsweise Hong Kong, Südkorea und Taiwan auf, niedrige die Türkei (Landbevölkerung), die Bahamas, Tibet, die Philippinen, die Karibik und der arabische Kulturkreis.[546]

Aus der für das präformale Denken charakteristischen mangelnden sozialen Perspektivübernahme und dem damit verbundenem Egozentrismus resultieren das grausame Strafrecht und die Allgegenwart von Gewalt in vormodernen Kulturen. Auch das europäische Mittelalter und die antiken Hochkulturen zeigen nach Oesterdiekhoff diese Strukturmerkmale. Im germanischen Altertum galten Schwerter und Schiffe als beseelt. Gegenständen und Haustieren konnte der Prozeß gemacht werden. Noch im siebzehnten Jahrhundert schrieben Rechtsgelehrte Abhandlungen über Leichen, die in Gegenwart ihres Mörders zu bluten anfangen.

Auch der Unterschied von *Schuld-* und *Schamkulturen* scheint mit dem formalen Denken zusammenzuhängen, die Verinnerlichung von Schuld-Konzepten erst gemeinsam mit dem abstrakteren, formal operationalen Denken aufzutreten.[547]

Das formal-logische Denken ist demnach keine zeitlose anthropologische Konstante, sondern erst im Verlauf der Geschichte entstanden. Ansätze zum formal operationalen Denken gab es schon in den frühen Hochkulturen – man denke an die Wissenschaft der alten Griechen, an die Mathematik der alten Inder und der Araber. So sind schon im alten Mesopotamien komplexe Formen wissenschaftlichen Denkens wie die

---

Moral. Neuere Ansätze zur moralischen Entwicklung und Erziehung, Weinheim 1978, S. 13-80, S. 45 f.

546 LUTZ H. ECKENSBERGER: „Moralische Urteile als handlungsorientierende normative Regelsysteme im Spiegel der kulturvergleichenden Forschung", in: ALEXANDER THOMAS (Hg.): Kulturvergleichende Psychologie. Eine Einführung, Göttingen 1993, S. 259-296, S. 280

547 OESTERDIEKHOFF, Zivilisation und Strukturgenese, S. 234

Annahme von Gesetzmäßigkeiten und Hypothesenbildung nachweisbar. In der Antike hatte die Wissenschaft in der hellenistischen Zeit eine Blüte, die alle Zeichen abstrakten theoretischen Denkens aufwies (Euklid, Archimedes). So waren die Griechen schon zu einer ziemlich genauen Berechnung der Entfernung der Sonne und des Mondes in der Lage.

Die Fähigkeit zum formal-logischen Denken dürfte sich aber immer nur auf relativ kleine Gruppen der Bevölkerung beschränkt haben, die oftmals ihr Wissen als Herrschaftswissen eifersüchtig hüteten. Im 12. Jahrhundert wurde der Syllogismus, also die Methode, vom Allgemeinen auf das Besondere zu schließen, an den europäischen Universitäten zum zentralen Thema.[548] Zu einem breiten Durchbruch des formal operationalen Denkens kam es aber erst im neuzeitlichen Europa, wo allerdings sicher auch noch bis ins 19. Jahrhundert große Teile der Bevölkerung vormodernen Denkgewohnheiten verhaftet waren, wie die weite Verbreitung abergläubischer Vorstellungen belegt.

Die Piaget-Forscher sehen in der großen Rolle der Schulbildung den Nachweis dafür, daß die Unterschiede in den kognitiven Fähigkeiten, die es zwischen den verschiedenen Völkern gibt, eine Folge ihrer kulturellen Umwelt sind und nicht biologisch-genetische Ursachen haben. Unterschiedliche Milieus liefern unterschiedliche Anreize, konkret oder formal operationelle Strukturen einzuüben. Die Tatsache aber, daß in ein und derselben Bevölkerung einer bestimmten Zivilisationshöhe unterschiedliche kognitive Stadien vorkommen, zeigt, daß auch die individuelle genetische Begabung eine Rolle spielt. Wenigen Einzelnen gelingt selbst in vormodernen Kulturen der Vorstoß zum logischen Denken, wie etwa Aristoteles, der sich den Syllogismus selber erarbeitet hatte,[549] während andere auch in den entwickelten Ländern des Westens und selbst nach langjährigem Schulbesuch nicht zu ihm vordringen. Das heißt, der Schulbesuch befähigt nicht automatisch zum formallogischen Denken, wie zum Beispiel Oesterdiekhoff glaubt, sondern muß mit einer entsprechenden Begabung einhergehen.

---

548 OESTERDIEKHOFF, Kulturelle Evolution des Geistes, S. 63

549 OESTERDIEKHOFF, Kulturelle Evolution des Geistes, S. 63

27. Die Intelligenzunterschiede

Eine bekanntere Methode als die von Piaget, die kognitiven Fähigkeiten von Menschen zu messen, ist die Messung des sogenannten Intelligenzquotienten (IQ) mit Hilfe von Intelligenztests.

Unter Intelligenz versteht man die Fähigkeit, (neue) Probleme zu lösen, beziehungsweise die Fähigkeit zu abstrakt-logischem Denken.[550] Die ersten systematischen Intelligenztests hatte 1905 der französische Psychologe Alfred Binet (1857-1911) für Schulkinder entwickelt. Die Tests waren in einer Skala geordnet, deren Stufen den verschiedenen Altersstufen entsprechen. Ein Kind hat dann eine normale Intelligenz, wenn es die seiner Altersstufe entsprechenden Aufgaben richtig löst. Auf diese Weise kann man für jedes Kind sein altersunabhängiges Intelligenzalter berechnen. Auf Vorschlag des deutsch-jüdischen Psychologen William Stern (1871-1938) ging man 1920 dazu über, das Intelligenzalter durch das Lebensalter zu teilen, wodurch man den Intelligenzquotienten (abgekürzt IQ) erhält.

Anfang der 1930 Jahre entwickelte der amerikanische Psychologe David Wechsler (1896-1981) einen Intelligenztest für Erwachsene, der nicht mehr auf das Intelligenzalter bezogen ist, sondern auf die Verteilung in der Bevölkerung. Die mittlere IQ in der Bevölkerung – als Norm gelten weiße Amerikaner – beträgt 100. Der IQ ist in einer Bevölkerung im allgemeinen normalverteilt, das heißt, die verschiedenen Werte verteilen sich gleichmäßig in Form einer Glockenkurve *(bell curve)* um den Mittelwert herum. Die beiden Punkt an den Flanken der Glockenkurve, an denen diese ihre Richtung ändert, markieren die Standardabweichung der Normalverteilung, der 15 IQ-Einheiten entsprechen. Gut zwei Drittel der Menschen (68, 3 %) verteilen sich innerhalb von einer Standardabweichung um den Mittelwert. Bei einem Wert über 130 spricht man von Hochbegabung, bei einem unter 70 von Schwachsinn

---

[550] DETLEF H. ROST: Intelligenz. Fakten und Mythen, Basel 2009; JOACHIM FUNKE, BIANCA VATERRODT-PLÜNNECKE: Was ist Intelligenz? München 1998; HANS J. EYSENCK: Die IQ-Bibel. Intelligenz messen und verstehen, Stuttgart 2004

oder Debilität. Erwachsene mit einem IQ von unter 60 entsprechen dem geistigen Niveau von Vier- bis Achtjährigen, solche mit einem zwischen 60 und 80 dem von Acht- bis Dreizehnjährigen.[551]

Natürlich schneiden die Menschen bei unterschiedlichen Testaufgaben unterschiedlich gut ab. Mancher ist bei Aufgaben, die räumliches Denken erfordern, mancher beim Rechnen oder bei der verbalen Ausdrucksfähigkeit besser. Schon der britische Erbforscher und Statistiker Karl Pearson (1857-1936) hat jedoch erkannt, daß die Ergebnisse bei unterschiedlichen Intelligenz-Aufgaben alle hoch miteinander korreliert sind, und einen Generalfaktor der Intelligenz, den sogenannten g-Faktor, postuliert. Spätere Untersuchungen bestätigten dies. Der gemeinsame g-Faktor erklärt in der Regel etwa 70 % der Gesamtvarianz verschiedener Testaufgaben.

Während des Ersten Weltkrieges wandten die Amerikaner erstmals Intelligenztest auch bei der Musterung ihrer Rekruten an. Damit lagen zum ersten Mal in großem Umfang Daten über die unterschiedliche Intelligenz verschiedener ethnischer Gruppen vor. Insgesamt wurden mehr als 1 750 000 Rekruten geprüft. Der angewandte *Stanford-Binet-Test*, den der Psychologe Louis M. Terman (1877-1956) auf der Grundlage von Binets Test entwickelt hatte, entsprach schon in vielem den heutigen Intelligenztests. Er beinhaltete Fragen aus Bereichen wie Rechnen, Zahlenreihen vervollständigen oder Analogien. Weiße Amerikaner schnitten wesentlich besser ab als schwarze, Amerikaner englischer, nordeuropäischer und deutscher Herkunft waren besser als die aus ost- und südeuropäischen Ländern. Allerdings waren die Tests noch nicht völlig kultur- und sprachneutral, wer die englische Sprache beherrschte und mit den Gepflogenheiten der amerikanischen Kultur vertraut war, konnte ein besseres Ergebnis erzielen.[552]

---

551 GEORG W. OESTERDIEKHOFF, HEINER RINDERMANN: „Paradigmen kognitiver Kompetenz“, in: GEORG W. OESTERDIEKHOFF, HEINER RINDERMANN (Hg.): Kultur und Kognition. Die Beiträge von Psychometrie und Piaget-Psychologie zum Verständnis kultureller Unterschiede, Berlin 2008, S. 1-18, S. 7

552 FRITZ LENZ: „Die Ergebnisse der Intelligenzprüfungen im amerikanischen Heer“, in: Archiv für Rassen- und Gesellschaftsbiologie 17, 1926, S. 401-411

In den folgenden Jahrzehnten entwickelten die Psychologen die Intelligenztest weiter und machten sie zu einem immer besseren Werkzeug, um die kognitive Leistungsfähigkeit eines Menschen einzuschätzen. Der Intelligenztest gehört zu den erprobtesten und verläßlichsten psychologischen Meßverfahren. Zwillings- und Adoptionsstudien zeigten, daß die Intelligenzunterschiede innerhalb der Bevölkerung zu einem großen Teil genetische Ursachen haben. Etwa 70-80 Prozent der Variabilität innerhalb der erwachsenen Bevölkerung sind genetisch bedingt, weniger als ein knappes Drittel geht auf Umwelteinflüsse wie die soziale Herkunft oder die Erziehung zurück.[553]

Bis zu den 1970er Jahren lagen umfangreiche Daten über Intelligenzunterschiede in der amerikanischen und europäischen Bevölkerung vor. Sie zeigten zum Beispiel, daß ein enger Zusammenhang von Schulerfolg und dem erreichten beruflichen Status und der Intelligenz besteht. Intelligenz ist das Merkmal, daß die größte Vorhersagekraft für den schulischen und beruflichen Erfolg hat, größer auch als die soziale Herkunft. Intelligente Menschen sind in der Schule und in der beruflichen Ausbildung erfolgreicher und erreichen in der Gesellschaft die prestigeträchtigeren und besser bezahlten Positionen. Es besteht eine nahezu perfekte Übereinstimmung zwischen dem Sozialprestige eines Berufes und dem IQ der Leute, die ihn ausüben.[554] Zudem ist die Intelligenz, gemessen mit dem IQ, das Persönlichkeitsmerkmal mit der höchsten langfristigen Stabilität. Sie unterliegt während des Erwachsenenalters weniger Veränderungen als andere Persönlichkeitseigenschaften wie etwa Extraversion oder Neurotizismus.

---

553 ROST, Intelligenz, S. 78 und 233; MANFRED AMELANG, DIETER BARTUSSEK: Differentielle Psychologie und Persönlichkeitsforschung. 5., aktualisierte und erweiterte Auflage, Stuttgart 2001, S. 565; JENS ASENDORPF: Psychologie der Persönlichkeit. Grundlagen, Heidelberg 1996, S. 258

554 HANS JÜRGEN EYSENCK: Die Ungleichheit des Menschen, München 1975, S. 89 f.; RAINER KNUSSMANN: Vergleichende Biologie des Menschen. Lehrbuch der Anthropologie und Humangenetik, Stuttgart 1996, S. 452 f.; ders.: Vererbung und menschliche Intelligenz, Studienbrief für Biologielehrer 10. Tübingen 1979, S. 26

Die IQ-Daten aus den USA zeigten außerdem, daß der Bevölkerungsteil afrikanischer (negrider) Herkunft kontinuierlich eine gute Standardabweichung schlechter abschnitt als die weiße Bevölkerung. An diesem Abstand hatte sich seit dem Ersten Weltkrieg nichts geändert. Hatten während des Ersten Weltkrieges viele Wissenschaftler es noch für selbstverständlich angesehen, daß es psychologische und auch kognitive Unterschiede zwischen Völkern und Rassen gibt, die sich in den Testergebnissen niederschlagen, war das in den Jahrzehnten nach den Zweiten Weltkrieg jedoch anders. Die meisten amerikanischen Sozialwissenschaftler und Psychologen sahen in dem schlechten Abschneiden der Schwarzen nun die Folge ihrer schlechten sozialökonomischen Verhältnisse und ihrer sozialen Benachteiligung durch die weiße Mehrheitsbevölkerung.

Darum kam es 1969 zu einer bis heute nachwirkenden Wissenschaftskontroverse, als der amerikanische Psychologe und Erziehungswissenschaftler Arthur R. Jensen (geb. 1923) in dem renommierten *Harvard Educational Review* einen Aufsatz mit dem Titel *How much can we boost IQ and scholastic achievement*? – auf deutsch: „Wie sehr können wir Intelligenzquotient und schulische Leistung steigern?" veröffentlichte. Jensen war der Vizepräsident der Amerikanischen Gesellschaft für Erziehungswissenschaft und hatte bisher zahlreiche Arbeiten veröffentlicht, in denen er die Begabungsunterschiede zwischen sozialen Gruppen auf Umweltunterschiede zurückzuführen versuchte. Das wurde von Mal zu Mal schwieriger, und als Wissenschaftler kam Jensen schließlich zu der Erkenntnis, daß man um die Tatsache der Vererbung der Begabung nicht mehr herum kommt. In seinem Aufsatz machte er deutlich, daß die vorhandenen Unterschiede, wie sie in Intelligenztests zum Ausdruck kommen, sich mit Umweltfaktoren allein nicht erklären lassen.

Nur am Rande behandelte Jensen auch das Rassenproblem in den USA. Schwarze (Negride) bilden einen großen Teil der sozialen Unterschichten in den USA und schneiden im Mittel 15 bis 20 IQ-Punkte schlechter als die weiße Bevölkerung ab, nur 15 % der schwarzen Bevölkerung besitzt einen IQ, der über dem weißen Durchschnitt liegt. Auch bei gleicher sozialer Schichtzugehörigkeit und gleichem beruflichen Status bleibt ein Unterschied von 10 IQ-Punkten bestehen. Jensen berief sich auf das einige Jahre zuvor erschienene, von der Öffentlichkeit unbeachtete Buch *The Testing of Negro Intelligence* der Psychologin Audrey Shuey. Shuey hatte praktisch die ganze bisherige Forschung, rund 380 Untersuchungen an farbigen und weißen Kindern aller Altersklassen, an Erwachsenen verschiedener Sozialgruppen, an ländlichen und städtischen Einwohner aus dem Norden wie aus dem Süden der USA, unter dem Gesichtspunkt aller in diesem Zusammenhang diskutierter Faktoren wie der Familiensituation, Kulturfreiheit der Tests oder Rassenzugehörigkeit des Lehrers oder des Testenden in denkbar unparteiischer Weise überprüft. Sie war zu dem Ergebnis gekommen, daß „alles zusammengenommen unausweislich auf das Vorhandensein angeborener Unterschiede zwischen Negern und Weißen hinweist."[555] Jensen verwies zudem auf das Beispiel der Indianer, die nach allen objektiven Kriterien wie Einkommen, Arbeitslosigkeit, Gesundheitsfürsorge, Lebenserwartung oder Säuglingssterblichkeit sozial weit mehr benachteiligt als die Schwarzen waren, trotzdem aber nach Intelligenz und Schulleistung eine halbe Standardabweichung besser als diese abschnitten und ungefähr zwischen den amerikanischen Weißen und Schwarzen lagen.[556]

Jensen behauptete nicht, daß genetische Ursachen für den Rassenunterschied nachgewiesen seien, hielt aber genetische Faktoren zur Erklärung eines Teils des Unterschiedes für plausibel. Den genetischen Einfluß auf den Rassenunterschied des IQ schätzte er auf die Hälfte der Heritabilität innerhalb von Populationen. Anders als ihm manche Kritiker unterstellten, plädierte Jensen nicht für Rassentrennung – er hatte sich als Experte in einem Senatsausschuß in Washington gegen diese ausgesprochen – und machte sogar einige konkrete Vorschläge, wie man die schulische Förderung benachteiligter Kinder verbessern könne. Tatsächlich standen und stehen sich in der Debatte nicht gene-

555 AUDREY SHUEY: The Testing of Negro Intelligence, 2. Auflage New York 1966, zit. n. ILSE SCHWIDETZKY: Das Menschenbild der Biologie, Stuttgart 1971, S. 145

556 ARTHUR R. JENSEN: „Wie sehr können wir Intelligenzquotient und schulische Leistung steigern?", in: HELMUT SKOWRONEK (Hg.): Umwelt und Begabung, Stuttgart 1973, S. 63-155 (leicht gekürzte Übersetzung)

tische Deterministen und Umweltdeterministen gegenüber, denn kein Vertreter der genetischen Hypothese behauptet, daß nur die Gene und keine Umwelteinflüsse die Intelligenz beeinflussen. Die Diskussion findet vielmehr zwischen Psychologen statt, die meinen, daß Gene und Umwelt den IQ beeinflussen, und solchen, die die Auffassung vertreten, daß die Unterschiede ausschließlich durch Umwelteinflüsse verursacht werden.

Vor dem Hintergrund der Rassenunruhen und der Bürgerrechtsbewegung in den USA löste Jensens Artikel im *Harvard Educational Review* einen Sturm der Entrüstung aus. Man nannte ihn einen Rassisten, linke Studenten organisierten den Boykott seiner Vorlesungen, es gab unzählige Protestveranstaltungen und es kam sogar zu körperlichen Übergriffen auf Jensen. Angesehene überregionale Zeitungen brachten Verrisse heraus und wissenschaftliche Gesellschaften versuchten ihn aus ihren Reihen auszuschließen.

Trotz des Aufruhrs fand Jensen aber auch die Unterstützung prominenter Wissenschaftler. So schlugen sich der britische Psychologe Hans Jürgen Eysenck (1916-1997), der amerikanische Psychologe Richard Herrnstein (1930-1994) und der Physik-Nobelpreisträger William B. Shockley (1910-1989) auf seine Seite. Eysencks Urteil hatte besonderes Gewicht. Als Kind jüdischer Eltern war er 1934 aus Deutschland nach England emigriert, wo er sich mit empirischen Studien zur menschlichen Intelligenz und Persönlichkeitsstruktur einen Namen als Psychologe machte. 1971 erschien Eysencks Buch *Race, Intelligence, and Education*[557], das in England ähnliche Angriffe auf Eysenck hervorrief wie in Amerika auf Jensen.

Die Intelligenz-Debatte führte dazu, daß sich die genetische Hypothese zwar in der wissenschaftlichen Psychologie behaupten konnte, sie in der Öffentlichkeit aber bis heute nachhaltig als „rassistisch" tabuisiert ist. Einen Eindruck von dem Kräfteverhältnis nach dem vorläufigen Ende der Intelligenzdebatte vermittelt eine Umfrage, die 1988 Mark Snyderman und Stanley Rothman veröffentlichten. Sie hatten in Amerika 112 Wissenschaftsjournalisten, 47 wissenschaftliche Verleger und

---

557 amerikanischer Titel The IQ Argument, in Deutschland erschienen unter dem Titel Vererbung, Intelligenz und Erziehung in Stuttgart 1975

566 Wissenschaftler, die sich vorrangig mit Intelligenz befaßten, befragt. Es zeigte sich, daß zwar eine Mehrheit der Intelligenzexperten (54 %) einen genetischen Einfluß auf den IQ-Unterschied zwischen Schwarzen und Weißen annahm, aber nur eine Minderheit der Verleger und Journalisten (23 und 27 %). 28 % der Experten enthielt sich einer eindeutigen Stellungnahme und nur 17 % glaubten, daß genetische Einflüsse dabei keine Rolle spielen. Die meisten Journalisten aber waren nach wie vor der Meinung, daß der Rassenunterschied ausschließlich das Ergebnis von Milieueinflüssen sei.[558]

1984 veröffentlichte der neuseeländische Politikwissenschaftler James R. Flynn (geb. 1934) einen Aufsatz, in dem er auf den kontinuierlichen Anstieg der IQ-Test-Ergebnisse in der westlichen Welt hinwies. Bei der gleichzeitigen Verwendung verschiedener Tests wurden regelmäßig bei schon älteren, früher geeichten Tests die besseren Ergebnisse erzielt. In einem Test, in dem vor zwanzig Jahren eine Punktzahl von 100 erreicht wurde, erreichte eine ebenso repräsentative Bevölkerungsstichprobe nun 107 Punkte. Der Anstieg des mittleren IQ betrug in den 46 Jahren von 1932 bis 1978 13,3 Punkte, also etwa 3 IQ-Punkte in einem Jahrzehnt. Flynn selbst tendierte dazu, den nach ihm benannten Flynn-Effekt nicht für eine reale Zunahme der Intelligenz zu halten, sondern für einen Lern- und Gewöhnungseffekt. Dagegen spricht allerdings, daß der Effekt sich gleichermaßen bei Kindergartenkindern, Jugendlichen und Erwachsenen findet. Der Anstieg ist nur gering in den sozialen Gruppen, die ohnehin einen hohen IQ aufweisen, und am stärksten in den Bevölkerungsgruppen mit mittlerer und niedriger Intelligenz. Mit ihm ist keine oder nur eine geringe Zunahme der Lese- und Rechtschreibfähigkeit verbunden.

Der Flynn-Effekt findet sich in allen westlichen Ländern einschließlich Japans. Auch in einigen Entwicklungsländern läßt sich ein Anstieg des IQ nachweisen (Jamaika, Kenia, Schwarze in Südafrika), dort natürlich auf niedrigerem Niveau. Über die Ursachen des Flynn-Effekts besteht kein Konsens. Diskutiert werden vor allem eine bessere Schul-

---

558 MARK SNYDERMAN, STANLEY ROTHMAN: The IQ Controversy, the Media and Public Policy, Transaction Publishers, New Brunswyk 1988, S. 129 ff.

bildung, eine anregungsreichere Umgebung und allgemein bessere Lebensumstände. Der Psychologe Richard Lynn hält den Intelligenzzuwachs für ein reales Phänomen, das er auf die bessere Ernährung von Schwangeren und Kleinkindern zurückführt. Es handelt sich demnach um eine Erscheinungsform desselben Phänomens wie die säkulare Akzeleration, das heißt die Zunahme der Körperhöhe im selben Zeitraum, die tatsächlich vor allem auf der besseren Ernährung beruhen dürfte. Einig sind sich die Wissenschaftler jedoch darin, daß dem Flynn-Effekt keine genetischen Ursachen zugrunde liegen. Seit den 1980er Jahren ist die IQ-Zunahme zum Stillstand gekommen und jüngste Daten aus mehreren europäischen Ländern weisen sogar wieder auf eine Abnahme des IQ hin.[559]

Es scheint, als seien die Umweltverbesserungen inzwischen ausgereizt und als würde sich nun die in den westlichen Ländern seit dem 19. Jahrhundert bestehende Selektion gegen die Intelligenz – die unteren Sozialschichten bekommen mehr Kinder als die höheren und gebildeteren Schichten – mittlerweile auch phänotypisch auswirken, weil die noch aus der Zeit der Klassenschranken stammenden Begabungsreserven der unteren Schichten allmählich aufgebraucht sind.[560]

Die weltweit erhobenen IQ-Daten von verschiedenen ethnischen Gruppen hat vor allem der britische Psychologe Richard Lynn (geb. 1930) zusammengetragen.[561] Er hat dabei die aus verschiedenen Jah-

---

559 ROST, Intelligenz, S. 256; GERHARD STEMMLER, DIRK HAGEMANN, MANFRED AMELANG, DIETER BARTUSSEK: Differentielle Psychologie und Persönlichkeitsforschung, 7., vollständig überarbeitete Auflage, Stuttgart 2011, S. 174 f, ASENDORPF, Psychologie der Persönlichkeit, S. 141; RICHARD LYNN: Dysgenics. Genetic Deterioration in Modern Populations, Westport, Conneticut 1996, S. 101 ff. u. 110

560 ANDREAS VONDERACH: Sozialbiologie. Geschichte und Ergebnisse, Schnellroda 2012, S. 29 und 130 ff.

561 RICHARD LYNN: Race Differences in Intelligence. An evolutionary analysis, Augusta, Georgia 2006; ders.: „Race Differences in Intelligence. An global perspective“, in: Mankind Quarterly 32, 1991, S. 255-296; ders.: „Geographical variation in intelligence“, in: HELLMUTH NYBORG (Hg.): The Scientific Study of Human Nature, Oxford 1997, S. 259-281; ders: „The geography of intelligence“, in: HELLMUTH NYBORG (Hg.):

ren stammenden, an verschiedenen Altersgruppen und mit verschiedenen Tests erhobenen Daten anhand des britischen Mittelwerts geeicht und auch den Flynn-Effekt berücksichtigt.

Die Europäer haben danach (definitionsgemäß) einen mittleren IQ um 100. Die Mittelwerte der Nord- und Mitteleuropäer liegen meist etwas über 100, die der Süd- und Osteuropäer etwas darunter. Allerdings schneidet auch Italien mit 102 gut ab. Die Niederlande haben einen Mittelwert von 103, Schweden und Deutschland von 102, Frankreich von 98, Portugal von 95, Sizilien von 90, Rußland von 97, Polen von 95, Irland von 93 und Litauen sogar nur 91. Ebenfalls Werte um oder etwas über 100 weisen die von angelsächsischen Weißen besiedelten Länder in Übersee auf, also die USA, Kanada, Australien und Neuseeland. Deutlich niedrigerer sind die Werte in Südosteuropa, von Rumänien bis Griechenland, mit Werten um 92 herum. Erheblich unter dem europäischen Durchschnitt liegen die Mittelwerte für die mittel- und südosteuropäischen Zigeuner, die zwischen 70 und 83 gemessen wurden.[562]

Die Werte der europiden Bevölkerungen in Südwestasien von Indien bis zur Türkei und in Nordafrika liegen deutlich unter denen der „weißen" Europäer. Indien hat einen Mittelwert von 82, die Inder in Großbritannien und Australien aber, wohl wegen der besseren Umweltbedingungen, einen von 89. Iraner und Iraker besitzen einen mittleren IQ von 87, die Araber im Nahen Osten und in Nordafrika einen von 84. Der mittlere IQ der Türkei ist 90, der der Türken in Deutschland wohl aufgrund von negativer Wanderauslese aber nur 86. Die Armenier haben einen Mittelwert von 92. In Israel haben die Juden europäischer Herkunft einen mittleren IQ von 103, die orientalischen Juden einen von 91 und die Araber einen von 86. Die Juden in den USA, die über-

---

The scientific study of general intelligence, New York 2003, S. 127-146; ders: „National IQs updated for 41 nations", in: Mankind Quarterly 50, 2010, S. 275-296; VINKO BUJ: „Average IQ values in various European countries", in: Personality and Individual Differences 2, 1981, S. 168-169

562 J. PHILIPPE RUSHTON, JELENA CVOROVIC, TRUDY ANN BONS: „General mental ability in South Asians: Data from three Roma (Gypsie) communities in Serbia", in: Intelligence 35, 2007, S. 1-12

wiegend osteuropäischer (aschkenasischer) Herkunft sind, besitzen gar einen mittleren IQ von 110.

Der hohe IQ der aschkenasischen Juden fordert zu einer Erklärung heraus. Daß die Juden, und zwar tatsächlich nur die Aschkenazim (Ostjuden) besondere kognitive Fähigkeiten besitzen, entspricht der allgemeinen Erfahrung und ist seit langem bekannt. Im Jahr 2006 veröffentlichten die amerikanischen Anthropologen und Genetiker Gregory Cochran (geb. 1953) und Henry Harpendig (geb. 1944), beide nicht jüdischer Herkunft Juden, einen Aufsatz, in dem sie die Sonderstellung der Aschkenazim evolutionsbiologisch erklärten. Danach ist deren hoher IQ auf die Selektionsbedingungen in ihrer Geschichte zurückzuführen. Während des Mittelalters und in der frühen Neuzeit war den Juden in Europa verboten, Landwirtschaft zu betreiben, und die meisten der mittel- und osteuropäischen Juden waren Händler, Beamte und Bankiers. Berufe, in denen Intelligenz mit sozialem und wirtschaftlichen Erfolg belohnt wurde, der sich zur damaligen Zeit auch noch in vielen überlebenden Kinder niederschlug. Dadurch entstand ein Selektionsdruck, der in den nicht jüdischen europäischen Oberschichten nicht so groß war, weil deren Wohlstand durch Standesprivilegien geschützt war, beziehungsweise sich nicht so stark auswirken konnte, weil sie sich immer wieder aus der überwiegend bäuerlichen Bevölkerung ergänzten. Verbunden mit dem hohen IQ ist bei den Aschkenazim ein ungewöhnliches Intelligenzprofil, das durch hohe verbale und mathematische, aber nur mittelmäßige visuell-räumliche Fähigkeiten charakterisiert ist. Die Korrelation der visuell-räumlichen mit der allgemeinen Intelligenz (g) beträgt bei ihnen nur 0,3, nicht 0,7 wie in der nicht jüdischen Bevölkerung.

Die Selektion der Asckenazim auf Intelligenz wurde jedoch teuer erkauft. Denn die aschkenasischen Juden zeichnen sich nicht nur durch einen besonders hohen mittleren IQ, sondern auch durch die starke Verbreitung von Erbkrankheiten aus. Es gibt mehr als 40 Erbkrankheiten, die bei Juden überdurchschnittlich stark vertreten sind, meist mit einem eigentümlichen, für die Juden spezifischen Genotyp. Dazu gehören etwa das Tay-Sachs-Syndrom und das Gaucher-Syndrom, Stoffwechselkrankheiten, die im homozygoten Zustand zu schweren Beeinträchtigungen führen und meist schon im Kindesalter tödlich enden. Die Anreicherung mit den Gendefekten, die diesen Krankheiten zugrunde liegen, kam dadurch zustande, daß sie im nicht reinerbigen, heterozygoten Fall mit einem Intelligenzvorteil verbunden sind. Andere Erklärungsansätze für die gute Intelligenz der Aschkenazim sind die hohe Wertschätzung der literarischen Bildung, die die reichen Kaufleute die Töchter der Rabiner heiraten ließ, oder der Überlebenskampf in der judenfeindlichen Umwelt, den nur die Klügeren bestanden.[563]

Die Schwarzen (Negriden) in den USA liegen mit einem IQ-Mittelwert von 85 eine Standardabweichung unter den amerikanischen Weißen. Der Wert der Negriden in Afrika liegt sogar nach Lynns Zusammenstellung noch einmal genauso soweit darunter, nämlich bei 67, mit nur geringen geographischen Unterschieden innerhalb Afrikas. Lynn führt den besseren Wert der amerikanischen Neger auf die besseren Umweltbedingungen und auf die Vermischung mit Weißen zurück. Der europide Einschlag bei den US-Afrikanern wird nach genetischen Untersuchungen auf etwa 25 Prozent geschätzt. Für den Einfluß des europäischen Einschlags auf den IQ spricht, daß die am wenigsten vermischten Schwarzen im Südosten der USA einen IQ von nur 80 haben, Mischlinge mit einem fünfzigprozentigen weißen Anteil aber einen von 90. Lynn schätzt den genetischen IQ der negriden Rasse, also den unter guten Umweltbedingungen erreichbaren, auf 80.

Im Jahr 2010 kritisierten niederländische Psychologen um Jelte M. Wicherts (geb. 1976) Lynns Durchschnitts-IQ von 67 für die Schwarzafrikaner als zu niedrig. Sie waren unter der Berücksichtigung einer größeren Zahl von Studien zu einem Mittelwert von 80 – einem immer noch vergleichsweise niedrigen Wert – gekommen. Lynn habe die von ihm berücksichtigten Studien willkürlich ausgewählt und seine Schlüsse

---

563 GREGORY COCHRAN, JASON HARDY, HENRY HARPENDING: „Natural history of Ashkenazi intelligence“, in: Journal of Biosocial Science 38, 2006, S. 659-693; RICHARD LYNN: „The intelligence of American Jews“, in: Personality and Individual Differences 36, 2004, S. 201-206; B.M. LEVINSON: „Cognitive style of European Jewish males“, in: Perception and Motor Skills 45, 1977, S. 279-283; RAINER KNUSSMANN: Vergleichende Biologie des Menschen. Lehrbuch der Anthropologie und Humangenetik, 2., völlig neu bearbeitete Auflage, Stuttgart 1996, S. 429; ERNST PETER FISCHER: Das Genom. Eine Einführung, aktualisierte Neuausgabe, Frankfurt a.M. 2011, S. 98

seien daher „zutiefst fehlerhaft“. Richard Lynn und Gerhard Meisenberg konnten in ihrer Entgegnung jedoch zeigen, daß Wicherts und seine Mitarbeiter ihrerseits zahlreiche nicht repräsentative „elite sample“ einbezogen haben. Somit muß der niedrigere Wert Lynns weiterhin als der eigentlich repräsentative für Schwarzafrika angesehen werden.[564]

Die teilweise noch in altsteinzeitlicher Weise lebenden, nicht negriden Buschmänner in Südwestafrika liegen mit einem Mittelwert von 52, der dem kognitiven Niveau eines achtjährigen Kindes entspricht, noch unter dem der Negriden. Dasselbe gilt für die kleinwüchsigen Pygmäen im zentralafrikanischen Urwald mit einem IQ-Mittelwert von 53. Buschmänner und Pygmäen sind die beiden Menschenrassen mit dem niedrigsten IQ.[565]

Die höchsten Ländermittelwerte für den IQ finden sich in Ostasien. China, Japan, Korea, Taiwan und Hongkong besitzen Werte um 105. Selbst die noch außerordentlich wenig entwickelte Mongolei weist einen Wert von 100 auf. Dabei fällt auf, daß der Teilbereich der visuellen Intelligenz besser entwickelt ist als der der verbalen. Die Differenz zwischen dem visuellen und dem verbalen IQ beträgt 12 Punkte. Dieses charakteristische Intelligenzprofil findet sich auch bei den Ostasiaten in den USA. Zugleich besitzen die Ostasiaten ein außerordentlich gutes visuelles Gedächtnis. Man hat dieses auf die Anforderungen zurückgeführt, die die asiatischen Schriftzeichen an ihre Nutzer stellen, jedoch findet sich das gute visuelle Gedächtnis auch bei in Amerika lebenden Japanern, die nie die asiatischen Schriftzeichen gelernt haben. Auch in

---

564 JELTE M. WICHERTS, CONOR V. DOLAN, HAN L.J. van der MAAS: „A systematic review of the average IQ of the subSaharan Africans“, in: Intelligence 38, 2010, S. 1-20; JELTE M. WICHERTS, CONOR V. DOLAN, JERRY S. CARLSON, HAN L.J. van der MAAS: „Raven’s test performance of subSaharan Africans: Average performance, psychometric properties, and the Flynn Effect“, in: Learning and Individual Differences20, 2010, S. 135-151; RICHARD LYNN, GERHARD MEISENBERG: „The average IQ of sub-Saharan Africans: Comments on Wicherts, Dolan, and van der Maas“, in: Intelligence 38, 2010, S. 21-29

565 RICHARD LYNN: „Intelligence of the Pygmies“, in: Mankind Quarterly 51, 2011, S. 464-470

den USA, Europa oder Lateinamerika schneiden die Ostasiaten besser ab als die europäisch stämmige Bevölkerung. In ganz Südostasien stellen die Chinesen, obwohl oft nur als einfache Arbeiter eingewandert, eine intellektuelle Elite dar. In Singapur weisen sie einen IQ von 111 auf, die einheimischen Malaien dagegen nur einen von 93. In Tibet beträgt der mittlere IQ 92. Leider liegen keine Werte für die sibirischen Völker oder die japanischen Ainu vor.

Bei den vorwiegend palämongoliden Völkern in Südostasien sind die IQ-Werte deutlich niedriger als bei den siniden Ostasiaten. Der mittlere IQ beträgt in Thailand und Laos um 90, in Indonesien 87 und auf den Philippinen 86. In Malaysia haben die Einheimischen einen IQ von 89 und die Chinesen einen von 99. Der verhältnismäßig niedrige Wert der Chinesen hat seinen Grund möglicherweise darin, daß die Chinesen hier oft einheimische Frauen geheiratet haben.

Der mittlere IQ der polynesischen Südsee-Insulaner liegt mit 85 kaum niedriger als der der Südostasiaten. Auf Hawaii, wo die einheimische Bevölkerung mittlerweile weitgehend von US-amerikanischen und asiatischen Zuwanderern verdrängt worden ist, liegt der IQ der Europäer bei 100, der der Chinesen bei 99, der der europäisch-hawaiianischen Mischlinge bei 93, der der chinesisch-hawaiianischen Mischlinge bei 91 und der der autochthonen Hawaiianer bei 81. Die IQ-Werte der beiden Mischlingsgruppen liegen etwas oberhalb des Mittelwertes der jeweiligen Ausgangsrassen, was möglicherweise ein Hinweis auf einen Heterosiseffekt ist. Darunter versteht man das aus der Pflanzen- und Tierzucht bekannte Phänomen, daß Mischlinge in der ersten (F-1) Generation stärker und gesünder sind als die Ausgangsrassen, ein Effekt, der sich in den folgenden Generationen wieder verliert. Bei Menschen gibt es aber nur wenige Hinweise auf die Existenz dieses Effekts. Der Grund für den höheren IQ der hawaiianischen Mischlingsgruppen könnte aber auch darin liegen, daß sich vor allem die begabteren, für die westliche Zivilisation aufgeschlosseneren Hawaiianer mit den Einwanderern verbanden. Dafür würde auch die Tatsache sprechen, daß die hawaiianische Restbevölkerung mit nur 81 einen niedrigeren IQ aufweist als ihn die Polynesier sonst besitzen.

Die Maori auf Neuseeland haben einen IQ von 90, sind allerdings auch stark mit den dortigen Weißen gemischt.

Die bis vor kurzem noch auf altsteinzeitliche Weise als Jäger und Sammler lebenden australischen Aborigines, die zu den urtümlichsten Menschengruppen zählen, weisen einen mittleren IQ von 62 auf. Sie besitzen ein gutes räumliches Gedächtnis, das besser ist das der Weißen. Denselben Wert von 62 haben auch die Melanesier auf Neuguinea. Die Mittelwerte von verschiedenen australischen Mischlingsgruppen mit Weißen liegen zwischen 69 und 95.

Die ursprünglich aus Asien eingewanderten amerikanischen Indianer weisen sowohl in Nordamerika als auch in Südamerika einen mittleren IQ von 86 auf. Sie besitzen ein gutes räumliches Gedächtnis und ein gutes rhythmisches Gefühl. Der IQ der Mischlinge mit Europäern ist höher. Bei einer Indianergruppe in Kansas besteht eine positive Korrelation von 0.41 zwischen dem IQ und dem europäischen Erbteil. Indianische Adoptivkinder, die in weißen Mittelschichtfamilien aufwuchsen, konnten ihren IQ trotzdem nicht verbessern. In Mexiko liegt der mittlere IQ der Indios bei 83 und der der Mestizen (Mischlinge von Weißen und Indios), die die Masse der mexikanischen Bevölkerung ausmachen, bei 94. Der Mittelwert der Hispanics in den USA, die hauptsächlich aus Mexiko stammen und zum großen Teil Mestizen sind, liegt bei 89. Die überwiegend aus Südeuropa stammende europäische Bevölkerung der verschiedenen Länder Lateinamerikas weist IQ-Mittelwerte von 95 bis 99 auf.

Richard Lynn führt den niedrigeren IQ der Indianer im Vergleich zu den Ostasiaten darauf zurück, daß deren Vorfahren schon zu einem Zeitpunkt nach Amerika wanderten, als die Evolution einer höheren Intelligenz in Ostasien noch nicht abgeschlossen war. Das würde dafür sprechen, daß die Evolution der Intelligenz mit der des mongoliden Rassentypus parallel ging, der mit seiner ausgeprägten Gesichtsflachheit als anthropologische Kälteanpassung gilt.

Der IQ der arktischen Völker Nordamerikas, der Eskimos (Inuit) und der Bewohner der Aleuten bei Alaska liegt mit etwa 91 IQ-Punkten etwas über dem der Indianer. Wie bei den Ostasiaten ist der visuelle IQ dabei besser als der verbale, die Differenz beträgt 11 IQ-Punkte. Das räumliche Gedächtnis ist sehr gut. Die arktischen Völker stellen die späteste Einwanderungswelle aus Asien nach Amerika dar. Dazu paßt, daß sie morphologisch stärker mongolid sind als die übrigen amerikanischen Ureinwohner.

Es besteht eine deutliche geographische (und individuelle) Korrelation zwischen dem IQ und dem Kurzzeitgedächtnis, der Reaktionsgeschwindigkeit und der Gehirngröße. Manche Psychologen sehen in dem IQ sogar ein Maß für das Kurzzeitgedächtnis. Man kann natürlich nur so viele Daten intellektuell verarbeiten, wie man sich kurzfristig merken kann. Asiaten sind reaktionsschneller als Europäer und diese wiederum als Negride. Die kleinsten Gehirne finden sich bei den Völkern mit niedrigem IQ in den Tropen, die größten bei Ostasiaten und Europäern, allerdings auch bei den arktischen Völkern. Es besteht nicht nur eine Korrelation der Gehirngröße zur Intelligenz, sondern auch zum kalten Klima. Schon die südlichen Europiden haben kleinere Gehirne als die weißen Europäer. Lynn und anderen sehen in diesen biologischen Korrelationen ein starkes Indiz dafür, daß den Intelligenzunterschieden genetische Unterschiede zugrunde liegen.

An Umwelteinflüssen läßt Lynn vor allem solche der Ernährung gelten. Untersuchungen haben gezeigt, daß Mangelernährung in der Kindheit zu bleibenden Schäden führen kann, die auch die kognitiven Fähigkeiten betreffen. So führt Lynn den niedrigen IQ etwa der Schwarzafrikaner, die mit ihrem empirischen Wert von 67 deutlich unter ihrem geschätztem „genetischen" IQ von 80 bleiben, auf die dort vielfach herrschende Unterernährung zurück. Der Erziehung und der Schulbildung, die für die Piagetschen Psychologen der Schlüssel für die Intelligenzunterschiede ist, billigt Lynn dagegen kaum einen Einfluß zu. Erfahrungen in den USA mit sehr engagierten Förderprogrammen, bei denen junge Schwarze über viele Jahre eine intensive Betreuung und Förderung zusätzlich zu ihrer Schulausbildung erhielten, haben nur zu geringen IQ-Gewinnen geführt, die zudem nach wenigen Jahren wieder verlorengingen.[566]

Bemerkenswert ist, daß die verschiedenen Rassen und Völker spezifische Intelligenzprofile aufweisen. Trägt man die verschiedenen Teilkomponenten der Intelligenz für die soziale Mittel- und Unterschicht je einer Volksgruppe in ein Diagramm ein, so ergibt sich etwa für die Chinesen, Juden, Neger und Puertorikaner in Amerika jeweils ein identi-

566 ROST, Intelligenz, S. 251, EYSENCK, IQ-Bibel, S. 178

scher Kurvenverlauf, der nur bei der Mittelschicht auf höherem Niveau liegt als bei der Unterschicht.[567]

Richard Lynn sieht in den Anforderungen, die das Eiszeitklima stellte, die Ursache für die höhere Intelligenz der Siniden und Europiden. Ihre relative Depigmentierung und die morphologischen Merkmale insbesondere der Siniden kennzeichnen sie als evolutiv an nördliches, kaltes Klima angepaßt. Das Leben in den nördlichen Breitengraden unterlag einem größeren Selektionsdruck als in den tropischen oder subtropischen Regionen. Während in den warmen Regionen Afrikas und Südasiens die Menschen mehr Sammler als Jäger waren, standen sie in den nördlichen Regionen vor den kognitiven Problemen, die die Jagd auf große Säugetiere im offenen Grasland stellte. Ebenso waren hier die Erfordernisse und Schwierigkeiten bei der Herstellung von Behausung und Kleidung und der Entfachung und Hütung des Feuers größere. Archäologen haben gezeigt, daß Jäger und Sammler in tropischen und subtropischen Regionen mit nur etwa 10 bis 20 Werkzeugen auskamen, während die in nördlichen Regionen zwischen 25 und 60 benötigten. Im Norden waren schon die Jäger und Sammler darauf angewiesen, Lebensmittel zu bevorraten, um den Winter zu überleben. Alle diese Anforderungen erzeugten einen verstärkten Selektionsdruck in Richtung auf kognitive Fähigkeiten.[568]

---

567 SUSAN S. STODOLSKY, GERALD LESSER: „Learning patterns in the disadvantaged“, in. Harvard Educational Review 37, 1967, S. 546-592, S. 568 f.

568 RICHARD LYNN: „The Evolution of Racial Differences in Intelligence“, in: Mankind Quarterly 32, 1991, S. 99-121; EDWARD M. MILLER: „Climate and Intelligence“, in: Mankind Quarterly 32, 1991, S. 127-132. Das Eiszeitklima wird auch von anderen Autoren als wichtiger Faktor bei der Evolution der kognitiven Fähigkeiten des Menschen angesehen, jedoch ohne dabei die auf Implikationen für die geographische Verteilung von Intelligenzunterschieden hinzuweisen, vgl. z.B. W.H. Calvin: The Ascent of the Mind: Ice Age Climates and the Evolution of Intelligence, New York 1991 (zit. n. MILLER, Climate and Intelligence) und WINFRIED HENKE, HARTMUT ROTHE: Paläoanthropologie, Berlin 1994, S. 520

In der Folge werden aber die erreichten kulturellen Fortschritte selbst die Evolution kognitiver Fähigkeiten begünstigt haben. Sie ermöglichten, daß der ständige Selektionsdruck in Richtung Robustizität abnahm und sich grazilere Typen durchsetzten. Das häufige Vorkommen kleinerer körperlicher Defekte wie Kurzsichtigkeit, Farbsehstörungen, Nasenscheidewand-Deformitäten (gekrümmte, asymmetrische Nasenscheidewand) in der europäischen und ostasiatischen Bevölkerung bezeugt das Nachlassen jenes Selektionsdruckes, den der Zwang zum Überleben unter naturnahen Bedingungen ausübte.[569] Bei der Kurzsichtigkeit besteht außerdem ein Zusammenhang mit der Intelligenz; Kurzsichtige haben im Mittel einen 8 Punkte höheren IQ. Differenziertere arbeitsteilige Sozialstrukturen erlaubten die Erhaltung von Sonderbegabungen. Der Fortpflanzungserfolg belohnte zunehmend ein Sozialverhalten, das an eine komplexe Gesellschaft angepaßt war. Der von Daniel Freedman dokumentierte Verlust der motorischer Fähigkeiten, wie sie noch die Australiden und Negriden aufweisen, bei den Mongoliden und Europiden erscheint so als das Ergebnis des nachlassenden natürlichen Selektionsdrucks. Zu dessen Folgen gehört wahrscheinlich auch, daß, wie wir aus jüngeren Untersuchungen wissen, Europäer und Ostasiaten im Vergleich zu den Negriden zahlreiche Gene verloren haben, die das Erkennen von Gerüchen oder das Schmecken von Bitterstoffen ermöglichen, die in einer naturnahen Lebensweise vor Giften warnen.[570] Gleichzeitig liegt es nahe, die Friedfertigkeit und geringe Provozierbarkeit sowie den hohen IQ der ostasiatischen Mongoliden als Anpassungen an das Leben in einer zivilisierten Großgesellschaft mit großer Bevölkerungsdichte.

Obwohl alle Rassen einer einzigen Art des *Homo sapiens* angehören, haben sie sich nicht alle in gleichem Maße vom archaischen *Homo sapiens* der Altsteinzeit entfernt. Menschheitsgeschichtlich alte,

---

569 RICHARD H. POST: „Possible cases of relaxed selection in civilized populations", in: Humangenetik13, 1971, S. 253-284

570 IDAN MENASHE, ORNA MAN, DORON LACET, YOAV GILAD: „Different noses for different people", in: Nature Genetics 34, 2003, S. 143-144; NICOLE SORANZO, BERND BUFE, PARADIS C. SABETTI u.a.: „Positive selection on a high-sensibility allele of the human bitter-taste receptor TAS2R16", in: Current Biology 15, 2005, S. 1257-1265

archemorphe Merkmale – früher nannte man sie primitive Merkmale – , wie allgemeine Knochengrobheit, ein großer Gesichts- und im Verhältnis dazu kleiner Hirnschädel, eine niedrige, fliehende Stirn, betonte Überaugenwülste, massige Wangenknochen, Prognathie des Untergesichts oder große Zähne finden sich in unterschiedlicher Häufigkeit auch noch in heutigen Populationen. Archemorphe Merkmale haben sich vor allem in Randlagen und Rückzugsgebieten erhalten, wie zum Beispiel bei den Australiden, die die am stärksten archemorphe rezente Gruppe darstellen. Der Schädel eines australischen Ureinwohners, in Europa ausgegraben, würde aufgrund seiner Gestalt in die jüngere Altsteinzeit vor mehr als 10 000 Jahren datiert werden. Versuche, den *Homo sapiens* statistisch aufgrund von Schädelmaßen bei Ausschluß aller Neandertaler- und *Homo erectus*- Funde zu definieren, scheiterten daran, daß dabei neben prähistorische Vertretern des *Homo sapiens* auch die rezenten Australiden ausgegrenzt wurden. Außer den Australiden, die die archemorphste Rasse darstellen, gehören die ihnen nahestehenden Melanesiden, die Ainuiden, die Weddiden, die Eskimiden, die Fuegiden (Feuerlandindianer) und die Khosaniden zu den altertümlicheren Menschenformen.[571]

Allen diesen Gruppen ist gemeinsam, daß sie auf sehr alten kulturellen Entwicklungsstufen verharrten, und schon vor Ausbreitung der Europäer von ihren kulturell und biologisch progressiveren Nachbarn in unwirtliche Regionen abgedrängt worden sind. Die Australier, die Feuerland-Indianer, die Wedda auf Ceylon, die Negritos auf den Andamanen

---

571 ILSE SCHWIDETZKY: Rassenevolution beim Menschen, in: G. HEBERER (Hg.): Die Evolution der Organismen, Bd. III, Stuttgart 1974, S. 518-571, S. 558 f.; dies.: Rassengeschichte und Rassenevolution, in: H. WENDT, N. LOACKER (Hg.): Kindlers Enzyklopädie der Mensch, Zürich 1982, S. 339-380; dies.: „Primitivtypen beim Menschen“, in: Homo 3, 1952, S. 137-140; EARNEST A. HOOTON: „The asymmetrical character of human evolution“, in: American Journal of Physical Anthropology 8, 1925, S. 125-140; FRITZ SARASIN: „Die Variation im Bau des Handskeletts verschiedener Menschenformen“, in: Zeitschrift für Morphologie und Anthropologie 30, 1932, S. 252-316; J.H. KIDDER, R.L. JANTZ, F.H. SMITH: „Defining modern humans: A multivariate approach“, in: G. BRÄUER, F.H. SMITH (Hg.): Continuity or Replacement. Controversies in Homo sapiens evolution, Rotterdam 1992, S. 157-177

und die afrikanischen Buschmänner lebten als nicht seßhafte Jäger und Sammler noch bis vor wenigen Generationen in tiefer Altsteinzeit.

Die allgemeinen Entwicklungstendenzen des *Homo sapiens*, die diesen von seinen stammesgeschichtlichen Vorgängern, dem Neandertaler und dem *Homo erectus* unterscheiden, wie die Zunahme der Schädelkapazität, die allgemeine Grazilisierung des Knochenbaues, die Verkleinerung von Kiefer und Gebiß und die Abnahme des Sexualdimorphismus, haben sich bei den verschiedenen geographischen Populationen in unterschiedlich starkem Maß fortgesetzt. Dabei sind neomorphe Formen vermehrt in den Bevölkerungen der großen Kontinente aufgetreten, wo schon aufgrund der größeren Menschenzahl das Auftreten vorteilhafter Mutationen wahrscheinlicher war. Auch zwischen den drei Großrassen gibt es in dieser Hinsicht Unterschiede. Während die Europiden und die eigentlichen Ostasiaten, die Siniden, sich am weitesten von den stammesgeschichtlich alten Formen entfernt haben, weisen die Palämongoliden in Südostasien und die Negriden Afrikas vergleichsweise mehr archemorphe Merkmale auf. Die zeigen sich zum Beispiel in gröberen Proportionen und morpologischen Besonderheiten des Gesichtsskeletts wie großen Wangenknochen, Prognathie, flachen Wangengruben und großen Zähnen. Auch die Hirnschädelkapazität ist kleiner. (Auf die Unterschiede in der Gesichtsmuskulatur und der Gehirnmorphologie habe ich schon in Kapitel 20 hingewiesen). Der amerikanische Anthropologe Earnest A. Hooton (1887-1954) nannte diese stammesgeschichtliche Ungleichzeitigkeit die „asymmetrische Evolution“.

Es ist offensichtlich, daß eine enge Korrelation zwischen der biologischen Dimension Archemorphie-Neomorphie und der kulturellen Entwicklungsstufe besteht, die die Völker der verschiedenen Weltregionen vor der Ausbreitung der Europäer erreicht haben. Die progressivsten Formen finden sich dort, wo die Menschen schon früh eine agrarische Lebensweise angenommen und sich auf dieser Grundlage autochthonen Hochkulturen entwickelt haben, wie im Nahen und Mittleren Osten, in Europa und in China. Auch zeitlich läßt sich anhand von Skelettfunden nachvollziehen, wie sich die Menschen in den Hochkulturregionen schon vor Jahrtausenden veränderten, während sie in jenen Weltregionen, wo sie ihre alten Lebensweise beibehielten, weitgehend unverändert blieben.

Von dem britisch-kanadischen Psychologen John Philippe Rushton (1943-2012) stammt eine Theorie, die die kognitiven Unterschiede zwischen den drei Hauptrassen des Menschen, den Europide, Negriden und Mongoliden, erklären will.[572] In der Soziobiologie werden bei verschiedenen Tierarten zwei unterschiedliche Fortpflanzungsstrategien unterschieden. Die r-Strategie besteht darin, möglichst viel Nachkommen zu zeugen, in deren Aufzucht aber wenig oder nichts zu investieren. Arten, die die r-Strategie verfolgen, haben eine rasche Individualentwicklung, eine kürzere Lebensspanne, sind früh sexuell aktiv und weniger intelligent. Die entgegengesetzte K-Strategie kommt zum Tragen, wenn die Ressourcen begrenzt sind, zum Beispiel bei einer großer Bevölkerungsdichte. Dann geht es darum, nur wenige Nachkommen zu zeugen, aber viel in deren Aufzucht zu investieren, um ihnen wiederum in der Konkurrenz mit den Nachkommen der anderen möglichst gute Fortpflanzungschancen zu sichern. Der Mensch ist ein extremer Vertreter der K-Strategie. Er bekommt nur wenige Kinder und investiert viel Energie, Ressourcen, Zeit und Emotionen in sie.

Nach Rushton gibt es auch beim Menschen graduelle Unterschiede der Fortpflanzungsstrategie. So werden Negride verhältnismäßig früh geschlechtsreif, bekommen kleinere Babys, die sich als Kinder schneller entwickeln, sind extravertierter, sexuell aktiver und promiskuitiver, und ihre Männer haben einen höheren Testosteronspiegel und größere Genitalien. Auf der anderen Seite stehen die Mongoliden (Siniden), die weniger sexualisiert sind, weniger Schamhaar und Schweißdrüsen besitzen, die zur Verbreitung von Sexuallockstoffen dienen, kleine Genitalien und weniger Testosteron haben, am introvertiertesten sind und den höchsten IQ besitzen. Bei ihnen ist die allgemeinmenschliche K-Strategie offensichtlich am stärksten ausgeprägt. Die Europiden nehmen eine Mittelstellung zwischen den beiden Extremen ein.

---

572 JOHN PHILIPPE RUSHTON: Race, Evolution, and Behavior. New Brunswick 1995, deutsche Ausgabe Rasse, Evolution und Verhalten. Eine Theorie der Entwicklungsgeschichte, Graz 2005; ders.: „Race differences in behavior: A review and evolutionary analysis“, in: Personality and Individual Differences 9, 1988, S. 1009-1024; JARED TAYLOR: „Evolution and Differences in Human Behavior Patterns“, in: Mankind Quarterly 35 (1994), S. 109-121

Wegen ihres unbestreitbaren Diskriminierungspotentials – vor allem was die Verbindung von Sexualität und Intelligenz angeht – wird Rushtons Theorie von den westlichen Psychologen und Anthropologen weitgehend abgelehnt (nicht jedoch von den chinesischen). Ein Schwachpunkt von Rushtons Theorie ist sicherlich, daß er nur die drei Großrassen des Menschen im Blick hat. Die Daten für die rassischen Unterschiede des Sexualhormonspiegels sind widersprüchlich. Zwar zeigen viele Untersuchungen vor allem von jungen Männern einen höheren Testosteronspiegel der Negriden gegenüber den Europäern, anderen Untersuchungen fanden jedoch keinen solchen Unterschied. Der Grund dafür dürfte darin liegen, daß der Testosteronspiegel stark von der jeweiligen Stimmung und Situation abhängt. Bei Erfolgserlebnissen steigt er an und bei Frustrationen sinkt er ab. Tendenziell zeigen jedoch die verschiedenen Studien höhere Testosteronspiegel beziehungsweise mehr freie Androgene (männliche Geschlechtshormone, nicht nur Testosteron) bei Negriden, amerikanischen Latinos, Südseeinsulanern und Arabern als bei weißen Europäern und Ostasiaten. Einen vergleichsweise niedrigen Testosteronspiegel weisen auch die afrikanischen Buschleute auf.[573]

---

573 LEE ELLIS, HELMUTH NYBORG: „Racial/ethnic variations in male testosterone levels: a probable contributor to group differences in health“, in: Steroids 57, 1992, S. 72-75; R. ROSS, L. BERNSTEIN, H. JUDD u.a.: „Serum testosteron levels in healthy young Black and White men“, in: Journal of the National Cancer Institute 76, 1986, S. 45-48; RICHARD LYNN: „Testosterone and gonadotropin levels and r/K reproductive strategies“, in: Psychological Reports 67, 1990, S. 1203-1206; SABINE ROHRMANN, WILLIAM S. NELSON, NADER RIFAI u.a.: „Serum estrogen, but not testosteron, levels differ between Black and White men in a national representative sample of Americans“, in: The Journal of Clinical Endocrinology and Metabolism 92, 2007, S. 2519-2525; E.O. KEHINDE, A.O. AKANJI, A. MEMON u.a.: „Prostata cancer risk: the significance of differences in age related changes in serum conjugated and unconjugated steroid hormone concentrations between Arab and Caucasian men“, in: International Urology and Nephrology 38, 2006, S. 33-44; KERRIN CHRISTIANSEN, EIKE-MEINRAD WINCKLER: „Sexualhormonspiegel und Körperform bei den !Kung San. Ein Beitrag zur Erklärung der Pädomorphie sanider Populationen“, in: Anthropologischer Anzeiger 48, 1990, S. 267-277

Alternativ zu Rushtons Theorie der r- und K-Selektion könnte man die somatische und psychologische Entsexualisierung der Europiden und Siniden gegenüber den Negriden (Hormonspiegel, Hodengröße usw.) auch als eine Folge der mit der zivilisatorischen Entwicklung einhergehenden Veränderungen ansehen. Die Bedeutung des Körpers für die Partnerwahl tritt durch die Bekleidung zurück, und durch die größere soziale Differenzierung nimmt die Bedeutung des sozialen und ökonomischen Erfolges zu. Der amerikanische Psychologe Edward M. Miller (geb. 1944) sieht die Entsexualisierung der Europiden und der Siniden in den veränderten Selektionsbedingungen in der Eiszeit begründet. Im warmen Klima konnten sich die Frauen mit ihren Kindern in den Jäger-und-Sammler-Gesellschaften weitgehend unabhängig von den Männern selbst versorgen, während sie im Eiszeitklima auf die Rolle des Mannes als zuverlässigem Versorger angewiesen waren. Deshalb trat dort in der sexuellen Selektion der Männer die physische Maskulinität in den Hintergrund und wurden Eigenschaften wie Erfolg in der Jagd, Vorausschau und Zuverlässigkeit wichtiger.[574]

Zunehmend sehen auch Wirtschaftswissenschaftler und Politologen wie der finnische Politikwissenschaftler Tatu Vanhanen (geb. 1929) oder der deutsche Soziologe Erich Weede (geb. 1942) in den ethnischen Intelligenzunterschieden den Grund für den unterschiedlichen wirtschaftlichen Erfolg und den unterschiedlichen Grad der Demokratisierung in verschiedenen Weltregionen.[575] Sie weisen darauf hin, daß die Ergebnisse internationaler Schulleistungsstudien mit den IQ-Daten hoch korreliert sind. Schulleistungsuntersuchungen wie PISA, IGLU und IEA zeigen die höchsten Werte in ostasiatischen und skandinavischen Län-

---

574 EDWARD M. MILLER: „Could r selection account for the African personality and life cycle?“, in: Personality and Individual Differences 15, 1993, S. 665-675

575 RICHARD LYNN, TATU VANHANEN: IQ and the Wealth of Nations, Westport, Conneticut 2002; dies.: IQ and global Inequality, Augusta, Georgia 2006; TATU VANHANEN: Democratization. A comparative analysis of 170 countries, London 2003; ERICH WEEDE: „Intelligenztests, Humankapital, und Wirtschaftswachstum. Eine international vergleichende Studie“, in: List Forum für Wirtschafts- und Finanzpolitik 29, 2003, S. 390-406

dern, dann im mittelwesteuropäischen Raum und den von diesem aus besiedelten Gebieten (Nordamerika, Australien und Neuseeland), mittlere in Lateinamerika, und dem nichtmoslemischen asiatischen Raum, worauf die arabischen und moslemischen Staaten und schließlich Schwarzafrika folgen. Die Unterschiede sind sehr groß.[576] Die geographische Korrelation zwischen den Schulleistungstests und dem IQ beträgt 0,90. Dabei ist die Korrelation des IQ zum pro Kopf kaufkraftbereinigten Bruttoinlandsprodukt mit 0,73, die zur Schulbildung mit 0,72, und die zur politischen Freiheit (westliche Demokratie) geringer als die zur Hautfarbe mit 0,88.[577] Die Hautfarbe steht dabei für eine Rassenevolution in nördlicheren, kälteren Regionen. Die sozialen und ökonomischen Unterschiede vermögen die rassischen also nur zu einem Teil zu erklären.

In der letzten Auflage von 2016 schrieb ich an dieser Stelle noch, daß uns anders als für die Variabilität innerhalb einer Bevölkerung, wo uns mit den Zwillings- und Adoptionsstudien probate Mittel zur Verfügung stehen, zur Zeit keine wissenschaftliche Methode gäbe, um den Anteil von genetischen und Umwelteinflüssen an den Intelligenzunterschieden zwischen verschiedenen Bevölkerungen zu bestimmen. Das hat sich mit den Fortschritten der Molekulargenetik mittlerweile geändert. Eine genomweite Untersuchung von Emil O.W. Kirkegaard und seinen Mitarbeitern kam 2019 zu dem Ergebnis, daß etwa 20 bis 25 Prozent des Intelligenzunterschiedes zwischen Schwarzen und Weißen in den USA auf schon bekannten mit der Intelligenz korrelierten Polymorphismen

---

576 HEINER RINDERMANN: „was messen internationale Schulleistungsstudien? Schulleistungen, Schülerfähigkeiten, kognitive Fähigkeiten oder allgemeine Intelligenz?“, in: Psychologische Rundschau 37, 2006, S. 69-86; ders.: „Wechselwirkung zwischen Intelligenz und Gesellschaft aus der Perspektive der psychometrischen Intelligenzforschung“, in: GEORG W. OESTERDIEKHOFF, HEINER RINDERMANN (Hg.): Kultur und Kognition. Die Beiträge von Psychometrie und Piaget-Psychologie zum Verständnis kultureller Unterschiede, Berlin 2008, S. 165-207, S. 176

577 GERHARD MEISENBERG: „Intelligenz- und Wertentwicklung in Gesellschaften an der Schwelle zur Moderne“, in: OESTERDIEKHOFF, RINDERMANN, Kultur und Kognition, S. 209-242, S. 212

beruhen (siehe Kapitel 34, Verhaltensgenetik). Allerdings ist das nur eine erste Studie und es gilt die weitere Forschung abzuwarten.

So ist es bei dem derzeitigen Wissensstand sowohl möglich, daß die Unterschiede hauptsächlich auf ungünstigen Umweltbedingungen und der fehlenden Schulung im logischen Denken beruhen, wie die Piagetschen Psychologen annehmen, oder aber auch, daß sie zum großen Teil auf in der Menschheitsgeschichte evoluierten unterschiedlichen genetischen Fähigkeiten begründet sind. Nur daß es gar keine genetischen Populationsunterschiede gibt, wie die strikten Milieutheoretiker annehmen, kann man wohl ausschließen.

28. Humanethologie

Die Humanethologie, die biologische Verhaltensforschung des Menschen, ist aus der Verhaltensforschung der Tiere hervorgegangen, wie sie Konrad Lorenz (1903-1989) betrieben hat. Wie bei dieser geht es in der Humanethologie darum, erblich bedingte Verhaltensmuster zu erkennen. Die ersten Schritte dazu unternahm der österreichische Lorenz-Schüler Irenäus Eibl-Eibesfeldt (geb. 1928). Der wissenschaftliche Ansatz war dabei der, Verhaltensuniversalien zu finden. Verhaltensmuster, die sich weltweit in allen Kulturen finden, können nicht auf kulturellen Traditionen, sondern müssen auf genetischen Programmen beruhen, sonst hätten sie sich längst auseinander entwickelt. Zu diesem Zweck führten Eibl-Eibesfeldt und andere seit den frühen 1970er Jahren zahlreiche Expeditionen zu den noch in traditioneller Weise lebenden Völkern in allen Teilen der Erde durch, auf denen sie das Alltagsverhalten der Menschen auf Film bannten. Dabei half ihnen die Erfindung des Spiegelobjektivs, das ungestellte Verhalten zu dokumentieren. Tatsächlich gelang es, eine ganze Reihe von Verhaltensuniversalien nachzuweisen, die das zwischenmenschliche Verhalten oder zum Beispiel die Mimik betreffen. Gleichzeitig entstanden auf den Expeditionen aber auch detaillierte Verhaltensbeschreibungen der verschiedenen Völker, die von großem völkerpsychologischem Wert sind.

Als Eibl-Eibesfeldt um 1970 herum zu seinen ersten Expeditionen aufbrach, beherrschten noch die stark marxistisch geprägte Soziologie und die Kulturanthropologie der amerikanischen Boas-Schule das öffentliche Bewußtsein davon, was das Wesen des Menschen ausmacht. Die gingen davon aus, daß das menschliche Verhalten so gut wie ausschließlich von kulturellen Faktoren beeinflußt sei. Die genetischen Einflüsse beschränkten sich auf den Körper. Insbesondere glaubte man allgemein, daß das „Böse" im Menschen, die menschliche Aggressivität, gesellschaftliche und nicht biologische Ursachen habe. Erst die Herrschaftsstrukturen in der bürgerlichen und kapitalistischen Gesellschaft mit der durch sie verursachten Ungerechtigkeit und Triebunterdrückung (z.B. in der Familie), brächten Aggressionen hervor. Seiner

Natur nach sei der Mensch gut, beziehungsweise ein noch unbeschriebenes Blatt, das seine Prägung erst durch die Gesellschaft erhalte.

Die !Ko-Buschleute

Irenäus Eibl-Eibesfeldt wählte bestimmte Völker als „Modellkulturen“ für verschiedene Wirtschaftsweisen und Entwicklungsstufen aus. Als Modellkultur für eine altsteinzeitliche Jäger-und-Sammler-Kultur galten ihm die !Ko-Buschleute in der Trockensavanne der Kalahari-Wüste in Südwestafrika. Zu ihnen führten ihn zwischen 1970 und 1976 mehrere Forschungsfahrten. Die Buschleute sind keine Negriden, sondern gehören der kleinwüchsigen und vergleichsweise hellhäutigen khosaniden Rasse an. Ihre Sprache weist einige besonders altertümliche Merkmale auf, zu denen die charakteristischen Schnalzlaute gehören.

Die von Eibl-Eibesfeldt beobachteten !Ko-Buschleute lebten damals noch auf ihre tradierte Weise als Wildbeuter. Es gibt bei ihnen keine Arbeitsteilung außer der zwischen den Geschlechtern. Die Männer gehen auf die Jagd, und die Frauen sammeln Früchte und Feuerholz und betreuen die Kinder. Eibl-Eibesfeldt beschreibt die Lebensweise der !Ko-Buschleute als eine außerordentlich mußeintensive. Die Nahrungsbeschaffung erfordert nur wenig Zeit, die meiste Zeit verbringen die !Ko in Muße und im geselligen Zusammensein. Sie besitzen profunde Kenntnisse der Tier- und Pflanzenwelt, die ihnen auch dort das Überleben ermöglicht, wo der Europäer nur eine kahle Wüste sieht.

Die Arbeitsteilung der Geschlechter ist ein universelles Phänomen, das seine biologische Grundlage in den unterschiedlichen Funktionen der Geschlechter in der Fortpflanzung hat. So zeigt die Auswertung der Daten von 565 menschlichen Kulturen auf allen Erdteilen durch den amerikanischen Ethnologen Georg P. Murdock, daß in a l l e n Kulturen die Männer für Kriegsführen, Großwildjagd und Waffenherstellung zuständig sind und ebenso in a l l e n Kulturen die Frauen für die Kinderbetreuung und in 95 Prozent der Kulturen auch für die Nahrungszubereitung.[578]

---

578 DORIS BISCHOF-KÖHLER: Von Natur aus anders. Die Psychologie der Geschlechtsunterschiede. 3., überarbeitete Auflage, Stuttgart 2006, S. 154

Als Eibl-Eibesfeldt seine Untersuchungen begann, galten die Buschleute als Musterbeispieleiner ursprünglichen friedlichen Gemeinschaften ohne Gier und Zwietracht.[579] Sie seien besonders friedliche, aggressionsarme Menschen in offenen Gemeinschaften, jede Gruppe würde Fremden ohne weiteres Zutritt zu ihrem Gebiet gestatten, die Gruppenzugehörigkeiten würden leicht wechseln und Territorien nicht verteidigt. Sie galten als ethnologischer Beleg für die These, daß der Mensch von Natur aus nicht aggressiv sei.

Tatsächlich kennen auch die Buschleute gewaltsame Auseinandersetzungen, und früher führten sie sogar regelrechte Kriege. Es gibt alte Felszeichnungen, die Gruppen zeigen, die sich mit Pfeilen beschießen. Die Buschleute sind zwar nicht kriegerisch, aber es kommt oft zu gewaltsamen Auseinandersetzungen.[580] Sie sind temperamentvoll und können im Zorn außer sich geraten. Eifersüchteleien, Ehebruch und Liebschaften führen zu Streit, der in Schlägereien und Verletzungen münden kann.

Und selbstverständlich wachen auch die Buschleute über ihr Territorium, das schließlich ihre Lebensgrundlage darstellt. Kein Buschmann würde es wagen, außerhalb des Reviers seiner Horde zu jagen. Wird ein Wilderer angetroffen, so hat er sein Leben verwirkt. Betritt ein Buschmann ein fremdes Revier zum Zwecke eines Besuchs, legt er vorher Pfeil und Bogen ab. Fremden gegenüber sind die Buschleute zunächst reserviert.

Dennoch haben diejenigen, die die Friedfertigkeit der Buschleute hervorheben, nicht unrecht, betont Eibl-Eibesfeldt. Denn ihrem Ideal nach sind die Buschleute friedlich. Sie bedauern Aggression und ermuntern auch ihre Kinder nicht zu ihr.

---

579 IRENÄUS EIBL-EIBESFELDT: Das verbindende Erbe. Expeditionen zu den Wurzeln unseres Verhaltens, Taschenbuchausgabe, München 1993, S. 37 f.

580 IRENÄUS EIBL-EIBESFELDT: Und grün des Lebens goldner Baum. Erfahrungen eines Verhaltensforschers, Taschenbuchausgabe, München 1994, S. 244 ff.

Eibl-Eibesfeldt nennt die !Ko fröhliche Menschen.[581] Ihr Verhalten ist frei und ungezwungen (womit natürlich keine sexuelle Promiskuität gemeint ist), die Stimmung meist vergnügt.

Es gibt bei den Buschleuten keine ausgesprochene Rangordnung, der Häuptling gilt zwar als der Besitzer des Territoriums, aber alle Beschlüsse werden von den älteren Männern und Frauen gemeinsam getroffen. Die Buschleute sind Individualisten und tun sich schwer mit kooperativer Tätigkeit, sie gehen alleine oder mit ein oder zwei Begleitern auf die Jagd, und die Beute gehört dem Jäger, der davon seinen Verwandten abgibt. Jede Buschmannfamilie ist beim täglichen Nahrungserwerb auf sich gestellt.

Den Glauben, daß der Mensch auf der Stufe als Jäger und Sammler die Natur rücksichtsvoll behandle, nennt Eibl-Eibesfeldt eine Rousseau'sche Verklärung. Auch die steinzeitlichen Jäger und Sammler seien ausbeuterisch veranlagt, nur besitzen sie noch nicht die Mittel, der Natur bleibenden Schaden zuzufügen.[582]

Der Schweizer Ethnologe Jürg Helbling hat in jüngster Zeit versucht, die Wahrscheinlichkeit eines gewaltsamen Todes in den ursprünglichen Jäger-und-Sammler-Kulturen auch statistisch zu erfassen. International wird die Homizidrate als die Anzahl der Fälle von Totschlag im Jahr pro 100 000 Personen gemessen. Helbig kommt bei einem anderen Volk der Buschleute, den !Kung San, zu einer Homizidrate von 42, was etwa den Spitzenwerten in amerikanischen Großstädten entspricht. Allerdings muß man die außerordentlich kleinen Bevölkerungszahlen bei den Buschleuten bedenken. Bei einer Gruppengröße von 150 Personen bedeutet eine Homizidrate von 42 etwa einen Todschlag in 15 Jahren. Während die afrikanischen MaMbuti-Pygmäen eine vergleichbare Homizidrate von 40 aufweisen, haben andere Jäger-und-Sammler-Völker noch wesentlich höhere Raten. Die Yaghan, die zu den Feuer-

---

[581] IRENÄUS EIBL-EIBESFELDT: Menschenforschung auf neuen Wegen. Die naturwissenschaftliche Betrachtung kultureller Verhaltensweisen, Wien 1976, S. 71

[582] IRENÄUS EIBL-EIBESFELDT: Die Biologie des menschlichen Verhaltens. Grundriß der Humanethologie, 3., überarbeitete und erweiterte Auflage, Weyarn 1997, S. 834

land-Indianern gehören, weisen eine Homizidrate von 178, die australischen Yolngu eine von 330 und die arktischen Copper-Inuit sogar eine von 419 auf.

Die meisten gewaltbedingten Todesfälle bei den Wildbeuter-Völkern (rund 50 Prozent) finden übrigens zwischen Eheleuten statt, wobei der Vorwurf der Faulheit oder des Geizes gegen einen der Ehepartner eine größere Rolle spielt als Ehebruch oder Eifersucht. Bei gewaltsamen Gruppenkonflikten versucht man Todesfälle zu vermeiden und zieht sich zurück, sobald es zu ernsthaften Verletzungen kommt.[583]

Die Yanomami

Die Yanomami im Venezuelanischen Grenzgebiet zu Brasilien sind Jäger und Sammler und beginnende Pflanzer, die erst in jüngster Zeit zum Gartenbau (Bananen, Manjok u.a.) übergegangen sind. Ihre genetischen Merkmale zeigen, daß sie einer frühen, noch nicht mongoliden asiatischen Einwanderschicht nach Amerika angehören.[584] Sie gehen nackt und jagen mit Pfeil und Bogen, unter anderem machen sie auch Jagd auf Affen. Wie den Buschleuten läßt auch ihnen ihre Wirtschaftsweise viel Zeit für Muße.[585]

Die Yanomami leben isoliert im Venezuelanischen Teil des riesigen Amazonasurwaldes und sind ein kriegerisches Volk mit einer blutigen Geschichte.[586] Sie sind ständig in Kämpfe mit anderen Stämmen verwickelt.[587] Sie nennen sich auch „Waika“, was von „waikai“ kommt, was „ein Ende machen“ und so viel wie töten bedeutet. Eibel-Eibesfeldt

---

583 JÜRG HELBING: „Gewalt und Krieg in der ‚Urgesellschaft‘? Politische Verhältnisse in Wildbeutergesellschaften“, in: BERNHARD KLEEBERG u.a. (Hg.): Urmensch und Wissenschaften. Eine Bestandsaufnahme, Darmstadt 2005, S. 195-211; THORWALD EWE: „Totschlag im Paradies“, in: Bild der Wissenschaft 2006, Heft 4, S. 34-39

584 EIBL-EIBESFELDT, Menschenforschung auf neuen Wegen, S.78

585 EIBL-EIBESFELDT, Menschenforschung auf neuen Wegen, S.145

586 EIBL-EIBESFELDT, Menschenforschung auf neuen Wegen, S.87

587 EIBL-EIBESFELDT, Das verbindende Erbe, S. 115 ff.

nennt sie ein heißblütiges Volk. Typisch sind ihre Drohgebärden, auch im Alltag nehmen sie eine kriegische Haltung ein. Aggressive Gesten sind bei ihnen auch Teil freundlicher Begegnungen. Die Männer betonen immer wieder ihre Männlichkeit und Aggressivität. Hat ein Yanomami getötet, steigt sein Ansehen in der Gemeinschaft. Die Männer schlagen ihre Frauen, was von denen für normal angesehen wird.

Häufig finden ritualisierte Keulenturniere statt, bei denen sich die Duellanten abwechselnd mit Keulen auf den Kopf schlagen. Sie gibt es nicht nur zwischen den Männern, sondern auch zwischen Männern und Frauen oder Frauen untereinander. Die Mehrzahl der Männer trägt davon herrührende Narben am Kopf, aber auch knapp die Hälfte der Frauen. Die Yanomami führen viele Kriege mit ihren Nachbarstämmen, und nach den Angaben des amerikanischen Ethnologen Napoléon Changnon sterben 25 % der Männer eines gewaltsamen Todes im Krieg.[588] Trotzdem versuchen auch die Yanonami Konflikte zwischen den Stämmen zunächst friedlich mit rituellen Zusammentreffen und mit Keulenturnieren zu regeln.

Die Aggressivität betrifft natürlich in erster Linie die jungen Männer, die stets ihre Tapferkeit unter Beweis stellen wollen. Eine Art explorative Aggressionen, der der Besucher Grenzen setzen muß, damit sie nicht eskaliert, ist die Regel. Dennoch nennt Eibl-Eibesfeldt die Yanomami sympathische Leute.[589] Es gibt viel Zärtlichkeit zwischen Eltern und Kindern und den Eheleuten, nur nicht zwischen Männern.

Anders als bei den Buschleuten sind die zwischenmenschlichen Beziehungen bei den Yanomami in starkem Maße durch Rituale und Etikette geregelt. Gegenüber Besuchern sind die Yanomami sehr neugierig und zudringlich und fordern Geschenke. Unverhohlene Forderungen zu stellen, gilt nicht als unfein, die Yanomami testen gerne, wie weit sie gehen können, und versuchen kleine Konflikte zu provozieren.[590] Im Gegensatz zu den Buschleuten ermuntern die Yanomami ihre Kinder zur Aggression. Die Mütter fordern ihre kleinen Jungen scherzhaft heraus, in dem sie an ihren Haaren ziehen oder sie boxen und dann über

---

588 EIBL-EIBESFELDT, Das verbindende Erbe, S. 174 f.

589 EIBL-EIBESFELDT, Und grün des Lebens goldner Baum, S. 238

590 EIBL-EIBESFELDT, Und grün des Lebens goldner Baum, S. 259 ff.

sie lachen, wenn sie zu heulen anfangen. Selbst kleine Mädchen werden zu Selbsthilfe und Vergeltung ermuntert.[591]

Eibl-Eibesfeldt führt die Entwicklung zu einer starken Aggressivität auf die frühneolithische Lebensweise zurück. Die neolithischen Neuerungen, Feldbestellung oder Viehzucht, bewirkten durch das Bevölkerungswachstum einen größeren Konkurrenzdruck zwischen den Gruppen und förderten damit die Ausprägung kriegerischer Eigenschaften, um das Eigene zu schützen beziehungsweise um sich das Eigentum oder Territorium anderer Gruppen anzueignen.[592] Jedoch geht der ausgeprägt kriegerische Charakter der Yanomami über das von anderen frühneolithischen Kulturen bekannte Maß hinaus.

Die Eipo

Die im Bergland des westlichen, zu Indonesien gehörigen Teils von Neuguinea lebenden Eipo sind neolithische Pflanzer. Sie legen mit Grabstöcken Gärten an, führen Kriege mit Pfeil und Bogen und verzehrten ihre Feinde. Bis Irenäus Eibl-Eibesfeldt 1975 seine Forschungen bei ihnen aufnahm, hatten sie keinen Kontakte zur Außenwelt gehabt. Sie sind kleinwüchsig, die Männer ca. 150 cm groß, ansonsten aber typische Vertreter der neomelanesiden Rasse. Trotz ihrer neolithischen Lebensweise ist ihre materielle Kultur nicht reicher als die der Buschleute. Verwandtschaftsverhältnisse spielen bei den Eipo eine große Rolle. Die Geschlechter sind streng voneinander getrennt. Es gibt bei ihnen viele Tabus, Nahrungstabus und solche, die den Umgang der Geschlechter miteinander betreffen. Die Männer leben in eigenen Männerbünden und Männerhäusern. Trotzdem arbeiten Männer und Frauen in den Gärten zusammen, und zwar clanweise. Die Eipo müssen im Vergleich zu den Buschleuten oder den Yanomami relativ viel arbeiten, etwa 6 Stunden am Tag. Der ausgeprägte gesellige Kontakt der Buschleute fehlt bei ihnen.

---

591 EIBL-EIBESFELDT, Das verbindende Erbe, S. 180

592 EIBL-EIBESFELDT, Die Biologie des menschlichen Verhaltens, S. 836

Sie sind in matrilinearen Männerclans organisiert, die Frauen haben aber in ihrer Sphäre eine große Selbständigkeit. Es gibt kein erbliches Häuptlingstum, aber ranghohe Personen mit großem Ansehen. Im Vergleich zu den Buschleuten sind die Eipo .mehr familien- und weniger gruppenbezogen

Die Grundstimmung der Eipo ist heiter, sie strahlen gute Laune aus, schreibt Eibl-Eibesfeldt, und „sind von einer natürlichen, bezaubernden Freundlichkeit, wenn sie jemanden einmal akzeptiert haben.“[593] Sie gehen nackt. Die Männer sind schamhaft, wenn sie ihre Peniskalebasse ablegen.

Die Eipo führen häufige Kriege, meist um Frauen oder Schweine. Die Kriege werden rücksichtslos und ohne Ritterlichkeit geführt, die bevorzugte Taktik ist wie auch bei den Yanomami der überraschende Überfall. Die Pflicht zur Vergeltung führt dazu, daß die Fehden sich oft über Jahre hinziehen. Die Männer lernen früh ihre Gefühle zu beherrschen und bereits die Knaben üben sich in Kriegsspielen.[594] Die Eipo haben ein jähes Temperament, auch beim Spielen kommt es immer wieder zu Wutanfällen, man befreundet sich aber auch schnell wieder.[595] Man glaubt an Hexerei und tötet die vermeintlichen Hexen.

Die Eipo haben durch ihre neolithische Wirtschaftsform eine größere Ernährungssicherheit als Jäger und Sammler wie die Buschleute, allerdings müssen sie auch fleißiger arbeiten, wodurch sie weniger Muße haben als diese.

„Zum Kannibalismus befragt“, schreibt Eibl-Eibesfeldt, „erklärten sie uns, man tue das gar nicht gern, aber man müsse an diesem gemeinsamen Mahl teilnehmen.“ Nach Eibl-Eibesfeldt es geht dabei vor allem darum, eine gemeinsame Schuldlast zu verteilen, um die Gruppe zusammenzuschweißen.[596]

---

593 EIBL-EIBESFELDT, Das verbindende Erbe, S. 212

594 EIBL-EIBESFELDT, Das verbindende Erbe, S. 222

595 EIBL-EIBESFELDT, Das verbindende Erbe, S. 245

596 EIBL-EIBESFELDT, Das verbindende Erbe, S. 250

Die Himba

Die Himba im Norden Namibias sind als ausgesprochene Rinderhirten für Eibl-Eibesfeldt die Modellkultur für ein typisches Hirtenvolk. Sie sind hochgewachsene Negride, möglicherweise mit einem nilotiden oder äthiopiden Einschlag, und gehören zu den Hereros.[597]

Die Himba besitzen bereits eine staatsähnliche Stammesorganisation, die auf Autorität und Gehorsam beruht. Diese ist notwendig, um ihren wertvollsten Besitz, die Viehherden, vor Diebstählen zu schützen. Die Häuptlinge werden gewählt. Sie führen Kriege und besitzen anders als die Jäger und Sammler und die frühen Pflanzer ein ausgesprochenes Geschichtsbewußtsein. Ihr äußerliches Stammesmerkmal sind ausgeschlagene und angefeilte Schneidezähne.

Auch ihre Familienstruktur ist matrilinear, mit einer deutlichen Vorherrschaft der Männer insbesondere in Politik und Krieg. Es gibt eine strikte soziale Rangordnung.[598] Männer und Frauen sind selbstbewußt und gehorsam zugleich. Wie bei vielen anderen Hirtenvölkern gelten Mut und männliche Tugenden viel bei den Himba, doch der Alltag ist ruhig und friedlich.[599] Der Umgang mit dem anderen Geschlecht ist recht freizügig. Als Hirten ist für die Himba das Leben weniger arbeitsintensiv als bei den Eipo.

Die Trobriander

Ein Beispiel für eine vollentwickelte Feldbau-Gesellschaft sind die Bewohner der Trobriand-Inseln in der Südsee. Die Trobriand-Inseln gehören zwar politisch zu Papua-Neuguinea, ethnologisch und anthropologisch sind deren Bewohner jedoch Polynesier.[600]

---

597 EIBL-EIBESFELDT, Das verbindende Erbe, S. 269 ff.

598 EIBL-EIBESFELDT, Das verbindende Erbe, S. 291

599 EIBL-EIBESFELDT, Und grün des Lebens goldner Baum, S. 246 f.

600 EIBL-EIBESFELDT, Das verbindende Erbe, S. 329 ff.

Als Eibl-Eibesfeldt sie besuchte, stellten sie eine noch verhältnismäßig intakte, wenig vom Westen beeinflußte Südseekultur dar. Sie sind Seefahrer, Fischer und besonders leidenschaftliche Gärtner, die vor allem Yamswurzeln anbauen. Ihr Temperament beschreibt Eibl-Eibesfeldt als fröhlich.

Die Arbeit in den Gärten ist anstrengend und vorwiegend Sache der Männer. Der Besitz von Yamswurzeln gilt als Zeichen von Wohlstand und Ansehen. Je mehr Yamswurzeln ein Trobriander in seinem Vorratshaus speichert, desto größer ist sein Ansehen. Dabei spielen gegenseitige Geschenke eine große Rolle, man verschenkt den größten Teil seiner Ernte an Verwandte, aber auch nach dem Rang der Beschenkten. Schenker wie Beschenkte steigen in der allgemeinen Achtung. Entsprechend sind Fleiß und Großzügigkeit bei den Trobriandern besonders geschätzte Tugenden.[601] Die Selbstdarstellung der Leistungsfähigkeit und des Ansehens des Einzelnen spielt in ihrer Kultur eine große Rolle. Gelegenheit dazu bieten die gemeinschaftlichen Feste.

Die Mädchen und Frauen flirten gerne, was aber nur ein Spiel ist. Sexuelle Beziehungen bedürfen langer Anbahnung und Werbung. Die Trobriander sind gelegentlich fordernd und nicht selten listig, sie tasten ab, wie weit sie gehen können, und man muß ihnen rechtzeitig Grenzen setzen.[602]

Der Ehrgeiz, möglichst viele Yamswurzeln zu verschenken, führt zu einem ständigen Wettstreit und zu einer Überproduktion, die für die Gemeinschaft einen Zugewinn an Nahrungssicherheit und politischem Einfluß bedeutet und Handelskontakte ermöglicht. Die Trobriander befinden sich auf einer Entwicklungsstufe, die unter günstigeren geographischen Bedingungen, wie etwa dem Vorhandensein von Bodenschätzen und Gestein, zur Bildung von Hochkulturen geführt hätte. Erst ein gewisser Wohlstand ermöglicht die Entstehung arbeitsteiliger Gesellschaften, die wiederum die Voraussetzung für die Entstehung von Wissenschaft und Kunst sind.[603]

---

601 EIBL-EIBESFELDT, Das verbindende Erbe, S. 333

602 EIBL-EIBESFELDT, Das verbindende Erbe, S. 350

603 EIBL-EIBESFELDT, Die Biologie des menschlichen Verhaltens, S. 840

Die Samoaner

Eine andere polynesische Südsee-Bevölkerung, die Samoaner, hatte die amerikanische Kulturanthropologin Margaret Mead (1901-1978) nach einem mehrmonatigen Forschungsaufenthalt in ihrem Buch *Coming of Age in Samoa* (1928) zu der Aussage verführt, dort werde eine freie und ungehemmte Sexualität praktiziert. Das sei die Folge einer absolut repressionsfreie Erziehung, ja es gäbe auf Samoa nicht einmal eine emotionale Anhänglichkeit der Kinder an ihre Mütter – „In Samoa the child owes no emotional allegiance to ist mother and father".[604] „Die Grundlage des Lebens in Samoa, die das Aufwachsen so leicht, so einfach gestaltet", schrieb Margaret Mead, „ist die allgemeine Gleichgültigkeit der Gesellschaft." [605]

Margaret Meads Forschungsergebnisse galten der Boas'schen Schule in der amerikanischen Kulturanthropologie als der Beweis für ihre These von der kulturellen Prägung des menschlichen Sozialverhaltens. Dieser Kulturdeterminismus war ein wesentlicher Bestandteil jener progressiven, linken Ideologie, die glaubt, man müsse nur die Institutionen und die Erziehung ändern, um endlich den „neuen" Menschen und eine gerechte, von Zwängen und Konflikten freie Gesellschaft zu schaffen.

Meads Beschreibung der samoanischen Kultur blieb unwidersprochen, bis im Jahr 1983 das Buch des Ethnologen Derek Freeman, *Margaret Mead and Samoa. The Making and Unmaking of an Anthropological Myth*, erschien. Freeman, der anders als Mead auch die samoanische Sprache sprach, hatte seit 1940 gründlich die Kultur der Samoaner erforscht. Bei seiner Ankunft auf Samoa war er, wie er schreibt, noch ein Anhänger des Kulturdeterminismus und „noch völlig überzeugt davon, daß Margaret Meads Thesen richtig seien." [606]

Doch es erwies sich schon bald, daß Meads Bild von der Samoaner Gesellschaft nur wenig mit deren Wirklichkeit zu tun hat. Vielmehr weist

---

604 zit. nach IRENÄUS EIBL-EIBESFELDT; Vorwort zu DEREK FREEMAN. Liebe ohne Aggression, München 1983, S. 10

605 zit. n. FREEMAN, Liebe ohne Aggression, München 1983, S. 103

606 DEREK FREEMAN: Liebe ohne Aggression. Margaret Meads Legende von der Friedfertigkeit der Naturvölker, München 1983, S. 16

die samaoanische Kultur in hohem Maße autoritäre Züge auf. Von einer freien Sexualität während der Adoleszenz kann keine Rede sein. Vorehelicher Geschlechtsverkehr wird nachdrücklich abgelehnt und über die Jungfräulichkeit der jungen Mädchen streng gewacht. Kriegerische Werte stehen auf Samoa hoch im Kurs und Unterschiede des sozialen Ranges spielen eine große Rolle. Tatsächlich standen Margaret Meads Behauptungen auch schon zu der Zeit, als sie ihre Beobachtungen machte, in Widerspruch zu allem, was man über die Kultur der Samoaner bereits wußte. Samoaner, auf Meads Schilderungen angesprochen, erklärten sie sich damit, daß sich die jungen Mädchen, die Mead mit Fragen nach ihrem Intimleben traktierte, nur dadurch zu helfen wußten, daß sie ihr die Geschichten über ihr lockeres Liebesleben erzählten, die sie hören wollte. Das Verspotten durch das Erzählen von erschwindelten Geschichten, samoanisch *tau fa'ase* – „ins Rutschen bringen" genannt –, ist eine auf Samoa weitverbreitete Gewohnheit, um sich Erleichterung von der Strenge der autoritären Gesellschaftsordnung zu verschaffen.[607]

---

607 FREEMAN, Liebe ohne Aggression (1983), S. 316 ff.

29. Kulturvergleichende Psychologie II

In den 1980er Jahren etablierte sich die Kulturvergleichende Psychologie an den Universitäten der westlichen Länder. Damit war eine zunehmende Professionalisierung und Aufspaltung in Teilgebiete verbunden. Die persönlichkeitspsychologischen Ansätze und die ganzheitlichen Kulturbeschreibungen traten in den Hintergrund. Schaut man sich die Publikationen der Kulturvergleichende Psychologie an, dann findet man dort sehr viel über theoretische und methodische Probleme, und nur sehr wenig positive Befunde über kulturelle Unterschiede. Die größte Anregung, Hofstedes weltweite Beschreibung von unterschiedlichen Kulturdimensionen, war bezeichnenderweise von außerhalb des Faches gekommen. Hofstede hat die Unbefangenheit gehabt, die die kulturvergleichenden Psychologen nicht besaßen, und ohne sich mit theoretischen Bedenken aufzuhalten im großen Maßstab empirische Daten gesammelt.

Seine Ergebnisse wurden dennoch von der Fachwissenschaft sehr schnell übernommen, und lange Zeit, ja vielfach bis heute, war sein Konzept *kollektivistischer* und *individualistischer* Kulturen das vorherrschende Thema, wenn es darum ging, reale Kulturunterschiede zu beschreiben. Es hat wohl auch dazu beigetragen, daß die Kulturvergleichende Psychologie selbst keine umfassenden Kulturbeschreibungen entwickelt hat.

Erklärt werden die gefundenen Unterschiede in der Kulturvergleichenden Psychologie fast immer milieutheoretisch. Erst in jüngerer Zeit werden unter dem Einfluß der Evolutionären Psychologie, die das menschliche Verhalten aus seiner evolutionären Geschichte heraus erklärt, vereinzelt auch wieder biologische Ansätze vertreten. Wie auch in der Humanethologie werden universelle Gemeinsamkeiten als biologisch begründet, alle Unterschiede dagegen als kulturell bedingt angesehen. Nur eine Minderheit von Forschern wie der amerikanische Psychologe Jerome Kagan (geb. 1929) hielt die ganze Zeit über an einem biologischen Temperamentsbegriff, wie ihn Daniel Freedman vertreten hat, fest. Vielfach stehen sich in der Kulturvergleichenden Psychologie Vertreter *universalistischer* Auffassungen, die das angeborene Gemeinsame betonen, und Vertreter *kulturrelativistischer* Positionen, die vor allem auf die kulturelle Prägung des Verhaltens verweisen, gegenüber.

Zu den Teilaspekten der Kulturen, die von der Kulturvergleichenden Psychologie erforscht werden, gehören vor allem der Umgang mit Emotionen, unterschiedliche Erziehungsstile, unterschiedliche kognitive Stile oder kulturspezifische Wertvorstellungen.

Emotionen

Die grundlegenden Emotionen wie zum Beispiel Freude, Trauer, Ärger oder Eifersucht sind allen Menschen gemeinsam. Es gibt aber Unterschiede in der Art wie Emotionen erlebt, bewertet und ausgedrückt werden. Der Ausdruck von Emotionen unterliegt in den verschiedenen Kulturen unterschiedlichen *Darbietungsregeln*. Es ist von den jeweiligen kulturellen Normen abhängig, welche Emotionen auf welche Weise ausgedrückt werden dürfen. So gilt es in Japan und China als unschicklich, negativen Emotionen in der Gegenwart anderer zu zeigen.[608] Das führt zu dem für Europäer oft befremdlichen Verhalten, selbst in Situationen, die mit starkem negativem Erleben verbunden sind, wie Demütigung oder Trauer, ein freundliches Lächeln aufzusetzen. Experimente zeigen, daß Japaner in unbeobachteten Situationen mimisch die gleichen negativen Emotionen zeigen wie Amerikaner. Auch in Polynesien (Untersuchung auf Tonga) ist es ungehörig, vor anderen negative Emotionen zu zeigen. Emotionen wie Neid, Abneigung, Ärger oder gar Zorn offen zu zeigen, gilt dort als sozial nicht akzeptabel.[609] Das Tabu, Emo-

---

608 WOLFGANG FRIEDLMEIER, DAVID MATSUMOTO: „Emotionen im Kulturvergleich", in: GISELA TROMMSDORFF, HANS-JOACHIM KORNADT (Hg.): Erleben und Handeln im kulturellen Kontext. Enzyklopädie der Psychologie, Themenbereich C, Serie VII, Bd. 2, Göttingen 2007, S. 219-281, S. 232

609 ANDREA BENDER „Heiliger Zorn im ‚Paradies'? Emotionen im Kulturvergleich", in: ANDREAS WAGNER (Hg.): Anthropologische Aufbrüche. Alttestamentarische und interdisziplinäre Zugänge zur historischen Anthropologie, Göttingen 2009, S. 297-318, S. 298

tionen offen zu zeigen, kann sich auch auf positive Gefühle erstrecken. Die Bantu in Kenia glauben, daß starke Emotionen schädlich sind und vermieden werden müssen. Der Umgang der Erwachsenen miteinander ist bei ihnen so geregelt, daß Äußerungen intensiver Emotionen unterbleiben. Der Gesichtsausdruck ist höflich-neutral, Blickkontakt wird gemieden.[610]

In westlichen Kulturen ist die Toleranz gegenüber dem Zeigen von Emotionen größer. Allerdings gibt es auch bei uns eine gewisse Intoleranz gegenüber negativen Emotionen wie Ärger oder Neid. Die Akzeptanz negativer Gefühle ist abhängig von ihrem Auslöser, erscheint dieser gerechtfertigt, ist auch das Zeigen entsprechender Emotionen erlaubt. Es gibt auch Unterschiede innerhalb Europas. So zeigen Amerikaner skandinavischer Herkunft auf bestimmte standardisierte Auslöser hin mimisch wesentlich weniger Emotionen als Amerikaner irischer Herkunft.[611]

Während in westlichen Kulturen Emotionen als private und innere Erlebnisse angesehen werden, gelten sie in kollektivistischen Kulturen eher als situationsbezogener Ausdruck sozialer Beziehungen, bei dem das eigene Erleben nicht so wichtig ist.[612]

Die Fähigkeit, Emotionen bei anderen Menschen zu erkennen, ist abhängig von der Kulturzugehörigkeit. Generell kann man den Gesichtsausdruck von Angehörigen der eigenen Kultur besser verstehen als den von Fremden. Zwar werden vor allem die positiven Emotionen universal erkannt, jedoch erkennt zum Beispiel die Hälfte der befragten Chinesen in europäischen Gesichtern den Ausdruck der Trauer nicht.

Auch darin, w e l c h e Situationen Emotionen auslösen, bestehen kulturelle Unterschiede. Je nach den vorherrschenden Wertvorstellungen werden Ereignisse unterschiedlich bewertet. In arabischen Ländern etwa

---

610 DIETER ULICH; PHILIPP MAYRING: Psychologie der Emotionen. 2., überarbeitete und erweiterte Auflage, Stuttgart 2003, S. 142

611 JEANNE L. TSAI, YULIA CHENTSOVA-DUTTON: „Variation among European Americans in emotional facial expression“, in: Journal of Cross-Cultural Psychology 34, 2003, S. 650-657

612 FRIEDLMEIER u. MATSUMOTO, Emotionen im Kulturvergleich, S. 251

kann die Verletzung der Ehre zu extremen Reaktionen führen. Arabische Awlad'Ali-Beduinen in der ägyptischen Wüste empfinden die Anwesenheit ranghöherer Personen als beschämend, weil sie die eigene Abhängigkeit und Unterlegenheit deutlich macht.[613]

Japaner berichten im Unterschied zu Amerikanern und Europäern nur selten von starker Trauer beim Tod eines nahestehen Menschen. Desgleichen lösen bei ihnen Ungerechtigkeitsgefühle weitaus seltener Ärger hervor als in anderen Ländern. Der deutsche Psychologe Klaus R. Scherer (geb. 1943) führt dies auf den Einfluß der shintoistisch–buddhistischen Religion zurück.[614]

Chinesen sehen seltener die eigene Leistung als Anlaß zum Stolz als Amerikaner. Sie fühlen sich häufiger in Situationen schuldig, in denen sie einer Person physischen Schaden zugefügt haben, Amerikaner dagegen häufiger, wenn sie ein Gesetz oder ein Prinzip verletzt haben.[615]

In lateinamerikanischen Ländern wird Ungerechtigkeit seltener als Emotionsauslöser erfahren.[616]

Es scheinen aber auch Unterschiede im tatsächlichen Erleben von Emotionen zu bestehen, nicht nur in deren Ausdruck. Von Tahitianern und Inuit wird berichtet, daß bei ihnen keine Ärgerreaktion auftritt und sie auch keinen Ärger erleben, ihn also nicht nur unterdrücken.[617] Auch bei Ostasiaten ist nach psychologischen Untersuchungen nicht nur die realisierte Aggression seltener als bei Europäern, sondern auch das

---

613 MARKUS A. MAIER, REINHARD PEKRUN: „Emotionen im Kulturvergleich", in: in: ALEXANDER THOMAS (Hg.): Kulturvergleichende Psychologie, 2., überarbeitete und erweiterte Auflage, Göttingen 2003, S. 281-307, S. 294

614 HARALD G. WALLBOTT, KLAUS R. SCHERER: „'Gefühle ohne Grenzen',„ in: Psychologie heute 1989, Heft 4, S. 42-47, S. 45; KLAUS R. SCHERER: „The role of culture in emotion-antecendent appraisal", in. Journal of Personality and Social Psychology 73, 1997, S. 902-922

615 MAIER u. PEKRUN, Emotionen im Kulturvergleich, S. 300

616 Scherer 1997

617 FRIEDLMEIER u. MATSUMOTO, Emotionen im Kulturvergleich, S. 230 und 254

Aggressionsmotiv geringer.[618] Japaner berichten bei der Betrachtung von emotionsauslösenden Bildern von schwächeren Emotionen als Amerikaner. Sie werden sowohl in der Selbst- als auch in der Fremdeinschätzung als in ihren Emotionen weniger expressiv eingeschätzt als Australier.[619] Japaner berichten für die Emotionen Trauer, Angst, Ärger und Freude auch über deutlich weniger physiologische Symptome als Amerikaner und Europäer.[620]

Aus Kulturen, in denen man die Verantwortlichkeit für Verhalten weitgehend äußeren Ursachen zuschreibt, wird auch nur wenig über das Erleben von Schuldgefühlen berichtet.[621]

Eine Studie, in der spanische und deutsche Frauen über ihre emotionalen Erlebnisse berichten mußten, ergab nicht nur, daß die spanischen Frauen emotional expressiver als die deutschen Frauen waren, sondern auch signifikant höhere Gefühlsintensitäten angaben.[622] Dem entspricht, daß Südeuropäer häufiger von körperlichen Erregungssymptomen wie Blutdruckanstieg bei Emotionen wie Freude, Ärger oder Trauer berichten. Nordeuropäer haben ein größeres Bedürfnis nach Ruhe und erleben Aufregung häufiger als unangenehm als Südeuropäer.[623]

Die Unterschiede im Erleben und Ausdruck von Emotionen werden von der Kulturvergleichenden Psychologie vor allem auf unterschiedliche Erziehungsstile zurückgeführt. So erklärt der deutsche Entwicklungspsychologe Hans-Joachim Kornadt die geringe Aggressionstendenz der

---

619 FRIEDLMEIER u. MATSUMOTO, Emotionen im Kulturvergleich, S. 229

620 MAIER u. PEKRUN, Emotionen im Kulturvergleich, S. 298

621 DIETER ULICH; PHILIPP MAYRING: Psychologie der Emotionen. 2., überarbeitete und erweiterte Auflage, Stuttgart 2003, S. 142

622 F. GENDOLLA MORILLO und M. HOLODYNKI (1997), zit. n. WOLFGANG FRIEDLMEIER: „Emotionale Entwicklung im kulturellen Kontext“, in: BORIS MAYER, HANS-JOACHIM KORNADT (Hg.): Psychologie – Kultur – Gesellschaft, Wiesbaden 2010, S. 121-140, S. 125

323 BERNARD RIMÈ, DINO GIOVANNINI: „The physiological patterns of reported emotional states“, in: KLAUS R. SCHERER, HARALD G. WALLBOTT (Hg.): Experiencing emotion. A cross-cultural study, Cambridge 1986, S. 84-97

Japaner damit, daß in Japan die Eltern auf den Ärger des Kindes nicht herausfordernd reagieren, wie oft europäische Eltern, sondern mit Beruhigungsstrategien, es zum Beispiel in den Arm nehmen. Japanische Kinder lernen so Situationen als weniger aggressionsrelevant zu deuten als zum Beispiel deutsche Kinder.[624] Auf ähnliche Weise gehen die Mütter auf Java mit den kindlichen Emotionen um. Sie behandeln die kleinen Kinder freundlich und entspannt, jedoch auf eine wenig emotionale Weise und vermeiden unnötige Erregung ihrer Kinder. Ab dem fünften Lebensjahr erwarten die Erwachsenen von den Kindern einen Wechsel von spontanem, spielerischem Verhalten zu einer fügsamen, zurückhaltenden, unpersönlichen Haltung. Die entgegensetzte Erziehungsweise üben die Ifaluk, ein Volksstamm auf einer mikronesischen Südseeinsel. Dort ruft man bei den Kindern gezielt Furcht und Angst hervor, um sie zu regelkonformem Verhalten zu bringen. Die Erwachsenen reagieren auf Regelverstöße der Kinder bewußt mit „berechtigtem Ärger", um den Kindern möglichst früh angepaßtes Verhalten beizubringen. [625]

Auf Unterschiede im Auftreten und Erleben von Emotionen in den verschiedenen Kulturen weisen auch die Unterschiede in den Erscheinungsformen von psychiatrischen Erkrankungen hin. Studien zeigen beträchtliche kulturelle Unterschiede. So kommen Depressionen bei Afrikanern häufiger und bei Ostasiaten seltener vor als bei Europäern, nicht nur im geographischen Ländervergleich sondern auch bei den verschiedenen ethnischen Gruppen in den USA.[626] Sie sind bei Europä-

---

624 WOLFGANG FRIEDLMEIER: „Emotionale Entwicklung im kulturellen Kontext", in: BORIS MAYER, HANS-JOACHIM KORNADT (Hg.): Psychologie – Kultur – Gesellschaft, Wiesbaden 2010, S. 121-140, S. 124

625 DIETER ULICH; PHILIPP MAYRING: Psychologie der Emotionen. 2., überarbeitete und erweiterte Auflage, Stuttgart 2003, S. 138 f.

626 HEDE HELFRICH: „Persönlichkeit und Individualität im Kulturvergleich", in: KURT PAWLIK (Hg.): Theorien und Anwendungsfelder der Differentiellen Psychologie. Enzyklopädie der Psychologie, Themenbereich C, Serie VIII, Bd. 5, Göttingen 2004, S. 1021-1090, S. 1073

ern häufiger mit Schuldgefühlen verbunden (60-70 %) als in ostasiatischen Ländern (etwa 40-50%) oder Afrika.[627]

Beträchtliche kulturelle Unterschiede gibt es nicht nur bei den manifesten psychiatrischen Krankheiten, sondern auch bei den Persönlichkeitsstörungen. So zeigt eine Studie der Weltgesundheitsorganisation WHO, daß es in Indien weder die Borderline-Störung, noch die selbstunsicher-vermeidende Persönlichkeitsstörung gibt, Störungen, die in den anderen Ländern fast durchgängig am häufigsten sind.[628]

Darauf, daß diese ethnischen Unterschiede nicht nur kulturelle Ursachen haben, verweist die Tatsache, daß es teilweise bedeutende Unterschiede zwischen den verschiedenen Rassen bei der Wirkung von Psychopharmaka gibt (zum Beispiel zwischen Europäern und Asiaten bei der Wirkung von Medikamenten gegen Schizophrenie und ähnlichen Psychosen).[629]

Milieutheoretisch und konstruktivistisch eingestellte Ethnologen haben vielfach behauptet, Gefühle seien lediglich kulturelle Konventionen. Das eigene Erleben werde nur aus reiner Gewohnheit mit den

---

627 HELFRICH, Persönlichkeit und Individualität im Kulturvergleich, S. 1073; RENAUD van QUECKELBERGHE: „Transkulturelle Psychologie und Psychotherapie im kulturellen Kontext", in: GISELA TROMMSDORFF, HANS-JOACHIM KORNADT (Hg.): Anwendungsfelder der im kulturvergleichenden Psychologie. Enzyklopädie der Psychologie, Themenbereich C, Serie VII, Bd. 3, Göttingen 2007, S. 527-572, S. 532

628 A.W. LORANGER u.a.: The international personality disorder examination (IPDE), 1994, nach PETER FIEDLER: Persönlichkeitsstörungen. 5. Völlig neu bearbeitete Auflage, Weinheim 2001, S. 398

629 RENAUD van QUEKELBERGHE: „Transkulturelle Psychopathologie und Psychotherapie im kulturellen Kontext", in: GISELA TROMMSDORFF, HANS-JOACHIM KORNADT (Hg.): Anwendungsfelder der kulturvergleichenden Psychologie. Enzyklopädie der Psychologie, Themenbereich C, Serie VII, Bd. 3, Göttingen 2007, S. 527-572, S. 535; KEH-MING LIN, RUSSEL E. POLAND, GAYLE NAKASAKI: Psychopharmacology and Psychobiology of Ethnicity, Washington 1993; I.B. CHAUDHRY, K. NEELAM, V. DUDDU, N. HUSAIN: „Ethnicty and psychopharmacology", in: Journal of Psychopharmacology 22, 2008, S. 673-680

gesellschaftlich erwünschten Emotionen verbunden. Biologische Einflüsse sind demnach nur evolutionäre Überbleibsel ohne Bedeutung und die Emotionen in erster Linie sozialisierte Rollen.[630] Die Anhänger dieser Richtung vertreten zum Beispiel die These, die Mutterliebe oder die romantische Liebe, das heißt also die affektiv-emotionale, nicht nur erotische Liebe, seien Erfindungen der europäischen Neuzeit, die es in außereuropäischen Kulturen nicht gäbe.

Tatsächlich zeigen ethologische Beobachtungen in Jäger-und-Sammler-Völkern und in anderen traditionellen Kulturen, daß es dort überall die Liebe der Mutter zu ihrem Kind gibt und daß sie dort auch nicht schwächer ausgeprägt ist als bei uns.[631]

Die amerikanischen Ethnologen William R. Jankowiak und Edward F. Fischer sind der Frage nach der Universalität der romantischen Liebe anhand des *Standard Cross-Cultural Sample* (SCCS), einer bestimmten Fassung des *Human Relation Area Files*, der ethnologischen Datenbank George Peter Murdocks, nachgegangen. Unter 166 von 186 ethnologischen Kulturen außerhalb Europas gab es Informationen auf das Vorhandensein oder Nichtvorhandensein der romantischen Liebe. Von diesen weisen weltweit 147 Kulturen, also 88,5 Prozent, Hinweise auf die romantische Liebe auf. Es gibt aber auch deutliche Unterschiede zwischen den verschiedenen Erdteilen. Während im Mittelmeergebiet und in Ostasien 95,7 beziehungsweise 94,1 Prozent der autochthonen Kulturen die romantische Liebe kennen und in Ozeanien 93,1 Prozent, sind es in Nordamerika und Mittel- und Südamerika mit 82,8 und 84,6 Prozent schon deutlich weniger. Am häufigsten ist das Fehlen von Hinweisen auf die romantische Liebe in Schwarzafrika. Hier fehlen bei 23,1 Prozent der Kulturen alle Hinweise auf sie, was natürlich nicht völlig ausschließt, daß es sie auch dort gibt. Bemerkenswert ist, daß es eine Folklore der romantischen Liebe, etwa mit Liebesliedern, nur in 4

---

630 FRANK SCHWAB: Evolution und Emotion. Evolutionäre Perspektiven in der Emotionsforschung und der angewandten Psychologie, Stuttgart 2004, S. 67

631 IRENÄUS EIBL-EIBESFELDT: Die Biologie des menschlichen Verhaltens. Grundriß der Humanethologie. Dritte, überarbeitete und erweiterte Auflage, Weyarn 1997, S. 265 f.

der 26 afrikanischen Kulturen gibt. Die nicht negriden !Kung-Buschmänner dagegen kennen wie die meisten anderen Kulturen die romantische Liebe.[632]

Aggression und Gewalt

In engem Zusammenhang mit den Emotionen stehen offensichtlich die kulturellen Unterschiede im Auftreten von Aggressionen und Gewalt. Weltweit sind junge Männer die aggressivste Gruppe. Es scheint ein Zusammenhang mit dem Testosteronspiegel zu bestehen, der im mittleren Alter bereits absinkt, wodurch sich auch die ethnischen Unterschiede wieder ausgleichen.

Manche Völker werden als ausgesprochen aggressiv beschrieben. Kriterien sind das Ausmaß der Gewaltkriminalität, die Häufigkeit kriegerischer Konflikte und sonstiger gewaltsamer Auseinandersetzungen, die Häufigkeit von Diebstählen und die Verbreitung böswilliger Zauberei. Als aggressiv gelten zum Beispiel die Kwoma, ein Papua-Stamm in Nordwest-Neuguinea, die Apachen (räuberische Jäger und Sammler im Südwesten der USA), die Komantschen (Prärie-Indianer in Oklahoma und Texas), die Rajput, die eine kriegerische Adelskaste in Rajastan (Indien) sind, die Eipo (Pygmäen in West-Neuguinea) oder die Yanomami (Amazonas-Indianer, Venezuela/Brasilien. Als nicht aggressiv gelten die Hopi (Pueblo-Indianer, Arizona), die !Ko-Buschmänner, die Semai (Malaiische Halbinsel), die Abron in Ghana und die Eskimos.[633]

Im Weltvergleich weisen die schwarzafrikanischen Länder die größte Homizidrate, das heißt den höchsten Prozentsatz von durch Mord oder Totschlag ums Leben gekommenen Menschen auf, gefolgt von den lateinamerikanischen Ländern mit besonders großem indianischen

---

632 WILLIAM R. JANKOWIAK, EDWARD F. FISCHER: „A cross-cultural perspective on romantic love“, in: Ethnology 31, 1992, S. 149-155

633 HANS-JOACHIM KORNADT: „Kulturvergleichende Motivationsforschung“, in: ALEXANDER THOMAS (Hg.): Kulturvergleichende Psychologie. Eine Einführung, Göttingen 1993, S. 181- 216, 201

Bevölkerungsanteil im nördlichen Südamerika. Am niedrigsten ist die Homizidrate in Europa und Ostasien. In Amerika ist die schwarze Bevölkerung acht mal so oft von Gefängnisstrafen betroffen wie die weiße, während die Asiaten nur selten straffällig werden. Auf der Pazifikinsel Hawaii, wo alle großen ethnischen Gruppen der Menschheit vertreten sind, gibt es ebenfalls charakteristische Unterschiede. Dort sind bei der Gewaltkriminalität die Schwarzen und die Samoaner stark und die Weißen, Philippinos und Koreaner leicht überrepräsentiert, und im Gegensatz dazu die Hawaiianer leicht und die Chinesen und Japaner stark unterrepräsentiert.[634]

Aggression bis hin zum Mord wird in manchen Kulturen als normal akzeptiert, ja unter Umständen gefordert (Zulu und Ekoi in Afrika, Mac Enga in Neuguinea) und in anderen strikt abgelehnt (Eskimos, Demai in Malaysia). In einigen Kulturen, die Gewalt ablehnen, wird schon in der Kindererziehung darauf geachtet, Ärger nicht zu verstärken.[635] Verschiedene Untersuchungen zeigten, daß Jugendliche in Japan und in Indonesien (Bali, Batak) weniger aggressiv sind als europäische.[636] Bei den Maori auf Neuseeland soll es eine regelrechte Erziehung zur Gewalt gegeben haben.[637]

---

634 D. CAROLINE BLANCHARD, ROBERT H. BLANCHARD: „Hawaii: Violence, A preliminary analysis", in: ARNOLD P. GOLDSTEIN, MARSHALL H. SEGALL (Hg.): Aggression in Global Perspective, New York 1983, S. 159-192, Tab. 7.2, S. 167

635 HANS-JOACHIM KORNADT: „Motivationen im kulturellen Kontext", in: GISELA TROMMSDORFF, HANS-JOACHIM KORNADT (Hg.): Erleben und Handeln im kulturellen Kontext. Enzyklopädie der Psychologie, Themenbereich C, Serie VII, Bd. 2, Göttingen 2007, S. 283-376, S. 333 f.

636 HANS-JOACHIM KORNADT: „Beiträge des Kulturvergleichs zur Motivationsforschung", in: ALEXANDER THOMAS (Hg.): Kulturvergleichende Psychologie, 2., überarbeitete und erweiterte Auflage, Göttingen 2003, S. 347-383, S. 369; GISELA TROMMSDORFF: „Entwicklung im Kulturvergleich", in: ALEXANDER THOMAS (Hg.): Kulturvergleichende Psychologie. Eine Einführung, 1. Auflage, Göttingen 1993, S. 103-143, S. 128

637 JAMES RITCHIE, JANE RITCHIE: „New Zealand: Development and social antecedents and concomitants of aggression", in: ARNOLD P.

Entwicklung

Ein eigener Zweig der Kulturvergleichenden Psychologie befaßt sich mit der Erziehung und Entwicklung der Kleinkinder. Den theoretische Hintergrund vieler entwicklungspsychologischen Studien stellt die *Bindungstheorie* dar, die in den 1950er Jahren von dem britischen Kinderpsychiater John Bowlby (1907-1990) und der kanadischen Psychologin Mary Ainsworth (1913-1999) begründete worden ist. Sie geht davon aus, daß das Verhalten der Mutter gegenüber ihrem Kind entscheidend für dessen emotionale Entwicklung und sein späteres Verhalten ist.[638]

Entscheidend ist vor allem das zweite Lebensjahr. Je nachdem, wie die Mutter auf das Verhalten des Kleinkindes reagiert, ob mit Zuwendung, Feingefühl, Gleichgültigkeit oder Zurückweisung, entwickelt das Kind ein anderes Muster seines Bindungsverhaltens. Die Bindungstheorie unterscheidet zwischen *sicherem*, *unsicher-vermeidendem* und *unsicher-ambivalentem* Bindungsstil. Bevorzugte Methode ist der „Fremde-Situation-Test", bei der das Kind in einer fremden Umgebung von der Mutter eine Zeitlang mit einer fremden Person allein gelassen wird. Wichtig ist dabei vor allem das Verhalten des Kindes bei der Rückkehr der Mutter. Nach Auffassung der Bindungstheorie führt eine sichere Bindung zu sozialer Kompetenz und der Fähigkeit zur Selbstbestimmung.

Sicher-gebundene Kinder suchen die Nähe der Mutter, lassen sich trösten und benutzen ihre Mutter als sichere Basis für ihre Erkundungen. In Westeuropa und Amerika sind in der Regel 60-70 Prozent der

---

GOLDSTEIN, MARSHALL H. SEGALL (Hg.): Aggression in Global Perspective, New York 1983, S. 325-347

638 GOTTFRIED SPANGLER, PETER ZIMMERMANN (Hg.): Die Bindungstheorie. Grundlagen, Forschung und Anwendung, 4. Auflage, Stuttgart 2002; KARIN GROSSMANN, KLAUS E. GROSSMANN: Bindungen. Das Gefüge psychischer Sicherheit, Stuttgart 2004; HILTRUD OTTO: „Bindung – Theorie, Forschung und Reform", in: HEIDI KELLER (Hg.): Handbuch der Kleinkindforschung. 4., vollständig überarbeitete Auflage, Bern 2011, S. 390-428

Kinder sicher gebunden. Den unsicher-vermeidend gebundenen Kindern fehlt der emotionale Rückhalt der Mutter, sie zeigen keine deutliche Trennungsreaktion, ignorieren die Mutter bei der Wiederkehr und vermeiden Nähe und Kontakt zu ihr. Bis zu ein Viertel der Kinder weist dieses Bindungsmuster auf. Die Kinder der dritten Gruppe des unsicher-ambivalenten Bindungsmusters zeigen ein ambivalentes Verhalten. Sie sind ängstlich, zeigen starke Trennungsreaktionen und lassen sich bei Wiederkehr der Mutter kaum beruhigen (3-15 Prozent). In späterer Zeit führte man noch eine vierte Kategorie ein, die der unsicher-desorganisiert / desorientiert-gebundene Kinder, die besonders widersprüchliche Verhaltensmuster mit unterbrochenen und stereotypen Bewegungen zeigt (5-10 Prozent). In sozialen Problemgruppen, bei Kindern psychisch kranker Eltern oder Heimkindern ist der Anteil sicher gebundener Kinder wesentlich geringer.

Die kulturellen Unterschiede sind eher gering, noch dazu unsicher, weil die untersuchten Kindergruppen meistens sehr klein sind.[639]

In den israelischen Kibbuzim, wo man versucht hat, die Kindererziehung von früh an in größeren Gruppen durch Erzieherinnen durchzuführen, um die Mütter von dieser Aufgabe zu entlasten, gibt es mit 34 Prozent besonders viele unsicher-ambivalent gebundene Kinder. In Japan sind dagegen mit 75 Prozent mehr Kinder sicher gebundenen als in den meisten westlichen Ländern [640], ein Wert, der von den polynesischen Trobriandern mit 80 Prozent noch übertroffen wird.[641] In Japan und China fand man im Vergleich zu den westlichen Ländern viele unsicher-ambivalent gebundene und wenige unsicher-vermeidend gebun-

---

639 MARINUS H. van IJZENDOORN, PIETER M. KROONENBERG: „Cross-cultural patterns of Attachment: A meta-analysis of the strange situation“, in: Child Development 59, 1988, S. 147-156

640 HANS-JOACHIM KORNADT: „Motivationen im kulturellen Kontext“, in: GISELA TROMMSDORFF, HANS-JOACHIM KORNADT (Hg.): Erleben und Handeln im kulturellen Kontext. Enzyklopädie der Psychologie, Themenbereich C, Serie VII, Bd. 2, Göttingen 2007, S. 283-376, S. 311 f.

641 KLAUS E. GROSSMANN, KARIN GROSSMANN: „Kindliche Entwicklung in Kultur vergleichender Sicht: Beobachtungen auf einer Südseeinsel“, in: BORIS MAYER, HANS-JOACHIM KORNADT (Hg.): Psychologie – Kultur – Gesellschaft, Wiesbaden 2010, S.71-99, S. 84

dene Kinder. Als Erklärung dafür wird darauf hingewiesen, daß die Kinder in Ostasien nur selten von der Mutter getrennt sind, weshalb der „Fremde-Situation-Test" für sie einen besonderen Streß darstelle.[642] Dagegen fand man in einer Untersuchung in Norddeutschland sehr viele unsicher-vermeidend gebundene Kinder, ein Ergebnis, das wegen der geringen Zahl der beobachteten Kinder aber noch der Bestätigung durch weitere Untersuchungen bedarf. Auch in den Niederlanden und einer weiteren deutschen Stichprobe ist die Zahl der unsicher-vermeidenden Kinder leicht erhöht.

Abgesehen von der Klassifikation der Bindungsstile ermöglichten die von der Bindungstheorie angeregten Untersuchungen interessante Einblicke in kulturell unterschiedliche Erziehungsweisen.

So wurde deutlich, daß die Mütter in den westlichen Ländern ihre Kinder stärker zu Aktivitäten anregen, während japanische Mütter eher die Passivität ihrer Kinder fördern.[643] Japanische Mütter vermeiden den Ausdruck eigenen Ärgers im Umgang mit dem Kind, tragen es mehr auf dem Arm, konzentrieren sich mehr darauf, es zu beruhigen und in den Schlaf zu wiegen. In Japan findet das soziale Lernen mehr durch das Vorbild der Mutter statt als durch positive und negative Sanktionen wie in Europa.[644] Beobachtungen in Kindergärten zeigen, daß von japanischen Kinder erwartet wird, ihre Gefühle zu kontrollieren und zum Beispiel jüngeren Kindern gegenüber nachzugeben, sich nach einem Streit zu entschuldigen, ihrerseits Entschuldigungen annehmen und überhaupt sich anderen gegenüber rücksichtsvoll zu verhalten. Weinen sollen die Kinder jedoch nicht; Kinder, die nicht mit dem Weinen aufhören, werden von der Gruppe und der Erzieherin ausgeschlossen.[645]

---

642 CLEMENS TESCH-RÖMER, JABELLE ALBERT: „Kultur und Sozialisation", in: WOLFGANG SCHNEIDER, ULMAN LINDENBERGER (Hg.): Entwicklungspsychologie, 7., vollständig überarbeitete Auflage, Weinheim 2012, S. 137-156, S. 149

643 GISELA TROMMSDORFF: „Entwicklung im Kulturvergleich", in: ALEXANDER THOMAS (Hg.): Kulturvergleichende Psychologie. Eine Einführung, 1. Auflage, Göttingen 1993, S. 103-143, S. 114

644 ULICH u. MAYRING, Psychologie der Emotionen, S.140 f.

645 ULICH u. MAYRING, Psychologie der Emotionen, S.141

Europäische und amerikanische Mütter interagieren intensiv mit ihren Kindern über Blickkontakt, Mimik, Stimme und mit Hilfe von Spielzeug. In nicht westlichen Kulturen in Asien und Afrika spielt dagegen der Körperkontakt eine größere Rolle.[646]

Japanische Mütter erwarten von ihren Kindern, daß sie ihre Gefühle bereits zwei Jahre früher als amerikanische oder europäische Kinder beherrschen können. Umgekehrt erwarten amerikanische Mütter von ihren Kindern zwei Jahre früher, selbständig für sich und ihr Recht einzustehen.[647] Griechische Mütter gehen vergleichsweise mehr auf ihre Kinder ein und sind weniger ungeduldig und vorwurfsvoll als deutsche Mütter.[648]

Bei den kenianischen Bantu, denen starke Emotionen als von Übel gelten, meiden auch die Mütter den Blickkontakt mit dem Kind und alles, was zu Aufregung führen kann. Es gibt keine mimischen Interaktionsspiele wie bei europäischen Müttern. Auch auf Java vermeiden die Mütter jede unnötige Erregung der Kinder und reagiert auf kindlichen Ärger entspannt.

Auch im Verhalten der Kinder gibt es charakteristische Unterschiede. Japanische Kinder suchen von sich aus mehr Körperkontakt als amerikanische oder europäische Kinder. Diese zeigen dagegen ein stärkeres Explorationsverhalten und entfernen sich weiter von ihrer Mutter, um Neues zu erkunden, als asiatische und afrikanische Kinder.[649]

In den Jäger-und Sammler-Kulturen haben die Kinder praktisch ständigen Körperkontakt zur Mutter und sind immer andere Frauen in der Nähe, um die Mutter zu unterstützen. Alle Erwachsenen sind sehr nachsichtig zu den Kindern, und Säuglingsschreien ist im Vergleich zu west-

---

646 TESCH-RÖMER u. ALBERT, Kultur und Sozialisation, S. 148

647 ULICH u. MAYRING, Psychologie der Emotionen, S.141

648 ULICH u. MAYRING, Psychologie der Emotionen, S.141

649 HANS-JOACHIM KORNADT: „Beiträge des Kulturvergleichs zur Motivationsforschung", in: ALEXANDER THOMAS (Hg.): Kulturvergleichende Psychologie, 2., überarbeitete und erweiterte Auflage, Göttingen 2003, S. 347-383, S. 358; KORNADT, Motivation im kulturellen Kontext, S. 310

lichen Verhältnissen sehr selten.[650] Es gibt aber auch große Unterschiede zwischen den verschiedenen Kulturen. Während zum Beispiel bei den !Kung-Buschleuten die Mütter stark auf das Lächeln ihrer Kinder reagieren und versuchen, dieses herauszufordern, gehen die Mütter bei den Zinacanteo-Indianern in Mexiko nur selten auf ein Lächeln ihrer Kinder ein.[651] Ein kultureller Unterschied, der mit der entspannten Lebensart der Buschleute und dem stoischen Verhaltensideal der Indianer übereinstimmt.

Die in den Jahrzehnten nach dem Zweiten Weltkrieg im Umfeld der amerikanischen Milieutheorie entstandene klassische Bindungstheorie nahm an, daß die Bindungsmuster und von einer Generation auf die andere weitergegeben werden. Unsicher oder ambivalent gebundene Kinder können ihren eigenen Kindern nicht die nötige Sicherheit vermitteln, wodurch diese ebenfalls zu unsicher oder ambivalent gebundenen Kindern werden. Tierversuche an Ratten scheinen dies zu bestätigen. Sie zeigen, daß tatsächlich Jungtiere, die von der Mutter weniger Zuwendung in Form von Fellpflege bekommen haben, später empfindlicher auf Streß reagieren, weil ein Gen in seiner Fähigkeit reduziert ist, Stresshormone wie zum Beispiel Cortisol zu binden.[652] Ein ähnlicher Zusammenhang ist natürlich auch für den Menschen denkbar.

Die amerikanischen Psychologinnen Patricia M. Greenfield und Carla P. Childs ziehen aus ihren Beobachtungen über kulturspezifische Sozialisationsstile den Schluß, „daß kulturelle Werte teilweise durch die

---

650 ANASTASIOS CHASIOTIS, HEIDI KELLER: „Kulturelle Entwicklungspsychologie und evolutionäre Sozialisationsforschung“, in: GISELA TROMMSDORF (Hg.): Kindheit und Jugend in verschiedenen Kulturen. Entwicklung und Sozialisation in kulturvergleichender Sicht, Weinheim 1995, S. 21-42, S. 24

651 LUTZ H. ECKENSBERGER: „Die Grenzen des ökologischen Ansatzes in der Psychologie“, in: CARL F: GRAUMANN (Hg.): Ökologische Perspektiven in der Psychologie, Bern 1978, S. 49-76, S. 64

652 JULIUS KUHL: Lehrbuch der Persönlichkeitspsychologie. Motivation, Emotion und Selbststeuerung, Göttingen 2010, S. 236 f.; ANDREAS JAHN: „Gene, Geist und Gehirn“, in: Gehirn & Geist 2012, Heft 7-8, S. 70-77, S. 76

Fähigkeit einer Kultur, aus ihrem eigenen Genotyp ein bevorzugtes Stereotyp zu bilden, entstehen.“[653]

Die klassische Bindungstheorie ist eine strenge Milieutheorie. Die Möglichkeit genetischer Einflüsse auf das Verhalten von Eltern und Kindern kommt zum Beispiel in den Büchern von Bowlby überhaupt nicht vor.[654] Die Auffassung der Bindungstheorie, daß die Bindungserfahrung der Kleinkinder entscheidend für ihr späteres Verhalten einschließlich ihres eigenen Erziehungsverhalten ist, hat in den letzten Jahrzehnten jedoch viel Widerspruch erfahren. Die Korrelation zwischen dem Bindungsverhalten des Kleinkindes und seinem Verhalten als Erwachsener ist nur sehr niedrig, sofern sie überhaupt nachweisbar ist. Neuere Untersuchungen zeigen, daß der frühkindliche Einfluß, insbesondere der Eltern, verschwindend gering ist.[655] Die meisten negativen Folgen von Störungen der Mutter-Kind-Bindung wachsen sich schon in der Kindheit wieder aus, und nach ein paar Jahren unterscheiden sich die Kinder nicht mehr von ihren Spielkameraden. „Ein Kind ist schwer zu verderben“, schreibt der Wissenschaftsjournalist Dieter E. Zimmer.[656]

Untersuchungen aus jüngerer Zeit zeigen zudem, daß das Erziehungsverhalten der Eltern zu einem großen Teil von den Kindern selbst hervorgerufen wird und die Eltern auf unterschiedliches Verhalten der Kin-

---

653 PATRICIA M. GREENFIELD, CARLA P. CHILDS (1991), zit. n. HEIDI KELLER, LUTZ H. ECKENSBERGER: „Kultur und Entwicklung“, in: HEIDI KELLER (Hg.): Lehrbuch Entwicklungspsychologie, Bern 1998, S. 57-96, S. 74

654 JOHN BOWLBY: Frühe Bindung und kindliche Entwicklung, 5. Auflage München 2005

655 HEIDI KELLER: „Persönlichkeit und Kultur“, in: ALEXANDER THOMAS (Hg.): Kulturvergleichende Psychologie, 2., überarbeitete und erweiterte Auflage, Göttingen 2003, S. 181-205, S. 196

656 HANNS MARTIN TRAUTNER: Allgemeine Entwicklungspsychologie, Stuttgart 1995, S. 123 ff.; JEROME KAGAN: „Es gibt ein Leben nach der Kindheit“, in: Psychologie heute, März 2000; DIETER E. ZIMMER: „Ein Kind ist schwer zu verderben“, in: Die Zeit, Nr. 29, vom 15.7.1999; DAVID C. ROWE: Genetik und Sozialisation. Die Grenzen der Erziehung, Weinheim 1997

der unterschiedlich reagieren. Das heißt, daß das Verhalten der Kinder – und damit auch das Erziehungsverhalten der Eltern – nicht die Folge der elterlichen Erziehung, sondern im genetischen Temperament der Kinder begründet ist. Zwillings- und Adoptionsstudien lassen nur wenig Raum für einen starken elterlichen Einfluß. Sie zeigen, daß die sogenannte geteilte Umwelt, also vor allem das Elternhaus, die soziale Schicht und die Schule, nur einen Einfluß von weniger als 10 Prozent auf die Variabilität der Persönlichkeitseigenschaften haben, während die ungeteilte Umwelt, also vor allem der individuelle Freundeskreis und individuelle Erlebnisse, die Masse der Umwelteinflüsse ausmacht und der genetische Einfluß mehr als 50 Prozent beträgt. Das gilt auch für das Persönlichkeitsmerkmal Neurotizismus (Ängstlichkeit, Reizbarkeit usw.), das von frühkindlichen Traumatisierungen am ehesten betroffen wäre.[657]

Sofern es eine Übertragung des elterlichen Bindungsschicksals auf die Kinder gibt, erklärt sie sich in erster Linie daraus, daß verhaltensauffällige, impulsive oder dissoziale Eltern ihre genetische Disposition an ihre Kinder weitergeben.

Kognitive Stile

Ein weiteres Thema der Kulturvergleichende Psychologie ist die Erforschung kultureller Einflüsse auf das Denken. Im Mittelpunkt stehen hierbei die Unterschiede zwischen dem Denkstil der ostasiatischen Hochkultur und dem des Westens. Führend bei dessen Erforschung ist der amerikanischer Psychologe Richard Nisbett (geb. 1941), der seine Forschungsergebnisse 2003 in seinem Buch *The Geography of Thought* (Die Geographie des Denkens) zusammengefaßt hat.[658]

---

657 GERHARD STEMMLER, DIRK HAGEMANN, MANFRED AMELANG, DIETER BARTUSSEK: Differentielle Psychologie und Persönlichkeitsforschung. 7., vollständig überarbeitete Auflage, Stuttgart 2011, S. 487; JENS B. ASENDORPF: „Temperament“, in: HEIDI KELLER (Hg.): Handbuch der Kleinkindforschung. 4., vollständig überarbeitete Auflage, Bern 2011, S.466-485, S. 475

658 SONG YAN, GERD LÜER, UTA LAAS: „Kulturvergleichende Wahrnehmungs- und Kognitionsforschung“, in: GISELA TROMMSDORFF,

Nisbett unterscheidet zwischen der *analytischen* Denkweise des Westens und der *holistischen* des Ostens (China, Japan, Korea). Die analytische Denkweise beinhaltet, komplexe Zusammenhänge in einzelne Objekte zu zergliedern, die holistische die Zusammenhänge zwischen den Objekten und ihrer Umgebung zu sehen. Europäer ordnen Objekte nach ihren Eigenschaften in Kategorien, Ostasiaten sehen sie als Teil eines Ganzen.

Angehörige der westlichen Kultur sind auf Objekte und Kategorien fixiert und gewohnt, die Welt nach den Regeln der formalen Logik zu verstehen. Ostasiaten richten hingegen ihre Aufmerksamkeit eher auf das Umfeld, suchen die Ursachen für Ereignisse in Beziehungen und systematischen Zusammenhängen und machen weniger Gebrauch von Kategorien und formaler Logik.

Nisbett unterscheidet außerdem das *differentielle* Denken des Westens vom *dialektischen* des Ostens. Das differentielle Denken unterscheidet klar zwischen den Objekten und konzentriert sich auf die wesentlichen Akteure. Es polarisiert zwischen den Gegensätzen und strebt die Entscheidung für die richtige von mehreren Alternativen an. Das dialektische Denken beinhaltet dagegen die ständige Suche nach einem Abgleich und Kompromiß zwischen gegensätzlichen Positionen.

Westler sammeln bei Entscheidungsprozessen Informationen über die Alternativen und prüfen gegensätzliche Hypothesen solange, bis sich eine davon als klar überlegen oder richtig erweist.[659] Im Gegensatz dazu nimmt das ostasiatische Denken angesichts von Widersprüchen an, daß beide Positionen Elemente von Wahrheit in sich tragen. Es zielt darauf ab, die Widersprüchlichkeit zu überwinden oder auch zu ertragen, in dem die Anwendungsbedingungen spezifiziert werden.

HANS-JOACHIM KORNADT (Hg.): Erleben und Handeln im kulturellen Kontext. Enzyklopädie der Psychologie, Themenbereich C, Serie VII, Bd. 2, Göttingen 2007, S. 1-58, S. 31 f.; STEFAN STROHSCHNEIDER: „Problemlöseprozesse in kulturvergleichender Perspektive", in: GISELA TROMMSDORFF, HANS-JOACHIM KORNADT (Hg.): Erleben und Handeln im kulturellen Kontext. Enzyklopädie der Psychologie, Themenbereich C, Serie VII, Bd. 2, Göttingen 2007, S. 59-108, S. 77 f.

659 STROHSCHNEIDER, Problemlöseprozesse in kulturvergleichender Perspektive, S. 77

Dem liegen unterschiedliche Kausalitätsbegriffe zugrunde. Im Westen werden Objekte nach ihren Eigenschaften kategorisiert und ihr Verhalten anschließend auf diese zurückgeführt. Im Osten erklärt man dagegen Ereignisse aus den Beziehungen der Objekte zu ihrer Umgebung.

Die unterschiedlichen Denkstile haben auch Folgen für das Handeln: Westler versuchen für richtig gehaltene Ansichten durchzusetzen, Ostasiaten verschiedene Alternativen miteinander zu versöhnen.

Empirische Untersuchungen, die von Nisbett und anderen durchgeführt wurden, ergaben Unterschiede zwischen Amerikanern und Europäern und Ostasiaten in den Bereich von Wahrnehmung, Aufmerksamkeit, Gedächtnis und Problemlösen. Sie zeigen zum Beispiel, daß Ostasiaten in der Wahrnehmung die Kontextinformationen von Objekten stärker gewichten und erinnern als Westler. Bei der Aufgabe, ein Bild zu beschreiben, beschreiben Westler zuerst die Akteure im Vordergrund und widmen dem Hintergrund nur wenig Aufmerksamkeit. Asiaten beschreiben dagegen erst einmal das Umfeld.[660] Auch in sozialen Situationen richten Ostasiaten ihre Aufmerksamkeit stärker auf die soziale Umgebung und beachten mehr die Einstellung und das Verhalten anderer als der Hauptpersonen, während Westler sich auf die handelnden Personen konzentrieren. Westler betonen auch die individuellen Eigenschaften von Personen mehr als Asiaten.

Bei Entscheidungsprozessen, insbesondere solchen in unsicheren Situationen, gewichten Ostasiaten Informationen aus dem sozialen Bereich stärker als solche aus anderen Quellen. Ostasiaten heben mehr die Bedeutung von Beziehungen hervor, während Westler eher auf Kategorien zurückgreifen. So sortieren amerikanische Kinder Bildern nach taxonomischen Gesichtspunkten (zum Beispiel *Kuh* und *Huhn* als *Tiere*), chinesische nach assoziativen Beziehungen (*Kuh* frißt *Gras*).

Nisbett sieht die Wurzel der unterschiedlichen kognitiven Stile in Europa und Ostasien in den unterschiedlichen kulturellen und philosophischen Traditionen beider Kulturen begründet. Das europäisch-

---

660 GEORG NORTHOFF: „Der Chamäleon-Effekt", in: Gehirn & Geist 2009, Heft 6, S. 14-19; ULRICH KÜHNEN: „Denken auf Asiatisch", in: Gehirn & Geist 2003, Heft 3, S. 10-15

amerikanische Denken ist durch das griechische Denken und die aristotelische Logik geprägt, das Denken der Ostasiaten von den ganzheitlichen Auffassungen alter Naturreligionen und des Konfuzianismus.

Leider gibt es bis jetzt so gut wie keine Versuche, die kognitiven Stile anderer Kulturen als der westlichen oder der ostasiatischen zu erforschen. Es ist zum Beispiel unklar, inwieweit das ostasiatischen Denken auch in anderen Regionen Asiens Gültigkeit hat, ja ob nicht manche Züge des ostasiatischen Denkens sich in allen außereuropäischen Kulturen finden. So scheint zum Beispiel das indische Denken zumindest Teilaspekte des ostasiatischen Denkens zu beinhalten.

30. Robert McCrae und die Weltverteilung der *Big Five*

Nachdem man in der Persönlichkeitsforschung mit verschiedenen Modellen mit unterschiedlich vielen Persönlichkeitsdimensionen experimentiert hatte, setzte sich in den 1980er und 1990er Jahren weitgehend ein Fünf-Faktoren-Modell durch. Dieses hatte vor allem der amerikanische Psychologe Lewis R. Goldberg (geb. 1932) mit Hilfe eines lexikalischen Ansatzes gewonnen. Das heißt, er ging von dem Wortschatz der englischen Sprache aus, soweit er Persönlichkeitseigenschaften beschreibt. In mehreren Schritten faßte er diese zu fünf übergeordneten Eigenschaftskomplexen zusammen.

Auf dieser Grundlage entwickelten die amerikanischen Psychologen Robert McCrae (geb. 1949) und Paul T. Costa (geb. 1942) einen Fragebogen, um die Hauptpersönlichkeitsdimensionen erfassen, das *NEO-Personality Inventory Revisited* (NEO-PI-R). (NEO steht für Neurotizismus, Extraversion und Offenheit für Erfahrungen. McCrae und Costa hatten ursprünglich nur diese drei Persönlichkeitsdimensionen unterschieden). Der Fragebogen umfaßt mehr als 80 Aussagen, zu denen der Proband mit jeweils einer von neun vorgegebenen Ausprägungsstufen Stellung beziehen kann (trifft sehr zu, mäßig, gar nicht usw.). Solche Aussagen sind zum Beispiel „Ich habe gerne viele Leute um mich herum“, „Ich habe oft das Gefühl vor Energie überzuschäumen“ oder „Ich ärgere mich oft darüber, wie andere Leute mich behandeln“, wobei die Zustimmung zu den ersten beiden Fragen als Extraversion und die zu der letzten als Neurotizismus gewertet wird.[661]

Die fünf Persönlichkeitsdimensionen, die sich als die *Big Five* heute weltweit durchgesetzt haben, sind wie schon in Eysencks Modell die Dimensionen *Extraversion* und *Neurotizismus,* sowie als neue Dimensionen *Verträglichkeit* (agreeableness), *Gewissenhaftigkeit* (conscien-

---

[661] GERHARD STEMMLER, DIRK HAGEMANN, MANFRED AMELANG, DIETER BARTUSSEK: Differentielle Psychologie und Persönlichkeitsforschung. 7., vollständig überarbeitete Auflage, Stuttgart 2011, S. 270 f.

tiousness) und *Offenheit für Erfahrungen*. Diese letzte Dimension wird manchmal auch einfach nur *Kultur* oder *Bildung* genannt. Jede der Dimensionen besteht aus sechs Grundeigenschaften:

Die Persönlichkeitsdimension *Extraversion* wird von McCrae gelegentlich auch Begeisterungsfähigkeit *(surgency)* genannt. Sie umfaßt Eigenschaften wie Geselligkeit, positive Emotionen, emotionale Wärme, Selbstsicherheit, das Bedürfnis nach Aufregung, Aktivität und Durchsetzungsvermögen.

Neurotizismus beinhaltet Besorgnis, Reizbarkeit *(angry hostility)*, Depression, Befangenheit, Triebhaftigkeit und Impulsivität sowie Empfindlichkeit, *Verträglichkeit* umfaßt Vertrauen, Geradlinigkeit *(straightforwardness)*, Altruismus, Anpassungsbereitschaft *(compliance)*, Bescheidenheit und Liebenswürdigkeit, und *Gewissenhaftigkeit* Kompetenz *(competence)*, Ordnung, Pflichtbewußtsein, Leistungsstreben *(achievement striving)*, Selbstdisziplin und Bedachtsamkeit *(deliberation)*. *Offenheit für Erfahrungen* beziehungsweise *Kultur* umfaßt schließlich Phantasie, Schönheitssinn (Ästhetik), Empfindsamkeit *(feelings)*, Taten *(actions)*, Ideen und Werte.

McCrae und Costa übersetzten das NEO-Persönlichkeitsinventar in zahlreiche Sprachen und prüften das Fünf-Faktoren-Modell auf seine Übertragbarkeit in andere Sprachen und Kulturen. In den meisten anderen Kulturen ergaben sich in der Faktorenanalyse aufgrund der Korrelationen in den beantworteten Fragebögen tatsächlich fünf Faktoren, die denen des Fünf-Faktoren-Modells weitgehend entsprechen. Am schwierigsten war es, für die Persönlichkeitsdimension *Offenheit für Erfahrungen* eine Entsprechung in den asiatischen und anderen außereuropäischen Kulturen zu finden. Gelegentlich ergab sich in außereuropäischen Kulturen auch ein zusätzlicher Faktor, der keinem der westlichen entspricht. Dies war oft Anlaß zu weiteren Forschungen nach bestimmten, kulturspezifischen Persönlichkeitskomplexen.[662]

---

662 ROBERT R. McCRAE, PAUL T. COSTA jr., GREGORIO H. Del PILAR, JEAN-PIERRE ROLLAND: „Cross-cultural assessment of the five-factor model. The revised NEO personality inventory“, in: Journal of Cross-Cultural Psychology 29, 1998, S. 171-188

McCrae und seine Mitarbeiter führten zahlreiche Untersuchungen mit dem NEO-Persönlichkeitsinventar in den verschiedensten Ländern durch und sammelten Daten, die andere Forscher mit diesem gewonnen hatten, und stellten sie zu einem weltweiten Datensatz zusammen. Dieser umfaßte bei der ersten Publikation des gesamten Materials im Jahr 2002 36 Länder. Es handelte sich zum großen Teil um Daten von Studenten, was bei der Interpretation der Ergebnisse natürlich berücksichtigt werden muß. Die Stichprobengrößen liegen zwischen 65 und 1 389 Personen, liegen in Regel also deutlich über 100, was als ausreichend erachtet werden kann. Bei gut der Hälfte der Stichproben besteht sie zur Hälfte oder mehr aus Nichtstudenten. Als problematisch ist anzusehen, daß vor allem die Entwicklungsländer oft nur durch Studenten vertreten sind, was bei der Interpretation der Daten berücksichtigt werden muß. [663]

Die geographische Verteilung der fünf Persönlichkeitsdimensionen brachte neben der Bestätigung von Bekanntem auch viele Überraschungen, darunter geradezu „kontraintuitiven" Ergebnisse, die im Widerspruch zu den allgemein Vorstellungen über die Charaktereigenschaft bestimmter Völker stehen.

Werfen wir einen Blick auf die Ergebnisse: Am *extravertiertesten* sind demnach: Nordeuropäer, Angelsachsen, Deutsche, Türken und Serben, und am wenigsten extravertiert, also am *introvertiertesten*, die Ostasiaten und Schwarzafrikaner, letzteres steht nicht nur in krassem Widerspruch zum landläufigen Stereotyp der Schwarzen, sondern auch zu den Ergebnissen Eysencks und anderer. Die Korrelation zwischen den Ländergebnissen für Extraversion bei McCrae und denen von Eysenck beträgt nur 0,5. Daß die Südeuropäer als nicht besonders extravertiert erscheinen, liegt daran, daß mehrere Merkmale, die man mit der Vorstellung von einem südländischen Temperament verbindet,

---

663 ROBERT R. McCRAE: „NEO-PI-R data from 36 cultures. Further intercultural comparisons", in: ROBERT R. McCRAE (Hg.): The Five-Factor Model of Personality across Cultures, New York 2002, S. 105-125; JÜRI ALLIK, ROBERT R. McCRAE: „Toward a geography of personality traits. Patterns of profiles across 36 cultures", in: Journal of Cross-Cultural Psychology 35, 2004, S. 13-28

wie Reizbarkeit und Impulsivität, statt dessen in die Persönlichkeitsdimension *Neurotizismus* eingehen. Am neurotischsten sind so die Südeuropäer und Franzosen, aber auch Japaner und Russen, und am wenigsten neurotisch Nordeuropäer und Niederländer, Malaien und Indonesier. Die Korrelation zwischen McCraes Neurotizismus-Werten und denen von Eysenck beträgt 0,8. Die höchsten Werte für die *Verträglichkeit* haben Malaien, Inder, Hong-Kong-Chinesen und Taiwanesen, sowie Schweden und Niederländer. Am wenigsten verträglich sind: Russen, Deutschschweizer, Chinesen (Volksrepublik) und Kroaten. Wenig überzeugend sind die Ergebnisse für die *Gewissenhaftigkeit*. Am gewissenhaftesten sind nach dem NEO-Persönlichkeitsinventar Inder, Malaien und Kroaten, und am wenigsten gewissenhaft die Japaner und verschiedene Europäer. Am *offensten für neue Erfahrungen* beziehungsweise am aufgeschlossensten und kultiviertesten sind – schmeichelhaft für uns! –, Deutsche, Deutschschweizer und Österreicher, außerdem die Niederländer und Jugoslawen. Am wenigsten aufgeschlossen dagegen erscheinen Inder, Malaien und Schwarzafrikaner, aber auch Schweden und Dänen.

Aufschlußreich ist auch ein Blick auf die verschiedenen Teilkomponenten der Persönlichkeitsdimensionen. Ganz Nord- und Westeuropa hat hohe Werte für Taten *(actions)*, einer Teildimension der Offenheit für neue Erfahrungen. Die Nordeuropäer weisen verglichen mit den Südeuropäern eine nur geringe Impulsivität auf. Die Deutschen (deutschsprachige Länder) haben einen hohen Wert für Empfindsamkeit, möglicherweise eine Ursache oder eine Folge der Romantik. Wenn sich aber die Deutschen nur eine geringe Selbstdisziplin bescheinigen, dann liegt das wohl eher an der studentischen Stichprobe, die sich an den an sie gestellten Forderungen mißt. Überraschend sind die hohen Werte der Südeuropäer und Franzosen für Sorgen und Depression, sie tragen zusammen mit der Impulsivität zu den hohen Neurotizismus-Werten der Südeuropäer bei. Die Neigung der Russen hingegen zu Empfindlichkeit, Depression und Passivität, ihre nur geringe Selbstdisziplin und nur geringes Leistungsstreben und Pflichtbewußtsein entsprechen durchaus dem literarischen Bild von den Russen. Ebenso wie die Neigung der Ungarn zur Depression, die seit jeher die Selbstmordstatistik in Europa anführen. Letzteres gilt auch für die ungarischen Minderheiten in anderen Ländern, zum Beispiel Rumänien.[664]

Die Ostasiaten beurteilen sich als zu Depressionen neigend, befangen und empfindlich, bedachtsam und mit wenig Bedürfnis nach Aufregung. Wenn sie sich allerdings nur wenig Leistungsstreben und Selbstdisziplin zubilligen, dann spielt ihnen ihre Bescheidenheit einen Streich. Die Südostasiaten zeichnen sich durch große Anpassungsbereitschaft und Liebenswürdigkeit aus, was die völkerkundlichen Berichte von ihnen bestätigt. Die beiden indischen Stichproben, jeweils indoeuropäischer und drawidischer Sprache, sind durch Passivität und eine große Liebenswürdigkeit und Bedachtsamkeit charakterisiert, ganz wie es den Vorstellungen von einer Kultur entspricht, die die Meditation erfunden hat. Daß diese Merkmale bei den drawidischen Indern etwas stärker ausgeprägt sind als bei den Hindi sprechenden, könnte darauf hinweisen, daß das indische Temperament ein altes vorarisches Erbe ist. Die Schwarzafrikaner zeichnen sich vor allem durch eine außerordentliche Anpassungsfähigkeit aus.

McCrae führte mit den Daten auch eine Clusteranalyse durch, bei der die Länder je nach ihrer Ähnlichkeit zu verschiedenen Ähnlichkeitsgruppen (Clustern) zusammengefaßt wurden. Es ergaben sich zwei große Cluster. Der eine umfaßt die europäischen Länder und die mit europäischer Bevölkerung in Übersee (Amerika, Kanada, Australien usw.) sowie mit etwas größerem Abstand auch die Japaner und Chinesen (Volksrepublik). Er gliedert sich in mehrere Subcluster, unter anderem eines der Skandinavier mit den Nordamerikanern und Kanadiern und eines der deutschsprachigen Länder. Die übrigen europäischen Länder finden sich innerhalb dieses Hauptclusters nicht in sinnvollen Subcluster zusammen. Der zweite Hauptcluster umfaßt die übrigen nichteuropäischen Länder. In ihm gibt es vier Subcluster: Ein schwarzafrikanischer, einer der Philippinen mit Indonesien, einer der Hong-Kong-Chinesen mit den Taiwanesen und Koreanern, und einer von Indern und Malaien.

---

664 M. VORACEK, M. VINTILA, D. MURANYI: „A further test of the Finno-Ugrian Suicide Hypothesis: correspondence of county suicide rates in Romania and population proportion of ethnic Hungarians“, in: Perceptual and Motor Skills 105, 2007, S. 1209-1222

Es gibt einen durchgehenden Geschlechtsunterschied. Frauen haben überall höhere Werte für Neurotizismus und Verträglichkeit und die Teildimensionen Wärme und Offenheit für Gefühle, und niedrigere für Selbstbewußtsein und Offenheit für Ideen. Die Unterschiede sind in den westlichen Ländern am größten.[665]

McCrae erklärt sich die offensichtlich „kontraintuitiven" Ergebnisse für viele Länder mit bestimmten kulturspezifischen „Antwortstilen". So gibt es in Ostasien und manchen anderen außereuropäischen Kulturen die Tendenz, sozial erwünscht zu antworten und positiv formulierte Sätze in dem Fragebogen nicht verneinend zu beantworten. Dazu kommt in Ostasien eine Tendenz zur Bescheidenheit hinzu, die sich dahingehend auswirkt, daß die extremen Ausprägungsstufen bei der Beantwortung gemieden werden. Daß kann zum Beispiel eine Erklärung dafür sein, daß die Japaner und andere Ostasiaten so niedrige Werte für die Gewissenhaftigkeit haben.

Daß die Nord- und Westeuropäer einschließlich der Amerikaner sich als extravertiert beschreiben, liegt sicher zum Teil an den heutigen Wertvorstellungen der westlichen Kultur, in der ein beträchtlicher Sozialdruck ausgeübt wird, „offen" und „locker" zu sein. Vermutlich sind wir heute tatsächlich extravertierter sind, als es noch unsere Großväter waren. Das dürfte auch Ausdruck der Sicherheit und des Wohlstandes sein, in dem wir leben. Wahrscheinlich ist das wie der Flynn-Effekt auch eine Folge des „Aufbrechens der Isolate". Fanden früher die meisten Menschen ihren Ehepartner noch im eigenen Dorf oder im Nachbardorf, so haben die Heiratsentfernungen seit dem 19. Jahrhundert stark zugenommen. Kinder aus exogamen Ehen sind nicht nur größer, gesünder und intelligenter, sondern wahrscheinlich auch flexibler und offener. Die vielen Charakterköpfe und „Käutze", die es noch vor wenigen Generationen auf dem Land und in den Kleinstädten gab, waren

---

665 PAUL T. COSTA, ANTONIO TERRACCIANO, ROBERT McCRAE: „Gender differences in personality traits across cultures: Robust and surprising findings", in: Journal of Personality and Social Psychology 81, 2001, S. 322-331

sicher auch eine Folge der vergleichsweise starken Endogamie in der Vergangenheit.[666]

Natürlich spielt auch die Tatsache eine Rolle, daß viele Befragten Studenten sind, die gerade in den nicht westlichen Kulturen sicher wenig repräsentativ für die übrige Bevölkerung sind. So erklärt sich vielleicht, daß die Schwarzafrikaner besonders introvertiert sein sollen. In einer so extravertierten Bevölkerung wie den Schwarzafrikanern kommen sich die Studenten, die schon aufgrund ihrer Tätigkeit dazu gezwungen sind, sich zurückzuziehen, zu konzentrieren und viel Spontanität und Geselligkeitsbedürfnis zu unterdrücken, sicher sehr introvertiert vor! Hinzu kommt schließlich das Problem der Übersetzung des Fragebogens, das sicher um so weniger optimal gelöst worden ist, je stärker die Sprache sich vom Englischen unterscheidet. Die Ergebnisse von kulturvergleichenden Befragungen können also sicher nicht eins-zu-eins abgelesen werden, sondern es sind bei ihrer Interpretation immer auch methodische Aspekte zu berücksichtigen.

Um das Problem der subjektiven Selbsteinschätzung zu umgehen, befragten Robert McCrae und Antonio Terracciano in einer erneuten Erhebung, die diesmal sogar 51 Länder umfaßte, die Studenten nach ihrer Meinung von jeweils einem guten Bekannten statt über sie selbst. Die Ergebnisse stimmen in vielem mit denen der Selbsteinschätzung überein, zeigen aber auch einige charakteristische Abweichungen. So weisen die Deutschen (die deutschsprachigen Länder) jetzt eine außerordentliche Gewissenhaftigkeit auf, die auf den Teildimensionen Kompetenz, Ordnung, Pflichtbewußtsein und Selbstdisziplin beruht. Bemerkenswert ist auch der groß Wert für Liebenswürdigkeit bei den Westafrikanern (Burkina Faso, das ehemalige Obervolta) und der geringe für Verträglichkeit in einigen arabischen Ländern (Libanon, Marokko).

---

666 In Japan haben zum Beispiel die Nachkommen aus Vetter-Basen Ehen eine um 0,5 % verminderte Körperhöhe, einen um 3,5 % verminderten IQ und eine um 17 % erhöhte Mortalität, vgl. RAINER KNUSSMANN: Vergleichende Biologie des Menschen, Stuttgart 1996, S. 460; GOTTFRIED ROESLER: Familienkundliches Lese- und Studienbuch, Neustadt an der Aisch, 1957, S. 80 ff.

Anders als bei der Befragung nach der Selbsteinschätzung sind diesmal auch mehrere lateinamerikanische Länder vertreten. Bei diesen fällt auf, daß die Länder mit starkem indianischem Bevölkerungsanteil (Mexiko, Peru) vergleichsweise wenig neurotisch und extravertiert sind, ganz im Gegensatz zu denen mit großem südeuropäischem Bevölkerungsanteil (Chile, Argentinien, Brasilien). Insbesondere weisen sie eine nur geringe Reizbarkeit auf.[667] Eine gute Bestätigung des stoischen, introvertierten Charakters der Indianer!

Wenige Jahre später hatten Robert McCrae und seine Mitarbeiter die Gelegenheit, ein noch mehr Länder umfassendes Datenmaterial für die fünf Persönlichkeitsfaktoren auszuwerten. Bei einer weltweiten Befragung zum Sexualverhalten, dem *International Sexuality Description Project*, war auch eine Kurzform des NEO-Fragebogens, das *Big-Five-Inventory* (BFI) mit nur 44 Fragen, zum Einsatz gekommen. Die Untersuchung umfaßte 56 Länder. Befragt wurden fast ausschließlich Studenten. Der stark gekürzte Fragebogen beinhaltete dadurch, daß manche Einzelfragen, die zu den Persönlichkeitsdimensionen beitrugen, fortgefallen sind, auch eine inhaltliche Verschiebung bei diesen, was manche Unterschiede zu McCraes eigenen Untersuchungen erklärt.[668]

Ich beschränke mich auf die wesentlichen Ergebnisse: Am extravertiertesten sind jetzt nicht mehr die Nordeuropäer, sondern Serbien und die Türkei, der Kongo und Indonesien. Am introvertiertesten sind die Ostasiaten und die Inder. Am neurotischsten erscheinen ebenfalls die Ostasiaten, insbesondere die Japaner, und am wenigsten neurotisch die Schwarzafrikaner, letzteres ist sicher ein sinnvolles Ergebnis. Die Afri-

667 ROBERT R. McCRAE, ANTONIO TERRACCIANO: „Personality Profiles of Cultures: Aggregate Personality Traits“, in: Journal of Personality and Social Psychology 89, 2005, 407-425; dies.: „The Five-Factor Model and its Correlates in Individuals and Cultures“, in: FONS J.R. VAN DE VIJVER, DIANNE A. VAN HEMERT, YPE H. POORTINGA (Hg.): Multilevel Analysis of Individuals and Cultures, New York 2008, S. 249-283

668 DAVID P. SCHMITT, JÜRI ALLIK, ROBERT R. McCRAE, VERÓNICA BENET-MARTÍNEZ: „The geographic distribution of big five personality traits. Patterns and profiles of human self-description across 56 nations“, in: Journal of Cross-Cultural Psychology 38, 2007, S. 173-212

kaner sind auch am verträglichsten. Daß die Ostasiaten die niedrigsten Werte sowohl für Verträglichkeit als auch für Gewissenhaftigkeit und Offenheit für neue Erfahrungen aufweisen, mag eine Folge ihrer Bescheidenheit beim Beantworten des Fragebogens sein. Und daß die Afrikaner als die Gewissenhaftesten erscheinen, ist wahrscheinlich auf die besondere Situation der Studenten in diesen Ländern zurückzuführen. Unter den Länderpaaren, die sich am ähnlichsten sind, sind mache sinnvollen Gruppierungen, zum Beispiel Kongo/Tansania, Botswana/Südafrika, Malaysia/Fidschi-Inseln, Deutschland/Österreich, Griechenland/(griechisch)Zypern und Lettland/Litauen, aber auch unsinnige wie Estland/Mexiko, Großbritannien/Indonesien, Finnland/Israel.

Um festzustellen inwieweit die Ergebnisse mit dem NEO-Persönlichkeitsinventar mit den geläufigen Nationalcharakterstereotypen übereinstimmen, befragten McCrae und Terracciano ihre Probanden auch danach, wie sie ihre jeweiligen Landsleute in ihrer Gesamtheit einschätzen. Da die Bewertungsmaßstäbe dabei sicher in einem gewissen Grad kulturell relativ sind, befragten sie diese auch nach ihrem Bild von den US-Amerikanern, und verrechneten dann die nationalen Selbsteinschätzungen mit diesem. Das Ergebnis war sehr ernüchternd. McCrae und Terracciano fanden keine Korrelation zwischen den Nationalcharakter-Vorstellungen und den Ergebnissen des NEO-Persönlichkeitsinventars, weder bei der individuellen Selbsteinschätzung noch bei der Einschätzung eines Bekannten! Ein Ergebnis, das einige Wissenschaftsjournalisten als die endgültige Widerlegung der Vorstellung von Nationalcharakteren feierten.[669]

Robert McCrae ist da vorsichtiger. Er verweist auf die zahlreichen Fehlerquellen, insbesondere das Fehlen eines universalen Vergleichsmaßstabes bei den individuellen Selbsteinschätzungen und denen eines Bekannten, und auf die Probleme bei der Übersetzung der Fragebögen. Tatsächlich scheint es so zu sein, daß die zahlreichen „kontraintuitiven“ Ergebnisse die mindestens ebenso zahlreichen Ergebnisse, die mit den

669 ANTONIO TERRACCIANO, A.M. ABDEL-KHALEK, N. ÁDÁM (...) R.R. McCRAE: „National character does not reflect mean personality trait levels in 49 cultures“, in: Science 310, 2005, S. 96-100; RICHARD W. ROBINS: „The nature of personality: Genes, culture, and national character“, in: Science 310, 2005, S. 62-63

traditionellen Vorstellungen von den Besonderheiten der Völker gut übereinstimmen, in der Gesamtbilanz wieder aufheben. Es fällt eben stark ins Gewicht, wenn sich die Bewohner der ostasiatischen Länder für wenig gewissenhaft halten (und sich nicht einmal Bescheidenheit zubilligen!) und sich zugleich die der schwarzafrikanischen Länder als introvertiert einschätzen (Studenten!).[670]

---

670 ANTONIO TERRACCIANO u.a., National character does not reflect mean personality trait levels in 49 cultures; ROBERT R. McCRAE, ANTONIO TERRACCIANO: „National Character and personality", in: Current Directions in Psychological Science 15, 2006, S. 156-161

31. Kulturelle Werte

In der Nachfolge von Hofstedes Untersuchungen entstanden seit den 1980er Jahren mehrere großangelegte sogenannte Wertestudien. Die Studien wurden nicht von kulturvergleichenden Psychologen, sondern von Wirtschaftswissenschaftlern und Soziologen durchgeführt, denen es vor allem auf den praktischen Wert solcher Studien ankam und die sich deshalb nicht lange mit theoretischen Problemen aufhielten. Die Wirtschaftswissenschaftler versuchen unter anderem jene kulturellen Faktoren zu identifizieren, die wirtschaftliches Wachstum begünstigen.[671]

Das World Values Survey

Die erste und umfangreichste dieser Studien nach Hofstede ist das *World Values Survey* (WVS), die Weltwertestudie. Sie wurde 1981 von dem flämisch-niederländischen Theologen und Soziologen Pater Jan Kerkhofs SJ (geb. 1924) und dem niederländischen Soziologen Ruud de Moor (1928-2001) an der niederländischen Universität Tilburg als *European Values Survey* ins Leben gerufen. Sie zielte auf die Erforschung des Wertewandels in Europa von religiösen zu säkularen Werten und gleichzeitig von existentiellen Bedürfnissen der materiellen Sicherung hin zu ideellen Bedürfnissen der Selbstverwirklichung und war deshalb von Anfang an langfristig angelegt. Die Erhebungen wurden in *face-to-face*-Interviews durchgeführt, bei denen ca. 360 Fragen zu Ökologie, Wirtschaft, Erziehung, Bildung, Gesellschaft, Politik, Gesundheit, Arbeit, Freizeit, Moral und Religion gestellt werden. In der ersten Fassung umfaßte die Europäische Wertestudie 16 Länder, nämlich die westeuropäischen Länder sowie die USA und Kanada.

---

671 MARIANO GRONDONA: „Eine kulturelle Typologie der wirtschaftlichen Entwicklung“, in: SAMUEL P. HUNTINGTON, LAWRENCE E. HARRISON (Hg.): Streit um Werte. Wie Kulturen den Fortschritt prägen, München 2004, S. 88-105

In der Folge übernahm der amerikanische Politologe Ronald Inglehart (geb. 1934) die Federführung in dem Projekt und veröffentlichte mehrere Bücher dazu. Die Untersuchung wurde nach zehn Jahre erneut durchgeführt. Man bezog nun mehr außereuropäische Länder ein und benannte das ganze Unternehmen 1990 in *World Values Survey* um. Inzwischen sind fünf Untersuchungskampagnen, „Wellen" genannt, durchgeführt worden, zuletzt 2005/2006. Die Weltwertestudie umfaßt heute Daten aus über 87 Ländern.

Inglehart bildete aus den Antworten Indizes für bestimmte Lebenseinstellungen. Eine solche stellt der Respekt vor der *traditionalen Autorität* dar. Der ist nach den Daten der Weltwertestudie am stärksten in den Entwicklungsländern ausgeprägt, aber auch in Irland und Polen groß, mit mittleren Werten in den romanischen Ländern und niedrigen in den protestantischen Ländern und im ehemals kommunistischen Osteuropa. Überraschend ist, daß China den niedrigsten Wert aller Länder aufweist, gefolgt von Rußland.

Die der traditionalen Autorität untergeordnete Dimensionen der *Religiosität* ist am stärksten in Irland, den USA und Indien ausgeprägt, gefolgt von Polen, der Türkei, Brasilien und einigen afrikanischen Ländern. Am schwächsten ist die Religiosität in Rußland, Deutschland und den Niederlanden. China hat eine mittlere Position.

Ein anderer Index steht für die subjektive *Lebenszufriedenheit*. Die ist am größten in den westlichen Ländern, mit den skandinavischen Ländern und den Niederlanden an der Spitze, und ist am niedrigsten nicht etwa in den Entwicklungsländern, sondern – nach den Daten aus den Jahren 1990-1993 – in den vormals kommunistischen Ländern Osteuropas. Es ist offensichtlich, daß hierbei die wirtschaftliche Situation und die Lebensunsicherheit in den Jahren nach dem Zusammenbruch des Kommunismus eine große Rolle spielen.

Mit der Lebenszufriedenheit verbunden ist die Überzeugung, daß man *den meisten Menschen trauen kann*. Sie ist am verbreitetsten in den westlichen Ländern, mit den skandinavischen Ländern an der Spitze. Einen relativ hohen Wert hat aber auch China. Relativ niedrige Werte haben Frankreich, die romanischen und die osteuropäischen Länder, die Schlußlichter bilden Brasilien und die Türkei.

Die *Leistungsmotivation* ist am größten in China und Japan. Von den europäischen Ländern weisen Deutschland, Österreich und Schweden die größte, Spanien und Irland die niedrigste Leistungsmotivation auf. Am niedrigsten im Weltvergleich ist die Leistungsmotivation in Indien und noch mehr in Schwarzafrika.

Es gibt in den westeuropäischen Ländern eine Entwicklung hin zu postmodernen, „postmaterialistischen" Werten wie Selbstverwirklichung und sinnstiftendem Engagement (für die Umwelt, den Frieden usw.). Voraussetzung dafür ist offenbar die materielle Sicherheit. Wenn Wohlstand und Sicherheit herrschen, rücken postmaterialistische Werte in den Vordergrund. Einige Autoren glauben gar, daß das Bedürfnis nach Sinn ein westlicher Mythos sei und kein universales Bedürfnis des Menschen.[672] Die USA haben an diesem postmodernen europäischen Trend keinen Anteil. Dort geht die Entwicklung in Richtung eines größeren Materialismus und zu sinkendendem Vertrauen in die Politik und den gesellschaftlichen Zusammenhalt.[673]

Die Ergebnisse der letzten „Welle" von 2005/2006 legen allerdings nahe, daß auch in Europa seit 2000 der Trend zu den Selbstverwirklichungswerten gestoppt wurde und teilweise sogar rückläufig ist. Die Forscher vermuten, daß darin eine vermehrte Unsicherheitswahrnehmung und ein Bedrohungsgefühl zum Ausdruck kommen. Als mögliche Ursachen sehen sie die Bedrohung durch den Terrorismus nach dem 11. September 2011, die anhaltende Arbeitslosigkeit, den Rückbau des Sozialstaates und Infragestellung der Gemeinschafts-identitäten durch die Masseneinwanderung in die europäischen Länder an.[674]

---

672 ROLF OERTER: „Werte – Werthaltungen – Valenzen", in: GISELA TROMMSDORFF, HANS-JOACHIM KORNADT (Hg.): Theorien und Methoden in der kulturvergleichenden Psychologie. Enzyklopädie der Psychologie, Themenbereich C, Serie VII, Bd. 1, Göttingen 2007, S. 555-614, S. 586; RONALD INGLEHART: „Kultur und Demokratie", in: SAMUEL P. HUNTINGTON, LAWRENCE E. HARRISON (Hg.): Streit um Werte. Wie Kulturen den Fortschritt prägen, München 2004, S. 141-166

673 RAHN u. TRANSUE 1998, zit. n. OERTER, Werte – Werthaltungen – Valenzen, S. 577

674 MICHAEL OPIELKA: Kultur versus Religion? Soziologische Analysen zu modernen Wertkonflikten, Bielefeld 2007, S. 134 f.

Insgesamt schließen sich die Länder zu acht Clustern mit weitgehend übereinstimmenden Wertvorstellungen zusammen. Die Cluster sind: Das protestantisches Europa, die englischsprachigen Länder (Großbritannien, USA, Kanada, Australien, Neuseeland.), das katholische Europa, ein orthodoxer innerhalb eines größeren ex-kommunistischen Clusters, Lateinamerika, Schwarzafrika, Südasien und ein konfuzianischer Cluster in Ostasien.

Die Managementstudie von Smith, Dugan und Trompenaars

Eine etwas weniger bekannte Studie führten der niederländische Wirtschaftswissenschaftler Fons Trompenaars (geb. 1952) und der britische Sozialpsychologe Peter B. Smith sowie dessen Assistent Shaun Dugan in den 1980er und 1990er Jahren durch. Sie befragten 8 800 Manager in 43 Ländern zu ihrem Führungsstil.

Die Ergebnisse zeigen einen deutlichen Unterschied zwischen West- und Osteuropa. In Westeuropa werden Erfolg und sozialer Status als das Ergebnis von individueller Leistung angesehen, in Osteuropa als der Ausdruck von Erbe und Tradition. Ein deutlicher Unterschied besteht außerdem zwischen Ländern mit eher egalitärem und solchen mit einem eher hierarchischem Führungsstil. In den nordeuropäischen und deutschsprachigen Länder einschließlich Großbritanniens ist der Führungsstil an Werten wie Mitsprache, Gleichheit und Zweckmäßigkeit orientiert, in den südeuropäischen Ländern einschließlich Österreichs sowie den Ländern Lateinamerikas und des Nahen Ostens dagegen an Vertrauen in den Vorgesetzten, Hierarchie und Loyalität. Smith und Trompenaars nennen den egalitären Führungsstil *coaching* und den hierarchischen *directing*.[675]

---

675 VIPIN GUPTA, PAUL J. HANGES: „Regional and climate clustering of societal clusters“, in: ROBERT J. HOUSE, PAUL J. HANGES, MANSOUR JAVIDAN, PETER W. DORFMAN, VIPIN GUPTA (Hg.): Culture, Leadership, and Organizations. The GLOBE Study of 62 Societies, Thousand Oaks, Kalifornien 2004, S. 178-218, S. 181 f.

Die Wertedimensionen von Shalom H. Schwartz

Der amerikanisch-israelische Psychologe Shalom H. Schwartz (geb. 1940) hat in den 1980er Jahren aufgrund von empirischen Untersuchungen mit statistischen Methoden eine Theorie der universalen Werte aufgestellt. Im Unterschied zu den Initiatoren der meisten internationalen Wertestudien ist Schwartz kein Wirtschaftswissenschaftler und geht nicht von praktischen Managementproblemen aus, sondern vertritt einen psychologischen-anthropologischen Ansatz.

Entsprechend Schwartz‘ universalen Anspruch sind die von ihm ermittelten Werte relativ abstrakt. Schwartz unterscheidet sieben Werte-Richtungen innerhalb eines zweidimensionalen statistischen Raumes. Das heißt die Werte-Richtungen sind keine voneinander unabhängigen Dimensionen, wie zum Beispiel Hofstedes Kulturdimensionen es annähernd sind. Diese Werte sind *Hierarchy, Conservatism* (Traditionalismus, Religion, soziale Sicherheit), *Harmony* (Frieden, Gerechtigkeit), *Egalitarian Commitment* (soziale Verpflichtung, Gleichheit), *Intellectual Autonomy* (Intellekt, Kreativität, Weltoffenheit), *Affective Autonomy* (Hedonismus, Abenteuer) und *Mastery* (Herrschaft). Konservatismus und Autonomie bilden dabei die entgegengesetzten Pole, während sich die anderen Werte mehr oder weniger unabhängig von diesen dazwischen gruppieren.

In den Jahren 1988 bis 1992 führte Schwartz eine weltweite Untersuchung in 44 Ländern durch. Sie bestand in einer brieflichen Befragung von Lehrern und Studenten als getrennte Gruppen. Schwartz ging es dabei insbesondere darum, den Hofstede'schen Dualismus von Individualismus und Kollektivismus zu überwinden.

Die Länder schließen sich nach den Ergebnissen der Befragung in fünf verschiedene Cluster zusammen: Westeuropa, die angelsächsische Länder, Ostasien, die islamischen Länder und Lateinamerika. Westeuropa weist hohe Werte für intellektuelle und affektive Autonomie und nicht ganz so ausgeprägt auch für soziale Gleichheit auf. Die USA haben dagegen bei der Konservatismus–Autonomie-Dimension nur eine mittlere Stellung inne, wenn auch näher am Autonomie-Pol, sowie einen hohen Werte für Herrschaft und einen niedrigen für soziale Gleichheit. China hat hohe Werte für Hierarchie und Herrschaft und einen niedrigen für soziale Gleichheit. Viele asiatische und osteuropäische Länder haben hohe Werte für Konservatismus, etwa Malaysia, Singapur und Taiwan, aber auch Polen oder die Araber in Israel.[676]

Die Schwartz'schen Wertedimensionen waren auch Bestandteil einer europaweiten Untersuchung im Rahmen des *European Social Survey* (ESS). Der deutsche Soziologe Jochen Roose (geb. 1970) hat die Ergebnisse für die Wertedimensionen als Grundlage für ein Maß der kulturellen Ähnlichkeit in Europa genommen. Seine Studie umfaßt die europäischen Länder ohne Rußland, aber einschließlich der Ukraine und der Türkei.

Die einander ähnlichsten Länder sind danach Großbritannien und Irland, eine Kombination, die angesichts der sehr unterschiedlichen Religiosität in den beiden Ländern überrascht. Der Grund dürfte in dem abstrakten Charakter der Schwartz'schen Wertdimensionen liegen, in denen die Religion ein Teil die Dimension Konservatismus ist. Offenbar ist Großbritannien ähnlich konservativ wie Irland, nur nicht so religiös. Aber auch andere Ergebnisse erscheinen unwahrscheinlich, etwa wenn Italien und die Türkei als die drittähnlichste Länderkombination unter 325 bilden. Alles in allem sind die Unterschiede zwischen den protestantischen Ländern einschließlich Deutschland auf der einen Seite und den orthodoxen und muslimischen Ländern auf der anderen Seite am größten. Die katholischen Länder stehen den orthodoxen und muslimischen Ländern schon sehr viel näher. Deutschland am ähnlichsten sind Luxemburg, die Schweiz und Österreich. Von allen unseren Nachbarn sind uns die Polen am unähnlichsten.[677]

---

676 SHALOM H. SCHWARTZ: „Beyond Individualism/Collectivism. New Cultural Dimensions of Values", in: UICHOL KIM, HARRY C. TRIANDIS u.a. (Hg.): Individualism and Collectivism. Theory, Method, and Applications, Thousand Oaks, Kalifornien, 1994, S. 85-119

677 JOCHEN ROOSE: „Die quantitative Bestimmung kultureller Unterschiedlichkeit in Europa. Vorschlag für einen Index kultureller Ähnlichkeit", in: Kölner Zeitschrift für Soziologie und Sozialpsychologie 64, 2012, S. 361-376

Die GLOBE-Studie

Eine weitere sehr umfangreiche internationale Wertestudie, die aus der Managementforschung hervorgegangen ist, ist die *GLOBE*-Studie. GLOBE steht für *Global Leadership and Organizational Behavior Effectiveness Program*. Sie geht auf eine Initiative des amerikanischen Wirtschaftswissenschaftlers Robert J. House (1932-2011) im Jahr 1991 zurück. Es handelt sich gewissermaßen um das amerikanische Gegenstück zum *World Value Survey*. *GLOBE* umfaßt die Daten von 17 370 Managern der mittleren Ebene aus 62 Ländern, denen 735 Fragen gestellt wurden. Eine Besonderheit der Untersuchung ist, daß sie zwischen den angestrebten und den tatsächlich praktizierten Werten unterscheidet. Die Untersuchung ist noch nicht abgeschlossen, es gibt aber schon mehrere Veröffentlichungen und Auswertungen, die auf *GLOBE*-Daten beruhen.[678]

House und seine Mitarbeiter unterscheiden neun für das Managementverhalten relevante Wertedimension, die teilweise mit den Kulturdimensionen Hofstedes übereinstimmen. Die Wertedimensionen sind: Unsicherheitsvermeidung, Machtdistanz, Institutioneller Kollektivismus (gemeint ist, inwieweit Institutionen für die Verteilung von Ressourcen zuständig sind), gruppen- beziehungsweise familienbasierter Kollektivismus, Geschlechtergleichheit, Bestimmtheit (meint konfrontierend, aggressiv und selbstbewußt Verhalten), Zukunftsorientierung, Leistungsorientierung und Humanorientierung. Letztere beinhaltet, inwieweit eine Kultur faires, aufrichtiges, selbstloses und mitfühlendes Verhalten honoriert.

In einer vorläufigen Auswertung der Daten von 25 Ländern kamen House und seine Mitarbeiter zu folgenden zehn Länderclustern: 1. Die angelsächsischen Länder einschließlich Irland, 2. Die romanischen Län-

---

678 ROBERT J. HOUSE, PAUL J. HANGES, MANSOUR JAVIDAN, PETER W. DORFMAN, VIPIN GUPTA (Hg.): Culture, Leadership, and Organizations. The GLOBE Study of 62 Societies, Thousand Oaks, Kalifornien 2004; RONALD INGLEHART: Modernisierung und Postmodernisierung. Kultureller, wirtschaftlicher und politischer Wandel in 43 Gesellschaften, Frankfurt a.M. 1998

der einschließlich der französischen Schweiz und überraschenderweise auch Israel, 3. Skandinavien einschließlich Finnland, 4. Die deutschsprachigen Länder einschließlich der Niederlande, 5. Die osteuropäische Länder mit Rußland, Griechenland und Georgien, 6. Lateinamerika, 7. Schwarzafrika, 8. der Nahe Osten einschließlich der Türkei, 9. Südasien, (Indien, Thailand, Malaysia, Indonesien, Philippinen, aber auch der Iran) und 10. die konfuzianisch geprägten Länder (China, Hong Kong, Japan, Taiwan, Süd-Korea und Singapur).

In dem angelsächsischen Cluster wird vor allem Leistungsstreben praktiziert, Gleichheit gilt wenig und wird auch wenig praktiziert.

Im deutschsprachigen Cluster herrschen als praktizierte Werte Leistungsstreben, Durchsetzungsvermögen, Zukunftsorientierung und Unsicherheitsvermeidung vor. Letztere gilt aber nicht als ein Ideal.

In den skandinavischen Ländern werden Zukunftsorientierung, institutionelle Gleichheit, Geschlechtergleichheit und Unsicherheitsvermeidung praktiziert. Durchsetzungsvermögen, Gruppenegoismus und Machtdistanz sind dort in der Praxis nur wenig ausgeprägt.

In dem romanischen Cluster spielen die humane Orientierung und die Gleichheit in der Praxis nur eine geringe Rolle. Geschlechtergleichheit spielt als Ideal eine Rolle. Ansonsten liegen die romanischen Länder sowohl was die Praxis als auch die Ideale betrifft, im Mittelfeld.

In Osteuropa stehen unter den praktizierten Werten Durchsetzungsvermögen und Gruppenorientierung und auch die Geschlechtergleichheit – wohl ein Erbe der kommunistischen Zeit – an erster Stelle. Unsicherheitsvermeidung ist ein ideeller Wert, der aber in der Praxis nur wenig gilt.

In Lateinamerika ist in der Praxis der Gruppenegoismus stark und sind das Leistungsstreben, die Zukunftsorientierung und die Gleichheit nur schwach vorhanden. Letztere Werte gelten als Ideale.

Im Nahen Osten steht in der Praxis vor allem die Gruppenorientierung im Vordergrund. Geschlechtergleichheit zählt weder als Ideal noch in der Praxis etwas. In der Praxis spielt auch die Zukunftsorientierung keine Rolle, obwohl sie genauso wie die institutionelle Gleichheit als Wert gilt.

Im konfuzianischen Ostasien herrschen in der Praxis Leistungsstreben, Gleichheit und Gruppenorientierung vor. Als Ideal ist dagegen das Leistungsstreben verpönt.

In Südasien spielt in der Praxis die humane Orientierung eine große Rolle. Durchsetzungsvermögen, Zukunftsorientierung, Gleichheit und Unsicherheitsvermeidung gelten als Werte, weniger als gelebte Realität.

In den schwarzafrikanischen Ländern spielen ebenso wie in Südasien in der Praxis die humane Orientierung eine große Rolle, als Werte gelten außerdem die Zukunftsorientierung und die Unsicherheitsvermeidung.[679]

In einer früheren Clusteranalyse mit den europäischen und einigen arabischen Ländern hatten Felix C. Brodbeck und seine Mitarbeiter (2000) bereits dieselben europäischen Cluster gefunden. Dabei schlossen sich der angelsächsische, der skandinavische und der deutschsprachige Cluster zu einem Metacluster und der romanische und der osteuropäische Cluster sowie die arabischen Länder zu einem Metacluster zusammen. Die germanischen Länder stehen also allen anderen gegenüber.

Nach der *GLOBE*-Studie zeigen die skandinavischen Ländern, gefolgt von den anderen germanischen Ländern, eine geringere Autoritätsorientierung als alle anderen Ländern. Unterschiede gibt es auch beim Streben nach Leistungsoptimierung. Deutschland und Japan weisen ein besonders starkes Streben nach Optimierung (versus Teamorientierung) auf. Das Gegenteil, eine starke Teamorientierung mit Vorrang vor der Leistungsoptimierung, findet sich vor allem in Osteuropa, gefolgt von den angelsächsischen, ostasiatischen und romanischen Ländern.

---

679 VIPIN GUPTA, PAUL J. HANGES: „Regional and climate clustering of societal clusters", in: ROBERT J. HOUSE, PAUL J. HANGES, MANSOUR JAVIDAN, PETER W. DORFMAN, VIPIN GUPTA (Hg.): Culture, Leadership, and Organizations. The GLOBE Study of 62 Societies, Thousand Oaks, Kalifornien 2004, S. 178-218, S. 193 f.; VIPIN GUPTA, PAUL J. HANGES, PETER DORFMAN: „Cultural clusters: methodology and findings", in: Journal of World Business 37, 2002, S. 11-15

Werte in Asien

Die großangelegten internationalen Wertestudien in der Nachfolge von Geert Hofstede sind vor allem an praktischen Fragen orientiert, an den Interessen von Geschäftsleuten und Unternehmern, die im Ausland Handel treiben oder dort Niederlassungen gründen wollen. Sie müssen notgedrungen von einem schematischen Wertesystem ausgehen, das sie mit standardisierten Fragebögen zu erfassen versuchen.

Will man dagegen ein tieferes Verständnis für die jeweiligen Wertvorstellungen gewinnen, ist man nach wie vor auf die qualitative, beschreibende Forschung und insbesondere auf das Urteil von Landeskennern angewiesen. Neben den Untersuchungen im Rahmen der kulturvergleichenden Psychologie spielen dabei vor allem die betreffenden Einzeldisziplinen wie zum Beispiel der Sinologie (Chinakunde) eine Rolle.

Im Mittelpunkt des Interesses steht seit einiger Zeit O s t a s i e n . Vor allem Wirtschafts- und Politikwissenschaftlern wollen die kulturellen die Ursachen für den überraschenden wirtschaftlichen Aufstieg Chinas seit den 1990er Jahren ergründen.

Die chinesische Kultur ist vor allem vom Konfuzianismus geprägt, aber auch vom Yin-und-Yan-Denken, vom Taoismus und vom Buddhismus. Dieses traditionelle Wertesystem ist keine Religionen im westlichen Sinne, keine auf ein jenseitiges göttliches Wesen oder ein Jenseits gerichtete Glaubensvorstellungen, sondern ein System praktischer Vernunft, das der Meisterung des Lebens und der Gegenwart dient.[680]

Zwar ist der Konfuzianismus als Institution mit dem Kaiserreich untergegangen, er lebt aber als mehr oder weniger handlungsleitendes Wertesystem fort. Seit der kapitalistischen Neuorientierung des chinesischen Kommunismus wird der Konfuzianismus auch wieder offiziell gefördert.

---

680 KARL-HEINZ POHL: „Chinesische und asiatische Werte. Die chinesische Welt als zentraler Kultur- und Wirtschaftsraum Ostasiens", in: HANS G. NUTZINGER (Hg.): Religion, Werte und Wirtschaft. China und der Transformationsprozeß in Asien, Marburg 2002, S. 105-128; OSKAR WEGGEL: Die Asiaten, München 1989

Das höchste Ziel im chinesischen Wertesystem ist die gesamtgesellschaftliche Harmonie und Stabilität. Dafür ist der einzelne bereit mehr an individueller Freiheit zu opfern, als das im Westen der Fall ist. Das Individuum sieht sich als Teil eines sozialen Beziehungsnetzwerkes zur gegenseitigen Unterstützung. Das beruht auf dem ungeschriebenen Gesetz gegenseitiger Pflichten. Auch das Yin-und Yan-Denken spielt in der Alltagskultur noch eine große Rolle. Dem Yin-und Yan-Denken liegt die Vorstellung eines Ausgleichs gegensätzlicher Kräfte zugrunde, nicht die eines Entweder/oder wie im Westen. So gibt es in China keine öffentliche Streitkultur, sondern eine Konsenskultur.

Die Chinesen übersetzen den westlichen Begriff der Ethik mit „Prinzipien menschlicher Verpflichtungen".[681] Damit sind Verpflichtungen gemeint, die einerseits auf Hierarchie, andererseits auf Gegenseitigkeit, Verantwortung und Vertrauen beruhen. Die Verinnerlichung moralischer Werte scheint in Ostasien anders zu funktionieren als im Westen. Ostasiaten legen mehr Wert auf Freundlichkeit, Empathie und Harmonie, während sich Europäer und Amerikaner mehr an abstrakten Regeln orientieren.[682]

Das Prinzip der gegenseitigen Verpflichtung gilt auch für das Verhältnis von Regierenden und Regierten. So besteht zum Beispiel nach konfuzianischer Auffassung für die Regierenden die Pflicht, das Volk „zu nähren, zu bereichern und zu erziehen".[683]

Anders als im Westen gibt es in der chinesischen Tradition keine Vorstellung von Recht als einem individuellen Anspruch, von Recht *haben*, sondern nur im Sinn von Recht *sprechen*, das heißt der Ahndung von Gesetzesverstößen.[684]

Das ostasiatische Wirtschaftswunder beruht nach der Auffassung von Kennern der ostasiatischen Kultur wie dem deutschen Sinologen

---

681 POHL, Chinesische und asiatische Werte, S. 117

682 HANS-JOACHIM KORNADT: „Motivationen im kulturellen Kontext", in: GISELA TROMMSDORFF, HANS-JOACHIM KORNADT (Hg.): Erleben und Handeln im kulturellen Kontext. Enzyklopädie der Psychologie, Themenbereich C, Serie VII, Bd. 2, Göttingen 2007, S. 283-376, S. 340

683 POHL, Chinesische und asiatische Werte, S. 118

684 POHL, Chinesische und asiatische Werte, S.115 f.

Karl-Heinz Pohl (geb. 1945) hauptsächlich auf drei konfuzianischen Aspekten. Den konfuzianischen Tugenden wie Fleiß, Sparsamkeit und Ausdauer, dem Beziehungssystem mit seinen zwischenmenschlichen Verpflichtungen, und dem Erziehungswesen. Der Sinologe Oskar Weggel (geb. 1935) spricht von dem „Konfuzianismus des kleinen Mannes", der Werte wie Leistungsbereitschaft, Sparsamkeit und Gemeinsinn und Tugenden wie Fleiß, Disziplin, Ausdauer, sozialer Harmonie, Vertrauen, Höflichkeit und Toleranz beinhaltet.[685] Das Lernen und die Erziehung nehmen im Konfuzianismus seit jeher einen hohen Stellenwert ein. Daneben ist ein taoistisches Element wirksam, die Flexibilität, sich wechselnden Lagen anzupassen, sich biegen zu lassen wie der Bambus, um sich nicht brechen zu lassen.[686] Die Leistungsmotivation ist stärker als im Westen eine gruppenbezogene. Man will etwas für die Gemeinschaft tun, der man existentiell verbunden ist. Für Japaner kann individuelle Leistung sogar als unmoralisch gelten.[687]

In einer Untersuchung aus den 1960er Jahren wiesen chinesische Schüler aus Hongkong noch ein schwächeres Leistungsmotiv als australische Schüler auf.[688] Nach den neueren internationalen Wertestudien übertreffen dagegen die Ostasiaten alle westlichen Länder in der Stärke ihres Leistungsstrebens.

Der konfuzianische Wertekomplex ist auch in den anderen von China stark beeinflußten ostasiatischen Ländern wirksam. Er kam nach dem Zweiten Weltkrieg zuerst in Japan, dann in den sogenannten „Tigerstaaten" Taiwan, Singapur, Hongkong und Korea zum Tragen und unterstützt in jüngster Zeit den wirtschaftlichen Aufstieg Chinas. Außerdem gehören die vielen Auslandschinesen zu seinen Trägern, die in Südostasien das dynamische Element im Wirtschaftsleben darstellen.

---

685 POHL, Chinesische und asiatische Werte, S. 117

686 POHL, Chinesische und asiatische Werte, S. 120

687 HANS-JOACHIM KORNADT: „Beiträge des Kulturvergleichs zur Motivationsforschung", in: ALEXANDER THOMAS (Hg.): Kulturvergleichende Psychologie, 2., überarbeitete und erweiterte Auflage, Göttingen 2003, S. 347-383, S. 365

688 KORNADT, Motivation im kulturellen Kontext, S. 317

Auch I n d i e n hat seit seiner Unabhängigkeit bemerkenswerte wirtschaftliche Fortschritte gemacht, ein ähnliches Wirtschaftswunder wie Japan, die Tigerstaaten oder in jüngster Zeit China hat Indien jedoch nicht erlebt. Es liegt nahe, das auf die nachhaltige Wirkung der traditionellen Werte der indischen, hinduistischen Kultur zurückzuführen.[689] Nach wie vor ist die indische Gesellschaft von hinduistischen Vorstellungen geprägt, wie der, daß jede gesellschaftliche Gruppe bestimmte unveränderliche Rechte, Pflichten und Beschränkungen hat und daß die Lebensaufgabe eines jeden Menschen im Rahmen seiner Kastenzugehörigkeit durch sein *Karma* vorbestimmt ist. Es gibt nach wie vor eine starke Bindung an die Gruppe, und die Überzeugung, daß diese Vorrang vor den persönlichen Wünschen hat. Die traditionelle Verachtung für unternehmerische Tätigkeit, für die „Geschäftsmann" gleichbedeutend mit „Ausbeuter" und „Gewinn" mit „Beute" ist, ist auch heute noch sehr verbreitet.[690]

Allerdings ist der Hinduismus auch nicht so irrational und außerweltlich ausgerichtet und der Welt gegenüber so gleichgültig wie Max Weber annahm. Auch die alte Hindu-Gesellschaft war flexibler, als es Weber erschien.[691]

Dennoch gibt es in der indischen Kultur im Vergleich zur christlichen oder konfuzianischen Kultur kaum Ansätze von Verpflichtungen an das Gemeinwohl und von gesamtgesellschaftlicher Verantwortung und Solidarität. Tatsächlich ist der Konkurrenzkampf, der in Indien mit der Beschleunigung der kapitalistischen Entwicklung entstanden ist, nach dem Eindruck von Beobachtern „noch weit mörderischer (...) als in westlichen Industrieländern und die Neigung, eigenen Reichtum zur

---

689 HANS-JOACHIM BIEBER: „Zum Verhältnis religiöser und kultureller Traditionen und Wirtschaft in Indien", in: HANS G. NUTZINGER (Hg.): Religion, Werte und Wirtschaft. China und der Transformationsprozeß in Asien, Marburg 2002, S. 191-242

690 BIEBER, Zum Verhältnis religiöser und kultureller Traditionen und Wirtschaft in Indien, S. 211

691 BIEBER, Zum Verhältnis religiöser und kultureller Traditionen und Wirtschaft in Indien, S. 205

Schau zu stellen, noch ausgeprägter (...) als selbst in den USA."[692] Dabei scheinen die traditionellen Wertvorstellung und Strukturen dazu zu führen, daß sich der wirtschaftliche Erfolg einzelner kaum in gesamtgesellschaftlichen Wohlstand umsetzt.

Ehre und Machismo

In den islamischen Ländern des Nahen Ostens, insbesondere in den arabischen Ländern, steht die „Ehre" im Mittelpunkt des Wertesystems. Der britische Ethnologe John G. Peristiany (1911-1987) sprach von einer *Ehre-und-Scham-Kultur* (Honor and Shame). Der Ehrbegriff in den islamischen Ländern hat nur selten das Interesse der Kulturvergleichenden Psychologie gefunden. In den 1960er und 1970er Jahren befaßten sich besonders britische und amerikanische Ethnologen mit dem Ehrkomplex in den mediterranen Ländern, wobei aber die islamischen Länder mit ihren wesentlich extremeren Ehrvorstellungen kaum in ihren Blickwinkel gerieten. Die eindringlichsten Berichte über die „Ehre" in den islamischen Ländern stammen von im Westen lebenden Emigranten wie der deutsch-türkischen Soziologin Elcin Kürsat-Ahlers (geb. 1949) oder der britischen Irakerin Sana al-Khayyat.

Der Begriff der *Ehre* bedeutet, daß man den Normen der Gesellschaft entspricht und das Recht hat, stolz zu sein. Die Ehre des Mannes besteht in den Ländern des Nahen Ostens in seinem Willen und der Fähigkeit, die eigene Reputation zu verteidigen und die Ehre der Familie, insbesondere die der Frauen der Familie, zu schützen.[693]

---

692 BIEBER, Zum Verhältnis religiöser und kultureller Traditionen und Wirtschaft in Indien, S. 232

693 CHRISTIAN GIORDANO: „Der Ehrkomplex im Mittelmeerraum. Sozialanthropologische Konstruktion oder Grundstruktur mediterraner Lebensformen?, in: LUDGERA VOGT, ARNOLD ZINGERLE (Hg.): Ehre. Archaische Momente in der Moderne, Frankfurt a.M. 1994, S. 172-192; SANA AL-KHAYYAT: Ehre und Schande. Frauen im Irak, München 1991; ELCIN KÜRSAT: „Zur Verpflichtung der Ehre", in: Politik Unterricht aktuell 2002, Heft 1, S. 3-11

Zur männlichen Ehre gehören Virilität (Männlichkeit, Potenz), Selbstbewußtsein, Kraft und Tapferkeit, die Fähigkeit andere, mindestens die eigenen Familienmitglieder, zu dominieren, keiner Auseinandersetzung aus dem Wege zu gehen, Sinn für Würde und eine männliche Haltung, die Großzügigkeit, Gastfreundschaft, ja Sanftmut ermöglicht, ohne dabei an männlicher Würde zu verlieren, nicht zuletzt auch Geistesgegenwart und Schlagfertigkeit. Der Mann, der seine Ehre nicht verlieren will, ist verpflichtet, jede Beleidigung zu rächen.

Die Ehre der Frau besteht in ihrer Schamhaftigkeit und sexuellen Keuschheit und dem Gehorsam gegenüber ihrem Mann. Beweis der Keuschheit ist die Jungfräulichkeit, die die Frau bis zur Heirat bewahren muß, will sie nicht sich und die Familie, das heißt die Männer ihrer Familie entehren. Die Frau ist dem Mann völlig untergeordnet.

Schon ein allzu häufiges Zeigen in der Öffentlichkeit, jedes sich öffentlich Bemerkbarmachen der Frau, kann als Mangel an Scham angesehen werden und unterstellt, daß auch mit ihrer sexuellen Schamhaftigkeit etwas nicht stimmt. Es schickt sich nicht, daß eine Frau laut spricht oder sonst irgendwie auffällt (arabische und türkische Männer sprechen dagegen nach einer amerikanischen Untersuchung besonders laut). Die Frau gilt als physisch und moralisch schwach und ständigen Schutzes und ständiger Überwachung bedürftig. Ihre Beaufsichtigung ist die Aufgabe des Mannes, von der seine Ehre abhängt. Entehrt sich eine Frau, so ist es die Pflicht der Männer ihrer Familie – das sind ihr Vater und ihre Brüder, nicht ihr Ehemann – sie zu töten, um die Ehre der Familie wieder herzustellen.

Die weibliche Sexualität ist extrem tabuisiert. Es gilt schon als schamlos, wenn eine Frau eine Toilette aufsucht, und jemand des anderen Geschlechtes es bemerkt. Es ist Frauen erlaubt, während der Menstruation das Fasten zu unterbrechen, weil sie dann als unrein gelten. Sie nehmen diese Möglichkeit jedoch nicht wahr, wenn Fremde anwesend sind, die so von ihrer Menstruation erfahren würden. Das heißt, die Ehre wiegt schwerer als die Erlaubnis des Korans. Wenn Frauen verwandte Männer in der Öffentlichkeit treffen, müssen sie ihre Blicke senken und dürfen sie nicht grüßen.[694] Die Frau hat ihrem Mann sexu-

694 KÜRSAT, Zur Verpflichtung der Ehre (Text im Internet, ohne Seitenzahlen)

ell zur Verfügung zu stehen, darf aber selbst keine Lust empfinden. Die Männer befürchten, daß sie sonst fremdgehen würde. Im Irak war es bis vor kurzem noch üblich, daß der Mann zu Beginn der Hochzeitsnacht vor seiner Braut eine Katze schlachtete, um sie gefügig zu machen.[695]

Die zentrale Einheit der Ehre ist die Großfamilie oder der (Familien-)Klan. Die Ehre ist das entscheidende soziale Kapital einer Familie, die Voraussetzung für ihre soziale Behauptung und auch ein gewisser Schutz vor sozialem Abstieg. Die Männer stehen in einem ständigen Konkurrenzkampf um die Ehre. Schon bloßes Gerede stellt eine existentielle Bedrohung dar. Der ständige Wettkampf um die Ehre erzeugt so in den arabischen Gesellschaften Nordafrikas und des Vorderen Orients einen „ungeheuerlichen sozialen Druck".[696]

Voraussetzung für eine solche extreme Dominanz der Ehre im Wertesystem einer Kultur ist das Fehlen beziehungsweise die Nichtanerkennung eines übergeordneten, staatlichen Gewaltmonopols.

In einer abgeschwächten Form gibt es diesen Ehrkomplex auch in den europäischen Ländern des Mittelmeerraums, auf Sizilien und Sardinien, in Süditalien, Südspanien, Griechenland und auf dem westlichen Balkan (vor allem in Albanien und Montenegro), wo er aber vielleicht mit Ausnahme der Balkanregion durch die Säkularisierung und den westlichen Individualismus inzwischen stark abgeschwächt ist. Im europäischen Teil des Mittelmeerraumes tritt die Fixierung auf die sexuelle Ehre zurück. Hier kann jede Form der ideellen oder materiellen Beeinträchtigung eine Beleidigung sein, die der Wiederherstellung der Ehre bedarf.[697] Den Hauptinhalt der Schande beinhaltet hier die Unfähigkeit *(Miserabilita),* die Ehre und die soziale Stellung seiner Familie zu erhalten. Auch Faulheit und Schlamperei können zum Verlust der Ehre führen.

---

695 AL-KHAYYAT, Ehre und Schande, S. 94

696 JOHN LAFFIN (1975), zit. n. GIORDANO, Der Ehrkomplex im Mittelmeerraum, S. 181

697 AXEL SCHMIDT: „'Wo Männer sind, gibt es Streit.' Ehre und Ehrgefühl im ländlichen Sardinien", in: LUDGERA VOGT, ARNOLD ZINGERLE (Hg.): Ehre. Archaische Momente in der Moderne, Frankfurt a.M. 1994, S. 191-211

Die brachialen Sanktionen auf Ehrverletzungen sind allerdings im islamischen Raum und auf dem Balkan viel ausgeprägter als auf der iberischen Halbinsel. Süditalien nimmt eine Zwischenstellung ein. In Anatolien ist es auch heute noch keine Seltenheit, daß das Familiengericht zusammenkommt, um ein Urteil über die Tötung einer Frau zu fällen, die gegen ihre Ehre verstoßen hat.[698]

Im alten Europa war das Rittertum Träger der Ehre. Dort bestand und besteht in Resten auch heute noch die Ehre in der Verinnerlichung von moralischen Normen und ist vor allem eine Sache des Einzelnen. Schon bei den Germanen war der Zweikampf das Mittel zur Wiederherstellung der Ehre. Eine solche Individualisierung der Ehre hat es in den islamischen Ländern nicht gegeben. Dementsprechend ist dort auch das Duell unbekannt.[699]

In Lateinamerika gibt es mit dem *Machismo* eine besonders anarchische Abwandlung des mediterranen Ehrkomplexes.[700] Er unterscheidet sich von dem islamischen Ehrbegriff vor allem durch seinen Individualismus und seinen aktiven Charakter. Die Ehre ist dort vor allem eine Sache des einzelnen Mannes, weniger seiner Familie. Beim *Machismo* geht es mehr darum, die eigene Männlichkeit aktiv unter Beweis zu stellen, als passiv die eigene Ehre zu schützen.

Der Mann beweist seine Männlichkeit durch die Unterwerfung von Konkurrenten und durch Eroberungen auf sexuellem Gebiet. Von ihm wird ein ständiges sexuelles Interesse erwartet. Mut, ein betont männlich-überlegenes Auftreten und die Prahlerei mit seinen Eroberungen und seiner Potenz gehören dazu. Eine unwidersprochene Beleidigung erhöht das Ansehen des Beleidigers. Als das wesentliche Merkmal eines Mannes gilt seine Zeugungsfähigkeit.

---

698 KÜRSAT, Zur Verpflichtung der Ehre (ohne Seitenzahlen)

699 DAGMAR BURKHART: Eine Geschichte der Ehre, Darmstadt, 2006; KÜRSAT, Zur Verpflichtung der Ehre (ohne Seitenzahlen)

700 DIETER RÜNZLER: Machismo. Die Grenzen der Männlichkeit, Wien 1988

Anders als im Islam wird die Verführung einer verheirateten Frau von der Gemeinschaft nicht verurteilt, sondern gilt als Beweis der Männlichkeit.[701] Nur der *Cornudo*, der „Gehörnte“, fällt der Verachtung preis.

Der *Machismo* ist heute in Lateinamerika vor allem eine Sache der unteren Schichten der Gesellschaft, während sich die führenden Schichten zunehmend an nordamerikanischen Verhaltensmaßstäben orientieren.

---

701 RÜNZLER, Machismo, S. 113

32. *Stereotype Accuracy*

Die Tatsache, daß Stereotypen statistisch mit der Wirklichkeit korrelieren und oft nicht nur ein „Körnchen" Wahrheit beinhalten, ist so offensichtlich, daß trotz der mächtigen Zeitströmungen der *political correctness* in den 1990er Jahren in den USA eine Forschungsrichtung entstand, die sich unter dem Schlagwort *Stereotype Accuracy* (Stereotypengenauigkeit) mit dem Realitätsgehalt der Stereotype befaßt. Insbesonders der Psychologe Lee J. Jussim (geb. 1955) hat, unterstützt durch seinen Kollegen Clark McCauley und die Psychologin Carey S. Ryan, die Stereotypengenauigkeit zu seinem Forschungsthema gemacht. Innerhalb der Sozialpsychologie werden die Vertreter dieser Richtung auch *Neorealisten* genannt. Ihre Beispiele beziehen sich vor allem auf die Unterschiede zwischen Weißen und Schwarzen in den USA und den Unterschied zwischen den Geschlechtern.[702]

Um die Genauigkeit der Stereotypen zu ermitteln, vergleichen die Forscher sie mit vorhandenen Daten aus empirischen Untersuchungen über Persönlichkeitseigenschaften, die mit bewährten standardisierten Persönlichkeitsfragebögen oder zum Beispiel mit Intelligenztests ermit-

---

702 LEE JUSSIM, THOMAS R. CAIN, JARRET T. CRAWFORD, KENT HARBER, FLORETTE COHEN: „The unbearable accuracy of stereotypes", in: TODD D. NELSON (Hg.): Handbook of prejudice, stereotyping, and discrimination, New York 2009, S. 199-227; CHARLES M. JUDD: „Definition and assessment of accuracy in social stereotypes", in: Psychological Review 100, 1993, S.109-128; LEE JUSSIM: Social Perception and Social Reality. Why Accuracy dominates Bias and Self-fulfilling Prophecy, Oxford 2012; YUEH-TING LEE, LEE J. JUSSIM, CLARK R. McCAULEY (Hg.): Stereotype Accuracy. Toward appreciating Group Differences, Washington 1995; CAREY S. RYAN: „Stereotype accuracy", in: European Review of Social Psychology 13, 2002, 75-109; dies.: „Accuracy of black and white college students' in-group and out-group stereotypes", in: Personality and Social Psychology Bulletin 22, 1996, S. 1114-1127; MICHAEL C. ASHTON, VICTORIA M. ESSES: „Stereotype accuracy: estimating the academic performance of ethnic groups", in: Personality and Social Psychology 25, 1999, S. 225-236

telt worden sind, sowie mit Daten aus dem US-Zensus etwa über Schul- und Hochschulabschlüsse, Einkommen, Sozialhilfebezug und Kriminalität. Die Genauigkeit von Stereotypen ist natürlich nie absolut, sondern immer nur relativ. Jussim betrachtet Stereotypen dann als zutreffend (akkurat), wenn der Unterschied zwischen Stereotyp und Wirklichkeit kleiner als ein Viertel der Standardabweichung der statistischen Normalverteilung (0,25 s) oder kleiner als 10 Prozent der Individuen ist.

Jussim wertete die Ergebnisse von 18 empirischen Untersuchungen (überwiegend an Studenten) aus. Es zeigt sich, daß die Korrelationen von Stereotyp und Wirklichkeit für Persönlichkeitseigenschaften bei den ethnisch-rassischen Stereotypen zwischen 0,53 und 0,77 und bei den Geschlechter-Stereotypen zwischen 0,66 und 0,90 betragen. Die Stereotypengenauigkeit betrifft Merkmale wie zum Beispiel Freude am Tanzen, Enge der familiären Bindung, mathematische Begabung und Selbstbezogenheit, sowie bei den Geschlechter-Stereotypen Offenheit für Emotionen oder Aggressivität. Der Mittelwert beträgt bei den Rassen-Stereotypen 0,70 und bei den Geschlechter-Stereotypen 0,75.[703] Das sind mittelstarke bis starke Korrelationen, die Stereotypen stimmen also in beachtlichem Maß mit der Wirklichkeit überein.

Bemerkenswert ist dabei, daß das allgemeine Stereotyp wesentlich besser abschneidet als die persönliche Einschätzung der Befragten, die nur eine Korrelation von 0.39 beziehungsweise bei den Geschlechterunterschieden von 0,51 mit der Wirklichkeit aufweisen. Das allgemeine Stereotyp, das auf kollektivem Erfahrungswissen beruht, ist also richtiger als individuelle Einschätzungen. Zugleich zeigt sich, daß die politischen Stereotypen in den USA über die Persönlichkeitseigenschaften der Demokraten und der Republikaner nur wenig akkurat sind. Offensichtlich trüben da die politische Sympathie und Antipathie den Blick.

---

703 JUSSIM u.a., The unbearable accuracy of stereotypes, Tabellen 10.1 und 10.2. Die von mir genannten Werte weichen von denen bei Jussim ab, da ich sie nur für die psychologischen Merkmale neu berechnet habe, während Jussim auch Stereotype über soziologische und demographische Variablen einbezog, wie z.B. uneheliche Geburt, ohne Vater aufgewachsen usw. Die von mir berechneten Werte sind nicht höher als die bei Jussim. Vgl. auch RYAN, Accuracy of black and white college students, S. 1119, wo auch auf die einzelnen Merkmale eingegangen wird.

Jussim hat die Genauigkeit der Stereotypen mit der von sozialpsychologischen Theorien verglichen. Er bezog sich dabei auf eine Meta-Analyse, die die quantitativen Ergebnisse von 25 000 Studien zu 322 verschiedenen sozialpsychologischen Fragen auswertete. Die geprüften Aussagen betreffen zum Beispiel den Einfluß des Fernsehens auf das Verhalten, die Folgen davon, wenn Kinder ohne Vater aufwachsen, den Einfluß weltanschaulicher Einstellungen auf das Verhalten oder den Einfluß, den Gruppenmitglieder aufeinander ausüben. Die Meta-Analyse ergab, daß nur 24 Prozent der vorhergesagten sozialpsychologischen Effekte durch Korrelationen von über 0,30 bestätigt werden und nur 5 Prozent von Korrelationen über 0,50.[704] Die Korrelationen der Stereotype sind dagegen alle größer als 0,50.[705]

Zur Verdeutlichung: eine Korrelation von 0,30 bedeutet, daß die Leute mit ihrem Urteil in knapp zwei Drittel, und eine von 0,50, daß sie in etwa drei Viertel der Fälle richtig liegen.

Man kann also ohne Übertreibung sagen, daß die landläufigen Stereotypen den sozialwissenschaftlichen Theorien deutlich überlegen sind. Eine erstaunliche Rehabilitierung der so arg beleumundeten Stereotypen! Es ist bezeichnend, daß die deutschen Stereotypenforscher bis heute von dieser amerikanischen Entwicklung noch keine Kenntnis genommen haben.

Die evolutionsbiologische Funktion der Stereotypen

Stereotypen beinhalten statistische Informationen über die Mitglieder von Gruppen, über deren einzelne Angehörige man nichts weiß. Wer sich in der Vergangenheit auf die Begegnung mit dem Angehörigen eines kriegerischen Stammes rechtzeitig wappnete, hatte einen sehr

---

704 F.D. RICHARD, CHARLES F. BOND, JULI J. STOKES-ZOOTA: „One hundred years of social psychology quantitatively described", in: Review of General Psychology 7, 2003, S. 331-363

705 JUSSIM u.a., The unbearable accuracy of stereotypes, S. 212 und Tab. 10.4., umgerechnet für ausschließlich die psychologischen Merkmale.

realen Überlebensvorteil gegenüber einem „vorurteilslosen" Zeitgenossen. Auf diese Weise konnte die menschliche Bereitschaft zur Bildung von Stereotypen evoluieren. Wer (die richtigen) Stereotype hatte, hatte eine größere Chance, selbst oder in seinen Kindern zu überleben. Solange man über die einzelnen Mitglieder der anderen Gruppe nichts weiß, bietet eine statistische Information selbst dann einen Vorteil, wenn der ihr zugrundeliegende tatsächliche Unterschied nur gering ist. Selbst wenn die Wahrscheinlichkeit etwa eines aggressiven Verhaltens nur wenige Prozent über dem in der eigenen Gruppe liegt, entsteht ein langfristiger, evolutionär wirksamer Selektionsvorteil.

Andere Überlebensvorteile dürften in ihren Auswirkungen weniger drastisch gewesen sein, nichtsdestotrotz aber auch einen langfristigen Vorteil geboten haben. Etwa wenn es darum ging, Geschäftspartner, Konkurrenten, Mitarbeiter, Machthaber, potentielle Gegner oder Verbündete, oder auch mögliche Heiratskandidaten richtig einzuschätzen. Die Stereotypen verlieren dann ihre Funktion, sobald man den einzelnen Angehörigen der betreffenden Gruppe gut genug kennt, um sein Verhalten richtig einschätzen zu können. Und tatsächlich dürften die meisten Menschen sich beim Umgang mit vertrauten Personen kaum noch von Stereotypen leiten lassen.

Damit biologisch verankerte Verhaltenstendenzen wirksam werden können, müssen sie mit positiven oder negativen Emotionen verbunden sein. Die stellen das Bindeglied zwischen dem meist unbewußten Wissen und dem tatsächlichen Handeln dar. Das ist der Grund, weshalb Stereotypen oft affektiv besetzt sind und damit zu Vorurteilen werden. Auch Vorurteile entstehen wahrscheinlich nicht willkürlich, sondern erfüllen wichtige soziale Funktionen, dienen dem Überleben der Menschen und der Gemeinschaft, in der sie leben, ihrer Institutionen und Werte.[706] So dient zum Beispiel das Vorurteil gegen Homosexuelle offensichtlich der Reproduktionsfähigkeit der Gemeinschaft.

---

[706] KLAUS IMMELMANN, THOMAS IMMELMANN: „Historische Anthropologie aus biologischer Sicht", in: Saeculum 36 (1985), S. 70-79; ALAN McGREGOR: „The evolutionary function of prejudice", in: The Mankind Quarterly 26 (1986), S. 277-284; JOSEF H. REICHHOLF: „Gemeinsam gegen die Anderen: Evolutionsbniologie kultureller Differenzierungen", in: WOLFGANG FIKENTSCHER (Hg.): Begegnung und

Stereotype als völkerpsychologische Quellen

Wenn man um den verhältnismäßig guten Informationswert der Stereotype weiß, kann man in ihnen auch Quellen über die Eigenschaften der Völker sehen.

Es besteht eine weitgehende Übereinstimmung in den Vorstellungen, die die verschiedenen Völker voneinander habe. Der amerikanische Psychologe Dean Peabody verglich 1985 die Völker-Stereotypen in verschiedenen europäischen Ländern. Er hatte dazu Befragungen in sieben europäischen Ländern durchgeführt und auch die Stereotypen über die Amerikaner und Russen einbezogen. Dabei wurden die Engländer durchgehend als selbstbeherrscht und ruhig angesehen, die Deutschen als fleißig, aktiv, diszipliniert und ernst, die Franzosen als spontan, liebenswürdig und heiter, die Italiener als fröhlich, impulsiv und aufgeregt und die Amerikaner als selbstbewußt und aktiv, praktisch und spontan. Dabei stimmen auch die Selbstcharakterisierungen der Völker im Wesentlichen mit den Bildern überein, die die anderen Völker von ihnen haben.

Völkerpsychologisch aufschlußreich können aber auch die Unterschiede in den Bewertungen sein. So finden die Italiener die Engländer und die Deutschen selbstbeherrschter und ernster als die meisten anderen Völker und die Deutschen und Österreicher die Italiener impulsiver als etwa die Franzosen. Letztere werden schon von den Engländern als besonders impulsiv empfunden und gelten den Deutschen als besonders

---

Konflikt – eine kulturanthropologische Bestandsaufnahme, München 2001, S. 270-281; JÖRG WETTLAUFER: „Von der Gruppe zum Individuum. Probleme und Perspektiven einer ‚evolutionären Geschichtswissenschaft'„ in: STEPHAN SELZER, ULF-CHRISTIAN EWERT (Hg.): Menschenbilder – Menschenbildner. Individuum und Gruppe im Blick des Historikers, Berlin 2002, S. 25-51; ATHANASIOS CHASIOTIS: „Evolutionstheoretische Ansätze im Kulturvergleich", in: GISELA TROMM, HANS-JOACHIM KORNADT (Hg.): Theorien und Methoden der kulturvergleichenden Psychologie. Enzyklopädie der Psychologie, Themenbereich C, Serie VII, Bd. 1, Göttingen 2007, S. 179-219; ECKART VOLAND: Grundriß der Soziobiologie. 2., überarbeitete Auflage, Berlin 2000

liebenswürdig. Der Maßstab ist eben bis zu einem gewissen Grad von den eigenen Verhältnissen abhängig, und was einem Franzosen normal vorkommt, mag einem Engländer schon als besonders impulsiv erscheinen.[707]

Bemerkenswert ist die gute Übereinstimmung von Auto- und Heterostereotypen. Die Selbstbilder, die die Völker von sich haben, stimmen weitgehend mit den Bildern überein, die auch ihre Nachbarn von ihnen haben. So schätzen zum Beispiel Javaner und Batak in Indonesien, Nord- und Süditaliener, Franzosen und Deutschen oder Deutschschweizer und Französische Schweizer ihre charakteristischen Unterschiede ganz ähnlich ein.

Das Selbstbild des Deutschschweizers entspricht weitgehend dem Bild, das der Welschschweizer von ihm entwirft, und umgekehrt. Die Deutschschweizer werden als männlicher und aktiver, die Welschschweizer als femininer und liberaler wahrgenommen, mit der Einschränkung, daß die Welschschweizer sich nicht als ganz so extravertiert betrachten, wie die Deutschschweizer sie sehen. Dabei ist bemerkenswert, daß das Autostereotyp der Deutschschweizer in vielem dem der Deutschen gleicht – sogar mehr als das der Österreicher –, und das der Welschschweizer dem der Franzosen.[708]

Ein Licht auf die ethnischen Großgruppen der Menschheit wirft eine Untersuchung des amerikanischen Psychologen Edgar Vinacke (1917-1991) auf der Insel Hawaii im Jahre 1949. Auf Hawaii leben neben den eingeborenen polynesischen Hawaiianern, die nur noch eine kleine Minderheit darstellen, und den vom amerikanischen Festland eingewanderten Weißen vor allem Chinesen und Japaner, außerdem Philippinos, Koreaner und Samoaner.

Die Chinesen und Japaner gelten dort als höflich, sauber und gepflegt, eng mit der Familie verbunden und untereinander zusammenhal-

---

707 DEAN PEABODY: National characteristics, Cambridge 1985

708 HARDY FISCHER, URI P. TRIER: Das Verhältnis zwischen Deutschschweizer und Westschweizer. Eine sozialpsychologische Untersuchung, Bern 1962; PEABODY, National characteristics, S. 180 ff. (Nord- und Süditaliener); MARGARET SCHWEIZER: Interethnische Meinungen bei indonesischen Studenten, Berlin 1980

tend, die Japaner außerdem als besonders fleißig und nachahmend *(imitative),* die Chinesen als gute Geschäftsleute und als konservativ und vorsichtig. Die Chinesen selbst halten sich außerdem für abergläubisch, was von den anderen ethnischen Gruppen nicht so gesehen wird, möglicherweise, weil die entsprechenden Bräuche mehr in der häuslichen Sphäre stattfinden. Die (meist angelsächsischen) Weißen gelten als umgänglich, offenherzig und fortschrittlich. Einige der ethnischen Gruppen empfinden sie aber außerdem auch als selbstverliebt und eingebildet. Den Koreanern werden von den Weißen ähnliche Eigenschaften wie den Chinesen und Japanern zugeschrieben, während sie diesen als temperamentvoll, eigensinnig, offenherzig und geschwätzig erscheinen, was tendenziell auch dem koreanischen Selbstbild entspricht. Offensichtlich besteht hier ein relativer Unterschied zu den Chinesen und Japanern, während die Weißen mehr die Gemeinsamkeiten mit diesen sehen. Als besonders temperamentvoll, auch aus Sicht der Weißen, gelten die Philippinos. Sie werden als emotional und leicht erregbar, blenderisch *(flashy)* und unberechenbar, verschwenderisch und musikalisch beschrieben, während sie selbst vor allem ihre Frömmigkeit und Geselligkeit hervorheben. Die Schwarzen auf Hawaii gelten als emotional und empfindlich, als blenderisch und träge, als musikalisch, religiös, abergläubisch und ungebildet. Die eingeborenen Hawaiianer schließlich werden von den verschiedenen Volksgruppen Hawaiis in großer Einhelligkeit als leichtlebig *(easy-going)* und unbekümmert *(happy-go-lucky),* als gutmütig *(good-natured),* gastfreundlich, großzügig und musikalisch, und nicht ganz so einmütig auch als ohne Ehrgeiz *(lacking in ambition),* nachlässig, faul und laut beschrieben. Die gleichfalls polynesischen Samoaner werden ähnlich wie die Hawaiianer, dabei aber als gröber und unkultivierter eingeschätzt.[709]

---

[709] W. EDGAR VINACKE: „Stereotyping among national-racial groups in Hawaii: a study in ethnocentrism“, in: Journal of Social Psychology 30, 1949, S. 265-291

33. Neue Sprachpsychologie

Seit den 1990er Jahren gibt es in der Sprachwissenschaft wieder ein verstärktes Interesse an der Sapir-Whorf-Hypothese der sprachlichen Relativität.

Viele Untersuchungen konzentrierten sich auf die unterschiedlichen Farbwörter bei verschiedenen Völkern. Der Gedanke war, ob unterschiedliche Farbbezeichnungen auch die tatsächliche Wahrnehmung der Farben beeinflusse. Manche primitiven Völker haben nur Wörter für hell und dunkel, wobei dann Gelb und Rot zu den hellen Farben gezählt werden, und anderen fehlt etwa die Unterscheidung von Grün und Blau. Im Rahmen des *World Color Survey* wurden seit dem Ende der 1970er Jahre die Farbbezeichnungen von 110 Völkern erfaßt. Ein anderes Großprojekt, das *Mesoamerican Color Survey* befaßte sich mit 115 mittelamerikanischen Sprachen. Die Ergebnisse waren jedoch im Wesentlichen negativ. Tests zeigten, daß auch die Angehörigen von Völkern ohne entsprechende Farbwörter die Grundfarben unterscheiden können. Allenfalls die Zuordnung von bestimmten farblichen Zwischentönen war von der sprachlichen Farbenklassifikation beeinflußt.[710]

Eine andere vieldiskutierte Frage ist die nach der Fähigkeit des Chinesischen, mit ihm imaginäre Sachverhalte zu denken. Das Chinesische verfügt über keine sprachlichen Mittel, seien es lexikalische, grammatische oder intonationsmäßige, um kontrafaktisch-irreales Sprechen zu kennzeichnen. Ein Chinese kann einen Satz „Wenn er gekommen ist, sitzt er jetzt in der Kneipe“ mit sprachlichen Mittel nicht von dem Satz „Wenn er gekommen wäre, säße er jetzt in der Kneipe“ unterscheiden. Um die kontrafaktische Absicht des letzten Satz zu erkennen, braucht er zusätzliche Informationen.

---

[710] WINFRIED FRANZEN: „Die Sprachen und das Denken. Kleine Bestandsaufnahme zum linguistischen Relativsmus (Sapir-Whorf-Hypothese)“, in: Conceptus 24, 1990, S. 3-31; ders.: „Die Sprachen und das Denken. Zum Stand der Diskussion über den ‚linguistischen Relativismus‘„ in: JÜRGEN TRABANT (Hg.): Sprache denken. Positionen aktueller Sprachphilosophie, Frankfurt a.M. 1995, S. 249-268

Nach dem amerikanischen Psychologen und Sprachwissenschaftler Alfred H. Bloom (geb. 1946) hat diese sprachliche Besonderheit eine nicht sprachliche Entsprechung. Auch als allgemeines kognitives System ist bei den Chinesen kontrafaktisches Theoretisieren und Argumentieren nur wenig entwickelt. Bloom stellte Chinesen in Hong Kong die Frage: „Wenn die Regierung von Hong Kong das und das Gesetz erlassen würde, wie würden sie dann darauf reagieren?“ Die meisten antworteten: „Aber ein solches Gesetz erläßt die Regierung doch gar nicht!“. Insistierte Bloom, „aber nehmen wir einmal an, sie erläßt es!“, erhielt er oft eine Antwort wie diese: „Warum sollen wir über so etwas reden? Das ist doch unnatürlich. Das ist eure westliche Art, nicht unsere chinesische“. In einer anderen Untersuchung legte Bloom chinesischen und amerikanischen Probanden eine Geschichte vor, deren Stimmigkeit von einer kontrafaktischen Deutung bestimmter Teile abhängig ist. Das Ergebnis war, daß die Amerikaner die Geschichte in weitaus größerem Maß auch kontrafaktisch verstanden. Je nach Art der Geschichte lagen die Zahlen sogar bei 90 Prozent der amerikanischen und nur 10 Prozent der chinesischen Versuchspersonen. Auf die Frage „Wenn alle Stühle rot wären und dieser Tisch ein Stuhl wäre, wäre er dann rot?“ antworteten die meisten Amerikaner mit „Ja“ und die meisten Chinesen mit „Nein“.

Bloom zog daraus den Schluß, daß dem Fehlen einer sprachlichen Kennzeichnung kontrafaktischer Inhalte zwar nicht das Fehlen eines allgemeinen kognitiven Schemas – natürlich können auch Chinesen imaginäre Dinge denken –, aber doch das Fehlen eines einfachen, routinemäßig geläufigen kognitiven Schemas entspricht. Neben dem weitgehenden Fehlen von sprachlichen Nominalisierungen, etwa von „ehrlich“ zu „Ehrlichkeit“, sieht Bloom darin den Grund dafür, daß im alten China keine theoretische Tradition im Sinne westlicher Wissenschaft entstanden ist.[711] Bloom sieht allerdings in den Besonderheiten des chinesischen Denkens nicht so sehr eine Folge der chinesischen Sprache, als in der chinesischen Sprache einen Ausdruck der chinesischen Kultur. Weil diese nicht zum kontrafaktischen Denken neigte,

711 WINFRIED FRANZEN: „Die Sprachen und das Denken. Kleine Bestandsaufnahme zum linguistischen Relativismus (Sapir-Whorf-Hypothese)“, in: Conceptus 24, 1990, S. 3-31, S. 20 f.

entwickelte sie auch keine entsprechenden sprachlichen Mittel, um es auszudrücken.[712]

Anders als die alte idealistisch-spekulative Sprachpsychologie stützt sich die neuere in starkem Maße auf empirische Methoden und Tests. Solche zeigen, daß sich die jeweiligen Besonderheiten der Sprachen auch im nichtsprachlichen Denken und Wahrnehmen auswirken. Die unterschiedliche Leserichtung in verschiedenen Sprachen und Schriften zum Beispiel prägt auch sonst die Blickrichtung. Bei Versuchen mit italienischen und arabischen Versuchspersonen erwies sich, daß die Araber, deren Schrift von rechts nach links gelesen wird, auch Bilder von rechts nach links anschauen. Bei Italienern, die wie alle Europäer eine Schrift verwenden, die von links nach rechts gelesen wird, ist es umgekehrt.[713] Auch die Vorstellung von der Zeit ist von der Schrift beeinflußt. Gebeten, Symbolkarten, die für bestimmte Ereignisse stehen, räumlich nach ihrer zeitlichen Abfolge zu ordnen, legen die Italiener diese von links nach rechts. Araber und Israelis – auch das Hebräische wird von rechts nach links gelesen – ordnen die Karten in der umgekehrten Reihenfolge[714]. Andere Untersuchungen zeigen, daß sich Europäer, wenn sie von der Zukunft sprechen, unwillkürlich etwas nach vorne neigen, und etwas nach hinten, wenn von der Vergangenheit die Rede ist. Die Aymara, an indianisches Volk in den südamerikanischen Anden, verlegen die Vergangenheit nach vorne und die Zukunft hinten, und bringen das entsprechend in ihrer Körpersprache zum Ausdruck.[715]

Es gibt auch eine kulturelle Prägung der Mimik und des Gesichtsausdrucks. Ostasiaten drücken starke Gefühle mehr mit den Augen aus –

---

712 WINFRIED FRANZEN: „Die Sprachen und das Denken. Zum Stand der Diskussion über den ‚linguistischen Relativismus'„„ in: JÜRGEN TRABANT (Hg.): Sprache denken. Positionen aktueller Sprachphilosophie, Frankfurt a.M. 1995, S. 249-268, S. 263

713 ANNE MAASS, AURORE RUSSO: „Directional bias in the mental representation of spatial events: nature or culture?", in: Psychological Science 14, 2003, S. 296-301

714 LERA BORODITSKY: „Wie Sprache das Denken formt", in: Spektrum der Wissenschaft 2012, Heft 4, S. 30-33

715 BORODITSKY, Wie Sprache das Denken formt.

bekannt ist ja das bedrohliche Augenrollen bei wütenden Japanern oder Polynesiern – Europäer mehr mit der Mundregion.[716] Was dabei von den Sprachpsychologen jedoch übersehen wird ist, daß sich die verschiedenen Rassen auch in der Ausdifferenzierung ihrer Gesichtsmuskulatur unterscheiden.

Die australischen Aborigines verwenden die absoluten Himmelsrichtungen Norden, Süden, Westen und Osten auch bei nahen räumlichen Beziehungen. Sie sind sich immer der Himmelsrichtungen bewußt und sagen zum Beispiel, daß ihr Nachbar östlich von ihnen sitzt. Dafür fehlen ihnen Ausdrücke für relative räumliche Beziehungen wie links und rechts. Verbunden mit dem ständig präsenten absoluten räumlichen Beziehungssystem ist eine allgemein bessere räumliche Orientierungsfähigkeit als etwa bei Europäern.[717] Gebeten, Symbolkarten für bestimmte Ereignisse zu ordnen, legen sie diese stets von Osten nach Westen. Für sie liegt die Vergangenheit im Osten, so wie die Sonne vom Osten nach Westen wandert.

Eine immer größere Bedeutung für die Sprachpsychologie gewinnt die Hirnforschung. Die neuronalen Strukturen des Gehirns, die uns das Denken ermöglichen, weisen besonders in der Kindheit, aber auch noch im Erwachsenenalter eine erstaunliche Plastizität auf. Alles, womit wir uns intensiv beschäftigen, ist im Gehirn stark repräsentiert. Intensives Denktraining stellt neuronale Verknüpfungen her, die die jeweilige Art des Denkens erleichtern. Ausbleibendes Denktraining läßt Funktionen verkümmern. Bei muttersprachlichen Englischsprechern ebenso wie bei muttersprachlichen Italienischsprechern konnte man mit bildgebenden Verfahren eine Korrelation von Vokabelkenntnissen mit der Größe bestimmter Gehirnregionen des *parietalen Cortex*, die für die Verknüpfung von akustischen Informationen und Bedeutung zuständig sind, nachweisen.[718]

---

716 RACHAEL JACK, OLIVER G.B.GARROD, HUI YU u.a.: „Facial expressions of emotion are not culturally universal", in: Proceedings of the National Academy of Sciences of the USA 109, 2012, S. 7241-7244

717 BORODITSKY, Wie Sprache das Denken formt.

718 D.W. GREEN, J. CRINION, C.J. PRICE: „Exploring cross-linguistic vocabulary effects on brain structure using voxel-based morphometry", in: Bilingualism 10, 2008, S. 189-199

Das Erlernen von Sprache ist an die Entwicklung des Gehirns in der Kindheit gebunden. Kaspar-Hauser-Fälle von Menschen, die in der Kindheit keine Sprache gelernt haben, zeigen, daß diese als Erwachsene nur noch eine rudimentäre Sprache aus einzelnen Worten weitgehend ohne Grammatik erlernen können.

Untersuchungen an Hirnverletzten und in neuerer Zeit auch mit bildgebenden Verfahren ergaben, daß Sprachen auf unterschiedliche Weise im Gehirn repräsentiert sein können. Der Normalfall bei Europäern ist, daß die (mutter-)sprachlichen Fähigkeiten vor allem in der linken Hirnhälfte lokalisiert sind. Insbesondere die Konsonanten werden in der linken Hirnhälfte verarbeitet. Eine Ausnahme stellen manche Linkshänder dar – nicht alle –, bei denen auch die Funktion der Hirnhälften seitenverkehrt ist. Bei Menschen, die außer ihrer Muttersprache noch weitere Sprachen gelernt haben, übernimmt die rechte Hirnhälfte einen wesentlichen Teil der Sprachfunktionen.[719]

Zwischen Europäern und Ostasiaten bestehen Unterschiede in der Art, wie die Verarbeitung von Sprache auf die beiden Hirnhälften verteilt ist. Verletzungen bestimmter Hirnareale führen bei Japanern zu Störungen der Lese- und der Schreibfähigkeit, die bei Europäern keine entsprechenden Folgen haben.[720]

Bei Japanern ist die linke Hirnhälfte nicht nur für die Konsonanten, sondern auch für die Vokale zuständig. Diese haben im Japanischen, das wie das Chinesische eine tonale Sprache ist, eine wesentlich größere Bedeutung als in den europäischen Sprachen. Mehrsprachige Chinesischsprecher, auch solche europäischer Herkunft, weisen im Hirnscan eine Volumenvergrößerung in bestimmten Regionen der rechten und der linken Hemisphäre auf. Beim Lesen der chinesischen Schrift sind mehr Regionen der rechten Hemisphäre beteiligt als beim Lesen von alphabetischer Schrift.[721]

---

719 LUCIANO MECACCI: Das einzigartige Gehirn. Über den Zusammenhang von Hirnstruktur und Individualität, Frankfurt a.M. 1988, S. 47

720 MECACCI, Das einzigartige Gehirn, S. 54 ff.

721 M.W. CHEE, H. ZHENG, J.O. GOH, D. PARK, B.P. SUTTON: „Brain structure in young and old East Asians and Westeners: comparisons of structural volume and cortical thickness“, in: Journal of Cognitive Neuroscience 23, 2011, S. 1065-1079; D.W. GREEN, J. CRINION, C.J.

Für Ostasiaten hat die ganze Welt der Laute, die der Natur und die der Menschen, eine verbale Bedeutung und einen Gefühlswert.[722] Japaner und andere Ostasiaten erleben europäische klassische Musik genauso wie Europäer, nicht jedoch die klassische japanische Musik. Diese besteht für Europäer bloß aus einer Summe neutraler (und oft disharmonischer) Töne, während sie für die Japaner aufgrund ihrer unterschiedlichen Sprachverarbeitung reich an Bedeutung ist, die sich auch in Worten ausdrücken läßt.[723] Japaner, die in den USA mit Englisch als Muttersprache aufgewachsen sind, zeigen in Hirnscans das westliche Muster.[724]

Es bestehen zudem Unterschiede in der Sprachverarbeitung zwischen Japanern und Chinesen. Das Chinesische ist eine Sprache mit einer rein piktographischen, auf Bildzeichen beruhenden Schrift. Im Japanischen wird die chinesische Bilderschrift noch durch ein zweites, abstraktes Symbolsystem wie unser alphabetisches ergänzt. Japaner aktivieren bei der gesprochenen Sprache vor allem ihre linke Gehirnhälfte, bei der geschriebenen aber in stärkerem Maße als die Chinesen auch die rechte Hälfte.[725]

PRICE: „Exploring cross-linguistic vocabulary effects on brain structure using voxel-based morphometry", in: Bilingualism 10, 2008, S. 189-199; P. KOCHUNOV, P. FOX, J. LANCASTER, L.H. LAN u.a.: „Localized morphological brain differences between English-speaking Caucasians and Chinese-speaking Asians: new evidence of anatomical plasticity", in: Neuroreport 14, 2003, s. 961-964; LI HAI TAN, L.H. LIU, C.A. PERFETTI, J.A. SPINKS, PETER T. FOX, JIA-HONG GAO: „The neural system underlying Chinese logography reading", in: Neuroimage 13, 2001, S. 836-846

722 MECACCI, Das einzigartige Gehirn, S. 50 f.

723 MECACCI, Das einzigartige Gehirn, S. 81

724 NISHIWAKI YASUSHI: „Die japanische Sprache, ihr Einfluß auf die zerebrale Dominanz und einige und einige Betrachtungen vom Standpunkt der Unschaerfenlehre", in: S. LINHART (Hg.): Japan. Sprache, Kultur, Gesellschaft, Wien 1985, S. 236-253, S. 244

725 MECACCI, Das einzigartige Gehirn, S. 54 ff.

Hirnscans mittels Kernspintomographie zeigen, daß bei Menschen westlicher Kulturen der Stirnlappen stärker ausgeprägt ist, der unter anderem für logisches Denken zuständig ist. Asiaten zeigen dagegen eine dickere Großhirnrinde in Regionen, die für die Wahrnehmung zuständig sind. Wissenschaftler wie der amerikanisch-chinesische Kognitionsforscher Michael Chee führen das auf die unterschiedlichen Denkstile in der westlichen und der ostasiatischen Kultur, mit der Bevorzugung des analytischen Denkens im Westen und des holistischen im Osten, zurück. Das heißt natürlich nicht, daß Asiaten nicht logisch denken können, wohl aber, daß sie dafür weniger kulturell vorgeprägte neuronale Ressourcen aufweisen und für seine Bewältigung mehr bewußtes Denken einsetzen müssen.[726]

Bei einer anderen Untersuchung mittels bildgebender Verfahren beobachtete die amerikanische Kognitionsforscherin Denise C. Park, welche Hirnareale beim Nachdenken über bestimmte Inhalte aktiv sind. Gebeten, über sich selbst nachzudenken, wird bei Europäern wie Ostasiaten derselbe Bereich im mittleren *präfrontalen Cortex* und im vorderen *Gyrus Cinguli* aktiviert. Einen deutlichen Unterschied gab es jedoch, wenn die Versuchspersonen über ihre Mutter nachdenken sollten. Während bei den Europäern nun andere Gehirnregionen aktiviert sind, ist bei den Asiaten jetzt außerdem der mittlere *präfrontale Cortex* aktiv, wie bei dem Nachdenken über sich selbst. „Dies zeigt deutlich die kollektivistischere Sichtweise von Asiaten", interpretiert Park ihre Ergebnisse, „der Übergang zwischen Selbst und anderen scheint zu verschwimmen". Der Einzelne erlebt sich weniger als isoliertes Individuum als im Westen.[727]

---

726 SIMONE EINZMANN: „Verschiedene Arten, die Welt zu betrachten", in: Psychologie heute 2011, Heft 11, S. 76-81, S. 78

727 EINZMANN, Verschiedene Arten, die Welt zu betrachten, S. 80

34. Verhaltensgenetik

Durch die Fortschritte in der Molekulargenetik ist es mittlerweile möglich geworden, Gene direkt in der DNS zu identifizieren. Seit den 1990er Jahren führt man zahlreiche Assoziationsstudien durch, um Gene zu identifizieren, die statistisch mit bestimmten Verhaltensweisen, Eigenschaften oder Krankheiten korreliert sind.[728]

Auf diese Weise hat man inzwischen schon hunderte von genetischen Polymorphismen gefunden, deren unterschiedliche Allele beispielweise mit der Intelligenz, mit Aggressivität und extravertiertem Verhalten, mit dem Bedürfnis nach Neuem oder mit dem Risiko, an Schizo-

---

728 BURKHARD BROCKE, JOHANNES MÜLLER, ALEXANDER STROBEL: „Verhaltensgenetik“, in: KURT PAWLIK (Hg.): Handbuch Psychologie. Wissenschaft – Anwendung – Berufsfelder, Heidelberg 2006, S. 355-367; KURTIS L. NOBLETT, EMIL F. COCCARO: „Molecular genetics of personality“, in: Current Psychiatry Reports 7, 2005, S. 73-80; RAINER RIEMANN, FRANK SPINATH: „Genetik und Persönlichkeit“, in: JÜRGEN HENNIG, PETRA NETTER (Hg.): Biopsychologische Grundlagen der Persönlichkeit, München 2005, S. 539-628; JONATHAN B. SAVITZ, RAJKUMAR S. RAMESAR: „Genetic variants in personality: A review of the more promising candidates“, in: American Journal of Medical Genetics (Neuropsychiatry Genetics) 131B, 2004, S. 20-32; ANDREAS REIF, KLAUS-PETER LESCH: „Toward a molecular architecture of personalty“, in: Behavioral Brain Research 139, 2003, S. 1-20; R.P. EBSTEIN, A.H. ZOLAR u. a.: „An update on molecular genetic studies of human personality traits“, in: Applied Bioinformatics 1, 2002, S. 57-68; J. BENJAMIN, Y. OSHER, M. KOTLER u.a.: „Association between tridimensional personality questionaire (TPQ) traits and tree functional polymorphisms: dopamin receptor D4 (DRD4), serotonin transporter promoter region (5-HTTLPR) and catechol O-methyltransferase (COMT)“, in: Molecular Psychiatry 5, 2000, S. 96-100; MATT RIDLEY: Alphabet des Lebens. Die Geschichte des menschlichen Genoms, München 2000; DEAN HAMER, PETER COPELAND. Das unausweichliche Erbe. Wie unser Verhalten von unseren Genen bestimmt ist, München 1998

phrenie zu erkranken, korreliert sind. Allerdings erklären die meisten dieser Gene jeweils nur einen kleinen Teil der Variabilität des betreffenden Merkmals, in der Regel weniger als 1 Prozent. Und meistens können die Zusammenhänge nur in einem Teil der nachfolgenden Replikationsstudien bestätigt werden, in einem anderen Teil dagegen nicht.

Die Intelligenzgene

Die molekulargenetischen Untersuchungen zeigen, daß die lange Zeit vorherrschende Auffassung, daß die Evolution des menschlichen Verhaltens schon in der Altsteinzeit zu einem Ende gekommen sei, nicht mehr aufrechtzuhalten ist. So haben 2007 Untersuchungen von John Hawks, Eric T. Wang, Henry Harpending und Gregory Cochran im menschlichen Genom Belege dafür gefunden, daß sich die Selektion in den letzten 40 000 Jahren und vor allem seit der letzten Eiszeit vor etwa 10 000 Jahren sogar erheblich beschleunigt hat. Diese Gene weisen starke Koppelungsungleichgewichte auf, das heißt, ihre Allele sind gegenüber denen ihrer Nachbargene nicht zufällig verteilt, sondern sie bilden mit diesen einen zusammenhängenden Block. Das ist immer dann der Fall, wenn ein Mutationsereignis noch nicht lange genug zurückliegt, um auch die benachbarten Gene bei der Neukombination der Gene bei der Zeugung voneinander zu trennen.

Die Untersuchungen von Harpending und Cochran zeigen zudem, daß sich noch etwa 7 Prozent der menschlichen Gene in den letzten 10 000 Jahren verändert haben.[729] Diese Veränderungen betreffen vor allem

---

729 JOHN HAWKS, ERIC T. WANG, GREGORY COCHRAN, HENRY C. HARPENDING, ROBERT K. MOYZIS: „Recent acceleration of human adaptive Evolution“, in: Proceedings of the National Academy of Science of the USA 104, 2007, S. 20753-20758; ERIC T. WANG, GREG KODAMA, PIERRE BALDI, ROBERT K. MOYZIS: „Global landscape of recent inferred Darwinian selection for Homo sapiens“, in: Proceedings of the National Academy of Science of the USA 103, 2006, S. 135-140; BENJAMIN C. VOIGT, SRIDHAR KUDARAVALLI, YIAOQUAN WENG, JONATHAN K. PRITCHARD: „A map of recent positive selection in the human genome“, in: PloS Biology 4, 2006, S. 446-458 u. 659.

Europäer und Ostasiaten, weniger die Afrikaner. Vier Fünftel der evoluierten Gene sind rassenspezifisch, und nur ein Fünftel findet sich bei allen Menschen. Brisant im Hinblick auf mögliche kognitive Unterschiede ist, daß ein großer Teil der durch die Selektion veränderten Gene das Gehirn und das Nervensystem betrifft. In das Blickfeld der Forscher gerieten dabei vor allem drei Gene, nämlich das für den Neurotransmitter Neuregulin 1 (NRG1), das Mikrozephalin-Gen (MCPH1) und das ASPM-Gen *(abnormal spindle-like microcephaly associated)*, die alle eine wichtige Funktion für das Gehirnwachstum haben. Es gibt starke Hinweise darauf, daß sie erst in der jüngeren Menschheitsgeschichte evoluiert sind und einer starken Selektion unterlagen. Sie weisen zudem beträchtliche Rassenunterschiede auf. Allerdings zeigten die nachfolgenden Studien, daß diese Gene keine Korrelation zur Intelligenz innerhalb von Bevölkerungen aufweisen. Lediglich Neuregulin I hat Beziehungen zur Schizophrenie und zur Kreativität von gut Begabten, weshalb es in den Medien auch „Gen der Genies" genannt wurde.[730] Und das Mikrozephalin-Gen weist immerhin eine beträchtliche weltweite Korrelation mit dem IQ auf Länderebene auf (r= 0,79).[731]

Überhaupt hatte man auf der Suche nach Intelligenz-Genen zunächst nur wenig Erfolg. Man nimmt an, daß etwa die Hälfte aller Gene irgendwie auch im Gehirn aktiv ist. Zunächst suchte man auf Chromosomenabschnitten, auf denen Gene lagen, die eine Rolle bei der Entstehung von neurologischen Erkrankungen wie Autismus, Alzheimer und Schizophrenie oder kognitiven Störungen spielen. Man fand auch eine Reihe von Genen, die aber nur einen kleinen Anteil an der Variabilität der Intelligenz erklären konnten – in der Regel kaum mehr als 0,1 Prozent. In den meisten Fällen ließen sich die Korrelationen zur Intelligenz in späteren Studien auch nicht replizieren.

---

730 STEFANIE MAECK: „Kreativität und Schizophrenie. Forscher enttarnen das Gen der Genies." Text auf der Seite von Spiegel Wissenschaft vom 8.12.2012

731 MICHAEL A. WOODLEY, HEINER RINDERMANN, EDWARD BELL, JAMES STRATFORD, DAVIDE PIFFER: „The relationship between Microcephalin, ASPM and intelligence: A reconsideration." In: Intelligence 44, 2014, S. 51-63

Die Lage besserte sich, als man um 2005 die Möglichkeit erhielt, in genomweite Assoziationsstudien (GWAs) gleichzeitig Abertausende von einzelnen Basenpaar-Polymorphismen (SNPs, *single nucleotide polymorphisms*) gleichzeitig zu untersuchen. Man erhielt auch jetzt zunächst nur sehr wenige Polymorphismen, die meist nur in schwachem Maß mit der Intelligenz korreliert sind.[732]

In der Folge ging man nun zu einem anderen Verfahren über, der genomweiten Analyse komplexer Merkmale (GCTA). Dafür faßt man nun alle mit dem Merkmal assoziierten Polymorphismen – auch die nicht signifikanten – zu einem Komplex zusammen, einem polygenen Score (PGS). Gleichzeitig werden jeweils zwei zufällig ausgewählte Personen auf ihre genetische (SNP-)Ähnlichkeit untersucht. Die Summe der überzufälligen Ähnlichkeiten aller Paare wird dann mit dem untersuchten Merkmal – der Intelligenz – korreliert. Gibt es eine positive Korrelation zwischen beiden, kann diese als das Maß des genetischen Einflusses auf das Merkmal gelten (dessen Heritabilität). Um möglichst viele Polymorphismen und möglichst viele signifikante Ergebnisse zu bekommen, untersucht man nun immer größere Stichproben, die in veröffentlichten Datenbanken zur Verfügung stehen. Die bisher größte Untersuchung beruht auf den Daten von 1,1 Millionen Individuen. Auf diese Weise kann man heute etwa 10 Prozent der Variabilität der kognitiven Fähigkeiten auf genetische Einflüsse zurückführen.[733]

Das ist zwar deutlich mehr, als man zunächst erreichen konnte, aber immer noch deutlich weniger als die aus den Zwillingsuntersuchungen bekannte Heritabilität der Intelligenz von etwa 50 bis 80 Prozent. Sicher kennt man noch nicht alle mit der Intelligenz korrelierten Gene,

---

732 ROBERT PLOMIN, JOHN C. DeFRIES, VALERIE S. KNOPIK, JENAE M. NEIDERHISER: Behavioral Genetics. Sixth Edition, New York 2013; ANDRÉ REIS, FRANK M. SPINATH: „Genetik der allgemeinen kognitiven Fähigkeiten." In: medizinische genetik 3/2018

733 JAMES J. LEE, ROBBEE WEDOW, […] „Gene discovery and polygenic prediction from a genome-wide association study of educational attainment in 1.1 million individuals." In: Nature Genetics 50, 2018, 1112-1121

und viele werden keine SNPs sein, sondern anderen Strukturtypen angehören. Die meisten durch die GWAs bekannten Genorte werden auf dem DNS-Strang auch nicht in relevanten codierenden Genen liegen, sondern nur in deren Nähe. Eine mit unterschiedlichen statistischen Verfahren arbeitende Studie ergab, daß 51 Prozent der mit Intelligenz assoziierten SNPs im intronischen (d.h. nicht codierenden) Bereich der DNS liegen, 27 Prozent im intergenetischen (d.h. zwischen zwei Genen) und nur 1,5 Prozent im exonischen (d.h. in codierenden Genen).[734]

Ein weiteres Problem bei der Forschung nach „Intelligenzgenen" oder gar ethnischen Unterschieden bei diesen ist, daß es dafür keine Förderung an den Universitäten gibt. In den Universitätsgremien aller westlichen Länder sitzen viele Linke, die solche „rassistische" Forschung zu verhindern wissen. Universitätswissenschaftler, die Intelligenzgene suchen, müssen das im Rahmen von Forschungsprogrammen über psychische oder neurologische Krankheiten wie Schizophrenie, Autismus oder Alzheimer machen, wie zum Beispiel der Amerikaner Robert Plomin (geb. 1948) in London oder der Schotte Ian J. Deary (geb. 1954) in Edinburgh.

Über genetische Rassenunterschiede der Intelligenz forscht heute praktisch nur eine Gruppe von jungen Wissenschaftlern, die wegen ihres Forschungsgebietes mittlerweile fast alle keine Stelle an einer Universität mehr haben und ihre Forschungen privat finanzieren müssen. Die brillanten Köpfe dieser Gruppe sind der Däne Emil O.W. Kirkegaard (geb. 1989) und der Italiener Davide Piffer, die mit sehr anspruchsvollen statistischen Methoden große Datensätze auswerten.

Die beiden Gene, die am stärksten mit der Intelligenz korreliert sind und zugleich weltweit beträchtliche geographische Unterschiede aufweisen, sind das COMT- und das FNBP1L-Gen. Die Daten für beide Gene wertete Davide Piffer 2013 in einem Aufsatz aus, der bezeichnenderweise in einer japanischen Zeitschrift erschien.

---

734 JEANNE E. SAVAGE, PHILIP R. JANSEN, (…) DANIELLE POSTHUMA: „Genome-wide association meta-analysis in 269,867 individuals identifies new genetic and functional links to intelligence." In: *Nature Genetics* 50, 2018, S. 912-919; Reis u. Spinath, Genetik der allgemeinen kognitiven Fähigkeiten (2018)

Das FNBP1L (Formin-bindendes Protein 1-ähnlich) -Gen codiert ein Protein, das eine Funktion im Hirnstoffwechsel hat. Es besitzt einen Polymorphismus (SNP rs236330), der bei Kindern und Erwachsenen mit der allgemeinen Intelligenz korreliert ist. Es gibt ein altes T-Allel des Polymorphismus, das seine höchsten Werte in archaischen Kulturen und seine niedrigsten Werte in Europa und Ostasien hat. Die geographische Korrelation mit dem Länder-IQ beträgt 0,81.

Das COMT (Catechol-O-Methyl Transferase) -Gen ist ein Enzym, das im Gehirn die Stresshormone Noradrenalin, Adrenalin und Dopamin deaktiviert. Es besitzt einen Polymorphismus mit der Bezeichnung Val158Met (SNP rs4680), mit einem Val- und einem Met-Allel. Das Met-Allel ist positiv mit den Merkmalen Intelligenz, *executive function*, was so viel wie Planung und Selbstkontrolle bedeutet, und Arbeitsgedächtnis korreliert. Menschen mit dem progressive Met-Allel haben einen höheren Dopamin-Spiegel im präfrontalen Cortex – dem Stirn- oder Frontallappen des Gehirns, dem Sitz des rationalen Denkens und der Persönlichkeit – während Träger des Val-Allels dort einen niedrigeren, suboptimalen Dopamin-Spiegel haben. Das Met-Allel hat seine höchsten Frequenzen in Europa (etwa 50 %) und die niedrigsten bei afrikanischen Pygmäen (7 %) und Amazonas-Indianern (1 %). Das Met-Allel ist bei bäuerlichen Bevölkerungen häufiger als bei Jägern und Sammlern. Die geographische Korrelation des Met-Allels zur Intelligenz auf Länderebene beträgt 0.57. Dieser im Vergleich zum FNBP1L-Gen niedrigere Wert hat seine Ursache in einer Besonderheit des COMT-Gens. In den ostasiatischen Ländern hat nämlich das Met-Allel trotz des hohen durchschnittlichen IQs von etwa 105 nur eher mäßige Werte von 22 bis 30 Prozent. Eine chinesische Untersuchung ergab, daß in der chinesischen Bevölkerung das umgekehrte Verhältnis von Met- und Val-Allel besteht. Hier ist das Val-Allel mit einem besseren Arbeitsgedächtnis korreliert. Dieses erstaunliche Ergebnis zeigt, daß zwischen den Großrassen des Menschen nicht nur quantitative Unterschiede in der Hirnchemie bestehen, sondern auch strukturell-funktionale.[735]

---

735 DAVIDE PIFFER: „Correlation of the COMT Val158Met polymorphism with latitude and a hunter-gather lifestyle suggest culture-gene coevolution and selective pressure on cognition genes due to climate." In: *Anthropological Science* 121, 2013, S. 161-171; Y. WANG, J. LI, C.

Bisher sind fast alle Untersuchungen zur Genetik der Intelligenz an europäischstämmigen Menschen durchgeführt worden. Im Jahr 2019 veröffentlichten Emil O.W. Kirkegaard und seine Mitarbeiter die Ergebnisse einer Studie an 9421 englischsprechenden jungen US-Amerikanern europäischer, afrikanischer und europäisch-afrikanisch gemischter Herkunft. Der Intelligenz-Unterschied zwischen Europäisch-Amerikanern und Afroamerikanern in der Studie beträgt 14,7 IQ-Punkte. Es besteht eine sehr starke Korrelation von europäischer Abstammung und dem General-Faktor der Intelligenz *g* (r= 0.984). Bei den Afroamerikanern ist die dunklere Hautfarbe negativ mit *g* korreliert.

Die Ergebnisse der Studie zeigen, daß etwa 20 bis 25 Prozent des Intelligenzunterschiedes zwischen weißen und schwarzen US-Amerikanern durch bekannte mit der Intelligenz assoziierte Polymorphismen (SNPs) erklärt werden können. Auf diese Weise kann erstmals der Intelligenz-Unterschied zwischen Europäern und Afrikanern auf genetischer Ebene quantifiziert werden.[736]

Aus demselben Jahr stammt eine Untersuchung Davide Piffers, in der er mehrere polygene Scores für Schulerfolg aus genomweiten Assoziationsstudien für die in Datenbanken zugänglichen SNPs verschiedener Bevölkerungen weltweit berechnete. Obwohl die Scores hauptsächlich auf europäischstämmigen Bevölkerungen beruhen, ergab sich dieselbe geographische Verteilung wie sie vom IQ her bekannt ist. Hohe Werte bei Chinesen, etwas niedrigere bei Europäern, noch niedrigere bei Lateinamerikanern und Indern und die niedrigsten Werte bei Schwarzafrikanern. Die geographische Korrelation der polygenen Scores zur Intelligenz beträgt 0.9, die zum Schulerfolg 0.8.[737]

CHEN,(…) Q. DONG: „COMT rs 4680 is not always the 'smart allele' Val allele is associated with better working memory and larger hippocampal volume in healthy Chinese.“ In: *Genes, Brain and Behavior* 12, 2013, S. 323-329

736 JORDAN LASKER, BRYAN J. PESTA, JOHN R. FUERST, EMIL O.W. KIRKEGAARD: „Global ancestry and cognitive ability.“ In: *Psych* 1, 2019, S. 431-459

737 DAVIDE PIFFER: „Evidence for recent polygenic selection on educational attainment and intelligence inferred from GWAS hits: A replication of previous findings using recent data.“ In: *Psych* 1, 2019, S. 55-75

Schon 2017 veröffentlichten Piffer und sein britischer Kollege Michael A. Woodley of Menie (geb. 1984) eine Studie, in der sie die alte DNS von 99 Individuen aus der Zeit von 2500 v. Chr. bis 810 n. Chr. in Europa und Zentralasien[738] mit der der heutigen Bevölkerung (n= 503) verglei- chen. Sie berücksichtigten dafür drei polygene Scores für kognitive Fähigkeit (mit 130 SNPs, 9 SNPs und 11 SNPs) aus verschiedenen publizierten Datensätzen moderner Bevölkerungen. Der Vergleich der prähistorischen Europäer mit den modernen ergab niedrigere Score-Werte bei den prähistorischen Europäern. Für den Teil der prähistorischen Stichprobe, für den Radiokarbondatierungen vorliegen, 66 Individuen, prüften die Autoren auch auf einen zeitlichen Wandel. Dabei ergab sich, daß die zeitlich jüngeren Genome die höheren Score-Werte aufweisen. Dieser Trend ist statistisch signifikant. Es scheint also so zu sein, daß die genetisch bedingte Intelligenz der Europäer zumindest seit der frühen Bronzezeit bis zur Gegenwart zugenommen hat. Die Autoren führen das darauf zurück, daß die sozialen Oberschichten mehr Nachkommen hatten, was zumindest für die Zeit vom 15. bis zum 19. Jahrhundert auch durch historische Quellen belegt ist.[739]

Das DUF1220-Gen (Olduvai-Domäne)

Eine Minderheitenposition vertritt der deutsche Humangenetiker Volkmar Weiss (geb. 1944). Weiss hat in den 1970er Jahren die Daten der erfolgreichsten Teilnehmer der Mathematik-Olympiaden in der DDR und ihrer Verwandten, insgesamt mehr als 24 000 Personen, untersucht und war aus der Verteilung der mathematischen Begabung unter diesen zu dem Schluß gelangt, daß Hochbegabung im wesentlichen auf einem

---

738 Es handelt sich um den Datensatz aus MORTEN E. ALLENTOFT, MARTIN SIKORA,(…) ESKE WILLERSLEV: „Population genomics of Bronze Age Eurasia." In: *Nature* 522, 2015, S. 167–172.

739 MICHAEL A. WOODLEY of MENIE, SHAMEEN YOUNUSKUNJU, BIPIN BALAN, DAVIDE PIFFER: „Holocene selection for variants associated with general cognitive ability: Comparing ancient and modern genomes." In: *Twin Research and Human Genetics* 20, 2017, S. 271-280

Gen mit zwei verschiedenen Allelen beruhen müsse. In der Bevölkerung gäbe es mithin Träger von zwei, einem oder keinem des Intelligenz-Allels.[740] Die vielen bei den genomweiten Untersuchungen gefundenen Intelligenzgene hält er für wahrscheinlich falsch positive Signifikanzen, wie sie bei so großen Merkmalssätzen immer wieder auftreten.

In jüngster Zeit sieht er in dem DUF (*domain of unknown function*) 1220-Gen, jetzt Olduvai Domäne genannt[741], das von James M. Sikela an der Universität von Colorado in Denver erforscht wird, den besten Kandidaten für das Hauptgen der Intelligenz. Bei dem DUF1220-Gen handelt es sich um einen längeren Genabschnitt, der das Protein DUF1220 codiert und der in die *Neuroblastoma Breakpoint Gen Familie* (NBPF) auf dem langen Arm des Chromosoms 1 eingebettet ist, die eine Rolle bei der Entwicklung des Gehirns spielen. Die genaue Funktion des DUF1220-Proteins ist noch nicht bekannt.

Bei dem DUF1220-Polymorphismus handelt es sich um eine Kopienzahlvariante (*copy number variant* , CNV), eine Form von Polymorphismen, die durch die bisherigen genomweiten Assoziationsstudien nicht erfaßt wird. Dabei ist aus der Forschung an neuropsychiatrischen Erkrankungen und kognitiven Störungen die große Bedeutung der CNVs bekannt.

Die Arbeitsgruppe von James M. Sikela fand einen linearen Zusammenhang zwischen der Zahl der Wiederholungen des DUF1220 Subtyps CON 2 und dem menschlichen IQ. Je Kopie steigt der IQ um 3,3 IQ-Punkte innerhalb einer Variation des IQ von 80 bis 140, also dem wesentlichen Teil des Spektrums. Hochintelligente Menschen haben etwa 20 Kopien mehr als wenig intelligente.

Das Gen spielte offenbar auch eine wichtige Rolle in der Evolution der Primaten. Mäuse haben nur eine DUF1220-Allelkopie, niedere Affen (Koboldmakis) 47, Makaken 74, Gorillas 99, Schimpansen 138 und

---

740 VOLKMAR WEISS: Die IQ-Falle. Intelligenz, Sozialstruktur und Politik. Graz 2000

741 DUF1220 ist eine provisorische Benennung.

Menschen um 300.[742] Das Gen erschließt möglicherweise einen biochemischen Pfad, auf dem viele einzelne, weitgehend schon bekannte Gene mit geringer Wirkung die Intelligenz beeinflussen.

Noch sind nicht alle technischen Probleme bei der Analyse des Gens gelöst, und es ist über ethnische Unterschiede beim Menschen noch nichts bekannt. Es gilt die weitere Entwicklung abzuwarten.

Das Dopamin-Rezeptor-Gen 4 (DRD4)

Einen verhältnismäßig starken statistischen Zusammenhang mit dem Verhalten und zugleich recht große Populationsunterschiede gibt es bei einer Reihe von Genen, die für die Ausprägung von Neurotransmittern, Überträgerstoffen im Gehirn, zuständig sind. So entdeckte der amerikanische Genetiker Dean Hammer 1996 den Zusammenhang zwischen dem Dopamin-Rezeptor-Gen 4 (DRD4) und einer Charaktereigenschaft, die *novelty seeking* genannt wird.[743] Damit ist so viel wie

---

[742] JONATHON M. DAVIES, VERONICA B. SEARLES, NATHAN ANDERSON, (...) JAMES M. SIKELA: DUF1220 copy number is linearly associated with increased cognitive function as measured by total IQ and mathematical aptitude scores. In: *Human Genetics* 134, 2015, S. 67-75; FABIAN ZIMMER, STEPHEN H. MONTGOMERY: Phylogenetic analysis supports a link between DUF1220 domain number and primate brain expansion. In: *Genome Biology and Evolution* 7, 2015, S. 2083-2088; VOLKMAR WEISS: Das IQ-Gen – verleugnet seit 2015. Eine bahnbrechende Entdeckung und ihre Feinde. Graz 2017; ders.: Ein Durchbruch: Genetische tandem-Kopplung zwischen dem IQ-Protein DUF1220 (Olduvai) und dem NOTCH-Signalweg. Text auf der Homepage von Volkmar Weiss.

[743] ESTHER SZANTAI, R. SZMOLA, MARIA SASVARI-SZEKELY u.a: „The polymorphic nature of the human dopamine D4 receptor gene: A comparative analysis of known variants and a novel 27 bp deletion in the promoter region“, in: *BMC Genetics* 6, 2005, S. 39; JONATHAN B. SAVITZ, RAJKUMAR S. RAMESAR: „Genetic variants in personality: A review of the more promising candidates“, in: *American Journal of Medical Genetics (Neuropsychiatry Genetics)* 131B, 2004, S. 20-32; LIISA KELTIKANGAS-JARVINEN, KATRI RAIKKONEN u.a.: „Nature

das Bedürfnis nach Neuem gemeint. Sie umfaßt die Untereigenschaften Neugier, Impulsivität, Extravaganz (Verschwendungssucht, Überspanntheit) und Unordnung.

Dopamin ist ein wichtiger Neurotransmitter im Gehirn, ein Mangel an ihm führt zu einer starren, unbeweglichen Persönlichkeit. Den Menschen fehlen dann Initiative und Antrieb. Dagegen macht ein hoher Dopaminspiegel neugierig und abenteuerlustig. Dopamin ist eine der Motivationssubstanzen des Gehirns, die bestimmte Handlungen mit einem lustvollen Gefühl belohnen. Das DRD4-Gen, das auf Chromosom 11 liegt, kommt in unterschiedlichen Ausprägungen vor, eine bestimmte Sequenz des Gens weist eine zwei- bis elffache Wiederholung auf. Am häufigsten sind die vierfache und die siebenfache Wiederholung (das 4- bzw. 7-Repeat-Allel). Bei Vorliegen eines langen Allels (7 oder mehr Wiederholungen) ist die Funktion des von dem Gen codierten Dopaminrezeptors eingeschränkt. Das hat zur Folge, daß Menschen

---

and nurture in novelty seeking", in: *Molecular Psychiatry* 9, 2004, S. 308-311; AVRAHAM N. KLUGER, ZAHAVA SIEGFRIED, RICHARD P. EBSTEIN: „A meta-analysis of the association between DRD4 polymorphism and novelty seeking", in: *Molecular Psychiatry* 7, 2002, S. 712-717; YUAN-CHUN DING, HAN-CHANG CHI, DEBORA L. GRADY u.a.: „Evidence of positive selection acting at the human dopamine receptor D4 gene locus", in: *Proceedings of the National Academy of Sciences of the USA* 99, 2002, S. 309-314; JUDITH AUERBACH, V. GELLER, S. LEZER u.a.: „Dopamine D4 receptor (DRD4) and serotonin transporter promoter (5-HTTLPR) Polymoly morphismus in the determination of temperament in 2-month-old infants", in: *Molecular Psychiatry* 4, 1999, S. 369-373; ERNEST P. NOBLE, TULIN Z. OZKARAGOZ, TERRY L. RITCHIE u.a.: „D2 and D4 dopamine receptor polymorphisms and personality", in: *American Journal of Medical Genetics (Neuropsychiatry Genetics)* 81, 1998, S. 257-267; H.H. van TOL, C.M. WU, H.C. GUAN u.a.: „Multiple dopamine D4 receptor variants in the human population", in: *Nature* 358, 1992, S. 149-152; J. BENJAMIN, Y OSHER, M. KOTLER u.a. „Association between tridimensional personality questionaire (TPQ) traits and tree functional polymorphisms: dopamin receptor D4 (DRD4), serotonin transporter promoter region (5-HTTLPR) and catechol O-methyltransferase (COMT)", in: *Molecular Psychiatry* 5, 2000, S. 96-100

mit einem 7-Repeat größerer Reize bedürfen und ihr Leben abenteuerlicher gestalten müssen als Menschen mit einem kurzen DRD4-Allel, um dieselbe Befriedigung ihres Bedürfnisses nach Neuem zu erlangen. Tendenziell besteht eine Beziehung zwischen dem langen Allel und einem extravertierten Temperament und dem kurzen Allel und Gewissenhaftigkeit. Die Korrelation zwischen *Novelty seeking* und dem DRD4-Polymorphismus ist allerdings nur mäßig groß. Der genetische Einfluß auf diese Eigenschaft beträgt nach Zwillingsstudien etwa 40 Prozent, wovon der DRD4-Polymorphismus ein Zehntel erklärt (oder insgesamt 4 % der Variabilität in der Bevölkerung). Zudem fand sich der Zusammenhang zwischen dem DRD4-Gen und *novelty seeking* nicht in jeder untersuchten Bevölkerungsstichprobe.

Dennoch avancierte der DRD4-Polymorphismus zum *„Modellsystem für das Verständnis der Beziehung zwischen genetischer und kultureller Variabilität“* (Henry Harpending und Gregory Cochran). Der Grund dafür ist, daß seine Allele in verschiedenen Bevölkerungen unterschiedlich verteilt sind. Das lange, neugierig machende 7er-Allel kommt bei Europäern zu etwa 16 Prozent vor, während es bei Ostasiaten (Chinesen) und Buschmännern (!Kung in Südafrika) völlig fehlt. Die höchsten Werte weisen die amerikanischen Indianer auf, und zwar vor allem die in Südamerika (bis zu 77 %). Die Unterschiede zwischen den Bevölkerungen sind deutlich größer als bei „neutralen“ Polymorphismen wie nicht codierender DNS oder auch vielen der serologischen Merkmale, was nahelegt, daß sie das Ergebnis von selektiven Einflüssen sind.

Die amerikanischen Psychologen und Ethnologen Chuansheng Chen und Michael Burton verglichen die geographische Verbreitung der DRD4-Allele mit den vorgeschichtlichen Wanderungen der Völker (gemessen in km, beispielsweise die Ausbreitung der Negriden in Afrika, die Besiedlung der ozeanischen Inselwelt, die Besiedlung Amerikas von Nordasien aus usw.).[744] Die Hypothese war, daß die weitgewanderten Völker eine hohe Frequenz des langen, abenteuerlustig machenden Allels

---

[744] CHUANSHENG CHEN, MICHAEL BURTON, ELLEN GREENBERGER u.a.: „Population Migration and the Variation of Dopamine D4 Receptor (DRD4) Allele Frequencies around the Globe“ in: *Evolution and Human Behavior* 20, 1999, S. 309-324

haben müßten. Sie errechneten eine Korrelation von 0.85, was ein sehr enger Zusammenhang ist. Als sie zur Probe mit dem serologischen Material von Cavalli-Sforza dieselbe Berechnung durchführten, ergab sich für kein einziges der 128 Allele eine signifikante Korrelation zu den vorgeschichtlichen Wanderungen! Es sieht also so aus, als ob tatsächlich die Wanderungen vorgeschichtlichen Völker mit einer Art „Wandersiebung“ (Schwidetzky) verbunden gewesen sind, bei der die weniger tatendurstigen Menschen zu Hause blieben und bei langen Wanderungen am Ende die Wanderer eine Siebungsgruppe von besonders zu Abenteuern aufgelegten Zeitgenossen waren.

Allerdings ist es nun auch nicht so, daß ein einheitliches Gefälle mit zunehmenden Werten des 7er-Allels von Afrika bis Südamerika bestünde. So finden sich zum Beispiel die niedrigsten Frequenzen des abenteuerlustig machenden 7er-Allels nicht in Afrika, sondern in Ostasien, wo es teilweise ganz fehlt. Das paßt gut zum sozial disziplinierten, wenig abenteuerlichen Charakter der Ostasiaten. Möglicherweise hat hier in der langen Zeit der ostasiatischen Kultur ein Selektionsprozeß stattgefunden, der das ruhige, bedachtsame 4er-Allel begünstigte. Es gibt in Asien außerdem noch ein 2er-Allel, daß evolutionär als Mutation des 7er-Allels entstanden ist und die gleichen psychologischen Korrelationen wie dieses aufweist. Dieses gleichermaßen „abenteuerlustige“ Allel ist am häufigsten in Südostasien bei den Khmer und den Malaien und erreicht seinen höchsten Wert (41 %) bei den Polynesiern auf Samoa. Hier kann man sich gut einen Zusammenhang mit der wagemutigen Besiedlung der polynesischen Inselwelt vorstellen. Bei der älteren Bevölkerung des Südpazifik, den Papua und den Melanesiern, fehlt es dagegen ganz. Auch bei den amerikanischen Ureinwohnern ist es kaum vorhanden, was darauf hinweist, daß es zur Zeit der Besiedlung Amerikas in Asien noch nicht sehr verbreitet gewesen sein kann.

In Amerika erreichen vor allem die Amazonas-Indianer sehr hohe Werte für das abenteuerlich machende 7er-Allel, was gut zu Eibl-Eibesfeldt Schilderung von dem herausfordernden und neugierigen Verhalten der Yanomami paßt. Es gibt allerdings beträchtliche Unterschiede zwischen den verschiedenen Stämmen. Bei den nordamerikanischen Indianern sowie den Bewohnern der Andenregion (den Quechua in Peru und den Mapuche in Chile) überwiegt das ruhig-bedachtsame 4er-Allel. Es hat seine höchsten Werte mit mehr als 70 Prozent bei den Pueblo-Indinanern in Nordamerika und bei den Mapuche. Ähnlich hohe Werte für das 4er-Allel gibt es außer in Ostasien auch in Indien, was gut zum Temperament der Inder paßt. In Europa ist das „abenteuerlustige" 7er-Allel bei Schweden, Dänen und Spaniern häufiger als bei Finnen und Griechen.[745]

Hernry Harpending und Gregory Cochran haben noch eine weitere Hypothese zur Erklärung der geographischen Unterschiede vorgeschlagen.[746] Sie beruht auf dem männlichem Wettbewerb und einem Reproduktionsvorteil der Träger des 7erAllels bei der Paarungssiebung. In Jäger-Sammler-Kulturen waren die sozialen Unterschiede gering und Männer und Frauen gleichermaßen mit der Nahrungsbeschaffung beschäftigt. In der zivilisationsgeschichtlich folgenden Entwicklungsstufe des (leichten) Gartenbaus bei noch geringer Besiedlungsdichte wird dagegen vielfach die die Gruppe ernährende Arbeit von den Frauen

---

[745] FONG-MIMG CHANG, JUDITH R. KIDD, KENNETH J. LIVAK u.a.: „The world-wide distribution of allele frequencies at the human dopamine D4 receptor locus", in: *Human Genetics* 98, 1996, S. 91-101; ATIKA MANSOOR, KEHKASHAN MAZHAR, RAHEEL QAMAR: „VNTR Polymorphism of the DRD4 Locus in different Pakistani ethnic groups", in: *Genetic Testing* 12, 2008, S. 299-304; LUCIANA TOVO-RODRIGUEZ, SIDIA M. CALLEGARI-JAQUES, (...), FRANCISCO M. SALZANO, MARA H. HUTZ: „Dopamine receptor D4 allele distribution in Amerindians: A reflection of past behavior differences?" in: *American Journal of Physical Anthropology* 143, 2010, S. 458-464; MARA H. HUTZ, SILVANA ALMEIDA, CARLOS E.A. COIMBRA et al.: „Haplotype and Allele Frequencies for three Genes of the Dopaminergic System in South American Indians",. in: *American Journal of Human Biology* 12, 2000, S. 638-645; L. TOVO-ROFRIGUES, S.M. CALLEGARI-JAQUES, M.L. PETZL-ERLER u.a.: „Dopamine receptor D4-allele distribution in Amerindians: reflection of past behavior differences?, in: *American Journal of Physical Anthropology* 143, 2010, S. 458-464; CHEN, BURTON u.a., Population Migration and the Variation of Dopamine D4 Receptor (DRD4) Allele Frequencies around the Globe.

[746] HENRY HARPENDING, GREGORY COCHRAN: „In our genes", in: *Proceedings of the National Academy of Sciences of the USA* 99, 2002, S. 10-12

getan, während die Männer von der täglichen Arbeit freigestellt sind und ihre Zeit mit der Planung und Durchführung von Raubzügen gegen ihre Nachbarn verbringen. Esther Boserup spricht von *female farming systems*. Solche frühneolithischen Gesellschaften gibt es zum Beispiel im südamerikanischen Tiefland (etwa bei den Yanomamo) und im Hochland Neu Guineas. Für die Männer in ihnen ist ein ausgesprochenes maskulines Imponiergehabe charakteristisch, wobei es natürlich darum geht, den Frauen zu imponieren. Die erfolgreichen Männer haben eine größere Chance auf zahlreiche Nachkommen. In der nächsten Entwicklungsstufe der entwickelteren Landwirtschaft mit größerer Siedlungsdichte, in der körperlich schwerere Arbeit anfällt und es schon Ansätze einer politischen Organisation gibt, sind die Männer dann wieder ganz in den gesellschaftlichen Arbeitsprozeß integriert. Harpending und Cochran vermuten nun, daß in der „anarchischen" Phase, in der die Männer von der Subsistenzarbeit befreit sind und sich dem Machismo widmen, durch Paarungssiebung die Träger des „extravertierten" und „abenteuerlustigen" langen Allels des DRD4-Gens einen reproduktiven Vorteil haben. Das Fehlen des Allels bei den Buschmännern, die noch richtige Jäger und Sammler sind, und bei den Ostasiaten, deren Reisbauerngesellschaft ein Musterbeispiel einer arbeitsintensiven landwirtschaftlichen Feudalgesellschaft ist, sowie die hohen Frequenzen bei südamerikanischen Indianern scheinen diese Hypothese zu bestätigen.

Das Serotonin-Transporter-Gen (SERT)

Es gibt Hinweise darauf, daß die Wirkung des DRD4-Gens durch andere Gene beeinflußt wird. Eines davon ist das Serotonin-Transporter-Gen. Auch dieses, auf Chromosom 7 gelegene Gen steht in Zusammenhang mit Charaktereigenschaften und weist ethnische Unterschiede auf.[747] Serotonin ist wie Dopamin ein wichtiger Neurotransmitter.

---

747 CHEE HONG NG, SIMON EASTEAL, S. TAN, ISAAC SCHWEITZER u.a.: „Serotonin transporter polymorphisms and clinical response to sertraline across ethnicities", in: *Progress in Neuropsychopharmacology and Biological Psychiatry* 30, 2006, S. 953-957; JONATHAN B. SAVITZ, RAJKUMAR S. RAMESAR: „Genetic variants in personality: A review

of the more promising candidates", in: *American Journal of Medical Genetics (Neuropsychiatry Genetics)* 131B 2004, S. 20-32; FRANCIS E. LOTRICH, BRUCE G. POLLOCK: „Meta-analysis of serotonin transporter polymorphisms and affective disorders", in: *Psychiatric Genetics* 14, 2004, S. 121-129; WOJCIECH L. DRAGAN, WLODZIMIERZ ONISZCZENKO: „Polymorphisms in the serotonin transporter gene and their relationship to two temperamental traits measured by the formal characteristics of behavior-temperament inventory: activity and emotional reactivity", in: *Neuropsychology* 51, 2005, S. 269-274; S. SEN, M. BURMEISTER, D. GHOSH: „Meta-analysis of the association between a serotonin transporter promoter polymorphism (5-HTTLPR) and anxiety-related personality traits", in: *American Journal of Medical Genetics (Neuropsychiatry Genetics)* 127, 2004, S. 85-89; UNDINE E. LANG, MALEK BAJBOUJ, CATRIN WERNICKE, HANS ROMMELSPACHER u.a.: „No association of a functional polymorphism in the serotonin transporter gene promoter and anxiety-related personality traits", in: *Neuropsychology* 49, 2004, S. 182-184; Yw.-Y. YU, S.-J. TSAI, T.J. CHEN, C.H. LIN, C.J. HONG: „Association study of the serotonin transporter promoter polymorphism ans symptomatology and antidepressant response in major depressive disorders", in: *Molecular Psychiatry* 7, 2002, S. 1115-1119; J. BENJAMIN, Y OSHER, M. KOTLER u.a. „Association between tridimensional personality questionaire (TPQ) traits and tree functional polymorphisms: dopamin receptor D4 (DRD4), serotonin transporter promoter region (5-HTTLPR) and catechol O-methyltransferase (COMT)", in: *Molecular Psychiatry* 5, 2000, S. 96-100; JUDITH AUERBACH, V. GELLER, S. LEZER u.a..: „Dopamine D4 receptor (DRD4) and serotonin transporter promoter (5-HTTLPR) Polymorphism in the determination of temperament in 2-month-old infants", in: *Molecular Psychiatry* 4, 1999, S. 369-373; JOEL GELERNTER, JOSEPH F. CUBELLS, JUDITH R. KIDD u.a.: „Population Studies of Polymorphisms of the Serotonin Transporter Protein Gene", in: *American Journal of Medical Genetics (Neuropsychiatry Genetics)* 88, 1999, S. 61-66; JOEL GELERNTER, HENRY KRANZLER, EMIL F. COCCARO u.a.: „Serotonin transporter protein gene polymorphism and personality measures in African American and European American Subjects", in: *American Journal of Psychiatry* 155, 1998, S. 1332-1338; H. KUNUGI, M. HATTON, T. KATO u.a.: „Serotonin transporter gene polymorphisms: ethnic difference and possible association with bipolar affective disorder", in: *Molecular Psychiatry* 2 (1997), S. 457-462

Der von dem Gen codierte Serotonintransporter bewirkt die Wiederaufnahme des Botenstoffes Serotonin in die Zelle. Eine Dysfunktion des Serotonintransporters wird mit Depressionen und Angststörungen in Zusammenhang gebracht, da in diesen Mechanismus eingreifende Medikamente wirkungsvolle Antidepressiva sind. Der Polymorphismus des Serotonin-Transporter-Gens betrifft den Abschnitt 5-HTTLPR in seiner Aktivierungssequenz, den es in einer kurzen und einer langen Variante gibt (das s- oder l-Allel). Bei einem kurzen Allel ist der Serotonintransporter weniger wirksam, und es wurde beobachtet, daß die betroffenen Menschen deutlich erhöhte Werte für die psychologischen Merkmalskomplexe Neurotizismus und Schadensvermeidung aufweisen. Das heißt, sie neigen stärker zu negativen Emotionen, sind leichter depressiv, ängstlich und verletzbar. Der Effekt ist bei den homozygoten Trägern des kurzen Allels (ss) stärker als bei den heterozygoten (sl). Der Einfluß des Polymorphismus erklärt etwa 7 bis 9 Prozent der genetischen Varianz innerhalb der Bevölkerung für Neurotizismus, Ängstlichkeit und Schadensvermeidung beziehungsweise 3 bis 4 Prozent der gesamten Varianz (einschließlich des Umwelteinflusses). Allerdings findet sich auch diese Korrelation nicht in allen untersuchten Bevölkerungsstichproben. Offensichtlich spielen auch hier noch andere Gene eine Rolle. So tritt die ängstlich-vermeidende Tendenz verstärkt auf, wenn der Träger des kurzen Serotonin-Transporter-Allels zugleich das 4er-Allel des DRD4-Polymorphismus hat.

Es bestehen ethnische Unterschiede in der Häufigkeit des kurzen und langen Allels. Die Weltverteilung des kurzen, „neurotischen" Allels (s) sieht folgendermaßen aus: Die niedrigsten Werte haben afrikanische Pygmäen mit 11 Prozent, Negride mit 24-28 Prozent, Australier und Melanesiern mit 29 Prozent und Amazonas-Indianer mit 35 Prozent. Europäer haben Werte zwischen 35 und 50 Prozent (am höchsten in Italien). Noch höher ist die Frequenz des s-Allels in Indien mit 59 Prozent und bei mittelamerikanischen Maya mit 60 Prozent, die damit einen wesentlich höheren Wert haben als die Amazonas-Indianer. Der Unterschied zwischen den Amazonas-Indianern und den übrigen Indianiden entspricht damit dem beim DRD4-Gen. Die höchsten Werte findet man schließlich in Ostasien, bei Chinesen und Japanern mit 70 bis 80

Prozent.[748] Nur bei diesen bilden die homozygoten Merkmalsträger die Mehrheit in der Bevölkerung. Außerdem gibt es China eine Variante des langen Allels, die wie das kurze Allel zu einer geringeren Wirksamkeit des Serotonintransporters führt (etwa 10 % der langen Allele).[749]

Damit scheint eine deutliche Korrelation zur zivilisatorischen Entwicklungsstufe der Völker und zum Alter der hochkulturellen Entwicklung vorzuliegen: niedrige Werte bei noch steinzeitlich lebenden Jägern und Sammler, etwas höhere bei einfachen agrarischen Kulturen, und die höchsten bei alten Hochkulturen. Besonders der hohe Wert des kurzen SERT-Allels bei Indern und Ostasiaten paßt gut zu deren zurückhaltenden, introvertierten und sozial angepaßten Charakter. Genauso wie die geringen Werte bei den Negriden zu deren wenig neurotischen Temperament.

Als Erklärung für das größere Vorkommen der „ängstlichen" Variante des Serotonin-Transporter-Gens könnte man an den schwächeren natürlichen Selektionsdruck in den entwickelteren Gesellschaften denken, der ängstlichen und zurückhalten Individuen bessere Überlebenschancen ermöglicht. Es ist auch gut möglich, daß höhere Neurotizismus-Werte in entwickelteren Kulturen mit Vorteilen verbunden sind, etwa mit vorausschauender Vorsicht und größerer Sensibilität.

---

748 JOAN Y. CHIAO, KATHERINE D. BLIZINSKY: „Culture-gene coevolution of individualism-collectivism and the serotonin transporter gene", in: *Proceedings of the Royal Society B (Biological Sciences)*, 277, 2009, S. 529-537; WILLIAMs, MARCHUK, GADDE u.a., Serotonin-related polymorphisms and central nervous system serotonin function; GELERNTER, CUBELLS, KIDD u.a., Population Studies of Polymorphisms of the Serotonin Transporter Protein Gene, GELERNTER, KRANZLER, COCCARO u.a., Serotonin transporter protein gene polymorphism and personality measures in African American and European American Subjects. Die hohe Frequenz bei den Maya dürfte zum Teil auf einem europiden Einschlag beruhen, der bei ihnen auf etwa 10 % geschätzt wird, aber sicher nicht ausreichend ist, um den Unterschied zu den Amazonas-Indianern zu erklären.

749 PETER McGUFFIN, SHAZA ALSABBAN, RUDOLF UHER: „The truth about genetic variation in the serotonin transporter gene and response to stress and medication", in: *The British Journal of Psychiatry* 198, 2011, S. 424-427

Das Monoaminooxidase A-Gen (MAOA)

Ein weiterer genetischer Polymorphismus, der von völkerpsychologischem Interesse ist, ist das MAOA-Gen, das auch als „Krieger-Gen“ bekannt wurde. Das ist ein Gen auf dem X-Chromosom, das die Erbinformation für das Enzym Monoaminooxidase A enthält Das ist ein Enzym, das im Gehirn verschiedene Neurotransmitter abbaut, vor allem das Noradrenalin, aber auch Serotonin. Es gibt in dem Gen einen Längenpolymorphismus mit mehreren Allelen. Die häufigsten Allele sind das 3er-Allel und das 4er-Allel. Bei Vorliegen des „kurzen“ 3er-Allels ist die Wirksamkeit des Gens stark verringert, das heißt, das Noradrenalin wird weniger aktiv abgebaut. Das Noradrenalin ist ein Streßhormon, das der Körper in Streßsituationen ausschüttet, um die körperliche Leistungsfähigkeit zu steigern. Ein hoher Noradrenalinspiegel ist aber auch mit einem größeren Erregungsniveau verbunden. Außerdem weisen Männer mit kurzem MAOA-Allel ein um acht Prozent reduziertes Volumen der Amygdala, des anterioren cingulären Cortex und des orbitofrontalen Cortex auf.[750]

Seit den 1990er Jahren hat man Zusammenhänge zwischen dem MAOA-Gen und aggressivem und antisozialem Verhalten beobachtet. In einer neuseeländischen Studie mit mehr als 442 jungen Männern fanden die genetischen Psychologen Avshalom Caspi und Terrie Moffitt im Jahr 2002 bei 154 Männern, die in der Kindheit mißhandelt oder sexuell mißbraucht worden waren, einen Zusammenhang von niedriger Monoaminooxidase A-Aktivität und antisozialem und aggressivem Verhalten.[751] 85 Prozent der mißhandelten Männer mit kurzem MAOA-Allel entwickelten antisoziales Verhalten. Die Männer, die beide Risiko-

---

750 D.F. CONNOR, S.J. GLATT, I.D.LOPEZ (...) R.H. MELLONI: „Psychopharmacology and aggression 1. A meta-analysis of stimulant effects on overt/covert aggression–related behavior in ADHD.“ In: *Journal of the American Academy of Child and Adolescent Psychiatry* 41, 2002, S. 253-261

751 AVSHALOM CASPI, JOSEPH McCLAY, TERRIE E. MOFFITT u.a.: „Role of genotype in the cycle of violence in maltreated children“, in: *Science* 297, 2002, S. 851-854

faktoren aufwiesen (Mißhandlung und das Allel für niedrige MAOA-Aktivität), wurden bis zum Alter von 26 Jahren dreimal häufiger wegen Straftaten verurteilt als die Männer, die zwar auch mißbraucht worden waren, aber das Allel für hohe MAOA-Aktivität aufweisen. Bei schweren Straftaten wie Vergewaltigung, Raub und Überfälle war es sogar viermal so oft. Der Zusammenhang betrifft vor allem Männer, weil das MAOA-Gen auf dem X-Chromosom liegt, von dem die Männer nur ein Exemplar besitzen, weshalb bei ihnen kein zweites, nicht betroffenes Allel des Gens ausgleichend wirken kann.

Untersuchungen an den verschiedenen ethnischen Gruppen in Amerika und in außereuropäischen Ländern zeigten, daß das kurze 3er-Allel bei Nichteuropäern wesentlich häufiger ist als bei Europäern. Als die Forscher 2004 auf einer Konferenz der amerikanischen Anthropologen über einen möglichen Evolutionsvorteil des kurzen MAOA-Allels in der Vergangenheit spekulierten, indem aggressivere Männer den weniger aggressiven überlegen gewesen sein können, griff dies die Wissenschaftsjournalistin Ann Gibbons auf und publizierte einen Artikel in dem renommierten Wissenschaftsjournal *Science*, in dem sie vom „Krieger-Gen" *(warrior gene)* sprach.[752]

Einer weiteren Öffentlichkeit wurde das Wort vom Krieger-Gen jedoch erst zwei Jahre später bekannt. 2006 präsentierten der neuseeländische Genetiker Rod Lea und seine Kollegen Daten von 46 Maori, von denen rund 60 Prozent das kurze Allel aufwiesen, und formulierten die Hypothese, daß die Ausbreitung der Polynesier im Südpazifik mit einer Selektion zugunsten des „gewalttätigen" MAOA-Allels verbunden gewesen sei. „It is well recognized that historically Maori were fearless warriors (...), the MAO-A gene may have conferred some selective advantage during the canoe voyages and inter-tribal wars that occurred during the Polynesian migrations". Hintergrund dieser Interpretation war die Tatsache, daß sich die heutigen Maori durch eine ausgesprochen hohe Kriminalität auszeichnen. Mit nur 15 Prozent der Bevölkerung stellen sie 49,5 Prozent der Gefängnisinsassen Neuseelands.

---

752 ANN GIBBOND: „Tracking the evolutionary history of a 'warrior' gene", in: *Science* 304, 2004, S. 818

Die Medien griffen Leas Hypothese unter dem Schlagwort vom „Krieger-Gen“ auf, was zu einer heftigen Debatte unter den Humangenetikern führte. Viele Genetiker warfen Lea voreilige Schlüsse vor. Sie verwiesen auf die geringe Zahl von untersuchten Maori und darauf, daß nach den bisherigen Untersuchungen der Zusammenhang zwischen kurzem MAOA-Allel und Aggressivität in der Regel nur ein vermittelter war, der zum Beispiel nur in Verbindung mit Mißhandlung in der Kindheit auftritt. Allgemein setzte sich bald die Überzeugung durch, daß an dem „Krieger-Gen“ nicht viel dran sei.[753]

Seitdem haben aber viele neuere Studien den Zusammenhang von kurzem MAOA-Allel, niedriger Monoaminooxidase A-Aktivität und antisozialem Verhalten bestätigt. Insbesondere fand man diesen Zusammenhang jetzt auch bei Männern, die nicht in ihrer Kindheit Opfer sexuellen Mißbrauchs geworden waren. Es zeigte sich ein Zusammenhang des 3er-Allel mit *straightforwardness* (Geradlinigkeit, Direktheit), Risikobereitschaft und aggressivem und gewalttätigem Verhalten.[754] Männer mit dem kurzen Allel reagieren auf Provokationen aggressiver als solche mit dem 4er-Allel.[755] Ein niedriger IQ erhöht bei Männern mit dem 3er-Allel die Wahrscheinlichkeit gewalttätigen Verhaltens, nicht

---

753 MEL COLLINGS: „The warrior gene hypothesis: Questioning the science“, in: *MAI Review* 2009 (2)

754 S. ROSENBERG, A.R. TEMPLETON, (…), D. HAMER, K. SKORECKI: „The association of DNA sequence variation at the MAO genetic locus with quantitative behavioral traits in normal males“, in: *Human genetics* 120, 2006, S. 447-459; A. MEYER-LINDENBERG, J.W. BUCHHOLTZ, B. KOLACHANA u.a.: „Neural mechanisms of genetic risk for impulsivity and violence in humans“, in: *Proceedings of the National Academy of the USA* 103, 2006, S. 6269-6274; ROD LEA, GEOFFREY CHAMBERS: „Monoamine oxidase, addiction, and the ‘warrior’ gene hypothesis“, in: *The New Zealand Medical Journal* 120, 2007, S. (1-6); NELLY ALIA KLEIN, RITA Z. GOLDTSEIN, AARTI KRIPLANI, JAEN LOGAN u.a.: „Brain monoamine oxidase A activity predicts trait aggression“, in: *The Journal of Neuroscience* 28, 2008, S. 5099-5104

755 ROSE McDERMOTT, DUSTIN TINGLEY, JONATHAN COWDEN u.a.: „Monoamine oxidase a gene (MAOA) predicts behavioral aggression following provocation“, in: *Proceedings of the National Academy of the USA* 106, 2009, S. 2118-2123; K.A. PAVLOV, D.A. CHRISTINAV, V.P.

jedoch bei denen mit dem 4er-Allel. Eine amerikanische Studie fand heraus, daß Jungen mit dem kurzen Allel häufiger kriminellen Banden beitreten und daß diejenigen von ihnen, die Banden angehören, viermal so häufig Gewalt anwenden.

Untersuchung des Gehirns mit bildgebenden Verfahren zeigen, daß bei Menschen mit dem kurzen Allel die Strukturen des Lymbischen Systems kleiner sind. Das Lymbische System hat besonderen Anteil an der Entstehung von Emotionen.[756]

Nach Untersuchungen, die nun an ausreichend großen Stichproben durchgeführt worden sind, besitzen in Amerika 29 Prozent der Hispanics, 34 Prozent der Europäer und 59 Prozent der Schwarzen das kurze 3er-Allel. Bei Chinesen fand man es bei 77 Prozent und bei den polynesischen Pazifikinsulanern bei 61 Prozent. Von Maori, die mindestens ein Maori-Elternteil haben – die neuseeländischen Maori sind stark mit den weißen Neuseeländern vermischt, weshalb es kaum noch reinblütige Maori gibt – haben es 56 Prozent, was nahe legt, daß der ursprüngliche Wert der Maori deutlich höher gewesen sein muß.[757]

CHEKHONIN: „Genetic determinants of aggression and impulsivity in humans“, in. *Journal of Applied Genetics* 53, 2012, S. 61-82; .TAKAHASHI, I.M. QUADROS, R.M. De ALMEIDA, K.A. MICZEK: „Behavioral and pharmacogenetics of aggressive behavior“, in: *Current Topics in Behavioral Neurosciences* 12, 2012, S. 73-138;S.Z. SABOZ, S. HU, D. HAMER: „A functional polymorphism in the monoamine oxidase A gene promoter“, in: *Human Genetics* 103, 1998, S. 273-279; YOAH GILARD, SHAI ROSENBERG, MOLLY PRZEWORSKI, DORON LANCET, KARL SKORECKI: „Evidence for positive selection and population structure at the human MAO-A gene“, in: *Proceedings of the National Academy of the USA* 99, 2002, S. 862-867; D. GALLARDO-PUJOL, A. ANDRÉS-PUEYO, A. MAYDEU-OLIVARES: „MAOA genotype, social exclusion and aggression: an experimental test of a gene-environment interaction“, in: *Genes, Brain and Behavior*, Okt. 2012 (Online-Publikation vor der Druckausgabe)

[756] PHILIP HUNTER: „The psycho gene“, in: *EMBO reports* 11, 2010, S. 667-669 (European Molecular biology Organization)

[757] LEA, CHAMBERS, Monoamine oxidase, addiction, and the ‘warrior’ gene hypothesis.

Neuere Untersuchungen unterscheiden nicht nur zwischen dem 3er und dem 4er-Allel, sondern weisen auch noch weitere Längenpolymorphismen aus. Insbesondere gibt es ein noch ein 2er-Allel, dessen Monoaminooxidase A-Expression noch deutlich schwächer als die des 3er-Allels ist. Das heißt, bei Vorliegen dieses Allels wird noch weniger von dem MAOA-Enzym freigesetzt. Bei Männern mit dem 4er-Allel ist das Enzym mehr als dreimal so aktiv wie bei solchen mit dem 2er-Allel.[758] Entsprechend ist der Zusammenhang des Genotyps MAOA-2R mit aggressivem und gewalttätigem Verhalten noch stärker als schon bei dem Genotyp MAOA-3R.[759]

Der amerikanische Kriminologe Kevin M. Beaver und seine Mitarbeiter gingen der Frage nach, ob das 2er-Alllel bei Gefängnisinsassen häufiger ist als in der Normalbevölkerung. Leider konnten sie die Untersuchungen nur an schwarzen Amerikanern durchführen, da das 2er-Allel bei den weißen Amerikanern mit 0,1 Prozent zu selten ist. Es zeigte sich, daß die Träger des 2er-Allels mehr als dreimal so oft inhaftiert sind als die Träger anderer MAOA-Allele. 9,5 Prozent der schwarzen Gefängnisinsassen besitzen den MAOA-2R-Genotyp, gegenüber nur 3,4 Prozent der nicht inhaftierten Schwarzen.[760]

---

758 GUANG GUO, XIAO-MING OU, MICHAEL ROETTGER, JEAN C. SMITH: „The VNTR 2 repeat in MAOA and delinquent behavior in adolescence and young adulthood: associations and MAOA promoter activity“, in: *European Journal of Human Genetics* 16, 2008, S. 626-634

759 GUO, The VNTR 2 repeat in MAOA and delinquent behavior in adolescence and young adulthood: associations and MAOA promoter activity; GUANG GUO, MICHAEL ROETTGER, TIANJI CAI: „The integration of genetic propensities into social-control models of delinquency and violence among male youth“, in: *American Sociological Review* 73, 2008, S. 543-568; IRVING M. RETI, JERRY Z. XU, JASON YANOFSKI, JODI McKIBBEN u.a.: „MAOA regulates antisocial personality in Caucasians with no history of abuse“, in: *Comprehensive Psychiatry* 52, 2011, S. 188-194

760 KEVIN M. BEAVER, JOHN PAUL WRIGHT, BRIAN B. BOUTHWELL, MATT DeLISI, MICHAEL G. VAUGHN: „Exploring the association between the 2-repeat allele of the MAOA gene promoter polymorphism and psychopathic personality traits, arrests, incarnation, and lifetime antisocial behavior“, in: *Personality and Individual Differences* 54, 2013, S. 164-168

Von völkerpsychologischem Interesse ist natürlich die Weltverteilung des MAOA-2R-Allels. Es kommt nur bei 0,1 bis 0,5 Prozent der Europäer vor. Bei (amerikanischen) Negriden ist es mit Werten von 4,7 bis 5,5 Prozent deutlich häufiger. Bemerkenswert ist, daß das 2er-Allel bei Chinesen trotz des bei diesen weltweit höchsten Wertes für das 3er-Allels nach den bisherigen Untersuchungen überhaupt nicht vorkommt. Das spricht für selektive Einflüsse in der Vergangenheit und paßt eindeutig besser zu den charakterologischen Beurteilungen der Ostasiaten als der hohe MAOA-3R-Wert.[761] Für die Maori und Polynesier sind meines Wissens bisher noch keine Daten zum 2er-Allel veröffentlicht worden.

Erstaunlich ist allerdings das Ergebnis einer Studie aus Saudi-Arabien, die erst im letzten Jahr veröffentlicht wurde. Demnach besitzen 15,6 Prozent der Araber den Genotyp MAOA-2R! Das ist fast dreimal soviel wie der bisherige Höchstwert bei anderen Bevölkerungen. Ein Befund, der die vielen Berichte über die Impulsivität und Aggressivität der Araber zu bestätigen scheint.[762]

Wie lassen sich solche Populationsunterschiede erklären? In vormodernen Kulturen, also praktisch in allen vor der europäischen seit dem 19. Jahrhundert, bestand ein positiver Zusammenhang zwischen sozialem, ökonomischem und politischem Erfolg und der Zahl der Nachkommen. Bauern hatten mehr Kinder, Enkel und Urenkel als Knechte, Meister mehr als Gesellen, Adelige mehr als einfache Freie und diese mehr als Leibeigene oder Sklaven. Hinzu kommt, daß derjenige, der physisch und psychisch den Idealvorstellungen einer Kultur entsprach,

---

761 LEA, CHAMBERS, Monoamine oxidase, addiction, and ‚warrior' gene hypothesis; RETI, MAOA regulates; KEVIN M. BEAVER, J. WRIGHT, B. BOUTWELL u.a.: „Exploring the association between the 2-repeat allele of the MAOA gene promoter polymorphism and psychopathic personality traits, arrests, incarnation, and lifetime behavior", in: *Personality and Individual Differences* 54, 2013, S. 164-168

762 A.E. EL-TARRAS, A.A. ALUSULAIMANI, N.S. AWADS, N. MITWALY, M.M. SAID, MA.M. SABRY: „Association study between the dopamine-related candidate gene polymorphisms and ADHD among Saudi Arabian population via PCR technique", in: *Molecular Biology* Reports 39, 2012, S. 11081-11086

größere Chancen hatte, sich zu verheiraten und fortzupflanzen. Auf diese Weise züchtete sich jede Kultur auf die Werte hin, die in ihr den sozialen Erfolg ermöglichten. Kriegervölker züchten sich so auf kriegerische Tugenden, Bauernvölker auf bäuerliche, Händlervölker auf kaufmännische hin.

Die einst als Beduinen lebenden Araber waren (und sind teilweise noch) eine Kultur mit sehr kriegerischen und patriarchalischen Wertvorstellung. Die durch die soziale Konkurrenz und die Partnerwahl stattfindende Siebung auf bestimmte Eigenschaften wird noch erheblich verschärft, wenn Polygamie praktiziert wird, wie zumindest in historischer Zeit bei den Arabern. Das heißt, wenn die sozial erfolgreichen Männer mehrere Frauen haben können und damit die sozial nicht erfolgreichen Männer leer ausgehen und von der Fortpflanzung ausgeschlossen werden. Auf diese Weise war die Evolution auch in geschichtlicher Zeit unverändert wirksam. Die Völker sind eben keine zufälligen Gebilde, sondern unverwechselbare Ergebnisse ihrer Geschichte.

Das μ-Opioid-Rezeptor-Gen (OPRM1)

Ein weiterer völkerpsychologisch relevanter Polymorphismus betrifft die Fähigkeit des Körpers, mit seelischem Schmerz umzugehen. Es besteht ein Zusammenhang zwischen einer Variante des μ-Opioid-Rezeptor-Gens (OPRM1), und der subjektiven Empfindlichkeit gegenüber sozialer Ablehnung. Opioide sind körpereigene Stoffe, die eine Rolle bei der Unterdrückung von Schmerzen spielen, und zwar nicht nur körperlicher, sondern auch seelischer Schmerzen, wie sie mit sozialer Ablehnung verbunden sind. Personen mit der A118G-Variante des μ-Opioid-Rezeptor-Gens berichten signifikant häufiger von einem starken emotionalen Schmerz als Reaktion auf soziale Ausgrenzung, was in bildgebenden Verfahren durch eine stärkere Aktivität im dorsalen vorderen Bereich des cingulären Cortex bestätigt wird.

Dem amerikanischen genetischen Neurologen Baldwin M. Way fielen die beträchtlichen ethnischen Unterschiede in der Häufigkeit dieses G-Allels des μ-Opioid-Rezeptor-Gens auf. Es ist am häufigsten in Ostasien mit Werten von 30 bis zu 45 Prozent, hat mittlere Werte um 20 bis

37 Prozent in Lateinamerika und 27 Prozent in Indien. Noch niedrigere Werte von 5 bis 17 Prozent haben die europäischen Länder, mit den niedrigsten Werten in Nordeuropa und höheren in Süd- und Osteuropa. Ein Sonderfall stellt die einzige afrikanische Stichprobe (Nigeria) dar, in der das G-Allel ganz fehlt.

Way berechnete die geographische Korrelation zwischen dem G-Allel und der kulturellen Dimension des Kollektivismus aufgrund von Länderdaten und kam so zu einer Korrelation 0.65. Es besteht also ein mittelstarker bis starker statistischer Zusammenhang zwischen dem OPRM1-Polymorphismus und Kollektivismus. Je häufiger das „verwundbare“ Allel ist, desto ausgeprägter kollektivistisch ist die Kultur des entsprechenden Landes. Die meisten Menschen, die genetisch bedingt besonders empfindlich auf soziale Ausgrenzung reagieren, gibt es in den Kulturen, die am meisten Wert auf sozialen Zusammenhalt legen, und die wenigsten in den individualistischen Ländern Nordeuropas.

Der kausale Zusammenhang ist auf unterschiedliche Weise denkbar. Es kann sein, daß die kollektivistischen Kulturen sich gebildet haben, weil es in ihnen ein durch die große Häufigkeit seelisch verwundbarer Individuen bedingtes stärkeres Bedürfnis nach sozialer Sicherheit gab, oder aber in den kollektivistischen Kulturen hatten die seelisch verwundbaren Individuen bessere Überlebens- und Fortpflanzungschancen, weshalb sich in ihnen ihre genetische Disposition mit der Zeit anreicherte. Der Sonderfall des sicherlich sehr kollektivistischen Nigeria verweist darauf, daß für die Verwundbarkeit auch andere Gene eine Rolle spielen müssen. Möglicherweise ist der OPRM1-Polymorphismus erst nach der Auswanderung des modernen Menschen aus Afrika entstanden. Es gilt abzuwarten, bis weitere Daten aus Afrika vorliegen.[763]

---

763 BALDWIN M. WAY, MATTHEW D. LIEBERMAN: „Is there a genetic contribution to cultural differences? Collectivism, individualism and genetic markers of social sensitivity“, in: *Social Cognitive and Affective Neuroscience* 5, 2010, S. 203-211; BALDWIN M. WAY, SHELLEY E. TAYLOR, NAOMI I. EISENBERGER: „Variation in the μ-opioid-receptorgene (OPRM1) is associated with dispositional and neural sensitivity to social rejection“, in: *Proceedings of the National Academy of the USA* 106, 2009, S. 15079-15084; G.M. SLAVICH, M.A. TRATTER, P.A.

Nachtrag (2021): Neue Daten aus Schwarzafrika habe ich nicht gefunden. Einer Untersuchung einer Stichprobe amerikanischer Schwarzer weist nur 1 bis 4 Prozent Träger des G-Allels auf, was nahelegt, daß es sich um Folgen des weißen Einschlags bei den Afroamerikanern handelt und womöglich G bei den Afrikanern ursprünglich ganz fehlte. In einigen Studien ließ sich die größere Schmerzempfindlichkeit der Träger des A118G-Allels jedoch nicht replizieren bzw. gab es sogar widersprüchliche Ergebnisse. Weshalb es die weitere Forschung abzuwarten gilt.[764]

Das Androgen-Rezeptor-Gen (AR)

Androgene, allen voran das Testosteron, sind männliche Geschlechtshormone, die eine virilisierende, das heißt vermännlichende Wirkung auf das Erscheinungsbild und das Verhalten besitzen. Das Androgen-Rezeptor-Gen (AR), das auf dem X-Chromosom liegt, also von der Mutter geerbt ist, reguliert die Bildung und Aktivierung der Androgene. Es enthält einen Polymorphismus mit einer unterschiedlichen Zahl von

---

BRENNAN, C. HAMMEN: „Endogenous opioid system ifluences depressive reactions to socially painful targeted rejection life events", in: *Psychoneuroendocrinology* 49, 2014, S. 141-149; M. BONENBERGER, P.L. PLENER, R.C. GROSCHWITZ u.a.: „Polymorphism in the μ-opioid receptor gene (OPRM1) modulates neural processing of physical pain, social rejection and error processing", in: *Experimental Brain Research* 233, 2015, S. 2517-2526

764 BARBARA A. HASTIE, JOSEPH L. RILEY, LEE KAPLAN (...), ROGER B. FILLINGIM: „Ethnicity interacts with the OPRM1 gene in experimental pain sensitivity." In: *Pain* 153, 2012, S. 1610-1619; ERIC WOODCOCK, LESLIE LUNDAHL, MARGIT BURMEISTER, MARK K. GREENWALD: „Functional mu opioid receptor polymorphism (OPRM1 A 118 G) associated with heroin use and outcomes in Caucasian males." In: American Journal of Addictions 24, 2015; MALLORY PERRY, KYLE BAUMBAUER, ERIN E. YOUNG (…), ANGELA R. STARKWEATHER: „The influence of race, ethnicity and genetic variants on postoperative pain intensity. An integrative literature review." In: *Pain Management Nursing* 20, 2019, S. 198-206

Wiederholungen eines CAG-Repeats. Je weniger Repeats er besitzt, um so mehr Testosteron wird produziert. Einige Studien zeigen, daß wenige Repeats mit Impulsivität, Aggressivität und sogar Gewalt korreliert sind, ein Zusammenhang, der allerdings in nicht allen Studien auftaucht. Offensichtlich können auch noch andere Gene und Hormone auf eine Weise hineinwirken, die noch nicht bekannt ist.

Eine Untersuchung von vier ethnischen Gruppen, europäischstämmigen Briten, Australiern und Amerikanern aus Toronto, karibischen Schwarzen von Barbados, Thais aus Bangkok und Mexikaner aus Kalifornien, fand deutliche Unterschiede des Androgen-Rezeptor-Gens bei diesen. Und zwar weisen die Schwarzen am wenigsten Repeats und die größte Aggressivität auf, gefolgt von den Europäern, dann den Mexikanern und schließlich den Thais mit am meisten Repeats und der geringsten Aggressivität. Andere Studien fanden bei Chinesen eine höhere Zahl von CAG-Repeats und bei Japanern etwa genauso viele wie bei Europäern.[765]

Zwei russische Forscher, Martina L. Butovskaya und Oleg E. Lazebny, untersuchten zwei afrikanische Stämme im nördlichen Tansania mit traditionell unterschiedlicher Lebensweise auf den CAG-Polymorphismus. Die Hazda, auch Kindiga genannt, sind steinzeitliche Jäger und Sammler mit einer egalitären und monogamen Lebensweise ohne Anführer. Die Männer konkurrieren bei der Jagd, aber die Frauen entscheiden bei der Partnerwahl. Bei Konflikten werden die streitenden Gruppen für einige Zeit voneinander getrennt. Sie sind Negride mit einem alten khoisaniden (Buschmann-) Einschlag und nur geringer

---

765 CHRISTINE M. ACKERMANN, LYNN P. LOWE, HOON LEE, (…) MARGRIT URBANEK: „Ethnic variation in allele distribution of the androgen receptor (AR) (CAG)n repeat." In: *Journal of Andrology* 33, 2012, S. 210-215; ANN W. HSING, YU-TANG GAO, (…) CHAWNSHANG CHANG: „Polymorphic CAG and GGN repeat lengths in the Androgen Receptor Gene and prostate cancer risk. A population-based case-control study in China." In: *Cancer Research* 15, 2000, S. 5111-5116; MASAHIRO SASAKI, MASANORI KANEUCHI, (…) RAJVIR DAHIYA: „The polygenic and polyglutamine repeats in the androgen receptor gene in Japanese and Caucasian populations." In: *Biochemical and Biophysical Research Communications* 312, 2003, S. 1244-1247

Körperhöhe (Männer 1,62, Frauen 1,51 cm). Im Unterschied dazu sind die Datoga halbnomadische Viehzüchter mit Polygamie (Vielweiberei) und starker sozialer Differenzierung. Die soziale Stellung eines Mannes wird durch seinen Wohlstand und die Zahl seiner Frauen bestimmt. Sie sind Negride normaler Körpergröße, stammen ursprünglich vom Horn von Afrika und besitzen möglicherweise wie viele ostafrikanische Viehzüchter einen „hamitischen" (äthiopiden) Einschlag.

Butovskaya und Lazebny fanden bei den viehzüchtenden Datoga etwas weniger CAG-Repeats als bei den Jägern und Sammlern der Hazda. Die Dagota besitzen auch eine größere Variationsbreite der Zahl der Repeats als die Hazda, was den größeren sozialen Unterschieden bei ihnen entspricht. Deutlich sind die psychologischen Unterschiede. Die Dagota-Männer weisen höhere Werte für Aggressivität auf, und zwar sowohl für physische als auch verbale Aggressivität, und außerdem auch für Zorn und Feindseligkeit, als die Hazda-Männer. Das entspricht dem genetischen Unterschied beim Androgen-Rezeptor-Gen. Soziobiologisch wichtig ist, daß die Dagota-Männer auch mehr Kinder haben, nämlich im Mittel 3,7 gegenüber 3,1 bei den Hazda-Männern. Das weist darauf hin, daß in der Dagota-Gesellschaft Aggressivität bzw. wenige CAG-Repeats mit einem größeren Fortpflanzungserfolg belohnt werden, im Unterschied zur egalitären Gesellschaft der Hazda. Das ist ein Beispiel dafür, wie genetische Volkscharakter-Unterschiede evolutionär entstehen können.[766]

Das Oxytocin-Rezeptor-Gen (OXTR)

Das Oxytocin-Rezeptor-Gen (OXTR) trägt den Bauplan für ein Protein, das als Andockstelle für den Botenstoff Oxytocin dient. Das Protein Oxytocin verstärkt die Mutter-Kind-Bindung, spielt eine Rolle in der Paarbindung und macht die Menschen allgemein empathiefähiger und vertrauensvoller, läßt sie mehr lächeln und offener zu anderen

766 MARTINA L. BUTOVSKAYA, OLG E. LAZEBNY, (…) ALEXEY P. RYSKOV: „Androgen Receptor Polymorphism, Aggression, and Reproduction in Tanzanian Foragers and Pastoralists." In: *PloS One* 10, e0136208, S. 1-12

Menschen sein. In dem Gen gibt es einen Polymorphismus (rs 53576), mit einem A- oder einem G-Allel. Menschen mit einem GG-Allel sind empathischer und stressresistenter als solche mit AG oder AA.[767] Das AA-Allel steht dagegen in Verdacht, das Risiko für Autismus zu erhöhen. Lange Zeit wurde Oxytocin in den Medien als „Kuschelhormon" gefeiert, bis sich herausstellte, daß es auch noch eine andere Wirkung hat. Es läßt Frauen stärker auf bedrohliche Reize reagieren und macht feindselig gegen erkennbar Gruppenfremde, fördert also den „Ethnozentrismus".[768] Es dient eben wie immer in der Evolution dem Schutz der Nachkommen und dem Überleben der eigenen Gruppe, nicht der Fremdenliebe. Der Zusammenhang von G-Allel und Empathie konnte nicht in allen Studien repliziert werden. Eine Metastudie aus dem Jahr 2015 bestätigt jedoch den Zusammenhang von größerer Soziabilität mit GG.[769]

Die chinesischen Forscher Siyang Luo und Shihui Han haben beim Vergleich von 12 westlichen und ostasiatischen Ländern eine hohe (geographische) Korrelation (r= 0.94) des A-Allels zum Kollektivismus gefunden. Die kollektivistischen Länder in Ostasien haben mehr A und weniger G als die westlichen.[770] Stress löst bei Chinesen mit AA Ag-

---

767 ALEKSANDER KOGAN, LAURA R. SASLOW, (…) SARINA RODRIGUES SATURN: „Thin-slicing study of the oxytocin receptor (OXTR) gene and the evaluation and expression of the prosocial disposition." In: *Proceedings of the National Academy of Sciences of the U.S A.* 108, 2011, S. 19189-19192

768 EVA TENZER: „Das überschätzte Kuschelhormon. Oxytocin ist eine körpereigene Substanz, die gegen Angst und Depressionen helfen soll. Die Wirkung des Hormons wird allerdings deutlich überbewertet." In: *Bild der Wissenschaft* 11/2012, S. 76-77; SILANG LUO, BINGFENG LI, (…) SHIHUI HAN: „Oxytocin receptor gene and racial ingroup bias in empathy-related brain activity." In: *Neuroimage* 110, 2015, S. 22-31

769 JINGGUANG LI, YAJUN ZHAO, RENA LI, (…), SUYONG YANG: „Association of oxytocin receptore gene (OXTR) rs 53576 polymorphism bwith sociality. A meta-analysis." In: *PLOSone* 10, 2015, e 0131820

770 SIYANG LUO, SHIHUI HAN: „The association between an oxytocin receptor gene polymorphism and cultural orientations." In: *Culture and Brain* 2 2014, S. 89–107

gressivität und Feindseligkeit aus, bei solchen mit G nicht. Das G-Allel ist bei Chinesen mit gegenseitiger Abhängigkeit und Empathie korreliert, was auch im Hirnscan sichtbar ist. Koreaner mit dem GG-Allel berichten oft davon, daß sie ihre Gefühle unterdrücken müssen. Es gilt dort als Norm, seine Gefühle nicht zu zeigen.[771] Der niedrige G-Wert in Ostasien stimmt mit der von dort oft berichteten Kühle und Formalität der sozialen Beziehungen selbst in der Familie gut überein.

Hohe Werte für G finden sich bei Europäern, Afrikanern und überwiegend indianischen Lateinamerikanern. Niedrige Werte für G haben die Ostasiaten einschließlich der sibirischen Völker.[772] Die russische Anthropologin Marina Butovskaya (geb. 1959) und ihre Kollegen führ-

---

771 DI SHAO, HUI-HUI ZHANG, (…) FENG-LIN CAO: „Effect of the interaction between oxytocin receptor gene polymorphism (rs53576) and stressful life events on aggression in Chinese Han adolescents." In: *Psychoneuroendocrinology* 96, 2018, S. 35-41; SIYABG LUO, YINA MA, BINGFENG LI, (…) SHIHUI HAN: „Interaction between oxytocin receptor polymorphism and interdependent culture values on human empathy." In: *Scan* 10, 2015, S. 1273-1281; HEEJUNG S. KIM, JONI Y. SASAKI: „Emotion regulation. The interplay of culture and genes." In: *Social and Personality Psychology Compass* 12, 2012, S. 865-877; HEEJUNG S. KIM, DAVID K. SHERMANN, JONI Y. SASAKI (…) SHELLEY E. TAYLOR: „Culture, distress, and oxytocin receptor polymorphism (OXTR) interact to influence emotional support seeking." In: *Proceedings of the National Academy of Sciences of the U.S.A.* 107, 2010, S. 15717-15721; HEEJUNG S. KIM, DAVID K. SHERMANN, JONI Y. SASAKI (…) SHELLEY E. TAYLOR: „Culture, distress, and oxytocin receptor polymorphism (OXTR) interact to influence emotional support seeking." In: *Proceedings of the National Academy of Sciences of the U.S.A.* 107, 2010, S. 15717-15721; DI SHAO, HUI-HUI ZHANG, ZHOU-TING LONG , (…) FENG-LIN CAO: „Effect of the interaction between oxytocin receptor gene polymorphism (rs53576) and stressful life events on aggression in Chinese Han adolescents." In: *Psychoneuroendocrinology* 96, 2018, S. 35-41

772 POLINA R. BUTOVSKAYA, OLEG E. LAZEBNY, (…) MARINA L. BUTOVSKAYA: „Polymorphisms of two loci at the oxytocin receptor gene in populations of Africa, Asia and South Europe." In: *BMC Genetics* 17, 2016, S. 1-10

ten 2020 eine Studie an sieben verschiedenen ethnischen Gruppen durch: Russen, Tataren, westsibirische Ob-Ugrier und Burjaten, und Hazda (Jäger und Sammler), Datoga (Viehzüchter) und Isanzu (Bantu, Bauern) in Tansania, Afrika. Sie verglich dabei den Polymorphismus des Oxytocin-Rezeptor-Gens mit der – mit Hilfe eines Fragebogens – gemessenen Aggressivität der unterschiedlichen Völker. Verhältnismäßig hohe Werte für G fanden sich bei den Russen, Tataren und Afrikanern und geringe bei den westsibirischen Ob Ugrier und Burjaten. Von den drei afrikanischen Stämmen mit unterschiedlicher Wirtschaftsform haben die Bauern am meisten G. Von den sieben Völkern sind die sibirischen Völker und die afrikanischen Viehzüchter am aggressivsten und die afrikanischen Bauern am wenigsten aggressiv. Die Verteilung von G und Aggressivität stimmt also recht gut überein.[773] Bemerkenswert ist auch der Unterschied zwischen den Bauern und Viehzüchtern. Während die Bauernkultur friedliches Arbeiten fördert, züchtet die Viehzüchter-Kultur auf männliche Gewaltbereitschaft.

---

[773] MARINA BUTOVSKAYA, VICTORIA ROSTOVTSEVA, POLINA BUTOVSKAYA (...), OLEG LAZEBNY: „Oxytocin receptor polymorphism (rs53576) and digit ratio associates with aggression: Comparison in seven ethnic groups." In: *Journal of Physiological Anthropology* 39, 2020, S. 1-15

35. Versuch einer Synthese

Das in diesem Buch ausgebreitete Material bestätigt zunächst einmal eines, nämlich daß es psychologische Unterschiede zwischen den Völkern gibt. Angesichts der Fülle an Belegen müßte man schon ein außerordentliches Maß an Voreingenommenheit und Ignoranz aufbringen, um dies zu leugnen.

Dabei zeigt sich eine erstaunliche Kontinuität der beschriebenen Charaktereigenschaften. Die ethnischen Großgruppen der Menschheit wie die Chinesen, Japaner, Inder, Araber, Schwarzafrikaner, Indianer, Nord- und Südeuropäer, aber auch die europäischen Nationen, werden in den verschieden Epochen im Wesentlichen gleich beurteilt. Die verschiedenen Quellen und die mit unterschiedlichen Methoden gewonnen Ergebnisse bestätigen sich weitgehend gegenseitig. Widersprüche, die es auch gibt, lassen sich am ehesten mit methodischen Besonderheiten erklären.

Für viele völkerpsychologische Phänomene gibt es sowohl kulturelle als auch biologisch-genetische Erklärungen. Das muß kein Widerspruch sein, denn die kulturellen und die genetischen Einflüsse wirken meist gleichgerichtet. Denn sowohl die kulturelle und als auch die biologische Evolution beinhalten Mechanismen, um die Menschen an ihre Umwelt anzupassen.

Eine Kultur paßt sich durch die Entwicklung von geeigneten Techniken und Traditionen an ihre Umwelt an. Dazu gehören nicht nur Behausung und Kleidung und die Techniken des Nahrungserwerbs, sondern auch bestimmte Kommunikationsstile und kulturelle Werte. Verfahrensweisen, die sich bewähren, werden beibehalten und verbessert, solche, die sich nicht bewährten, verworfen. Über diesen Prozeß der kulturellen Evolution optimiert sich eine Kultur immer mehr. Sie entfernt sich damit zugleich immer weiter von den Kulturen anderer Populationen, die in anderen Umwelten leben. Ist eine bestimmte Kultur mit ihrem Sozialsystem und ihren spezifischen Werten erst einmal vorhanden, gehört sie selbst zu der Umwelt, an die sich die Individuen anpassen müssen.

Durch Erziehung und Tradition prägt eine Kultur die Menschen in einer Weise, daß diese an sie und die sie prägenden Umweltbedingungen möglichst gut angepaßt sind. Desgleichen versuchen die Individuen selbst, sich an die Werte ihrer Kultur anzupassen, weil diese ihre Werte mit sozialem Ansehen, wirtschaftlichem Wohlstand und besseren Partnerwahlchancen prämiert. Eine Kultur reproduziert sich so durch ihre Werte und ihre Erziehung immer aufs Neue.

Allerdings stößt diese modifikatorische Form der Anpassung dort an ihre Grenzen, wo die durch die genetisch bestimmte Modifikationsbreite gezogen sind. Der einzelne Mensch kann sich nur in einem gewissen Maß anpassen, dann stößt er an seine biologischen Grenzen. Diese, die die biologische Modifikationsbreite bestimmen, sind jedoch nicht bei allen Individuen dieselben. Dadurch sind diejenigen Individuen, deren Modifizierbarkeit mehr in Richtung des Anpassungsdruckes geht, besser angepaßt.

Diese besser angepaßten Individuen haben einen Überlebens- und Fortpflanzungsvorteil, und durch die Wirkung der Selektion verschiebt sich so die Modifikationsbreite der Population immer mehr in Richtung einer besseren Angepaßtheit an die Umweltbedingungen. Sie entfernt sich damit zugleich von den anderen Populationen, die in anderen Umwelten leben. Diese genetischen Selektion ist die zweite Form der Anpassung des Menschen seine Umwelt, die durch die biologische Evolution.

Aber auch die jeweilige Kultur selbst gehört zu den Umwelteinflüssen, die eine genetische Selektion ausüben. Bei der Partnerwahl werden Personen bevorzugt, die die in ihrer Kultur angestrebten Eigenschaften in stärkerem Maße als andere aufweisen. Auf diese Weise werden die Werte einer Kultur auch biologisch verankert. Die Nachkommen der erfolgreichen Individuen besitzen bereits überdurchschnittlich oft eine genetische Konstitution, die sie unbewußt nach den kulturell vorgegebenen Werten streben läßt. Das ist insbesondere dann der Fall, wenn eine Kultur schon sehr lange besteht.

Daß sowohl die kulturelle als auch die genetische Evolution sich an dieselben Umweltbedingungen anpaßt, erklärt, daß die kulturellen wie die genetischen Eigenschaften einer Population meist gleichgerichtet sind.

Der kanadische Evolutionspsychologe Jerome H. Barkow schlug 1989 folgendes Modell für die kulturelle Reproduktion von kulturspezifischen Verhaltensstilen vor:

„Eine wichtige treibende Kraft dieser spezifischen Kulturentwicklung könnte (…) der symbolisch bewertete Selbstwert bzw. das Prestige sein. Demnach strebt der Mensch das an, was in der eigenen Lebenswelt als erfolgreich gilt. Er verinnerlicht die durch die eigene Kultur vermittelten Prestige-Kriterien, und die bringen ihn dazu, bestimmte Eigenschaften und Handlungsweisen gegenüber anderen zu bevorzugen und auszubauen. Gleichzeitig werden bei der Partnerwahl Individuen bevorzugt, die die in einer Kultur hoch bewerteten Eigenschaften in hohem Maße aufweisen, so dass auch über diesen Weg der genetischen Selektion die Ausprägung der hoch bewerteten Eigenschaften sich verstärkt.“ [774]

Und die amerikanischen Psychologinnen Patricia M. Greenfield und Carla P. Childs ziehen den Schluß, „daß kulturelle Werte teilweise durch die Fähigkeit einer Kultur (entstehen), aus ihrem eigenen Genotyp ein bevorzugtes Stereotyp zu bilden.“[775]

---

774 JEROME H. BARKOW: Darwin, Sex und Status. Biological approaches to mind and Cuculture, Toronto 1989, zit. n. HEDE HELFRICH: „Kognition im Kulturvergleich“, in: ALEXANDER THOMAS (Hg.): *Kulturvergleichende Psychologie*, 2., überarbeitete und erweiterte Auflage, Göttingen 2003, S. 245-279, S. 255

775 PATRICIA M. GREENFIELD, CARLA P. CHILDS (1991), zit. n. HEIDI KELLER, LUTZ H. ECKENSBERGER: „Kultur und Entwicklung“, in: HEIDI KELLER (Hg.): *Lehrbuch Entwicklungspsychologie*, Bern 1998, S. 57-96, S. 74

Kommentierte Bibliographie

1. Allgemeine Darstellungen ... 424
2. Allgemeines und Methodisches ... 426
3. Antike ... 427
4. Mittelalter ... 429
5. Frühe Neuzeit ... 430
6. Völkercharakterologie Europas ... 431
7. Völkerkunde ... 434
8. Die außereuropäischen Länder ... 434
9. Religionssoziologie ... 438
10. Sprachpsychologie ... 438
11. Rassenpsychologie ... 440
12. Kulturvergleichende Psychiatrie ... 443
13. Humanethologie ... 443
14. Untersuchungen an Neugeborenen ... 444
15. Die kulturvergleichende Piaget-Forschung ... 444
16. Die Intelligenzunterschiede ... 445
17. Vorurteile und Stereotypen ... 447
18. Kulturvergleichende Psychologie ... 449
19. Weltverteilung der Big Five ... 452
20. Kulturelle Werte ... 453
21. Verhaltensgenetik ... 455
22. Bücher, die zu keiner der Kategorien gehören ... 460

1. Allgemeine Darstellungen

WILLY HELLPACH: *Einführung in die Völkerpsychologie*. 3. neubearbeitete Auflage, Stuttgart 1954

Das Buch erschien erstmals 1938 und war als Lehrbuch für Psychologie-Studenten gedacht. Es behandelt die verschiedenen Faktoren, die den Charakter eines Volkes beeinflussen, und die Erscheinungsformen, in denen er zum Ausdruck kommt. Hellpach unterscheidet in dem Buch 1. Volk als Naturtatsache (Rasse, Erbanlagen, familiäre Verwandtschaft und demographisches Alter), 2. Volk als geistige Gestalt (Sprache, Kultur, Recht und Religion) und 3. Volk als Willensschöpfung, womit nicht nur der Einfluß einzelner Persönlichkeiten, sondern jede mehr oder weniger schöpferische Arbeit an der Kultur eines Volkes gemeint ist. Die allgemeinen Überlegungen werden durch konkrete Beispiele verdeutlicht.

BURKART HOLZNER: *Völkerpsychologie. Leitfaden mit Bibliographie*, Würzburg o.J. (1961)

Holzners Buch beinhaltet eine kurze historische Darstellung von Herder bis zur „Kultur-und-Persönlichkeit"-Schule und ihre Nachfolger, sowie einen Überblick über die verschiedenen kultur- und sozialwissenschaftlichen Ansätze und Fragestellungen. Inhaltlich ist Holzner der amerikanischen Milieutheorie und Soziologie verpflichtet. Gut die Hälfte des Buches nimmt eine sehr nützliche Bibliographie ein, die auch Titel enthält, auf die im Text nicht eingegangen wird.

ENO BEUCHELT: *Ideengeschichte der Völkerpsychologie*, Meisenheim am Glan 1974

In einem im Vergleich zu Holzners Buch wesentlich ausführlicheren historischen Überblick behandelt Beuchelt vor allem die Einflüsse der Psychoanalyse und der verschiedenen amerikanischen Schulen (Behaviorismus, Boas-Schüler) auf die Völkerpsychologie. Wie Holzner ist auch er den milieutheorischen Ansätzen der angelsächsischen Kulturanthropologischen und Soziologie verpflichtet. Mit einem Exkurs über die amerikanische, testpsychologisch orientierte Rassenpsychologie. Ausführliches Literaturverzeichnis.

HUBERTUS CARL JOHANNES DUIJKER, NICO H. FRIJDA: *National Character and National Stereotypes. A trend report prepared for the international union of scientific psychology.* Amsterdam 1960

Das Buch gehört in den Zusammenhang der amerikanischen Kultur-und-Persönlichkeit-Schule. Sein Wert besteht in der gründlichen Auswertung der bisherigen Literatur. Es beinhaltet unter anderem eine Liste der Nationalcharakter-Forschungen zu 53 Ländern und Völkern, die zum großen Teil auf empirischen Untersuchungen mit psychologischen Tests und nur zum Teil auf eindrucksmäßigen Beschreibungen beruht. Das Literaturverzeichnis umfaßt 988 Titel. Leider ist fast nur die englischsprachige Literatur berücksichtigt.

HEINZ-GÜNTER VESTER: *Kollektive Identitäten und Mentalitäten. Von der Völkerpsychologie zur kulturvergleichenden Soziologie und interkulturellen Kommunikation*, Frankfurt a.M. 1996

Der schmale Band behandelt vor allem die soziologischen Ansätze der Völkerpsychologie, die Kultur-und-Persönlichkeit-Schule, Bourdieus Habitus-Konzept, Elias' Studien über die Deutschen, Hofstedes Kulturdimensionen, die *Big Five* und die Forschungsrichtung der Interkulturellen Kommunikation.

WILHELM EMIL MÜHLMANN: *Geschichte der Anthropologie.* 3. Auflage, Wiesbaden 1984

Eine immer noch gute historische Gesamtdarstellung der Anthropologie im weiteren Sinne, also einschließlich der Ethnologie. Beinhaltet auch die verschiedenen völkerpsychologischen Ansätze, reicht aber nur bis zum Zweiten Weltkrieg.

2. Allgemeines und Methodisches

EDUARD SPRANGER: „Wege und Ziele der Völkercharakterologie“, in: *Jahrbuch der Kaiser-Wilhelm-Gesellschaft zur Förderung der Wissenschaften* 1939, S. 141-177 (auch in: Die Erziehung 15, 1939)

EDUARD SPRANGER: „Wie erfaßt man einen Nationalcharakter?“, in: *Die Erziehung* 15, 1939, S. 41-62

Es handelt sich um denselben Text, der an zwei verschiedenen Orten veröffentlicht worden ist. Der Aufsatz des Pädagogen und geisteswissenschaftlichen Psychologen Eduard Spranger (1882-1963) wurde in auch in den ersten Nachkriegsjahrzehnten noch oft zitiert. Spranger setzt sich auf gedanklichem Wege mit den Problemen, einen Volkscharakter zu erkennen, auseinander. Er unterscheidet dabei verschiedene Schichten, vom blutmäßigen Erbe bis zum Geistig-Ethischen. Auch die historische Situation ist zu berücksichtigen. Ein Volkscharakter ist nicht auf eine Formel zu bringen, und nie ganz mit strengen, lehrbaren Methoden zu erkennen. Es bedarf auch einer künstlerischen Begabung, um in den vielen Einzelzügen das Ganze zu erkennen.

FRIEDRICH KEITER: „Volkscharakter und Rassenseele“, in: *Zeitschrift für Rassenkunde und die gesamte Forschung am Menschen* 8, 1938, S. 42-53

FRIEDRICH KEITER: „Zum Problem des Volkscharakters“, in: *Kölner Zeitschrift für Soziologie und Sozialpsychologie* 5, 1952/53, S. 285-297

Gründliche und kritische Überlegungen zur Erkenntnistheorie des Volkscharakters aufgrund von empirischen Erfahrungen. Beim Volkscharakter handelt es sich um Häufigkeitsunterschiede bestimmter Charaktereigenschaften. Urteile über ihn kommen durch eine subjektive Durchschnitts- oder Mittelwertbildung zustande. Die Psyche funktioniert wahrscheinlich so, daß Charaktereigenschaften intuitiv erfaßt und nicht erst aus einzelnen Verhaltensweisen rational abgeleitet werden. Es handelt sich immer um Vergleiche, weshalb man sich über die jeweilige Vergleichsbasis im Klaren sein muß. Gefahr von der Kultur, Sprache oder Naturumwelt auf die Menschen zu schließen. Unterscheidung zwischen den Eigenschaften eines Volkes als (politische) Einheit und denen der Individuen eines Volkes. Unterscheidung zwischen den Privatpersonen und den öffentlichen Rollen, die sie einnehmen. Unbewußte und bewußte Charakterzüge, Stilisierung bestimmter Eigenschaften. Notwendigkeit der Unterscheidung zwischen empirischem Befund und dessen Deutung. Frage der Gewichtung der unterschiedlichen Charaktereigenschaften.

HEINZ WIESBROCK: „Über Ethnocharakterologie. Wesen – Forschungsprogramm – Methodik", in: *Kölner Zeitschrift für Soziologie und Sozialpsychologie* 9, 1957, S. 549-586

Ausführlich Überlegungen zum Begriff des Volkscharakters, den Methoden seiner Erforschung und den Faktoren, die ihn beeinflussen. Umfangreiches Literaturverzeichnis.

HERBERT HUCKENBECK: „Probleme ethnopsychologischer Forschung", in: *Kontakte und Grenzen. Probleme der Volks-, Kultur- und Sozialforschung. Festschrift für Gerhard Heilfurth zum 60. Geburtstag,* Göttingen 1969, S. 35-48

Huckenbeck gibt im Wesentlichen einen theoriegeschichtlichen Überblick über die Geschichte der Völkerpsychologie von Lazarus und Steinthal über Wundt und Hellpach bis zu der amerikanischen Kultur- und Sozialanthropologie seit den 1940er Jahren.

3. Antike

KLAUS E. MÜLLER: *Geschichte der antiken Ethnologie.* Reinbek 1997 (zuerst unter dem Titel: Geschichte der antiken Ethnographie und ethnologischen Theoriebildung, Wiesbaden 1972)

Gesamtdarstellung der griechischen und römischen ethnographischen Literatur und der ihr zugrundeliegenden Vorstellungen in ihrer geschichtlichen Entwicklung. Enthält auch viele völkerpsychologische Aussagen der antiken Autoren.

EDUARD WÖLFLIN: „Zur Psychologie der Völker des Altertums“, in: *Archiv für lateinische Lexikographie und Grammatik* 7, 1892, S. 133-146 u. 333-342

Zusammenstellung von antiken Zeugnissen zu den Volkscharakteren der Punier, Phönizier, Griechen, Römer, Etrusker und anderer Völker des Mittelmeerraumes.

GUSTAV BILLETER: *Die Anschauung vom Wesen des Griechentums,* Leipzig 1911

Umfangreiche Zusammenstellung der antiken und neuzeitlichen Aussagen über die verschiedenen Charaktereigenschaften der alten Griechen.

THORLEIF BOMAN: *Das hebräische Denken im Vergleich mit dem Griechischen*, 3., neubearbeitete Auflage, Göttingen 1959

Vergleich des Alten Testaments mit den Schriften der griechischen Philosophen. Das altjüdische Denken ist im Vergleich zu dem der antiken Griechen stärker subjektivistisch-voluntaristisch, unanschaulich und mehr auf auditive Vorgänge gerichtet. Es mangelt im Alten Testament an konkreten Beschreibungen vor allem von Personen und gibt dort auch nur wenige sprachliche Ausdrücke für Formen und Farben. Das griechische Denken ist dagegen konkreter und sinnlicher.

GEORG GRUPP: *Kultur der alten Kelten und Germanen*, München 1905

Enthält auch zwei Kapitel über den Charakter der Kelten und der Germanen, vorwiegend aufgrund der antiken Literatur.

GEORG STEINHAUSEN: „Der germanische Volkscharakter“ in: FRANZ FASSBINDER, FRIEDRICH KORTZ (Hg.): *Die Welt des Mittelalters*, 5. Auflage, Münster i.W. 1946, S. 295-303

Synthese des Kulturhistorikers Georg Steinhausen über den Volkscharakter der Germanen aufgrund antiker und mittelalterlicher Quellen.

4. Mittelalter

PAUL KIRN: *Aus der Frühzeit des Nationalgefühls. Studien zur deutschen und französischen Geschichte sowie zu den Nationalitätenkämpfen auf den Britischen Inseln,* Leipzig 1943

Der Autor bringt viele Belege für die Existenz eines Nationalgefühls im mittelalterlichen Westeuropa, wodurch auch manches Licht auf die Vorstellungen, die die Völker voneinander hatten, fällt.

LUDWIG SCHMUGGE: „Über ‚nationale' Vorurteile im Mittelalter", in: *Deutsches Archiv für Erforschung des Mittelalters* 38, 1982, S. 439-459

Bericht über die Konflikte zwischen den europäischen Völkern, zu denen es bei den Kreuzzügen, auf Pilgerfahrten und an den überregionalen Universitäten kam, und deren Niederschlag in bestimmten Völkerstereotypen.

HEINZ ZATSCHEK: *Das Volksbewußtsein. Sein Werden im Spiegel der Geschichtsschreibung,* Brünn 1936

Zusammenstellung mittelalterlicher Belege für ethnisches Selbstbewußtsein und der Abgrenzung von anderen Völkern aus Italien, Frankreich, Böhmen, Polen, England und Deutschland. Darunter auch manche Völkercharakteristiken.

GÜNTER CERWINKA: „Völkercharakteristiken in historiographischen Quellen der Salier- und Stauferzeit", in: HERWIG EBNER (Hg.): *Festschrift Friedrich Hausmann,* Graz 1977, S. 59-79

Überblick über die volkscharakterologischen Zeugnisse des hohen Mittelalters aus deutschen und französischen Quellen. Beurteilungen der Deutschen, Franzosen, Italiener, Ungarn, Westslawen und Skandinavier.

HANS WALTHER: „Scherz und Ernst in der Völker-und Stämme-Charakteristik mittellateinischer Verse", in: *Archiv für Kulturgeschichte* 41, 1959, S. 263-301

Auswertung von 195 lateinischen ‚Völkerkatalogen' hauptsächlich aus dem Spätmittelalter. Mit einer Liste der jeweils für die einzelnen Völkern oder Stämmen genannten Eigenschaften. Aussagen über nahezu alle europäischen Völker.

5. Frühe Neuzeit

MICHAEL MAURER: „'Nationalcharakter' in der frühen Neuzeit. Ein mentalitätsgeschichtlicher Versuch, in: REINHARD BLOMERT, HELMUT KUZMICS, ANNETTE TREIBEL (Hg.): *Transformationen des Wir-Gefühls. Studien zum nationalen Habitus*. Frankfurt a.M. 1993, S. 45-81

Entwicklung der Nationalstereotypen in der frühen Neuzeit. Zunehmende Ablösung der antiken literarischen Topoi durch zeitgenössische Erfahrungen. Geht auf die wichtigsten Autoren völkercharakterologischer Werke des 17. und 18. Jahrhunderts ein (u. a. Holberg, Muralt, Montesquieu und Hume):

FRANZ K. STANZEL (Hg.): *Europäischer Völkerspiegel. Imagologisch-ethnographische Studien zu den Völkertafeln des frühen 18. Jahrhunderts*, Heidelberg 1999

Stanzel ist ein Vertreter der „Imagologie", jener Forschungsrichtung, mit der Literaturwissenschaftler die politisch geförderte Stereotypenforschung auch für ihr Fach nutzbar machen wollen. Die Imagologie geht von der Vorstellung aus, daß die Völkercharaktere Einbildung und nicht real sind. Der Band nimmt die steirische Völkertafel, eine schematisch-satirische Darstellung der europäischen Völkertypen aus der Zeit um 1740, zum Anlaß, um in Beiträgen von verschiedenen Autoren die frühneuzeitlichen Stereotypen von den europäischen Völkern zu behandeln.

[CHRISTIAN HEINRICH SCHMID]: *Charakteristik der vornehmsten europäischen Nationen.* Zwei Teile, Leipzig 1772

Das Buch ist ursprünglich anonym erschienen, wird aber heute unter dem Namen seines Autors geführt. Beinhaltet im ersten Band die Volkscharaktere der Engländer, Franzosen, Italiener und Spanier und im zweiten die der Niederländer und Deutschen, wie man sie im 18. Jahrhundert sah.

6. Völkercharakterologie Europas

ELIAS HURWICZ: *Die Seelen der Völker. Ihre Eigenarten und Bedeutung im Völkerleben. Ideen zu einer Völkerpsychologie*, Gotha 1920

Der aus Rußland stammenden deutsch-jüdische Soziologen und Publizisten Elias Hurwicz (1884-1973) faßte in dem Buch das völkerpsychologische Wissen über die europäischen Hauptvölker zusammen. Das Buch ist nach allgemeinen Gesichtspunkten gegliedert und behandelt die Geschichte und die Grundlagen der Völkerpsychologie sowie die bestimmenden Faktoren und Ausdrucksformen der Volkscharaktere. Hurwicz unterschied zwischen erbbiologischen, historisch-sozialen und geistigen Einflußfaktoren. Sein Buch bleibt jedoch nicht im Allgemeinen, sondern bringt viel Material über die Eigenschaften der verschiedenen Völker aus der bisherigen Literatur. Es hat keine Nachfolger gefunden und ist daher nach wie vor unverzichtbar.

FRANZ THIERFELDER (Hg.): *Umgang mit Völkern*, Berlin 1943 ff.

Die Reihe „Umgang mit Völkern" erschien zuerst während des Zweiten Weltkrieges als kleinformatige Tornisterschrift für Besatzungssoldaten und Diplomaten. Jeweils in einem Heft wird ein europäisches oder außereuropäisches Volk beschrieben. Die Autoren der sind ausgewiesene Landeskenner. Entsprechend des praktischen Zwecks sind die Hefte völlig frei von NS-Ideologie (über die Hauptkriegsgegner gibt es keine Hefte). Nach dem Krieg wurde die Reihe von einem westdeutschen Verlag übernommen. Bis Ende der sechziger Jahre erschienen Neuauflagen der bisherigen Hefte und auch eine ganze Reihe neuer

Titel. Insgesamt umfaßt die Reihe mehr als 30 Hefte. Die jüngeren sind allerdings völkerpsychologisch weniger ergiebig als die älteren. Auch der Band von Franz Thierfelder selbst über die Deutschen (Heft 15, 1943) ist lesenswert.

KURT HECKSCHER: *Die Volkskunde des germanischen Kulturkreises. Erster Teil: Darstellung an Hand der Schriften Ernst Moritz Arndts*, Hamburg 1925

Enthält eine Zusammenstellung der völkercharakterologischen Einschätzung über die verschiedenen germanischen Völker und ihre Nachbarn aus den verschiedenen Schriften Ernst Moritz Arndts.

FRIDO BECKER: *Kleine Volkscharakterkunde Dänemarks, Schwedens und Norwegens*, Kiel 1959

Sammlung von Zeugnissen über die Volkscharaktere der skandinavischen Völker.

ABEL MIROGLIO: „Einige Aspekte des französischen Nationalcharakters", in: *Kölner Zeitschrift für Soziologie und Sozialpsychologie* 15, 1963, S. 693-710

Einschätzung des französischen Nationalcharakters durch einen führenden Vertreter der französischen Schule der Völkerpsychologie.

EUGEN RIPPL: „Der tschechische Volkscharakter im Spiegel tschechischer Selbstcharakterisierung", in: *Deutsche Volksforschung in Böhmen und Mähren* 3, 1944, S. 12-22

Der Wert des Aufsatzes liegt darin, daß er die ältere tschechischsprachige Literatur über den tschechischen Volkscharakter erschließt. Berücksichtigt auch regionale Unterschiede innerhalb Tschechiens.

ANNETTE BAUMGART, BIANCA JÄNECKE: *Rußlandknigge*. 3. Auflage, München 2005

Ist ein gutes Beispiel dafür, wie im Umkreis der Wirtschaft und aus der praktischen Notwendigkeit heraus immer wieder unideologische Handbücher mit starker völkerpsychologischer Komponente erscheinen. Sie beruhen wie in diesem Fall auf den Erfahrungen der Autoren und anderer Beobachter und einer vorsichtigen Rezeption von Stereotypen.

BERNARD NUSS: *Das Faust-Syndrom. Ein Versuch über die Mentalität der Deutschen*, Bonn 1993

Der Franzose Bernard Nuss geht mehr essayistisch als wissenschaftlich an sein Thema heran. Dennoch gelingt es ihm, wesentliche Züge des deutschen Charakters zu erkennen. Er sieht den zentralen Charakterzug der Deutschen in einer inneren Unruhe, einem Aktivitätsbedürfnis, das sie zu einem unaufhörlichen Streben anspornt, voranzukommen. Die große Energie, der Fleiß, die Gründlichkeit und Ordnungsliebe, die Hartnäckigkeit in der Verfolgung von Zielen, haben so einen metaphysischen Hintergrund. Der Deutsche hat das Bedürfnis in seinem Leben auf der Erden Spuren zu hinterlassen. Verbunden ist damit eine gewisse Naivität, man nimmt vieles wörtlich, und ordnet sich gerne einem Ideal unter. Diese Ernsthaftigkeit bedingt das Ideal der Authentizität, die hoher Wertung von Treue und Freundschaft. Etwas Metaphysische schimmert auch in dem innigen Verhältnis zur Natur durch, die etwas von einer mystischen Verbundenheit hat. Nuss führt den deutschen Charakter teils auf ein ursprüngliches genetisches Erbe, teils auf die Verinnerlichung protestantisch-rationalistischer Werte seit der frühen Neuzeit zurück.

SYLVIA SCHROLL-MACHL: *Die Deutschen – Wir Deutsche. Fremdwahrnehmung und Selbstsicht im Berufsleben*, 3. Auflage, Göttingen 2007

Das Buch der Wirtschaftspsychologin und Personaltrainerin Sylvia Schroll-Machl beruht auf den Erfahrungen von ausländischen Geschäftspartnern und Seminarteilnehmern. Typisch deutsch sind unter anderem die Sachorientierung, die Vorrang vor sozialen Beziehungen hat, der direkte Kommunikationsstil, die Wertschätzung von Strukturen und

Regeln, die gründliche Planung und die strikte Trennung von beruflicher und privater Sphäre.

KURT LÜCK: *Der Mythos vom Deutschen in der polnischen Volksüberlieferung und Literatur*, 2., ergänzte Auflage, Leipzig 1943

Aufschlußreiche Zusammenstellungen der polnischen Zeugnisse über den deutschen und den polnischen Volkscharakter. Sachlichkeit und Fleiß der Deutschen, Geselligkeit und Gefühlsbetontheit der Polen. Schwanken zwischen Anerkennung der deutschen Überlegenheit und haßerfüllter Ablehnung.

7. Völkerkunde

KLAUS E. MÜLLER: „Geschichte der Ethnologie“, in: HANS FISCHER (Hg.): *Ethnologie. Einführung und Überblick.* Dritte, veränderte und erweiterte Auflage, Berlin 1992, S. 23-56

Kurze Geschichte der Völkerkunde / Ethnologie und ihrer verschiedenen theoretischen Forschungsansätze.

WERNER PETERMANN: *Geschichte der Ethnologie*, Wuppertal 2004

Das dicke Buch (1 095 Seiten) ist trotz seiner penetranten „multikulturellen“ und „antirassistischen“ Tendenz wegen seines Materialreichtums von Wert.

8. Die außereuropäischen Länder

FRIEDRICH MÜLLER: *Allgemeine Ethnographie*, Wien 1873

FRIEDRICH von HELLWALD: *Völkerkunde,* Nürnberg 1882

THEODOR WAITZ: *Anthropologie der Naturvölker*. 6 Teilbände, Leipzig 1859-1872, Nachdruck Hildesheim 2006

FRIEDRICH RATZEL (Hg.): *Völkerkunde*. 3 Bände Leipzig 1887-1890

GEORG BUSCHAN (Hg.): *Illustrierte Völkerkunde.* 2 Bände, Dritte Auflage, Stuttgart 1922 und 1923

HUGO A. BERNATZIK (Hg.): *Die große Völkerkunde.* 3 Bände, Leipzig 1939

HUGO A. BERNATZIK (Hg.): *Die neue große Völkerkunde.* 3 Bände, Frankfurt a.M. 1954

Diese umfassenden völkerkundlichen Werke beinhalten neben Beschreibungen der Kultur und Lebensweise der verschiedenen Völker auch viele völkercharakterologische Besurteilungen. Die besten scheinen die bei Waitz, Ratzel und Bernatzik zu sein. Bei Müller und Hellwand gibt es neben guten auch recht willkürliche, worin sich die unterschiedliche Qualität der verwendeten Originalliteratur widerspiegelt. Bernatziks neue Völkerkunde von 1954 ist nur teilweise mit der von 1939 identisch und zum Teil von anderen Autoren neu geschrieben.

OSKAR WEGGEL: *Die Asiaten*, München 1989

Eingehende Beschreibung der asiatischen Gesellschaften, Wirtschaftsstile, Traditionen, Religionen und Denkweisen. Das Schwergewicht liegt auf China, aber auch Indien und Indonesien werden berücksichtigt.

SIEGFRIED BÖTTCHER: *Kulturelle Unterschiede – Grenzen der Globalisierung. Ein Vergleich zwischen dem Westen und Ostasien*, Berlin 1999

Vergleich der unterschiedlichen Politik- und Wirtschaftsstile im Westen und in Ostasien auf der Grundlage ihrer unterschiedlichen historischen Prägungen.

FRANCIS FUKUYAMA: *Konfuzius und die Marktwirtschaft. Der Konflikt der Kulturen*, München 1995

Der amerikanische Politikwissenschaftler japanischer Herkunft Francis Fukuyama (geb. 1952) führt den wirtschaftlichen Aufstieg der ostasiatischen Länder auf die Werte des Konfuzianismus zurück. Er sieht als eine wesentliche Voraussetzung für wirtschaftlichen Erfolg das zwischenmenschliche Vertrauen an, das in China durch die Familiennetzwerke und in Japan durch die starke Soziabilität und kulturelle Homogenität gegeben ist.

LIN YUTANG: *Mein Land und mein Volk*, Stuttgart o.J. (ca. 1935)

Dieses Buch eines Chinesen enthält neben einer Landesbeschreibung Chinas in seiner Zeit auch eine ausführliche Beschreibung des chinesischen Volkscharakters, einschließlich der Unterschiede zwischen den verschiedenen Regionen Chinas.

EGON von EICKSTEDT: „Forschungen in Süd- und Ostasien" I-V, in: *Zeitschrift für Rassenkunde* 8, 1939, S. 294-333, 10, 1939, S. 1-67 u. 120-162 und 11, 1940, S. 21-79 u. 115-153

Von Eickstedt gibt in diesem Bericht von seinen Forschungsreisen, der teilweise schon vor Ort verfaßt wurde, neben einer Beschreibung der Kultur und der anthropologischen Typen auch viele völkercharakterologische Portraits der verschiedenen südostasiatischen Völker und Völkerschaften.

ERWIN BÄLZ: „Zum Verständnis der heutigen japanischen Volksseele" (1904), in: ders.: *Über die Todesverachtung der Japaner*, Stuttgart 1936, S. 12-17

Ders.: „Zur Psychologie der Japaner", in: *Globus* 84, 1903, S. 313-319

Der deutsche Arzt und Anthropologe Erwin Bälz (1849-1913) war Leibarzt des japanischen Kaisers, lebte jahrzehntelang in Japan und gilt als einer der Begründer der deutschen Japanologie.

HELMUTH von GLASENAPP: *Die indische Welt als Erscheinung und Erlebnis*, Baden-Baden 1948

Das als persönlicher Erfahrungsbericht des bekannten deutschen Indienspezialisten geschriebene Buch enthält viele aufschlußreiche Erkenntnisse über den Hinduismus, die Kultur und den Charakter der Inder.

SANA AL-KAYYAT: *Ehre und Schande. Frauen im Irak*, München 1991

Eindringliche Schilderung von Frauenschicksalen in der traditionellen Gesellschaft des Iraks.

HELLMUT CHRISTOFF: *Kurden und Armenier. Eine Untersuchung über die Abhängigkeit ihrer Lebensform und Charakterentwicklung von der Landschaft*. Diss. Hamburg 1935

Beinhaltet auch eine Charakterisierung dieser im gleichen geographischen Raum lebenden, so unterschiedlichen Völker.

FRANZ ENGEL: „National- und Rassen-Typen des tropischen Amerika“, in: *Zeitschrift für Ethnologie* 3, 1871, S. 18-51

Aufschlußreiche Beschreibung und Charakterisierung der ethnischen Typen im tropischen Teil Lateinamerikas. Kreolen (einheimische Weiße südeuropäischer Herkunft), Schwarze, Mulatten, Indios, Mestizen und Zambos (Mischlinge aus Schwarzen und Indios).

ANKE LAUFFER: *Rassismus, ethnische Stereotypen und nationale Identität in Peru*, Münster i.W. 2000

Aufschlußreiche Beschreibung der wechselseitigen Stereotypen und der Rassenbeziehungen der verschiedenen ethnisch-rassischen Gruppen in Peru (mediterrane Europäer, andide Indianer, Neger).

WAHRHOLD DRASCHER: *Die Vorherrschaft der Weißen Rasse. Die Ausbreitung des abendländischen Lebensbereiches auf die überseeischen Erdteile*. Stuttgart 1936

Der Historiker und Geograph Wahrhold Drascher (1892-1968) war als Forschungsreisender und ehemalige Kolonialoffizier ein ausgezeichneter Kenner der überseeischen Verhältnisse. Der Wert des Buches besteht in seinem Reichtum an sozialpsychologischen Beobachtungen noch ganz ohne Rücksicht auf die heute üblichen politisch korrekten Sprachregelungen. Es enthält besonders in dem Kapitel „Das Verhältnis der Weißen zu den Farbigen“ eine ungeschminkte Schilderung der Beziehung der Weißen und Farbigen in den verschiedenen Ländern.

Drascher beschreibt die verschiedenen kolonialen und einheimischen Typen einschließlich der neu entstandenen sozialen Zwischenschicht der Mischlinge anhand von Beispielen aus Afrika, Ostasien, Westindien und Lateinamerika. Dazu gehört auch das unterschiedliche Verhalten der verschiedenen europäischen Nationen gegenüber den Einheimischen, die Wahrnehmung der verschiedenen farbigen Rassen untereinander und die Veränderung der Weißen durch einen längeren Aufenthalt in den Kolonien.

9. Religionssoziologie

MAX WEBER: *Grundriß der Sozialökonomik. III. Abteilung: Wirtschaft und Gesellschaft*, 1. Halbband. Zweite vermehrte Auflage, Tübingen 1925

Enthält in dem Abschnitt „Die Kulturreligionen und die 'Welt'" Webers Gedanken über den Einfluß der Religion auf das Wirtschaftsleben, dargestellt am Beispiel des Protestantismus, Konfuzianismus, Hinduismus, Buddhismus und Judentums.

10. Sprachpsychologie

IWAR WERLEN: *Sprachliche Relativität. Eine problemorientierte Einführung*, Tübingen 2002

Gibt einen ausgewogenen Überblick über die sprachwissenschaftliche und sprachphilosophische Diskussion zu Benjamin L. Whorfs These von der sprachlichen Bedingtheit des Weltbildes verschiedener Völker. Enthält auch einen Rückblick auf Wilhelm von Humboldts Sprachpsychologie

WINFRIED FRANZEN: „Die Sprachen und das Denken. Zum Stand der Diskussion über den ‚linguistischen Relativismus'„, in: JÜRGEN TRABANT (Hg.): *Sprache denken. Positionen aktueller Sprachphilosophie,* Frankfurt a.M. 1995, S. 249-268

Diskussion des sprachwissenschaftlichen Forschungsstandes zur Sapir-Whorf-These anhand der Beispiele der Farbenbezeichnungen und des kontrafaktischen Denkens bei den Chinesen.

JOHAN GALTUNG, FUMIKO NISHIMURA: „Struktur, Kultur und Sprachen: Indoeuropäische, chinesische und japanische Sprachen im Vergleich“, in: *Leviatan* 12, 1984, S. 478-505

Vergleich der drei Sprachen in Hinblick auf ihre Auffassungen von Raum, Zeit, Erkenntnis, dem Verhältnis des Menschen zur Natur, den sozialen Beziehungen und zum Transzendenten. Festes Raum- und Zeitschema, Tendenz zur Substantivierung und Genauigkeit im Indogermanischen, Vagheit und Mehrdeutigkeit der asiatischen Sprachen. Dem indogermanischen Individualismus steht die asiatische Tendenz zur Ich-Verleugnung gegenüber (im Japanischen noch mehr als im Chinesischen). Starke soziale Hierarchie in den Anredeformen des Japanischen.

FRIEDRICH KAINZ: *Psychologie der Sprache, Bd. 5, Psychologie der Einzelsprachen*, zwei Teile, Stuttgart 1965 und 1969

Der der idealistischen Sprachpsychologie verpflichtete Kainz behandelt im ersten Teilband die Beziehung von Sprache und Volkscharakter und die psychologischen Aspekte der verschiedenen Sprachmerkmale, von der Artikulation und dem Akzent bis zur Wortgestalt und den verschiedenen grammatischen Konstruktionen. Beispiele aus den europäischen Sprachen veranschaulichen die psychologischen Interpretationen. Kainz bezieht sich dabei auf die bisherige sprachwissenschaftliche Literatur, nimmt aber auch selber Stellung, wobei er Übertreibungen, wie es sie bei einigen Autoren des 19. Jahrhunderts und auch bei Leo Weisgerber gibt, vermeidet. Im zweiten Teilband präsentiert Kainz ausführliche Sprachpsychogramme des Deutschen, Französischen und des Englischen. Von allen sprachwissenschaftlichen Publikationen ist Kainz‘ Werk das in völkerpsychologischer Hinsicht ergiebigste.

HELENE HOMEYER: *Von der Sprache zu den Sprachen. Sprachphilosophie, Sprachlehre, die Sprachen Europas*, Olten 1947

Enthält eine Beschreibung der verschiedenen Sprachen Europas (auch einiger kleinerer Sprachen) in Hinblick auf Merkmale wie Akzent, Tonhöhenverlauf, Rhythmus, reine und gemischte Vokale, Euphonie usw., die in den konventionellen Sprachbeschreibungen, die sich in der Regel auf Wortschatz und Grammatik beschränken, meist fehlen, aber für sprachpsychologische Deutungen besonders wichtig sind.

SIMONE EINZMANN: „Verschiedene Arten, die Welt zu betrachten", in: *Psychologie heute* 2011, Heft 11, S. 76-81

Neuere Forschungen zum unterschiedlichen Denken von Westlern und Ostasiaten. Analytisches und ganzheitliches Denken. Der Einfluß der Sprache ist auch im Hirnscan nachweisbar.

HANNAH FAYE CHUA, JULIE E. BOLAND, RICHARD E. NISBETT: „Cultural variation in eye movements during scene perception", in: *Proceedings of the National Academy of Science of the USA* 102, 2005, S. 12629-12633

Untersuchung über die unterschiedliche Bildwahrnehmung von Amerikanern und Chinesen. Amerikaner konzentrieren sich auf die handelnden Akteure im Vordergrund, stärkere Einbeziehung des Hintergrundes und des Umfeldes durch die Asiaten.

11. Rassenpsychologie

RAINER KNUßMANN: *Vergleichende Biologie des Menschen. Lehrbuch der Anthropologie und Humangenetik.* 2., völlig neu bearbeitete Auflage, Stuttgart 1996

Das Buch Knußmanns, eines Schülers von Ilse Schwidetzky, ist die neueste Gesamtübersicht der Anthropologie einschließlich Rassendifferenzierungen, psychologischen Rassenunterschieden und der Evolution der Rassenunterschiede.

ILSE SCHWIDETZKY: „Rassenpsychologie", in: GERHARD HEBERER, ILSE SCHWIDETZKY, HUBERT WALTER (Hg.): *Fi-*

scher-Lexikon Anthropologie, Neubearbeitung, Frankfurt a.M. 1970, S. 250-253

Knappe Einführung in die empirische Rassenpsychologie, wie sie mit psychologischen Test und anhand von psycho-somatischen Korrelationen betrieben wurde.

HAROLD N. ARROWSMITH: „Untersuchung an Schülern aus dem Rhein-Main-Gebiet. (unveröffentlicht)". Diagramme in: EGON VON EICKSTEDT: *Die Forschung am Menschen*. Bd. III, Stuttgart 1963, S. 1873 und in: GERHARD HEBERER, ILSE SCHWIDETZKY, HUBERT WALTER: *Fischer Lexikon Anthropologie*. 2. Ausgabe, Frankfurt a.M. 1970

Auswertung von Fragebögen. Positive Korrelation von nordidem Typus und Introversion sowie von mediterranidem Typus und Extraversion. Der Temperamentstypus ist um so stärker ausgeprägt, je ausgeprägter auch der Rassentypus ist.

ILSE SCHWIDETZKY: „Das Grazilisierungsproblem. Ein Brückenschlag zwischen Rassengeschichte und Konstitutionsforschung", in: *Homo* 13, 1962, S. 188-195

Positive Korrelation von Grazilität (geringe Knochenderbheit) von Körper und Gesicht zur Begabung. Die Verfasserin entwirft die Hypothese einer selektiven Begünstigung der grazileren Individuen in Europa seit dem Neolithikum als Erklärung für die Abnahme der Knochenrobustizität seit dieser Zeit.

EGON von EICKSTEDT: *Grundlagen der Rassenpsychologie*, Stuttgart 1936

Gibt einen Überblick über die Grundlagen und die damaligen Ansätze zur Rassenpsychologie. Berücksichtigt die Erblichkeit psychologischer Merkmale, die charakterologischen Typenlehren (Kretschmer, Pfahler, Jaensch), die Primitiven-Psychologie (Lévy-Bruhl), die Nationalitätencharakterologie, die Test-Psychologie (Garth, Klineberg) und die intuitive Rassenpsychologie (Günther, Clauss).

EGON von EICKSTEDT: *Rassenkunde und Rassengeschichte der Menschheit*, Stuttgart 1934

Sehr gute Beschreibung der verschiedenen menschlichen Rassentypen, die allerdings nur selten durch psychologische Merkmale ergänzt wird.

EGON von EICKSTEDT: *Rassendynamik von Ostasien. China und Japan, Tai und Quer von der Urzeit bis heute*, Berlin 1944 (S. 183 ff.)

EGON von EICKSTEDT: „Die Träger der afrikanischen Kulturen", in HUGO ADOLF BERNATZIK (Hg.): *Afrika. Handbuch der angewandten Völkerkunde*, Innsbruck 1947, Bd. 1, S. 107-143

Enthalten psychologische Charakteristiken der ostasiatischen bzw. der afrikanischen Rassentypen.

FRIEDRICH KEITER: *Rasse und Kultur. Eine Kulturbilanz der Menschenrassen als Weg zur Rassenseelenkunde,* drei Bände, Stuttgart 1938-1940

Dem Werk des Anthropologen Friedrich Keiter liegt die Konzeption einer „Kulturbiologie" seines Lehrers Walter Scheidt zugrunde. Diese sieht in der geistigen und materiellen Kultur den Ausdruck von biologischen Bedürfnissen und Fähigkeiten. Vor allem der erste, theoretische Band von Keiters Werk ist diesem Ansatz, der zu manchen Verstiegenheiten verführt, verpflichtet. In den beiden anderen Bänden behandelt Keiter dann die Völker der Menschheit, wobei ihm eindringliche Portraits gelingen. Keiter geht nicht von den Rassentypen aus wie v. Eickstedt, sondert gliedert die Menschheit in geographischen Zonen, in denen sich, in der Evolution verfestig, bestimmte psychische Tendenzen ausprägen. Das Werk ist reich an völkerpsychologischen Einsichten und Anregungen, weshalb es trotz einiger Irrtümer und Zeitbedingtem auch heute noch wertvoll ist.

FRIEDRICH KEITER: *Rassenpsychologie. Einführung in eine werdende Wissenschaft*, Leipzig 1941

Das kleine Reclam-Heft beinhaltet einen kurzen Überblick über die geographisch-rassischen Kulturzonen der Erde.

TRYGVE E. BAKKEN, ANDERS M. DALE, NICHOLAS J. SCHORK: „ A geographic cline of skull and brain morphology among individuals of European ancestry“, in: *Human Heredity* 72, 2011, S. 35-44

Die Untersuchung an präparierten Gehirnen und Schädeln aus ganz Europa zeigt ein geographisches Gefälle von Nordwest-Europa nach Südosteuropa. Die Nordwesteuropäer haben ein um 4 bis 9 Prozent größeres Frontal- und Temporalhirn.

12. Kulturvergleichende Psychiatrie

PFEIFFER, WOLFGANG M.: *Transkulturelle Psychiatrie. Ergebnisse und Probleme*, 2. neubearbeitete und erweiterte Auflage, Stuttgart 1994

Ausführliche Darstellung der unterschiedlichen Häufigkeit und Ausprägung psychiatrischer Erkrankungen wie Schizophrenie, Depressionen oder Manien in den verschieden Kulturen. Mit umfangreichen Exkursen über kulturgebundene Psychosyndrome wie *Amok* und *Latah*, über Besessenheit, Rauschmittelgebrauch und Suizid.

13. Humanethologie

EIBL-EIBESFELDT, IRENÄUS: *Die Biologie des menschlichen Verhaltens. Grundriß der Humanethologie.* 3., überarbeitete und erweiterte Auflage, Weyarn 1997

Umfassende Darstellung aller Gebiete der Humanethologie, mit vielen konkreten Beispielen aus den Forschungen Eibl-Eibesfeldts. Berücksichtigt auch die Perspektive der Soziobiologie.

IRENÄUS EIBL-EIBESFELDT: *Menschenforschung auf neuen Wegen*, Wien 1976

Beinhaltet unter anderem ethologische Beschreibungen der !Ko-Buschleute, der Yanomami, der afrikanischen Himba und der Eipo in Neuguinea.

14. Untersuchungen an Neugeborenen

DANIEL G. FREEDMAN: *Human Infancy. An evolutionary perspective*, Hillsdale, New Jersey 1974

Enthält im Kapitel *Group Differences* eine ausführliche Beschreibung von Freedmans Untersuchungen über die Temperamentsunterschiede zwischen Neugeborenen europäischer und chinesischer Herkunft.

DANIEL G. FREEDMAN: *Human Sociobiology. A holistic Approach,* New York 1979

Freedman berichtet in dem Buch über die Untersuchungen an europäischen und chinesischen Neugeborenen hinaus auch von denen an neugeborenen Navajo, Japanern, Afrikanern und Indern.

15. Die kulturvergleichende Piaget-Forschung

GEORG W. OESTERDIEKHOFF: *Kulturelle Grundlagen kognitiver Entwicklung. Der strukturgenetische Ansatz in der Soziologie*, Frankfurt a.M. 1997

GEORG W. OESTERDIEKHOFF: *Zivilisation und Strukturgenese. Norbert Elias und Jean Piaget im Vergleich*, Frankfurt am Main 2000

Ausgehend von der Entwicklungspsychologie Jean Piagets befaßt sich der Soziologe Georg W. Oesterdiekhoff mit den psychologischen Grundlagen traditionaler und moderner Kulturen. Er zeigt anhand des umfangreichen kulturvergleichenden Datenmaterials der Piaget-Schule, daß die höheren Entwicklungsstufen der konkreten und der formalen Operationen in den Entwicklungsländern nur von einer Minderheit der Menschen erreicht werden. Die höchste Stufe der formal-logischen Operationen wird überhaupt nur von denjenigen erreicht, die mindestens 3 Jahre auf westlich geprägten Schulen waren. Oesterdiekhoff sieht in der schulischen Lernbarkeit den Nachweis dafür, daß die bekannten IQ-Unterschiede in der kulturellen Umwelt und nicht genetisch begründet sind. Er geht in beiden Büchern dem Einfluß der kognitiven Strukturen auf die Emotionen, das Weltbild und die Moral- und Rechtsvorstellungen in verschiedenen Kulturen und Epochen nach und führt verschiedene Erscheinungen traditionaler Kulturen einschließlich Europas bis zur Neuzeit auf sie zurück. Zum Beispiel magisches Denken, Animismus, Jenseitsglaube, Gottesurteile als Rechtsinstanz, Lügen als Form von Selbstsuggestion usw. Die Piaget#schen Entwicklungsstufen beschreiben die kognitiven Unterschiede sehr viel deutlicher als die abstrakten IQ-Werte. Die Schwäche von Oesterdiekhoffs eindrucksvoller Darstellung liegt jedoch darin, daß er alles ignoriert, was gegen eine milieutheoretische Erklärung spricht, wie die hohe Heritabilität der Intelligenz oder die völlige Wirkungslosigkeit der amerikanischen Förderprogramme für benachteiligte Schwarze.

16. Die Intelligenz-Unterschiede

RICHARD LYNN: *Race differences in Intelligence. An evolutionary Analysis*, Second revised Edition. Washington 2015

Standardwerk des britischen Intelligenzforschers Richard Lynn, in dem er die vorhanden IQ-Daten für die verschiedenen Länder und ethnischen Gruppen der Erde, einschließlich der Unterschiede für verbalen und räumlichen IQ, vorstellt. In weiteren Kapiteln behandelt Lynn die Zuverlässigkeit der Testergebnisse, die Frage ihrer Heritabilität und schließlich die Evolution der Intelligenzunterschiede in der Menschheitsgeschichte. Lynn führt die bessere Intelligenz der nördlicheren Rassen (weiße Europide, sinide Mongolide) auf die selektiven Anforderungen des Eiszeitklimas zurück. Das Buch enthält mehr Daten für die einzelnen Länder als die erste Auflage. Dafür fehlt die farbige Weltkarte des IQ der autochthonen Bevölkerungen.

SUSAN S. STODOLSKY, GERALD LESSER: „Learning Patterns in the Disadvantaged", in: *Havard Educational Review* 37, 1967, S. 546-593

Enthält grafische Darstellungen der verschiedenen Intelligenzprofile, differenziert nach verbaler Intelligenz, Schlußfolgern (*reasoning*), Zahlen und räumlicher Intelligenz, von Chinesen, Juden, Negern und Puertorikanern in den USA, unterschieden nach sozialer Mittel- und Unterklasse. Die ethnischen Gruppen haben jeweils charakteristische Intelligenzprofile, die bei der Mittelschicht – auf höherem Niveau – genau mit denen der Unterschicht übereinstimmen.

GREGORY COCHRAN, JASON HARDY, HENRY HARPENDING: „Natural History of Ashkenazi Intelligence", in: *Journal of Biosocial Science* 38, 2006, S. 659-693

Die Autoren führen die hohe Intelligenz der aschkenasischen Juden auf ihre Geschichte zurück. Da ihnen die Landwirtschaft verboten war, übten sie als Händler und Bankiers Berufe aus, für die Intelligenz von Vorteil war. Es fand eine Selektion innerhalb der jüdischen Bevölkerung statt, und da es keine Durchmischung mit der nicht jüdischen bäuerlichen Bevölkerung gab, blieb der so entstandene Genpool erhalten. Allerdings wurde die gute Intelligenz der Aschkenazim mit einer hohen Anzahl von Erbkrankheiten erkauft, die genetisch an sie gekoppelt sind.

HEINER RINDERMANN: „Was messen internationale Schulleistungsstudien? Schulleistungen, Schülerfähigkeiten, kognitive Fähigkeiten, Wissen oder allgemeine Intelligenz?", in: *Psychologische Rundschau* 57, 2006, S. 69-86

Die hohen Korrelationen zwischen den Ergebnissen der verschiedenen Aufgabenbereiche der internationalen Schulleistungsstudien wie PISA, sowie deren hohe geographischen Korrelationen zum IQ im Weltvergleich, sprechen dafür, daß mit den Schulleistungstest vor allem die allgemeine Intelligenz (g-Faktor) gemessen wird.

17. Vorurteile und Stereotypen

LEE JUSSIM: *Social Perception and Social Reality. Why accuracy dominates bias and self-Fulfilling prophecy*, Oxford 2012

Neues Buch des Hauptvertreters jener amerikanischen Forschungsrichtung, die unter dem Schlagwort *Stereotype Accuracy* die Beziehung von Stereotyp und Wirklichkeit erforscht. Jussim zeigt, daß die Richtigkeit *(accuracy)* einen größeren Einfluß auf die Stereotypen hat als die Voreingenommenheit oder der Effekt der sich selbst erfüllenden Prophezeiung durch selektive Wahrnehmung.

LEE JUSSIM, THOMAS R. CAIN, JARRET T. CRAWFORD, KENT HARBER, FLORETT COHEN: „The Unbearable Accuracy of Stereotypes", in: TODD D. NELSON (Hg.): *Handbook of prejudice, stereotyping, and discrimination*, New York 2009

Jussim und seine Mitarbeiter stellen im *Handbook of Prejudice*, einer zentralen Publikation der Vorurteilsforscher, in konzentrierter Form die *Stereotype Accuracy*-Forschung vor. Zu dem Aufsatz gehört auch eine Tabelle mit den empirischen Daten über die Korrelation von Stereotyp und Wirklichkeit für den Unterschied zwischen Schwarzen und Weißen und den Geschlechterunterschied in den USA aufgrund von 18 Untersuchungen.

FRANZ SAMELSON: „From 'race psychology' to 'studies in prejudice': some observations on the thematic reversal in social psychology", in: *Journal of the History of the Behavioral Sciences* 14, 1978, S. 265-278

Beschreibt die Etablierung des Vorurteils-Paradigmas in der amerikanischen Sozialpsychologie in der Zeit von 1920 bis 1940 und ihre Ursachen.

DAVID A. HOLLINGER: „Ethnic diversity, cosmopolitanism and the emergence of the American liberal intelligentsia", in: *American Quarterly* 27, 1975, S. 133-151

Aufsatz eines amerikanischen Historikers über den Einfluß der linksliberalen, vielfach jüdischen Intellektuellen in den 1940er Jahren auf das amerikanische Selbstverständnis und dessen Wandlung fort von einer angelsächsischen und hin zu einer kosmopolitischen Nation.

RUTH AMOSSY: „Die Idee des Stereotypes in der zeitgenössischen Diskussion“, in: WOLFGANG FREUND, C. GUINAND, RALPH S. SEIDEL (Hg.): *Begegnungen. Perspektiven Interkultureller Kommunikation*, Frankfurt a.M. 2002, S. 222-255

Übersetzung eines französischen Aufsatzes aus dem Jahr 1991. Die Autorin zeigt anhand von kritischen Stimmen seit den 1950er Jahren die theoretischen Schwachpunkte des in den Sozialwissenschaften vorherrschenden Stereotypen-Konzepts auf. Dessen Beharrlichkeit führt sie nicht zuletzt auf seinen elitären Anspruch – wer über den Stereotypen der einfachen Leute erhaben ist, gehört einer Elite an – und seine politische Funktion innerhalb einer egalitären liberalen Ideologie zurück.

HANS-RUDOLF WICKER: „Konstruktivismus und das Ende der Toleranz“, in: C. BOSSART-PFLUGER u.a. (Hg.): *Nation und Nationalismus in Europa. Kulturelle Konstruktion von Identitäten*, Stuttgart 2002

Der Schweizer Ethnologe Hans-Rudolf Wicker sieht den derzeitig vorherrschenden sozialwissenschaftlichen Konstruktivismus, dem es darum geht, Nationen, Völker und die Geschlechter durch ihre geistesgeschichtliche „Dekonstruktion“ abzuschaffen, in der Nachfolge der linken Kulturanthropologie von Marx und Boas. Es geht letztlich nicht um Erkenntnistheorie, sondern um die Umsetzung politischer Utopien. Die Unduldsamkeit des sozialwissenschaftlichen Konstruktivismus ist tendenziell totalitär, nicht emanzipatorisch.

JOHN R. SEARL: „Die Angst vor Wissen und Wahrheit. Über Relativismus und Konstruktivismus“, in: *Merkur* 64, 2010, S. 1-11

Der sozialwissenschaftlichen Konstruktivismus erklärt auch streng methodisch gewonnene wissenschaftliche Erkenntnisse zu unverbindlichen Konstrukten. Die Auffassung, daß es objektive wissenschaftliche

Erkenntnisse gibt, ist für den Sozialkonstruktivismus nicht nur falsch, sondern auch ein Unterdrückungswerkzeug (der Herrschenden). Statt dessen propagiert der Konstruktivismus einen willkürlichen, politisch motivierten Relativismus.

DEAN PEABODY: *National characteristics*, Cambridge 1985

Befragung über Völkerstereotypen in England, Deutschland, Frankreich, Italien, Österreich, Finnland und Griechenland. Gefragt wurde nach den Ländern, in denen die Untersuchung durchgeführt wurde und nach Amerika und Rußland. Weitgehende Übereinstimmung der Ergebnisse. Auch die Selbsteinschätzungen der Völker im stimmen im Wesentlichen mit den Bildern überein, die die anderen Völker von ihnen haben. Ergänzend dazu vergleicht Peabody die Stereotypen mit den Charakterisierungen in der völkercharakterologischen Literatur.

18. Kulturvergleichende Psychologie

TROMMSDORF, GISELA, HANS-JOACHIM KORNADT (Hg.): *Theorien und Methoden der kulturvergleichenden Psychologie*, Enzyklopädie der Psychologie, Themenbereich C, Serie VII, Bd. 1, Göttingen 2007

TROMMSDORF, GISELA, HANS-JOACHIM KORNADT (Hg.): *Erleben und Handeln im kulturellen Kontext*, Enzyklopädie der Psychologie, Themenbereich C, Serie VII, Bd. 2, Göttingen 2007

TROMMSDORF, GISELA, HANS-JOACHIM KORNADT (Hg.): *Anwendungsfelder der kulturvergleichenden Psychologie*, Enzyklopädie der Psychologie, Themenbereich C, Serie VII, Bd. 3, Göttingen 2007

Die drei Bände der *Enzyklopädie der Psychologie* über die Kulturvergleichende Psychologie geben in zahlreichen Aufsätzen verschiedener Autoren einen guten Einblick in den derzeitigen Forschungsstand. Die Beiträge sind im Unterschied zu vielen Lehrbüchern – besonders denen aus Amerika – kaum von politisch korrekter Selbstzensur beeinflußt.

HEDE HELFRICH: „Persönlichkeit und Individualität im Kulturvergleich“, in: KURT PAWLIK (Hg.): *Theorien und Anwendungsfelder der Differentiellen Psychologie. Enzyklopädie der Psychologie,* Themenbereich C, Serie VIII, Bd. 5, Göttingen 2004, S. 1021-1089

Gründlicher Überblick über die verschiedenen persönlichkeitspsychologischen Ansätze in der kulturvergleichenden Psychologie. Beinhaltet einen historischen Rückblick, Persönlichkeits-und Kulturdimensionen (Hofstede u.a.), Psychoanalyse, Intelligenz, Geschlechtsunterschiede und psychiatrische Erkrankungen.

LUTZ H. ECKENSBERGER, REGINA RÖMHILD: „Kulturelle Einflüsse“, in: MANFRED AMELANG (Hg.): *Determinanten individueller Unterschiede. Enzyklopädie der Psychologie,* Themenbereich C, Serie VIII, Bd. 4, Göttingen 2000, S. 667-731

Gibt einen Überblick über die wesentlichen Ergebnisse der Kulturvergleichenden Psychologie: unter anderem über die Kultur-und-Persönlichkeit-Schule, kulturökologische Ansätze, Individualismus / Kollektivismus, Leistungsmotivation, Intelligenz, Persönlichkeitsdimensionen und Bindungsstile.

JÜRG HELBLING: „Gewalt und Krieg in der Urgesellschaft“? Politische Verhältnisse in Wildbeutergesellschaften“, in: BERNHARD KLEEBERG, TILMANN WALTER, FABIO CRIVELLARI (Hg.): *Urmensch und Spätkultur. Eine Bestandsaufnahme*, Darmstadt 2005, S. 195-211

Die hohen Homizidraten in Jäger—und-Sammler-Gesellschaften sind vor allem durch ihre geringen Bevölkerungszahlen bedingt. Es gibt zwar nur alle 15 bis 20 Jahre einen Mord oder Totschlag, was aber eine höhere Homizidrate als in amerikanischen Großstädten bewirkt. Kriege werden von Jägern-und-Sammlern weitgehend gemieden und sind in der Regel Verteidigungskriege gegen entwickeltere, überlegene Kulturen.

MARINUS H. van IJZENDOORN, PIETER M. KROONENBERG: „Cross-cultural patterns of Attachment: a meta-analysis of the strange situation", in: *Child Development* 59, 1988, S. 147-156

Überblick über die Häufigkeit der unterschiedlichen Bindungsstile von Kleinkindern im Sinne der Bindungstheorie in verschiedenen Ländern und Kulturen.

EDWARD T HALL.: *Die Sprache des Raumes,* Düsseldorf 1976

In dem 1966 in der amerikanischen Originalausgabe erschienen Buch geht es um die soziale Wahrnehmung des Raumes bzw. die Beziehung zwischen sozialen und räumlichen Beziehungen. Gut die Hälfte des Buches behandelt Raumbeziehungen im Tierreich, wo zum Beispiel Übervölkerung sozialen Streß auslösen kann. Der Rest des Buches behandelt die Rolle des Raumes im menschlichen Sozialverhalten. Hall beschreibt die unterschiedlichen Raum- und Distanzbedürfnisse von Deutschen, Engländern, Franzosen, Japanern und Arabern vor dem Hintergrund der amerikanischen Verhältnisse. Europäer und Amerikaner beanspruchen auch in der Öffentlichkeit eine Art räumliche Privatsphäre um sich. Die ist am größten bei den Deutschen und am kleinsten bei den Arabern. Bei letzteren gilt es als unhöflich, den Gesprächspartner nicht anzuatmen. Einiges, von dem, was Hall berichtet, scheint aber auch schon überholt zu sein. Etwa wenn er schreibt, daß Deutsche in ihrem Benehmen übermäßig streng, unnachgiebig und formell seien, oder daß in England Telefonanrufe – außer im Notfall – als aufdringlich und ungehörig gelten.

ROBERT LEVINE: *Eine Landkarte der Zeit. Wie Kulturen mit der Zeit umgehen*, München 1998

Untersuchung des amerikanische Psychologe Robert V. Levine über das unterschiedliche Tempo in 31 verschiedenen Ländern durch. Gemessen wurde es anhand der Geschwindigkeit, mit der Fußgänger eine Straße überqueren, und die eine Abfertigung am Postschalter dauert, und der Genauigkeit von Uhren in Bankgebäuden. Das Tempo ist in Westeuropa und Japan am höchsten, in den USA nur mittel und in der Dritten Welt am langsamsten. Am schnellsten sind die Schweiz, Irland und Deutschland, gefolgt von Japan, Italien, England und Schweden. Am langsamsten ist das soziale Tempo in Brasilien, Indonesien und Mexiko. Innerhalb der USA ist der Nordosten am schnellsten und sind der Süden und Los Angeles am langsamsten.

RICHARD LYNN, S.L. HAMPSON: „Fluctuations in national levels of neuroticism and extraversion, 1935-1970“, in: *British Journal of Social and Clinical Psychology* 16, 1977, S. 131-137

Zeitliche Entwicklung von Neurotizismus und Extraversion in verschiedenen westlichen Ländern einschließlich Japans aufgrund eines aus demographischen und soziologischen Daten gewonnen Neurotizismus- bzw. Extraversionsindex. Hohe Neurotizismus-Werte bei den Besiegten des Zweiten Weltkrieges.

19. Weltverteilung der Big Five

ROBERT R. McCRAE: „NEO-PI-R data from 36 cultures. Further intercultural comparisons“, in: ROBERT R. McCRAE (Hg.): *The Five-Factor Model of Personality across Cultures*, New York 2002, S. 105-125

JÜRI ALLIK, ROBERT R. McCRAE: „Toward a geography of personality traits. Patterns of profiles across 36 cultures“, in: *Journal of Cross-Cultural Psychology* 35, 2004, S. 13-28

Erhebung der *Big Five* Persönlichkeitsdimensionen Neurotizismus, Extraversion / Introversion, Verträglichkeit, Gewissenhaftigkeit und Offenheit für Erfahrungen anhand von in die jeweilige Landessprache übersetzten Fragebögen in 36 Ländern. Die Probanden sind hauptsächlich Studenten. Der Aufsatz von 2002 enthält auch die Daten für die jeweils sechs Untereigenschaften der fünf Hauptdimensionen. Die Ergebnisse stimmen teilweise gut mit den literarischen Volkscharakterbeschreibungen und den Völkerstereotypen überein. Unterschiede dazu lassen sich mit methodischen Problemen oder mit dem besonderen Charakter der Stichproben erklären. (Genaue Beschreibung der Ergebnisse in Kapitel 30 dieses Buches).

ROBERT R. McCRAE, ANTONIO TERRACCIANO: „Personality Profiles of Cultures: Aggregate Personality Traits“, in: *Journal of Personality and Social Psychology* 89, 2005, 407-425

Erhebung der *Big Five* in 51 Ländern. Um das Problem der subjektiven Selbsteinschätzung zu vermeiden, wurden die Probanden nach einem guten Bekannten befragt. Die Ergebnisse unterscheiden sich etwas von denen der direkten Befragung der Probanden.

DAVID P. SCHMITT, JÜRI ALLIK, ROBERT R. McCRAE, VERÓNICA BENET-MARTÍNEZ: „The geographic distribution of big five personality traits. Patterns and profiles of human self-description across 56 nations“, in: *Journal of Cross-Cultural Psychology* 38, 2007, S. 173-212

Im Rahmen einer Befragung zu einem anderen Thema wurde auch eine Kurzfassung des *Big-Five*-Fragebogens angewandt. Die Untersuchung umfaßt 56 Länder, die Ergebnisse weichen teilweise von denen der ausführlichen Befragung ab und stimmen besser mit den Völkerstereotypen überein.

20. Kulturelle Werte

GEERT HOFSTEDE, GERT JAN HOFSTEDE: *Lokales Denken, globales Handeln. Interkulture Zusammenarbeit und globales Management*, 4. , durchgesehene Auflage, München 2009

Enthält die Ergebnisse von Geert Hofstedes weltweiter Befragung von IBM-Managern. Beschreibungen der Hauptdimensionen Machtdistanz, Individualismus / Kollektivismus, Maskulinität / Feminität, Unsicherheitsvermeidung und Langzeitorientierung und von deren unterschiedlicher Ausprägung in den verschiedenen Ländern.

INGLEHART, ROBERT: *Modernisierung und Postmodernisierung. Kultureller, wirtschaftlicher und politischer Wandel in 43 Gesellschaften*, Frankfurt a.M. 1998

INGLEHART, ROBERT: „Kultur und Demokratie“, in: SAMUEL HUNTINGTON, SAMUEL, LAWRENCE E. HARRISON (Hg.): *Streit um Werte. Wie Kulturen den Fortschritt prägen*, München 2004, S. 141-166

Inglehardt untersucht auf der Grundlage des *World Values Survey* die unterschiedlichen Wertvorstellungen in den verschiedenen Kulturen und geht den Zusammenhängen zum Wirtschaftswachstum und zu demokratischen Institutionen nach. Er beobachtet dabei besonders den Wandel von materiellen Überlebenswerten hin zu postmateriellen Werten in den wohlhabenderen Gesellschaften. Der Aufsatz im Sammelband von Samuel Huntington beinhaltet eine knappe Zusammenfassung seiner Ergebnisse und Thesen.

JOCHEN ROOSE: „Die quantitative Bestimmung kultureller Unterschiedlichkeit in Europa. Vorschlag für einen Index kultureller Ähnlichkeit“, in: *Kölner Zeitschrift für Soziologie und Sozialpsychologie* 64, 2012, S. 361-376

Ähnlichkeit und Unähnlichkeit der europäischen Länder (ohne Rußland) aufgrund der Wertedimensionen von Shalom H. Schwartz. Die protestantischen Länder sind untereinander am ähnlichsten und stehen den orthodoxen und muslimischen Ländern (Ukraine und Türkei) als am unähnlichsten gegenüber.

SUSANNE RYTINA: „Arbeiten Sie deutsch?“, in: *Gehirn & Geist* 2008, Heft 5, s. 16-21

Populärer Bericht über kulturspezifische Arbeits- und Führungsstile aufgrund der GLOBE-Studie.

CHRISTIAN GIORDANO: „Der Ehrkomplex im Mittelmeerraum: sozialanthropologische Konstruktion oder Grundstruktur mediterraner Lebensformen?“, in: LUDGERA VOGT, ARNOLD ZINGERLE (Hg.): *Ehre. Archaische Momente in der Moderne*, Frankfurt a.M. 1994, S. 172-192

Darstellung und Diskussion der Forschungsgeschichte innerhalb der Ethnologie zum Thema des Ehrbegriffs im Mittelmeerraum. Mit Schwergewicht auf den europäischen Mittelmeerländern und nur teilweiser Einbeziehung der islamischen Länder.

DIETER RÜNZLER: *Machismo. Die Grenzen der Männlichkeit*, Wien 1988

Eindringliche Beschreibung des Männlichkeitskultes in Lateinamerika. Die angebotenen historischen und psychoanalytischen Erklärungen sind dagegen fragwürdig oder greifen zu kurz.

21. Verhaltensgenetik

BURKHARD BROCKE, FRANK M. SPINATH, ALEXANDER STROBEL: „Verhaltensgenetische Ansätze und Theorien der Persönlichkeitsforschung", in: KURT PAWLIK (Hrsg.): *Theorien und Anwendungsfelder der Differentiellen Psychologie*. Enzyklopädie der Psychologie, Themenbereich C, Serie VIII, Bd. 5, Göttingen 2004, S. 429-486

Überblick über Methoden und Ergebnisse der Verhaltensgenetik. Berücksichtigt neben den Ansätzen der Zwillings- und Adoptionsstudien auch die neueren molekulargenetischen Befunde über Neurotransmitter-Gene.

JOHN HAWKS, ERIC T. WANG, GREGORY COCHRAN, HENRY C. HARPENDING, ROBERT K. MOYZIS: „Recent acceleration of human adaptive Evolution", in: *Proceedings of the National Academy of Science of the USA* 104, 2007, S. 20753-20758

Molekulargenetische Hinweise auf eine Beschleunigung der Selektion im menschlichen Genom in den letzten 50 000 Jahren und insbesondere seit der letzten Eiszeit vor 10 000 Jahren. Etwa 7 % der Gene sind betroffen, darunter viele, die für das Gehirn und das Nervensystem wichtig sind. Diese Veränderungen finden sich vor allem bei Europäern und Ostasiaten, weniger bei Afrikanern. Vier Fünftel der in dieser Zeit evoluierten Gene sind rassenspezifisch, und nur ein Fünftel betrifft alle Menschen.

DAVIDE PIFFER: „Correlation of the COMT Val158Met polymorphism with latitude and a hunter-gather lifestyle suggest culture-gene coevolution and selective pressure on cognition genes due to climate." In: *Anthropological Science* 121, 2013, S. 161-171

Y. WANG, J. LI, C. CHEN,(...) Q. DONG: „COMT rs 4680 is not always the 'smart allele'. Val allele is associated with better working memory and larger hippocampal volume in healthy Chinese." In: *Genes, Brain and Behavior* 12, 2013, S. 323-329

Studie über das COMT (Catechol-O-Methyl Transferase)-Gen. Das einen Polymorphismus Val158Met, der mit Intelligenz korreliert ist. Menschen mit dem Met-Allel haben einen höheren Dopamin-spiegel im präfrontalen Cortex, ein besseres Arbeitsgedächtnis und einen höheren IQ. Das Met-Allel hat die höchsten Frequenzen in Europa (ca. 50 %) und die niedrigsten bei afrikanischen Pygmäen (7 %) und Amazonas-Indianern (1 %). In den ostasiatischen Ländern besteht, wie Wang und Kollegen zeigen, dagegen die umgekehrte Korrelation, dort haben die Träger des Val-Allels das bessere Arbeitsgedächtnis.

JORDAN LASKER, BRYAN J. PESTA, JOHN R. FUERST, EMIL O.W. KIRKEGAARD: „Global ancestry and cognitive ability." In: *Psych* 1, 2019, S. 431-459

Genomweite Untersuchung von 9421 englisch sprechenden jungen US-Amerikanern europäischer, afrikanischer und europäisch-afrikanisch gemischter Herkunft. Der Intelligenz-Unterschied zwischen Europäisch-Amerikanern und Afroamerikanern in der Studie beträgt 14,7 IQ-Punkte. Es besteht eine sehr starke Korrelation von europäischer Abstammung und dem General-Faktor der Intelligenz g (r= 0.984). Bei den Afro-amerikanern ist die dunklere Hautfarbe negativ mit g korreliert. Die Ergebnisse der Studie zeigen, daß etwa 20 bis 25 Prozent des Intelligenzunterschiedes zwischen weißen und schwarzen US-Amerikanern durch bekannte mit der Intelligenz assoziierte Polymorphismen (SNPs) erklärt werden können.

DAVIDE PIFFER: „Evidence for recent polygenic selection on educational attainment and intelligence inferred from GWAS hits: A replication of previous findings using recent data." In: *Psych* 1, 2019, S. 55-75

Eine Untersuchung Davide Piffers, in der er mehrere polygene Scores für Schulerfolg aus genomweiten Assoziationsstudien für die in Datenbanken zugänglichen SNPs verschiedener Bevölkerungen weltweit berechnete. Obwohl die Scores hauptsächlich auf europäischstämmigen Bevölkerungen beruhen, ergab sich dieselbe geographische Verteilung wie sie vom IQ her bekannt ist. Hohe Werte bei Chinesen, etwas niedrigere bei Europäern, noch niedrigere bei Lateinamerikanern und Indern und die niedrigsten Werte bei Schwarzafrikanern. Die geographische Korrelation der polygenen Scores zur Intelligenz beträgt 0.9, die zum Schulerfolg 0.8.

MICHAEL A. WOODLEY of MENIE, SHAMEEN YOUNUSKUNJU, BIPIN BALAN, DAVIDE PIFFER: „Holocene selection for variants associated with general cognitive ability: Comparing ancient and modern genomes." In: *Twin Research and Human Genetics* 20, 2017, S. 271-280

Studie von zwei jungen Forschern, in der sie die alte DNS von 99 Individuen aus der Zeit von 2500 v. Chr. bis 810 n. Chr. in Europa und Zentralasien mit der der heutigen Bevölkerung (n= 503) vergleichen. Sie berücksichtigten dafür drei polygene Scores für kognitive Fähigkeit (mit 130 SNPs, 9 SNPs und 11 SNPs) aus verschiedenen publizierten Datensätzen moderner Bevölkerungen. Der Vergleich der prähistorischen Europäer mit den modernen ergab niedrigere Score-Werte bei den prähistorischen Europäern. Für den Teil der prähistorischen Stichprobe, für den Radiokarbondatierungen vorliegen, 66 Individuen, prüften die Autoren auch auf einen zeitlichen Wandel. Dabei ergab sich, daß die zeitlich jüngeren Genome die höheren Score-Werte aufweisen. Dieser Trend ist statistisch signifikant. Das heißt, daß die genetisch bedingte Intelligenz der Europäer zumindest seit der frühen Bronzezeit bis zur Gegenwart zugenommen hat. Die Autoren führen das darauf zurück, daß die sozialen Oberschichten mehr Nachkommen hatten, was zumindest für die Zeit vom 15. bis zum 19. Jahrhundert auch durch historische Quellen belegt ist.

VOLKMAR WEISS: Dias IQ-Gen – verleugnet seit 2015. Eine bahnbrechende Entdeckung und ihre Feinde. Graz 2017

Buch des Leipziger Humangenetikers Volkmar Weiss, der die Minderheitenposition vertritt, daß die Intelligenzunterschiede im Wesentlichen auf einem Gen beruhen. Der wahrscheinlichste Kandidat für dieses Gen ist für ihn zur Zeit das DUF1220-Gen.

Das Gen codiert das Protein DUF1220 und ist in die Neuroblastoma Breakpoint Gen Familie (NBPF) auf dem langen Arm des Chromosoms 1 eingebettet, die eine Rolle bei der Entwicklung des Gehirns spielen. Die genaue Funktion des DUF1220-Proteins ist noch nicht bekannt. Die Arbeitsgruppe um James M. Sikela an der Universität von Colorado in Denver fand einen linearen Zusammenhang zwischen der Zahl der Allelwiederholungen des DUF1220 Subtyps CON 2 und dem menschlichen IQ. Je Kopie des Allels steigt der IQ um 3,3 IQ-Punkte innerhalb einer Variation des IQ von 80 bis 140, also dem wesentlichen Teil des Spektrums. Das Gen spielte offenbar auch eine wichtige Rolle in der Evolution der Primaten. Mäuse haben nur eine DUF1220-Allelkopie, niedere Affen (Koboldmakis) 47, Makaken 74, Gorillas 99, Schimpansen 138 und Menschen um 300. Noch steht eine Bestätigung der Ergebnisse durch eine andere Forschungsgruppe aus und auch über ethnische Unterschiede beim Menschen ist noch nichts bekannt.

Der Rest des Buches ist eine Zusammenfassung des Inhalts von Weiss‘ Buch „Die Intelligenz und ihre Feinde. Aufstieg und Niedergang der Industriegesellschaft“ aus dem Jahr 2012. In diesem geht um den Intelligenz-Quotienten (IQ) als Maß der kognitiven Fähigkeiten, die Erblichkeit der Intelligenz, die Bedeutung des IQ für die moderne Leistungsgesellschaft, den Rückgang der genotypischen Intelligenz durch die unterschiedliche Fortpflanzung der sozialen Schichten und die Verschärfung der Lage durch den niedrige IQ der meisten Einwanderergruppen. Das bedeutet, daß die Zahl der Hochbegabten, die für die

Bewältigung der anspruchsvolleren Tätigkeiten in der Gesellschaft gebraucht werden, immer weniger wird. Als Folge einer egalitären Schulpolitik werden die Anforderungen etwa für das Abitur immer mehr herabgesetzt. Der durchschnittliche IQ eines Abiturienten oder eines Studenten liegt heute deutlich niedriger als noch vor wenigen Jahrzehnten. Die Entwicklung spitzt sich zusätzlich durch die Einwanderung weniger intelligenter Bevölkerungsgruppen zu.

Das schwächste Kapitel in dem Buch ist das über die Rassenunterschiede des IQ. Über deren evolutionäre Wurzeln erfahren wir nichts. Der Zusammenhang von Rasse und IQ sei nicht kausaler Art, behauptet Weiss, sondern beruhe nur auf dem unterschiedlichen Sozialstatus der Individuen, was natürlich nicht stimmt.

FONG-MING CHANG, JUDITH R. KIDD, KENNETH J. LIVAK, ANDREW J. PAKSTIS, KENNETH K. KIDD: „The world-wide distribution of allele frequencies at the human dopamine D4 receptor locus", in: *Human Genetics* 98, 1996, S. 91-101

CHUANSHENG CHEN, MICHAEL BURTON, ELLEN GREENBERGER, JULIA DMITRIEVA: „Population Migration and the Variation of Dopamine D4 Receptor (DRD4) Allele Frequencies around the Globe", in: *Evolution and Human Behavior* 20, 1999, S. 309-324

Weltverteilung des Dopamin-Rezeptor-Gens 4 (DRD4).

JOAN Y. CHIAO, KATHERINE D. BLIZINSKY: „Culture-gene coevolution of individualism-collectivism and the serotonin transporter gene", in: *Proceedings of the Royal Society B* 277, 2009, S. 529-537

Zu dem im Internet zugänglichen *supporting material* zu diesem Aufsatz gehört eine umfangreiche Tabelle mit der weltweiten Verteilung des Serotonin-Transporter-Gens (SERT).

KEVIN M. BEAVER, J. WRIGHT, B. BOUTWELL u.a.: „Exploring the association between the 2-repeat allele of the MAOA gene promoter polymorphism and psychopathic personality traits, arrests, incarnation, and lifetime behavior“, in: *Personality and Individual Differences* 54, 2013, S. 164-168

Träger des 2er-Allels des Monoaminooxidase A-Gens (MAOA), das mir Impulsivität und Gewalttätigkeit korreliert ist, sind unter amerikanischen Gefängnisinsassen stark überrepräsentiert.

22. Bücher, die zu keiner der Kategorien gehören

FRANK BÖCKELMANN: *Die Gelben, die Schwarzen, die Weißen*, Frankfurt a.M. 1998

In dem Buch geht es um die gegenseitige Wahrnehmung der drei Hauptrassen der Menschen. Kernstück des Buches sind Interviews mit jeweils ca. 10 in Deutschland lebenden Japanern, Chinesen und Westafrikanern, in denen diese von ihren Eindrücken und Erfahrungen mit den Deutschen, aber auch mit der jeweils anderen Rasse (Afrikaner oder Ostasiaten) sprechen. Ergänzt werden die Interviews durch historische Kapitel. Was in den Interviews zutage tritt, ist bisweilen von schockierender Offenheit. Unbedingt lesenswert!

KEITER, FRIEDRICH: *Verhaltensbiologie des Menschen auf kulturanthropologischer Grundlage*, Basel 1966

Originelles Spätwerk des Anthropologen Friedrich Keiter. Ihm liegt eine Inhaltanalyse von Werken der Weltliteratur aus 30 Kulturen bzw. Kulturepochen zugrunde, von australischen Märchen über das alte Ägypten, Plutarch, isländischen Sagas, Altchina, der Spätgotik, dem deutschen Expressionismus bis zu modernen Kurzgeschichten aus verschiedenen Ländern. Keiter unterscheidet dabei 18 Primärthemen wie Sexualität, Naturumwelt, Innenzustände, Aktivität und Widerstandsgefordertheit, Sozialkontakt, Kunst, Normen und Institutionen oder Religion und Transzendenz. In einem statistischen Überblick zeigt Keiter dann, wie stark die Themen in den jeweiligen Literatur- und Kulturepochen vertreten sind. Grundsätzlich kommen alle Primärthemen in allen Kulturepochen vor. Bei der feineren Aufschlüsselung für 217 Sekundärthemen ist das jedoch nicht mehr der Fall. Am themenärmsten sind nun die australischen Märchen. Die Auswertung und der Vergleich der verschiedenen Kulturen ergibt eine Fülle von aufschlußreichen Ergebnissen. So spielen etwa Sexualität und Liebe bei den Melanesiern nur eine geringe Rolle, bei denen dafür enorm viel gezaubert wird. Die Afrikaner sind weniger mystisch und dafür besonders motorisch, haptisch, auf nahe Greifbarkeit eingestellt, auch erotischer als die Melanesier und Australier. Die moderne südostasiatische Literatur ist viel intellektueller als die moderne afrikanische. Das Aggressionsthema nimmt mit der Kulturentwicklung ab, das Bildungsthema ist schon im europäischen Mittelalter stark präsent. Bemerkenswerterweise ist die Lust-Unlust-Bilanz in allen Epochen ziemlich konstant. Interessant ist auch der Vergleich von jüdischen und nicht jüdischen Autoren im deutschen Expressionismus.

Andreas Vonderach

Anthropologie des früheren Ostdeutschlands (vor 1945)

Ethnische Schichtung und Sozialbiologie

ISBN 978-3-938176-64-1
358 Seiten, Paperback
18,00 Euro

Zu den Aufgaben einer biologischen Anthropologie gehört auch die Erforschung des eigenen Landes und Volkes unter landeskundlich-landesgeschichtlichen Gesichtspunkten. Menschen unterschiedlicher Herkunft unterscheiden sich nicht nur in ihrer DNS voneinander, sondern auch in sichtbaren Merkmalen der Gestalt, der Physiognomie und Pigmentierung. Besonders die ältere Anthropologie trug viele Daten über diese Merkmale zusammen.
Der Anthropologe Andreas Vonderach wertet in diesem Buch ein anthropologisches Datenmaterial aus den 1950er Jahren von 2759 14jährigen Vertriebenen aus und holt mit diesem eine anthropologische Landeskunde des früheren Ostdeutschlands vor 1945 nach, die es bis jetzt noch nicht gegeben hat. Er wertet die anthropologischen Daten einschließlich der Familienamen in Hinblick auf ihre geographische Verteilung und ethnische Herkunft aus.
In dem anthropologischen Merkmalsbild eines Gebietes spiegelt sich seine Bevölkerungs- und Siedlungsgeschichte wider. So zeigen sich in den Karten der anthropologischen Merkmale und Typen die unterschiedlichen Anteile deutscher und slawischer Besiedlung, aber auch regionale Besonderheiten wie das biologische Erbe der alten Prussen oder Salzburger Siedler in Ostpreußen.
Andreas Vonderach, Jg. 1964, studierte Geschichte und Geographie in Oldenburg und biologische Anthropologie in Mainz und Ulm. Er ist Schüler der Anthropologen Ilse Schwidetzky und Friedrich W. Rösing. Zu anthropologischen, historischen und volkskundlichen Themen hat er zahlreiche Publikationen veröffentlicht, darunter mehrere regionalanthropologische Untersuchungen innerhalb Deutschlands.

Lindenbaum Verlag GmbH - Bergstr. 11 - D-56290 Schnellbach

Tel.: 06746 / 730047 - E-Brief: lindenbaum-verlag@web.de

Internet: www.lindenbaum-verlag.de

Andreas Vonderach

Die deutschen Stämme

ISBN: 978-3-938176-87-0
208 Seiten, gebunden, Festeinband
19,80 Euro

Anders als England oder Frankreich ist Deutschland nicht durch die Expansion eines erobernden Zentrums, sondern durch den freiwilligen Zusammenschluß mehrerer germanischer Stämme entstanden. In den ersten Jahrhunderten der deutschen Geschichte waren die Stämme als Stammesherzogtümer auch die wichtigsten politischen Einheiten innerhalb Deutschlands. Nach der Auflösung der Stammesherzogtümer in zahlreiche kleinere Fürstentümer im 13. Jahrhundert blieben die Stämme als kulturelle und sprachliche Einheiten bestehen, wie sie in ihrer Mundart und ihrer Volkskultur zum Ausdruck kommen. Selbst heute noch gibt es ein regional unterschiedlich starkes Bewußtsein der Stammeszugehörigkeit.

Die ältesten der deutschen Stämme gehen bis in die Völkerwanderungszeit zurück. Andere entstanden als „Neustämme" aus der Vermischung verschiedener Stämme in der deutschen Ostsiedlung im Mittelalter. Es gibt aber auch jüngere städtische Neubildungen wie die Berliner oder die Ruhrgebietsbevölkerung.

Der Historiker Andreas Vonderach geht in diesem Buch der Herkunft und Geschichte der deutschen Stämme nach, ihrem Schicksal im Mittelalter und ihrem Fortbestehen auch nach der Zeit der Stammesherzogtümer. Außerdem befaßt er sich mit der Forschungs- und Geistesgeschichte der deutschen Stämme, den verschiedenen Ansätzen, die es in der Volkskunde und Sprachwissenschaft gab, und der Rolle, die sie zum Beispiel in der Romantik und in der Zeit der Weimarer Republik spielten. Die zentrale Frage ist, ob die Stämme so etwas wie ein Wesen haben, also ob es anthropologische und psychologische Unterschiede zwischen ihnen gibt, die die Zeitläufte überdauert haben.

Lindenbaum Verlag GmbH - Bergstr. 11 - D-56290 Schnellbach

Tel.: 06746 / 730047 - E-Brief: lindenbaum-verlag@web.de

Internet: www.lindenbaum-verlag.de